근년에 들어와 "아담"이 신학계의 뜨거운 감자가 되었다. 고인류학과 같은 자연과학의 발달과 함께 아담의 실재성과 역사성이 문제가 된 것이다. 아담은 역사적 인물인가? 어느 종족의 대표인가? 신화적 인물인가? 아니면 신학적 모형에 불과한가? 유신론적 진화론 정도는 받아들여야 하나? 문제는 여기서 그치지 않는다. 성경의 역사비평 방법은 문제를 더욱 복잡하게 만든 것처럼 보인다. 창세기 첫 장들의 문학적 장르, 역사 기록의 목적과 방법, 신화와 역사의 관계 등 점입가경이다. 아담이 타락했다면 전통 교회에서 받아들이는 "원죄"와 "타락"은 어떤 상호관계이며 어떻게 설명해야 하는가? 아담의 실제 존재 여부를 떠나서 어떻게 원죄가 가능하고 후대에 전가된다는 말인가? 이런 문제들, 특별히 원죄 교리에 대한 의구심은 기독교 신학의 근간이 되는 기독론의 근거를 흔들어놓을 수도 있다. 이 책은 사방으로 욱여쌈을 받고 있는 원죄 교리를 다층적으로 변호하고 다시금 신앙의 근본 문제들을 지성적으로 되돌아보게 한다. 아주 훌륭한 변증서다. 자세한 읽기를 요구하는 책이다. 사유의 깊이를 더해준다. "이해를 추구하는 신앙"의 좋은 실례가 된다.

류호준 | 백석대학교 신학대학원 구약학 교수

이 책은 논쟁적이며 때로는 도발적이다. 현대적인 신학과 과학의 논의에 동조하는 흐름을 역류하기 때문에 그렇다. 하지만 근거 없는 주장만 되풀이한다든가, 단순히 과거의 전통에 붙잡혀 현대적 논의와 담을 쌓고 있는 것이 아니라, 침착하고 신중하면서도 활발하게 오늘날의 쟁점들을 검토하고 있기 때문에, 비록 논쟁의 종착점이 독자가 이미 확신하고 있던 곳이 아니라 하더라도, 그 논의의 과정에 참여함으로써 얻게 되는 수확은 매우 크다고 할 수 있다. 조직신학적 전망뿐 아니라 구약성경과 신약성경에 관한 주석학적 관점과 교회사적 검토, 목회신학적 차원, 심지어 현대 과학적 논의까지, 아담과 원죄의 역사성 논쟁에 참여시키는 대범하면서도 세밀한 논의의 전개에 열린 마음을 갖고 있다면 누구나 이 책에 매혹될 것이다.

박영식 | 서울신학대학교 교양학부 교수

지난 세기 가장 중요한 조직신학적인 작업은 삼위일체론을 중심으로 이루어졌다. 그래서 지난 20세기는 바야흐로 삼위일체론의 부흥 시대요 르네상스기였다고 할 수 있다. 그런가 하면 20세기의 미완의 과제, 즉 21세기의 가장 중요한 신학의 과제는 바로 신학과 자연과학의 관계에 대한 논의라고 할 수 있다. 아마도 가장 손쉬운 방법은 젊은 지구론의 입장에 서서 자연과학의 거의 모든 주장을 무시해버리는 것이리라. 또 다른 안이한 방법은 신학과 과학의 관계에 있어 둘의 관계를 독립적이요 무관하다는 식으로 설명하는 것이리라. 이런 두 가지 방법은 사람들에 따라서는 나름의 해결책이 될 수 있을 것이다. 하지만 이른바 복음주의적인 입장을 견지하는 사람으로서는 이런 해결책에 만족할 수 없을 것이다. 이런 면에서 『아담, 타락, 원죄』는 아담의 역사성에 대한 구약신학적 논의로 촉발되었던 문제를 원죄론의 문제와 연관지어 이 문제가 어떤 토론의 방향으로 흘러가야 하는지를 보여주는 좋은 책이라고 할 수 있다. 현대 신학자들 가운데 원죄론을 인정하는 사람이 얼마나 있을까? 하지만 원죄론의 문제는 그리스도를 통한 구속이 작동하기 위한 전제와도 같다. 원죄론이 무너지면 결국 구원의 문제는 행위구원이나 자력구원의 논리로 갈 수밖에 없지 않을까? 이런 주제에 대해 관심 있는 독자들의 일독을 권한다.

박찬호 | 백석대학교 기독교학부 조직신학 교수

교회의 역사 내내 원죄 교리는 각각 다른 그룹에서 각각 다른 방식으로 이해되어 왔다. 여러 편의 논문을 묶은 이 책은 원죄 교리와 연결된 논쟁들을 명확히 정리하고 그것들에 함축된 목회적 적절성을 드러낸다. 그러나 이 책에는 더 중요한 지점이 포함되어 있다. 즉 깊이 사고하는 그리스도인들이 아담과 타락의 역사성을 부정하는 현시점의 과학적 주장들과 어떻게 씨름하고 있는지를 보여주는 것이다. 『아담, 타락, 원죄』는 결코 모든 도전들에 답을 줄 수 있는 척하지 않는다. 그러나 솔직함과 개방성, 신의와 명확성을 가지고 이 논쟁의 자리에 당당히 우뚝 서 있다.

D. A. 카슨 D. A. Carson | 트리니티 복음주의 신학교

마두에미와 리브스는 명쾌한 논리가 돋보이는 여러 편의 글들을 선택해서 한 권의 책으로 묶음으로써 원죄에 관한 전통적이고 정통적인 이해를 강화시키고 있다. 이들은 인간 기원에 관한 현대의 과학적 이론들이 원죄 교리에 대해 퍼붓는 집중포화의 복합적 어려움 앞에서 겁을 집어먹고 물러서지 않는다. 이 책 저자들의 특수한 결론에 다 동의하지 않는 독자들조차도, 공정하고 견실하며 동시에 복음주의적인 이 저술로부터 많은 것을 배울 수 있을 것이다.

올리버 크리스프 Oliver Crisp | 풀러 신학대학원

복음주의 신앙과 신학에 있어 결정적인 지점 즉 죄의 교리("원"죄라고 감히 이름을 부를 수도 없는)를 건드리는, 정말 오랫동안 기다려온 책이다. 이 책의 구조는 아주 명확하다. 다양한 소속의 성경학교와 신학대학원을 총망라하여 아주 매력적인 선택지로 이 책을 만들고 있다. 사실 나는 이 책이 수많은 복음주의 단체들의 인기 있는 교과서가 되지 않을까 생각한다.

케빈 J. 밴후저 Kevin J. Vanhoozer | 트리니티 복음주의 신학교

오늘날 아담과 원죄에 관한 전통적 이해는 합법적인 도전과 가치 없는 공격을 동시에 받고 있다. 여기에 대한 대응으로, 우리는 공허한 논쟁을 넘어서서 성경으로 돌아가서 교리적으로 새로워질 필요가 있다. 이 책의 전체 내용은 바로 이런 노력에 대해 엄청난 도움을 준다. 물론 이 글들이 모든 주요한 질문을 언급하고 모든 가능한 답변을 제시하는 것은 아니다. 하지만 이 책은 핵심 이슈가 무엇인지를 보여주며 새로운 통찰력을 선사한다. 나는 여기서 정말 많이 배웠다.

대니얼 J. 트라이어 Daniel J. Treier | 휘튼 칼리지

성경의 권위와 기독교 신앙의 진리에 대한 현재의 논의에서, 아담과 타락의 역사성은 결정적으로 중요한 역할을 해왔다. 그런데 이 교리들이 몇몇 과학 이론들에 의해 도전을 받고 있는 가운데, 일부 신학자들은 이런 현재의 시류를 따라가기 위

해 꼴사나운 쟁탈전에 연루된 모습을 보이고 있다. 그러나 만약 우리가 아담 안에서 타락했다는 기독교 신앙을 버린다면, 우리는 도대체 무슨 권리로 우리 자신이 그리스도 안에서 구원받았다는 믿음을 유지할 수 있을까? 『아담, 타락, 원죄』의 편집자인 마두에미와 리브스의 절묘한 표현대로, 이런 교리들은 "통으로 짠 옷의 실낱들"이다. 이 두 편집자를 위시해서 책의 저자들은 아담이 실제적으로 존재했으며 우리가 그 안에서 타락했다는 점, 그리고 아담의 행위를 무화시키기 위해 우리가 그리스도를 믿을 수 있다는 진리를 설득력 있게 이야기하고 있다.

존 프레임 John Frame | 리폼드 신학대학원

성경의 표면과 기독교 전통 양편에서, 아담이 역사적으로 실존했으며 그를 통해 죄가 세상에 들어왔다는 것은 가르쳐지고 확인되는 사항이다. 『아담, 타락, 원죄』는 이런 진리가 단순히 표면적인 외형만이 아니며 간단히 전통으로 치부될 수 없음을 보여준다. 복음주의 계열의 독자층과 앞과 같은 믿음을 포기해버릴지도 모르는 이들을 겨냥해서, 이 책은 우리가 성경에 대한 전통적인 해석에 대해서 이의를 제기해서는 안 된다는 것을 강력하게 논증한다. 여기에 실린 논증의 세부 내용으로 무엇을 하든지 상관없이, 독자들은 현재 위태로운 지점이 어디인지에 대해 깨닫고 분별력을 갖추게 될 것이다.

스티븐 윌리엄스 Stephen Williams | 벨파스트 유니언 신학대학원

아담의 역사성과 원죄의 현실성이라는 고전적 교리에 대한 환영할 만한 변증이다. 심지어 복음주의 진영에서조차 원죄 교리를 부정하는 일이 빈번해지는 오늘날, 이런 현상에 의해 야기된 책이라고도 할 수 있다. 저자들은 이 교리에 대한 새로운 도전을 언급하면서 신선하고 설득력 있는 논증을 전개해나간다. 강력하게 이 책을 추천한다.

데이비드 M. 하워드 주니어 David M. Howard Jr. | 베델 대학교

Adam, the Fall, and Original Sin
Theological, Biblical, and Scientific Perspectives

Copyright © 2014 by Hans Madueme and Michael R. E. Reeves
Originally published in English under the title
Adam, the Fall, and Original Sin by Baker Academic,
A division of Baker Publishing Group
P.O. Box 6287, Grand Rapids, MI 49516, U. S. A.
All rights reserved.

Used and translated by the permission of Baker Publishing Group
through rMaeng2, Seoul, Republic of Korea.

This Korean edition copyright © 2018 by Holy Wave Plus Publishing Company,
Seoul, Republic of Korea.

이 한국어판의 저작권은 알맹2 에이전시를 통하여 Baker Publishing Group과 독점 계약한 새물결플러스에 있습니다. 신저작권법에 의해 한국 내에서 보호받는 저작물이므로 무단 전재와 무단 복제를 금합니다.

아담, Adam
타락, The Fall
and
원죄 Original Sin

원죄에 대한 신학적·성경적·과학적 관점

한스 마두에미, 마이클 리브스 외 13인 지음
한스 마두에미, 마이클 리브스 엮음
윤성현 옮김

새물결플러스

목차

서문 11
궁지에 몰린 아담: 무대 설정 | 한스 마두에미, 마이클 리브스

제1부
성경과 과학에서의 아담

제1장 구약성경에서의 아담과 하와 | C. 존 콜린스   23
제2장 신약성경에서의 아담 | 로버트 야브루   69
제3장 아담과 현대 과학 | 윌리엄 스톤(필명)   101

제2부
역사 속에서의 원죄

제4장 교부신학에서의 원죄 | 피터 샌론   147
제5장 루터교 교리에서의 원죄 | 로버트 콜브   187
제6장 개혁신학에서의 원죄 | 도널드 매클라우드   217
제7장 "그러나 여전히 이교도다"   247
     : 웨슬리주의 신학에서의 원죄론 | 토머스 맥콜
제8장 원죄와 현대 신학 | 칼 트루먼   279

제3부
신학에서의 원죄

제9장 성경신학에서의 원죄 | 제임스 해밀턴   313

제10장 통으로 짠 옷의 실낱들   347
    : 조직신학에서의 원죄 | 마이클 리브스, 한스 마두에미

제11장 "기독교 설명 전체에서 가장 취약한 부분"   375
    : 원죄와 현대 과학 | 한스 마두에미

제12장 목회신학에서의 원죄 | 대니얼 도리아니   415

제4부
아담과 타락에 대한 계속되는 논쟁

제13장 원죄와 원사망   449
    : 로마서 5:12-19 | 토머스 슈라이너

제14장 타락과 창세기 3장 | 노엘 윅스   479

제15장 아담, 역사, 신정론 | 윌리엄 에드거   507

후기 | 마이클 리브스, 한스 마두에미   533
저자 약력   535

서문
궁지에 몰린 아담
무대 설정

한스 마두에미(Hans Madueme), 마이클 리브스(Michael Reeves)

오늘날 아담은 고대의 상상력이 만들어낸 허상과 같이 되었다. 아우구스티누스주의 체계는 산산이 부서져 바람과 함께 사라졌다. 비록 원죄에 대한 논의를 둘러싸고 여전히 아담의 유령처럼 출몰하긴 하지만 말이다. 에밀 브루너는 아담을 둘러싼 시간과 공간에 대한 교부적 이해를 마치 그림(Grimm) 형제의 동화처럼 신화 속의 켄타우루스와 결부시켰다. 그에 따르면 이런 개념은 "지극히 정통적인 신앙을 가진 이들에게서조차 돌이킬 수 없게 쓸려나가 버렸다."[1] 그러므로 21세기에 아담의 역사성을 인정한다는 것은 예스럽기는 해도, "코페르니쿠스 이후 세계에 아우구스티누스주의적 '낙원의 아담'을 안착시키려는" 부질없는 시도다. 물론 우리는 불안에 사로잡힌 신학자들의 조심스러운 수사를 빌려 전통적인 아담 이야기를 변호할 수도 있겠지만, 그런 소리는 한심하게도 "돈키호테 같은 반동자"가 일으키는 공연한 법석일 뿐이다.[2] 그래서 브루너의 진단은 현대 신학의 신실한 대변인들에게도 마찬가지로 적용된다. 다윈 이후로 원죄와 타락 교리는 오늘날 많은 이들에게 그저 믿을 수 없는 것이 되어버렸다.

---

1 Emil Brunner, *Christian Doctrine of Creation and Redemption*, trans. Olive Wyon (Philadelphia: Westminster Press, 1952), 48.
2 같은 책, 49.

놀라운 것은, 복음주의자들조차 점차 이런 전통적인 믿음을 잃어가고 있다는 점이다. 그들은 성경 속 아담을 설명하기 위한 새로운 방법을 찾고 있다. 현재 미국국립보건원 원장인 프랜시스 콜린스는 바이오로고스(BioLogos)라는 새로운 재단을 발족하도록 2007년 템플턴 재단으로부터 막대한 자금을 지원받았다.³ 이 재단의 임무는 "과학과 신앙 사이에서 확대되는 문화 전쟁"을 다루고, 더 나은 길 곧 "과학과 신앙의 조화"(www.biologos.org을 보라)를 모색하는 것이다. 바이오로고스는 17, 18세기의 자연철학에까지 이르는 오랜 전통을 구현하려는 든든한 기반 위에 세워졌다. 그러나 이 든든한 기반은 바이오로고스가 아담과 하와의 역사적 실체에 관해 의문을 제기함에 따라 즉시로 불안하게 되었고 곧 논란이 뒤따랐다.⁴

저명한 복음주의 구약성서학자인 브루스 월키(Bruce Waltke)는 창세기 1-3장에 대한 해석과 관련해서, 자기의 신앙과 유신론적 진화론이 어떻게 조화될 수 있었는지를 설명하는 인터뷰를 한 후 리폼드 신학교에서 사임했다. 2010년 3월 24일에 바이오로고스 홈페이지에 게재된 이 인터뷰에서 월키는 진화론에 대한 광범위한 합의를 받아들이지 않는 복음주의자는 "소수의 광신도"가 될 위험에 처해 있다고 경고했다.⁵ 개혁주의뿐 아니라 보수적인 개신교 신학의 범주에서 이런 언급은 말싸움을 거는 행위였다. 이후 월키는 아담의 역사성을 믿는다는 흔들리지 않는 신념을 밝혔음에도 불구

3   "바이오로고스"라는 용어의 기원에 대해서는 다음을 보라. Francis Collins, *The Language of God: A Scientist Presents Evidence for Belief* (New York: Free Press, 2006), 203-10. 『신의 언어』(김영사 역간).

4   최근에 바이오로고스는 역사적 아담을 인정하는 사람들까지 포용하는 광범위한 신학적·과학적 관점과 대화하고 협업하는 더 포괄적인 접근법을 받아들였다.

5   이 논쟁의 개요는 다음 글을 보라. "Why Must the Church Come to Accept Evolution?: An Update," *The BioLogos Forum*, April 2, 2010, http://biologos.org/blog/why-must-the-church-come-to-accept-evolution-an-update. (현재는 접속할 수 없다. Waltke의 인터뷰 동영상도 Waltke가 바이오로고스와 유튜브에 삭제 요청을 함에 따라 현재는 접근할 수 없다—역주).

하고 리폼드 신학교 교수직을 사임해야 했다(하지만 그는 곧 낙스 신학교 구약성서신학 특별교수로 채용된다).

오래 지나지 않아 또 다른 영상이 등장했다. 복음주의 구약성서학 교수인 트렘퍼 롱맨의 인터뷰였다. 이 영상에서 롱맨은 창세기 1-2장을 "너무 지나치게 문자적으로" 읽지 말라고 경고했다. 그는 "아담"이 실제 개인을 지칭하는지, 아니면 인류 전체를 지칭하는지 확실하지 않다고 했다. 또한 창세기의 초반부가 "진화의 과정이 있다는 생각을 차단하지 않는다"라고도 주장했다. 2009년 9월에 촬영된 윌버포스 펠로우쉽과의 인터뷰는 이듬해 온라인상에 등록되었다.[6] 곧이어 리폼드 신학교는 롱맨의 외래교수직을 박탈했다. 도미노 현상이 벌어진 것이다.

이미 2005년에 피터 엔즈는 성경 무오설에 활기를 불어넣고자 성육신 교리를 사용했다.[7] 그는 전통적으로 복음주의자들이 가져온 가현설적 성경관을 비판하고, 그 대신 구약성경 본문의 본질을 이해하는 열쇠로서 성경의 **인간성**을 제시한다. 책을 둘러싼 논쟁이 도를 넘어 2008년 엔즈는 비판의 눈총을 받으면서 웨스트민스터 신학교를 사임한다. 그는 후속 작업을 통해 자신의 이론을 확대하여, 기독교 신학이 아무런 해도 입지 않으면서 아담과 하와의 역사성을 배제할 수 있다고 주장한다.[8] 이미 일은 벌어져 판은 커졌고, 더 커진 논쟁은 복음주의 연합 안에 이미 약해진 분파 간의 유대 관계를 위협했다.[9]

---

6   Tremper Longman, "Is There a Historical Adam?," *Wilberforce Fellowship Video*, September 16, 2009, http://www.youtube.com/watch?v=I8Pk1vXL1WE.

7   Peter Enns, *Inspiration and Incarnation: Evangelicals and the Problems of the Old Testament* (Grand Rapids: Baker Academic, 2005). 『성육신의 관점에서 본 성경 영감설』(CLC 역간).

8   Peter Enns, *The Evolution of Adam: What the Bible Does and Doesn't Say about Human Origins* (Grand Rapids: Baker Academic, 2012). 『아담의 진화: 성경은 인류 기원에 대해서 무엇을 말하는가』(CLC 역간).

9   Richard N. Ostling, "The Search for the Historical Adam," *Christianity Today*, June 2011, 23-27.

이 모든 것은 빙산의 일각에 불과하다. 온 바다에 난파선들이 떠다닌다. 앞에서 언급한 이들 외에 다른 교수들도 비슷한 상황에서 종신 재직권을 박탈당했다. 누군가는 새로운 근본주의적 종교재판이라는 임박한 재앙이 지평선 위로 떠오르는 것을 보고 있다. 아니, 재앙은 이미 문을 두드리고 있는지도 모른다. 심지어 이 집안 싸움은 세간의 이목을 끌었다.[10] 아마도 우리는 끝없는 논쟁 결투의 또 다른 장, 성경주의자와 진화론자—창조론자와 유신론적 진화론자가 들판에 마주 서서 장전된 총을 들고 있는 갈등의 상황을 목격하고 있는 것일까? 확실히 여기에는 몇몇 연결성이 존재한다. 하나를 꼽자면, 오래된 지구 창조론자와 젊은 지구 창조론자들은 똑같이 아담의 역사성을 옹호한다. 이를 부인하는 그리스도인들은 예외 없이 유신론적 진화론자다.

그러나 현실은 훨씬 더 복잡하다. 소위 창조론자들은 아담의 역사성에는 동의하지만, 창세기 초반부의 문학적 중요성과 마찬가지로 아담 창조의 방식에는 대체로 동의하지 않는다.[11] 또한 유신론적 진화론자는 타락의 역사성을 당연히 긍정할 수 있다. 멀리 갈 것 없이, 제임스 오르(James Orr), 교황 비오 12세(Pius XII), 구(舊) 프린스턴 신학자들 같은 20세기 초의 유신론적 진화론자들만 해도 그렇다. 이들은 모두 아담이 초자연적으로 창조되었으며 이후 타락했다고 주장했다.[12]

---

10 예를 들어 Barbara Bradley Hagerty, "Evangelicals Question the Existence of Adam and Eve," NPR Morning Edition, August 9, 2011, http://www.npr.org/2011/08/09/138957812/evangelicals-question-the-existence-of-adam-and-eve.

11 예를 들어 다음 학술대회 책자를 보라. *Journal of Creation Theology and Science Seires B: Life Sciences* 2 (2012): 27-47. 오래된 지구 창조론자인 John Collins와 다섯 명의 젊은 지구 창조론자 사이의 대화는 그의 책을 보라. *Did Adam and Eve Really Exist? Who They Were and Why You Should Care* (Wheaton: Crossway, 2011).

12 예를 들어 David Livingstone, *Darwin's Forgotten Defenders: The Encounter between Evangelical Theology and Evolutionary Thought* (Grand Rapids: Eerdmans, 1987).

이런 논쟁 속에서 우리는 아담을 마치 마음껏 뒤섞고 다시 맞출 수 있는 퍼즐의 한 조각으로, 타락과 진화 역시 각각의 분리된 퍼즐 조각으로 취급하고 싶은 유혹을 받는다. 그러나 이런 그림은 우리를 잘못된 길로 인도하며, 너무 단조롭고 일차원적이다. 아담과 타락은 원자처럼 정처 없이 독립적으로 성경 속을 떠다니는 개념이 아니다. 이것들은 다른 것을 함께 묶어주는 핵심적인 매듭이며, 훨씬 더 넓고 유기적이며 신학적인 기반과 꽁꽁 얽혀 있다. 신앙이라는 건축물에서 아담과 타락을 제거한다면, 그 결과는 어떨까? 마치 연못에 조약돌을 던졌을 때 잔물결이 일어난 후 곧 다시 잠잠해지는 것처럼 가볍게 넘어갈까? 아니면 좀 더 심각하게, 담벼락에서 떨어져 산산조각 난 달걀처럼, 왕의 모든 해석자들과 신학자들이 신앙을 다시 되돌리려 해도 할 수 없는 지경에 빠질까? 그리스도인에게는 이런 질문에 대한 믿을 만한 대답이 필요하다.

    이 논쟁은 주로 세 가지 핵심 분야를 둘러싸고 있다. 첫째는 신학에 있어 자연과학의 인식론적 지위에 관한 분야다. 일부 그리스도인들은 과학의 확실한 결과처럼 보이는 것 앞에서 전통적인 신앙이 어떻게든 변화해야 한다고 주장한다. 또 다른 그리스도인들은 급부상하는 과학 이론들로부터 점점 더 커지는 위협감을 느끼기 때문에, 호전적으로 반(反)과학적인 태도를 취한다. 한편으로, 우리는 죄의 지적 결과가 과학적 탐구의 모든 분야에 영향을 끼친다는 사실을 알아야 한다.[13] 과학이 성경의 권위를 찬탈해서는 안 된다. 그러나 다른 한편으로, 과학의 경험적 탐구가 우리로 하여금 하나님의 창조를 더 깊이 이해하고 즐기도록 해줌으로써 하나님을 영화롭게 할 수 있다는 합당한 인식이 필요하다.

---

13 Thomas S. Kuhn, *The Structure of Scientific Revolution*, 2nd ed. (Chicago: University of Chicago Press, 1970). 『과학혁명의 구조』(까치글방 역간).

두 번째 분야는 성경에 대한 역사적 비평이다. 우리가 성경의 본질에 대한 이해를 알맞게 변경하기만 한다면, 논쟁은 날카로운 이빨을 잃고 확 사그라들리라는 것이다. 엔즈는 이렇게 언급한다. "우리는 성경이 무엇을 할 수 있고 할 수 없는지에 대한 우리의 기대를 조정해야 한다. 다시 말해 우리는 최신의 역사적 정보를 고려하여 창세기에 대한 장르적 기대를 꼼꼼히 따져볼 필요가 있다."[14] 역사비평적 독해는 창세기 3장과 로마서 5장이 역사적 아담을 필요로 한다는 전통적인 가정에 의문을 제기한다. 많은 종교학자들은 성경의 무오성에 대한 묘사가 복음주의자의 지성을 포로로 사로잡아두고 있는 것은 아닌지 묻는다. 역사비평의 가정을 사용하는 성서학자들은 아담 없는 세계와 오래도록 화친했다. 그러나 복음주의자들은 최근에서야 건설적인 방식으로 이런 문제와 씨름하기 시작했다.[15] 복음주의 신학의 집 밖으로 무오설을 내쫓는 것이 훨씬 더 지독한 역사비평의 문제들이 들어오도록 문을 열어주는 행위에 불과한 것이 아닐까 하는 의문이 남아 있다. 복음주의 학문의 마지막 조건이 첫 번째보다 나쁠 것인가?[16]

논쟁의 마지막 분야는 교회 전통으로, 여기서 대표 인물은 갈릴레이다. 중세 교회에서는 천동설이 널리 받아들여졌는데, 이 입장은 코페르니쿠스,

---

14 Enns, *Evolution of Adam*, 42.

15 Christopher Hays and Stephen Lane Herring, "Adam and the Fall," in *Evangelical Faith and the Challenge of Historical Criticism*, ed. Christopher Hays and Christopher Ansberry (Grand Rapids: Baker Academic, 2013), 24-54. 이 책은 Mark Noll의 다음 책에서 시작된 논의를 계속하고 있다. *Between Faith and Criticism: Evangelicals, Scholarship, and the Bible in America*, 2nd ed. (Grand Rapids: Baker, 1991). 이와 연관된 또 다른 Mark Noll의 작업은 다음 책을 보라. *The Scandal of the Evangelical Mind* (Grand Rapids: Eerdmans, 1994). 『복음주의 지성의 스캔들』(IVP 역간).

16 이는 Robert Yarbrough의 글에서 발전된다. "Should Evangelicals Embrace Historical Criticism? The Hays-Ansberry proposal," *Themelios* 39 (2014): 37-52. 다음도 보라. Paul Wells, "The Lasting Significance of Ernst Troeltsch's Critical Moment," *Westminster Theological Journal* 72 (2010): 199-217.

갈릴레이, 케플러의 지동설에 의해 마땅히 전복되었다. 이 과정에서 개신교와 가톨릭 교회 모두는 성경 읽기에서 방어적이고 보수적이며 경직된 문자주의적인 태도를 취했다.[17] 오늘날 우리는 또 다른 갈릴레이와 마주하고 있는 것일까? 아담의 역사성을 옹호하면서 보수적 복음주의자들은 전통의 노예로 사로잡혀 있는 것일까? 웨스트민스터 신앙고백조차 전통의 불완전성을 강조하고 있다. "사도 시대 이후로 모든 공회나 총회는, 보편적이거나 특수하거나 간에, 오류를 범할 수 있으며 **또 많은 공회나 총회가 오류를 범했다.** 그러므로 이들은 신앙과 실천의 규칙이 아니라 일종의 도움으로 사용되어야 한다."[18] 일부는 복음주의자의 비타협적인 태도가 두려움에서 비롯된다고 주장한다. 아담의 역사성을 재고하는 일은 성경의 권위에 대한 확고한 이해에 도전이 될 것이고, 따라서 보수적 개신교의 정체성을 위협할 것이다. 엔즈는 이렇게 서술한다. "그러므로 일부 그리스도인에게 자연 과학이나 고고학의 증거는 그 설득력이 어떻든지 간에 그저 채택될 수 없는 것에 불과하다. **너무 많은 것이 거기에 달려 있기 때문이다.**"[19] 요약하자면, 과학과 신학의 대화에서 교회 전통이 할 수 있는 긍정적인 인식적·교육적 역할은 무엇이며, 우리는 종교개혁과 교부 전통의 옛 관점으로부터 무엇을 배울 수 있을까?

당신 손에 들려 있는 이 책은 이런 상황에 대해 말을 건넨다. 최종적인 결론은 아니지만, 전문가들을 위한 중요한 질문에 답하고자 할 뿐 아니라,

---

17 Ernan McMullin, ed., *The Church and Galileo* (Notre Dame: University of Notre Dame Press, 2005). Maurice A. Finocchiaro, "The Biblical Argument against Copernicanism and the Limitation of Biblical Authority: Ingoli, Foscarini, Galileo, Campanella," in *Nature and Scripture in the Abrahamic Religions: Up to 1700*, ed. Jitse M. van der Meer and Scott mandelbrote (Leiden: Brill, 2008), 627-64도 보라.

18 웨스트민스터 신앙고백, 31.3(Madueme, Reeves 강조).

19 Enns, *Evolution of Adams*, 146(Madueme, Reeves 강조).

더 거시적이고 통합적인 관심사에 대한 넓은 시야를 제시해주는 신중한 말을 제공하는 것이다. 이런 것이야말로 정상적인 그리스도인이 결국 살아가는 곳이며, 교리가 실존의 도로 위에서 시험되는 장소다. 그러나 일부 사람들은 참된 신학은 기독교 신앙을 **변증학**으로 끌어들이는 어떤 논의도 하지 말아야 한다고 주장한다. 바로 이런 상황이 우리로 하여금 신앙에 대한 특별한 신학적 우선순위에 주목하지 못하게 만들 수 있으며 복음의 균형적 상태를 왜곡시킬 수 있기 때문이다(예를 들어 칼 바르트가 이런 경향을 따라 주장한 것은 유명하다). 기꺼이 우리는 이런 염려에 귀를 기울인다. 그럼에도 불구하고 성경 외적인 요소가 우리에게 계승된 사도적 전승의 온전함을 위협할 때마다, 복음에 합당한 신학이라면 변증적인 성향을 취하는 일을 두려워하거나 피할 수 없다. 복음에 대한 충실성은 때로 변증적 본능을 요구한다. 앞으로 살펴볼 것처럼 변증이 신학에 있어 **목회적** 기능의 한 요소라면, 기독교 신학은 바로 이런 현시대의 질문에 개입함으로써 신자들의 삶 속에서 막강한 실존적이고 목회적인 견인력을 가질 것이다.

이 책에 수록된 여러 글 중에서, 신학적·문화적·과학적 타당성을 급격히 상실하고 있는 아담을 헤라클레스처럼 한 팔로 번쩍 들어 구해줄 수 있는 독자적인 글은 한 편도 없다. 그러나 이 책의 모든 장이 함께 연합해서 한 목소리를 낼 때, 이런 의문들에 포괄적인 방식으로 다가가는 "하나의 긴 논증"을 이룰 수 있을 것이다.[20] 우리의 기본 논지는 전통적인 원죄 교리가 정통일 뿐만 아니라 성경적 증거에 있어 가장 신학적으로 설득력 있는 종합이라는 것이다.

이 책 제1부의 처음 두 장에서는 구약성경과 신약성경에서의 아담의

---

20 Darwin은 그의 방대한 연구를 유명한 말, "하나의 긴 논증"으로 요약했다. *On the Origins of Species by Means of Natural Selection* (London: John Murray, 1895), 459.

역사성에 관한 주해적 증거를 검토한다.[21] "윌리엄 스톤"(William Stone)이 쓴 제3장에서는 고인류학의 결정적 증거와의 대화의 장에 아담을 초대한다. 스톤은 전문적인 고인류학자이며, 직업적 이유로 인해 자기의 글에 필명을 사용하기로 했다(그가 속한 학회나 동료들은 이 책에 실린 그의 글을 호의적으로 봐주지 않을 것이다). 이런 미묘한 상황은 논쟁이 쓸데없이 양극화되고 정치화되어가는 징후를 보여준다. 제2부 가운데 네 장에서는 교부 전승과 루터교, 개혁주의, 웨슬리주의 전승에 나타난 원죄의 중요성을 파헤친다. 나머지 한 장에서는 현대 신학에서 상대적으로 시들어가는 원죄 교리에 대한 전망을 보여준다. 제3부의 여러 장에서는 원죄 교리의 풍성한 성경적·신학적·목회적 차원을 검토한다. 이런 작업을 통해, 다윈 이후의 세계에서 성큼 다가온 엄청난 과학적 변화 속에서 원죄 교리가 현격한 회복력을 갖추고 활력을 불어넣는 신학적 에너지로 가득 차 있음이 판명날 것이다. 마지막 제4부에서는 타락과 원죄 교리에 대해 다시 제기되는 도전을 다루며 이 논의가 가진 끊임없는 개연성과 생명력을 보여준다.

기독교 신학은 정통적일 때(만이) 최상일 것이다. 바로 이런 이유로 인해 복음의 위대한 일들 속에 깊이 뿌리내린 실용적인 **확신**을 고취시키는 방향으로 교회를 섬기는 일에 부담을 가지는 것이다. 이 책에 동기를 부여한 것은 바로 이런 종류의 신학이다. 삶과 죽음의 문제가 달린 기쁨의 신학이다. 이런 취지로 우리는 독자들께 이 책을 권한다.

---

21 다음도 보라. Ardel Caneday and Matthew Barrett, eds., *Four Views on the Historical Adam* (Grand Rapids: Zondervan, 2013). 『아담의 역사성 논쟁』(새물결플러스 역간).

제1부

성경과 과학에서의 아담

제1장
구약성경에서의 아담과 하와

C. 존 콜린스(C. John Collins)

전통적으로 그리스도인들은 자신의 뿌리인 유대인들과 마찬가지로 성경의 서막에 등장하는 아담과 하와 이야기를 첫 인류에 대한 이야기, 즉 인간의 모든 후손의 기원으로 이해했다. 또한 그들은 창세기 3장에 나오는 "불순종" 사건이 모든 인류의 죄의 기원을 설명해준다고 여겼다. 다시 말해 기독교 독자들은 하나님이 처음에 인간을 도덕적으로 무구(無垢)하게 만드셨는데, 창세기 3장의 사건으로 인해 아담과 하와의 도덕적 상태가 변해 온 인류도 같은 길을 가게 되었다고 생각한다.[1]

오늘날 수많은 학자들은 인간과 죄의 기원에 대한 이런 전통적인 이해에 의구심을 품는다. 예컨대 20세기에 막대한 영향을 끼친 성서학자 제임스 바(1924-2006)는 기존의 창세기 독해 방식이 "근본적으로 성 바울에게서 유래한" 반면에, 창세기를 꼼꼼히 읽으면 다른 결론에 이르게 된다고 주장했다.[2] 나아가 또 다른 저명한 학자인 클라우스 베스터만(1909-2002)은

---

[1] 이 글은 출판사의 승인하에 다음의 내 작업을 참고해서 발전시킨 것이다. "Adam and Eve in the Old Testament," *Southern Baptist Journal of Theology* 15.1 (2011): 4-25; *Did Adam and Eve Really Exist? Who They Were and Why You Should Care* (Wheaton, IL: Crossway, 2011). 2009년, 아담과 하와를 역사적 인물로 여겨서는 **안 된다**고 주장하는 Daniel Harlow와 John Schneider와 함께 나는 미국 과학자 협회(American Scientific Affiliation)의 연례행사에서 열린 역사적 아담과 하와에 대한 포럼에 참석했다. 수정된 우리의 글은 다음 학술지에 게재되었다. *Perspectives on Science and Christian Faith* 62.3 (2010). 특히 학술지의 가장 첫 글로 실린 내 글은 다음과 같다. "Adam and Eve as Historical People, and Why It Matters," 147-65. 같은 책에 실린 뒤의 글에서 나는 Harlow를 언급했다. "After Adam: Reading Genesis in an Age of Evolutionary Science," 179-95.

[2] James Barr, *The Garden of Eden and the Hope of Immortality* (Minneapolis: Fortress, 1992),

창세기 3장("타락" 사건으로 여겨짐)이 구약성경 전체에서 별로 중요하지 않다고 주장했다. "이 본문은 구약성경 어디에서도 언급되거나 전제되지 않는다. 그것의 중요성은 원시적 사건으로 제한된다."[3] 복음주의 배경의 구약성서학자인 피터 엔즈는 이 개념을 발전시켜 구약성경이 (바울과는 별개로) 인간의 죄성을 아담의 최초 불순종의 탓으로 돌리지 않는다고 본다. 그에 따르면 창세기의 아담을 실제적인 첫 인류로 보는 것은 정말로 오류다. "바울의 아담은 구약성경을 '있는 그대로' 독해한 결과물이 아니다."[4]

현대 사조의 몇몇 요인들은 아담과 하와의 중요성이 감소하는 현상을 매력적으로 보이도록 만든다. 첫째, 아주 오래전 누군가의 행위가(그가 내 조상이라 할지라도) **어떻게** 지금 여기의 삶에 그토록 중요한 영향을 미칠 수 있는가라는 끝나지 않는 문제가 있다.[5] 둘째, 창세기 이야기와 평행하는 고대 근동(특히 메소포타미아)의 다른 지역 설화들이 있다. 창세기가 말하는 바와 여타의 설화들이 말하는 바는 유사해 보이는데, 다른 설화들에 "역사성"을 부여하지 않는다면 왜 창세기에만 그리해야 할까?[6] 셋째, 많은 사람들은 하나님의 특별 행위가 아닌 진화적·자연적 과정을 거쳐 인류가 발생했음을 암시하는 현대의 생물학적 이론을 받아들인다. 이런 이론은 새로운 종

---

        4. 이 부분에서 Harlow는 Barr를 따른다. "After Adam," 187. 내 책 *Did Adam and Eve Really Exist?*에 수록된 부록 3에 Barr의 책에 대한 비평을 실었다.

3   Claus Westermann, *Creation* (London: SPCK, 1974), 89. 『창조』(분도출판사 역간). Sibley Towner는 다음 글에서 Westermann의 견해를 인정하며 인용한다. "Interpretations and Reinterpretations of the Fall," in Francis A. Eigo, ed., *Modern Biblical Scholarship: Its Impact on Theology and Proclamation* (Villanova, PA: Villanova University Press, 1984), 72.

4   Peter Enns, *The Evolution of Adam: What the Bible Does and Doesn't Say about Human Origins* (Grand Rapids: Baker Academic, 2012), 80.

5   J. Matthew Ashley, "Original Sin, Biblical Hermeneutics, and the Science of Evolution," in Jitse van der Meer and Scott Mandelbrote, eds., *Nature and Scripture in the Abrahamic Religions*, 4 vols. (Leiden: Brill, 2008), 2:407-36. 여기서 Ashley는 전통적 "원죄" 개념을 거부하도록 하는 "현" 시대의 이런 충동에 대해 논의한다.

6   예로 다음을 보라. Enns, *Evolution of Adam*, 37.

(種)의 첫 조상에 대해 말하는 일을 어렵게 만든다. 일단 나는 여기서 이런 분위기를 이루는 요소들을 훑어보고, 더 넓은 논의는 다음 기회로 미루기로 하겠다.

언뜻 보면 "아담과 하와"는 실제로 히브리어 성경 전체(외경과 신약성경은 별도로)에서 미미한 역할을 한다고 보일 수 있다. 빅터 해밀턴은 이렇게 설명한다.

> 구약성경에서 창세기 1-5장을 제외하면 고유명사 "아담"이 분명하게 언급되는 경우는 역대상 1:1이 유일하다. 신명기 32:8, 욥기 31:33, 호세아 6:7에서 나타난다고 볼 수도 있다. 구약성경 문헌이 노아, 아브라함, 야곱, 모세 같은 이스라엘의 과거 영웅들을 회상하기를 꺼리지 않고 이를 통해 과거와 현재를 하나의 공동 연속체로 이어준다는 사실을 생각해보면 이는 놀라운 일이다. 구약성경과 달리 신구약성경 중간기 문헌과 신약성경에는 아담이 여러 번 언급된다. 중간기 문헌의 경우 「집회서」 17:1; 49:16, 「토비트서」 8:6, 「지혜서」 2:23; 9:2을 비교해보라. 신약성경의 경우 누가복음 3:38, 로마서 5:12-21, 고린도전서 11:12, 15:22, 45-49, 디모데전서 2:13-14을 비교해보라.[7]

만일 인용 횟수가 이 논의의 전부라면, 아담과 하와에 대한 기독교의 전통적인 강조를 정당화하기란 참으로 힘들 것이다. 그러나 내가 보여주고

---

[7] Victor P. Hamilton, "ādm (no. 132)," in *New International Dictionary of Old Testament Theology and Exegesis*, ed. W. A. VanGemeren, 5 vols. (Grand Rapids: Zondervan, 1997), 1:264. 나는 대체로 그의 고유명사 분석에 동의하며, 흔한 표현 ben/benê 'adam의 70인역 번역 υἱὸς ἀνθρώπου/οἱ υἱοὶ τῶν ἀνθρώπων(ben/benê 'adam을 υἱοὶ Ἀδαμ로, ESV는 "인간"으로 옮기는 신 32:8을 제외)에 동의하여 마땅히 "인자"/"인간의 아이들"로 기꺼이 생각한다. 노아의 경우에는 Hamilton이 과장해서 말한 것 같다. 특히 아브라함, 야곱, 모세와 비교함에 있어 노아는 창 5-10장을 제외하고는 대상 1:4; 사 54:9; 겔 14:14, 20에서만 등장하며, 외경에는 「토비트서」 4:12; 「집회서」 44:17-18; 「마카베오 4서」 15:31에만 나타나는데, 이는 아담과 유사한 정도다.

자 하는 바처럼, 이런 횟수는 오해의 소지가 다분할 수 있으며 우리의 논의를 좌지우지해서는 안 된다.

내가 이 글에서 이루고자 하는 바는 다음과 같다. 첫째, 아담과 하와에 대한 분명한 언급은 주로 창세기 1-5장에 있기에, 먼저 창세기 1-11장이 어떻게 지금의 형태로(구성적 역사와 상관없이) 명료한 문학적 일치를 이루는지를 보여줄 것이다. 성경의 나머지 부분에서 이 부분을 하나의 전체로서 취급하고 있다면, 일부분의 반영이 곧 전체를 상기시킬 수 있음은 당연하다. 둘째, 창세기 1-5장의 특별한 쟁점들을 검토함으로써 어떻게 이 본문이 아담과 하와를 묘사하며 이들의 중요성을 나타내는지를 살펴볼 것이다. 셋째, 구약성경의 나머지 부분이 어떻게 아담과 하와 이야기를 언급하고 상기시키며 전제하는지를 숙고해볼 것이다. 끝으로 제2성전기(신약성경 외) 유대 문헌 가운데서 표본을 추려 주류 유대교 저자들이 나와 상당히 같은 방식으로 아담과 하와를 이해했음을 보여줄 것이다. 전반적인 논의 내내 나는 어떻게 구약성경 이야기가 인류의 근원으로서 또한 하나님의 세상으로 죄가 들어오는 통로로서 아담과 하와의 역사적 중요성을 전제하고 있는지에 관심을 집중시킬 것이다.

창세기 1-11장의 일치성

보통 학자들은 창세기 1-11장이 별개의 출처에서 비롯했다고 본다. 심지어 창세기 1-2장은 서로 어울리기 어려워 보이는 두 개의 **다른** 창조 기사(1:1-2:3과 2:4-25)를 담고 있다고 본다.[8]

---

8   예를 들어 Enns, *Evolution of Adam*, 140; Daniel Harlow, "Creation according to Genesis:

창세기의 현재 형식이 창세기 1-11장을 일관된 하나로 보게 한다는 점을 확신할 수 있다면, 이런 일관성을 담지 않는 어떤 해석도 불충분하다고 말할 수 있다. 이는 우리가 각 본문의 출처에 대해 어떤 견해를 가졌는지와는 무관하다.

창세기의 설정

논의의 첫 단계는 창세기 1-11장이 창세기 전체 구조의 일부라는 점이다. 창세기에서 톨레돗(toledot, "계보")의 조직적 기능은 잘 알려져 있으며 창세기 2:4, 5:1, 6:9, 10:1, 32, 11:10, 27, 25:12, 19, 36:1, 9, 37:2에서 볼 수 있다. 톨레돗에 따르면 창세기 1장(정확히 1:1-2:3)은 창세기 전체에서 일종의 서론 역할을 하고, 2-4장(2:4-4:26)은 그다음 부분으로 이어지는 식이다.[9]

나는 창세기 1-11장(1:1-11:26)이 고유한 일관성을 가지고 있다고 주장할 것이다. 우리는 이 일관성이 **톨레돗**으로 특징지어지는 몇 개의 부분들에까지 펼쳐져 있음을 볼 수 있다. 동시에 R. W. L. 모벌리의 지적처럼, 창세기 11장과 12장 사이에는 실제적인 문법적 단절이 없다.[10] 전체로서의 이야기는 매끄럽게 진행된다.

이제 창세기 1:28이 한 쌍의 사람에게 "생육하고 번성하라"고 하신 하나님의 "복"을 어떻게 기록하는지를 살펴보자. 이 주제는 창세기 전반에 흐르고 있으며 성경의 다른 책에서도 나타난다. 창세기 9:1에서 노아는 일종

Literary Genre, Cultural Context, Theological Truth," *Christian Scholars Review* 37.2 (2008): 163-98.

9   내 책의 논의를 보라. *Genesis 1-4: A Linguistic, Literary, and Theological Commentary* (Phillipsburg, NJ: P&R, 2006), 229.

10 R. W. L. Moberly, *The Theology of the Book of Genesis*, Old Testament Theology series (Cambridge: Cambridge University Press, 2009), 121.

의 "새 아담"이다.[11] 하나님은 노아와 그 아들들에게 복을 주시며 그들에게 "**생육하고 번성하여** 땅에 충만하라"고 말씀하셨다. 창세기 12:2-3에서 야웨는 아브람에게 **복**을 주어 그를 그의 후손과 그 외 세상의 모든 족속을 위한 **복**의 통로로 만드셨다. 이 약속은 아브라함의 후손 곧 이스마엘(17:20), 이삭(26:3-4), 야곱(28:3; 48:3-4)에게 반복된다. 출애굽기는 "이스라엘 자손은 **생육하고** 불어나 **번성하고** 매우 강하여 온 땅에 가득하게 되었더라"고 시작한다. 신명기는 이스라엘 백성이 하나님께 신실할 때 이 복을 계속해서 누리게 되리라고 약속한다(30:16; 7:13도 보라).

곧 내가 오늘 네게 명령하여 네 하나님 여호와를 사랑하고 그 모든 길로 행하며 그의 명령과 규례와 법도를 지키라 하는 것이라. 그리하면 네가 생존하며 **번성할** 것이요 또 네 하나님 여호와께서 네가 가서 차지할 땅에서 네게 **복을 주실** 것임이니라.

이 모든 것은 창세기가 하나님이 아담과 하와 이후에 노아와 아브람과 그 후손과 새 출발을 하는 방식에 집중하고 있음을 보여준다. 그러므로 노아와 아브람, 이스라엘은 "새 아담들"로서 어떻게 창세기 1-2장이 모세 오경 전체와 완전히 통합되는지를 보여준다.

하나님이 아브라함을 부르신 것은 단지 한 사람의 유익뿐만 아니라 나머지 세계를 위해서이기도 하다.[12] 구약성경의 메시아적 소망에서 주요한

---

11   예를 들어 William Dumbrell, *Covenant and Creation: A Theology of the Old Testament Covenants* (1984; Carlisle, UK: Paternoster, 1997), 27. 『언약과 창조』(크리스챤서적 역간). Tremper Longman III, *How to Read Genesis* (Downers Grove, IL: InterVarsity, 2005), 117-18. 『어떻게 창세기를 읽을 것인가?』(IVP 역간). Bruce Waltke and Cathy J. Fredericks, *Genesis* (Grand Rapids: Zondervan, 2001), 127-28.

12   예를 들어 나는 Christopher Wright에게 동의한다. *The Mission of God: Unlocking the Bible's*

주제 중 하나는, 바로 메시아의 인도 아래 하나님의 백성이 그분의 빛을 이방 세계로 비추게 되리라는 기대다. 이런 성경 이야기의 형식은 온 인류가 공통의 기원을 가지고 공통의 곤경에 빠져 있으며, 하나님을 알아야 하는 공통의 필요가 있고 그 속에 하나님의 형상을 보유하고 있다는 사실을 전제한다. 이런 전제는 인류라는 종 전체의 "타락"에 대한 여러 해석으로 창세기 1-11장을 이야기 속에 포함시키는 데서 비롯되었다.

창세기 1-11장과 고대 근동 "설화" 사이의 평행

창세기 1-11장을 함께 읽어야 한다는 논법의 둘째 단계는 다른 고대 근동인, 특히 메소포타미아인들의 사료와의 평행에서 비롯한다.[13]

Grand Narrative (Downers Grove, IL: InterVarsity, 2006), 194-221. 『하나님의 선교』(IVP 역간). Wright는 Moberly의 논지에 반대한다. *Theology of the Book of Genesis*, 141-61. Wright의 입장이 Moberly에 비해 다음 사항을 다루는 데 있어 더 공정하다. (1) 창 12:3의 수동태 혹은 재귀 동사의 올바른 의미 전달("땅의 모든 족속이 그들 스스로를 축복할 것이다"가 아니라 "땅의 모든 족속이 너로 말미암아 복을 얻을 것이라"), (2) 창 12:1-3의 맥락과 더불어 아브라함의 후손에게 선포된 여타의 "복" 본문과 1:28의 재현, (3) 아브라함 족속을 통해 이방인에게 이른 복에 대한 성경적 주제, (4) 시 72:17이 창 22:18을 반영하는 방식이 그것이다. (2)와 (4)에 관한 자세한 부분은 다음을 보라. D. Alexander, "Further Observations on the Term 'Seed' in Genesis," *Tyndale Bulletin* 48.2 (1997): 363-67. 또한 나의 "Galatians 3:16: What Kind of Exegete Was Paul?" *Tyndale Bulletin* 54.1 (2003): 75-86. "네 안에 있는"(in you, 한글 성경에는 "너로 말미암아"-역주)이라는 표현의 의미에 있어 Moberly는 언약적 포함 관계를 고려하지 않는다. 그러나 나는 그것이야말로 이 히브리어에 대한 최고의 설명이라고 본다. 즉 사람들이 누구 "안에" 있다는 표현은 그 대표하는 누군가의 백성이라는 의미. 이런 일반적 관점이 Enns의 *Evolution of Adam*의 논의에서는 전혀 고려되지 않는다.

13   이 주제에 대한 훨씬 더 풍성한 논의는 내 책 *Did Adam and Eve Really Exist?*의 부록 1을 보라. Enns는 19세기에 시작된 관련 자료의 발견이 "최초로 또한 돌이킬 수 없게 이스라엘 종교를 더 광범위한 맥락 안에 두었다"라고 주장한다. *Evolution of Adam*, 35. 실제로 이는 틀린 주장이다. 제2성전기 유대교와 초기 기독교 저자들은 주로 그리스어 자료를 사용했지만, 이런 맥락을 알고 있었다. 예컨대 Theophilus of Antioch(Enns는 다른 맥락에서 그를 언급한다, 88)는 창세기의 홍수 이야기와 이교 자료에 있는 동일한 이야기의 관계에 관한 문제를 말한다. 내 글에 있는 논의를 보라. "Noah, Deucalion, and the New Testament," *Biblica* 93.3 (2012): 403-26. 고고학자들의 중대한 기여 덕분에 우리는 이런 본문에 대한 고대 근동의 언어적 양식을 참고할 수 있다.

앞서 나는 창세기 1-11장에서 창세기의 나머지 부분으로의 전환을 직관적으로 볼 수 있다고 언급했다. 비록 문법적인 전환이 없음에도 불구하고, 어떻게 내레이터가 아브라함 이야기에서 속도를 늦추는가에서 우리의 직관은 지지를 발견하게 된다. 즉 내레이터는 긴 세월을 짧은 내러티브로 표현하는 반면에, 더 짧은 시간의 경과를 표현하기 위해서는 보다 많은 세부 사항을 넣어 긴 이야기를 구성한다.

고대 근동의 다른 이야기들도 우리의 직관이 옳았음을 확인해준다. 나로서는 수메르 왕들의 목록, 아트라하시스 서사시, 에리두 창세기/수메르 홍수 설화 등이 창세기 1-11장과 주요한 지점에서 평행한다고 보는 고대 근동 전문가들에게 이의를 제기할 이유가 없다.[14] (「에누마 엘리쉬」, 「바벨론 창조 서사시」 같은 다른 이야기들은 한때 비교 연구를 위한 전도양양한 자료로 여겨졌다. 아시리아학자들은 여전히 이 자료를 들여다보지만, 그러나 이전에 비해 좀처럼 이

---

14   예를 들어 David T. Tsumura, "Genesis and Ancient Near Eastern Stories of Creation and Flood: An Introduction," in *I Studied Inscriptions from before the Flood: Ancient Near Eastern, Literary, and Linguistic Approaches to Genesis 1-11*, ed. Richard S. Hess and David T. Tsumura (Winona Lake, IN: Eisenbrauns, 1994), 27-57, 특히. 44-57; Richard Averbeck, "The Sumerian Historiographic Tradition and its Implications for Genesis 1-11," in *Faith, Tradition, and History: Old Testament Historiography in Its Near Eastern Context*, ed. A. R. Millard, James K. Hoffmeier, and David W. Baker (Winona Lake, IN: Eisenbrauns, 1994), 79-102; Kenneth A. Kitchen, *On the Reliability of the Old Testament* (Grand Rapids: Eerdmans, 2003), 423-25; Anne Drafkorn Kilmer, "The Mesopotamian Counterparts of the Biblical Nephilim," in *Perspectives on Language and Text*, ed. Edgar W. Conrad (Winona Lake, IN: Eisenbrauns, 1987), 39-43. Richard S. Hess, "The Genealogies of Genesis 1-11 and Comparative Literature," *Biblica* 70 (1989): 241-54 (reprinted in Hess and Tsumura, *I Studied Inscriptions*, 58-72). Richard Hess는 성경의 계보와 왕의 목록 간의 차이에 관한 유익한 경고를 덧붙인다. Tikva Frymer-Kensky, "The Atrahasis Epic and Its Significance for Our Understanding of Genesis 1-9," *Biblical Archaeologist* 40.4 (1977): 147-55. Tikva Frymer-Kensky는 성경의 홍수 이야기와 아트라하시스, 길가메시 서사시의 평행을 입증하는 동시에 성경과 메소포타미아 설화 간의 차이점도 보여준다. 그러나 창세기에 대한 그녀의 특별한 주해적 관점이 강력한 설득력이 있다고는 못하겠다.

런 비교를 많이 하려고 하지 않는다.[15])

이런 연결성 및 창세기 1-11장과 다른 자료들이 어떤 식으로 유사하고 또 상이한지에 대해 할 말이 많지만, 여기서는 지면의 제약으로 인해 그럴 수 없다. 현재 논의의 관심은 메소포타미아에서 비롯된 중요한 이 패턴이 창세기 1-11장이 말하는 문학적·사상적 맥락을 제공한다는 점이다. 즉 창세기 1-11장이 **전체로서** 다루어져야 한다는 결론은 합리적이다.

이런 평행은 창세기 1-11장의 기능에 대해 무엇을 말해주는가? 메소포타미아 자료는 아시리아학자 윌리엄 할로가 "선역사"(prehistory, 확실한 기록이 있기 전에 인간이 존재하던 시기)와 "원역사"(protohistory, 기록이 시작된 최초의 시기)라고 칭한 것을 제공해준다.[16] 이를 제시하는 또 다른 방식은, 이

---

15 W. G. Lambert는 「에누마 엘리쉬」에 대한 관심이 줄었다고 주장한다. 그의 글을 보라. "A New Look at the Babylonian Background of Genesis," *Journal of Theological Studies* n.s. 16.2 (1965): 287-300. "첫 번째 주요한 결론은 「창조 서사시」가 바벨론이나 수메르인의 우주론에 있어 표준이 아니라는 점이다. 이 문서는 신화적 요소들을 편협하고 비정상적으로 짜 맞춘 하나의 특이한 작품이다. 내 생각에 그것은 기원전 1100년 이후에 나왔다." 다음도 보라. Alan R. Millard, "A New Babylonian 'Genesis' Story," *Tyndale Bulletin* 18 (1967): 3-18. Kitchen, *On the Reliability of the OT*, 425도 보라. 창 1장에는 혼돈과의 전투(「에누마 엘리쉬」에서 보는 것 같은) 개념이 없다고 주장하는 Gordon H. Johnston의 글을 보라. "Genesis 1 and Ancient Egyptian Creation Myths," *Bibliotheca Sacra* 165.658 (2008): 178-94. 그는 이집트의 이야기가 창세기의 유력한 배경이라고 주장한다. 나는 이집트 자료가 관련이 없다고 보지는 않지만, 메소포타미아 자료의 형식이 전반적으로 가장 평행한다고 본다. 이와 유사하게 John Walton은 "Creation in Genesis 1:1-2:3 and the Ancient Near East: Order out of Disorder after Chaoskampf," *Calvin Theological Journal* 43.1 (2008): 48-63에서 "혼돈과의 전투"와 "신들의 전쟁" 모두를 부정하지만, 대중적인 *The Lost World of Genesis One: Ancient Cosmology and the Origins Debate* (Downers Grove, IL: InterVarsity, 2009; 『창세기 1장의 잃어버린 세계』[그리심 역간])와 학술서 *Genesis 1 as Ancient Cosmology* (Winona Lake, IN: Eisenbrauns, 2011; 『창세기 1장과 고대 근동 우주론』[새물결플러스 역간])에서는 창 1장이 "신전 우주론"이라고 주장한다. 그러나 여전히 Waltke(Waltke and Fredericks, *Genesis*, 23)는 「에누마 엘리쉬」에서 자신이 중요하게 여기는 평행을 발견하며, Enns도 마찬가지다(예를 들어 *Evolution of Adam*, 38-43). 여기서 언급한 요소들은 두 사람 모두의 주장을 현저히 약화시킨다. 또한 이 책에서 Noel Weeks의 글을 보라.

16 William W. Hallo, "Part 1: Mesopotamia and the Asiatic Near East," in *The Ancient Near East: A History*, ed. William W. Hallo and William K. Simpson (Fort Worth: Harcourt Brace, 1998), 25.

런 자료가 공식적인 메소포타미아 세계관 이야기의 전초(前哨)라고 불리는 것을 제공한다는 점을 인식하는 것이다. 게다가 메소포타미아인들은 자신들이 실제 사건이라고 생각하는 것을 토대로 하여 이야기를 만듦으로써 목적을 달성하려고 한 것 같다. 비록 엄청난 양의 상상적 이미지와 상징을 사용하기는 하지만 말이다. 이런 사실은 어떤 문헌에 대해 우리가 **반드시** 문자적으로 해석할 수 있어야만 역사적 자료가 된다고 생각하는 사람들의 근본적인 오류를 보여준다. 이런 사람들은 고대 문헌 자체의 의미를 해석하지 못할 뿐만 아니라 실제로 인간의 의사소통 방식을 무시하고 있다.

그러므로 창세기 1-11장이 신적으로 승인된 "공식판"(official version)을 제공한다고 받아들이는 것은 합당하다(하나님의 백성은 이 공식판을 가지고, 지나친 문자주의에 구애받지 않으면서 역사에 대해서도 동일한 주의를 기대하면서 선역사와 원역사를 그릴 수 있다).[17]

창세기 1-11장의 문학적·언어적 연관

창세기 1-11장을 하나의 통일체로 읽는 것이 적절하다는 주장의 세 번째 단계는 각 단락을 연결해주는 문학적·언어적 연결고리에서 찾을 수 있다.

창세기 1-11장 전체를 이어주는 가장 잘 알려진 연결고리로는 노아를 "새 아담"이라고 제시하는, 아담과 노아 사이에서 이미 지적된 연결고리를 들 수 있다. 더 나아가 창세기 1장과 5장은 1:26-27과 5:1-5(아담의 삶)로, 창세기 4장과 5장은 4:25-26과 5:3-11(셋과 에녹)로 분명히 연결된다.

---

17 나는 이 부분에 대해 "Adam and Eve as Historical People," 150-53에서 자세히 다루었으며, *Did Adam and Eve Really Exist?*의 2장과 부록 1에서는 더 상세히 다루었다. 반대로 Harlow는 창세기와 메소포타미아 설화 모두에 녹아 있는 상징적·회화적 요소들을 인식하지만 두 가지 모두 비역사적이라고 단언한다. "After Adam," 185-87. Enns는 *Evolution of Adam* 전체에서 유사한 가정을 하고 있다. 이 저자들은 논증도 없이 해석에 있어 문자주의적 계획과 역사성을 융합하고 있다.

확실하지는 않지만 가인의 후손(4:17-22)과 셋의 후손(5:6-32)의 계보는 에녹, 므후야엘/므두셀라, 라멕(4:18; 5:18, 21, 25)으로 연결되었을 수도 있다.[18]

창세기 9-11장은 앞선 단락들과 일관성을 유지하면서 대홍수 이후를 기록하고 있다. 노아의 가계(10:1을 보라)로부터 나온 수많은 민족들의 후손은 계보들에 의해 연결되고(11:10, 셈 계열의 선택), 10:21-25과 평행하는 11:10-19(벨렉으로 이어짐), 아브람과 나홀과 하란까지 이어지는 11:20-26(이들과 그 후손은 창세기의 나머지 부분에 계속 등장한다)이 나온다.

창세기 1-4장 안에서도 뚜렷한 연관성이 있다. 첫째, 창세기 2-4장은 약간의 편집을 거친 J문서에 근거한다고 흔히 여겨지기에, 전체적인 통일성에 관한 논란은 심하지 않다.[19] 둘째(아래를 보라), 창세기 2:4-25은 창세기 1장에 나왔던 여섯째 "날"에 대해 자세히 기록하고 있다. 셋째, P문서 창조 이야기(창 1장)에서 신인동형론(anthropomorphism)이 사용되지 않았다는 일반적인 주장은 그릇되다.[20] 실제로 이 이야기는 하나님이 주중에 일하시고 안식일에 휴식을 즐기신다고 묘사함으로써 신인동형론을 사용하고 있다.[21] 창세기 2장 역시 하나님을 첫 사람을 "지으시는"(2:7) 토기장이로, 첫 여자를 "만드시는"(2:22) 노동자로 묘사하며 신인동형론을 사용했다. 끝

---

18   내 책 *Genesis 1-4*, 201도 보라. 이 책에서 나는 두 가계도의 차이가 현저할 수 있다고 주장한다. 가인의 가계도가 점점 감소하는 것은 인간의 필연적 결과라기보다는 구성원들의 도덕 지향에서 비롯되었다고 볼 수 있는데, 이는 결국 가계도의 첫 인물의 지향에 영향을 받았음을 보여준다고도 할 수 있다. 또한 우리는 저자가 가인 계보의 지향성이 점차 우세해져서 셋의 후손들을 하나님으로부터 멀어지게 하여 "사람의 죄악이 세상에 가득"하게 되었다(6:5)고 본다고 추측해볼 수도 있다.

19   Richard Elliott Friedman, *The Bible with Sources Revealed: A New View into the Five Books of Moses* (New York: HarperCollins, 2003). 또한 내 논의를 보라. *Genesis 1-4*, 227-28.

20   예를 들어 Friedman, *Bible with Sources Revealed*, 12; S. R. Driver, *The Book of Genesis*, Westminster Commentary (London: Methuen, 1904), xxv.

21   나는 이를 여러 글에서 주장했다. 예를 들어 *Science and Faith: Friends or Foes?* (Wheaton: Crossway, 2003); *Genesis 1-4*, 77.

으로 몇 가지 언어적 연결은, 개별적인 단락들이 어떤 분리된 출처에서 왔든지 간에, 일관적으로 보이는 방식으로 편집되었음을 보여준다. 예컨대 1:28의 "하나님이 그들에게 **복을 주시며** 하나님이 그들에게 이르시되 '생육하고 **번성하여**'"를 살펴보자. 창세기 3장에서는 이 "복"(*brk*)이 반의어인 "저주"(*'rr*)로 대체되었다. 자녀를 낳고 **번성하라**(multiply)는 복이 주어졌으나, 불순종 이후에 하나님은 여자에게 "내가 네게 임신하는 고통을 크게 **더하리니**(multiply)"라고 말씀하신다. 복이었던 것이 고통과 위험으로 바뀐 것이다. 5장의 계보에도(29절) 땅에 대한 하나님의 "저주"(3:17)가 나온다. "[라멕이 그의] 이름을 노아라 하여 이르되 '여호와께서 땅을 **저주**(*'rr*)하시므로 **수고롭게 일하는**('*itstsâbôn*, 3:16, 17) 우리를 이 아들이 안위하리라' 했더라."

나아가, 창세기 1-11장에는 하나님이 "우리"라고 말씀하시는 "불가사의한" 1인칭 복수형이 세 번 나타난다(1:26; 3:22; 11:7). 많은 이들이 이 구절들(적어도 첫 번째)을 하나님이 천사들의 회의에서 말씀하신 것이라고 여기지만, 나는 "자칭 복수형"이 최선의 설명이라고 생각한다.[22] 이런 특정한 결론이 내 논의의 목적에 있어 중요한 것은 아니다. 요점은, 이것이 서로 다른 출처에서 왔다고 가정되는 이 자료의 변별적 특징이라는 것이다. 일단 창세기 1-11장이 창세기 전체의 흐름과 어떻게 융합되는지, 메소포타미아의 기본적인 세계관 형성적 자료들과 어떻게 평행하는지를 안다면, 이 장들을 한데 모은 사람이 누구든지 간에 이를 문학적이고 언어적인 측면에서 통일성 있게 보이도록 만들었으리라는 점은 놀랍지 않다.

---

22   이에 관한 논의로는 다음을 보라. Collins, *Genesis 1-4*, 59-61. 최근에 Lyle Eslinger는 이런 복수형이 하나님과 인간의 차이를 강조적으로 보여주고 있다고 주장한다. "The Enigmatic Plurals like 'One of Us' (Genesis i 26, iii 22, and xi 7) in Hyperchronic Perspective," *Vetus Testamentum* 56.2 (2006): 171-84. 나는 이를 납득할 수가 없으며, 내 요지가 더 간단하며 주해적인 근거가 있는 설명이라고 생각한다.

창세기 1장과 2장은 두 가지 창조 기사인가?

이제 범위를 더 좁혀 창세기 1:1-2:3과 2:4-24을 살펴보자. 이 두 단락은 이를 일관적으로 읽으려는 모든 시도를 좌절시키지 않는가?

이 단락들이 서로 다른 출처에서 왔는지 아닌지 하는 문제에 대해서라면, 이런 가설적인 출처 중 어느 것도 실제로 존재했다고 알려지지 않았기 때문에, 그 출처를 지지하는 주장이든 반박하는 주장이든 영영 매듭지어지지 않을 것이다. 우리가 가진 유일한 자료는 바로 이 두 단락이 함께 있는 본문이다. 게다가 이 단락들을 한데 묶은 사람이 누구였든지 간에, 그(들)를 우리가 볼 수 있는 모든 모순점들을 발견하지 못할 어리석은 자(들)로 여길 이유는 없다. 창세기의 통상적인 비평적 단절에서 가설적인 자료들이 있었음을 받아들이고 최종 구성은 후기 연대를 지지하는 학자인 제임스 바는 다음과 같은 기대가 타당하다고 보았다. 즉 제임스 바가 보기에, 편집자는 자료들 사이의 본래 모순점들을 가다듬었으며, 그래도 남아 있는 긴장들은 고대의 청자들로 하여금 **"두 가지 내러티브 모두에서 진실성을 인식하는"** 길을 모색하도록 만들었으리라는 것이다.[23] (제임스 바는 이 가다듬는 작업이 실제로 어떻게 실행되었을지에 대해서는 설명하지 않았다.) 그러므로 문학적이고 언어학적인 연구가 이 생산품 전체를 일관적으로 읽는 방법으로 인도한다면, 우리는 여기에 주의를 기울이는 편이 온당하다.

나 자신의 문학적이고 언어학적인 연구 역시 이런 일관성에 이른다.

---

23   James Barr, "One Man, or All Humanity? A Question in the Anthropology of Genesis 1," in *Recycling Biblical Figures: Papers Read at a NOSTER Colloquium in Amsterdam*, ed. Athalya Brenner and Jan Willem van Henten, May 12-13, 1997, Studies in Theology and Religion (Leiden: Deo, 1999), 6. 솔직히 말해 전통적인 그리스도인으로서 나는 Barr가 증정하는 주석적인 선물을 경계한다. Barr가 1984년에 David Watson에게 보낸 유명한 서신에 대한 내 비판적 논의로는 *Science and Faith: Friends or Foes?*, 364-66을 보라. 동시에 Barr는 성서학의 언어학적 엄밀성에 있어 실제적인 기여를 했다. 우리는 그가 논증의 타당성을 제시할 때는 그의 입장을 인정해야 한다.

나는 이 두 이야기가 일치하지 않는다는 견해와는 반대인 전통적인 랍비적 견해를 지지한다. 이 견해는, 창세기 1:1-2:3은 하나님이 이 땅을 창조하시고 사람이 살아가기 적합한 장소로 준비시키는 전반적인 사건을, 창세기 2:4-25은 1장의 여섯째 날의 사건을 자세히 서술한 것으로 보아야 한다고 주장한다.[24] 하이든의 오라토리오 "천지창조"에서 여섯째 날에 하나님이 사람을 "자기 형상"(창 1:27)대로 창조하시고 "생기를 그 코에 불어넣으"셨다(창 2:7)고 하며 두 이야기를 함께 엮는 방식에도 이런 전통적인 독해가 들어 있다.[25] 더 중요하게는 마태복음 19:3-9(막 10:2-9)에서 예수가 창세기 1:27-2:24을 조합하여 두 기사를 함께 해석하는 방식에서도 같은 독해가 발견된다.[26] 나의 연구는 창세기 2:4-7이 두 이야기를 어떻게 이어주는지를 보여줌으로써 전통적인 접근에 문법적 타당성을 부여한다. 더 나아가 이런 독해는 창세기의 기록 연대와 저자에 대한 관점에 그 타당성이 달려 있지 않다.[27]

창세기 1:1-2:3의 목적은 세상을 사람이 살아가기에 적합한 장소로 만드신 하나님의 위대한 업적을 기리는 것이다. "이 구절들의 고상한 어조는 독자들로 하여금 이 모든 일을 행하신 분의 창조성과 능력, 선하심을 숭

---

24 내 책을 보라. *Genesis 1-4*, 108-12, 121-22. 전통적인 유대교적 견해의 예들은 다음의 히브리어 주석서를 보라. Yehudah Keel, *Sefer Bereshit*(창세기), Da'at Miqra' (Jerusalem: Mossad Harav Kook, 1997), מד (citing "our sages of blessed memory," with n7 listing some of them).

25 Franz Joseph Haydn, *Die Schöpfung* (Hob. xxi:2), §§23-24. 이에 더하여, 창 1장에 의존하고 있다고 폭넓게 인정되는 시 104편이 어떻게 하나님이 "경작"하시는 14절에서 창 2장을 암시하는지도 보라(히브리어 'bd, "일하다", 창 2:5, 15; 3:23).

26 Harlow는 바울이 "아담과 하와, 뱀의 이야기에 호소하는 유일한 저자"라고 그릇된 주장을 한다. 또한 그는 복음서나 요한계시록이 그 이야기를 전유한다는 것을 부정한다. "After Adam," 189. 이는 놀라운 주장이지만 여기서 다루지는 않을 것이다. 마찬가지로 Enns도 *Evolution of Adam*에서 이 본문의 중요성을 놓치고 있다. 내 책 *Did Adam and Eve Really Exist?* 3장을 참고하라.

27 나는 이 자료가 대체로 모세의 저작이라고 주장한다. *Did Adam and Eve Really Exist?* 부록 3.

배하는 마음과 경외하는 마음을 가지고 말씀을 묵상할 수 있게 해준다."[28] 그러고 나서 창세기 2:4-7이 나온다.

이것이 천지가 창조될 때에 하늘과 땅의 내력이니, 여호와 하나님이 땅과 하늘을 만드시던 날에, 여호와 하나님이 땅에 비를 내리지 아니하셨고 땅을 갈 사람도 없었으므로 들에는 초목이 아직 없었고 밭에는 채소가 나지 아니했으며 안개만 땅에서 올라와 온 지면을 적셨더라. 여호와 하나님이 땅의 흙으로 사람을 지으시고 생기를 그 코에 불어넣으시니 사람이 생령이 되니라.[29]

첫 단락을 되돌아보고 둘째 단락으로 나아가는 2:4의 교차 대칭 구조(a 하늘 | b 땅 | c 천지가 창조될 때에 // c' 여호와 하나님이 만드시던 날에 | b' 땅 | a' 하늘)는 우리로 하여금 두 단락을 하나의 통일체로 읽도록 해준다. 1:1-2:3에서 "하나님"(*ʾelohim*)으로 나타나던 이름이 2:4-3:24에서 "야웨 하나님"(YHWH *ʾelohim*)으로 변화한 것은 보편적이고 장엄하며 초월적인 창조주(하나님)와 이스라엘의 언약의 하나님(야웨)을 동일시하는 수사적 기능을 한다. 이는 이스라엘로 하여금 온 세상을 위한 복의 통로로 부름 받은 특별

28　Collins, *Genesis 1-4*, 78-79. Moshe Weinfeld는 이 단락이 원래는 "예전적"이었다고 단언한다. "Sabbath, Temple, and the Enthronement of the Lord-the Problem of the Sitz im Leben of Genesis 1:1-2:3," in *Mélanges Bibliques et Orientaux en l'Honneur de M. Henri Cazelles*, ed. A. Caquot and M. Delcor (AOAT 212; Neukirchen-Vluyn: Neukirchener, 1981), 501-12. 나는 Weinfeld의 설명 이면에 깔린 모든 전제에 동의하는 것은 아니지만, 이 단락이 가진 경축의 어조는 제대로 포착했다고 생각한다.

29　ESV는 내 글 "Discourse Analysis and the Interpretation of Gen. 2:4-7," *Westminster Theological Journal* 61 (1999): 269-76이 다룬 언어학적 논증을 반영하고 있다. HCSB는 6절의 적시는 재료를 제외하고는 비슷하다(참고로, ESV는 지면에서 안개가 나와 적시는 것으로, HCSB는 지면에서 물이 나와 표면에 물이 가득한 것으로 표현한다—역주). ESV의 번역을 강력하게 지지하는 증거는 다음을 보라. Max Rogland, "Interpreting אד in Genesis 2.5-6: Neglected Rabbinic and Intertextual Evidence," *Journal for the Study of the Old Testament* 34.4 (2010): 379-93.

한 백성이 되도록 하려는 하나님의 목적에 근거가 되어준다.

창세기 2:7의 행동은 1:27의 행동과 평행한다. ESV의 2:5-7은 어떻게 5절과 6절이 7절 사건의 배경을 구성하는지 보여준다. 특정한 지역("땅", 5절)에서 특정한 때(비가 오기 전, 가뭄 시절이 끝나갈 무렵 비구름["안개"]이 올라오고 있던 때)에 하나님이 사람을 지으셨다. 다른 말로 하자면, 우리는 창세기 2:4-25이 1:24-31의 내용을 확대해 "여섯째 날"에 대한 상세한 묘사를 더하는 것으로 이해하며 1장과 2장을 함께 읽어야 한다.[30] 특별히 이는 하나님이 어떻게 인간을 남자와 여자로 창조하시며 그들로 하여금 생육하고 번성하도록 준비시키셨는지를 설명해준다. 우리는 이를 2:28의 "사람이 혼자 사는 것이 좋지 아니하니"와 1:31의 "심히 좋았더라" 사이의 차이를 통해서 더 볼 수 있다. 이는 남자와 여자가 한 몸을 이루기 전까지는 2장이 1:31의 수준에 이르지 못했음을 보여준다. 하지만 우리가 남자와 여자가 벌거벗었으나 부끄러워하지 않는 2:25에 이르게 되면 안도의 한숨을 내쉰다. 이제 우리는 모든 것이 "심히 좋았더라"는 수준에 이른다.

이런 근거로 우리는 창세기 1-11장을 연결된 내러티브로(즉 창 2장을 1장에 대한 상세한 설명으로), 그리고 3-11장을 천지창조 이후에 벌어진 사건을 묘사하는 것으로 읽을 수 있는 충분한 근거를 갖추었다. 따라서 창세기 1-11장은 하나님의 백성을 위한 성경의 세계관 이야기의 일관된 서막을 열어준다.

---

30 창 2:19과 사건들의 순서에 대한 구체적 질문은, 나의 담론 지향적 문법 연구를 보라. "The Wayyiqtol as 'Pluperfect': When and Why," *Tyndale Bulletin* 46.1 (1995): 135-40. "After Adam," 185쪽에서 Harlow는 창 2:19의 과거완료에 대한 NIV(암묵적으로 ESV도)의 번역이 "역자의 교묘한 재주"라고 지적하지만 정작 문법적 문제에는 관심을 보이지 않는다.

창세기 1-5장에서의 아담과 하와

한 쌍의 첫 사람으로서 아담과 하와

"아담"이라는 이름을 가진 인물은 창세기 2-5장에서 분명하게 나타난다. 고유명사 "아담"은 히브리어로 "인류, 사람"을 뜻하는 'adam을 음역한 것이다.[31] 창세기 2:20에서 "사람"은 처음으로 "아담"이라 불린다(개역개정은 19절—역주).[32] 창세기 2:5이 말하듯이 "땅을 갈 **사람**('adam)도 없었으므로", 2:7에서 야웨 하나님은 땅의 흙으로 "사람"(the man)을 지으신다. 2:18에서 "사람"은 혼자였고 야웨 하나님이 그를 위해 돕는 배필을 짓고자 하신다. 2:4-4:26 전체에서 그는 "사람"으로 불리든지 "아담"으로 불리든지 간에, 한 사람으로 나타난다. 사람의 아내는 전반적으로 그저 "여자" 혹은 "그의 아내"로 불렸고, 3:20에서 하와라는 이름을 받은 뒤에는 두 호칭이 다 쓰인다(두 가지가 함께 쓰인 4:1을 보라). 아담이라는 이름은 5:1-5의 계보에도 나타난다.

"우리의 형상을 따라 우리의 모양대로 우리가 사람을 만들고"(1:26)라는 하나님의 계획은 일반적인 사람(대다수 주석가들이 생각하듯이)일 수도 있고[33] 특정한 그 사람(제임스 바의 주장대로)일 수도 있다.[34] 어떤 의견을 선호

---

[31] "사람"('adam)을 그가 지음 받은 "흙"('damâ, 2:7)과 결합하는 것은 일반적이다. 그러나 창조 기사는 다른 동물들 역시 흙(2:19)으로 지음 받았다고 서술하고 있기에 이런 언어유희는 별다른 의미가 없어 보인다. 1세기 유대 저자 Josephus는 이 단어를 "붉음"('adôm)과 결부시키는데, 다른 것들에 비해서 그럴듯한 설명이다(언어유희를 해야만 한다면 말이다).

[32] 정관사를 포함한 ha-'adam이 "사람", 곧 2:7에서 새롭게 지음 받은 인간을 뜻하는 것은 일반적 규칙이다. 히브리어 마소라 사본에는 2:20에 관사가 없는데, 따라서 이는 "아담"으로 번역된다. 일부 학자들은 2:20에 관사를 넣기 원하는데(이 경우 모음 하나만 바꾸면 l^e'adam에서 la'adam이 된다), 그렇게 되면 3:17(혹은 4:25)이 고유명사 "아담"이 처음 나오는 곳이 된다.

[33] Richard Hess, "Splitting the Adam," in Studies in the Pentateuch, ed. J. A. Emerton (Leiden: Brill, 1991), 1.

[34] Barr, "One Man, or All Humanity?," 9에서 Barr는 5:1-2의 단어를 근거로 한다. Harlow,

하든지 간에, 우리는 2:4-25을 통해 사람이 어떻게 남자와 여자를 이루며 그들 모두가 하나님의 형상을 지니게 되었는지를 상세히 알 수 있다. "the human"(the man)과 고유명사 "Adam"(human)이라는 두 가지 호칭 모두는, 어떤 의미에서 자기 행동이 온 인류를 **대표**하게 된 누군가를 지칭하기에 적합하다.[35]

하지만 그는 하나의 체현(personification)이나 한 개별적인 구성원으로서, 혹은 양쪽 경우 모두로서 인류를 "대표"할 수 있다. 여기서는 어떤 경우가 적합할까? 나는 5:1-2과 관련된 제임스 바의 다음과 같은 주장이 옳다고 본다. "계보가 시작되는 바로 이 본문이 저자가 한 쌍의 사람으로부터 나온 자손들이 세상에 점차로 가득 차게 되리라는 의도를 가지고 있었다고 보는 것은 타당하다."[36]

아담과 하와를 온 인류의 첫 부모인 특별한 한 쌍으로 보는 이런 독해는, 성경의 진실성에 대해 일종의 전통적인 신뢰를 가진 학자들과 그렇지 않은 학자들(제임스 바 같은) 모두의 주석 작업에 널리 퍼져 있다.[37] 동시에 이는 유혹이 어떻게 작동하는지를 알려주는 패러다임과 같은 **대표자**인 아담을 배제하지는 않는다.[38]

"After Adam," 185에서 Harlow는 창 1, 2장을 함께 읽으려는 시도와는 조금도 소통하지 않고, 창 1장과 2장이 이런 관점에서 다르다고 주장한다.

35   Hess, "Splitting the Adam," 12. 다음도 보라. Keel, Sefer Bereshit, קב (창 4:1); Dexter E. Callender Jr., *Adam in Myth and History: Ancient Israelite Perspectives on the Primal Human*, Harvard Semitic Studies (Winona Lake, IN: Eisenbrauns, 2000), 32. "여기에는 하나님과 인간 사이에 아담이 서 있다는 분명하고 간결한 인식이 있다."

36   Barr, "One Man, or All Humanity?," 9.

37   Barr, "One Man, or All Humanity?," 5도 보라. "우리는 더 이상 온 인류가 유일한 한 쌍의 인간에게서 비롯되었다는 사실을 믿지 않는다. 인류에 관한 우리의 믿음과 관련해서는 1장의 이야기가 우리가 실제로 믿는 바와 더 긴밀하다." 즉 이런 독해에 따르면 "사람"은 단지 온 인류의 집단인데, Barr는 이런 견해를 받아들이지 않게 된다.

38   Harlow는 "역사적 사건을 알려주는 것이 아니라 일종의 패러다임을 형성한다"며 불필요하게 대비시킨다. "After Adam," 187. 하지만 왜 둘 다일 수는 없는가?

아무튼 한때 "혼자"(2:18)였던 남자에게 이제 아내가 생기고, 이 부부는 하나님께 불순종하여 에덴동산을 떠난다. 자녀가 태어나고, 그 자녀에게서 또 자녀가 태어났다(4장). 창세기 5장의 계보는 이 부부를 노아에게까지 이르는(5:32) 후손과 연결시키며, 노아로부터 이스라엘의 조상 아브라함이 나온다(11:10-26). 홍수가 온 인류(노아와 그의 가족을 제외)를 전멸시켰는지 아닌지, 또한 계보에서 몇 세대나 생략되었는지 아닌지의 여부는 이 책의 우리 목적과 무관하다. 창세기 1-11장의 계보는 이스라엘 백성이 역사적 인물로 받아들이는 아버지 아브라함과, "태고의 안개"에 감추어져 있는 듯한 아담을 연결시킨다.

내가 "태고의 안개"라고 말한 것은 우리가 "선역사"와 "원역사"를 다루고 있다는 사실을 상기하기 위함이다. 케네스 키친의 언급처럼 기원전 19세기의 사람들은 "자신이 사는 세상이 오래, 아주 오래되었다는 사실을 **이미 알고 있었다.**"[39] 그러므로 "태고의 안개"는 고대인들 자신의 관점을 표상한다. 앞에서 이스라엘의 선역사 내러티브가 메소포타미아에서 발견된 선역사 내러티브와 연관된다고 말한 바 있다. 이는 다른 이야기들처럼 창세기에도 기원에 관한 참된 이야기뿐 아니라, 너무 문자적으로 읽지 않도록 주의해야 하는 비유적 요소와 문학적 관습이 들어 있을 수 있음을 함축한다.[40] 즉 선역사와 원역사인 창세기 1-11장의 장르를 식별하는 일은, 저자가 실제 사건에 관심이 없다는 뜻이 **아니라** 오히려 정반대로 실제 사건이 이야기의 뼈대를 형성한다는 의미다.

동시에 널리 알려진 바처럼, 창세기 1-11장과 메소포타미아 선역사

---

39   Kenneth Kitchen, *On the Reliability of the Old Testament*, 439.

40   일반적인 과도한 문자주의에 대해 A. R. Millard가 말한 내용을 비교해보라. "작가들은 생각을 충분히 또렷하게 전달하는 문장들에서 **문자적인 해석을 요구하지 않고도** 드문 풍성함을 묘사해낸다." "Story, History, and Theology," in Millard, Hoffmeier, and Baker, eds., *Faith, Tradition, and History*, 49(Collins 강조).

사이에는 중요한 차이가 있다. 이야기를 들려주는 방식의 차이는 하나님 및 세상, 그리고 사람의 소명에 대한 매우 상이한 관점을 보여준다.

움베르토 카수토는 이를 명료하게 짚었다. 그는 창세기와 다른 이야기 간의 유사성과 상이성을 설명한 후, 창세기는 인류의 통일된 기원을 강조한다는 데 주목한다. "다른 관점에서도, 모세 오경의 기사는 앞서 언급한 사본들과 달리 오직 한 쌍의 사람의 창조에 대해 말하는데, 이는 형제애와 인간의 평등을 암시한다. 반면에 이교적 사본들은 전체 인류의 집합적인 창조를 이야기한다."[41]

창세기의 선역사/원역사 관념은 창세기의 전초로서의 그것의 문학적 맥락에서 분명히 나타난다. 즉 창세기 1-11장은 아브라함-이삭-야곱 이야기의 배경이며, 아브라함-이삭-야곱 이야기는 출애굽기 이야기의 배경이다. 이 선역사는 온 인류가 연결되어 있고, 똑같이 하나님의 복이 필요하며, 똑같이 그 복을 받을 수 있음을 보여줌으로써, 아브라함을 부르신 근거를 찾는다. 아브라함은 이런 보편적인 필요에 대한 하나님의 대답이다(창 12:1-3). 그는 "땅의 모든 족속"(12:3)을 향한 복의 통로가 되고, 자기 가족으로부터 시작해서 하나님으로부터 멀어진 온 인류에 이르기까지 참된 하나님을 알게 될 것이다.

일단 이것을 깨달으면, 창세기 1-11장이 앞과 같은 목적을 염두에 두고 의도적으로 구성되었음을 알게 된다. 예컨대 많은 이들은 어떤 방식으로 에덴동산이 이스라엘의 성소, 심지어 이스라엘의 땅을 나타내는 패턴이

---

41   Umberto Cassuto, *From Adam to Noah: Genesis I-VI.8* (Jerusalem: Magnes, 1961 [1944]), 83. 이탈리아계 유대인인 Cassuto가 이스라엘로 이민을 가서 홀로코스트의 와중에 이 히브리어 주석을 썼다는 사실을 기억하면 더 큰 감동이 있다. 어떻게 Cassuto가 이런 통찰과 역사적인 독해에 대한 자신의 전반적인 반대를 화해시키기를 원했던 것인지는 명백하지 않다. 그나마 한 가지 단서는 그가 시대를 초월한 교훈을 구했던 것 같다는 점이다("형제애와 평등").

되는지를 알아채고 있다.[42] 말하자면 구약성경은 에덴동산을 하나님이 자신의 언약적 동반자들(아담과 하와)과 함께 거하시는 처음 성소로 보고 있으며, 장막과 후에 세워진 성전은 그 에덴의 복을 회복시킨다. 언약의 땅이 특별한 것은 그 땅이 재건된 에덴이기 때문이며, 그 풍성함이 하나님의 임재를 온 세상에 나타내기 때문이다.[43] 창세기가 이런 목적을 염두에 두고 아담과 하와를 묘사했다고 생각할 만한 충분한 이유가 있다. 아담은 이스라엘 백성과 "같고" 에덴은 이스라엘의 성소 "같아서", 하나님의 백성은 각자 자신을 세상에서 살아가는 하나님의 "갱신된 아담"으로 여기게 될 것이다. 따라서 최근에 엔즈가 내세우는 "[창세기] 이야기의 일부 요소들은 이것이 보편적인 인류의 기원이 아니라 이스라엘의 기원에 관한 것이라는 점을 보여준다"라는 개념은 퇴보와 다름없다. 왜냐하면 이는 인류의 회복과 보편적인 복의 통로가 되어야 하는 이스라엘의 소명도, 이 소명이 에덴동산과 아담을 묘사하는 모세 오경의 방식에 미친 문학적인 영향도 고려하지 않기 때문이다.[44] (일관된 형식 안에서 아담을 이스라엘만이 아닌 "땅의 모든 족속"의 조상이라고 말하는 창 1-11장의 방식도 간과하고 있다.)

이런 고려들은 왜 저자가 자기 목적에 부합한다면 "시대착오" 같은 장치들도 사용할 수 있는지를 보여준다. "역사적 핍진성"(작품의 등장인물과 그 작품을 듣는 청중이 다른 시대를 사는 경우, 청중의 시대는 다름에도 불구하고, 등장인물들이 사는 시대의 삶의 모든 세부 사항들을 전달하고자 함)은 본문 자체에 의해

---

42   예컨대 이는 Martin Emmrich의 논제다. "The Temptation Narrative of Genesis 3:1-6: A Prelude to the Pentateuch and the History of Israel," *Evangelical Quarterly* 73.1 (2001): 3-20. 그가 언급한 모든 요소가 설득력이 있는 것은 아니지만 "창 2-3장의 동산은 이스라엘 땅의 원형으로 보이고자 한다"(5)는 주장은 그럴듯하다. Harlow는 "After Adam," 185에서 이를 눈치채지만 그렇기 때문에 창세기가 비역사적이라고 결론 내린다. 여기서 그는 또 다시 역사성과 문자주의적 해석을 혼동하고 있다.

43   예를 들어 Wright, *The Mission of God*, 334.

44   Enns, *Evolution of Adam*, 65.

그렇게 강력하게 요구되지 않는다.[45]

아담과 하와의 결혼(창 2:23-25)은 인류의 바람직한 결혼의 모범이 된다. 2:24의 다음과 같은 언급은 이것이 사람의 일생을 위해 계획된 것임을 분명히 보여준다. "이러므로 [21-23절 사건으로 인해] 남자[남성 일반을 지칭하는 히브리어 'ish]가 부모를 떠나 그의 아내와 합하여 둘이 한 몸을 이룰지로다."

또한 창세기 2:17에서 하나님이 말씀하신 "죽음"은 어떻게 생각해야 할까? 가장 우선적으로 참고할 것은 창세기 3:8-13에 나오는 "영적 죽음"(서로로부터 그리고 하나님으로부터 소외되는)이라고 생각한다. 그러나 이것이 전부가 아니라, 이후에는 육체적 죽음도 따른다고 나온다(19절). 여기서 나는 영적 죽음과 육적 죽음을 **구분**하려면 이 두 종류의 죽음의 **구별**이 왜곡되지 않도록 주의해야 한다는 점만을 언급하고자 한다. 저자는 이것들을 한 가지 경험의 두 가지 측면으로 제시하는 것 같다. 다른 말로 하면 육적인 죽음이라고 해서 영적인 죽음보다 더 "자연스러운" 경험인 것은 아니다.[46]

창세기 3:20에서 여자는 "하와"라는 이름을 얻는다. 이는 "살다"를 뜻하는 히브리어 단어와 연관되며, 70인역에서는 *Zoë* 즉 "생명"이라고 한다.

---

45 최소한 서구에서는 문학적 구성에 있어 역사적 핍진성의 문제가 근대 이전에는 전혀 부상하지 않았다. 그런데 이것은 자유로운 구성이라기보다는 족장들의 이야기(창 12-50장) 배후에 있는 고대 전통을 우선시하는 논의 가운데 하나다. 그들의 태도와 풍습은 사건이 일어난 당시의 정확한 기억을 반영하는 것이지, 단지 이야기를 기록한 사람의 시간을 반영한 것은 아니다. 이런 관점에 관해서는 다음을 보라. A. R. Millard, "Methods of Studying the Patriarchal Narratives as Ancient Texts," in *Essays on the Patriarchal Narratives*, ed. A. R. Millard and Donald J. Wiseman (Leicester, UK: Inter-Varsity, 1980), 43-58.

46 더 자세히는 내 책을 보라. *Genesis 1-4*, 116-19, 160-62. 반대로 Barr는 구약성경이 죽음을 "자연스러운" 것으로 여긴다고 주장한다. *Garden of Eden*, 2장. 그러나 나는 이런 주장이 놀라울 정도로 애매한 "자연스러운"이란 말에 근거하고 있다고 지적한다. *Did Adam and Eve Really Exist?*, 162-63.

반면에 히브리어 이름 *Khawwâ*는 "살아감"을 뜻하는 어근 *kh-w-h*에서 비롯되었으며, 아마도 원인적 중요성 즉 "생명을 주는 자", "살리는 자"(ESV의 각주를 보라)라는 의미일 수 있다.[47] 이는 고대 유대 아람어 역본인 타르굼 옹켈로스(4세기 이전)의 "사람의 모든 자녀의 어머니" 곧 온 인류가 하와로부터 말미암는다는 해석을 뒷받침한다.[48]

창세기 2-3장에 대한 좋은 문학적 독해

창세기의 좋은 독자가 되기 위해서 우리는 창세기의 문학적 관습과 문체에 적응해야 한다. 이미 나는 선역사와 원역사 장르가 특정한 문체적 기대(즉 "역사"와 문자주의 모두와 연관된)를 유발한다고 언급한 바 있다. 게다가 1980년대 이후로 성경 연구의 영역에서 내러티브 시학(narrative poetics)이 엄청나게 발전했다. 이런 연구의 중대한 결과는 다음과 같다. 즉 우리는 성경 내러티브에서 발견되는 특징들을 살펴봄으로써, 저자들이 간접적이고도 함축적인 수단을 통해, 특히 **말하기**(인물과 행동에 대한 명료한 평가)보다는 **보여주기**(행동과 말로써 내면을 드러냄)를 강조함으로써 자신들의 관점을 소통한다는 점을 알게 되었다.[49] 독자들은 기록된 말과 행동으로부터 올바른 추론을 이끌어내야 한다. 이런 문학적 방법이 유효한 이상, 이 원리를 무시하는 학자들은 창세기를 있는 그대로 읽는 눈을 스스로 가리는 셈이다.[50]

---

47   다음의 졸저를 보라. *Genesis 1-4*, 154n22. 여기서 나는 다음 책을 참고했다. Scott C. Layton, "Remarks on the Canaanite Origin of Eve," *Catholic Biblical Quarterly* 59.1 (1997): 22-32.

48   Keel, *Sefer Bereshit*, פ (창 3:20).

49   유익한 자료는 다음과 같다. Meir Sternberg, *The Poetics of Biblical Narrative: Ideological Literature and the Drama of Reading* (Bloomington: Indiana University Press, 1985); V. Philips Long, *The Reign and Rejection of King Saul: A Case for Literary and Theological Coherence* (Atlanta: Scholars, 1989). 특히 "Selected Features of Hebrew Narrative Style," 21-41.

50   소위 "역사비평" 방법을 어느 정도 받아들이는(그리고 성서학자들의 의견 일치를 도모하는) James Barr와 Peter Enns 같은 학자들은 이런 질문을 완전히 무시한다. 나는 문학적 판단

창세기 3장에서 뱀이 말하고 있다는 점에 대해 생각해보자. 주석학자 헤르만 궁켈(1862-1932)은 바로 이런 점이 전설과 동화의 특징이라고 보았다. 전설과 동화에는 말하는 동물이 나온다. 이상하게도 궁켈은 민수기 22장에 나오는 발람의 나귀를 또 다른 "히브리 전설"이라고 언급한다.[51] 이것이 이상한 이유는, 민수기 22:28에서 화자는 "여호와께서 나귀 입을 여시니" 나귀가 말을 하게 되었다고 표현하기 때문이다. 즉 저자는 나귀가 말하는 세상을 묘사한 것이 **아니라**, 자신이 **기적**이라고 여기는 사실을 진술하고 있다.[52] 이와 같이 성경의 이야기 중 뱀 외에 유일하게 말하는 동물이 나오는 본문은 이를 동물의 "본성"에 일종의 간섭이 작용했기 때문이라고 설명한다. 게다가 뱀이 내뱉은 악(뱀은 준엄한 하나님의 명령에 불순종하라고 권하고, 하나님을 거짓말쟁이로 부르며 교묘히 그분의 본심을 믿을 수 없는 것으로 암시한다)에 더하여 하나님이 창세기 2:17에서 말씀하신 바를 뱀이 알고 있다는 사실(3:4에서 뱀은 하나님이 "반드시 죽으리라"고 하신 말씀을 모방한다)을 고려하면, 우리는 악마("사탄" 또는 "마귀")를 뱀의 입을 이용한 주동자라고 보는 유대교와 신약성경 해석의 전통이 가진 견고한 기반을 이해하게 된다(예를 들어 지혜서 1:13; 2:24; 요 8:44; 계 12:9; 20:2).[53] 창세기가 악마를 **언급한** 적이 없다는 이유로 이를 거부한다면, "말하기"에 우선하는 "보여주기"를 올바로 이해하지 못한 것이다. 우리가 이 이야기를 이렇게 이해한다면 정

의 결핍이 회의적 비평의 반복되는 특징이라고 본 C. S. Lewis로부터 고무받았다. C. S. Lewis, "Modern Theology and Biblical Criticism," in *Christian Reflections*, ed. Walter Hooper (Grand Rapids: Eerdmans, 1967 [1959]), 152-66. 『기독교적 숙고』(홍성사 역간).

51   Hermann Gunkel, *Genesis* (Macon, GA: Mercer University Press, 1997 [1910]), 15.
52   이 부분에 관한 내 논의를 보라. *The God of Miracles: An Exegetical Examination of God's Action in the World* (Wheaton: Crossway, 2000), 96-97.
53   더 자세하게는 내 책을 보라. *Genesis 1-4*, 171-72.

말 중요한 핵심을 놓치게 된다.[54]

또한 우리는 두 나무, 즉 "선악을 알게 하는 나무"와 "생명나무"의 역할도 추론해볼 수 있다.[55] "선악을 알게 하는 나무"에 관해서는 여러 해석이 대립한다. 나는 이 나무가 인간이 선악에 대한 지식을 얻을 수 있는 수단이라고 생각한다. 만일 인간이 시험을 견디었다면 그는 유혹으로부터 승리한 자로서 위로부터 선과 악을 알게 되었겠지만, 슬프게도 유혹에 패하여 아래로부터 선과 악을 알게 되었다. 이런 설명은 하나님이 인간이 실제로 지식(3:22)을 얻었다고 인정하는 사실과 잘 들어맞으며, 히브리어 성경의 다른 부분에서 "선악을 아는 일"이라는 표현(과 이와 같은 관용구들)을 분별(성숙으로 얻게 되는)의 뜻으로 사용했던 용례들과도 조화된다.

실제로 이런 해석은 유혹의 장면에서 어떤 일이 일어났는지를 이해하도록 도와준다. 나는 인간이 도덕적으로 결백하게("결백"하다[innocent]는 것은 순진하다거나 도덕적으로 중립적이라는 말이 아니다) 창조되었지만 "완전"하지는 않았다고 주장해왔다. 아담과 하와의 과업은 도덕적 선에 이르도록 순종을 통해 성숙하는 것이었다. 그 당시 그들이 "불멸"의 상태였는지는 알 수 없다. 과연 그들이 어떤 상태였을지에 대한 상세한 이야기는 없다. 이후에 드러나는 바와 같이 이는 창세기 1-3장에 대한 이레나이우스의 독해와 약간 비슷하다. 그에 따르면 창세기 2장의 결백함은 장성한 어른보다는 어린아이의 결백에 가깝다. 하나님이 원하는 바는 그들의 성숙("선악을 아는 일"의 의미일 수 있는)이었다(신 1:39). 그들의 타락은 성장 과정을 무너뜨렸다.[56]

---

54 말하기에 우선하는 보여주기 방식을 인식하지 못한 유명한 주석학자(Westermann)의 또 다른 예로는 같은 책, 173n66을 보라.

55 같은 책, 115-16.

56 Anders-Christian Jacobsen, "The Importance of Genesis 1-3 in the Theology of Irenaeus,"

그렇다면 "생명나무"는 무엇일까? "저절로" 효과를 발휘하는 마법 같은 것인가? 창세기는 거기에 대해 거의 언급하지 않는다. 창세기가 언급하는 부분(3:22, 하나님이 그가 생명나무 열매를 따먹고 영생을 얻을까 염려하는)은 그와 같은 개념을 사용하는 다른 구절들과 함께 살펴보아야 한다. 잠언 3:18, 11:30, 13:12, 15:4에서는 여러 복들이 생명나무에 비유된다. 잠언에서 이 모든 복은 영원한 행복을 향한 길 위에서 신자들을 붙들어주는 수단이다. 요한계시록 2:7, 22:2, 14, 19에서 생명나무는 신자들의 거룩을 확증하는 상징이다. 이는 이 나무가 사람의 도덕적 조건을 지탱하거나 확증해주는 일종의 "성례"가 된다는 점을 우리에게 보여준다. 바로 이것이 하나님이 사람이 현 상태로 생명나무 열매를 먹는 것을 싫어하신 이유다. 내가 생명나무를 "성례"라고 부른 것은, 성경의 희생제사나 씻는 행위, 세례나 성찬이 어떻게 역사하는지를 모르는 만큼이나 생명나무가 어떤 결과를 가져오는지도 모르기 때문이다. 하지만 그것들은 실제로 **역사한다**. 이런 의미에서는 이 나무를 "마법"이라고 할 수도 있겠지만, 이 의미는 우리를 민속 신앙으로부터 멀리 떼어놓는다.[57]

아담과 하와의 "타락"의 역사적 결과

아담과 하와의 불순종은 그 결과가 분명히 보여주는 바와 같이 역사적 중

Zeitschrift für antikes Christentum 8.2 (2005), 302-3. Harlow("After Adam")와 Enns(*Evolution of Adam*, 88)는 Irenaeus가 자신들의 독해를 지지해준다고 여기지만 이는 Irenaeus의 실제 관점을 오해한 것이다. 더 나아가 나는 Harlow와 Enns의 입장과는 반대로, 서구 기독교가 아담과 하와가 도덕적으로 결백한 만큼이나 "영적으로 성숙"하게 창조되었다는 입장을 한결같이 고수했는지는 모르겠다.

57 C. S. Lewis, *Prayer: Letters to Malcolm* (London: Collins, 1966), 105. 『개인기도: 말콤에게 보내는 편지』(홍성사 역간). Lewis는 성찬 예식을 "중요한 약이자 강력한 마법"으로 묘사한 후 용어를 정의한다. "나는 이런 의미에서 '마법'을 '더 이상 분석될 수 없는 객관적 효능'이라고 정의하는 바다."

요성을 가진다. 창세기 3:8에서 하나님을 피해 숨음, 3:10-13에서 두려워하며 남의 탓으로 돌림, 3:14-19에서 하나님의 준엄한 선고, 4장에 나오는 악행, 이 모든 것은 복과 자비로운 통치(1:28-29)와 순수한 기쁨(2:8-9, 18-25)의 전원적인 장면과 전혀 어울리지 않는다. 어떤 이들은 창세기 3장에 "죄"나 "반역"이라는 말이 나오지 않기 때문에, 이 본문이 아담과 하와가 "죄를 범한" 사실을 "가르쳐주고" 있는 것이 아니라고 주장한다.[58] 물론 이는 터무니없는 말이다. 3:11의 질문(내가 하지 말라고 한 일을 네가 했느냐?)은 우리도 충분히 말할 수 있는 불순종에 대한 구문이다. 또 어떤 이들은 창세기의 본문은 인간이 불순종으로 인해 "타락"했다고 **말하고** 있지 않기 때문에 창세기는 그런 것을 "가르치지" 않는다고 주장한다.[59] 그러나 막 언급한 부조화는 이런 점을 충분히 설명해준다. 다시금 우리의 독해는 **말하기**보다 **보여주기**에 중점을 두어야 한다.

아담과 하와의 자손은(창 4장 이후) 안타깝고 치욕스러운 행동을 보여주는데, 이는 창세기 1:26-31의 활기찬 기대와 대조된다. 아마도 평균적인 이스라엘 민족의 경험은 창세기 1장이나 2장보다는 창세기 4장의 분위기에 더 가까울 것이다. 여기에는 설명이 절실히 요구된다. 이런 점들을 이해하기 위해서는 창세기 3장에 대한 전통적인 독해가 필요하다. 이도 충분치 않다면, 화자가 우리를 다음과 같은 방향으로 밀어붙인다. 창세기 5:29은 의도적으로 3:16-17을 환기시킨다. "여호와께서 **땅**을 **저주**하시므로 **수고**

---

58 예를 들어 James Barr, *The Garden of Eden*, 6. 더 자세한 사항은 내 책을 보라. *Genesis 1-4*, 155; *Did Adam and Eve Really Exist?*, 164-65.

59 예를 들어 Harlow는 "Creation accroding to Genesis"에서 "그러나 창세기는 타락이나 원죄 교리를 제기하지 않는다"(189)라고 주장한다. "After Adam," 189도 참고하라. Towner의 글도 참고하라. "Interpretations and Reinterpretations of the Fall," 59. "[창세기] 어디에도 그날 오후 동산에서 인간의 본성이 근본적으로 돌이킬 수 없게 변했다는 말은 없다.…그것이 성경의 사건이 말하는 바다. 성경이 말하는 바는 딱 그 정도다."

롭게 일하는['*itstsâbôn*] 우리를 이 아들이 안위하리라 했더라."⁶⁰

창세기 3장의 불순종은 4장에 나오는 폭력에 비하면 가소로운 정도인데 어떻게 3장의 범죄가 4장의 원인이 될 수 있느냐는 이유를 들어 반대하는 사람들도 있다. 내가 말하려는 바는 두 죄가 단순히 "원인"과 "결과"의 관계라는 것이 아니라, 인간의 삶을 망치려는 흑암의 권세의 영향 아래서 창세기 3장의 죄가 모든 종류의 악이 이 세상에 들어오도록 문을 활짝 열었고 그 문을 통해 악이 쇄도했다는 것이다. 여기에 더해 나는 창세기 3장의 불순종이 과연 그렇게 "사소한" 것인지를 묻고 싶다. 결국 이런 불순종은 하나님이 인간에게 복과 기쁨을 선사해주신 이후에, 풍성한 선을 보여주신 하나님의 성품에 대한 교활하고 야비한 공격에 넘어간 결과였다. 이 이야기는 이스라엘을 비롯해서 이를 읽는 모든 이들이 경계로 삼아 사소한 죄의 영향력도 결코 간과하지 못하도록 주의하도록 만든다.

창세기는 **어떻게** 죄가 가인과 라멕을 비롯한 다른 이들에게 전가되었는지에 대한 실마리를 제공하는가? "말하기"가 아니라면 "보여주기"를 통해서 말이다. 자세한 내용은 나타나지 않는다. 아담과 하와가 자녀에게 나쁜 본보기가 되었다고 보기에는 충분한 근거가 없다. 아마 바울의 대답이 가장 좋을 것 같다. 바울은 "아담 안에서"라는 표현을 사용해서 인류가 어떻게든 아담 안에 "속했음"을 보여준다.

결론

요약하면, 우리는 창세기를 지나치게 문자적으로 읽는 일에 대해 조심해

---

60   Enns는 "구약성경은 일반적 의미에서의 인류와 특별한 의미에서의 이스라엘 모두가 하나님과의 화합이 깨졌다고 묘사한다. 그러나 **이렇게 된 근본 원인은 결코 아담의 발아래 놓여 있지 않다.**" *Evolution of Adam*, 84(Collins 강조). Enns의 책에서 이 부분 전체(84-88쪽)는 창세기 내러티브에 대한 가장 경직된 독해가 어떤 것인지를 보여준다.

야 할 많은 이유를 본문 자체에서 찾을 수 있다. 동시에 우리는 역사적 핵심을 받아들여야 할 수많은 이유 역시 가지고 있다. 역대상 1:1과 누가복음 3:38의 계보와 더불어 창세기 5, 10, 11장의 계보는 아담이 실제 인물이었음을 전제한다. 마찬가지로 (비록 이야기를 말하는 문체가 하나님이 언제 어떻게 아담의 몸을 지으셨는지에 관해 정확하고 구체적인 과정에 대해서는 논의의 여지가 있다고 하더라도) 우리는 저자가 이 부부의 불순종을 세상 속의 죄의 원인으로 보여주려고 한다는 점을 알아차릴 수 있다. 이는 모세 언약이 왜 백성의 죄에 대한 대책을 포함하는지를 설명해준다. 즉 모세 종교와 그 적법한 후계자인 기독교는 죄인의 구속에 관한 것이며 사람이 가진 하나님의 형상을 회복시키기 위해 도덕적 변화와 용서를 경험하게 한다는 것이다. 이 이야기는 왜 이스라엘뿐만 아니라 온 인류가 하나님의 구속적인 회복의 손길을 필요로 하는지를 설명한다.

구약성경의 나머지 부분에서 아담과 하와, 에덴과 타락

창세기 1-5장을 바르게 해석하기 위해서는 이 히브리 내러티브의 세부 사항, 이 내러티브 및 이것과 평행하는 다른 고대 근동의 내러티브 사이의 유사점과 상이점, 창세기뿐 아니라 모세 오경과 구약성경 전체의 첫 부분으로서의 이 내러티브의 위치에 관한 설명이 필요하다.[61] 여기서는 창세기 1-5장의 주제가 히브리어 성경의 다른 부분에서 어떻게 진행되는지를 살펴볼 것이다.

---

61 이를 감안할 때, 이 이야기 전체나 부분을 독해하는 다양한 방식이 존재한다. 여기서 이를 분석할 필요는 없다. 예를 들어 Lyn M. Bechtel은 성장 과정에 관한 신화를 발견하지만 순종과 불순종, "저주" 또는 죄의 증가를 묘사하는 창 4장의 후속 이야기의 의미 같은 주제들을 감안하

앞에서 창세기 3장의 이야기가 "구약성경의 어디에서도 인용되거나 전제되지 않는다"라고 한 클라우스 베스터만의 주장을 언급한 바 있다. 이 주장은 몇 가지 난관에 부딪힌다. 예컨대 인용이나 전제, 반영이라는 것은 정확히 어떠해야 하는가? 나아가 창세기 1-5장의 어떤 부분이라도 암시하면 그것의 반영이라고 여겨야 하는가? 그뿐 아니라 훨씬 더 많은 문제가 남아 있다. 암시가 희소하다는 인식이 순환논리를 이루는 것은 아닐까? 즉 암시가 없다고 생각하면 암시가 아닐 것이라고 생각해서 암시를 놓치는 것은 아닐까? 암시가 있는지 없는지는 성경 저자가 소통하고자 하는 의도와 독자의 필요를 어떻게 생각했는지에 달려 있는 것은 아닐까? 곧 후대의 저자들은 이 본문을 반영하는 것이 자신이 기록하고자 했던 후대의 본문에 유익한지 아닌지를 따져보았을 것이다. 인용이 희소하다(고 여기)는 것이 곧 이 이야기가 히브리어 성경의 나머지 부분과 연결 고리가 없다는 의미라고 보기는 어렵다.

분명히 창세기 1-5장의 문학적 통일성은 희소성에 대한 주장을 한정하도록 촉구한다. 무엇보다, 창조(예를 들어 시 8편; 104편)와 결혼(예를 들어 창 2:24을 참고한 말 2:15)에 관해서는 수많은 인용이 존재한다. 이스라엘의 안식일에 사람이 쉬는 것은 창조를 마치신 뒤 하나님이 취하신 휴식을 모방한다(창 2:2-3을 반영한 출 20:11).[62]

창세기 1-5장은 1-11장 및 창세기 전체와 긴밀히 통합되어 있다. 창

지 않는다. "Genesis 2.4b-3.24: A Myth about Human Maturation," *Journal for the Study of the Old Testament* 67 (1995): 3-26. 게다가 그녀의 독해는 창세기 나머지 부분에는 적합하지 않을 뿐만 아니라 후대의 성경 저자들이 그 이야기에서 발견하는 바를 설명하지도 않는다. "After Adam," 189에서 Harlow가 "창 2-3장은 어느 정도까지 장차 올 세대의 이야기로 읽을 수 있다"라고 말하는 것을 보면, 그 역시 창세기 자체의 문학적 표현을 구체적으로 충분히 고려하지 못하고 있다.

62 나는 이런 수많은 "반영"을 *Genesis 1-4*에서 다루었다.

세기 5장과 11장의 계보는 최초의 부부와 이어지는 후대 자손, 특히 아브라함을 연결한다. 더 나아가 선역사와 원역사에 대한 메소포타미아 이야기들과의 연결성은 창조, 초대 인류, 홍수, "현 시대"로 이어지는 후대 인류의 패턴에서 볼 수 있다. 이는 창세기의 처음 다섯 장을, 1-11장 **전부**가 포함된, 이 패턴의 내포적인 부분으로 만든다.

우리는 창세기가 노아를 새 아담으로, 즉 그의 자손과 동물들을 대표하여 하나님의 언약을 받는 자로 묘사한다는 점을 살펴보았다(6:18-19; 9:8-17). 아브라함을 부르신 일은 인류에게 복을 내리시려는 하나님의 계획의 또 다른 출발이다. 12:2-3에 나오는 "복" 개념은 17:20, 22:17-18, 26:3-4, 24, 28:3, 14에 나오는 생육하고 번성하는 일과 연관된다. 이는 최초의 한 쌍의 사람에게 부어진 하나님의 복(1:28)을 반영한다. 창세기 1-5장과 창세기의 나머지 부분을 묶어주는 또 다른 주제는 "씨"라는 반복되는 단어다(ESV처럼 "자손"으로 옮기는 것이 가장 적절하다). 창세기 1-5장에서는 3:15, 4:25을, 창세기의 나머지 부분에서는 13:15-16, 15:3, 5, 17:7-9, 19, 22:17-18, 26:3-4, 48:4을 보라. 특히 3:15, 22:17-18, 24:60은 한 명의 개인적 후손을 지칭하는데, 이는 시편 72편에 이르러 하나님의 복을 최종적으로 온 땅에 가져올 다윗의 최후의 후계자로 밝혀진다(창 22:17-18을 반영하는 시 72:17).[63]

온 세계를 위한 복의 통로로 아브라함을 부르신 것은 다른 민족에게

---

63   창세기에 나오는 "자손"에 대한 논의는 다음을 보라. T. Desmond Alexander, "From Adam to Judah: The Significance of the Family Tree in Genesis," *Evangelical Quarterly* 61.1 (1989): 5-19; "Genealogies, Seed and the Compositional Unity of Genesis," *Tyndale Bulletin* 44.2 (1993): 255-70. 개인적 자손에 관해서는 내 글을 보라. "A Syntactical Note on Genesis 3:15: Is the Woman's Seed Singular or Plural?" *Tyndale Bulletin* 48.1 (1997): 141-48. Alexander의 후속 연구는 다음을 보라. "Further Observations on the Term 'Seed' in Genesis," *Tyndale Bulletin* 48.2 (1997): 363-67. 나의 후속 연구는 다음을 보라. "Galatians 3:16: What Kind of Exegete Was Paul?"

도 하나님의 빛의 복이 필요하다는 점을 전제한다. 창세기 3장의 이야기와 4-11장에서 더 짙어지는 도덕적·영적 어둠은 **왜** 다른 민족들에게도 복이 그토록 필요한지를 설명해준다.

앞서 우리는 에덴동산이 이스라엘의 성소의 패턴이라는 점을 살펴보았다. 그레고리 비일은 창세기의 이 성소가 온 땅을 성소로 보기 위한 패턴으로 의도되었다고 한 권의 책 분량으로 주장한다.[64] 물론 아담과 하와가 에덴에서 쫓겨난 일은 그 계획에 차질을 빚게 했지만, 궁극적으로 하나님의 뜻을 꺾은 것은 아니었다. 이스라엘의 성소들, 초막과 성전은 하나님의 계획을 성취하기 위한 일종의 선불금이었다. 그보다 더 발전된 것이 그리스도인들의 교회이며, 최후의 세상에 대한 묘사(계 21-22장)는 바로 그 완성이다. 비일의 책의 세부 사항에서는 내 의견과 일치하지 않는 곳이 있지만, 그의 논의는 전반적으로 건전하고 설득력 있다. 이는 창세기 2-3장의 성소 이미지(즉 인간은 그곳으로부터 추방되었다가 그곳으로 돌아와야 하며, 이 귀환은 순전히 하나님의 은혜로 제공된다)가 전체 성경 이야기에서 지배적인 이미지임을 뜻한다.

창세기 1-5장 외에, 에덴동산을 풍성함의 원형적 장소로 분명히 언급하는 부분은 창세기 13:10, 이사야 51:3, 요엘 2:3, 에스겔 28:13, 31:8, 9, 16, 18, 36:25이다. 특별히 에스겔 28:11-19은 두로 왕을 한때 에덴에 있던 완전한 자였지만 오만하고 강포하게 된 자로 묘사한다. 즉 에스겔서는 창세기 3장에 기초한 "타락 이야기"를 포함하고 있다. 나는 이를 에덴 이야기의 **다른 버전**이라고 부르는 것이 잘못이라고 생각한다. 그보다는 페니키아 왕, 더 정확히는 그 왕으로 대표되는 성읍에 에덴 이야기를 수사적으로

---

64 Gregory Beale, *The Temple and the Church's Mission: A Biblical Theology of the Dwelling Place of God*, New Studies in Biblical Theology (Downers Grove, IL: InterVarsity, 2004). 『성전 신학』 (새물결플러스 역간).

강력하게 적용했다고 보아야 한다. 여기서 우리가 다루는 의인화는 예언자가 "네 무역"과 "네 가운데"(겔 28:16)라고 말하는 부분에서 명확해진다. "너"라고 일컬어지는 왕은 성읍의 의인화다. 그리고 예언자가 청자들에게 "기름 부음을 받고 지키는 그룹"이라고 말하는 것을 통해, 우리는 지금 읽고 있는 것이 문자적인 서술이 아니라 비유적인 표현임을 깨달을 수 있다. 핵심은 "두로의 지나친 교만이 아주 생생하게 시적으로 묘사되고…그 결과로 두로에 완전한 재앙이 가해진다"는 것이다.[65] 창세기 3장을 타락 이야기로 읽는 것으로부터 수사적인 영향력이 비롯되지, 다른 방식의 독해로는 이런 영향력이 있을 수 없다.[66]

창세기 3장을 타락 이야기로 보는 또 다른 반영은 전도서 7:29이다. "내가 깨달은 것은 오직 이것이라. 곧 하나님은 **사람**[히브리어 *ha-'adam*, 인류]을 정직하게 지으셨으나 **사람**[히브리어 *hémmâ*; 앞의 "사람"은 단수형이지만 뒤는 복수형—역주]이 많은 꾀를 낸 것이니라."

이스라엘의 주석학자 예후다 키일의 주장처럼, 이는 창세기 3:10에 나오는 아담의 어리석은 행동에 대한 암시로 보는 것이 가장 적합하다.[67] 이 구절이 말하는 바를 올바로 이해하자면 다음과 같다. 이 구절은 인간이 한

---

65 『ESV 스터디 바이블』(부흥과개혁사 역간)의 겔 28:11-19에 대해 David J. Reimer가 단 주석을 보라. *The ESV Study Bible* (Wheaton: Crossway, 2008), 1542. 다음도 보라. Moshe Greenberg, *Ezekiel 21-37*, Anchor Bible (New York: Doubleday, 1997), 590.

66 이와 유사한 입장은 다음을 보라. Daniel Block, *Ezekiel 25-48*, New International Commentary on the Old Testament (Grand Rapids: Eerdmans, 1998), 105-6; A. B. Davidson, *Ezekiel*, Cambridge Bible for Schools and Colleges (Cambridge: Cambridge University Press, 1906), 205.

67 Yehudah Keel, *Sefer Bereshit*, עו (창 3:10에 대한 주석). 같은 시리즈(전통 유대인인 이스라엘 학자들이 쓴 주석서)의 전도서 주석에서 Mordechai Zer-Kavod도 동의하는 것 같다. 그는 하나님이 "그의 형상을 따라 그의 모양대로"(Zer-Kavod는 창 1장의 용어를 사용한다) 창조하신 '*adam*과, 타락하게 된 "사람의 자녀들"(복수형 "그들")을 대조시킨다. Zer-Kavod, "Qohelet," in P. Meltzar et al., *Khamesh Mᵉgillot*, Daʻat Miqraʼ (Jerusalem: Mossad Harav Kook, 1973), מו-מז.

때(즉 하나님이 그들을 만드셨을 당시에) "정직"했으나[68] "많은 꾀를 내어" 정직하기보다는 20절이 묘사하는 특성을 가지게 되었다는 역사적 귀결을 제시한다. "선을 행하고 전혀 죄를 범하지 아니하는 의인은 세상에 없기 때문이로다"(참고. 왕상 8:46; 잠 20:9). 또한 "흙으로 돌아가나니"(전 3:20; 12:7)를 창세기 3:19("너는 흙이니 흙으로 돌아갈 것이니라")을 의도적으로 반영한 것으로 해석하는 입장은 타당하다. 그런데 이는 동시에 죄가 파괴적인 침입자임을 시사한다(아래를 보라).

두 가지 다른 구절도 주목해볼 만한데, 두 구절 모두 논쟁이 심한 본문이다. 첫 번째는 호세아 6:7이다.

> 그들은 **아담처럼** 언약을 어기고
> 거기에서 나를 반역했느니라.[69]

또 다른 이들은 ESV에서 "아담처럼"이라고 번역된 단어를 "아무 인간들처럼", 심지어 "아담(이라고 불리는 장소)에서"라고 해석하고자 한다. 그러나 ESV의 사례가 히브리어 $k^e adam$의 가장 단순한 번역이다. 바숄츠(Vasholz)는 이렇게 요약한다.

어려운 문제는 바로 이것이다. "아담"은 누구를 혹은 무엇을 지칭하는가? 많은 주석학자들은 지리적 장소라고 주장한다. 이 주장의 난점은 아담이라고 불리는 곳(수 3:16)에서 언약이 깨어진 기록이 없으며, 전치사 "처럼"(히브리

---

68   이미 언급한 대로 이는 도덕적 결백함을 나타내는 말이지만 "모든 방면에서 온전함"을 뜻할 필요는 없다.
69   내 학생이었던 Brian Habig는 이런 해석을 변호함으로써 이 단락을 전체적으로 논의할 것을 약속했다. 하지만 아직 그의 저술이 출판되지 않았기 때문에, 나는 여기서 왜 이것이 정확하다고 여기는지를 보여주는 것으로 그치겠다.

어 ke-)이 "에서"나 "안에서"로 옮겨질 수 있는지가 미심쩍다는 데 있다. "거기에서"는 이스라엘이 언약에 신실하지 못했던 곳에서 했던 행위를 나타낸다(참고. 호 5:7; 6:10). "아담"은 "인간"을 지칭한다고 제안할 수 있지만 그렇게 되면 어떤 특정 사건도 가리키지 않는 모호한 서술이 되어 문장 자체가 불분명하게 된다. 따라서 "아담"을 첫 사람의 이름으로 이해하는 것이 가장 적합하다. 그리하여 이스라엘은 야웨를 사랑해야 할 언약적 책무를 저버리고 하나님이 자신과 맺은 언약을 어긴 아담과 같다(창 2:16-17; 3:17). 이것이 암시하는 바는, 창세기 1-3장에 실제로 "언약"이라는 말이 사용되지는 않지만, 하나님과 아담이 그분이 아담에게 하신 말씀을 통해 정의된 "언약적" 관계에 있었다는 것이다.[70]

호세아서가 어떤 방식으로 이스라엘에게 온갖 좋은 것을 선사하신 하나님의 풍성한 관대하심과 이렇게 주시는 분을 내버린 이스라엘을 강조하는가(호세아서를 관통하는 주제, 2:8-13; 7:15; 11:1-4; 13:4-6)에 비추어볼 때, 이런 독해는 합당하다. 즉 야웨를 향한 이스라엘의 부정함은 그 추함과 광기에 있어 아담의 최초 불순종과 같았다.[71]

아담을 죄인으로 암시하고 있는 것 같은 또 다른 구절은 욥기 31:33이다.

---

[70] Robert I. Vasholz가 호 6:7에 단 주석을 보라. *The ESV Study Bible*, 1631. 더 상세한 논의는 다음을 보라. Thomas McComiskey, "Hosea," in *The Minor Prophets*, vol. 1, ed. Thomas Edward McComiskey (Grand Rapids: Baker, 1992), 95. Yehudah Keel은 "아무 인간들처럼"으로 해석하는 것을 선호하지만, 많은 저명한 유대 해석학자들("고인이 되신 우리 선생님들")이 "아담처럼"으로 번역한다는 점을 언급한다. "Hosea," in Keel et al., *T'rê' Asar, Da' at Miqra'* (Jerusalem: Mossad Harav Kook,1990), מח. Enns는 여기서 나타나는 어휘적·문법적 난관을 실제적으로 다루지도 않으면서 지명으로 해석하는 것이 "확실히 옳다"라고 주장한다. *Evolution of Adam*, 83-84.

[71] 뒤에서 살펴보겠지만, 한참 후대의 저자인 Ben Sira는 하와의 죄를 "악처"에 부합하는 하나의 패턴으로 사용할 수 있었다. 여기서 유사한 어떤 것을 찾으려는 일이 적어도 불가능하지는 않다.

내가 언제 **다른 사람처럼**[난외주: 아담처럼] 내 악행을 숨긴 일이 있거나 나의 죄악을 나의 품에 감추었으면….

실제로 본문("다른 사람처럼")과 난외주("아담처럼")의 번역 중에서 결정할 수 있는 좋은 방안이 없다. 히브리어 *kᵉ'adam*은 둘 다 가능하다.[72] 다만 우리는 아담에 대한 언급이 극히 희소하다는 이유로, 여기서도 아담을 지칭할 가능성이 낮으리라는 식의 순환논법을 강화해서는 안 된다. 대신 우리는 이를 미결 과제로 남겨둘 것이다.

더 나아가 구약성경 전체는 죄를 외부 침입자로 간주하는 것 같다. 죄는 하나님의 선한 창조 질서를 어지럽힌다.[73] 이는 레위기에서 어떻게 희생제를 통해 죄가 다루어지는지를 통해 드러난다. 희생제사에서 죄는 인간 존재를 훼손하고 하나님의 임재 안에 사람이 조화되지 않도록 만드는 오염된 요소이자 위험한 요소로 다루어진다. 창세기는 이 침입자가 어떻게 인간 경험의 일부가 되었는지를 말해주고, 왜 요한계시록이 죄의 축출을 세상 이야기의 완성으로 묘사하는지를 설명함으로써 앞뒤가 맞도록 했다.[74]

끝으로 우리는 성경의 나머지 부분에서 생명나무가 여러 번 언급되고

---

72 예컨대 "아담처럼"은 이스라엘 학자 Amos Hakham의 문법적·역사적 주석에서 볼 수 있다. *Sefer 'Iyyob*, Da'at Miqra' (Jerusalem: Mossad Harav Kook, 1984): "죄를 지은 첫 사람은 자기 죄를 감추려 했고 하나님을 피해 숨었다." John Hartley는 전통적인 기독교의 문법적 역사적 주석에서 이에 동의하는 또 다른 유대 학자(Robert Gordis)를 언급하면서도 ("품"을 언급한 것은) "사람처럼"이라고 보아야 한다는 언어학적 이유를 제시한다. *Job*, New International Commentary on the Old Testament (Grand Rapids: Eerdmans, 1988).

73 Barr는 아담과 하와의 불완전성이 그들의 불순종을 철저히 자연스럽고 예견된 것으로 보게 한다고 주장한다. *Garden of Eden*, 92-93. Enns를 칭찬하자면, 그는 *Evolution of Adam*에서 인간의 죄가 창조의 불가피한 결과라고 주장하지 않는다. 그러나 그가 최초의 범죄(와 죄인) 없이 죄의 존재를 **외부 침입자**로 설명할 도리는 없다.

74 나는 *Did Adam and Eve Really Exist?*, 91-92에서 이 논의를 간략히 다룬 바 있다. Enns는 *Evolution of Adam*, 74에서 이 구절을 언급하지만, 창세기에 대한 자신의 생각과는 연관시키지 않는다.

있음을 살펴보았다(잠 3:18; 11:30; 13:12; 15:4; 계 2:7; 22:2, 14, 19).

제2성전기 유대교 문헌에서의 아담과 하와

정확히 바벨론 유수 이후 유대인들이 새 성전을 짓기 시작한 때(기원전 516년경)부터 로마인들이 그 성전을 파괴했을 때(기원후 70년)까지를 가리키는 제2성전기는 유대인들에게 있어 가장 혹독한 시기 중 하나였다. 이 유대인들은 아브라함, 모세, 다윗 언약에 대한 이해에 근거해서 자신들이 처한 상황을 설명하고자 했다. 이런 문서 중에는 히브리어 성경의 일부로 남아 있는 것(에스라서와 느헤미야서 같은)뿐만 아니라 다른 많은 글도 있었다(어떤 기독교회들은 모든 문헌은 아니지만, 문헌 중 일부를 정경에 포함시키기도 한다). 이런 다른 자료들에는 단일한 유대교적 형식이 없을 뿐만 아니라 대부분의 글이 편파적인 공동체(사해 사본이라고 불리는 문서를 편찬한 쿰란 공동체 같은)로부터 비롯되었으므로 이를 읽을 때에는 매우 신중해야 한다. 동시에 이런 다양한 기록 가운데 일반적인 일관성이 있다면, 이를 통해 우리는 당시 사람들이 어떻게 구약성경 자료를 읽었는지, 그리고 신약성경 저자들이 직면했던 당시의 유대 세계의 상황이 어떠했는지를 어느 정도 알아볼 수 있을 것이다. 우리가 살펴볼 수 있는 제2성전기 자료 가운데 외경이라고 불리는 책들과 요세푸스의 글은 주류 유대교에 가장 근접한 것이다. 그러므로 이 자료들은 중점적으로 살펴볼 가치가 있다.

아담과 하와에 대해 명확한 서술은 「토비트서」(대략 기원전 250-175년 사이)에 나온다.[75] 토비아는 사라를 그의 아내로 택하고, 천사 라파엘은 그

---

75 대체로 나는 다음 책에 제시된 연대를 사용한다. David A. deSilva, *Introducing the Apocrypha:*

에게 악마의 위협으로부터 자신과 아내를 지킬 방법을 알려주었다. 토비아는 천사의 지시를 따른 후 이렇게 기도한다(8:6). "[오, 우리 조상의 하나님] 당신은 아담을 만드시고 그를 돕고 받들어줄 아내 하와를 그에게 주셨습니다. 그들로부터 인종이 퍼져나갔습니다. '사람이 혼자 사는 것이 좋지 아니하니 우리가 그를 위하여 그를 닮은 돕는 자를 지으리라'고 하셨습니다."

유대교 기도문에 공통적으로 나오듯이, 토비아는 희망의 근거로서 과거에 행해진 하나님의 선에 대한 역사적 낭송으로 시작한다. 이 낭송은 내가 창세기 자체에서 발견한 바와 일치한다.

아담과 하와의 창조와 타락에 관련해서 「솔로몬의 지혜서」(기원전 200년경에서 신약성경 이전)를 살펴보자. 「지혜서」의 목적은 유대교 신앙을 이집트 알렉산드리아의 헬레니즘 문화의 고상한 요소들과 결부시키는 것이었다. 알렉산드리아는 그리스 로마 세계에서 가장 문화적으로 만개한 도시 가운데 하나였다. 아마도 이 책의 저자는 유대인들이 거기에 동화되지 않도록 격려하는 동시에 양식 있는 이방인들을 유대교 신앙으로 이끌기를 바랐을 것이다. 저자는 "의인"(신실한 유대인)에 대한 악인의 꾀를 서술한 후, 악인은 하나님의 비밀스러운 목적을 모르고 정결한 영혼이 받는 상급을 깨닫지 못한다고 말한다. 그는 2:23-24에서 이렇게 말한다.

> 하나님은 사람을 부패하지 않게 창조하셨고
> 자신의 성품의 형상대로 사람을 만드셨다.
> 그러나 악마의 시기로 인해 죽음이 세상에 들어왔고

Message, Context, and Significance (Grand Rapids: Baker Academic, 2002). 내가 그의 분석에 모두 동의한다고 할 수는 없지만, 이는 우리의 목적에 합당할 것이다. 나는 원어로 쓰인 외경을 보았지만, 여기서 인용할 때는 영역본을 사용했다. *The English Standard Version Bible with Apocrypha* (Oxford: Oxford University Press, 2009).

악마의 편에 속한 자들은 죽음을 맛볼 것이다.

대부분의 독자는 "악마의" 대변자를 뱀이라고 여기면서 저자가 창세기 3장의 이야기를 말하고 있다고 생각한다.[76] 저자는 타락 이야기를 오늘의 삶을 형성하는 역사적 사건으로 간주한다(1:13-14; 7:1; 10:1도 보라).[77]

예수 벤 시라(Jesus Ben Sira)는 예루살렘의 슬기로운 선생이었으며, 기원전 196년에서 175년 사이에 히브리어로 된 책을 끝맺었다. 기원전 132년경,[78] 그의 손자가 이 책을 그리스어로 옮긴 것이 우리에게 전해지는 「집회서」(나 「시락서」 또는 「벤 시라」)다.[79] 이 저자는 사람의 창조와 타락과 그에 따른 결과들을 짧게 언급한다(「집회서」 14:17; 15:14; 17:1; 33:10[히브리어 원문 36:10]; 40:1).

한 단락(25:16-26)에서는 "타락 이야기"를 현재의 불안, 즉 악처를 두고 있는 자의 상황을 설명하기 위해 사용한다. 그는 25:24에서 이렇게 말한다.

죄는 여자로부터 시작되었고
우리 모두의 죽음도 여자 때문이다.

이 말은 여성 혐오적으로 들리는데, 실제로도 그럴 여지가 있다. 그러나 이어서 벤 시라는 여자가 덕을 갖출 수 있고 남편에게 복이 될 수 있다

---

76 Enns는 솔로몬의 지혜서가 "아담의 불순종이 아니라 '악마의 시기로 인해' 죽음이 세상에 들어왔다"라고 말하고 있음을 지적하지만 왜 이 두 가지가 서로 배타적이어야 하는지를 전혀 설명하지 않는다. *Evolution of Adam*, 99. **두 가지 모두**가 있으면 안 될 까닭이 무엇일까?

77 따라서 타락과 원죄에 대해 가장 먼저 언급한 자들이 바울과 교부들이라는 Harlow의 주장이 심각히 재고될 필요가 있다. "After Adam," 189.

78 우리는 이를 그리스어판에 있는 역자 서문을 통해 알 수 있다.

79 히브리어 본문도 일부 발견되었지만 원문의 난점은 여전하다.

고 말한다(26:1-4, 13-18). 따라서 우리는 그의 언급이 최악의 악녀를 하와의 추종자로 묘사한다고 보아야 한다.[80] 이 구절에 대한 가장 간결한 독해는 저자가 타락을 역사적 사건으로 여겼다는 것이다.

벤 시라가 아담을 역사적 인물로 여겼음은 분명하다. 44-49장에서 다시금 저자는 당대 인물인 오니아의 아들 시몬(2세; 대제사장, 기원전 219-196년경)에 이르기까지 이스라엘 역사의 가치를 회고한다("이제 훌륭한 사람들을 칭송하자", 44:1). 그는 맨 처음 유명하고 "훌륭한 사람들"로 에녹과 노아로부터 시작해서 아브라함에게 이르고 성경의 역사를 따라 계속 나아간다. 그는 시몬을 칭송하기 바로 직전에 느헤미야(49:13)에서 매듭을 지은 뒤 다시 창세기로 돌아가 에녹과 요셉을 호명한다(49:14-15). 49:16에서는 시몬에 이를 준비를 완료한다.

> 셈과 셋도 사람들의 존경을 받았지만
> 생명을 가진 모든 창조물 중에서 가장 으뜸은 아담이다.

저자가 이 맥락에서 이런 인물들을 언급한 방식은 그가 이 모두를 역사적 인물로 여겼음을 보여준다.[81]

---

80 Stanley Porter는 다음 글에서 Ben Sira가 하와를 언급하고 있다는 사실을 부인하지만, 그의 독해는 부적절해 보인다. "The Pauline Concept of Original Sin, in Light of Rabbinic Background," *Tyndale Bulletin* 41.1. (1990):3-30. 관련 논의는 다음의 히브리어 주석을 보라. Moshe Segal, *Sefer Ben Sira Hashshalem* (Jerusalem: Mosad Bialik, 1958), קנה.

81 「에스라 2서」(혹은 3서, 혹은 4서!)와 「바룩 2서」에도 다른 참고 구절이 있으며, 이 모두는 동일선상에 있다. ESV에서 「에스드라 2서」라고 불리는 책은 불가타(부록으로 수록)에서 「에스라 4서」로 불리며, 슬라브어 성경에서는 「에스드라 3서」로 불린다. 원래 이 책은 기원후 1세기 말경에 히브리어로 기록되었다가 그리스어로 옮겨진 것으로 여겨지지만, 히브리어나 그리스어 사본 모두 현존하지 않는다. 거기에는 예컨대 3:4-11, 21-22처럼 죄와 고통이 세상에 오게 된 통로로 아담의 타락을 다루는 몇몇 단락이 있다. 그러나 결코 "원죄"에 관한 논문이라고는 할 수 없다. 역본과 주석은 Michael E. Stone, *Fourth Ezra*, Hermeneia (Minneapolis:

신약성경 시대와 일부 중첩되는 두 명의 유대 작가는 알렉산드리아의 필론(대략 기원전 20년-기원후 50년)과 요세푸스다. 철학적 비유에 관심이 있던 필론은 아담을 역사적 인물로 생각하는지 아닌지에 대해서는 명백히 말하지 않는다. 필론은 창세기 2:7을 논의하면서 창세기 1장의 사람과 2장의 사람을 하늘의 사람과 땅의 사람으로 부르며 구분하는 듯하다.[82]

요세푸스의 문체는 학식 있는 서구인들이 접근하기에 훨씬 수월하다. 간혹 그는 지나치게 문자적인데, 이는 창세기의 사건을 그리스-로마 세계에서 인정된 세계상과 결부시키기 위해서였을 것이다(그의 목적은 유대교를 찬양하는 것이었다). 그는 아담을 "땅에서 빚어낸 첫 사람"이라고 부른다.[83] 또한 자비로운 이스라엘의 하나님이 온 인류의 행복을 위한 유일한 근원이라고 말한다.[84] 이는 모든 사람이 아담으로부터 비롯되었다는 그의 관점과 연관된다. 공통된 인간성에 관한 이런 신념은 의심할 바 없이 만인이 참된 하나님을 숭배해야 한다는 그의 생각과 이방인들을 유대 예배에 허입하기 위한 그의 설명 저변에 깔려 있다.[85] 유대교에 관한 한, 여타의 제2성전기 자료 가운데 요세푸스가 필론보다 더 대표적이다.

끝으로 미쉬나(기원후 220년경 히브리어로 엮임) 산헤드린편 4:5에서도 동일한 감상을 느낄 수 있다.

Fortress, 1990)를 보라. 아담의 죄에 대한 부가적 설명은 63-66쪽을 보라.

82 *Allegorical Interpretation*, 1.31. 다른 한편으로, Philo는 창 1:27을 첫 땅의 사람의 창조로 보는 것이 분명하다. 그의 *On the Creation*, 25, 69, 등을 보라. Jarl Fossum, "Colossians 1.15-18a in the Light of Jewish Mysticism and Gnosticism," *New Testament Studies* 35.2 (April 1989): 187-88.

83 *Antiquities*, 1.2.3 (1:67). 『요세푸스』(생명의말씀사 역간).

84 같은 책, 4.8.2 (4:180).

85 *Against Apion*, 2.23, 37 (2:192, 261).

그러나 단 한 사람이 창조되었기에[처음으로]…사람들 간의 평화를 위해 누구도 자기 동료에게 "나의 조상이 너희 조상보다 위대하다"라고 말할 수 없다. 다시 말해, 거룩한 분, 복된 분의 위대함을 선포하기 위해 [단 한 사람이 창조되었다]. 사람은 하나의 틀로 많은 주화를 찍어내기 때문에 주화들이 모두 똑같지만 왕의 왕, 거룩한 분, 복된 분께서는 첫 사람의 틀로 만인을 찍어내시나 사람은 모두 같지 않다.[86]

구약성경과 신약성경이 이어지는 시기에, 가장 대표적인 주류 유대교 저자들은 한결같이 아담과 하와를 인류의 시초가 된 실제 인물로 대한다.

결론

창세기 자료를 취급하는 데에는 적어도 네 가지 가능한 방법이 있다.

1. 저자는 비유적인 언어를 최소화하며 "직접적인" 역사를 전달하고자 했다.
2. 저자는 자신이 실제 사건이라고 생각한 일에 대해 말하되, 이런 사건들에 대한 독자의 태도를 형성하기 위해 수사적·문학적 기술을 사용했다.
3. 저자는 허구적 역사를 말하고자 하되, 하나님과 사람에 대한 "영원한 진리"를 담기 위해 쉽게 알 수 있는 문학적 관습을 사용했다.

---

[86] 히브리어와 영어를 비교한 다음 책에서 인용했다. Herbert Danby, *The Mishnah* (Oxford: Oxford University Press, 1933), 388. 탈무드에서는 산헤드린 38a를 보라.

4. 저자는 실제 사건인지 허구적 사건인지에 신경 쓰지 않고 이야기했으나, 주요 목적은 다양한 신학적·도덕적 진리를 담는 것이었다.

나는 2번이 우리가 창세기에서 발견한 바를 가장 잘 포착한다고 판단한다. 1번에는 역설적인 면이 있다. 이는 대다수의 전통적인 그리스도인, 특히 이른바 "젊은 지구 창조론자"와 "역사비평"을 수용하는 다수의 성서학자 양측이 주창하는 내용이다. 둘의 차이는 젊은 지구 창조론자는 창세기가 진리를 말하고 있다고 여기는 반면에, 비평학자들은 창세기가 대체로 역사에 있어 부정확하다고 여긴다는 데 있다. 그렇다고 비평학자들이 창세기를 무가치하게 여긴다는 말이 아님을 명심해야 한다. 대개 그들은 4번과 같은 입장을 취한다.

이런 성경 비평학자들은 대체로(늘 그렇지는 않지만) 아담과 하와가 실제 인물이었음을 인정하지는 않지만 창세기의 저자가 실제 인물에 대해 쓰려고 **의도했다**는 데에는 동의한다. 3번의 입장을 따르는 사람들은 결코 저자가 아담과 하와를 실제 인물로 여기도록 의도하지 않았다고 보는 반면에, 4번을 따르는 이들은 그저 개의치 않는다. 어떤 학자가 아담과 하와의 역사성을 부인한다고 해서, 그가 어떤 해석적인 입장을 따르는지를 항상 분명히 알 수 있는 것은 아니다. 때로는 그 학자 스스로도 알기는 하는지 모르겠다!

실제 인물인 아담과 하와에게서 인류가 시작되었고, 하나님이 이 부부를 도덕적으로 흠 없이 만드셨으며, 그들의 죄를 통해 악이 인간의 경험 세계로 틈타고 들어왔다는 전제하에 논지를 전개해나간 신약성경의 저자들과 그들을 뒤따른 기독교 신학자들은 특정 본문과 이야기의 논리 모두에 있어 구약성경에 대한 올바른 독해에 그 근거를 두고 있었다.

제2장
신약성경에서의 아담

로버트 야브루(Robert W. Yarbrough)

신약성경의 분명한 언급에 대한 개관

신약성경에서 아담에 관한 분명한 언급은 띄엄띄엄 산재해 있는데, 일곱 구절에서 총 아홉 번 나타난다. 곧 누가복음 3:38, 로마서 5:14(2회), 고린도전서 15:22, 45(2회), 디모데전서 2:13-14, 유다서 14절이 그것이다. 먼저 이 구절들을 차례대로 간략히 살펴본 후, 이를 한층 더 자세히 논의해볼 것이다.

누가는 자신이 기록한 계보의 마지막 구절에서 아담을 언급한다(눅 3:23-38). 마태가 기록한 계보(마 1:2-16)는 아브라함에서 시작해서 "야곱은 마리아의 남편 요셉을 낳았으니 마리아에게서 그리스도라 칭하는 예수가 나시니라"(마 1:16)고 매듭지어지는 반면에, 누가는 예수로부터 거슬러 올라가(눅 3:23) 제2성전기의 세대들 및 구약성경의 유대인들을 거쳐 "그 위는 에노스요, 그 위는 셋이요, 그 위는 아담이요, 그 위는 하나님이시니라"(눅 3:38)고 맺는다. 다른 이야기에서 (원)죄와 연루된 이름을 가진 인물이 여기서는 하나님의 아들로 대우받는다.

로마서 5:14은 한 단락(롬 5:12-21)의 일부인데, 우리가 다루는 주제에 있어 매우 중요하기 때문에 이 책 후반부에는 이 부분만을 다룬 (토머스 슈라이너가 쓴) 글이 실려 있다. "그러나 아담으로부터 모세까지 아담의 범죄와 같은 죄를 짓지 아니한 자들까지도 사망이 왕 노릇 했나니 아담은 오실 자의 모형이라." 이 구절은 다음과 같은 점들로 인해 구약성경의 내러티브를 반영한다. (1) 죄가 세상에 유입되어 아담(과 하와)으로부터 시작해서 인류에게 보편적으로 침투되었다. (2) 아담 이후의 사람들은 (그들이 죄를 지었다는 사실에서는) 똑같지만 아담과는 다른 방식으로 죄를 범했다. (3) 아담은 어떤 방식으로든 "오실 자"를 예표한다. 로마서의 넓은 맥락에서 살펴볼 때 오실 자가 그리스도라는 점은 분명하게 나타난다.

이는 창세기 1-3장을 사용하는 후기 헬레니즘적 유대 문서와는 상반된다. 「에스라 4서」 7:46-50은 "우리는 아담의 후손이므로 인간 조건은 이미 결정된 바, 우리 중 누구도 백지 상태에서 시작하지 않으며 다만 우리 속에는 악한 성향이 이미 확고히 자리 잡고 있다"라는 점에서 바울과 일치한다.[1] 그러나 로마서에서 대체로 찬양이 터져 나오는 바울과 달리,[2] 「에스라 4서」 저자는 "많은 이들의 운명을 지고, 바울의 송영과 함께하지 못한다."[3]

고린도전서에 나타나는 세 가지 사례는 바울이 그리스도의 부활과 여기서 더 나아가 믿음으로 그와 연합한 자들의 부활에 관해 논의하는 부분이다. "아담 안에서 모든 사람이 죽은 것같이 그리스도 안에서 모든 사람이 삶을 얻으리라"(고전 15:22)는 말씀은 인간 죽음의 원인을 창세기 사건에 따라 자기 죄로 인해 죽게 된 첫 사람의 죽음과 연관시킨다. 아담은 930년의 수명을 다하고 육체적 죽음을 맞았다(창 5:5). 이는 하나님과의 단절된 교제라는 형태를 띤, 실제적인 동시에 예기적인 죽음에 대한 신체적인 대응물이라고 볼 수 있다. 하나님은 아담에게 "네가 [그것을] 먹는 날에는 반드시 죽으리라 하시니라"(창 2:17)고 하셨는데, 여기서 "그것"은 선악을 알게 하는 나무다. 아담(과 하와)의 범죄에 바로 뒤이어 그들은 동산에서 쫓겨

---

1 M. E. Boring, K. Berger, and C. Colpe, eds., *Hellenistic Commentary to the New Testament* (Nashville: Abingdon, 1995), 360.

2 다음을 보라. Andy Naselli, *From Typology to Doxology* (Corvallis, OR: Pickwick, 2012).

3 Boring, Berger, and Colpe, *Hellenistic Commentary to the New Testament*, 361.

났으며 하나님과의 순수한 교제는 단절되었다. 대신 약화된 삶, 엄밀히 말해 저주에 따른 삶을 살게 되었다(창 3:14-19). 바울은 죄의 결과로서의 아담의 죽음이 그 이후 모든 사람들에게 직접적이고 보편적인 영향을 미쳤다고 본다. 마찬가지로 "그리스도 안에서" 아담의 타락은 "모든 사람이 삶을 얻"는 시초다.

고린도전서의 다른 구절에서는 아담이 두 번 언급된다. "기록된 바 첫 사람 아담은 생령이 되었다 함과 같이 마지막 아담은 살려주는 영이 되었나니"(고전 15:45).[4] 바울은 창세기 2:7을 약간 고쳐 인용한다. 마소라 사본(MT)과 70인역 모두에는 단순히 "사람이 생령이 되니라" 혹은 "생명체가 되니라"고 되어 있다. 바울은 고유명사 "아담"을 삽입하고 "처음"이라는 형용사를 덧붙인다. 어떤 변용도 과하지 않다. 창세기 2:7(MT)에는 "사람"으로 나온 동일한 단어가 이후의 구절에서는 "아담"이 된다. 따라서 바울은 포괄적인 어휘 "사람"(히브리어로 'adam)에 내재된 고유명사를 그저 사용하고 있는 것이다. "처음"에 관해서는, 이는 창세기 내러티브에 따르면 실제로 사실이다. 이 말은 바울로 하여금 구절 끝부분에서 그리스도를 "마지막"(eschatos) 아담이라고 일컫도록 해준다.[5]

바울 서신에서 아담에 대한 언급이 두 번 더 나타나는 곳은 디모데전서 2:13-14이다. "아담이 속은 것이 아니고 여자가 속아 죄에 빠졌음이라. 그러나 여자들이 만일 정숙함으로써 믿음과 사랑과 거룩함에 거하면 그의 해산함으로 구원을 얻으리라." 고린도전서처럼, 바울은 아담이 빚어지고(2:7) 그가 하나님이 여자 배필을 창조하시기(2:21-22) 전 얼마 동안 적극

---

[4] 쿰란 문서와 Philo에게 있어 평행적이지만 분명히 대조되는 부분은 다음을 보라. 같은 책, 442-43.

[5] 더 자세한 논의는 다음을 보라. Roy Ciampa and Brian Rosner, "1 Corinthians," in *Commentary on the New Testament Use of the Old Testament*, ed. G. K. Beale and D. A. Carson (Grand Rapids: Baker Academic; Nottingham, UK: Apollos, 2007), 746-47.

적으로 행동했다(2:15-20)고 묘사하는 창세기 내러티브의 순서를 따른다. 또한 인류의 첫 부모가 사탄의 간계에 유혹되어 먼저 하와가, 그다음에 아담이 넘어가는 차례를 언급할 때에도 바울은 창세기의 구체적인 내러티브에 의존하고 있다. 바울 서신의 이런 독특한 성격은 고린도후서 11:3과 더불어 고린도전서 11:8-9에서도 확증된다. 바울이 보기에, 창조에서 하나님의 행위와 명령, 타락에 있어 아담과 하와의 범죄는 인간 본성과 최적의 교회 규정에 그 흔적이 남기고 있다.

신약성경에서 아담이 나오는 마지막 구절은 유다서 14-15절이다.

> 아담의 칠 대손 에녹이 이 사람들에 대해도 예언하여 이르되 "보라! 주께서 그 수만의 거룩한 자와 함께 임하셨나니, 이는 뭇 사람을 심판하사 모든 경건하지 않은 자가 경건하지 않게 행한 모든 경건하지 않은 일과 또 경건하지 않은 죄인들이 주를 거슬러 한 모든 완악한 말로 말미암아 그들을 정죄하려 하심이라" 했느니라.

유다의 담론의 흐름에서 이 구절은 교회를 어지럽히는 일부의 잘못(4-16절을 보라)을 일목요연하게 잘 보여준다. 유다는 이에 맞서 저항하라고 고무시킨다(3절). 유다는 이런 훼방꾼들이 구약성경 시대의 여러 사람 및 운동들과 유사점을 가진다고 말한다. 즉 불순종한 이스라엘 백성(5절), 반역한 천사들(6절), 소돔과 고모라 사람들(7절), 불경한 삼인조인 가인과 발람과 고라(11절)와 같은 자들이다. 아담을 언급한 위 구절(14-15절, 「에녹 1서」 1:9의 인용)에서는 "에녹"의 이름만큼 아담의 이름이 강조되지는 않는다. 진 그린에 의하면 "'칠 대'라는 위치는 셈족 정신에서 특별한 중요성을 지니기에" 유다는 에녹을 강조하면서 다음과 같이 주장하는 효과를 가진다. "다름 아닌 아담의 칠 대손이 이런 이단자들을 반대했다!"[6]

해석적 선택 사항들: 성경 수용사로부터의 일별

앞서 추려본 신약성경 구절들을 주해적으로 더 깊이 검토해보기 전에, 근래에 일단의 학자들이 여러 문서와 운동, 역사적인 시기에 창세기의 아담이 수용되는 특징을 정리하려고 한 시도에 대해 간략히 살펴보고자 한다. 총 30권으로 마무리될 『성경과 성경 수용의 백과사전』[7]이 출간되기 시작하면서, 다양한 관점에서 아담에 대한 신구약성경의 언급들에 관한 새로운 논의를 쉽게 접할 수 있게 되었기 때문이다.[8] 여기서 다루어진 연구를 살펴보는 작업은 아래서 이어질 우리의 주석적 작업에 주목하는 데 유익할 것이다.

구약성경과 관련해서 월러스(H. Wallace)는 어원에 주목해서 히브리어 "아담"이 고유명사로 사용되는 빈도수가 적다는 것과, "하와에 관한 신학적 탐구의 본질"과 비교해서 아담의 "의심하지 않은 공모"를 강조한다.[9] 월러스는 창세기 1:1-2:4a과 2:4b-3:24의 내러티브를 구분하는데, 신약성경의 저자들은 이를 간과했던 것처럼 보인다(마찬가지로 저자들은 아담보다 하와를 신학적으로 예리하게 파악하지 못한 것으로 보인다). 월러스는 창세기 내러티브에서 하와가 종속적인 역할을 했다고 보는 사람들이 소수라고 암시한다. 이에 관한 연구에서 그는 최근 유대 구약성경 해석학자들이 창세기 2-3장

---

6   Gene L. Green, *Jude and 2 Peter* (Grand Rapids: Baker Academic, 2008), 104.
7   *Encyclopedia of the Bible and Its Reception*, ed. Hans-Josef Klauck et al. (Berlin and New York: Walter de Gruyter, 2009), 이후로는 *EBR*.
8   다음을 보라. "Adam (Person)," *EBR* 1:300-33; "Adam and Eve, Story of," *EBR* 1:341-64.
9   다음을 보라. "Adam (Person)," *EBR* 1:300.

의 아담 관련 구절들에 관한 종래의 기독교적 해석에 문제를 제기하고 있다고 한다.[10] 월러스가 자신의 연구를 통해 얻고자 한 효과는, 오랜 세월 동안 많은 공동체 속에서 신약성경과 기독교 사상에 아담에 대한 해체적인 독해가 반영되어 있지 않았다면 그에 대해 이의를 제기하는 것이다.

유대교 전통(제2성전기, 랍비, 중세)에 관해서는 분타(S. Bunta)가 초창기부터 있었던 이해의 차이에 주의를 집중시킨다. "제2성전기에 아담에 대한 통일된 묘사는 거의 없었다."[11] 그는 창세기 이야기(내러티브를 발판 삼아 밝혀진 비유와 전승이 아니라)가 주안점이 될 때 우연히 일치하는 경우가 있다고 했다.[12] "아담의 죄성과 순결성, 필멸성과 불멸성, 다른 피조물을 다스림"이 이런 일치다.[13] 그럼에도 불구하고 더 지배적인 것은 불일치성이다. 필론 자신도 "아담에 대한 생각이 전적으로 일관된 것은 아니었다"[14]라고 언급했다. 분타는 제2성전기와 헬레니즘 시대에서 "전통적 랍비" 유대교로의 전환기에도 "이데올로기들이 광범위"하며 "아담에 대한 통일적 묘사"가 없다는 점을 발견한다.[15] 그러나 "대부분의 전통적인 랍비 문학은 창세기 1-4장의 "아담"(adam)을 한 인간 아담(Adam)이라고 여기며" 몇몇 시편(예를 들어 92편과 139편)을 아담으로부터 유래된 자전적인 진술이라고 보았다.[16] 중세 유대교는 훨씬 더 유연하고 다양해서, 결국에는 헤칼로트(hekhalot) 신비주의와 카발라식(kabbalistic) 사변으로 전향했다.[17] 마이모니데스(Maimonides,

---

10 "Adam and Eve, Story of," *EBR* 1:341-43.
11 "Adam (Person)," *EBR* 1:301.
12 같은 책.
13 같은 책.
14 같은 책, 302.
15 같은 책, 303.
16 같은 책, 303.
17 같은 책, 304-6.

1138-1204), 예후다 하-레비(Judah ha-Levi, 12세기), 요세프 알보(Joseph Albo, 15세기)를 위시해서 유대 철학자들은 자신의 철학적이고 종교적인 신념을 아담 사건에 적용한다.[18] 이는 역사적인(이 경우는 기독교적인) 이해를 거부하고 단순히 지배적인 사고체계와 통합시키는 계몽주의의 징조다.

신약성경에 나타난 아담에 관해 제임스 던은 아담을 분명히 언급하는 (앞에서 인용한) 아홉 구절을 주해한다.[19] 더 나아가 시편 8:4-6을 따른 몇몇 구절(히 2:6-8; 고전 15:25-27. 다음도 보라. 엡 1:20, 22; 막 12:36; 벧전 3:22)에서 "아담 신학"에 대한 암시를 발견한다.[20] 던은 아담에 대한 암시(또는 아담을 인용하는 창세기 내러티브)가 로마서 3:23, 7:7-13, 8:19-22을 비롯해서 다른 구절들에도 깔려 있다고 생각한다.[21] 이런 주석적 작업은 뒤에서 더 다루어 볼 것이다.

기독교 세계(그리스 교부와 동방 정교회, 라틴 교부와 중세 초기)에 관해서 G. 앤더슨은 그리스와 라틴 경향이 나뉘는 갈림길을 강조한다.[22] 그리스 교부들은 아담 본문에 대한 주해에서 죄보다 "육신의 타락성"을 가지고 씨름했다.[23] 그들의 관점에서 아담과 하와는 타락하기 전에는 천사 같은 기질(마 22:30을 보라)을 가지고 있었다. 타락 이후 아담과 하와가 가죽옷을 입었다는 것(창 3:21)은 그들이 죽을 수밖에 없는 육신으로 격하되었음을 의미한다는 관점과 연관된다. 성육신에서 "그리스도가 타락 이후 아담의 상태를

---

18   같은 책, 306.
19   같은 책, 206-8.
20   같은 책, 308-9.
21   같은 책, 309-10.
22   G. Anderson의 논문도 보라. "Adam and Eve," *Religion Past and Present*, ed. D. Brown et (Leiden and Boston: Brill, 2007), 1:49-50; "Adam," *The New Interpreter's Dictionary of the Bible*, ed. K. Sakenfeld (Nashville: Abingdon, 2006), 1:48-50.
23   "Adam (Person)," *EBR* 1:311.

입고 세상에 오셨다"[24]라는 것은 현재의 인간 존재의 미천한 육신을 뜻한다. 그러나 그리스도의 부활에서 "그는 사망에 이르는 육신을 벗고 동산에 있었던 아담의 육신적 형태를 입는다."[25] 앤더슨은 그리스 교부들이 해온, 그리하여 수세기 동안 주류 기독교 공동체를 세워온 헬레니즘적인 몇 가지 결정 혹은 신념(창조된 물질이 본질적으로 열등하다는 것과 같은)에 대한 확언들의 본질적인 차이를 잘 보여준다. (2010년 당시 동방 정교회는 세계 기독교 인구의 10퍼센트를 상회하는 것으로 집계되었다.[26])

라틴 세계에 대해서 앤더슨은 주된 인물이 아우구스티누스라는 일반적인 관점을 인정한다. 아우구스티누스는 초기 저술에서 창세기와 아담을 알레고리적으로 다루기는 했지만 주된 두 측면에 있어 그리스의 독법과 다른 방향으로 성숙해갔다. 첫째, 아우구스티누스는 "결정적인 강조점을 죽음의 문제가 아니라 죄의 문제에 두었다."[27] 둘째, "그는 원죄와 성(性)적 자각의 순간이 매우 긴밀한 관계에 있다고 보았다."[28] 아우구스티누스는 로마서 7:23에서 바울이 "내 지체 속에 있는 죄의 법"과 그의 고결한 이론적 이상 사이에 전투가 있다고 서술한 부분에서 단서를 얻었다. 앤더슨은 아우구스티누스가 "본질적으로 생식기에 대한 부정적인 태도"를 제시한 것이 아니며 "성에만 연연했던 것도 아니었다"라고 주장한다.[29] 아우구스티누스는 오히려 창세기 3:7에서 타락 이후 아담과 하와가 "자신의 성기를 부끄

---

24 같은 책, 312.
25 같은 책.
26 Patrick Johnstone, *The Future of the Global Church* (Downers Grove, IL: InterVarsity, 2011), 65.
27 "Adam (Person)," *EBR* 1:313.
28 같은 책.
29 같은 책, 314.

러워" 했다고 보았다.[30] 창세기 2:25을 보면 그 일이 있기 전에는 "그들의 몸과 영혼은 완벽한 조화를 이루었다"[31]라고 짐작할 수 있다. "아담과 그의 아내 두 사람이 벌거벗었으나 부끄러워하지 아니하니라." 요약하면, 아담과 관련된 주된 교훈은 (그리스 교부들의 생각처럼) 천사 같은 몸을 상실하게 된 것이 아니라 이전에 없던 사악한 존재가 인간 실존에 들어오게 되었으며, 오직 하나님만이 이 상태로부터 구속할 수 있다는 것이다. 아우구스티누스는 인간 죄의 문제와 하나님만이 가지신 완전한 해결책을 강조했다.

아우구스티누스는 다소 역사적인 용어로 아담 내러티브를 다루려고 함으로써 유럽과 근대로 이어지는 다리를 놓는다. 캘린더(D. Calender Jr.)는 이렇게 언급한다. "아담이 실제 역사적 인물이었다는 가정은 근대 문학비평의 발달과 생물학적 진화론의 등장 전까지는 서구 기독교에서 문제시되지 않은 채로 널리 지속되었다."[32] 여러 배경과 이유로 인해 요한 고트프리트 헤르더(Johann Gottfried Herder)에서 칸트(Kant), 슐라이어마허(Schleiermacher), 트뢸치(Troeltsch), 브루너(Brunner), 바르트(Barth)에 이르는 사상가들은 아담에 관한 비역사적이거나 비교적 탈역사적인 접근법을 취한다.[33] 넓은 의미에서 이는 성경의 권위에 대한 계몽주의의 근본적인 거부 및 "탈유대교적 기독교"의 강력한(그리고 반유대교적인[34]) 부흥과 연관된다. 이는 유대교를 "이방인"이자 "시대에 역행하는 종교"[35]로 여겼던 칸트

30　같은 책.
31　같은 책, 313.
32　같은 책, 318.
33　같은 책, 318-9.
34　Anders Gerdmar, *Roots of Theological Anti-Semitism: German Biblical Interpretation and the Jews from Herder and Semler to Kittel and Bultmann* (Leiden and Boston: Brill, 2009).
35　Gary Dorrien, *Kantian Reason and Hegelian Spirit: The Idealistic Logic of Modern Theology* (Chichester, UK: Wiley-Blackwell, 2012), 547.

를 떠올리게 한다.³⁶ 아담 사건이 서구적인 인간 실존 및 기독교 신학과 갖는 상관성에 처음으로 어두운 그림자를 드리운 것은, 과학적인 고려가 아니라 이념적인 고려(오늘날의 용어로 "인종차별주의"라고 할 수 있는)였다.

이는 성경 수용사에서 아담에 대해 이야기된 내용 전체에는 훨씬 못 미친다. 하지만 전통 바깥에 있는 아담에 대한 천차만별인 개념들과 비교해서, 기독교 전통 안에 있는 다양한 해석들(본서의 주된 주제) 사이에 있는 차이점(과 유사성)들이 희미하다는 점을 관찰하는 것으로 충분하다. 이는 신약성경의 아담 본문에 관한 주해가, 이 본문들에 대해 이질적이고 낯선 체계의 확실성을 뒷받침하기 위해 이것들을 이용하는 또 다른 행태가 아니며, 수세기 동안 다양한 기독교 전승을 이루어온 비교적 일치된 성경적 증언임을 엿보게 해준다는 의미다. 현재 통용되는 아담 문헌의 상당수는 아담의 이름을 언급한다는 것 외에는 증언에 공통점이 거의 없다. 아담의 삶과 행동, 그리고 그 역사적이고 종말론적인 여파에 대한 성경 이야기의 여러 단편들이 모호하게 증폭되어 있다. 신약성경의 서술들은 훨씬 더 간결하면서 덜 추론적인 관점을 공유한다.

신약성경에서 아담: 더 깊은 탐구

이제 신약성경에서 아담을 언급한 아홉 가지(앞서 살펴본) 가운데 여덟 가지를 더욱 상세히 살펴볼 것이다. (유 14절에 관해서는 부가적으로 다룰 것이 거의 없다.) 이 여덟 사례는 누가복음 3:38, 로마서 5:14, 고린도전서 15:22, 45, 디모데전서 2:13-14이라는 네 구절 속에 나타난다. 더불어 "아담"이라는 단어를

36　같은 책, 549.

실제로 쓰진 않지만 간접적으로 아담을 가리키는 구절들을 살펴볼 것이다.

누가복음 3:38

이는 "예수가…요셉의 아들이니"(3:23)라고 시작되는 사슬처럼 연결된 단락 마지막 부분인 "그 위는 아담이요, 그 위는 하나님이시니라"는 구절이다. 전체적으로 이 계보의 중점은 아담이 아니라 예수다.[37] 그러나 다음과 같은 네 가지 이유로 아담은 예수의 근원이라 할 수 있다.

첫째, 하나님이 만물을 비롯해서 인류 위에 서 계신다. 인간의 본성과 기원에 대해 뭐라 하든 간에 인간 이야기는 창조, 심판, 구속, 마지막 회복의 모든 사역 뒤에 계신 이 하나님과 뗄 수 없이 묶여 있다. 인간의 실존은 하나님의 근본적 행위, 섭리, 종말론적 목적과 별개로 설명할 수 없다.

둘째, 누가복음의 구속 기사에서 아담은 별개의 독립적인 인물이 아니다. 아담은 에녹, 노아, 아브라함, 이삭, 야곱, 유다, 보아스, 이새, 다윗과 같은 예수의 조상 모두를 포괄하는 통합적 인물이다. 우리는 아담을 유대인이나 히브리인이라고 할 수 없으며, 아담을 떼어두고서는 홍수 사건이나 아브라함 언약, 다윗 언약, 다윗이 주라 칭한 다윗의 자손(눅 20:44)을 통한 하나님의 심판과 구원을 이해할 수 없다. 이런 관점에서 인류가 살아가는 세상에 관해 누가가 기록한 어떤 것도 아담과 분리될 수 없다. 인간의 입장에서 보면 아담을 통해 역사가 시작되었고 그가 가진 정체성과 행동은 후대의 인류에게 결정적이었다.

셋째, 아담의 기원(직접적으로 하나님께 기원을 가졌다는 사실)뿐만이 아니라 그의 후손의 운명에도 구속적 신비가 있다. 아담의 혈통에서 실제로는

---

[37] 다음을 보라. J. Greene, *The Gospel of Luke*, New International Commentary on the New Testament (Grand Rapids: Eerdmans, 1997), 189.

아니지만 "사람들이 아는 대로는" 요셉의 아들(눅 3:23)이 나온다. "사람들이 아는 대로(nomizô)"라고 번역된 이 용어는 누가-행전에서 그릇된 추정을 일컬을 때 흔히 사용되었다.[38] 누가복음 1:26-38에서 분명히 보여주는 바, 예수는 **실제** 요셉의 아들이 아니었다. 그는 기적적으로 잉태되었다. 누가가 아담을 하나님의 아들이라고 칭하면서 암시했던 아담의 기적적인 창조는 예수의 초자연적 기원과 연관된다. 이런 의미에서 누가가 기록한 계보의 세부 내용은 첫 아담, 둘째 아담이라는 바울의 용어의 전조가 된다. 아담과 예수는 둘 다 핵심적 측면에 있어 **독특하면서도**(비교 대상이 없을 만큼), 인류에게 보편적이고 예표적인 중요성을 가진다.

넷째, 아담은 누가-행전에서 단 한 번 언급된 것을 제외하고는 복음서에서 전혀 언급되지 않는다. 이를 보고 그리스도의 인격과 사역에 대한 중대한 기사(복음서)와 초기 교회의 부상(사도행전)에 아담이 그다지 중요하지 않다는 의미로 받아들일 수 있다. 그러나 다르게 볼 수도 있다. 아담의 통합적 중요성은 사도행전의 기사와 복음의 유대적인 측면을 통해 내재적으로 입증된다. 앞에서 살펴본 바와 같이, 제2성전기와 랍비의 아담에 대한 사상에는 실질적인 차이가 있었다. 그러나 아담은 폭넓은 주목을 받는다. 어느 것이 되었든지 간에, 유대 사상에서 보면 그는 인류의 출발점이자 인간 본성에 대한 진실의 열쇠다. 마찬가지로 사도행전을 비롯한 모든 복음서에서 예수의 이야기는 원시적 인류(와 그 이전의 영원)와 최초의 죄에까지 거슬러 올라가는 구속적 약속의 확장이자 성취임이 분명하다. 복음서와 사도행전에 있는 수백에 이르는 구약성경의 인용과 암시 그리고 반영은, 신약성경의 저자들이 그 진실성과 권위, 바르게 해석했을 경우 나타나는 지속적인 연관성을 수용했다는 점을 빼놓고는 설명할 수 없다. 이렇게 볼 때, 아담을

---

38 다음을 보라. 눅 2:44; 행 7:25; 8:20; 14:19; 16:27; 21:29.

직접적으로 인용한 부분이 희박하다고 해서 그것이 가지는 중요성도 작다고 볼 수는 없다. 반대로, 구약성경에서 아담의 이름이 언급되는 여러 곳에서 그는 구약성경이 자신에게 투영하는 역할을 중점적으로 수행하고 있다. 그는 인간 실존, 번성, 죄, 그에 수반되는 모든 재앙의 출발점이다. 그리고 아담의 죄에 구원 약속의 씨(창 3:15)가 잇따르기 때문에, 그는 인간의 구속적 희망의 근원이기도 하다.

비록 표면적이지는 않지만 아담은 복음서와 사도행전의 구속 내러티브에 있어 지배적인 존재다. 성경에 나타나는 하나님의 관점에서 보면, 아담은 하나님이 생명을 주시고 창조가 낳은 모든 이들이 통과해서 나온 관문이었다. 사도행전 17:26-27은 이렇게 기술한다. "인류의 모든 족속을 한 혈통으로 만드사 온 땅에 살게 하시고 그들의 연대를 정하시며 거주의 경계를 한정하셨으니 이는 사람으로 혹 하나님을 더듬어 찾아 발견하게 하려 하심이로되."

그리스도의 관점에서 보면 아담은 "남자와 여자"(마 19:4, 24:21도 보라)로 지으신 온전한 "창세"의 한 부분이며, 그의 잘못된 행동의 결과를 해결하기 위해 그리스도가 오시게 되었다. "지극히 높으신 이의 아들"에게 "주 하나님이 그 조상 다윗의 왕위를…주시리니" 그는 "영원히 야곱의 집을 왕으로 다스리실 것"이라는 천사의 말에는 아담이 암시되어 있다(눅 1:32-33). 복음서와 사도행전에 아담에 대한 언급이 희박하다고 해서, 예수와 초창기 그리스도인들이 아담과 아담이 가진 함의(즉 예수에게까지 이르는 그의 후손, 보편적인 인간 본성, 하나님의 구원에 대한 그의 영향)를 몰랐다거나 무시했다는 뜻은 아니다.

로마서 5:14

이 구절은 논쟁적인 단락(롬 5:12-21)에 위치해 있다. 여기서 전체 단락에 대한 주해를 할 수는 없다. 또한 이 책에서 토머스 슈라이너가 이 본문을 충분히 다루고 있기 때문에 그럴 필요도 없다. 하지만 다음과 같이 네 가지 사항 정도는 언급해볼 만하다.

첫째, 아담은 바울의 구원론적 이해의 중심이다. 아담을 분명하게 두 번 언급하는 로마서 5:14은 바울의 가장 근본적 구원론의 두 가지 요소, 즉 칭의와 화목을 설명하는 문학적 단락의 핵심이다. 칭의는 로마서 5:1, 9에서 언급되는데, 이것이 5장의 주요 주제임을 알 수 있다. 바울은 5:10-11에서 주제를 화목으로 전환한다. 하지만 이는 칭의의 연장이자 적용으로 간주되어야 마땅하다. 바울이 아담 안에서의 죽음과 그리스도 안에서의 생명을 말할 때에도(5:12-20), 그는 여전히 칭의를 염두에 두고 있다(5:16, 18에서 "의롭다 하심", 5:17에서 "의의 선물", 5:19에서 "의인이 되리라"). 바울은 한편에 칭의와 다른 한편에 아담과의 관계에서 갖는 그리스도의 역할을 연결시킬 수 있었지만 그러지 않았다. 로마서보다 몇 해 앞서 기록된 고린도전서 15장에서 아담과 그리스도를 연결시킨 점을 고려해보면 이는 예상 밖의 일이다. 한 사람의 엄격한 유대인으로서 바울은 인간 기원에 대한 구약성경의 기사를 확증했다고 보는 것이 더 타당하다(행 17:26을 보라). 예수가 결혼에 대한 이해를 위해 본능적으로 창세기 1-2장을 인용했던 것처럼 말이다(마 19:4-6. 막 10:6-9도 보라). 바울이 로마서의 이 중요한 부분—아브라함을 통한 구속적 "믿음"에 대해 정의한(4장) 다음이자 구원론적 주장에 대한 이의 제기를 다루기(6-7장) 전—에서 아담과 그리스도를 한 쌍의 짝으로 연결시킨다는 사실은, 칭의와 그 유익에 대한 논리가 아담 이야기가 말해주는 인간과 죄에 대한 이해를 상당히 좌우지한다는 것을 보여준다.

둘째, 하나님의 형상대로 만들어진 아담(창 1:26-27; 5:1)이 지은 죄는 "자기의 모양[즉 아담] 곧 자기의 형상과 같은"(창 5:3) 후손들에게 영향을 미쳤다. 그리하여 그들은 죄와 사망의 지배를 받았다. 바울은 로마서

5:12에서 "한 사람으로 말미암아 죄가 세상에 들어오고"라고 간략히 말한다. (이는 하와의 중요성을 간과한 것이 아니라 인류의 아버지로서 아담의 대표적 지위를 확증하는 것이다). 이어 "죄로 말미암아 사망이 [세상에] 들어왔나니"라고 한다. 그 복합적이고 천지개벽과 같은 결과를 가져온 것은 분명 아담의 죄 또는 하와와 아담이 함께 지은 죄였을 것이다. 그 결과는 그들의 후손 한 사람 한 사람에게 널리 퍼졌다. (성경의 내러티브에 따르면 그들은 도덕적으로 무구한 자녀를 낳을 수 없으며 그 정반대다.) 이는 오직 한 가지 방법을 통해 해결될 수 있을 것인데, 바로 인간에게 처음 생명을 주셨던 하나님의 은혜로운 구원책을 믿는 것이다.

셋째, 로마서 5:12-21에서 아담은 그 이름이 언급된 빈도보다 더 많이 내포되어 있다. 단어-개념 오류(word-concept fallacy)를 주의해야 한다.[39] 이는 무언가(이 경우에는 "아담")가 대화에서 존재하기 위해서는 그것을 지칭하는 정확한 단어가 반드시 나와야 한다고 전제하는 오류다. 이렇게 보면 로마서의 담론에서 단 한 구절에만 나타나는 "아담"은 그다지 중요하지 않게 된다.

이에 대한 더 타당한 해석 방법이 있다. 첫째, 로마서 5:12-21은 로마서 전체에서 우연히 거기 위치한 것이 아니라, 칭의와 화목을 비롯해서 하나님의 이런 행동의 필요성(즉 아담의 죄로 인한)이 어떻게 제기되었으며 또 이런 행동이 과연 무엇이었는지(즉 아담의 잘못을 완전히 보합하는 그리스도의 구속 사역)에 대한 바울의 설명 가운데 절정에 가까운 지점에 있다. 이는 서신 전체에서도 절정 구절들 중 하나로, 신약성경 전체에서도 신학적 교차로로 여겨지는 부분이다. 둘째, 이 핵심적 부분에서 "아담"은 로마서

---

39 다음도 보라. J. S. Duvall and J. D. Hays, *Grasping God's Word*, 2nd ed. (Grand Rapids: Zondervan, 2005), 135. 『성경해석』(성서유니온선교회 역간).

5:14에서만 언급되는 것이 아니라 아래의 표에서 보듯이 여러 번에 걸쳐 분명하게 암시된다.

로마서 5장 구절	아담을 지칭하는 부분
12절	"한 사람으로 말미암아 죄가 세상에 들어오고"
13절	"죄가 율법 있기 전에도 세상에 있었으나"
15절	"그 범죄" "한 사람의 범죄를 인해"
16절	"범죄한 한 사람으로 말미암은 것" "심판은 한 사람으로 말미암아 정죄에 이르렀으나"
17절	"한 사람의 범죄로 말미암아" "사망이 그 한 사람을 통하여 왕 노릇 했은즉"
18절	"한 범죄로 많은 사람이 정죄에 이른 것같이"
19절	"한 사람이 순종하지 아니함으로 많은 사람이 죄인 된 것같이"
20절	"범죄"
21절	"죄가 사망 안에서 왕 노릇 한 것같이"

이 표는 이 단락에서 아담이 그저 한 번 언급된 것이 아니라 여러 번에 걸쳐 나타남을 보여준다. 이름으로나 다른 직접적인 암시로 보나 이 단락에서 아담은 그리스도만큼이나 구속의 논리에 필수적인 요소다. 아담은 자기 죄로 생겨난 질병을 고치는 종합적이고 완벽한 해독제인 그리스도를 돋보이게 한다. 바울의 구원론, 기독론, 신학적 인류학, 죄론이 이 간결한 열 구절에 들어 있는데, 역사적 실존과 그 실제 여파(그리스도가 치유하고 해결하기 위해 오신) 안에 서 있는 아담을 배제한다면 그중 어느 것도 이해할 수 없다.

로마서에서 아담에 관한 네 번째 의견은 차례대로 되어 있다. 로마서에서 아담이 등장하는 곳은 5:12-21에 국한되지 않는다. 제임스 던은 로마서 3:23, 7:7-13, 8:19-22이 아담을 분명히 암시한다고 주장한다.⁴⁰ 이 세 단락을 차례대로 간략히 검토해보자.

로마서 3:23

"모든 사람이 죄를 범했으매 하나님의 영광에 이르지 못하더니"(롬 3:23)라는 말씀은 아담을 암시하는가? 이에 대한 배경을 고려한 뒤, 제임스 던은 "그렇다"고 대답한다. 던은 「모세의 묵시록」 20:2에서 아담이 자신이 이전에 입었던 영광을 하나님이 앗아간 사실에 대해 애통한다는 점을 지목한다. 아담은 이를 계속 원통해하며 하와를 비난하면서 21:6에서는 이렇게 말한다. "오, 악한 여자여! 내가 네게 무엇을 행했기에 그대는 내게서 하나님의 영광을 앗아가는가?"⁴¹ 던은 바울과 유대 구원론이 모두 "본래의 영광을 증진하거나 회복하는 측면에서 구원을 이해했다"라고 본다.⁴² 그러므로 로마서 3장에서 바울이 죄에 대해 인간이 영광을 상실한 것과 연관시켜 말할 때는 창세기의 아담 기사 또는 적어도 그와 관련된 유대 전통에 근거했음이 분명하다. 더글러스 무는 로마서 3:23에서 바울이 주의를 끌고자 하는 것이 바로 "영광의 부재"인데 이는 "인간이 처음 만들어졌을 때의 '하나님의 형상'이 쇠잔함을 뜻한다"며 대체로 동의하고 있다.⁴³

이와 관련해서 던은 아담을 표상하는 몇몇 다른 바울 서신의 구절들을 다루는데, 이는 고린도후서 3:18, 빌립보서 3:21, 골로새서 3:10이다. 이 모든 구절은 새 창조에 대해 말한다. 던은 부활하신 그리스도가 "첫 피조물

---

40   "Adam (Person)," *EBR* 1:309-10.

41   *The Apocalypse of Moses*, trans. R. H. Charles, Christian Classics Ethereal Library (website), accessed September 17, 2012, http://www.ccel.org/c/charles/otpseudepig/apcmose.htm.

42   Dunn, "Adam (Person)," *EBR* 1:310.

43   Douglas J. Moo, *The Epistle to the Romans* (Grand Rapids: Eerdmans, 1996), 226. 『NICNT 로마서』(솔로몬 역간).

이 가졌던 하나님의 형상을 재현한 모형" 역할을 한다고 본다.⁴⁴ 그리스도가 이런 모형의 역할 또는 그 이상의 역할을 담당한다는 데에는 이론의 여지가 없다. 이런 구절들이 아담에 대한 암시로 보일 수 있다는 점을 바울이 염두에 두었을지는 "암시"라는 말의 정의에 부분적으로 달려 있다. 바울이 이런 구절들을 기록할 때 창세기 1-3장을 생각하고 있었는지는 입증할 수 없다.⁴⁵ 이런 연유로 바울이 아담을 암시하고자 했다는 주장의 설득력은 크지 않다. 그렇지만 만일 "암시"가 뜻하는 바가 아담의 역사적 실존이라든지, 아담으로부터 이어져 나온 인류에 대한 죄의 보편적 영향이라든지, 그리스도께서 둘째 아담으로서 그의 백성에게 종말론적 영광을 주심에 대한 무심결의 인정이라면 던의 관점은 유익하다. 이는 신약성경 저자들에게 아담이 갖는 중요성을 판단하는 데에는 단어-개념 오류를 뛰어넘을 필요가 있다는 또 다른 사례가 된다.

로마서 7:7-13

던의 주장처럼 바울은 로마서 7:7-13의 "내가" 단락을 통해서 "선악을 앎으로써 하나님과 같이 되고자 했던 탐심이라는 아담의 원죄에 관한 창세기 이야기(창 3:5)를 상기시키고자" 했던 것일까?⁴⁶ 이런 관점에는 여러 형태의 "교회의 처음 시작"에까지 거슬러 올라가는 고색창연한 유산이 들어 있다.⁴⁷ 그러나 바울은 율법이 있기 전에 아담의 죄가 일어났다고(롬 5:13) 분명히 설명하는 것으로 보아 그럴 것 같지 않게 느껴진다. 하지만 로마서

---

44 Dunn, "Adam (Person)," *EBR* 1:310.
45 예를 들어 Gordon Fee는 고후 3:18을 아담과 창세기가 아니라 모세와 출애굽기와 관련해서 설명한다. *Pauline Christology* (Peabody, MA: Hendrickson, 2007), 180-83. 『바울의 기독론』 (CLC 역간).
46 Dunn, "Adam (Person)," *EBR* 1:310.
47 Moo, Epistle to the Romans, 425.

7장에서 바울은 율법이 명했기에 알게 된 누군가의(아마도 그 자신의) 탐심에 대해 언급한다. 7-13절의 각각의 구절에서는 "율법"이나 "계명" 혹은 두 가지 모두가 언급된다. 따라서 바울이 사망케 하는 죄(13절)를 언급하는 것은 아담의 죄를 연상시키는 반면, 율법과 계명을 도처에서 언급한다는 점에서는 그가 특별히 이 단락에서 아담의 죄를 염두에 두고 있었다고 생각하기가 부적절하다.[48] 부인할 수 없는 형식상의 유사성(죄에 대한 유혹)은 바울의 상황(율법이 작용하는)과 아담의 상황(롬 7장의 특징과 달리 율법이 없었을 뿐만 아니라 하나님의 부정적 조항["너희는 그것을 먹지 말라"]이 바울의 묘사 및 경험과는 다른 방식으로 죄 없는 아담의 본성과 상호작용 했음이 분명하다)의 결정적 차이로 인해 상쇄된다.

로마서 8:19-22

던의 말대로 로마서 8:19-22은 "창세기 내러티브를 강하게 암시"하는가?[49] 긍정적인 대답을 내리는 데에는 이론의 여지가 없을 듯하다. 창세기 3장의 저주를 통해 어떤 의미에서 하나님은 피조물을 허무한 데 굴복시킨다(롬 8:20도 보라). 타락 이래로 온 인류는 "썩어짐의 종"(21절)이 된 세상, 더 나은 것을 고대하는 세상(19절), "탄식"하며 고통을 겪는 세상(22절)에 거주해왔다. 아담(과 하와)은 이토록 애처로운 우주적 묘사의 시작이자 중심에 놓여 있고, 이는 그런 사실과 얽혀 있는 복음의 구원적 가닥들을 통해서만 완화된다. 던은 아담을 암시하는 이런 구절들이 그다음에도 이어진다고 볼 수도 있었을 것이다. "우리까지도 속으로 탄식하여 양자 될 것 곧 우리 몸의 속량을 기다리느니라"(23절)는 말씀이 에덴동산의 부부가 받은 육신의

---

48 같은 책, 426-30.
49 Dunn, "Adam (Person)," *EBR* 1:310.

저주와 땅의 저주를 뒤집는 듯한 묘사로 보이기 쉽기 때문이다.

간략히 말해 로마서는 다양한 방식으로 많은 구절에서 아담 즉 그의 실존과 타락, 예수의 초림과 재림 사이의 시간을 살아가는 인간의 운명과 본성에 대한 그의 보편적인 중요성을 두드러지게 언급한다. 아담에 대한 바울의 인식은 결코 아담의 이름을 명백히 언급한 5장의 한 구절에만 국한되지 않는다.

고린도전서 15:22, 45

고린도전서에서 아담의 중요성에 대한 강조는 과거와 현재를 넘어 장차 도래할 시대로까지 나아간다. 바울은 이렇게 기록한다. "아담 안에서 모든 사람이 죽은 것같이 그리스도 안에서 모든 사람이 삶을 얻으리라"(15:22). 이 말씀은 바울이 두 절 앞서 주장한 바를 확증하기 위해 쓰였다. "그러나 이제 그리스도께서 죽은 자 가운데서 다시 살아나사 잠자는 자들의 첫 열매가 되셨도다"(20절). 그리스도는 어떤 의미에서 "첫 열매"인가? 다음 절은 이를 설명한다. "사망이 한 사람으로 말미암았으니 죽은 자의 부활도 한 사람으로 말미암는도다"(21절). 여기서는 비록 아담의 이름이 아니라 해도 아담이 언급된다("사망이 한 사람으로 말미암았으니"). 아담은 모든 사람의 원형인데, 이는 아담이 죽음과 그 죽음의 원인에 운명적으로 관여한 데에서 만인에 앞서 존재했기 때문이다. 그의 죄가 불러온 형식과 결과에서 벗어날 수 있었던 자는 아무도 없었다.[50]

그러나 바울의 요지는 일종의 희망이지, 비난이나 절망이 아니다. "아담 안에서 모든 사람이 죽은 것"은 사실이다. 그러나 마찬가지로 "그리스도 안에서 모든 사람이 삶을" 얻는다(22절). 근래에 주석가들은 다음과 같이

---

50   성경의 기록에서 예외가 있다면 바로 에녹과 엘리야다(창 5:24; 왕하 2:11).

세 가지 방식으로 이것이 아담의 중요성을 확증한다고 강조한다.

첫째, 바울이 아담을 별다른 설명 없이 무심결에 언급한다는 사실은 고린도의 독자들이 창세기 1-3장의 이야기를 잘 알고 있었음을 전제하고 있다. 에크하르트 슈나벨은 바울이 삼 년 정도 이른 시기에 고린도에 있는 예수를 믿는 이들에게 "창조와 타락에 관한 구약성경의 기사"를 가르쳤음이 분명하다고 말한다.[51] 이어서 슈나벨은 "여기서 우리는 이스라엘의 성경이 어떻게 '상징적 세계'를 제시했는지, 즉 바울이 예수의 인격과 사역의 중요성을 이해하고 설명할 때 어떤 세계 안에서 그렇게 했는지에 대한 또 다른 전형을 보게 된다"고 말한다.[52] 초기 교회가 시작된 순간부터 신약성경 기독론에 있어 아담적 배경(이 경우 그리스도의 부활)은 새로운 개종자들에게 주입되었을 것이다. 물론 많은 이들은 인류 기원에 관한 이런 설명에 대해 이미 회당에서 접해 친숙하게 알고 있었을 것이다.

둘째, 불트만을 비롯한 다른 학자들의 주장과 달리, 아담에 대한 바울의 이해는 결코 영지주의적인 원시 인간 신화를 수용한 데서 비롯되었다고 볼 수 없다.[53] 또한 창세기 1장과 2장에 대한 필론의 해석[54]이 가진 유사성은 바울의 견해에 대한 충분한 설명이 되지 못한다. 바울의 관점은 필론과 선명하게 대비될 뿐만 아니라 "바울이 창세기를 논의하면서 필론의 주해를 사용했을 수도 있다"는 월러스의 주장과도 상반된다.[55] 몇몇 요지를 살펴보자면, (1) 바울에게 있어서는 오직 둘째 아담(육신을 입은 신으로 첫째 아담과

---

51   Eckhard Schnabel, *Der erste Brief des Paulus an die Korinther* (Wuppertal: Brockhaus; Giessen: Brunnen, 2006), 921. 제2장에서 Schnabel 책의 인용은 Yabrough의 번역이다.

52   같은 책.

53   같은 책. 여기서 Bultmann의 견해를 받아들일 수 없다는 데에는 오늘날 이견이 없을 것이다.

54   *Legum Allegoriae*, 1:31-32; *De Opi cio Mundi*, 134-35.

55   Howard N. Wallace, "Adam (Person)," in *Anchor Bible Dictionary*, ed. D. N. Freedman (New York: Doubleday, 1992), 1:64.

절대적으로 구분되는)에게만 구원의 능력이 있다. 필론은 창세기 1, 2장의 인물이 가진 지적 본질에 구속적 잠재력이 있다고 여긴 듯하다. (2) 바울에게 천상의 존재 같은 첫째 아담은 찾아볼 수 없지만, 필론은 창조 때 아담에게 스며든 자존적·이성적 요소에 천상의 본질이 있다고 여긴 듯하다. (3) 바울이 생각하는 아담은 필론과 달리 영원한 개념이 아니다. 필론은 "하나님의 형상을 따라 만들어진 사람은 그 본성상 오직 지적이고 영적인, 남자나 여자로 구분되지 않는, 불멸성으로 인식할 수 있는 관념이나 종류 또는 날인이었다"라고 상상했다.[56] 그러나 바울에게 아담은 역사적 실재다. 즉 아담의 육신적 본질은 정신적 능력과 이원론적으로 안이하게 분리할 수 있는 여지를 허락하지 않는다.[57] 간략히 말해 고린도전서 15:22에서 바울은 아담을 중요하게 생각했지만, 이는 바울 이후의 영지주의 사상이나 그와 동시대의 알렉산드리아 유대 사상(Philo)과는 확연히 다른 방식으로 그러하다. 왜냐하면 필론에게는 육신을 입어 사람이 된 신에 관한 이렇다 할 만한 적절한 관념이 없었던 반면에, 고든 피의 말대로 바울 사상에서는 이런 특징이야말로 그 중심을 차지하기 때문이다.[58]

셋째, 아담에 대한 바울의 언급은 "애초부터 그의 후손들과의 결속을 전제로 하고 있다."[59] 이런 결속은 삶의 가시와 아픔, 깨어짐의 이유가 창세기 3장의 저주로 거슬러 올라가는 것과 같이, 인류가 아담과 하와의 창조에 이르기까지 거슬러 올라가는 성경 전체의 확신에 분명히 나타난다. 「에스

---

56   De Opificio Mundi, 134: ὁ δὲ κατὰ τὴν εἰκόνα ἰδέα τις ἢ γένος ἢ σφραγίς, νοητός, σώματος, οὔτ ἄρρεν οὔτε θῆλυ, ἄφθαρτος φύσει.

57   다음을 보라. Schnabel, Der erste Brief des Paulus an die Korinther, 922. 다음도 보라. Dunn, "Adam (Person)," EBR 1:308. Schnabel은 아담에 대한 인식에 있어 Philo와 바울 사이의 세 가지 추가적 차이를 정리한다.

58   Fee, Pauline Christology, 500-512.

59   David Garland, 1 Corinthians (Grand Rapids: Baker Academic, 2003), 707.

라 4서」(「에스드라 2서」) 7:118은 "오! 아담아, 네가 무엇을 행했느냐? 네가 죄를 범했지만, 네 자신을 비롯한 우리 모두가 타락하게 되었도다"라고 말한다. 구약성경과 제2성전기 문헌을 통해 바울이 모든 사람이 "아담 안에서" 죽은 반면에 "그리스도 안에서 모든 사람이 삶을"(고전 15:22) 얻으리라는 유비를 구할 수 있었으리라는 점은 쉽게 이해된다.

"아담 안에서 모든 사람이 죽은 것같이 그리스도 안에서 모든 사람이 삶을 얻으리라"는 고린도전서 15:22의 의미와 영향에 관해서는 많은 논란이 있다. 그럼에도 부인할 수 없는 사실은 이 서신서의 절정인 15장에서 바울은 복음의 메시지와 부활의 실재성을 다시 진술하며(1-9절), 자신의 수사적·변증적·신학적 기반으로 아담을 핵심 인물로 소개한다는 것이다.

아담의 중요성은 똑같은 장에서 다시 나타난다. "기록된 바 첫 사람 아담은 생령이 되었다 함과 같이 마지막 아담은 살려주는 영이 되었나니"(45절). 바울이 이 구절의 번역에 마소라 사본을 사용했다는 점은 이미 앞에서 언급했다. 바울은 문법이나 용어의 의미를 왜곡하지 않았다.[60] 다음의 표에서 보듯이 이 맥락에서 실제로 아담을 언급하는 부분은 다양하다.

고린도전서 15장 구절	아담에 대한 언급	그리스도에 대한 언급
42절	"썩을 것으로 심고"	"썩지 아니할 것으로 다시 살아나며"
43절	"욕된 것으로 심고", "약한 것"	"영광스러운 것으로 다시 살아나며", "강한 것"
44절	"육의 몸으로 심고"	"신령한 몸으로 다시 살아나나니"
45절	"첫 사람 아담은 생령이 되었다"	"마지막 아담은 살려 주는 영이 되었나니"
46절	"먼저는…육의 사람이요"	"그다음에 신령한 사람"
47절	"첫 사람은 땅에서 났으니 흙에 속한 자"	"둘째 사람은 하늘에서 나셨느니라"

60　Ciampa and Rosner, "1 Corinthians," 747을 보라.

| 48절 | "흙에 속한 자" | "하늘에 속한 자" |
| 49절 | "우리가 흙에 속한 자의 형상을 입은 것" | "또한 하늘에 속한 이의 형상을 입으리라" |

다음과 같은 몇 가지는 주목할 만하다. (1) 로마서 5장의 경우와 마찬가지로 고린도전서 15장에서 아담은 단지 용어 색인에서 찾아볼 수 있는 횟수 이상으로 두드러지게 나타난다. 그의 이름이 두 차례 직접 언급되는 45절뿐만 아니라 여덟 구절에 걸쳐 한결같이 "복합적인"[61] 유비로 나타나는 것이다. (2) 로마서 5장과의 비교는 부차적 의미에서 유익하다. 로마서에서 바울이 칭의와 화목의 핵심 진리에 관해 추론함에 있어 아담이 근본적인 것처럼, 고린도전서의 케리그마에 있어서도 아담은 바울이 복음과 육신의 부활의 본성과 진리에 관한 주장을 추론함에 있어 필수적이다. (3) 바울이 아담을 언급함에 있어 이 맥락에 내포된 사실은 단지 아담의 존재와 피조성에 대한 전제뿐만 아니라 아담의 죄에 대한 확신이다. "썩을 것", "욕된 것", "약한 것"과 같은 용어들은 막 창조된 태초의 아담과 어울리지 않는다. 이는 타락 이후의 아담의 상태와 부합한다. 그러나 이런 사실은 모든 사람의 존재 자체가 조상 아담에게서 비롯된 것처럼, 그들의 죄는 온 인류가 겪는 죽음으로 끝이 나며 구원의 필요 역시 아담과 연결됨을 시사한다.

한마디로 말해 "혈과 육은 하나님 나라를 이어받을 수 없고 썩는 것은 썩지 아니하는 것을 유업으로 받지 못하"기 때문에(50절), 모든 사람은 자신이 가진 아담적 정체성과 본성 및 운명을 초월하지 않는 한 절망을 마주할 수밖에 없다. "첫 사람 아담"(45절), "육의 사람"(46절), "흙에 속한

---

[61] Fee, *Pauline Christology*, 516-17. Fee는 고전 15:44-49을 설명하면서 세 단락에 걸쳐 네 차례 "복합적인" 또는 "복합성"을 언급한다.

자"(47-49절)는 초라해진 영광과, 궁극적으로는 상실과 비통의 관계를 형성했다. 그러나 하나님의 경륜에서 "마지막 아담은 살려주는 영이 되었"는데(45절), 그는 아담의 피조성은 완전히 공유하되 죄와 속박에 있어서는 아담을 따르지 않았다. 대신에 바울은 마지막 아담인 그리스도가 죄인의 구원을 위해 십자가를 견디고(1:18; 15:3을 보라), 죄인에게 씻음과 거룩함과 의롭다 하심을 입게 하고(6:11), "하늘에 속한 자"(15:48-49)임을 증명하여 아담의 씨, 즉 아담과 같이 창조주의 뜻을 거역한 자들이 그리스도 안에 소망을 둘 수 있게 되었다고 선포했다. 바울의 그리스도와 구속론은 아담과 죄와 그에 따른 악한 결과에 대한 자신의 이해와 연계되어 작동한다.

디모데전서 2:13-14

많은 이들은 이 구절이 아담에 대한 바울의 견해와 거의 관련 없다고 여기는데, 이는 디모데전서를 바울이 기록했다고 보지 않기 때문이다. 그렇다면 누가 이 책을 썼을까? 가장 설득력 있는 주장은 "바울이 사망한 이후, 약 66년에서 2세기로 넘어가기 이전" 시기에 누군가 디모데전서(디모데후서와 디도서를 포함)를 썼다는 것이다.[62] 다른 이론은 이런 위경적 구절들이 사도적 교리가 아닌 초창기 그리스도인들의 권력 정치와 전통에 관한 논쟁적 이용을 증명한다고 주장한다.[63] 디모데전서의 저자(바울이 아닌)는 "권력 놀음을 조종하고 있다."[64] 또 다른 관점에서 보면, 교회 안에서 여성의 지도력을 제한하는 것처럼 보이는 이 구절의 스캔들이 너무 지배적이어서, 아담

---

62   P. Achtemeier, J. Green, and M. Meye Thompson, *Introducing the New Testament* (Grand Rapids: Eerdmans, 2001), 464.
63   D. Krause, *1 Timothy* (London: T&T Clark, 2004), 59.
64   같은 책, xii.

에 관한 논의는 거의 이루어지지 않는다.[65] 그러나 루크 티모시 존슨,[66] 윌리엄 마운스,[67] 필립 타우너[68]의 최근 주석서들을 비롯해서 여타의 연구는[69] 바울의 저작권을 강력히 뒷받침한다. 이런 구절들이 바울이 아담을 어떻게 평가하는지를 보여줄 수 있다고 여기는 데에는 타당한 이유가 있다.

최근의 연구는 다음과 같은 점을 지적한다. (1) 바울은 당시의 "본질적으로 여성이 잘 속는다고 믿는 유대 쇼비니즘"을 반영하지 않았다.[70] 다른 서신에서 바울이 여성에게 사역을 감당함에 있어 높은 지위를 부여한 사실을 고려해보면, 유대 쇼비니즘은 "디모데전서 2장의 논쟁을 논의함에 있어 부적절하다."[71] (2) 바울은 창세기 기사를 직접적으로 사용한다. 이는 조금도 새로울 것이 없는데, "바울은 일찍이 '뱀이 그 간계로 하와를 미혹한 것'(고후 11:3)이라고 주장했기 때문이다. 물론 바울이 아담의 혐의를 부인한 것은 아니다."[72] (3) 교회 안에서 음식과 부부 간의 성생활과 같은 선한 선물이 폄하되고(딤전 4:1-3) 부활에 대한 오해가 있는(딤후 2:18) 문제와 관

---

65 다음을 보라. I. H. Marshall with P. Towner, *The Pastoral Epistles* (London: T&T Clark, 1999), 460-67.

66 L. T. Johnson, *The First and Second Letters to Timothy* (New York: Doubleday, 2001).

67 W. Mounce, *The Pastoral Epistles* (Waco: Word, 2000).

68 P. Towner, *The Letters to Timothy and Titus* (Grand Rapids: Eerdmans, 2006).

69 예를 들어 E. Schnabel, "Paul, Timothy, and Titus: The Assumption of a Pseudonymous Author and of Pseudonymous Recipients in the Light of Literary, Theological, and Historical Evidence," in *Do Historical Matters Matter for Faith? A Critical Appraisal of Modern and Postmodern Approaches to Scripture*, ed. J. K. Hoffmeier and D. R. Magary (Wheaton: Crossway, 2012), 383-403; A. Köstenberger and T. Wilder, eds., *Entrusted with the Gospel: Paul's Theology in the Pastoral Epistles* (Nashville: Broadman & Holman, 2010), 특히 Wilder가 쓴 장을 보라. 여기서 Wilder는 바울이 목회 서신을 기록하지 않았다고 증명하는 동일한 방법을 빌립보서에 적용시켜본다. 이런 기준으로 따져보면, 빌립보서 역시 위경으로 판명된다.

70 P. Towner, "1-2 Timothy and Titus," in Beale and Carson, *Commentary on the New Testament Use of the Old Testament*, 896.

71 같은 책.

72 Dunn, "Adam (Person)," *EBR* 1:308.

련해서 "아담이 먼저 지음을 받고 하와가 그 후며"(딤전 2:13)라는 바울의 말씀은 "창조 질서가 여전히 유효하다는 사실을 상기시켜준"다.[73] (4) 마찬가지로 교회 안에서 창세기 이야기가 왜곡되어 "여성들이 그들 자신은 타락이 가져온 제한과 속박에서 무관하다고 여기게 되었을 때" 디모데전서 2:14은 "여성들에게 타락의 순간에 있었던 여성의 역할과 아직 끝나지 않은 그리스도인의 현재의 실존을 상기시킨다."[74]

디모데전서 2장에서 아담과 하와에 대한 바울의 언급은(고린도전후서와 로마서를 비롯해서 그 밖의 다른 관련 구절들과 더불어) 그들의 창조와 타락이 많은 면에서 도처에 있는 모든 사람들에게 결정적이라는 바울의 신념을 확증한다고 결론 지을 수 있다. 더불어 창세기 1-3장의 세부적인 일련의 사건들은 그리스도와 교회 질서 속에서 남성과 여성의 정체성에 관한 실천과 사상에 기본적인 강령을 제안한다.

결론

본 장의 목적은 아담에 대한 신약성경의 언급을 주해적으로 명료히 하는 것이다. 이것이 구약성경의 기록, 특히 창세기 1-3장과 밀접히 관련되어 있다는 점은 놀랍지 않다. 또한 이는 "신약성경 공동체의 전제가 구약성경에 그 근거를 두고 있다"라는 그레고리 비일의 말을 확증한다.[75]

신약성경의 주장에 대한 우리의 생각은 다양한 변수들로 인해 복

---

73 Towner, "1-2 Timothy and Titus," 897.
74 같은 책.
75 G. Beale, *Handbook on the New Testament Use of the Old Testament* (Grand Rapids: Academic, 2012), 101. 『신약의 구약 사용 핸드북』(부흥과개혁사 역간).

잡하기에 여기서 판단을 내릴 수는 없다. 물론 누군가는 "아담의 전용(appropriation)에 관한 해석학"(또는 그에 대한 저항)과 같은 말을 할 수도 있겠다. 그러나 두 가지 정도로 추려서 결론을 내려볼 수도 있을 것 같다.

첫째는 아담에 대한 신약성경의 언급이 대부분 바울에게서 비롯된다는 점이다. 바울은 예수의 가르침과 유산을 깊이 알고 있었고[76] 예수의 의도와 사명을 왜곡하지 않고 충실히 표현했다고[77] 주장할 수 있다. 설령 예수와의 연관성(바울의 사도권에 관한 모든 바울 서신의 언급에서 확증된)에 의문이 제기된다고 하더라도, 바울은 영국의 신학자 스티븐 윌리엄스가 장차 우리의 미래에 관해 슬기롭게 언급한 세 가지를 이해했다.

신학의 목적은 미래에 커져가는 **박해**의 골짜기, 즉 고통을 인내했던 본회퍼로 하여금 오늘날의 말씀의 위치를 돌아보게 만든 현상 속에서 널리 성취될 것이다. 신학의 목적은 다른 많은 이들과 마찬가지로 제임스 콘이 말한 **유물론으로부터 도피**할 때에만 성취될 것이다. 신학의 목적은 이에 대해 누구 못지않게 잘 알았던 루터의 말대로 **그리스도의 교제** 안에서만 성취될 것이다.[78]

바울이 직접 당한 박해의 경험(고후 11:23-12:10)과 하나님을 추구한 데서 나온 유물론의 거부(빌 3:8)와 그리스도와의 교제를 붙듦은 사도 시대 이래로 여러 측면에서 견줄 데가 없다. 그러므로 바울은 그리스도 안에 있는 그의 믿음을 나누고, 모든 방면에서 근본이 되는 아담 안에서 그리스도

---

76 예를 들어 다음을 보라. Fee, *Pauline Christology*, 524-29.
77 예를 들어 다음을 보라. Paul Barnett, *Paul, Missionary of Jesus* (Grand Rapids: Eerdmans, 2008).
78 Stephen Williams, "The Theological Task and Theological Method," in *Evangelical Futures: A Conversation on Theological Method*, ed. J. G. Stackhouse Jr. (Grand Rapids: Baker Academic; Leicester, UK: Inter-Varsity; Vancouver, BC: Regent College, 2000), 176-77(Yabrough 강조).

의 복음을 살아내려는 그의 헌신을 함께하는 모든 이들을 슬기롭게, 아마도 권위적으로까지 안내하고 있는 듯하다.

두 번째 결론적 견해는 아담과 그의 중요성에 대한 신약성경의 표현을 다루는 데는 대체로 두 가지 방법이 있다는 것이다. 하나는 미니멀리즘(minimalism)인데, 이 입장은 만물을 만드시고 성경을 주신 하나님의 공언된 사자들이 아니라 현대판 예언자들을 고려한다. 최근에 개리 도리엔은 자신이 "근대 신학"이라고 칭하는 것을 통해 칸트, 슐라이어마허, 쉘링, 헤겔의 결정적인 역할을 강조했다.[79] 이는 대체로 역사적인 기독교 신학을 인정하지 않는 계몽주의를 받아들이는 전통 속에서 서구 개신교 사상을 서술하며 이 신학을 자율적 관념론으로 대체시킨다. 이런 인식론을 가진 문화에서는 우리가 바울에게서 살펴본 바와 달리, 아담에 관한 성경 구절들이 우리의 기원이나 정체성, 아담의 본성을 가진 구원자에 대해 어떤 의미도 가지지 못한다.

미니멀리즘의 관점이 그리스도인들의 수가 급감하는 지역에서 주류인 반면에, 교회의 수가 폭발적으로 증가하는 지구의 다른 부분에서는 바울의 이해와 적용에 맞게 아담 구절들을 맥시멀리즘(maximalism)의 방식으로 해석한다. 예컨대 아프리카인 주석학자 사무엘 게와는 간단명료하면서도 설득력 있게 디모데전서 2:13-14을 오늘날의 가정 및 교회와 연관시킨다. 그는 이런 구절들이 남성이나 여성의 능력이 아닌 "선한 질서"에 관한 것이라고 본다. "하나님이 [사람을] 지도자의 위치에 두신 것은 가정의 질서와 더불어 더 크게는 교회와 같은 큰 집단의 질서를 위해서"라는 것이다.[80]

탈기독교적(post-Christian) 성경 미니멀리즘과 다수 세계의 성경적 맥

---

79 Gary Dorrien, *Kantian Reason and Hegelian Spirit*.
80 Samuel Ngewa, *1 & 2 Timothy and Titus* (Grand Rapids: Zondervan, 2009), 55.

시멀리즘은 아담, 성경, 우리 자신 또는 마지막 아담과의 연관성에 대해 어떤 의미에서 다소간 반대되는 관념과 모델을 제시한다. 따라서 "신약성경에서의 아담"에 관한 결론은 이렇게 근본적으로 상반된 입장들 가운데 해석자가 자기 자신을 바로 어디에 두느냐에 달려 있을 것이다.

제3장

아담과 현대 과학

윌리엄 스톤(William Stone, 필명)

1859년 찰스 다윈이 『종의 기원』을 출간할 때 그저 "인간의 기원과 역사에 서광이 비칠 것이다"[1]라고만 언급하며 인간의 진화에 관한 주제를 조심스레 회피했음에도 불구하고, 당시 학자들은 다윈의 진화론이 함축하는 바를 재빨리 깨달았다. 1863년 헉슬리(Thomas Henry Huxley)가 출간한 『자연에서 인간의 위치에 관한 증거』(*Evidence as to Man's Place in Nature*)에서는 인간과 유인원의 유사성이 공통의 혈통을 시사한다고 주장함으로써 논쟁을 불러일으켰다(이는 1871년 다윈이 인간의 기원에 대해 설명한 『인간의 유래』[*The Descent of Man*]가 출간되기 이전이다). 당시 이를 증명할 조상의 화석이 없다는 사실은 인간의 진화론을 지나치게 사변적인 것으로 치부하도록 만들었다. 리처드 오언 같은 일부 과학자들은 동물과 별개로 인간의 특별한 지위를 주장했다.[2]

1829년 벨기에의 엥기스(Engis), 1848년 지브롤터의 포브스(Forbes) 채석장, 1856년 독일의 네안더(Neander) 계곡에서 네안데르탈인의 뼈가 발견되었지만, 처음에는 그 중요성이 알려지지 않았다. 하지만 동시에 석기와 맘모스 같은 멸종된 동물에 대한 증거가 쌓여가면서 인류의 조상에 관한 논쟁이 달아올랐다. 1891년 자바원인(처음에는 *Pithecanthropus erectus*로 명

---

[1] Charles Darwin, *On the Origin of Species by Means of Natural Selection* (London: John Murray, 1859), 488.

[2] N. A. Rupke, *Richard Owen: Biology without Darwin*, rev. ed. (Chicago: University of Chicago, 2009).

명되었으나 지금은 *Homo erectus*로 알려짐)이 발견되면서 그는 인류의 아시아인 선조로 여겨졌다. 그러나 1924년 남아프리카에서 타웅 아이(Taung child, *Australopithecus Africanus*)가 발굴되자 관심은 아프리카에 집중되었다. 이후 반세기에 걸쳐 남부와 동부 아프리카에서 추가로 화석이 발견되었고 이것들은 다양한 "이행적" 종(種)일 가능성이 높다고 간주되었다.

현대 고인류학이 제시하는 증거, 즉 인간 화석 연구는 대개 아담의 역사성에 반하는 "결정적 증거"로 여겨진다.[3] 일부 기독교 학자들은 고인류학의 증거에 맞게 현생인류에 이르는 진화의 계보 안에 아담을 위치시키려 애써왔지만,[4] 아담을 역사적인 인물로 보든지 아니면 인간을 대표하는 일종의 유형으로 보든지[5] 간에, 이런 전략은 전통적인 원죄론의 재정립을 요구한다. 본 장에서는 아담과 타락에 관해 전통적인 교리와 과학적 데이터 사이의 대화를 모색하는 것을 목표로 한다. 이를 위해 성경적인 증거 위에서 인간 화석의 기록에 대해 우리가 가진 예상을 개략적으로 살펴보고 이런 예상을 고인류학의 현재 데이터 및 이론들과 비교해볼 것이다.

---

3 예를 들어 R. Collins, "Evolution and Original Sin," in *Perspectives on an Evolving Creation*, ed. K. B. Miller (Grand Rapids: Eerdmans, 2003), 469-501.

4 현생인류: 우리 자신이 속한 종, *Homo sapiens*. 해부학적으로 현생인류의 유골은 우리 자신이 속한 종, 호모 사피엔스의 유골과 구분할 수 없지만, 이런 유골과 연관된 행동 증거는 오늘을 살고 있는 사람들의 행동 증거와 반드시 유사하다고는 볼 수 없다.

5 예를 들어 B. Ramm, *The Christian View of Science and Scripture* (Grand Rapids: Eerdmans, 1954); J. J. Davis, "Genesis, Inerrancy, and the Antiquity of Man," in *Inerrancy and Common Sense*, ed. R. Nicole and J. R. Michaels (Grand Rapids: Baker, 1980), 137-59; J. P. Hurd, "Hominids in the Garden?" in Miller, *Perspectives on an Evolving Creation*, 208-33; D. R. Alexander, *Creation or Evolution: Do We Have to Choose?* (Oxford: Monarch Books, 2008).

아담의 역사성과 화석 기록

우리가 아담과 타락의 역사성을 인정한다면, 성경 증거의 몇 가지 핵심 측면은 화석 기록에서 비롯된 우리의 기대와 연관된다. 여기서 즉각적으로 부딪히는 문제가 있다. 지구의 역사에 대한 우리의 설명, 특히 지구의 연대와 노아 홍수의 규모 및 영향은 초기 인류 역사에 관한 우리의 관점에 강한 영향을 끼친다. 이는 성경 해석학, 지질학, 방사성 연대 측정, 생물 지리학과 같은 광범위한 주제를 다루어야 하는, 몹시 복잡하고 상당한 이견이 따르는 논제다. 이런 포괄적 방법은 본 장과 본서의 범위를 벗어난다. 따라서 불가피하게 여기서는 연구 범위를 화석 인간의 유골과 직접적으로 연관되는 성경적 증거들의 측면으로만 제한할 것이다.

여기서 나는 (성경적 증거에 근거해서) 온 인류의 계보가 **특별히 한 쌍으로 창조된** 인간, 곧 아담과 하와에게까지 이어져 있다고 확신한다. 오늘날 현생인류에게서 발견되는 다양성, 즉 피부색, 얼굴 특징과 같은 신체적 특성과 행동적·문화적 특성 모두에도 불구하고 인류에게는 본질적인 **통일성**이 있다. 비록 인간은 동물의 몸과 같은 물질로 이루어진 신체로 창조되었지만, 인간을 생식적으로 멸종되었거나 지금 살아 있는 다른 동물종과 연결시키는 **어떤 조상 혈통도 없다**는 가정에서 출발할 것이다.[6] 물론 거기에는 유인원이나 유인원 비슷한 존재의 화석도 포함된다.

이런 기점을 바탕으로 고인류학의 기록에 관해서는 다음과 같은 점이 예상된다.

---

6   조상 혈통: 인간과 침팬지가 공통의 조상을 가진다고 지속된 연관성을 제기하는 조상 유기체의 계보.

a. 인간이 다른 영장류와 확실히 구분되는 "종류"에 속함을 보여줄 것이다.
b. 단 하나의 인간 혈통과 일치할 것이다.

    정확히 어떻게 다른 "종류들"을 인식할 수 있는지, 아니면 "종류"(kind)라는 용어 자체가 생물학적 관점에서 무엇을 의미하는지에 대해서는 논란의 여지가 있다.[7] 하지만 이런 논란과 상관없이, 이 시대의 기독교 학자들은 인간과 동물의 불연속성을 인정한다. 여기에는 인류의 조상 혈통을 받아들이는 기독교 학자들도 포함되어 있다. 내가 만일 조상 혈통을 인정한다면 이런 불연속성은 순수한 영적 본성임이 분명할 것이다. 그러나 나는 전통적인 아담과 타락론을 바탕으로 조상 혈통을 인정하지 않으므로, 형태학상으로 특히 인간과 다른 영장류 곧 인간과 가장 유사한 포유목(目) 사이의 골격의 차이에서 이런 불연속성이 어느 정도까지 나타나는지에 관한 문제가 남아 있다.[8] 그렇다면 어느 정도의 분류에서 우리는 이런 불연속성이 나타난다고 예상할 수 있는가? 종(種)인가, 속(屬)인가, 아니면 더 높은 단계에서인가? 혹은 이런 불연속성은 주로 행동적인 것인가? 그래서 화석이 아니라 고고학적 증거에서 이를 물색해야 하는가?

---

[7] 예를 들어 다음을 보라. The review in T. C. Wood et al., "A Refined Baramin Concept," *Occasional Papers of the Baraminology Study Group* 3 (2003): 1-4.

[8] 본 장에서 사용된 화석의 분류나 유형, 현존하는 종은 1735년 Carolus Linnaeus가 『자연의 체계』에서 처음 제안한 계층적 분류 체계를 따르고 있다. 이 체계에서 동물은 다른 생물들과의 유사성과 상이성에 근거해서 점점 넓어지는 범주로 분류된다. 예컨대 인간은 포유강, 영장목, 사람과, 사람족, 사람속, 사람종으로 분류된다.

오늘날 고인류학에 대한 개괄

고인류학적 증거란 과연 정확히 어떤 것이며, 그것은 내가 앞에서 간략히 언급한 예상과 어떻게 비교될까? 현대 고인류학이 정말로 아담과 하와에 관한 전통적 교리에 대해 비판적 문제를 제기하는지 그렇지 않은지를 살펴보기 전에, 인간의 화석 기원에 관한 지식의 현재 상태를 고찰해볼 것이다. 나는 현생인류로부터 호모족(族)의 최초 구성원이 포함된 가장 초창기로 알려진 화석에 이르기까지 고인류학의 이야기를 추적해나갈 것이다.[9] 또한 주로 버나드 우드와 니콜라스 로너간이 제안한 분류학을 따를 것이다.[10] 언급된 종의 연대에 관한 현재의 과학적 합의는 표 3.1을 참고하라.[11]

호모속

유골이 남아 있는 가장 초기 화석은 우리 자신이 속한 종인 호모 사피엔스의 두개골과 구분될 수 없을 만큼 유사하며 "(해부학적으로) 현생인류"로 묘사되는데, 이는 에티오피아의 키비쉬(Kibish) 퇴적층에서 발굴되었다.[12] 이런 표본들은 약 20만 년 전의 것으로 추정된다. 약 12만 년 전 현생인류는 아프리카에서 아시아로 처음 흩어져, 4-5만 년 전에 유럽과 오스트레일리아에 이르렀고, 2만 년 전에는 아메리카 대륙에 퍼졌다. 아프리카에서 몇몇

---

9   B. Wood and B. G. Richmond, "Human Evolution: Taxonomy and Paleobiology," *Journal of Anatomy* 196 (2000): 19-60.

10   B. Wood and N. Lonergan, "The Hominin Fossil Record: Taxa, Grades, and Clades," *Journal of Anatomy* 212 (2008): 354-76.

11   본 장에서 언급된 연대는 과학 문헌을 따르고 있다. 모든 그리스도인이 이 연대를 받아들이는 것은 아니지만 이 절차는 화석 시대와 연관된 현재의 과학적 합의에 대한 통찰을 독자에게 제공하기 위해서다.

12   I. McDougall et al., "Stratigraphic Placement and Age of Modern Humans from Kibish, Ethiopia," *Nature* 433 (2005): 733-36.

화석 표본은 현생인류와 현생인류의 조상종으로 추정되는 호모 하이델베르겐시스(*Homo heidelbergensis*)를 이어주는데, 호모 하이델베르겐시스는 주로 건장한 뼈[13]와 돌출된 얼굴에 있어 현생인류와는 다르다. 호모 하이델베르겐시스 화석은 근동과 유럽에서도 발견되었다.[14]

유럽과 근동에서 호모 하이델베르겐시스로부터 호모 네안데르탈렌시스(*Homo neanderthalensis*)가 비롯되었다고 여겨지는데, 이들은 혹독한 빙하기 환경의 생활에 여러모로 적합한, 건장한 형태의 잘 알려진 화석 종이다. 흔히 네안데르탈인의 멸종은 이들보다 지적으로 우월한 현생인류와의 경쟁에서 밀린 결과로 여겨지지만, 인구 밀도와 생계 수단과 같은 요소가 더 중요하게 작용했을 수도 있다.[15] 최근 연구는 네안데르탈인과 데니소반(Denisovan)이라고 불리는 아시아 지역의 고대 인류가 현생인류에게 유전 형질을 물려주었음을 보여주는데, 이는 이 집단들과 현생인류 사이에 이종교배가 있었다는 증거로 해석된다.[16]

이런 고대 인류보다 앞선 시기에 존재했으며 이들과 밀접히 관련된 종은 호모 에르가스터(*Homo ergaster*, 아프리카, 190만-150만 년 전)와 호모 에렉투스(*Homo erectus*, 아시아, 180만-3만 년 전)다. 그들은 두개골뒤(postcranial)[17]

---

13 골격 형태론에서 "건장한"(robust)이란 말은 뼈의 억셈을 나타내는 반면에 "가냘픈"(gracile)이란 말은 빈약함을 나타낸다.

14 Wood and Lonergan, "Hominin Fossil Record," 354-76.

15 J. R. Stewart, "Neanderthal Extinction as Part of the Faunal Change in Europe during Oxygen Isotope Stage 3," *Acta Zoologica Cracoviensia* 50A (2007): 93-124; W. E. Banks et al., "Neanderthal Extinction by Competitive Exclusion," *PLOS ONE* 3 (2008): e3972.

16 R. E. Green et al., "A Draft Sequence of the Neanderthal Genome," *Science* 328 (2010): 710-22; J. Krause et al., "The Complete Mitochondrial DNA Genome of an Unknown Hominin from Southern Siberia," *Nature* 464 (2010): 894-97; D. Reich et al., "Genetic History of an Archaic Hominin Group from Denisova Cave in Siberia," *Nature* 468 (2010): 1053-60.

17 두개골뒤 골격: 두개골(두개부와 하악골: 두개부 골격)을 제외한 골격(예컨대 갈비뼈, 어깨뼈, 척추, 쇄골 등을 말한다―역주).

표 3.1

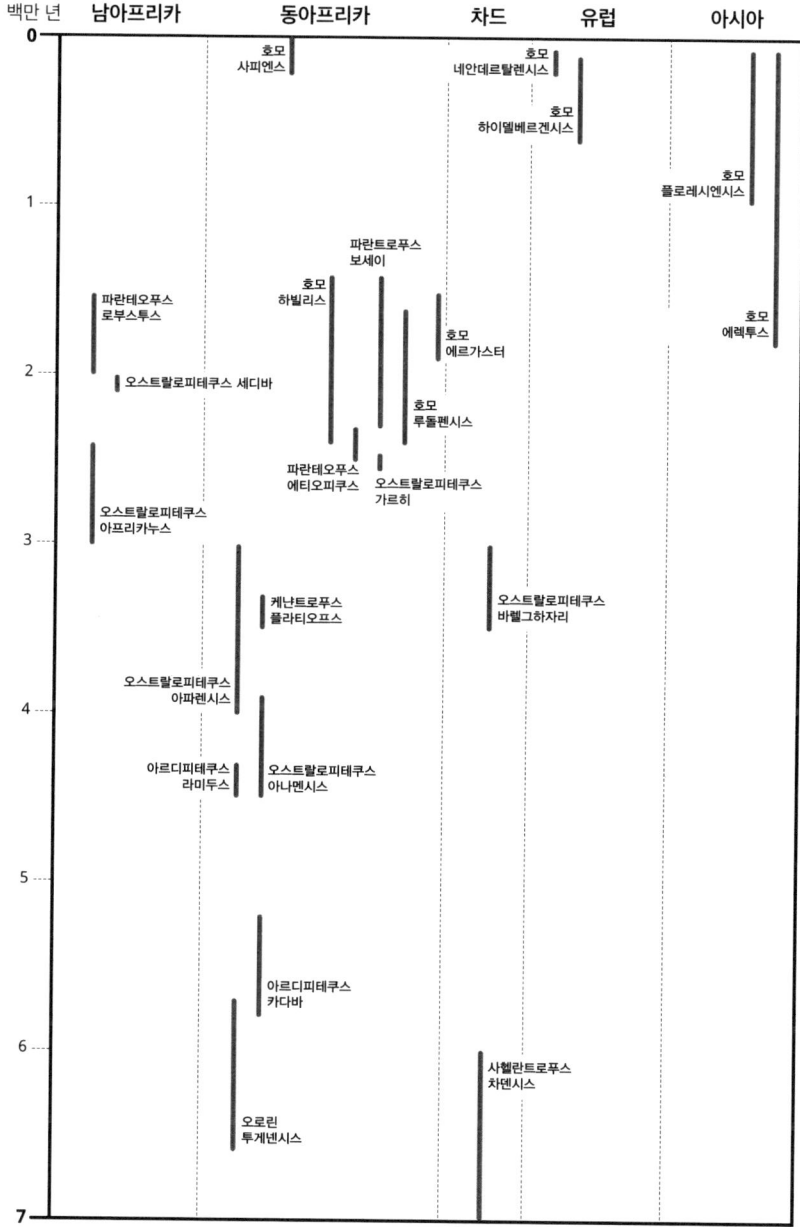

호미닌종들과 그 분포, 연대 추정에 관한 현재의 과학적 합의를 보여주는 도표. 데이터는 R. Pickering et al., "*Australopithecus sediba* at 1.977 Ma and Implications for the Origins of the Genus *Homo*," *Science* 333 (2011): 1421-23에서 가져왔다. 다른 종들에 관한 데이터는 Wood and Lonergan, "The Hominin Fossil Record: Taxa, Grades and Clades"에서 왔다.

골격이 현생인류와 매우 유사한 화석 증거를 가진 최초 인류다(물론 그들의 골격이 현생인류보다 훨씬 더 건장하지만).[18] 이에 반해서 두개골은 돌출된 얼굴과 함께 단단하며, 뇌 용량은 현생인류에 비해 적은 편이다. "나리오코토미(Nariokotome) 소년"으로 불리는 케냐에서 발견된 어린 남성의 거의 완전한 골격, 인도네시아 동자바 지역에서 발견된 최초의 호모 에렉투스 화석인 "자바원인", 중국의 주구점 동굴에서 발견되어 1941년 미국으로 운송되던 중 원본 화석이 실종되고 지금은 복원상만 남아 있는 "북경원인"이 그 유명한 화석들이다. 인도네시아 플로레스 섬에서 발견된 작은 체구의 호모 플로레시엔시스(*Homo floresiensis*, "호빗"으로 알려짐)에 대해 일부 학자들은 별개의 종으로 여겼지만, 다른 학자들은 이것이 섬 왜소증이나 개인적인 질병을 앓던 호모 에렉투스였다고 본다. 분명한 것은 이렇게 흥미로운 화석에 관한 최종적 판단이 아직 내려지지 않았다는 사실이다.[19]

분류 체계가 분기하기 시작하는 지점은 바로 이 190만 년경 전이라는 시점이다. 전통적으로 호모 하빌리스(*Homo habilis*)라고 불리는 이행적 종에 속한 소수의 두개골뒤 골격과 두개골, 그리고 일부 두개골 조각이 발견되었다. 같은 시기의 종인 호모 루돌펜시스(*Homo rudolfensis*)는 원시적 특징과 파생형질의 서로 다른 조합을 특이성으로 가지고 있다.[20]

---

18   R. H. Crompton et al., "Locomotion and Posture from the Common Hominoid Ancestor to Fully Modern Hominins, with Special Reference to the Last Common Panin-hominin Ancestor," *Journal of Anatomy* 212 (2008): 501-43; B. Wood and J. Baker, "Evolution in the Genus Homo," *Annual Review of Ecology, Evolution, and Systematics* 42 (2011): 47-69.

19   M. J. Morwood et al., "Archaeology and Age of a New Hominin from Flores in Eastern Indonesia," *Nature* 431 (2004): 1087-91; M. J. Morwood and W. L. Jungers, "Conclusions: Implications of the Liang Bua Excavations for Hominin Evolution and Biogeography," *Journal of Human Evolution* 57 (2009): 640-48.

20   B. Wood, "Origin and Evolution of the Genus Homo," *Nature* 355 (1992): 783-90. 진화 생물학에서 "원시적"(primitive) 특징은 동일한 조상종에서 비롯된 다른 후손들과 공통적으로 나타나는 특징이다. 이런 특징은 조상종으로부터 유전된 것으로 간주된다. 이와 대조적으로 "파

오스트랄로피테쿠스류

오스트랄로피테쿠스류(Australopithecines)는 인류와 가장 가까운 영장목의 한 집단으로 여겨진다. 이는 호모속(genus Homo)에는 포함되지 않으나 호모족(tribe Hominini)에 속한다. 논란은 있지만,[21] 이제 다수의 학자들은 오스트랄로피테쿠스류가 이족(직립)보행이 가능했다고 확신한다. 물론 호모속과는 다르게, 장기간 이족보행을 지속할 수는 없었겠지만 말이다.[22] 그들은 나무에서 생활할 수 있는 출중한 능력을 가지고 있었다.[23] 오스트랄로피테쿠스류는 두 가지 속, 즉 오스트랄로피테쿠스와 파란트로푸스(Paranthropus)로 분류된다.

오스트랄로피테쿠스류의 두 종류로, 초기 호모속에 속하는 파란트로푸스 보이세이(Paranthropus boisei)는 동아프리카에서, 파란트로푸스 로부스투스(Paranthropus robustus)는 남아프리카에서 나란히 거주했다. 이들은 "건장한 오스트랄로피테쿠스류"의 특징을 가지고 있는데, 이런 특징은 그보다 오래된 시기에, 밀접한 연관을 가지지만 덜 분화된 동아프리카 종인 파란트로푸스 에티오피쿠스(Paranthropus aethiopicus)와 오스트랄로피테쿠스 가르히(Australopithecus garhi)에게서도 찾을 수 있다. 이 종들은 측면에 배열된 커다란 치아와 식물 소재를 씹는 데 적합한 두개골을 가졌다. 이들의 두개

생"(derived)형질은 조상종이나 동일한 조상종을 가진 다른 종에서는 발견되지 않는, 특정 집단에 나타나는 특별한 특징이다.

21 예를 들어 C. O. Lovejoy, "Evolution of Human Walking," *Scientific American* 259.5 (1988): 118-25; J. T. Stern, "Climbing to the Top: A Personal Memoir of *Australopithecus afarensis*," *Evolutionary Anthropology* 9 (2000): 113-33; C. V. Ward, "Interpreting the Posture and Locomotion of *Australopithecus afarensis*: Where Do We Stand?" *Yearbook of Physical Anthropology* 45 (2002): 185-215.

22 D. M. Bramble and D. E. Lieberman, "Endurance Running and the Evolution of *Homo*," *Nature* 432 (2004): 345-52.

23 Crompton et al., "Locomotion and Posture."

골뒤 골격에 대해서는 많이 알려지지 않았다.

가장 이른 시기의 오스트랄로피테쿠스류는 더 잡식성이고 가냘픈데, 여기에는 남아프리카의 오스트랄로피테쿠스 아프리카누스(Australopithecus africanus)와 동아프리카의 오스트랄로피테쿠스 아나멘시스(Australopithecus anamensis), 오스트랄로피테쿠스 아파렌시스(Australopithecus afarensis), 케냔트로푸스 플라티오프스(Kenyanthropus platyops), 차드의 오스트랄로피테쿠스 바렐그하자리(Australopithecus bahrelghazali)가 있다.[24] 오스트랄로피테쿠스류에서 가장 유명한 화석은 "루시"로 알려진 오스트랄로피테쿠스 아파렌시스의 부분 골격이다. 가냘픈 오스트랄로피테쿠스류가 사라지고 건장한 종류가 그 자리를 차지했다고 간주되었지만, 최근에 남아프리카 공화국 말라파(Malapa)에서 오스트랄로피테쿠스 세디바(Australopithecus sediba)가 발견되고 난 뒤 이런 입장은 변경되었다. 이 화석에는 가냘픈 오스트랄로피테쿠스류의 특징과 호모속과 더 유사한 특징들 일부가 뒤섞여 있었다.[25]

초기 호미닌

오스트랄로피테쿠스류 종인 오스트랄로피테쿠스 아나멘시스가 출현한 가장 이른 시기인 약 450만 년 전에서, 호모속 혈통과 팬(침팬지) 혈통이 분

---

[24] M. Brunet et al., "The First Australopithecine 2,500 Kilometres West of the Rift Valley (Chad)" *Nature* 378 (1995): 273-75; M. Brunet et al., "*Australopithecus bahrelghazali*, une nouvelle espèce d'Hominidé ancien de la région de Koro Toro (Tchad)," *Comptes rendus de l'Académie des sciences de Paris, Série IIa, Sciences de la terre et des planètes* 322 (1996): 907-13; M. G. Leakey et al., "New Four-Million-Year-Old Hominid Species from Kanapoi and Allia Bay, Kenya," *Nature* 376 (1995): 565-71; M. G. Leakey et al., "New Hominin Genus from Eastern Africa Shows Diverse Middle Pliocene Lineages" *Nature* 410 (2001): 433-40; R. Lewin and R. A. Foley, *Principles of Human Evolution*, 2nd ed. (Malden, MA: Blackwell, 2004).

[25] L. R. Berger et al., "*Australopithecus sediba*: A New Species of Homo-like Australopith from South Africa," *Science* 328 (2010): 195-204; R. Pickering et al., "*Australopithecus sediba* at 1.977 Ma [million years ago] and Implications for the Origins of the Genus Homo," *Science* 333 (2011): 1421-23.

기한다고 공통적으로 추정되는 7백만 년 전 사이의 기간에는 화석 종(fossil species)과 표본이 극히 드물게 존재한다. 이런 종들에는 대체로 아프리카 유인원, 침팬지, 오스트랄로피테쿠스류의 일반적인 특징들이 혼재되어 있다. 동아프리카의 아르디피테쿠스(*Ardipithecus*)속에 속하는 두 종인 아르디피테쿠스 라미두스(*Ardipithecus ramidus*)와 이보다 이른 시기의 아르디피테쿠스 카다바(*Ardipithecus kadabba*)는 임의적인 직립보행을 뒷받침하는 제한적 증거를 보여준다.[26] 또한 동아프리카에서 발굴된 오로린 투게넨시스(*Orrorin tugenensis*) 화석은 유인원 같은 치아와 팔을 가졌지만 대퇴골 부분은 어떤 면에서 오스트랄로피테쿠스보다는 호모속과 유사하다.[27] 끝으로 차드에서 발굴된 사헬란트로푸스 차덴시스(*Sahelanthropus tchadensis*)는 호모속과 유사한 얼굴 형태를 가졌지만, 두개골의 다른 부분들은 유인원과 가깝다.[28] 인간의 혈통에서 이런 종들의 지위 및 위치에 대해서는 엄청난 논쟁이 있다.[29]

---

26 "임의적인 직립보행"이란 두 발로 걷는 것이 종의 습관적인 기술의 일부이지만 그것이 우선적 보행 형태는 아니라는 의미다. T. D. White, G. Suwa, and B. Asfaw, "*Australopithecus ramidus*, a New Species of Early Hominid from Aramis, Ethiopia," *Nature* 371 (1994): 306-12; T. D. White, G. Suwa, and B. Asfaw, "Corrigendum: *Australopithecus ramidus*, a New Species of Early Hominid from Aramis, Ethiopia," *Nature* 375 (1995): 88; T. D. White et al., "*Ardipithecus ramidus* and the Paleobiology of Early Hominids," *Science* 326 (2009): 75-86; Y. Haile-Selassie, "Late Miocene Hominids from the Middle Awash, Ethiopia," *Nature* 412 (2001): 178-81; Y. Haile-Selassie, G. Suwa, and T. D. White, "Late Miocene Teeth from Middle Awash, Ethiopia, and Early Hominid Dental Evolution," *Science* 303 (2004): 1503-5. 이에 대한 비판은 다음을 보라. E. E. Sarmiento, "Comment on the Paleobiology and Classification of *Ardipithecus ramidus*," *Science* 328 (2010): 1105; B. Wood and T. Harrison, "The Evolutionary Context of the First Hominins," *Nature* 470 (2011): 347-52.

27 B. Senut et al., "First Hominid from the Miocene (Lukeino Formation, Kenya)," *Comptes rendus de l'Académie des sciences de Paris, Série IIa, Sciences de la terre et des planètes* 332 (2001): 137-44.

28 M. Brunet et al., "A New Hominid from the Upper Miocene of Chad, Central Africa," *Nature* 418 (2002): 145-51.

29 Reviewed in B. Wood and T. Harrison, "The Evolutionary Context of the First Hominins."

아담의 역사성에 반하는 결정적 증거

앞에서 살펴본 바와 같이, 화석 증거에는 서로 다른 적응 형태를 가진 엄청나게 다양한 호미닌(Hominin)종들이 있다. 아담과 하와에 관한 전통 교리를 문제 삼을 때면, 어김없이 이런 호미닌 화석들이 도마에 오른다. 특히 화석 증거가 앞서 언급한 예상과 들어맞지 않기 때문에 과학적 데이터는 아담의 역사성을 부인한다고 간주된다. 그 대신 화석 증거는 인간 혈통을 특징짓는 다수의 종들과 함께, 인류와 영장류 사이에 계통의 연속성을 가리키는 것으로 사용된다.

인간과 초기 영장류 사이의 연속성

다윈은 이렇게 쓴다. "일종의 유인원 같은 형상에서 현재 존재하는 사람의 모습으로 서서히 변화해가는 과정에 있어서, 정확히 어떤 지점부터 '인간'이라는 용어를 사용할 수 있을지를 판단하기란 불가능할 것이다."[30] 만일 인류가 영장류로부터 진화했다면 시간을 거슬러 올라가면서 점점 더 인간의 모습을 잃어가는 대신, 점점 더 일반적인 유인원과 같은 연속적인 조상종의 계통을 볼 수 있을 것이다. 그리고 결국에는 인간과 같은 조상종의 혈통은 유인원의 조상종의 혈통과 합쳐질 것이다. 이는 인간과 유인원 사이에 연속성이 존재하지 않는다는 아담과 관련된 예측이 잘못되었음을 암시한다.

진화의 실제 과정과 호미닌에서 사람이 되는 궤적상에 있는 특별한 종들의 위치에 대해서 많은 논쟁이 있긴 하지만, 고인류학자들 사이에서는

---

30 Charles Darwin, *The Descent of Man and Selection in Relation to Sex*, 2nd ed. (London: John Murray, 1874), 188. 『인간의 유래와 성 선택』(지만지 역간).

초기 호미닌이 인간의 조상이라는 가설을 받아들이기에 충분할 만큼 초기 호미닌과 호모속 사이에 유사성이 있다는 압도적인 합의가 있다.[31] 혈통의 연속성에 대한 증거는 형태적·유전적·행동적 범주라는 세 가지 차원으로 나뉜다.[32] (연대기적 정보는 연속성 논쟁의 배경을 제공해준다.) 사람의 혈통에서 중요한 형태적 성향에는 이족보행(bipedalism)과 상대적으로 큰 뇌 용량이 포함된다. 형태적·유전적 특성은 한층 더 복잡한 행동적인 기질을 형성한다. 예컨대 육식, 사회 구조, 언어, 도구 사용, 발달된 지적 능력, 미리 계획하는 능력, 몸치장, 장례, 상징적 행위와 같은 것은 사람이 진화하는 동안에 점차 발전되었다고 여겨진다. 이런 변화는 환경의 변화와 이주에 따라 일어났으며, 이로써 오늘날 우리와 같은 사람종이 형성되었다고 간주된다.

동일한 시대에 존재한 다양한 종들

사람의 혈통에서 다양한 종들이 같은 시대에 공존했다는 점은 아담의 역사성을 따르는 견해, 즉 사람 혈통의 통일성에 대한 반증을 보여준다. 대부분의 동물 집단과 마찬가지로 호미닌에서의 종분화[33]는 단일한 방향의 직선 변화가 아니라 덤불 같은 불규칙한 형태를 나타낸다. 인류의 공통 조상으로부터 현생인류에 이르는 단일한 계보는 없는 것 같다. 현생인류와 네

---

31 W. H. Kimbel, "The Origin of *Homo*," in *The First Humans-Origin and Early Evolution of the Genus* Homo, Contributions from the Third Stony Brook Human Evolution Symposium and Workshop, October 3-October 7, 2006, ed. F. E. Grine, J. G. Fleagle, and R. E. Leakey (Dordrecht: Springer, 2009), 31-37. 호미닌과 그 분포 및 연대에 관한 현재의 과학적 합의는 다음 논문을 참고했다. R. Pickering et al., "*Australopithecus sediba* at 1.977 Ma and Implications for the Origins of the Genus *Homo*," Science 333 (2011): 1421-23. 그 외 다른 모든 종의 연대는 다음 글에서 가져왔다. Wood and Lonergan, "The Hominin Fossil Record: Taxa, Grades and Clades."

32 본 장의 범위에서는 유전적 데이터를 충분히 다룰 수 없기 때문에, 형태적·행동적 데이터에 한정해서 다룰 것이다.

33 종분화(speciation): 조상종으로부터 새로운 종이 진화되어 나오는 과정.

안데르탈인이 공존하던 시기에 현생인류가 아프리카로부터 올라와 유럽을 식민지화하고 네안데르탈인은 멸종했다고 보인다. 타분(Tabun), 스쿨(Skhul), 카프체(Qafzeh), 케바라(Kebara) 같은 근동 지역에서 5만-12만 년 전으로 추정되는 퇴적층에서는 호모 네안데르탈렌시스와 초기 현생인류가 공존했던 증거가 발견되었다.[34] 게다가 지난 10년간, 데니소바인들이 새롭게 발견된 데 이어 특히 호모 사피엔스와 호모 네안데르탈렌시스 사이의 이종교배를 보여주는 증거가 쌓여갔다. 호모속에 속하는 종들의 초기 역사는 여러 종들이 공존하던 지역이 크게 확산되었음을 보여주는데, 아프리카에서는 호모 에르가스터와 호모 루돌펜시스와 호모 하빌리스가, 아시아에서는 호모 에렉투스가 공존한 반면에, 남아프리카에는 오스트랄로피테쿠스류인 파란트로푸스 로부스투스와 오스트랄로피테쿠스 세디바가, 동아프리카에는 파란트로푸스 보이세이가 공존했다. 심지어 이런 종들 중 일부는 같은 퇴적층에서 발굴되었는데, 예컨대 남아프리카공화국의 스와르트크란스(Swartkrans) 지역에서는 파란트로푸스 로부스투스와 호모 에르가스터의 화석이 동일한 퇴적층에서 발굴되어 이들이 정말 공존했음을 보여주었다.[35]

여러 종들이 숲을 이루고 있는 것과 같은 이런 지형 속에서 아담은 어디에 속하며, 이런 내용은 당시 공존하던 다른 호미닌 종들에게 무슨 의미를 가질까? 만일 아담이 호모 사피엔스의 기원과 가깝다고 본다면,[36] 이후 종의 역사 속에서 네안데르탈인과 데니소바인의 이종교배를 통해 "아담 기원이 아닌" DNA가 유입되었을 것이다. 이런 점은 앞과 같은 혼합종의 인

---

34 J. J. Shea, "Neanderthals, Competition, and the Origin of Modern Human Behavior in the Levant," *Evolutionary Anthropology* 12 (2003): 173-87.

35 Lewin and Foley, *Principles of Human Evolution*.

36 F. Rana and H. Ross, *Who Was Adam? A Creation Model Approach to the Origin of Man* (Colorado Springs: NavPress, 2005).

간적인 혹은 비인간적인 지위 및 오늘날 살아 있는 그 후손과 관련된 신학적인 문제를 야기한다.[37] 대안적으로, 아담을 더 후대의 연대에 위치시키는 입장은 아담에 대한 재정의를 요구할 것이다. 즉 이런 입장에서, 아담은 하나님이 그와 교제하고자 하나님 자신을 계시하신 최초의 사람으로 정의될 수 있다("*Homo divinus*" 모델).[38] 아담을 초기의 인간 혈통에 위치시키면 인류의 통일성에 관한 문제가 제기된다. 만일 아담이 모든 인간 혈통의 조상이라면, 화석 기록에 나타난 여러 다른 종들의 지위는 어떻게 되는가? 아담은 다양한 사람종의 조상인가? 아담의 후손으로 여러 다른 사람종이 동시에 발생할 수 있는가?

고인류학의 증거와 관련된 몇 가지 단서

역사적 아담에 대한 이런 반대의 근거가 충분한지 아닌지를 따져보기 위해 고인류학적 데이터를 더 자세히 검토해보기 전에, 잠시 간략하게나마 이런 증거와 그로부터 나온 추론의 본질을 살펴보자. 이 기록의 속성은 무엇인가? 인간 진화에 대한 견해들은 어떻게 화석을 비롯한 다른 과학적 데이터와 연관되는가?

화석 잔해

화석 기록은 본질적으로 불완전하다. 화석 잔해는 드물며, 화석 발굴물의 분

---

[37] T. C. Wood, "Who Were Adam and Eve? Scientific Reflections on Collins's Did Adam and Eve Really Exist?," *Journal of Creation Theology and Science Series B: Life Sciences* 2 (2012): 28-32.

[38] 다음을 보라. J. R. W. Stott, *Understanding the Bible* (London: Scripture Union, 1972). 『성경연구입문』(성서유니온 역간). Alexander, *Creation or Evolution*.

포는 개별 생명체들이 실제로 나타났던 사례와 별 관련성을 보이지 않는다. 다른 요소들 역시 마찬가지인데, 여기에는 보존 상태와 유골의 이동 상태(화석이 형성되었을 때와 그 이후)를 비롯해서 정치적 상황, 발굴 활동, 현지 수집가의 존재 등 여러 요소의 영향을 받는 연구의 역사도 포함된다. 새로운 화석의 발굴은 인간 진화에 대한 현재의 의견들을 근본적으로 뒤바꿀 가능성이 있다. 실제로 표 3.1에 나타난 호미닌종들의 절반은 1990년대 이후에 발굴되었으며, 그중 여섯 개는 2000년대 이후에 발견되었다. 대체로 발견 당시 호미닌 화석은 파편화되어 조각난 상태였으며, 많은 화석이 퇴적층에 묻히는 시기 동안 훼손되었다. 두개골과 두개골뒤 골격이 분명히 연결된 자료(즉 완전하거나 부분적으로나마 연결된 뼈대)는 거의 없다. 따라서 다수의 호미닌종들은 두개골 자료에만 근거해서 판명되었으며, 이런 종들의 두개골뒤 뼈대의 특징에 대해서는 불분명하다. 어떤 종들은 두개골뒤 뼈대가 어떠했는지에 대해 전혀 알려진 바가 없고, 또 다른 종들은 너무나 제한적인 파편적 자료로 나타난다. 그나마 두개골뒤 잔해가 남아 있는 종들도 그 골격 형태를 살아 있는 골격 구조로 구성하는 데에는 어려움이 있다. 화석이 현존하는 어떤 종에서도 나타나지 않는 모자이크적인 특성을 가지고 있을 때, 그 화석 종의 보행 방법을 자세히 재현하는 일은 아주 어렵다.[39] 골격 구조가 어떤 움직임이 가능했을지에 대해 제한을 설정한다고 하더라도, 보행 습성은 어느 정도 변동 가능성이 있다. 그러나 화석 기록의 불완전성과 앞에서 언급했던 해석적인 문제들에도 불구하고, 지금까지의 증거는 오스트랄로피테쿠스류와 호모속에 속한 종들 사이에 주요한 차이가 있음을 보여준다.[40]

---

[39] 예를 들어 이족보행과 관련된 특성에 대한 논의로는 다음을 보라. Wood and Harrison, "Evolutionary Context of the First Hominins."

[40] D. E. Lieberman et al., "The Transition from *Australopithecus* to Homo," in *Transitions in Prehistory: Essays in Honor of Ofer Bar-Yosef*, ed. J. J. Shea and D. E. Lieberman (Oxford: Oxbow Books, 2009), 1-22.

문화적인 잔해

개별 화석이 가진 종의 속성을 둘러싼 난관은 행동적·문화적 증거를 고려할 때 더욱 악화된다. 호미닌의 치아와 동물들의 잔해의 특성에서 발견되는 생계 수단의 증거는 고기와 골수를 비롯해서 다른 동물로부터 얻은 또 다른 양식, 즉 가죽 같은 것이 음식으로 이용되었을 수도 있음을 나타낸다. 또한 화석은 어떤 종이 말할 수 있는 능력이 있었는지, 같은 퇴적층에서 발견된 석기를 만들 손재주가 있었는지를 조사하는 일에 유용하다. 앞서 논의한 형태학적 특성과 더불어, 불충분한 화석으로 인해 거기서 추론할 수 있는 내용은 한정적이다. 게다가 행동적 특성은 해부학보다 더욱 가변적이다. 예컨대 어떤 종이 원리상 물리적으로 말을 할 수 있는 능력을 갖추었다고 하더라도 그것이 반드시 언어를 사용했다는 뜻은 아니다.

고고학자들 사이에서 널리 공감되는 바처럼, 고고학 기록은 화석 기록과 유사한 한계를 가진다. 고고학 기록 역시 불완전하며 이동과 연구 역사의 영향을 받는다.[41] 보존과 관련된 쟁점들은 매우 편향된 기록, 즉 선사 유적지에서 유기물 잔해라고는 거의 없이 뼈만 출토된 기록과 부딪힌다. 화석과 고고학적 유물 사이의 공간적 연관성을, 화석 잔존물이 나타내는 종들이 생산한 인공 유물의 증거로 해석하는 일은 논란을 일으킨다.[42] 예컨대 장식품, 장례, 예술과 같이 인간을 모든 동물과 분명히 구별시키는 고도로 발달된 지적 능력을 고려해보면, 고고학적 유물을 해석하는 작업이 언제나 간단한 것은 아니다.

---

41   예를 들어 다음 중요한 논의를 보라. L. R. Binford, *Bones: Ancient Men and Modern Myths* (New York: Academic Press, 1981) and M. B. Schiffer, *Formation Processes of the Archaeological Record* (Albuquerque: University of New Mexico Press, 1987).

42   예를 들어 오스트랄로피테쿠스류의 도구 사용을 위한 증거는 조금 뒤에 나오는 "행동 척도―도구 사용" 부분을 보라.

무엇이 우리를 인간으로 만드는가?

앞서 우리는 인간과 동물 사이에 불연속성이 어떻게 나타나는지, 화석과 고고학 기록에서 이를 찾아볼 수 있는지에 대해 질문했다. 이미 살펴보았듯이, "무엇이 우리를 인간으로 만드는가?"라는 질문에 대해 고인류학은 특정한 형태적·유전적·행동적 특성을 언급함으로써 대답한다. 화석 기록에 대한 기독교적 관점의 논의 대부분은 이런 기본 범주를 받아들인다.[43] 그러나 질문은 계속된다. 인간이 동물과 얼마나 다르거나 유사하다고 볼 수 있는가? 발견된 화석이 인간의 화석이라고 결정하기 위해서는 어떤 특성이 중요한가? 인간 혈통에 있어서는 얼마만큼의 변종을 수용할 수 있는가?

생물학적 측면에서 유인원과 인간 사이에는 많은 유사성이 있는데, 이는 생계 활동, 도구 사용의 기본적 수준, 사회 구조 같은 데서 찾아볼 수 있다. 따라서 인간과 호미닌 화석, 유인원 사이에 많은 형태적·유전적 유사성이 있다는 점은 놀랍지 않다. 물론 형태학에서 특히 뇌 용량 및 완전한 이족보행과 관련된 골격의 특징에서 뚜렷한 차이가 있지만, 우리는 파편적인 화석에서 이런 특징의 존재나 부재에 대해 추론하기가 얼마나 어려운 일인지를 살펴보았다. 이와 대조적으로, 행동적 측면에서 인간과 유인원 사이의 질적 차이는 관찰된다. 현생인류는 엄청나게 풍성한 문화적 창의성과 훨씬 뛰어난 지적 능력, 그리고 그에 걸맞은 행동을 보여준다. 그러나 매우 편향적이고 불완전한 화석과 고고학 기록은 합리적이고 다양한 방식으로 해석될 수 있다.

---

43 예를 들어 M. L. Lubenow, *Bones of Contention: A Creationist Assessment of Human Fossils* (Grand Rapids: Baker, 1992); S. Hartwig-Scherer, "Apes or Ancestors? Interpretations of the Hominid Fossil Record within Evolutionary and Basic Type Biology," in *Mere Creation: Science, Faith, and Intelligent Design*, ed. W. A. Dembski (Downers Grove, IL: InterVarsity, 1998), 212-35; Rana and Ross, *Who Was Adam?*; T. C. Wood, "Baraminological Analysis Places *Homo habilis*, *Homo rudolfensis*, and *Australopithecus sediba* in the Human Holobaramin," *Answers Research Journal* 3 (2010): 71-90.

그렇다면 화석과 고고학 기록에서 어떻게 인간을 발견할 수 있을까? 형태학상으로 뇌 용량과 인간의 완전한 습관적 이족보행은 상대적으로 문제될 것 없는 척도로 보인다. 그러나 뇌 구조 역시 중요하다는 점을 잊지 말아야 한다. 사실 우리는 인간의 두뇌가 작동하는 방식에 대해 거의 아는 바가 없을 뿐만 아니라 실제로 두뇌 화석을 가지고 있지도 않다. 우리가 가진 것이라고는 단지 두개골 안쪽 면의 주형(cast)이 전부다. 또한 두개골뒤 재료의 작고 파편적인 견본을 확대 해석하지 않도록 주의해야 한다. 행동적·문화적 증거는 해석하기가 훨씬 더 까다롭다. 창조와 상징적 행위를 할 수 있는 인간의 능력은 흔히 하나님의 형상과 연관되어왔다.[44] 우리는 고고학 기록에 나타나는 이런 행동의 증거가 창조주에 대한 인간의 지위를 시사한다고 별 탈 없이 전제할 수 있다. 반대로 이런 증거가 없다는 사실이 반드시 그 능력이나 행동의 부재를 나타내는 것은 아니다. 따라서 화석과 고고학 증거는 매우 신중히 다루어져야 한다.

아담과 현대 고인류학

이런 단서들을 염두에 두고 현 상태의 고인류학과 아담의 역사성에 기반해서 화석 기록에 대해 우리가 예상한 바를 대조해보고, 과연 고인류학이 아담의 역사성에 반하는 결정적인 증거를 제시하는지를 검토해보자. 여기서 모든 증거에 대한 포괄적인 논의를 할 수는 없으므로 최근 연구를 중심으로 그것이 호미닌 혈통에 대해 암시하는 바를 다루어볼 것이다.

44　J. W. Van Huyssteen, *Alone in the World? Human Uniqueness in Science and Theology* (Grand Rapids: Eerdmans, 2006).

먼저 호미닌 조상의 혈통이 존재한다는 점을 보여주는 증거를 살펴보자. 현생인류의 기원 및 호모속에 속한 초기의 종과 동시대의 종이 현생인류와 가지는 관계에 대해서는 오랫동안 격렬한 논쟁이 있었다.[45] "아프리카 기원설"의 지지자들은 현생인류가 다른 호모종들과 중대한 교배 없이 아프리카에서 진화해서 거기서부터 세계 각지로 흩어졌다고 주장한다. 반대로 "다지역 기원설"의 지지자들은 현생인류가 아프리카, 아시아, 유럽에서 동시에 소수의 초기 호모종으로부터 진화했고, 다른 지역 사이의 이종교배로 인해 단일한 종이 형성되었다고 주장한다. 현생인류, 네안데르탈인, 데니소반인 사이의 이종교배에 대한 최근 연구는 앞의 두 가지 가능성이 혼재된 보다 더 복잡한 가설을 들려준다.

호모 하빌리스로 분류된 특정 화석을 둘러싸고는 엄청난 논란이 있다. 일부 고인류학자들은 특정한 호모 하빌리스 표본들이 오스트랄로피테쿠스류와 더 가깝기 때문에 호모속에서 제외되어야 한다고 주장한다.[46] 어떤 장소에서는 호모 하빌리스와 파란트로푸스 보이세이가 나란히 나타나기도 한다. 두 종의 두개골 잔해는 파란트로푸스 두개골의 단단한 속성으로 인해 쉽게 구별된다. 그러나 이런 두개골 잔해와 연결된 두개골뒤 뼈대가 거의 없는 까닭에, 조각난 두개골뒤 잔해가 둘 중 어떤 종인지를 구분하는 것은 거의 불가능하다. 따라서 호모 하빌리스의 두개골뒤 형태에 관한 어떤

---

45 C. Stringer, "Rethinking 'Out of Africa,'" *Edge* (website), November 12, 2011, www.edge.org/conversation/rethinking-out-of-africa; J. R. Stewart and C. B. Stringer, "Human Evolution out of Africa: The Role of Refugia and Climate Change," *Science* 335 (2012): 1317-21.

46 H. M. McHenry and K. Coffing, "*Australopithecus* to *Homo*: Transformations in Body and Mind," *Annual Review of Anthropology* 29 (2000): 125-46; M. Collard and B. A. Wood, "Defining the Genus *Homo*," in *Handbook of Paleoanthropology*, vol. 3, *Phylogeny of Hominids*, ed. W. Henke and I. Tattersall (Berlin: Springer, 2007), 1575-1610; B. A. Wood, "Where Does the Genus *Homo* Begin, and How Would We Know?," in Grine, Fleagle, and Leakey, eds.,*The First Humans*, 17-28.

평가도 잠정적일 수밖에 없다. 호모 하빌리스와 호모 에르가스터같이 더 진화한 종들 사이의 시대가 널리 중첩되는 현상도 그들의 관계를 더욱 복잡하게 만든다.

현재까지 알려진 어떤 종의 후기 오스트랄로피테쿠스류도 형태학적 측면에서 초기 호모종과 직접적인 연관성은 없다.[47] 조상이 될 만한 종으로 여겨지는 것들은 주로 건장한 종이다. 주요한 것으로는 아와쉬(Awash)계곡(에티오피아) 중류의 보우리(Bouri) 지반에서 도살된 뼈와 함께 발견된 오스트랄로피테쿠스 가르히와, 다른 오스트랄로피테쿠스류와 달리 더 인간과 가까운 두개골을 가진 오스트랄로피테쿠스 아프리카누스가 있다.[48] 최근 남아프리카공화국 말라파에서 발견된 오스트랄로피테쿠스 세디바의 뼈대 세부에 대한 연구와 출간은 진행 중이다.[49] 이 종은 오스트랄로피테쿠스류의 특징을 가졌을 뿐만 아니라 다른 오스트랄로피테쿠스 종들과 달리 호모 에렉투스와 파생형질을 공유한다. 세디바는 오스트랄로피테쿠스 아프리카누스와 가장 초창기 호모속 사이의 이행적 종으로 간주되었다. 그렇다면 호모 하빌리스와 호모 루돌펜시스의 위치가 애매하게 되는데, 이는 오스트랄로피테쿠스 세디바가 이런 초기 호모종에게는 나타나지 않는 파생형질을 가진 엉덩이뼈와 두개골을 호모 에렉투스와 공유하고 있기 때문이다. 일부 고인류학자들은 호모 루돌펜시스의 표본 일부가 더 이른 연대를 가리킨다는

---

47 McHenry and Coffing, "*Australopithecus* to *Homo*"; Kimbel, "Origin of Homo"; Wood and Harrison, "Evolutionary Context of First Hominins."

48 B. Asfaw et al., "*Australopithecus garhi*: A New Species of Early Hominid from Ethiopia," *Science* 284 (1999): 629-35; de Heinzelin et al., "Environment and Behavior of 2.5 million-year-old Bouri Hominids," *Science* 284 (1999): 625-29.

49 L. R. Berger, "The Mosaic Nature of *Australopithecus sediba*," *Science* 340 (2013): 163-65; Berger et al., "*Australopithecus sediba*: A New Species of *Homo*-like Australopith from South Africa." W. H. Kimbel, "Palaeoanthropology: Hesitation on Hominid History," *Nature* 497 (2013): 573-74; series of publications in *Science* 333 (2011): 1402-23 and *Science* 340 (special issue, April 12, 2013).

점을 근거로, 오스트랄로피테쿠스 세디바를 호모종의 조상으로 인정하지 않는다.[50] 현재는 오스트랄로피테쿠스 세디바의 형태학에 대한 초기 연구 정도가 진행되고 있는 상태이며, 그조차도 소수의 연구에 국한되다 보니, 실제로 이 종의 지위를 판단하기란 어렵다. 연구가 더 진행됨에 따라 세디바가 처음 예상보다 더 인간과 가까운 것으로 밝혀질 수도 있고(그렇다면 호모종이 아닌 오스트랄로피테쿠스에 포함시키는 현재의 분류는 정정되어야 한다), 아니면 오스트랄로피테쿠스류의 변종 중 하나로 드러날 수도 있다.[51]

케냔트로푸스 플라티오프스종은 논쟁을 더 복잡하게 만든다. 이 종의 두개골은 무척 납작한 얼굴을 가졌으며 호모 루돌펜시스종과 비슷하다.[52] 이를 이유로 일부 학자들은 이 종이 다른 오스트랄로피테쿠스류를 앞질러 호모종에 이르는 진화의 곁가지를 보여준다고 주장한다. 그러나 다른 고인류학자들은 화석이 변형되었으며 납작한 얼굴은 지질 작용의 결과라고 여긴다.[53]

그러므로 인류의 조상 혈통이 어떤 종인지, 어떤 종이 곁가지에 해당하는지, 아니면 전혀 상관없는 종은 무엇인지에 대해서는 아무것도 분명하지 않다. 이제 앞서 언급한 형태학적·행동적 척도가 이런 논란에 어떤 빛을 비춰줄 수 있는지를 간략히 살펴보자.

---

50   M. Balter, "Candidate Human Ancestor from South Africa Sparks Praise and Debate," *Science* 328 (2010): 154-55. 형태학에 대한 비판적 논조로는 다음을 보라. Wood and Harrison, "Evolutionary Context of First Hominins"; Kimbel, "Palaeoanthropology."

51   T. C. Wood, "Baraminology, the Image of God, and *Australopithecus sediba*," *Journal of Creation Theology and Science Series B: Life Sciences* 1 (2011): 6-14.

52   Leakey et al., "New Hominin Genus from Eastern Africa."

53   T. White, "Early Hominids-Diversity or Distortion?" *Science* 299 (2003): 1994-97.

형태학적 척도

이족보행

인간 혈통의 일부로 제시되는 모든 화석 종들의 뚜렷한 특징 중 하나는 두 발로 걷는 능력으로, 이는 드물게 발견된 두개골뒤 잔해와 목 위에 머리가 균형을 잡은 방식에서 추론된 것이다. 짧은 거리에 한해 조건적으로 이족보행이 가능했지만 그것이 지속적인 보행에서 최적화된 방식은 아니었던 유인원과는 달리, 오스트랄로피테쿠스종의 일부는 습관적 이족보행을 했던 것으로 간주된다. 하지만 많은 호미닌에게 이족보행은 수목 이동에 적합한 다양한 방식과 더불어 사용되었으며[54] 현생인류의 보행과는 다른 특징이었다.

라에톨리(Laetoli) 화산재 속에서는 그 연대가 360만 년 전으로 추정되는 발자국이 보존되어 있었는데, 이는 온전한 인간의 이족보행을 했던 한 개인의 것으로 만장일치에 가까운 결론이 내려졌다.[55] 이 발자국은 대략 비슷한 시기로 추측되는, 같은 장소에서 발굴된 몇 개의 치아와 뼈 조각들로 미루어 오스트랄로피테쿠스 아파렌시스의 것으로 여겨진다. 이후에 발견된 두개골뒤 잔해에 대한 포괄적인 연구와 "루시"로 유명한 부분 골격(식별번호 AL 288-1)에 관한 연구에서 학자들은, 에티오피아 하다르(Hadar)에서 발굴된 오스트랄로피테쿠스 아파렌시스가 완전히 사람과 같은 이족보행을 하지 못했으며 기본적으로 수목 이동에 적응해 있었다고 결론 내렸다.[56] 이후로 많은 학자들은 오스트랄로피테쿠스 아파렌시스가 습관적 이족보행을

---

[54] 수목 이동: 나무와 나무 사이를 이동하기 위한 숙달된 능력.

[55] 이에 대해서는 다음 글에 간략히 정리되어 있다. Raichlen et al., "Laetoli Footprints Preserve Earliest Direct Evidence of like Bipedal Biomechanics," *PLOS ONE* 5 (2010): e9769.

[56] J. T. Stern and R. L. Susman, "The Locomotor Anatomy of *Australopithecus afarensis*,"

했다고 보았지만 대부분은 이런 이족보행이 현생인류와는 다른 형태였다고 강조한다.[57]

오스트랄로피테쿠스류 종들 각각은 원시적 특징과 파생형질이 뒤섞인 모자이크 같은 특색을 나타내며,[58] 파생형질이 그물과 같이 점차 증가하는 성향을 보이지는 않는다. 실제로 일부 파생형질은 오스트랄로피테쿠스류의 혈통에서 상대적으로 초기에 나타나는 반면에, 후기 종들에서는 원시적 특징이 나타난다.[59] 예컨대 오스트랄로피테쿠스 아프리카누스와 호모 하빌리스는 더 이른 시기의 종인 오스트랄로피테쿠스 아파렌시스와 오스트랄로피테쿠스 아나멘시스에 비해 상대적으로 앞다리가 뒷다리보다 커서 더 유인원 같은 반면에, 치아에서는 그 반대로, 뒤에 언급한 두 종이 더 원시적이다.[60] 완전히 사람과 같은 이족보행을 향한 뚜렷한 성향은 오스트랄로피테쿠스류에서 찾아볼 수 없다. 반대로 가장 초기의 호모 에르가스터/에렉투스 표본들, 즉 호모속에 속하는 가장 오래 보존된 발 뼈와 뒷다리 뼈가

    American Journal of Physical Anthropology 60 (1983): 279-317.

57 이에 대한 개괄적 논의는 다음을 보라. Stern, "Climbing to the Top"; W. H. Kimbel and L. K. Delezene, "'Lucy' Redux: A Review of Research on *Australopithecus afarensis*," *Yearbook of Physical Anthropology* 52 (2009): 2-48. 최근 화석이 불러일으킨 논의로는 다음을 보라. Y. Haile-Selassie et al., "An Early *Australopithecus afarensis* Postcranium from Woranso-Mille, Ethiopia," *Proceedings of the National Academy of Sciences* 107 (2010): 12121-26; J. M. DeSilva and Z. J. Throckmorton, "Lucy's Flat Feet: The Relationship between the Ankle and Rearfoot Arching in Early Hominins," *PLOS ONE* 5 (2010): e14432; C. V. Ward et al., "New Postcranial Fossils of *Australopithecus afarensis* from Hadar, Ethiopia (1990-2007)," *Journal of Human Evolution* 63 (2012): 1-51.

58 이에 대한 간략한 정리는 다음을 보라. D. E. Lieberman, "Human Evolution: Those Feet in Ancient Times," *Nature* 483 (2012): 550-51.

59 H. M. McHenry, "Origin and Diversity of Early Hominin Bipedalism," in *African Genesis: Perspectives on Hominin Evolution*, ed. S. M. Reynolds and A. Gallagher (Cambridge: Cambridge University Press, 2012), 205-22.

60 H. M. McHenry and L. R. Berger, "Body Proportions in *Australopithecus afarensis* and *A. africanus* and the Origin of the Genus *Homo*," *Journal of Human Evolution* 35 (1998): 1-22.

드마니시(Dmanisi; 조지아)에서 발굴된 이래로, 이 종들은 그런 면에서 현생 인류와 매우 유사하지만 약간의 형태학적 차이가 있는 것으로 알려져 있다.[61]

뇌 용량과 인지능력의 상관관계

모든 생명체 가운데 인간은 엄청난 인지능력에 있어서 탁월하다. 지능은 뇌를 기반으로 하는데, 현생인류의 뇌 용량은 신체 크기에 비해 몹시 크다. 어떻게 우리의 뇌와 초기 호미닌의 뇌를 비교할 것인가? 대체로 뇌 용량은 모든 오스트랄로피테쿠스류 종들이 평균 450-550cc 정도로 비슷한데,[62] 특히 파란트로푸스종의 무거운 체중을 고려해야 한다(표 3.2). 초기 호모종은 평균 700-850cc로 뇌 용량이 증가했다. 그러나 이런 종들이 다소 무거운 체중이었음을 고려할 때, 평균치가 1,250-1,450cc로 크게 증가한 호모 하이델베르겐시스, 호모 네안데르탈렌시스, 호모 사피엔스에 비해서는 이런 증가가 크게 유의미했다고 볼 수 없다.[63] 뇌 용량에서 오스트랄로피테쿠스류는 기본적으로 정체 상태를 보이며, 호모속은 증가하는 모습을 보인다. 물론 (상대적인) 용량이 중요하다고 할지라도, 인지능력을 결정하는 유일한 변수는 이뿐만이 아니다.[64] 지능의 지표로 삼기에는 뇌 용량보다 뇌 구조가 더 적절할 수도 있다. 이미 오스트랄로피테쿠스류에서 유인원 같은 뇌 구조로부터 사람 같은 구조로의 재조직이 진행되고 있었다고 주장하는 학자

---

61   McHenry and Coffing, "*Australopithecus* to *Homo*"; Bramble and Lieberman, "Endurance Running"; H. Pontzer et al., "Locomotor Anatomy and Biomechanics of the Dmanisi Hominins," *Journal of Human Evolution* 58 (2010): 492-504.

62   McHenry and Coffing, "*Australopithecus* to *Homo*"; D. E. Lieberman, *The Evolution of the Human Head* (Cambridge, MA: Harvard University Press, 2011).

63   Wood and Harrison, "Evolutionary Context of First Hominins."

64   다음 논평을 보라. T. W. Deacon, "What Makes the Human Brain Different?," *Annual Review of Anthropology* 26 (1997): 337-57.

들과, 오스트랄로피테쿠스류의 뇌는 본질적으로 유인원과 같고 현대의 특징은 초기 호모종에서 처음으로 나타난다고 주장하는 학자들 사이에 오랜 논쟁이 지속되어왔다.[65] 우리가 내릴 수 있는 결론은 뇌 용량, 뇌 구조, 일반적인 인지능력 혹은 구체적인 능력 사이의 관계를 밝히기가 어렵다는 것이다. 그러므로 지능과 복합적 행동을 나타내는 고고학 기록을 살펴보는 것이 더 유익하다고 볼 수 있다.

행동 척도

고고학적 증거는 매우 다양한 종류가 있기에 여기서는 가능한 자료의 표면만 훑어볼 것이다. 화석 기록에서 상대적으로 널리 입증되는 인간 행동의 세 가지 측면에 집중해서 살펴볼 것이다.

육식

대부분의 영장류는 초식이지만 침팬지의 육식과 적극적인 사냥에 대한 증거는 많이 있다.[66] 치아의 마모 정도와 화학 조성의 증거는 초창기 오스트랄로피테쿠스류의 식습관이 침팬지, 고릴라, 젤라다비비와 유사하고 그들의 식량이 주로 부드러운 과일과 잎사귀로 구성되었음을 보여준다.[67] 후기

---

65   D. Falk, "Hominid Paleoneurology," *Annual Review of Anthropology* 16 (1987): 13-30; D. Falk et al., "Early Hominid Brain Evolution: A New Look at Old Endocasts," *Journal of Human Evolution* 38 (2000): 695-717. 다음 논평도 보라. P. T. Schoenemann, "Evolution of Size and Functional Areas of the Human Brain," *Annual Review of Anthropology* 35 (2006): 379-406.

66   J. C. Mitani and D. P. Watts, "Why Do Chimpanzees Hunt and Share Meat?," *Animal Behaviour* 61 (2001): 915-24; J. D. Pruetz and P. Bertolani, "Savanna Chimpanzees, Pan troglodytes verus, Hunt with Tools," *Current Biology* 17 (2007): 412-17.

67   F. E. Grine et al., "Dental Microwear and Stable Isotopes Inform the Paleoecology of Extinct

표 3.2

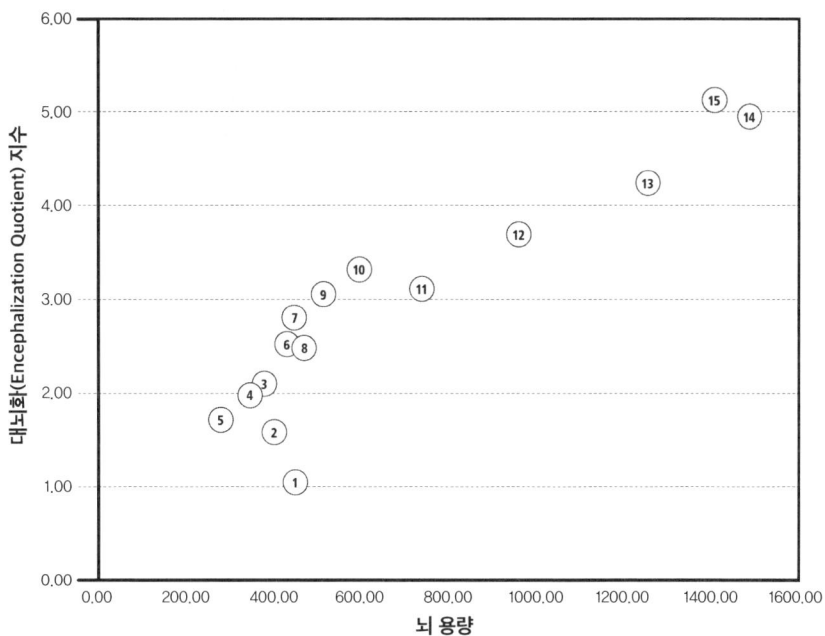

① 고릴라 고릴라
② 퐁고 피그마이우스
③ 판 트로글로디테스
④ 사헬란트로푸스 차덴시스
⑤ 아르디피테쿠스 라미두스
⑥ 오스트랄로피테쿠스 아파렌시스
⑦ 오스트랄로피테쿠스 아프리카누스
⑧ 파란트로푸스 보이세이
⑨ 파란트로푸스 로부스투스
⑩ 호모 하빌리스
⑪ 호모 루돌펜시스
⑫ 호모 에렉투스
⑬ 호모 하이델베르겐시스
⑭ 호모 네안데르탈렌시스
⑮ 호모 사피엔스

대뇌화 지수와 두개골 내부의 부피에 의해 표현된 호모 루돌펜시스의 상대적인 뇌 용량(신체 질량의 차이를 고려하여 조정된 뇌 용량의 척도). 데이터는 McHenry and Coffing, "*Australopithecus to Homo*," 127에서 가져왔다. 다른 종들에 관한 데이터는 D. E. Lieberman, *The Evolution of the Human Head* (Cambridge, MA: Belknap Press of Harvard University Press, 2011), 193에서 왔다.

오스트랄로피테쿠스류의 식습관은 더 다양해지는 것을 볼 수 있는데, 건장한 오스트랄로피테쿠스류는 좀 더 단단하고 잘 부러지는 음식이나 거칠고 저급한 섬유질 식물을 섭취했다.

에너지 효율이 높은 음식물, 특히 고기의 섭취로 인해 초기 호미닌은 크고 열량을 많이 쓰는 두뇌로 진화할 수 있었으며, 이는 큰 동물을 사냥하기 위해 필수적인 인지능력을 가능하게 했다.[68] 호미닌의 육식에 대해서는 "사냥하는 인간인가, 죽은 동물을 먹는 인간인가"라는 논의로 알려진 오랜 논쟁이 있다. 호미닌의 화석이나 고고학적 잔해와 함께 출토된 동물 뼈는 광범위한 결론을 도출하게 해준다. 한편의 주장에 따르면 사냥꾼들은 생계를 꾸리기 위해 멀리까지 돌아다녀야 했고, 이런 사실은 음식을 공유하는 복잡한 사회 환경과 노동의 성별 분업을 시사한다. 즉 임신이나 수유 중인 여성은 사냥에 참여하기 어렵기 때문에 식물을 채취해서 식사 준비를 도운 것 같다.[69] 이와 반대로 다른 학자들은 호미닌이 단지 육식동물이 먹다 남긴 고기를 주워 먹었다고 주장한다.[70] 도살 과정에서 동물 뼈에 생긴 자국들은 호미닌이 뼈를 사용했다는 직접적인 증거가 되지만, 그것이 반드시 사냥을 통해 고기를 얻었다는 의미는 아니다.

도살된 뼈들이 에티오피아 고나(Gona)와 아와쉬 계곡의 보우리 지반에서 발견되었다고는 해도, 이것이 오스트랄로피테쿠스류가 육식을 했다

Hominins," *American Journal of Physical Anthropology* 148 (2012): 285-317.

68   R. B. Lee and I. Devore, Man the Hunter (Chicago: Aldire, 1968); L. C. Aiello and P. Wheeler, "The Expensive-Tissue Hypothesis: The Brain and the Digestive System in Human and Primate Evolution," *Current Anthropology* 36 (1995): 199-221.

69   G. Isaac, "The Food-Sharing Behaviour of Proto-Human Hominids," *Scientific American* 238 (1978): 90-108.

70   Binford, Bones; L. R. Binford, "Human Ancestors: Changing Views of Their Behavior," *Journal of Anthropological Archaeology* 4 (1985): 292-327.

는 충분한 증거는 되지 못한다.[71] 그러나 화석 기록에서 더 뚜렷한 증거를 가진 호모 에르가스터가 나타났다. 호모 에르가스터는 훨씬 더 많은 포유류의 뼈와 강한 연관성을 보이는데, 이런 뼈 중 일부는 인간이 육식으로 전환되기에 앞서 동물 사체를 얻을 수 있었음을 보여주며, 이런 동물 사체는 사냥으로 획득될 수 있었다는 흔적이다.[72] 여러 가지 증거, 특히 중요하게는 측면 치아와 저작근, 내장의 축소는 호모 에렉투스/에르가스터 이후로 호모속 종들에게 요리가 중요했음을 보여주는 것 같다.[73] 네안데르탈인과 현생인류가 불을 이용했다는 증거는 충분하다.[74] 훨씬 더 오래전, 게셔르 브노트 야아코브(Gesher Benot Ya'akov, 이스라엘) 지역에서 발견된 불에 탄 부싯돌과 나무는 화로가 있었다는 것을 보여준다.[75] 근래에 남아프리카공화국의 원더워크(Wonderwerk) 동굴에서 발견된 퇴적물과 고고학적 잔존을 분석한 결과는 호모 에르가스터가 불을 사용했다는 증거가 된다.[76] 요리 행위

---

71 De Heinzelin et al., "Environment and Behavior of Bouri Hominids"; M. Domínguez-Rodrigo et al., "Cutmarked Bones from Pliocene Archaeological Sites at Gona, Afar, Ethiopia: Implications for the Function of the World's Oldest Stone Tools," *Journal of Human Evolution* 48 (2005): 109-21.

72 Lewin and Foley, Principles of Human Evolution; P. S. Ungar, F. E. Grine, and M. F. Teaford, "Diet in Early Homo: A Review of the Evidence and a New Model of Adaptive Versatility," *Annual Review of Anthropology* 35 (2006): 209-28.

73 McHenry and Conffing, "*Australopithecus* to *Homo*"; R. W. Wrangham, *Catching Fire: How Cooking Made Us Human* (London: Profile, 2010); C. Organ et al., "Phylogenetic Rate Shifts in Feeding Time during the Evolution of *Homo*," *Proceedings of the National Academy of Sciences* 108 (2011): 1455-59.

74 W. Roebroeks and P. Villa, "On the Earliest Evidence for Habitual Use of Fire in Europe," *Proceedings of the National Academy of Sciences* 108 (2011): 5209-14.

75 N. Goren-Inbar et al., "Evidence of Hominin Control of Fire at Gesher Benot Ya'akov, Israel," *Science* 304 (2004): 725-27.

76 F. Berna et al., "Microstratigraphic Evidence of In Situ Fire in the Acheulean Strata of Wonderwerk Cave, Northern Cape province, South Africa," *Proceedings of the National Academy of Sciences* 109 (2012): E1215-E1220.

자체를 입증하는 것은 더 어려운 일이지만, 네안데르탈인의 시대 이후 요리가 존재했다는 징표는 있다.[77] 불의 사용이 뜻하는 바는 광범위하다. 식사 준비를 제외하고도, 화로는 추운 환경에서도 살아남을 수 있게 해주었다. 게다가 나무를 타는 능력이 탁월해서 나무에서 잠을 잘 수 있던 영장류와 달리, 땅 위에서 잠을 잤을 가능성이 높던 호미닌들은 불의 사용을 통해 커다란 육식동물이 우글대는 위험한 환경에서 활동하며 빛을 다루고 안전을 도모할 수 있었다.[78]

도구 사용

침팬지의 도구 사용은 잘 알려져 있는데, 특히 음식 획득에서 그러하다.[79] 그러나 동물은 연장의 디자인을 안정적으로 다듬고 이를 광범위하고 오랜 시간 생산할 수 있는 기술을 발달시키지 못했다. 인간은 동물과는 비교도 되지 않을 정도로 다양한 종류의 도구를 기술적으로 사용했다.

에티오피아 고나에서 발견된 최초의 석기는 약 250만 년 전의 것으로 추정된다고 알려져 있다.[80] 이와 비슷한 시기로 여겨지는 석기들이 에티오

---

77 예를 들어 E. Lev, M. E. Kislev, and O. Bar-Yosef, "Mousterian Vegetal Food in Kebara Cave, Mt. Carmel," *Journal of Archaeological Science* 32 (2005): 475-84; R. Blasco and J. F. Peris, "Middle Pleistocene Bird Consumption at Level XI of Bolomor Cave (Valencia, Spain)," *Journal of Archaeological Science* 36 (2009): 2213-23; A. G. Henry, A. S. Brooks, and D. R. Piperno, "Microfossils in Calculus Demonstrate Consumption of Plants and Cooked Foods in Neanderthal Diets (Shanidar III, Iraq; Spy I and II, Belgium)," *Proceedings of the National Academy of Sciences* 108 (2011): 486-91.

78 Wrangham, *Catching Fire*.

79 예를 들어 C. Boesch and H. Boesch, "Tool Use and Tool Making in Wild Chimpanzees," *Folia primatologica* 54 (1990): 86-99; A. Whiten et al., "Cultures in Chimpanzees," *Nature* 399 (1999): 682-85.

80 S. Semaw, "The World's Oldest Stone Artefacts from Gona, Ethiopia: Their Implications for Understanding Stone Technology and Patterns of Human Evolution between 2.6-1.5 Million Years Ago," *Journal of Archaeological Science* 27 (2000): 1197-1214.

피아 아와쉬 계곡 중류의 보우리 지반에서 드문드문 발견되었다.[81] 석기와 개별 호미닌종들 사이의 연관성은 문제의 소지가 있다. 예컨대 고나와 보우리에서 발견된 석기를 만들고 사용한 것이 오스트랄로피테쿠스 가르히였는지는 분명하지 않다. 왜냐하면 호모속의 초기 종들 역시 이 시기로 추정되며, 발견된 석기들이 도살된 동물 뼈나 오스트랄로피테쿠스 가르히의 화석과 함께 발견되지 않았기 때문이다.[82] 180만 년 전으로 추정되는 석기와 뼈 도구가 파란트로푸스 로부스투스와 호모 에르가스터가 나란히 발굴된 스와르트크란스(Swartkrans)의 지층에서 발견되는데, 이는 어떤 종이 그 도구를 잘 다룰 수 있었는지의 문제를 복잡하게 만든다.[83]

대부분의 이런 초기 연장은 날카로운 모서리를 가진 조약돌로서 올두바이 공작(Oldowan industry)이라고 알려져 있다. 호모 에르가스터가 출현한 지 오래 지나지 않아 도구 생산은 상당한 정도로 복잡해져서, 손도끼로 특징지어지는 아슐리안 공작(Acheulean industry)이 나타나기에 이른다. 석기가 발견된 최초의 장소와는 반대로, 호모 에르가스터와 관련된 장소에는 더 선명한 짜임새를 갖춘 더 많은 양의 석기가 있다.[84] 안타깝게도 유기물로 만들어진 도구는 대개 화석화되기 어려운데, 그럼에도 화석화된 도구는 당시의 숙련된 재료 가공 솜씨를 보여준다. 이런 사례로는 40만 년 전으로 추정되는 가장 오래된 목재 유물 쇠닝겐(Schöningen) 창이 있다.[85]

---

81 De Heinzelin et al., "Environment and Behavior of Bouri Hominids."
82 같은 책, 627. Ungar et al., "Diet in Early *Homo*."
83 Lewin and Foley, *Principles of Human Evolution*; M. W. Tocheri et al., "The Evolutionary History of the Hominin Hand since the Last Common Ancestor of *Pan* and *Homo*," *Journal of Anatomy* 222 (2008): 544-62.
84 Lewin and Foley, *Principles of Human Evolution*.
85 H. Thieme, "Lower Palaeological Hunting Spears from Germany," *Nature* 385 (1997): 807-10.

인지능력

현생인류는 광범위한 인지능력에 있어 영장류를 비롯한 다른 동물들과 질적으로 다르다. 현생인류의 행동 습성의 기원은 "인류 혁명"으로 일컬어지는데, 이는 기술과 문화적 혁신을 보여주는 고고학적 기록이 갑작스럽게 출현했기 때문이다. 여기에는 돌날, 갈거나 두드려 만든 연장, 뼈와 사슴뿔의 체계적인 사용, 악기, 몸 장식, 예술이 포함된다. 이런 "현생인류 패키지"(modern human package)는 다른 호모종들에 비해 우월하다고 여겨지는 호모 사피엔스의 인지능력과 전통적으로 결부되었다. 역설적으로 전통적인 "현생인류 패키지"의 출현은 해부학상으로 현생인류와 동시에 나타나지 않고[86] 약 10만 년 이후에 나타난다. 게다가 뇌 용량과의 상관성은 더욱 약하다. 더 복잡하게도 남아프리카공화국에서 약 6만5천-10만 년 전의 것으로 추정되는 패키지의 많은 요소가 출현하는데,[87] 예컨대 상징적인 장소가 된 블롬보스(Blombos) 동굴과 같은 곳에서는 세계 최초의 예술품이 석기와 뼈 도구, 조개껍질 장신구와 함께 발견되었다.[88] 이런 물건들이 처음 출현한 이후로 인류의 혁신은 고고학 기록에서 사라졌다가 2만5천 년 이후에 다시 나타나며, 이때가 되어서야 온 세계의 인간들에게 빠르게 확산된다.[89] 일부 학자들은 돌날, 몸 장식을 위한 색채 사용, 매장 행위와 같은 현생인류 패키지의 많은 요소가 네안데르탈인이나 초기 호모종들에게도

---

86   McDougall, Brown, and Fleagle, "Stratigraphic Placement"; A. Nowell, "Defining Behavioral Modernity in the Context of Neanderthal and Anatomically Modern Human Populations," *Annual Review of Anthropology* 39 (2010): 437-52.

87   S. McBrearty and A. Brooks, "The Revolution That Wasn't: A New Interpretation of the Origin of Modern Human Behavior," *Journal of Human Evolution* 39 (2000): 453-63.

88   C. S. Henshilwood et al., "Emergence of Modern Human Behavior: Middle Stone Age Engravings from South Africa," *Science* 295 (2002): 1278-80.

89   J. Zilhão, "The Emergence of Ornaments and Art: An Archaeological Perspective on the Origins of 'Behavioral Modernity,'" *Journal of Archaeological Research* 15 (2007): 1-54.

독립적으로 발달되었다고 주장한다.⁹⁰ 이런 연구들을 종합적으로 검토해보면 현생인류 패키지의 출현에는 인지능력 외의 요소들이 수반되어 있음을 알 수 있다. 최근 연구는 어떤 인구밀도의 한계치가 넘어섰을 때에만 이런 혁신이 다음 세대로 전수될 수 있었다고 주장한다.⁹¹

초기 호모종에 나타난 현생인류의 행동의 표징을 해석하는 일은 여전히 까다롭다. 예컨대 네안데르탈인은 단지 위생의 이유로 시신을 매장했을까, 아니면 사후에 대한 관념을 가졌던 것일까? 물라-게르시(Moula-Guercy, 프랑스)와 크라피나(Krapina, 크로아티아) 같은 곳에서 발견된 네안데르탈인의 뼈에 새겨진 칼자국과 살을 발라낸 흔적은 이들이 동족을 육식의 재료로 생각했음을 시사할까, 아니면 지금도 일부에서 행해지는 장례식의 절차 중 하나와 유사한 예식을 시행했음을 의미할까?⁹² 또한 보존 상태를 고려할 때 고도의 인지 행위에 대한 증거가 없다는 것은 어떤 의미일까? 오래된 장소일수록 내구성이 약한 자료는 오늘날까지 보존될 가능성이 적다. 예컨대 공간과 관련된 행동 패턴에 있어 현생인류와 네안데르탈인의 주된 차이를 생각해보라. 네안데르탈인의 생활공간은 현생인류보다 훨씬 더 짜임새

---

90 F. d'Errico et al., "Archaeological Evidence for the Emergence of Language, Symbolism, and Music—An Alternative Multidisciplinary Perspective," *Journal of World Prehistory* 17 (2003): 1-70; J. Zilhão, "Emergence of Ornaments"; J. Zilhão et al., "Symbolic Use of Marine Shells and Mineral Pigments by Iberian Neanderthals," *Proceedings of the National Academy of Sciences* 107 (2010): 1023-28.

91 A. Powell, S. Shennan, and M. G. Thomas, "Late Pleistocene Demography and the Appearance of Modern Human Behavior," *Science* 324 (2009): 1298-1301.

92 M. D. Russell, "Mortuary Practices at the Krapina Neanderthal Site," *American Journal of Physical Anthropology* 72 (1987): 381-97; A. Defleur et al., "Neanderthal Cannibalism at Moula-Guercy, Ardèche, France," *Science* 286 (1999): 128-31; S. A. Hurlbut, "The Taphonomy of Cannibalism: A Review of Anthropogenic Bone Modification in the American Southwest," *International Journal of Osteoarchaeology* 10 (2000): 4-26; S. Lindenbaum, "Thinking about Cannibalism," *Annual Review of Anthropology* 33 (2004): 475-98.

를 갖추지 못한 경향이 있다.[93] 네안데르탈인의 생활 방식은 원재료의 짧은 운반 거리에서 볼 수 있듯이 제한적이었던 것 같다.[94] 반면에 현생인류는 더 개선된 생활 구조를 창출하고 훨씬 더 먼 거리에 걸쳐 원재료를 운반했다. 그러나 이는 아마도 매우 유동적이었던 인구의 생활공간의 수명 자체가 극단적으로 짧다는 점과 연관될 것이다.[95] 유사한 사례를, 아르헨티나 남부의 티에라 델 푸에고(Tierra del Fuego) 지역의 험난한 환경에서 살아가는 셀크남(Selk'nam)족과 같은 희박한 물질문화에서도 엿볼 수 있다. 네안데르탈인은 자신의 신체 비율과 그에 따른 에너지 요구량과 소모량에 의해 상대적으로 좁은 행동 범위를 가지며 숙박지를 자주 이동시키고 비교적 좁은 연간 활동 범위를 가졌을 것이다.[96] 따라서 심지어 보존에 관한 문제를 차치한다고 하더라도, 이런 습성은 문화적이고 신체적인 요인으로 설명될 수 있으며 필연적으로 네안데르탈인의 낮은 인지능력을 암시한다고 볼 수 없다.

---

[93] J. Kolen, "Hominids without Homes: On the Nature of Middle Palaeolithic Settlement in Europe," in *The Middle Palaeolithic Occupation of Europe*, ed. W. Roebroeks and C. Gamble (Leiden: University of Leiden Press, 1999), 139-63.

[94] N. Rolland and H. L. Dibble, "A New Synthesis of Middle Paleolithic Variability," *American Anthropology* 55 (1995): 480-99; A. Scheer, "The Gravettian in Southwest Germany: Stylistic Features, Raw Material Resources and Settlement Patterns," in *Hunters of the Golden Age: The Mid-Upper Palaeolithic of Eurasia 30,000-20,000 BP*, ed. W. Roebroeks et al. (Leiden: Leiden University Press, 1999).

[95] W. Roebroeks and A. Tuffreau, "Palaeoenvironment and Settlement Patterns of the Northwest European Middle Palaeolithic," in *Middle Palaeolithic Occupation*, ed. Roebroeks and Gamble, 121-38.

[96] K. MacDonald, W. Roebroeks, and A. Verpoorte, "An Energetics Perspective on the Neanderthal Record," in *The Evolution of Hominin Diets: Integrating Approaches to the Study of Palaeolithic Subsistence*, ed. J.-J. Hublin and M. P. Richards (Leipzig: Springer, 2009), 211-20.

우리는 아담을 어디에 위치시켜야 하는가?

지금까지 제시한 증거를 고려할 때 과연 아담은 어디에 들어맞는가? 아담과 하와에 대한 성경의 교리가 현대 고인류학의 이런 전망과 합치할 여지가 있는가?

형태학적 증거에 따르면 오스트랄로피테쿠스/파란트로푸스속과 호모속(아마도 호모 하빌리스를 제외하고)은 중대한 측면에서 차이가 난다. 보행과 연관된 뼈대의 핵심적 특징은 오스트랄로피테쿠스류가 비인간적 형태의 습관적 이족보행과 수목 이동이 결합된 보행을 했음을 보여준다. 대조적으로, 호모 에렉투스/에르가스터 이후의 호모속의 종들은 인간의 완전한 이족보행을 특징으로 가진다. 이 두 집단의 두개골뒤 골격의 차이는 엄청나고, 여기서 제시된 예는 다른 다양한 골격 요소에서 관측되는 비슷한 유형으로 보충될 수 있다.[97]

앞에서 살펴본 바와 같이, 보존과 관련된 문제와 뇌 구조 차이의 영향에 대한 우리 이해의 한계는 초기 호미닌들의 인지능력을 평가할 수 없게 만든다. 다만 우리는 호모속과 오스트랄로피테쿠스류 사이에 상대적 뇌 용량의 뚜렷한 차이가 없다고 해도, 호모속에서는 뇌 용량이 분명이 커져가는 반면에, 오스트랄로피테쿠스/파란트로푸스 계통에서는 용량이 커져가

---

[97] 예를 들어 하악골: Y. Rak, A. Ginzburg, and E. Geffen, "Gorilla-like Anatomy on *Australopithecus afarensis* Mandibles Suggests *Au. afarensis* Link to Robust Australopiths," *Proceedings of the National Academy of Sciences* 104 (2007): 6568-72; 내이(inner ear): F. Spoor, B. Wood, and F. Zonneveld, "Implications of Early Hominid Labyrinthine Morphology for Evolution of Human Bipedal Locomotion," *Nature* 369 (1994): 645-48; 손과 팔: B. G. Richmond and D. S. Strait, "Evidence that Humans Evolved from a Knuckle-Walking Ancestor," *Nature* 404 (2000): 382-85; J. Arias-Martorell et al., "3D Geometric Morphometric Analysis of the Proximal Epiphysis of the Hominid Humerus," *Journal of Anatomy* 221 (2012): 394-405; Tocheri et al., "The Evolutionary History of the Hominin Hand"; 오래달리기에 대한 적응: Bramble and Lieberman, "Endurance Running."

는 직접적인 경향성이 없다고 결론지을 수 있다.

행동 차원의 증거로 넘어가면, 몇 가지 주요 특성에 있어 오스트랄로피테쿠스류와 호모속 사이의 큰 변화를 다시금 관찰할 수 있다. 오스트랄로피테쿠스류는 주로 초식을 했으며 단지 일부가 이따금 기회가 되었을 때 고기가 포함된 식사를 했던 반면에, 호모 에렉투스/에르가스터에게 고기는 훨씬 중요한 음식물이었고 현생인류를 한참 앞서 적극적인 사냥이 있었다는 증거가 있다. 이렇듯 생계 방식의 차이는 사회 구조, 불의 사용, 음식 준비에서의 근본적인 차이와 결부되어 있다고 여겨진다. 후대 오스트랄로피테쿠스류의 종들이 도구를 사용한 증거가 일부 발견되긴 했지만, 이들의 기술은 단순하고 일회적이었다. 그러나 호모 에르가스터가 등장하면서 기술의 사용은 보다 치밀하고 계획적이 되었다. 상징적 행위에 대한 증거는 해부학상으로 현생인류의 출현과 동시에 나타나는 것이 아니라 더 일찍 나타나며, 고도의 인지능력을 보여주는 일부 증거도 고고학적 기록에서 더 이른 시기에 나타난다. 그러므로 화석과 고고학적 기록은 오스트랄로피테쿠스류와 호모속 간의 뚜렷한 차이를 지지하는 것으로 보인다.[98] 기독교적 관점에서 연구하는 학자들은 바로 이 시점에서 인간과 비인간을 대체로 구분하며,[99] 앞서 언급한 최근의 증거는 이런 입장을 약화시키기보다는 강화시킨다. 고인류학자들이 이런 증거가 오스트랄로피테쿠스류가 호모 혈통의 조상이었다는 생각을 분명히 보여준다고 주장하는 것은 과장이다. 심지

---

[98] J. Hawks et al., "Population Bottlenecks and Pleistocene Human Evolution," *Molecular Biology and Evolution* 17 (2000): 2-22; McHenry and Coffing, "*Australopithecus* to *Homo*"; E. Mayr, *What Makes Biology Unique? Considerations on the Autonomy of a Scientific Discipline* (Cambridge: Cambridge University Press, 2004), 198; Lieberman et al., "The Transition from *Australopithecus* to *Homo*."

[99] 예를 들어 Lubenow, *Bones of Contention*; Hartwig-Scherer, "Apes or Ancestors?"; T. C. Wood, "Baraminological Analysis."

어 화석과 고고학적 기록의 불완전성을 참작한다고 하더라도, 몇 가지 주요한 측면에서 오스트랄로피테쿠스류가 우리와 매우 다르다는 사실은 변하지 않는다. 오스트랄로피테쿠스류에는 인간과 같은 형태와 행동을 향한 뚜렷한 성향이 없으며, 오히려 오스트랄로피테쿠스류 혈통은 대체로 독특하다. 물론 호모 에렉투스/에르가스터와 호모 사피엔스 사이의 변화가 특히 뇌 용량과 복합적인 행동에 대한 증거에서 나타나지만, 이런 변화의 규모는 오스트랄로피테쿠스류와 호모속 사이의 차이에 비하면 사소하다.

그렇다면 우리는 아담을 어디에 위치시켜야 할까? 오스트랄로피테쿠스류로부터 호모속으로의 큰 변화는 호모 사피엔스 혈통을 향하는 약 180만 년 전 호모 에렉투스/에르가스터의 시초에 아담을 위치시킬 수 있음을 보여준다. 이는 라나와 로스(Rana and Ross, 2005)의 견해와는 상충되나, 하르트비히-쉐러(Hartwig-Scherer, 1998)가 개발한 "기본형" 분류와는 일치한다. 이런 제안은 우리의 게놈과 유사한 구성을 보여주는 네안데르탈인과 데니소반인에 대한 근래의 증거와 더불어 형태학적 유사성과 초기 호모종들의 복합적인 행동에 대한 징표를 정당하게 평가하고 있다. 그러나 이는 아담의 자손이 두 종으로 나뉘는 것을 의미하고 있는데, 이런 이유로 간혹 그리스도인들은 이 모델이 문제의 여지가 있다고 본다. 그리스도인들은 인간 곧 하나님의 형상을 지닌 자를 오직 우리 자신의 종과 동일시하기 때문이다.[100]

---

100 Rana and Ross, *Who Was Adam?*

호모 혈통 속에 있는 다양한 종들의 존재를 수용하기

우리 모두는 단일종의 게놈에 변종이 있을 엄청난 가능성을 잘 알고 있다. 가축(고양이, 개, 말 등)의 품종만 간략히 살펴봐도 형태, 색상, 부속 기관, 성격에서 놀랄 만한 변종의 무리를 볼 수 있다. 애초에 다윈이 진화 개념을 설명하기 위해 사용하려고 했던 관찰 중 하나가 바로 이처럼 다양한 종들을 생성해내는 놀라운 자연의 능력이었다. 오늘날의 현생인류는 대부분의 동물종들에 비해 유전적 변이성의 정도가 낮다. 여기에는 과거 개체군의 병목현상, 적은 개체군의 크기, 특정 지역에서의 멸종으로 인해 줄어든 유전자풀을 가진 유인원들이 포함된다.[101] 심지어 상대적으로 동일한 우리의 게놈도 신체적·인지적·행동적 특성이 크게 다른 개인을 생성할 수 있다. 그러므로 우리 조상의 게놈이 변종을 생성할 큰 가능성을 지니고 있었다고 보는 것은 불합리하지 않다.

사람은 육신을 입은 피조물이기에 우리 몸이 영장류를 비롯한 다른 동물들의 몸이 겪는 것과 동일한 자연적인 과정을 겪는다는 사실은 놀랍지 않다. 이는 새로운 종이 발현되는 과정, 즉 종 분화를 수반할 가능성도 있다. 예컨대 동일한 호모종의 다른 집단들이 지리적으로 고립되었을 수도 있고, 유전적 특성의 일부가 어떤 집단에서는 나타나고 다른 집단에서는 나타나지 않았을 수도 있다. 더군다나 시간이 지나면서 차별화된 유전적 특성들이 선택되어 그 집단의 후손에게 전수되었을 수도 있다. 결국 이런 일은 게놈의 중대한 차이를 일으킨다. 더 나아가 우리는 고인류학자들이 사용하는 화석종의 개념이, 살아 있는 종을 연구하는 생물학자들이 사용하

---

101   H. Kaessman et al., "Great Ape DNA Sequences Reveal a Reduced Diversity and an Expansion in Humans," *Nature Genetics* 27 (2001): 155-56.

는 것과 다르다는 점을 명심해야 한다. "생물학적 종 개념"은 다른 종과 생식 격리를 전제로 종을 규정한다. 즉 종은 상호 교배가 이루어지는 개체들의 군집으로 다른 종의 개체와의 교배는 배제된다.[102] 그러나 이런 기준은 좀처럼 이종교배의 여부를 조사할 수 없는 화석 종에는 거의 적용할 수 없다.[103] 따라서 고인류학자들은 주로 형태학상 특징들을 통해 종을 확인한다. 우리가 살펴본 바와 같이, 종을 분별하는 일은 작고 변형되고 편향된 표본들로 인해 어려울 수 있다. 특히 두개골뒤 화석이 없거나, 있는 경우에도 두개골 잔해와 결부되지 않을 때는 더욱 그러하다. 게다가 단일종에 있어 얼마만큼의 변종을 인정해야 하는지 하는 문제는 애매하며, 특히 단일종에서 남성과 여성 사이의 큰 형태학상 차이가 있는 경우는 더욱 그러하다. 끝으로 많은 경우에서 형태학상 차이가 어떻게 인지적·행동적 차이와 연관되는지를 규정하기란 몹시 어렵다.

호모속의 초기 종과 후기 종 사이의 차이는 주로 두개골 특성과 행동적 특성에 대한 증거에 있다. 앞서 살핀 것처럼 이런 차이에 대한 해석은 많은 부분 난관에 둘러싸여 있다. 이것들은 생물학적 종의 수준에 다다를 정도의 차이인가? 현생인류와 네안데르탈인과 데니소반인의 이종교배에 대한 최근의 증거는 이런 "종들"이 유전적으로 완전히 분리되지 않았음을 보여준다. 약 15만 년 동안 그들이 거의 접촉하지 않았다고 생각하더라도 말이다. 하지만 화석 종이 실제 생물학적 종과 일치한다고 하더라도, 아담이 모든 종의 조상이 되는 한, 이런 사실은 성경의 기록에 비추어 보았을 때도

---

102 E. Mayr, *Systematics and the Origin of Species* (New York: Columbia University Press, 1942).
103 화석 종에 있어 이종교배 조사는 화석에 남아 있는 고대 DNA에 대한 연구를 통해서만 가능하다. 비록 최근의 염기서열 분석을 통한 네안데르탈인의 게놈 연구가 그 가능성을 보여주었다고는 하지만 이런 사례는 극히 드물다. 이는 DNA가 5만 년 이상 남아 있지 못할 뿐만 아니라 보존 환경이 좋은 곳에만 남아 있을 수 있기 때문이다.

문제 될 것이 없다.[104] 아무튼 타락의 영향은 아담과 하와의 모든 후손에게 미쳤으며, 그리스도는 자신의 죽음과 부활을 믿는 모든 사람을 구원한다.

결론

현대 고인류학의 발견은 인간의 기원과 타락에 관한 성경의 설명이 거짓이라고, 혹은 기껏해야 신화에 불과하다고 폭로하는 "결정적 증거"로 간주된다. 그러나 아담의 역사성과 인간 화석 기록이 반드시 대립적이지는 않다. 본 장에서 검토한 증거는 호모속과 오스트랄로피테쿠스속 사이의 불연속성에 대한 예상이 맞았음을 보여준다. 우리가 아담을 호모속의 시초에 위치시킨다면, 이런 불연속성은 인간과 비인간 사이의 경계선으로 볼 수 있다. 이는 종래의 연대를 따를 경우 약 180만 년 전에 아담이 존재했다는 말이다.

많은 이들은 아담을 후기 연대, 즉 호모속 안에서 인간과 비인간의 경계선에 위치시키고 싶어 한다. 하지만 이런 모델들은 두 가지 측면에서 고인류학적 기록의 도전을 받는다. 첫째, 이런 모델에는 어떤 측면이 인간적인 것인지 또는 비인간적인 것인지를 나누는 분명한 형태학적·행태적 구분이 없다. 최근의 데이터는 현생인류만의 것으로 여겨지는 특징의 출현 시기가 더 오래되었을 수 있음을 보여주며, 서로 다른 호모종 사이의 이종교배에 대한 유전적 증거가 쌓여감에 따라 호모속 안에서의 이런 구분은 더욱 지지받기가 어렵다. 둘째, 이런 모델들은 오스트랄로피테쿠스류와 호모속 사이의 형태학적·행태적 차이를 해명해야 한다. 오스트랄로피테쿠스류는 유인원들 가운데 독특하게 구별된 한 집단을 구성하게 된다. 그리고

---

104 T. C. Wood, "Baraminology, the Image of God."

호모속의 가설적 조상의 정체성은 수수께끼로 남게 된다.

결론적으로 고인류학적 데이터를 따로 고려해보면, 고인류학적 증거는 호모속의 시초를 아담의 위치로 가리키고 있다. 이런 견해는 성경의 증거와 화석 기록의 통합을 도모하는 다른 모델들이 부딪히는 신학적 난제의 일부를 해결할 수도 있다. 이런 제안은 아담과 하와의 역사성에 관한 전통 교리와 그들의 특별 창조, 타락, 원죄 이 모두를 온전히 확증할 수 있게 해준다. 육신을 가진 인간의 본성을 고려하면 호모속의 화석 기록에서 관찰되는 신체 특성의 변종들은 놀랍지 않다. 오히려 우리는 모든 화석 호모종들을 인류로 확증할 수 있으며 그들을 공통의 부모를 가진 자손으로 인정할 수 있다. 이는 인간 혈통의 일치성에 대한 우리의 예상과 조화된다.

본 장에서는 주로 고인류학적 데이터에 비추어 아담의 역사성에 집중해보았다. 그리고 내가 여기서 고인류학적 모델과 연관된 많은 가정을 받아들이며 결론을 내리는 중요한 측면에는 다소간의 불확실성이 존재한다. 물론 이런 방법론적 가정이나 전제들은 결코 비판을 피해갈 수 없다. 예컨대 나는 인간의 화석 기록이 어떻게 성경 이야기와 연관되는지에 관한 더 넓은 주제에 대해서는 언급하지 않았다. 한 가지 중요한 문제는 연대에 관한 것이다. 아담은 통상적으로 호모 에렉투스의 기원 시기로 여겨지는 약 180만 년 전에 살았을까? 그렇다면 창세기 4-5장의 계보와 이 이야기의 청동기나 철기 시대의 배경은 어떻게 읽어야 할까? 아니면 과학적 연대 체계를 전면적으로 개정해야 할까? 또한 고인류학적 기록에 대한 해석과 노아 홍수 및 온 땅에 번성한 인류에 대한 이해는 어떻게 소통할 수 있을까? 앞으로 해야 할 일이 많이 남아 있지만, 시간을 들여 연구한다면 성경 이야기와 과학적 데이터를 모두 공정하게 다룰 수 있는 모델을 구성할 수 있으리라고 확신한다.

제2부

역사 속에서의 원죄

제4장
교부신학에서의 원죄

피터 샌론(Peter Sanlon)

아우구스티누스는 말할 수 있는 아기가 있다면 이렇게 불평하리라고 상상했다. "당신은 왜 나를 그저 유아로만 생각하는가? 분명 당신은 내가 맡은 죄 짐을 볼 수 없겠지만 나는 죄 속에서 잉태되었다."[1] 이런 수사학적 수식은 아우구스티누스의 이름과 영원히 뗄 수 없는, 논쟁적이고도 불쾌한 교리인 원죄론에 근거하고 있다. 원죄란 "일반적으로 사람의 행위에 앞서 내재하고 있는 죄나 허물을 뜻한다."[2] 더 포괄적으로 설명하자면 다음과 같다.

아우구스티누스주의적 타락과 원죄론은 이런 사항들을 확증한다. (1) 아담과 하와가 선악과를 먹지 말라고 하신 하나님의 최초의 명령을 어긴 것이 하나님과 사람의 관계, 사람들 사이의 관계, 사람과 나머지 피조물의 관계를 근본적으로 변형시켰고, (2) 이런 "타락"의 결과에는 만인이 하나님과 멀어진 상태로 출생하는 일이 포함되어 있다. 그러므로 "근원적" 죄는 모든 개인이 시간과 공간에서 범하는 어떤 "실제적" 죄와 상관없이 그런 행위에 앞서 유죄를 선고한다.[3]

---

[1] Augustine, *Expositions of the Psalms*, 2 of 6 of *The Works of Saint Augustine: A Translation for the 21st Century*, ed. J. Rotelle, trans. M. Boulding (New York: New City Press, 2000), 50.10.

[2] Risto Saarinen, "Original Sin," in *Religion Past and Present: Encyclopedia of Theology and Religion*, ed. H. D. Betz, D. S. Browning, B. Janowski, and E. Jungel (Leiden: Brill, 2011), 9:380.

[3] I. A. McFarland, *In Adam's Fall: A Meditation on the Christian Doctrine of Original Sin* (Malden, MA: Wiley-Blackwell, 2010), 29-30.

원죄는 아우구스티누스의 발명품인가?

"아우구스티누스 이전에는…원죄론의 기원을 찾아볼 수 없다는 것이 사실상 역사신학의 공리다."[4] 아우구스티누스는 "복음서나 바울 서신뿐만 아니라 그리스 교부 전승에서도 찾아볼 수 없는 교리를 지어낸" 죄로 비난받는다.[5] 많은 이들은 "지금까지 아우구스티누스의 원죄 사상이 근본적으로 기독교 신학에 미지의 요소를 도입하게 되었다는 것을 연구를 통해 보게 된다"고 믿는다.[6] 어떤 이들은 아우구스티누스가 사람을 "꼭두각시"로 만드는 부도덕한 교리를 만들었다고 책망한다.[7] 또 다른 이들은 아우구스티누스의 신학적 구성이 그를 신학의 거인들 가운데 우뚝 서게 만들어주었다고 극찬한다. "아우구스티누스는 주권적 은혜와 원죄론의 창시자로, 안셀무스는 만족설의 창시자로, 루터는 이신칭의론의 창시자로 간주될 수 있을 것이다."[8]

아우구스티누스의 반대편, 곧 펠라기우스주의자인 에클라눔의 율리아누스(Julian of Eclanum)는 원죄론을 만들었다는 이유로 아우구스티누스를 비난했으며 이에 대해 아우구스티누스는 격분했다. 아우구스티누스는 이렇게 질타했다. "내가 원죄를 만든 것이 아니다! 보편적인 신자들은 처음

---

4   Gerald Bray, "Original Sin in Patristic Thought," *Churchman* 108.1 (1994): 37.

5   H. Rondet, *Original Sin: The Patristic and Theological Background* (Shannon, Ireland: Ecclesia Press, 1972), 21.

6   Anthony Dupont, Gratia in *Augustine's Sermones ad Populum during the Pelagian Controversy: Do Different Contexts Furnish Different Insights?*, ed. Wim Janse, Brill's Series in Church History (Leiden: Brill, 2013), 48.

7   John Rist, "Augustine on Free Will and Predestination," *Journal of Theological Studies* 20.2 (1969): 440.

8   B. B. Warfield, *Studies in Tertullian and Augustine*, vol. 4 of *The Works of Benjamin Breckinridge Warfield* (1930; Grand Rapids: Baker, 1981), 19

부터 원죄를 믿어왔다. 이런 사실을 부정하는 당신이야말로 새로운 이단임이 분명하다."[9] 앨런 제이콥스의 말대로 원죄에 관한 아우구스티누스의 가르침을 거부하는 자들은 "아우구스티누스가 바울을 오해하고 있다고 보는 것이 분명하다.…적어도 북아프리카에서는 아우구스티누스의 바울 해석이 충분히 예상된 바였다."[10]

아우구스티누스 이전에 있던 원죄의 전조

펠라기우스 논쟁은 표면적으로는 아우구스티누스의 원죄론에 관한 것이었다. 그러나 실제로 논쟁은 아우구스티누스의 학식과 별개로, 밀라노의 집사 파울리누스(Paulinus of Milan)가 펠라기우스의 제자 중 한 사람인 카일레스티우스(Caelestius)를 이단으로 고소하면서 시작되었다. 411년 혹은 412년에 열린 카르타고 재판(아우구스티누스가 참여하지 않음)에서 카일레스티우스는 "아담의 죄는 온 인류가 아닌 자기 자신에게만 해를 끼쳤다"라고 가르친 이유로 정죄받았다.[11] 파울리누스는 암브로시우스의 비서이자 전기 작가였고, 암브로시우스는 원죄가 보편 교회의 신앙의 일부라는 확신을 가졌던 것 같다. 암브로시우스는 다음과 같이 기록했다. "우리는 부모의 죄 속에서 잉태되었고 부모의 허물 속에서 태어났다. 출생 자체에 고유한 더러움이 있으며, 본성 자체에 단 한 점의 더러움만 있는 것이 아니다."[12] 또한

---

9   Augustine, *Marriage and Desire*, 2.12.25, in *Answer to the Pelagians*, vol. 2 of 4 (Hyde Park, NY: New City Press, 1998).

10   A. Jacobs, *Original Sin: A Cultural History* (New York: HarperCollins, 2009), 32.

11   Augustine, *The Grace of Christ and Original Sin*, 2.2.2, in *Answer to the Pelagians*, vol. 1 of 4. 『어거스틴의 은총론 3』(한국장로교출판사 역간).

12   Ambrose, *Explanation of David the Prophet*, 1.11.56. Cited by Augustine in *Answer to Julian*,

그는 "아담이 타락했으며 그 안에서 모두가 타락했다"라고 보았다.[13] 아우구스티누스는 원죄에 관한 자신의 관점에 동의하는 권위자로 암브로시우스를 인용한다. "우리 모든 인간은 죄의 권세 아래서 태어나며 우리 기원 자체가 죄 속에 있다."[14]

아우구스티누스는 펠라기우스주의자들이 원죄를 부인한다는 것 자체가 역사적 보편 신앙에 대한 도전이라고 주장했다. "여러분은 보편 신앙을 공격하고 있다.…그래서 교회는 여러분의 새로운 가르침이 발하는 불경스러운 말에 경악하는 바다."[15] 아우구스티누스는 펠라기우스주의 교리의 새로움을 책망한다. "펠라기우스주의 이단자인 여러분은 새로운 계략을 꾸며 가장 오래된 진리의 벽을 허물려는 새로운 공격을 준비하고 있다."[16] 율리아누스의 "비참한 광기"에 맞서 아우구스티누스는 "전체 그리스도 교회와 더불어 이레나이우스, 키프리아누스, 레티시우스, 올림피우스, 힐라리우스, 그레고리오스, 바실리오스, 암브로시우스, 요한네스, 인노켄티우스, 히에로니무스 등 다른 여러 동료와 같이 보편적 진리를 수호하는 성결하고 탁월한 유명한 교사가 많이" 있다고 주장했다.[17] 아우구스티누스는 이런 여러 사람의 말을 인용한다. 그는 다음과 같이 힐라리우스의 말을 언급한다. "아담의 죄 안에서 우리는 처음의 복된 창조의 풍성함을 상실했다."[18]

    1.3.10., in *Answer to the Pelagians*, vol. 2 of 4.

13   Ambrose, *Commentary on Luke*, 7:23-4. Cited from Augustine, *Unfinished Work* in *Answer to Julian*, 1.112., in *Answer to the Pelagians*, vol. 3 of 4.

14   Ambrose, *Penance*, 1.3.13. Cited from Augustine, *Answer to Julian*, 2.3.5, in *Answer to the Pelagians*, vol. 2 of 4.

15   Augustine, *Answer to Julian*, 2.10.37. Cited from Augustine, *Answer to Julian*, in *Answer to the Pelagians*, vol. 2 of 4.

16   같은 책, 3.17.32. Cited from Augustine, *Answer to Julian*, in *Answer to the Pelagians*, vol. 2 of 4.

17   같은 책, 2.10.37. Cited from Augustine, *Answer to Julian*, in *Answer to the Pelagians*, vol. 2 of 4.

18   Hilary, *Commentary on Job*, cited in ibid., 2.8.27.

초기 권위자들 가운데 한 명인 이레나이우스는 특히 원죄의 보편성을 확립하는 데 있어 중요한 인물이다. 아우구스티누스는 이를 알고서 이레나이우스의 유물에 주목한다.

리옹의 감독 이레나이우스는 사도 시대로부터 멀지 않은 미래에 살았다. 그는 이렇게 말했다. "오래전 뱀이 남긴 상처로부터 사람이 구원받을 수 있는 유일한 길은, 죄 있는 육신의 모습으로 순교의 나무 위에서 살아나셔서 만물을 그에게로 모으시고 죽은 자들에게 생명을 주신 그분을 믿는 것이다." 마찬가지로 이레나이우스는 다음과 같이 말했다. "한 처녀로 인해 인류가 죽을 운명에 처한 것처럼, 바로 한 처녀로 인해 해방되었다. 한 처녀의 불순종은 한 처녀의 순종으로 균형을 이룬다. 처음 지음 받았던 사람의 죄가 맏아들의 책망을 통해 교정되고 뱀의 교활함이 비둘기의 순진함으로 타도될 때, 우리는 사망의 사슬에서 벗어난다."[19]

원죄론이 자신의 고안물이 아니라는 입장에 있어서 아우구스티누스는 완강했다. 고대에 이레나이우스가 그렇게 믿었으며, 동방 교회에서는 그레고리오스[20]와 바실리오스[21]가 같은 믿음을 가졌다. 위대한 아프리카의 감독 키프리아누스도 이렇게 동의했다. "신생아는 단지 태초의 죽음이 출생에 감염되었다는 점을 제외하면 죄가 전혀 없다. 신생아는 아담의 육신에서 태어났기 때문이다."[22] 아우구스티누스에게 자신의 가르침이 원래 존재

19　Augustine, *Answer to Julian*, 1.3.5 (1.7.32도 보라), in *Answer to the Pelagians*, vol. 2 of 4, citing Irenaeus, *Against Heresies*, 4.2.7; 5.19.

20　Augustine, *Answer to Julian*, 1.5.15.

21　같은 책, 1.5.16.

22　Cyprian, *Letter to Fidus*, 64.5, cited in ibid., 1.3.6.

하던 것임을 확립하는 일은 무척 중요했다. 그래서 아우구스티누스의 인용은 방대하다. 카르타고 공의회(418년 5월)에서는 아우구스티누스의 원죄론이 역사적인 보편 신앙이었다는 것이 인정된다.

> 어머니의 태내에서 갓 나온 아기가 세례를 받아야 한다는 점이나 아기가 죄 용서를 위해 세례를 받는다는 점을 부정하고, 그가 거듭남의 물로 씻겨야 할 어떤 원죄도 아담에게서 감염되지 않았다고 주장하는 자들은…파문하여라. "한 사람으로 말미암아 죄가 세상에 들어오고 죄로 말미암아 사망이 들어왔나니 이와 같이 모든 사람이 죄를 지었으므로 사망이 모든 사람에게 이르렀느니라"(롬 5:12)는 사도의 말씀은 세계 도처에 퍼진 보편적 교회가 항상 이해해온 방식을 제외한 다른 어떤 의미로도 받아들여져서는 안 된다.[23]

그렇지만 이런 대답이 후세의 모든 독자에게 만족스럽지는 않다. 많은 역사가들은 "용어의 정확한 의미에 있어 원죄는 성 아우구스티누스의 발명품"이라고 본다.[24] 이 지점에 대해 아우구스티누스가 얼마나 독창적인 역할을 했는가에 있어 의견의 불일치를 해명하는 작업은, 교리에 지적 타당성을 가져오는 일에 달려 있는, 해석적 틀 작업에 놓여 있다. 그 결정적 요소는 역사적 발달과 교리 해설 중 어디에 상대적으로 더 중요성을 부여하는가 하는 것이다.

---

23   Canon 2 of the Council of Carthage. Augustine, *Answer to the Pelagians*, vol. 1 of *The Works of Saint Augustine: A Translation for the 21st Century*, ed. J. Rotelle, trans. M. Boulding (New York: New City Press, 1997), 378.

24   Rondet, *Original Sin*, 122. 다음도 보라. J. Gross, *Entstehungsgeschichte des Erbsündendogmas: Von der Bibel bis Augustinus*, vol. 1 (Munich: Ernst Reinhardt, 1960), 218; J. Turmel, "Le dogme du péché originel dans Saint Augustin," *Revue d'Histoire Ecclésiastique* 6 (1909): 404.

겉핥기: 역사적 발달

원죄론의 형성에서 아우구스티누스의 역할을 해석하는 가장 흔한 방법은, 역사적 발달의 진로를 그려봄으로써 아우구스티누스에게 탁월한 혁신가로서의 역할을 부여하는 것이다.

이런 종류의 역사적 발달을 일관되고 공평하게 살펴보는 작업은 어려운 도전으로 드러난다. 예를 들어, 한편으로 어떤 학자는 아우구스티누스가 "흐릿하게 이해된, 폭넓게 보편 교회적이던 타락 교리를 훨씬 더 엄밀히 공식화된 원죄론으로 바꾸었고…아우구스티누스의 생각은 타락에 대한 기독교적 해석의 방향을 결정적으로 전환시켰다"라고 주장하며 불연속성을 강조한다.[25] 하지만 이런 해석은 나오는 즉시로, 거기에 맞는 질적 제한을 요구한다. "그런 변화에는 기존의 기독교 사상의 형식과 날카로운 단절을 찾아볼 수 없었다."[26] 어떻게 이런 명백성은 일관적인 설명에 이토록 저항함으로써, 어떤 역사학자로 하여금 교리의 형성에 있어 아우구스티누스의 역할을 서술하면서 "기독교적 해석의 방향을 결정적으로 전환"시킴과 동시에 "기존의 기독교 사상의 형식과 날카로운 단절을 찾아볼 수 없었다"라고 묘사하도록 몰고 갈 수 있을까?

이렇듯 해석에 있어서의 뚜렷한 긴장에도 불구하고, 역사적 발달의 관점에서 아우구스티누스의 역할을 설명하려는 시도는 많이 있었다. 초창기에 원죄는 주로 영지주의의 도전으로 촉발된 신정론 문제와 얽혀 있다고 여겨졌다.[27] 또 다른 역사적 발달 내러티브는 이레나이우스를 타락과 연관

---

25 McFarland, *In Adam's Fall*, 32.

26 같은 책.

27 N. P. Williams, *The Ideas of the Fall and Original Sin: A Historical and Critical Study* (London: Longman, 1927).

된 다양한 요소들을 가르친 인물로 표현한다. 테르툴리아누스, 알렉산드리아의 클레멘스, 오리게네스가 서로 다른 강조점을 두며 그의 뒤를 따르지만, 그들이 다루는 모든 요소는 이미 이레나이우스에게서 발견된다.[28] 교부 전통에서 원죄에 관한 가장 치밀한 연구 중 하나는 책의 세분화된 장들을 개별 저자들에게 할애하고, 그들 각자의 관심사를 이해하고자 시도한다. 어떤 연관성들은 역사적 발달의 의미를 제공한다. 예컨대 "테르툴리아누스는 이레나이우스를 연구한 것 같다. 이레나이우스처럼 테르툴리아누스도 영지주의의 탈선에 대해 반대하는 입장을 취했다"라는 점이 관찰된다.[29] 하지만 개별 인물에게 더 주의를 기울일수록, 역사적 발달의 일관된 의미를 찾아보기는 어렵게 된다.

역사적 내러티브를 구성함으로써 원죄론을 형성하는 데 있어 아우구스티누스가 창안한 정도를 설명해보려는 이들은 모순적인 충동으로 고심하게 된다. 이런 내러티브들 중 일부는 근거가 너무 빈약하다. 예를 들어, 아우구스티누스가 원죄론을 만든 것이 아니라 이교 금욕주의 집단인 엔크라티테스(Encratites)와 메살린파(Messalians)로부터 이를 빌려왔다는 식이다.[30] 이런 주장을 제시한 연구는 "탁월한 책"으로 묘사되어왔다.[31] 하지만 다음과 같은 점을 관찰하는 것이 더 정확할 것 같다.

> 베아트리스(Beatrice)는 아우구스티누스와 원죄에 관한 그의 가르침을 엔크라티테스와 메살린파의 틀에 끼워 넣으려 애쓰면서 엔크라티테스도 메살린

---

28 Bray, "Original Sin in Patristic Thought," 38-39.
29 Rondet, *Original Sin*, 51.
30 P. F. Beatrice, *Tradux peccati: alle fonti della dottrina agostiniana del peccato originale*, vol. 8 (Milano: Studia Patristica, 1978).
31 G. Quispel and J. Oort, *Gnostica, Judaica, Catholica: Collected Essays of Gilles Quispel* (Leiden: Brill, 2008), 361.

파도 아닌, 그렇다고 아우구스티누스주의도 아닌, 자신만의 선입견이 농후한 기괴한 혼합체, 이종교배된 실체를 제시한다.…[그의] 빈약한 증거는 거의 모든 부분에서 반박된다.³²

어떤 역사적 내러티브는 자기 모순적인 부담을 가지고, 다른 내러티브는 불연속성을 강조하며, 또 다른 내러티브는 적당한 연속성을 보여준다. 적당한 연속성을 보여주는 좋은 예로는 J. N. D. 켈리의 결론을 들 수 있다. "비록 아우구스티누스주의만큼은 아니지만, 원죄에 관한 실제 이론의 윤곽은 드러나 있었다. 교부들은 그 윤곽 속에 충분한 내용을 채웠을 수도 있었고 훨씬 예리한 정의를 내렸을 법도 한데, 이처럼 당시에는 이미 그 주제가 직접적으로 논의되고 있었다."³³

연속성과 불연속성의 스펙트럼상 어느 지점에 위치해 있느냐와 상관없이, 역사적 발달의 내러티브는 자명한 합리성의 외형을 갖추고 있다. 그러나 실제로는 역사의 각 단계마다 엄청나게 주관적인 판단이 불가피하게 내려진다. 예컨대 1세기 유대 문헌인 「에스드라 2서」 7:118-31은 어떻게 받아들여져야 하는가? 여기서 에스라는 아담의 죄를 통해 모든 자손이 죄를 받는다는 점을 한탄하는 모습으로 그려진다. "오! 아담아, 네가 무엇을 행했느냐? 네가 죄를 범했지만, 네 자신을 비롯한 우리 모두가 타락하게 되었도다."³⁴

여기에 대한 대답으로 천사는 에스라에게, 아담의 죄로 인해 모든 자

---

32 R. J. De Simone, "Modern Research on the Sources of Saint Augustine's Doctrine of Original Sin," *Augustinian Studies* 11 (1980): 223.

33 J. N. D. Kelly, *Early Christian Doctrines*, 3rd ed. (London: A&C Black, 1965), 351.

34 2 Esdras 7:118. Howard Clark Kee, ed., *Cambridge Annotated Study Apocrypha* (Cambridge: Cambridge University Press, 2008), 218.

손의 유죄가 선고되지는 않을 것이라고 안심시킨다. 자손들은 모세 율법에 대한 순종과 자기 절제에 대해서 심판을 받을 것이다. 따라서 이 본문은 원죄 교리에 대한 폭넓은 인식이나, 원죄에 대한 신중한 거부 양쪽을 모두 의미하기 위해 사용될 수 있다. 둘 중 어떤 해석도 가능하다.

교리의 역사적 발달을 재구성하려는 시도는 필요하다. 그러나 다윈 이후로, 근대적 사고방식은 발달 내러티브에 지나칠 정도의 확실성과 중요성을 부여한다. 원죄가 아우구스티누스의 신학적 고안물인가 아닌가에 대한 내러티브의 진실성을 두고 벌어진 논쟁이 부당한 이유는, 특히 이런 상황에 대한 아우구스티누스 자신의 해석을 배제한 데 있다. 아우구스티누스는 「하나님의 도성」에서 명시한 바, 시간이 지남에 따라 신조가 발달하고 쇠퇴할 수 있음을 잘 알고 있었다. 아우구스티누스는 원죄를 고안했다는 이유로 율리아누스로부터 비난을 받았다. 하지만 아우구스티누스는 이런 비난을 인정하지 않았으며 자기의 보편 정통주의를 걸고 다음과 같은 자신의 이해를 보증하고 있다. "보편적 신앙은 원죄가 있다는 점을 의심하지 않는다. 어린아이들이 아니라, 교회에서 배우고 교회를 가르치는 신중하고 건전한 사람들이 이 신앙을 죽는 날까지 지켰다."[35]

앞서 언급했듯이, 카르타고 공의회는 아우구스티누스의 손을 들어주었다. 아우구스티누스가 원죄론을 창안했는지 아닌지를 결정지으려는 모든 다양한 역사적 내러티브의 재구성은 겉핥기에 불과한데, 이는 아우구스티누스의 자기 이해를 충분히 다루지 못하기 때문이다. 아우구스티누스는 자신의 저서에서 새로운 교리를 창안했다는 오명에서 어떻게 벗어날 수 있을 것인지에 대한 신학적 해명을 제시했다. 훌륭한 역사학자는 주창자의 자기 해석에 공감하며 이를 이해하려고 한다. 역사적 발달 내러티브를 지

---

35   Augustine, *Unfinished Work in Answer to Julian*, 4.136.1, in *Answer to the Pelagians*, vol. 3 of 4.

나치게 강조하면 아우구스티누스의 자기 이해를 선명하게 보지 못하게 된다. 역사학자는 아우구스티누스가 보편성에 대한 요구의 기반으로 삼았던 교리적 연관성들을 더 선명하게 밝혀내야 한다.

심층 분석: 교리 해설

아우구스티누스는 원죄에 대한 자신의 주장이 획기적인 것이 아님을 밝히기 위해 놀랍지 않은 수많은 전략, 즉 성경, 교부들의 글, 종교 회의를 인용했다. 아우구스티누스는 원죄를 부인하는 펠라기우스주의자들에게 별칭을 지어주었다. 그들은 노비 헤레티키(*novi heretici*), 즉 "새로운 이단자들"이었다.[36] 이런 모든 것은 아우구스티누스가 자신의 독창성을 부인하는 방법의 일부다. 아우구스티누스가 공식화한 심층적 교리 해설은 유아세례를 중심으로 이루어진다. 아우구스티누스가 만든 연관성들은 어떻게 기독교 교리가 인식되어야 하는가에 대한 우리의 이해에 있어 지속적인 중요성을 가진다.

아우구스티누스는 유아가 실제로 죄를 범하지 않았다는 데 대해서는 펠라기우스주의자에게 동의한다. 아우구스티누스는 정말로 그것이 자명하다고 여겼다.

> 너무나도 유약한 그들의 몸과 마음, 만물에 대한 무지, 명령에 순종할 수 없는 철저한 무능성, 자연법이든지 성문법이든지 간에 어떤 법도 지키거나 이해할 수 없는 무능, 이성을 사용할 수 없는 결핍을 보라.…이 모든 점은 개인

---

36 Augustine, *Revisions*, vol. 1.2 of *The Works of Saint Augustine: A Translation for the 21st Century*, ed. R. Teske, trans. B. Ramsey (New York: New City Press, 2010), 1.9.3, 1.9.4, 2.22.2; 33; 36; 53.

적인 죄로부터 그들이 자유롭다는 사실을 보여주며 선언하지 않는가? 이 문제는 너무도 자명해서 내가 증명할 필요가 없는데, 논의되는 문제 자체가 어떤 이의 말보다도 훨씬 자명하기 때문이다.[37]

약간의 풍자와 함께 아우구스티누스는 자신의 생각이 유아가 실제로 죄를 범했다고 여긴다고 보는 의견을 비웃는다. "아마도 아기가 울어 어른을 성가시게 할지는 모르겠지만, 이런 행위가 설움이 아니라 죄성으로 돌려진다면 놀라울 따름이다."[38]

아기가 죄가 없다는 데에는 누구나 동의했던 반면에 유아세례가 널리 인정되었다는 사실은 아우구스티누스를 비롯해 당대인들의 여러 여담과 공론에서 드러난다.[39] 아우구스티누스에 따르면, 아기가 죽어가는 경우 엄마가 그 아기를 안고 세례를 받기 위해 교회로 급히 달려가는 장면은 드물지 않았다.[40] 이런 비극적인 장면은 유아 사망률이 높던 환경에서 이해 가능하며, 유아세례는 매우 소중히 여겨졌다. 아우구스티누스는 세례가 용서와 은혜의 성례라고 생각했다. 유아에게 세례를 준다는 것은 아기에게도 무언가 용서받을 것이 있다는 전제를 입증한다. 만일 그것이 실제 죄가 아니라면 아담으로부터 전가된 원죄다. 아우구스티누스는 이렇게 기술한다.

바로 성례의 형식에 대해 무슨 말을 해야 하겠는가?…만일 어린아이가 마귀에게 예속되어 있는 상태가 아니라면 내가 그를 위해 행하는 축사 의식은 무

---

[37] Augustine, *The Punishment and Forgiveness of Sins and the Baptism of Little Ones*, 1.35.65, in *Answer to the Pelagians*, vol. 1 of 4.

[38] 같은 책, 1.35.66, in *Answer to the Pelagians*, vol. 1 of 4.

[39] Everett Ferguson, *Baptism in the Early Church: History, Theology, and Liturgy in the First Five Centuries* (Grand Rapids: Eerdmans, 2009), chaps. 51-52.

[40] Augustine, *Epistles*, 217.19.

슨 소용인가? 어린아이는 스스로 대답할 수 없기에 이런 사람은 자신이 데리고 온 어린아이를 대신해 내게 대답해야 한다. 만일 마귀에게 아이에 대한 권리가 없었다면, 어떻게 아이와 마귀의 단절을 말할 것인가? 만일 아이가 하나님께로부터 돌아서지 않았다면, 어떻게 아이가 하나님께로 돌아간다고 말할 것인가? 만일 아이가 용서받지 않았다면…어떻게 아이가 죄의 용서를 믿는다고 말할 것인가?[41]

아우구스티누스는 주저하지 않고, 아이에게 용서가 필요하다고 믿지 않는 어른이 아이를 대신해서 서약하지 못하도록 하겠다고 말했다.[42] 펠라기우스주의자는 "원죄를 인정하지 않기 위한 시도로 어린아이에게는 죄가 전혀 없다고 주장했다."[43] 이런 입장은 연민을 가장하지만 실제로는 세례 의식을 훼손시키며 그리스도가 어린아이들의 구원자는 아니라고 선포한다. 아우구스티누스는 진정 예수가 아이들의 구원자라고 주장했다.[44] 이를 인정하는 것은 어린아이가 죄로부터의 구원을 필요로 하는 상태로 태어난다는 것을 믿는다는 의미다. 아무런 실제적 죄를 지을 수 없는 어린아이가 구원받아야 할 죄는 원죄일 수밖에 없다.

펠라기우스주의자는 원죄를 부정함으로써 모순적이고 기만적이라는 비난에 노출된다.

---

41 Augustine, *The Punishment and Forgiveness of Sins and the Baptism of Little Ones*, 1.34.63, in *Answer to the Pelagians*, vol. 1 of 4. Augustine이 베푼 세례식에서는 마귀의 권위를 쫓아내는 축사 의식이 현대 예전에서 볼 수 있는 것보다 훨씬 두드러진 특징이었다. 그러나 여전히 전통적인 성공회 예전에서는 부모에게 "이 아이의 이름으로 마귀 및 마귀의 역사와 단절할" 것인지를 질문한다.

42 같은 책.

43 같은 책, 1.34.64, in *Answer to the Pelagians*, vol. 1 of 4.

44 Augustine, *Sermons*, 174.7, in *Sermons*, vol. 5 of 11 (Hyde Park, NY: New City Press, 1992), 293.11.

펠라기우스주의자는 교회가 오랜 전통의 권위를 가지고 기념하는 성례들을 감히 부인하지는 못하지만, 어린아이에게 베풀어지는 성례의 경우 그것이 실제라기보다는 허식으로서 시행된다고 생각한다. 거룩한 교회가 베푸는 이런 성례들은 갓 태어난 아기가 그리스도의 은혜로 말미암아 마귀의 속박에서 벗어남을 분명히 보여준다.…아기가 죄 용서를 위해 받는 세례는 거짓이 아니라 참된 예식이다.[45]

이 모두는 그리스도인들이 언제나 원죄를 믿어왔다고 보는 아우구스티누스의 신념을 뒷받침하는 교리적 해설이 된다. 3세기에 접어들어서야 유아세례의 명백한 증거가 발견되기는 하지만, 1, 2세기에 남겨진 가장 자연스러운 설명은 사도 시대에는 다양한 관행이 있었다는 것이다.[46] 아우구스티누스는 그리스도인들이 본능적으로 유아가 죄에서 구원을 받아야 한다는 것을 알고 있었다는 증거를 유아세례에서 발견한다. 바로 그 죄가 원죄인데, 이는 유아가 실제로 죄를 지을 수 없다는 명백한 사실 때문이다. "새로운 이단"인 펠라기우스주의는 고대 교회가 가르쳤던 죄와 사탄의 손아귀, 세례, 용서의 본질에 대해 의문을 제기했다. 아우구스티누스는 펠라기우스주의자와 논쟁하기 위해 원죄에 대한 가르침을 분명히 밝히고 확장시켰지만, 이런 과정이 새로운 교리의 창안이 아니라 이전에 「고백록」에서 자세히 다룬 바와 같이 자기가 품은 은혜의 소망을 변론하기 위함임을 알고 있었다.

원죄가 보편적이고 오래된 교리라는 것을 변호하기 위해 아우구스티

---

45 Augustine, *The Grace of Christ and Original Sin*, 2.39.45, in *Answer to the Pelagians*, 1 of 4.
46 Tony Lane, "Did the Apostolic Church Baptise Babies? A Seismological Approach," *Tyndale Bulletin* 55.1 (2004): 109-30. 온라인으로 볼 수 있다. http://www.tyndalehouse.com/TynBul/Library/TynBull_2004_55_1_06_Lane_BaptiseBabies.pdf.

누스가 유아세례를 이용하는 모습은 우리로 하여금 기독교 교리의 형성을 이해하는 우리의 통상적인 방식을 반추해보게 만든다. 여러 시대에 걸쳐 많은 신학자들은 어떤 의미에서 교리적 신조가 발달되고 변화한다는 사실을 인식했다. 교황 그레고리우스 1세는 이렇게 기술한다. "시간이 지남에 따라 영적 교부들의 지식도 증가했다. 하나님을 아는 지식에 있어 모세가 아브라함보다 더 잘 알았고, 예언자들이 모세보다 더 잘 알았으며, 사도들이 예언자들보다 더 나았다."[47] 청교도인 존 로빈슨(John Robinson)은 "주의 거룩한 말씀에서 물밀 듯 터져 나올 진리가 여전히 많이 남아 있다는 것은 분명하다"라고 설교했다.[48]

이런 점들을 고려해보면 아우구스티누스가 원죄론의 새로움을 부인하기 위해 유아세례를 사용하는 것은 직관에 어긋난다. 아우구스티누스의 접근법에 관한 가장 통상적인 해석은 로마 가톨릭에서 비롯되었는데, 이런 해석에 따르면 아우구스티누스의 원죄론은 교회적 실천으로부터 왔다고 주장된다. 교회의 실천이 우선시되며 핵심이 된다는 것이다. 그리고 성경은 교회보다 아래에 위치한다. 따라서 한 로마 가톨릭 신학자는 다음과 같이 주장한다. "아우구스티누스에게 있어 성경은 본질상 우선시된 반면에, 교회는 시간상 우선시되었다. 아우구스티누스의 경험을 고려해보면 그가 이런 관점을 형성한 것은 정상적이었다. 그는 교회로부터 성경으로 나아갔지, 그 반대가 아니었다."[49] 다른 책에서 이 신학자는 아우구스티누스가 "가톨릭 교인들이 믿고 행한다는 바로 그 사실 때문에 이런 믿음과 실천이 권위

---

47   Gregory the Great, *Sermons on Ezekiel*, 2.4.12, cited in Karl Keating, *Catholicism and Fundamentalism* (San Francisco: Ignatius Press, 1988), 142.

48   D. Neal, *The History of the Puritans, or Protestant Nonconformists: From the Reformation in 1517, to the Revolution in 1688* (New York: Harper & Brothers, 1843), 269.

49   R. Eno, "Authority," in *Augustine through the Ages: An Encyclopedia*, ed. Allan Fitzgerald (Grand Rapids: Eerdmans, 1999), 80.

를 가진다"라고 보았다고 주장한다.[50]

아우구스티누스가 유아세례를 사용해서 펠라기우스주의에 반대한 일이 어떻게 보편적 교리의 불변성을 지키기 위해 교회를 최상의 위치로 격상시킨 것으로 나타나는지는 쉽게 관찰된다. 그러나 또 다른 해석, 즉 성경에 더 높은 권위를 부여하는 다른 해석도 존재한다.

아우구스티누스는 성경에 유일한 권위와 최종적 계시가 있다고 믿은 것으로 이해될 수 있다.[51] 이 계시에는 교회가 실천을 통해 내재적으로 믿는 많은 것들이 포함된다. 바로 이런 것들이 성례와 같은 교회적 실천에 관한 신학적 문법 속에 내포되어 있다. 앞과 같은 방법을 통해 아우구스티누스는 교회가 성경의 지고한 위치를 차지한다고 주장하지 않으면서, 교회의 현실로부터 추론할 수 있었다. 교리가 발달하고 변화하는 외형은 교회의 우위성이 아니라, 성경에 분명히 나타나 있지만 교회에서 암시적으로 인정되었던 계시를 해석하는 계속되는 작업을 증거한다. 개혁주의 신학자 헤르만 바빙크는 아래와 같이 설명한다.

교의가 교회의 신조에 충분히 반영되거나 교회적인 의미로 고정된 적은 없다. 교회가 가진 믿음과 삶은 교회의 신조에 표현된 것보다 훨씬 더 풍성하다. 교회의 고백은 기독교 신앙의 내용 전체를 진술하는 일과는 요원하게 멀다. 대체로 처음에는 고백이 특정한 역사적 사건에 대한 응답으로 발생하여 상황에 따라 내용을 조정해간다.…아직 교회가 흡수하지 못한, 성경에 감추

---

50   R. Eno, *Teaching Authority in the Early Church*, vol. 14 of *Message of the Fathers of the Church* (Wilmington, DE: Michael Glazier, 1984), 134.

51   Augustine, *Epistles*, 82.3, in *Letters*, vol. 1 of 4; *Sermons* 162c.15, in *Sermons*, vol. 5 of 11; *Against Faustus*, 26.7, 11.5, in *Answer to Faustus a Manichean*, Works of Augustine, vol. 1.20.

어진 진리가 [있을 것이다].[52]

아우구스티누스는 원죄를 고대의 보편적인 신앙으로 보는 교리적 해설을 통해 원죄에 대한 성경의 가르침과 세례 의식 사이의 밀접한 관계를 드러낸다. 어린아이는 "다른 사람을 통해 믿는데, 이는 어린아이가 다른 사람을 통해 죄를 범했기 때문이다."[53] 펠라기우스주의자에게 응답하면서 "아우구스티누스는 원죄를 고안한 것이 아니라 다양한 신조를 통해 점차 부상하고 있던 전통을 명료하게 해석했다."[54] 또 다른 학자는 이렇게 결론 내린다. "아우구스티누스는 원죄론의 위대한 집성자요, 개발자요, 변증가였지만 창시자는 아니었다."[55] 원죄가 성경에 권위 있는 방식으로 나타나 있고 교회적 실천에 내포되어 있다는 주장은 기독교 신앙의 다른 주요 교리에도 해당될 수 있다.

원죄론은 죄에 대한 인간의 무능력과 책임 모두를 말하는 성경의 언어를 공정하게 다루려는 시도를 통해 드러난다. 이는 교리가 성경에서 곧장 추출될 수 있다는 의미가 아니다. 대부분의 전통적인 기독교 교리(예를 들어 삼위일체, 무로부터의 창조)와 마찬가지로, 이는 손쉽게 끌어낼 수 있는 것이 아니다.[56]

---

52 Herman Bavinck, *Reformed Dogmatics*, vol. 1, *Prolegomena* (Grand Rapids: Baker Academic, 2003), 31. 『개혁교의학』(부흥과개혁사 역간).
53 Augustine, *Sermons*, 294.12, in *Sermons*, vol. 8 of 11.
54 Rondet, *Original Sin*, 122.
55 Jesse Couenhoven, "Augustine's Doctrine of Original Sin," *Augustinian Studies* 36.2 (2005): 389.
56 McFarland, *In Adam's Fall*, 19.

기독교 신앙의 주요 교리를 도전(펠라기우스주의 같은)에 응전한 신학자들(아우구스티누스 같은)의 고안물로 단순히 보는 관점은 허술한 해석으로, 아우구스티누스는 이를 격렬히 거부한다. 세례식에 내포된 성경의 교훈에 관한 아우구스티누스의 설명에 대한 앞의 해석은 그의 자기 해석을 공정히 다루는 동시에 교회사 및 교리, 교회에 대한 성경의 건설적인 관계를 더욱 보장해준다.

원죄를 부인하는 펠라기우스주의자와 아우구스티누스의 논쟁은 이런 근본적인 교리가 불가피하게 광범위한 영역을 가로지르고 있음을 보여준다. 원죄에 대한 의견이 일치하지 않는다는 것은 근본적으로 다른 형이상학적 비전과 기독교적 삶을 가지고 있다는 말과 다름없다. 아우구스티누스는 원죄에 대한 거부가 하나님이 아름다운 사랑으로 죄인을 일깨워 은혜로 포용하신다는 것을 오만하게 부인하는 일이라고 보았다. 우리는 교부들의 원죄론을 이해하기 위해 원죄의 부정이나 인정이 제각각의 신론에 근거한 서로 다른 실천적 양식을 구별하고 있다고 보아야 한다. 따라서 이제 펠라기우스주의와 아우구스티누스주의의 세계관을 살펴보도록 하자.

펠라기우스주의: 원죄 없는 삶

원죄를 부정하면 자연스럽게 "신생아는 죄가 전혀 없다"라는 관점에 이른다.[57] 이는 펠라기우스주의에 있어 죄의 본질이 모방이었음을 의미한다. 아담의 죄는 이후에 이성적이고 과실을 범할 만한 성인(成人)들에 의해 모방

57　Augustine, *The Punishment and Forgiveness of Sins*, 1.9.9, in *Answer to the Pelagians*, vol. 1 of 4.

되었다.[58] 아우구스티누스는 아담을 모형으로 보는 생각에는 진실성이 있지만 충분하지는 않다고 주장한다.

> 물론 하나님의 명령에 불순종하여 죄를 지은 모든 이들은 아담을 닮았지만, 아담이 자기 의지로 죄를 지은 사람들의 모형이 된다는 것과 죄를 가지고 태어나는 이들의 기원이 된다는 것은 전혀 다른 말이다. 아무튼 성도들도 의를 추구하며 그리스도를 닮았지만…이런 모방과 별개로 그리스도의 은혜가 우리 속에서 우리에게 깨달음과 의로움을 선사한다.[59]

원죄가 없는 세상에서 지나친 힘과 자유는 인간의 의지 탓이다. 율리아누스와 같은 펠라기우스주의자는 인간의 의지에 죄나 미덕을 선택할 힘이 없는 한, 죄에 대한 과실이 있다고 판단할 수 없다고 주장했다. 원죄는 죄를 불가피한 것으로 만든다. 행위자에게 피할 수 없는 죄책을 부여하는 것은 분명히 부당해 보인다. 율리아누스는 죄와 자유에 대한 펠라기우스주의의 이해를 다음과 같이 설명했다. "죄는 정의가 금하는 바를 행하거나, 아니면 거기서 자유롭게 돌아설 수 있는 의지와 다름없다.…인간은 자신이 선택한 의지를 가지도록 강제되는 것이 아니라 가능한 어떤 것으로서의 의지를 가지고 있다. 하지만 그가 행한 악에는 죄책의 필연성이 수반되어 있다."[60]

율리아누스는 사람이 죄책에 사로잡히는 것은 그가 죄를 짓지 않을 수

---

58 영국 성공회 신조 9조는 이런 펠라기우스주의의 믿음을 거부한다고 밝히고 있다. "원죄는 (펠라기우스주의자가 헛되이 말하듯) 아담을 모방하는 것이 아니라 모든 사람의 본성에 있는 부패와 결합으로, 아담의 자손에게 자연스럽게 생긴다."

59 Augustine, *The Punishment and Forgiveness of Sins*, 1.9.10, in *Answer to the Pelagians*, vol. 1 of 4.

60 Augustine, *Unfinished Work in Answer to Julian*, 5.51, in *Answer to the Pelagians*, vol. 3 of 4.

도 있었던 가능성 속에서 죄를 짓기로 선택하기 때문이라고 주장했다. 율리아누스는 정의와 책임에 대해 다음과 같이 가정한다. "죄에서 돌이키는 자유가 있지 않은 한, 정의(justice)는 어떤 것을 죄로서 전가하지 않는다.… 그렇다면 이런 정의(definition)는 탁월하고 완벽하다. 죄는 정의(justice)가 금지하는 바를 행하는 의지다. 그리고 인간은 자유롭게 이 의지로부터 돌아설 수 있다."[61] 만일 의지가 그 자체에 의해서가 아니라 다른 어떤 것, 즉 원죄와 같은 것에 의해 강요된다면 책임을 물을 수 없다. 펠라기우스주의 세계관의 이런 핵심 측면에 대한 아우구스티누스의 최초의 대답은 로마서 7:9의 인용이다. "'내가 원하는 바 선은 행하지 아니하고 도리어 원하지 아니하는 바 악을 행하는도다'라고 말한 자는 자기 의지가 아니라 불가피하게 악을 행함을 보여주고 이런 비참을 통탄하며 너희가 내린 정의를 무시한다."[62]

펠라기우스주의 세계관은 사람의 의지에 대해 본능적이고 깊은 존경심을 가진다. 사람의 자유는 손상되거나 약화될 수 없다. 만약 그렇게 되면 정의와 죄에 대해 전제된 관점의 틀이 무너질 것이다. 아우구스티누스는 펠라기우스주의의 이런 특성을 살펴보며 여기에 이교적 형이상학과 윤리론, 특히 아리스토텔레스 및 스토아주의 관점과의 유사성이 있음을 알아챈다. "펠라기우스주의는 서구 기독교 사상과 실천 속에 스토아주의 우주론을 슬며시 들여오고 있다."[63] 아우구스티누스 역시 젊은 시절에 썼던 짧은 글인 「자유의지에 관해서」에서 의지에 대해 유사한 관점을 견지한 바 있다.

---

61 같은 책, 5.28.2, in *Answer to the Pelagians*, vol. 3 of 4. 특히 죄에 대한 정의에 관한 이 논의의 수사학은 Augustine을 실망시켰는데, 왜냐하면 Julian은 이전에 Augustine이 공식화했지만 죄의 모든 측면에 적용할 수 없는 정의, 기껏해야 불완전한 정도의 정의를 사용하고 있기 때문이다.

62 같은 책, 5.50.2, in *Answer to the Pelagians*, vol. 3 of 4.

63 Michael Hanby, *Augustine and Modernity* (London: Routledge, 2003), 106.

"초창기 아우구스티누스는 윤리에 있어서만큼은 적어도 무난한 스토아학파였지만, 곧 이 스토아주의에서 벗어나게 된다."[64] 아우구스티누스 자신이 과거에 스토아 윤리학을 암묵적으로 받아들였었기에, 펠라기우스주의를 통해 그것이 다시 드러날 때 이를 간파할 수 있었다.

스토아학파는 윤리를 일단의 선택으로 보았다. 덕을 위한 결정, 아니면 덕을 거스르는 결정이 있다. 가장 중요한 것은 결단, 의지력, 내면의 결의다. 아우구스티누스는 의지에 대한 펠라기우스주의 관점의 배후에 스토아주의가 도사리고 있음을 보았다. 물론 아우구스티누스도 한때 스토아 철학이 기독교 윤리를 옹호해줄 수 있으리라고 여겼지만, 결국 이런 윤리적 기획은 원죄의 여지를 두지 않는 비기독교적 세계관과 다르지 않음을 깨달았다. 아우구스티누스는 율리아누스에게 다음과 같이 외친다. "당신의 말은 너무도 허황하다. 당신의 새로운 교리, 곧 펠라기우스 이단자들의 역설은 스토아 철학자보다 더 경악스럽다.…만일 그들이 구원을 받았다면, 대체 그들은 어떤 종류의 질병을 앓았던 것일까? 만일 그들이 해방되었다면, 그들을 속박하던 것은 무엇이었을까?"[65] 아우구스티누스는 율리아누스가 스토아주의로부터 인용한 부분을 언급하며 이렇게 말한다. "바라건대, 이교도의 철학을 우리의 유일한 참된 철학인 기독교 철학보다 우위에 두지 말라."[66] 율리아누스는 스토아학파의 제논이 내린 정의에 동조하며 이를 인용하는 반면에, 아우구스티누스는 스토아학파의 전제가 기독교 신앙과 반대된다고 보았다. "당신은 한 명의 그리스도인이기보다 한 명의 펠라기우스

---

64 James Wetzel, "Augustine," in *The Oxford Handbook of Religion and Emotion*, ed. John (Oxford: Oxford University Press, 2007), 350.

65 Augustine, *Answer to Julian*, 3.3.8. Augustine은 Aristotle의 인류학과 스토아학파가 의지를 격상시키는 부분을 결부시킨다. "당신은 Aristotle의 범주론으로 무지한 자들의 이성을 흐려놓고 있다." 6.20.64. *Answer to the Pelagians*, vol. 2 of 4.

66 같은 책, 4.14.72, in *Answer to the Pelagians*, vol. 2 of 4.

주의자로서 하나님의 은혜도, 그분의 정의도 이해하지 못하고 있다."[67]

펠라기우스주의자는 원죄 없는 스토아주의의 전제 위에서 삶에 대해 조망한다. 사람은 원래 이성적이고 의지적이고 선택하는 존재로 간주된다. 죄를 짓지 않으려면 그저 덕을 선택하고자 결심하면 된다. 독실함은 결단과 근성의 문제다. 정의를 수호하기 위해서는 사람의 자유의지가 문제시되어서는 안 된다. 인간 의지의 주권은 하나님을 우주의 변방으로 몰아낼 것이다. 유혹으로 둘러싸인 일상의 삶 가운데 주권적 피조물은 하나님의 명령을 들을 수 있을지는 모르지만 그분의 능력은 받지 않았다. "그는 우리가 무엇을 행해야 하는지를 밝히 드러내신 하나님의 은혜는 인정하지만, 그렇게 행하도록 돕는 그분의 은혜는 인정하지 않는다. 하지만 은혜의 도움이 없다면 율법에 대한 지식은 단지 죄를 유발할 뿐이다.…은혜의 도움이 없으면 율법과 은혜는 너무 예리하게 구별되어 율법은 아무런 유익 없이 다만 해를 더할 뿐이다."[68] 펠라기우스주의 세계관에서 하나님의 "은혜"는 율법에 순종하라는 공허하고 무력하고 냉정한 계명에 지나지 않는다.

펠라기우스는 죄를 범하지 않도록 우리를 돕는 하나님의 도움과 은혜가 본성과 자유로운 선택 또는 율법과 교훈 속에 있다고 본다. 그러므로 펠라기우스는 "악에서 떠나 선을"(벧전 3:11) 행하도록 사람을 돕기 위해 하나님은 우리가 무엇을 행해야 하는지를 드러내 보여주심으로 우리를 도우신다고 여겼지…우리가 아는 바를 행할 수 있도록 우리에게 사랑을 부어주신다(롬 5:5)고는 보지 않았다.[69]

---

67 Augustine, *Unfinished Work in Answer to Julian*, 1.35, in *Answer to the Pelagians*, vol. 3 of 4.
68 Augustine, *The Grace of Christ and Original Sin*, 1.8.9, in *Answer to the Pelagians*, vol. 1 of 4.
69 같은 책, 1.3.3, in *Answer to the Pelagians*, vol. 1 of 4.

처음에는 원죄가 가혹하고 부당하게 의욕을 꺾는 불쾌한 교리로 보일 수도 있다. 오랫동안 펠라기우스주의는 세련된 스토아주의와 아리스토텔레스의 철학적 개념을 사용하는 탁월한 사상가들의 후견 아래 더 나은 세계관을 소개하기 위해 분투했다. 원죄를 몰아내려는 펠라기우스주의자의 노력이 가져온 결과는 인간의 노력, 잠재력, 결의, 도덕 능력, 결단하는 삶에 대한 비전이다. 펠라기우스주의자의 원죄에 대한 거부는 필연적으로 기독교적이라기보다는 스토아적 우주론에 이른다. 마이클 핸비가 자신의 유려한 연구에서 길게 논의했듯이, 스토아학파와 펠라기우스주의자의 본능은 아우구스티누스의 윤리학뿐만 아니라 그의 신론까지도 해롭게 보이도록 만든다.

> 하나님의 단순성에 대한 문법, 삼위일체의 절대적 차이와 근본적 초월성에 관한 아우구스티누스의 주장, 성자의 발생과 성령의 방출에 있어 수동성의 부인, 하나님의 사랑에 대한 적극적인 참여에 있어 하나님 형상(*imago dei*)의 위치, 이 모든 것들이 스토아학파의 우주 생성론과 무로부터의 창조 "방식"을 구별하는 역할을 한다.[70]

다시 말해 이른바 윤리적 이유로 인해 원죄는 거부될 수 있다. 하지만 이런 신학적 운동은 기독교 신론의 내용을 제거했을 때에만 가능하는 삶의 비전을 제공할 따름이다. 아우구스티누스는 원죄의 추악함이, 사랑하고 고백할 가치가 있는 은혜로운 하나님의 아름다운 비전에 대해 착각하게 만든다고 믿었다.

---

70   Michael Hanby, *Augustine and Modernity*, 110.

아우구스티누스주의: 원죄 너머의 하나님

아우구스티누스는 아담의 죄가 가능한 실례를 보여주는 것 이상의 의미가 있다고 믿었다. 아담의 죄는 그의 모든 후손을 죄의 수렁에 빠트린 끔찍한 행위였다. 죄의 사슬이 아담의 모든 후손을 옥죄면 옥죌수록 우울과 절망이 깊어지는 것이 아니라 더 안도할 수 있다는 점은 역설적이다. "내 양심은…결백할 때보다 오히려 당신의 자비에 대한 소망 안에서 더욱 견고합니다."[71] 아우구스티누스는 원죄에 대한 자신의 가르침이 펠라기우스주의자의 가르침보다 더 가혹하다는 점을 알고 있었다. 그러나 신학자이자 목사로서 그는 교리 간의 성경적 연관성을 직감했다. 죄에 대한 관점이 하나님과 사람, 윤리에 관한 비전을 형성한다는 것이다. 아우구스티누스는 원죄에 대한 자신의 명백한 표현에서 벗어난 관점들을 받아들이지 않았는데, 이는 자신의 원죄론만이 성경에서 발견된 영화롭고 은혜가 풍성하신 하나님과 부합했기 때문이다.

아담의 반역과 원죄로 인해 사람의 의지는 선을 택할 수 없게 되었고 하나님의 은혜만이 우리의 유일한 소망이 되었다. "내 모든 소망은 당신의 무한하신 자비에 놓여 있습니다. 당신이 명하신 것을 주소서. 그리고 당신이 뜻한 바를 명하소서."[72]

아담의 죄는 후손들로 하여금 하나님의 명령을 순순히 따를 수 없게 함으로써 그들을 노예로 만들었다. 하나님의 은혜는 단순한 교훈 이상으로 영적인 권한과 변화를 수반해야 한다. 아우구스티누스는 이 말이 펠라기우

---

71 Augustine, *Confessions*, vol. 1.1 of *The Works of Saint Augustine: A Translation for the 21st Century*, ed. J. Rotelle, trans. M. Boulding (New York: New City Press, 1997), 10.3.4. 『성 어거스틴의 고백록』(CLC 역간).

72 같은 책, 10.29.40.

스에게 끼친 영향을 반(半)펠라기우스주의와의 논쟁 막바지에 언급했다. 아우구스티누스는 다음과 같은 장면을 그리고 있다. 즉 「고백록」이 가장 널리 읽히는 아우구스티누스의 글임에도 불구하고 "로마에서 내 형제와 동료 감독들이 펠라기우스 앞에서 이 책을 인용했을 때, 그는 견디지 못하고 격하게 비난했을 뿐만 아니라 직접 인용한 사람을 거의 한 대 때릴 뻔했다."[73]

펠라기우스는 아우구스티누스의 가르침이 은혜의 가치를 격하시키고 부도덕성을 함양한다고 보았다. 하지만 오히려 아우구스티누스의 가르침은 은혜를 도덕성의 요새와 같은 마음에 배어들게 한다. 아담의 원죄에 붙들려 있었기에, 아우구스티누스의 마음은 "헛된 것을 사랑하고, 거짓을 좇았다."[74] 그가 과거 이교도의 대언자로서 "거짓을 유포하고"[75] 다녔던 까닭은 마음속으로 "칭찬을 즐겼기"[76] 때문이다. 그는 "각자의 방식대로 당신께 돌아가고자 하는" 자들과 함께 살았다. 이런 이들은 "그들의 자만심에 어울리는 공모자인" 악한 영의 권세의 눈에 들었다.[77] 아우구스티누스는 자신의 마음이 출생 때부터 죄로 오염된 까닭에 그의 마음에 하나님의 은혜로운 역사가 필요하다는 사실을 알게 되었다. 새로운 희망이 심기고 오만한 열망은 사라져야 했다. 아우구스티누스가 하나님께로 돌아가는 여정에 올라섰다면 그 여정의 첫발을 디디게 만든 분은 하나님이라고 해야 할 것이다. "당신의 자비를 제외하고 우리의 소망을 회복시킬 수 있는 것이 있습니까?…당신은 나 자신을 합리화하려는 욕망에서 나를 고치기 시작하셨으며,

---

73 Augustine, *The Gift of Perseverance*, 20.53, in *Answer to the Pelagians*, vol. 4 of 4.
74 Augustine, *Confessions*, 9.4.9, vol. 1.1 of *The Works of Saint Augustine*.
75 같은 책, 6.6.9.
76 같은 책, 10.37.61.
77 같은 책, 10.42.67.

나의 다른 모든 죄를 가엾게 여기셨습니다."[78]

아우구스티누스는 자신의 마음을 알았고 그 상태에 대한 성경의 진단을 겸손히 받아들였다. 그는 자신이 하나님과의 관계로 이끌려 들어가려면 그분의 은혜가 자신의 마음을 변화시켜야 한다는 것을 믿었다. 그는 하나님께 이끌리어 구원을 위해 예수를 의지하고 사랑하게 되었다. 하나님의 은혜는 하나님에 대한 말씀이나 덕에 대한 교훈보다 훨씬 더 많은 것을 망라하고 있다. 하나님의 은혜에는 마음의 소원의 신비롭고 감성적이며 수수께끼 같은 초자연적 회복이 포함된다. 모든 만물이 사람에게 하나님을 사랑하라고 지시한다. 우리가 원죄에 속박되어 있기 때문에 하나님은 훨씬 더 많은 은혜를 베푸셔야 한다.

당신은 말씀으로 내 마음을 찢으셨고 나는 당신과 사랑에 빠졌습니다. 하늘과 땅과 그 안의 모든 것, 즉 나를 둘러싼 만물이 당신을 사랑해야 한다고 말해줍니다. 이렇게 만물이 만인에게 쉬지 않고 선포하고 있기에 그 말씀을 듣지 않는 자들에게는 변명의 여지가 없습니다. 그러나 당신은 이미 자비를 베풀기로 정한 이들에게 당신의 자비를 보이시고, 당신이 택하신 자들을 측은히 여기실 것입니다. 당신이 그렇게 하시지 않는다 하더라도, 하늘과 땅은 귀머거리에게까지 당신을 향한 찬송을 선포할 것입니다.[79]

자연 계시의 은혜 위에 풍성한 구원의 은혜를 부으시는 하나님에 대한 이처럼 독특한 아우구스티누스주의자의 관점에서, 하나님은 원죄 뒤편에 서 계신 분이다. 원죄가 암울한 것은 사실이지만 하나님의 은혜의 불꽃은

---

78 같은 책, 10.36.58.
79 같은 책, 10.6.8.

그보다 훨씬 더 환하게 타오른다.

아우구스티누스는 원죄와 하나님의 은혜에 대해 이런 입장을 견지하고 있었기 때문에, 스토아주의에 근거한 펠라기우스주의보다 사람의 자유를 더 복합적으로 평가하고 꿰뚫어 볼 뿐만 아니라 더 성대한 인류학을 천명할 수 있었다.

「고백록」을 쓰기 전, 아우구스티누스의 문체는 무엇보다 명료성과 합리적 주장이 우선시되는 플라톤주의의 학구적인 대화의 영향을 받은 것이었다. 「고백록」은 아우구스티누스의 새로운 문체를 보여줄 뿐만 아니라, 합리적이고 사색적이며 자전적인 신학적 글쓰기가 교회에 도입되는 계기가 되었다. 독자의 생각과 상상, 기억, 감정, 열망을 하나님께로 이끌기 위해 내용과 문체가 조화되었다. 아우구스티누스는 하나님을 위한 합리적 논증 이상의 것을 추구했다. 그는 피조물을 사랑하는 우리의 마음에 너무 쉽게 가려진 아름다운 분으로서 하나님을 묘사한다. 그는 "나는 뒤늦게 당신을 사랑하게 되었습니다. 아름답고 지극히 오래되셨으며, 또 너무도 새로운 분이시여. 나는 뒤늦게 당신을 사랑하게 되었습니다"라며 애통해했다.[80]

아우구스티누스의 문체의 변화에 있어 핵심적인 요소는 「고백록」을 쓰기 전부터 시작해서 도중에도 나타나는데, 이는 그가 성경을 깊이 연구하고 정기적으로 강해 설교를 했기 때문인 것 같다. 이런 견해는 아우구스티누스가 감독에게 보낸 편지를 통해 입증된다. 여기서 그는 자기 스스로 성경을 남에게 설교하기에는 무리가 있다고 판단하고 성경을 더 깊이 연구하기 위한 안식년을 요구하고 있다.[81] 이에 더해 성경 말씀이 물씬 풍겨나는 「고백록」의 문장들과, 이 책과 동시에 작업한 「기독교를 가르침」 역시 같은

---

80 같은 책, 10.27.38.
81 Augustine, *Epistles*, 21.1-6, in *Letters*, vol. 1 of 4.

관점을 지지해준다. 「기독교를 가르침」은 성경을 이해하고 남에게 설교하는 방법에 관한 아우구스티누스의 지침서다. 이런 발전은 언어적이고 문학적인 차원이지만 그 이상으로 많은 의미가 있다. 이 발전은 사람들이 사실에 대한 합리적 이해가 아니라 사랑을 향한 감정적 갈망에 의해 좌우된다는 신학적 신념에 기반하고 있다. 아우구스티누스는 성경을 설교해나가면서(특히 시편), 앞과 같은 인류학만이 자신이 가르치는 본문을 해석할 수 있다는 것을 깨달았다.

따라서 아우구스티누스는 이렇게 말한다. "당신의 선물 안에서 우리가 안식을 얻고 거기서 우리가 당신을 즐거워합니다. 우리가 안식을 얻는 곳이 우리의 진정한 거처입니다. 우리는 사랑에 이끌려 그리로 향하는데, 바로 그 사랑은 우리의 가라앉은 본성을 죽음의 문에서 끌어 올리는 당신의 선한 성령입니다.…물체는 자체의 무게에 이끌려 제자리를 찾아갑니다.…이제 내 무게는 나의 사랑이며, 내가 어디로 이끌리든지 나를 이끄는 것은 바로 그 무게, 곧 사랑입니다."[82] 마음의 소원이 사람의 모든 결정을 이룬다. "나의 여정이 바뀐 것은 내가 타고 있는 말이 몸을 틀어서가 아니라 내 마음의 성향 때문입니다."[83] 이승은 "애정으로 이동하는" 여정이다.[84] 그리스도인이 내면에서 느끼는 싸움과 충동은 충분하지 못한 정보가 아니라 상충하는 사랑에서 기인한다. "이승의 두 가지 사랑, 곧 세상에 대한 사랑과 하나님에 대한 사랑은 모든 유혹에 있어 서로 부딪친다. 이 두 가지 사랑 중 어느 것이 이기든지 간에, 바로 그 사랑의 무게가 사람을 이끈다. 우리가 하나님께로 이끌리는 것은 바로 날개나 발이 아니라 사랑 때문이다."[85]

---

82 Augustine, *Confessions*, 13.9.10, vol. 1.1 of *The Works of Saint Augustine*.
83 같은 책, 10.35.57.
84 Augustine, *Teaching Christianity*, 1.17.16, vol. 1.11 of *The Works of Saint Augustine*.
85 Augustine, *Sermons*, 344.1, in *Sermons of Saint Augustine*, vol. 10 of 11.

마음을 형성하는 이런 인류학은 펠라기우스주의의 대안보다 더 예리하다. 성경은 원죄에 예속된 사람에게 있는 다양한 어두운 동기들을 보여주는데, 아우구스티누스는 이를 반영해 마음을 묘사한다. 오만, 욕정, 시기, 자기기만, 태만, 음란한 호기심[86]은 마음을 오염시키고 바람과 열망 및 동기를 구성하는데 그럼으로써 우리의 눈이 멀고 하나님의 사랑을 보지 못한다.

이처럼 아우구스티누스는 우리의 마음을 붙잡는 음침한 죄를 보았기에 하나님의 은혜가 우리 마음 깊은 곳까지 관통해야 한다는 것을 알 수 있었다. 아우구스티누스의 마음 중심적 인류학은 마음 가장 깊은 곳까지를 사로잡고 있는 원죄를 인정할 뿐만 아니라, 우리 마음을 자신의 거처로 삼으실 수 있고 자신의 거룩한 사랑에 합당하게 꾸밀 수 있는 은혜로운 하나님을 선포한다. 아우구스티누스는 자신이 가장 자주 언급하는 구절 중 하나인 로마서 5:5에서 이렇게 마음 깊은 곳까지 역사하는 하나님의 약속을 발견한다. 아우구스티누스는 이 마음 깊은 곳의 사역의 영적 실체에 깜짝 놀란다. "누가 내게 당신 안에 있는 평화를 전해줄 수 있습니까? 누가 내게 당신이 내 마음에 들어와 취하게 해서 나를 괴롭히던 악을 잊게 만들고 당신을 품을 수 있도록 해주는 이런 은혜를 주겠습니까? 나 자신의 선함입니까?"[87]

원죄는 사람의 마음 깊은 곳까지 침투해 우리의 모든 바람과 열망을 유린했다. 아우구스티누스는 성경이 가르치는 해결책은 원죄를 부인하는 것이 아니라, 아담의 죄 속에서 죽은 채로 태어난 마음의 깊은 곳까지 침투하는 하나님의 구원적 은혜를 끌어안는 것이라고 보았다.

---

86 Augustine 신학에서 호기심은 기괴한 것을 "알려는" 흥미를 뜻하는데, 이는 폭력적인 잔혹물에 대한 근대인의 사랑과 유사하다. 다음을 보라. *Confessions*, 10.35.54-55.

87 같은 책, 1.5.5.

현실에 대한 조망

원죄에 대한 아우구스티누스의 설명은 하나님을 지극히 은혜롭게, 사람을 불치의 욕구를 가진 존재로 보는 자신의 관점과 일치한다. 하나님의 사랑이 먼저 다가오면 사람의 사랑이 깨어나 회복된다. 이 모든 것에서 비롯된 아우구스티누스주의 윤리학은 하나님과 이웃을 향한 사랑의 중심성에 눈을 돌리는 예수의 인도를 따른다(마 22:36-40). 원죄에 대한 특별한 인정에서 비롯되는, 그리스도인의 삶에 대한 아우구스티누스주의 관점의 또 다른 특징은, 인간 욕망의 지속적인 사악함과 장애를 인식하고 있다는 점이다. 원죄에 사로잡혀 태어난 우리의 모든 욕망은 뒤틀려, 창조주 하나님께 나아가기보다는 피조물에게만 몰입한다. 성령이 그리스도인에게 하나님의 거룩한 사랑을 일깨워주지만, 우리 본성의 온전한 갱신은 하나님의 종말론적 계시의 도성(都城)을 기다린다. 그래서 아우구스티누스는 이렇게 애통해한다. "내게 있어 나 자신이 수수께끼가 되었다. 바로 이것이 내 질병이다."[88]

아우구스티누스에게 있어 원죄는 그저 법적이거나 사변적인 교리가 아니었다. 이 교리는 물론 아담 이후에 태어난 모든 사람이 실제적 죄책을 가지고 있다는 말이기도 하지만, 그보다 훨씬 더 많은 의미를 내포하고 있다. 원죄는 아우구스티누스가 "정욕"(concupiscence)이라고 부르는 것의 원인이 된다. 아우구스티누스는 인간의 내적 욕망이 원죄 아래에 있음을 보여주는 지속적인 탈선과 소외, 변질을 표현하기 위해 이 용어를 사용했다. 젊은 시절 아우구스티누스가 단지 죄 자체가 가져다주는 기쁨을 즐기기 위해 배[梨]를 훔쳤던 것은 정욕에 이끌렸기 때문이다. 그러나 이제 고령의 설교자인 그가 자신의 본성을 따르자면 악한 감독이 될 수밖에 없었겠지

---

88   같은 책, 10.33.50.

만, 자신이 어떤 의미에서 좋은 목자였다면 이는 "오직 하나님의 은혜 때문"이라고 교인들에게 말할 수 있는 것은 정욕에 대한 성숙된 인식을 가지고 있었기 때문이다.[89]

내면의 소외와 왜곡된 사랑에 대한 아우구스티누스의 이해는 그의 전집 구석구석에 넘치고 있다. 이런 이해 덕분에 아우구스티누스는 고군분투하는 그리스도인들에 대해 사려 깊은 연민을 가질 수 있었다. 물론 "정욕"이란 말 자체가 그의 저서에 늘 나타나는 것은 아니지만 앞과 같은 염려는 도처에 깔려 있다. 적어도 한 군데에서 그는 원죄와 정욕 간의 신학적 연관성을 명료하게 다룬다.

> 단 한 번 태어난 사람과 거듭난 사람 모두에게 정욕이 있지만, 한 번 태어난 사람에게는 정욕이 있을 뿐만 아니라 그 정욕이 해를 끼치며, 거듭난 사람에게는 정욕이 있긴 하지만 해를 끼칠 수는 없다. 거듭난 부모로부터 출생했다고 해도 그 자신이 거듭나지 않으면 아무런 유익이 없기에 그에게는 정욕이 해를 끼칠 수 있다. 왜냐하면 설령 부모가 죄 사함을 통해 말끔히 씻김을 받았다고 할지라도 원죄에서 비롯된 동일한 결함이 후손에게는 여전히 남아 있기 때문이다. 이런 상태는 모든 결함과 이에 따른 우리의 죄가 최종적인 거듭남, 곧 장차 도래할 부활로 약속된 육신의 갱신을 통해 사라질 때까지 지속될 것이다. 그때 우리는 어떤 죄도 짓지 않을 뿐만 아니라 어떤 악한 욕망도 품지 않을 것이다.[90]

따라서 원죄는 윤리와 깊이 연관된 교리다. 원죄는 아담의 죄로부터

---

89 Augustine, *Sermons*, 340.2, in *Sermons of Saint Augustine*, vol. 9 of 11.

90 Augustine, *The Grace of Christ and Original Sin*, 2.39.44, in *Answer to the Pelagians*, vol. 1 of 4.

기원한 죄책을 지닌 상태를 보여줄 뿐만 아니라, 아담에게서 난 모든 이들의 지속적인 소외 상태를 촉발시킨다. "정욕"이란 용어는 법적 판단의 표현과 불가피한 실존적 불안을 구별한다는 점에서 기독교 전통에 유익하다. 또한 이는 죄 아래 있는 인간의 조건을 설명하는 수많은 성경 구절의 요약이 된다.

현대의 윤리학 이론들과 원죄가 마주할 때, 아우구스티누스의 가르침이 특별히 전염 이론과 이러저러하게 연관된다는 생각은 흔히 약점으로 간주된다. 이런 반대에 대한 가장 좋은 대답 중 하나는 A. N. S. 레인의 다음과 같은 풍자적인 비평이다. "원죄가 전염되는 방식에 대한 아우구스티누스의 관점은 그의 원죄론에서 필수적인 요소가 아니다. 후자의 손상 없이, 전자는 포기될 수 있다. 이제 우리가 시험관 아기와 같이 여러 다른 방식으로 원죄를 폐기할 수 있기 때문에 아우구스티누스가 틀렸다고 보는 것은 애석한 일이다."[91]

아우구스티누스의 원죄론이 가지는 윤리적 강조점은 특히 아동학대[92]와 중독[93]의 참상을 고민하는 사람들에게 목회적인 도움을 제공함으로써 그의 통찰에 근거한 효과적인 연구를 이끌어낸다. 이런 목회적 고민에 대해 간단한 답은 없지만 원죄와 정욕에 관한 아우구스티누스의 풍성한 성찰은 단순히 합리성, 선택, 노력에 호소하는 펠라기우스주의/스토아학파적 입장보다 훨씬 성경의 내용과 양립할 수 있는 것임이 판명되었다.

원죄는 하나님과 우리 자신, 그리고 일상의 삶에 대한 우리의 관점과

---

91   A. N. S. Lane, "Lust: The Human Person as Affected by Disordered Desires," *Evangelical Quarterly* 78.1 (2006): 28-29.

92   A. McFadyen, *Bound to Sin: Abuse, Holocaust and the Christian Doctrine of Sin* (Cambridge: Cambridge University Press, 2000). Augustine의 논의를 활용하는 부분은 특히 6-10장을 보라.

93   Christopher C. Cook, *Alcohol, Addiction and Christian Ethics* (Cambridge: Cambridge University Press, 2006). Augustine의 논의를 활용하는 부분은 특히 4장과 6장을 보라.

긴밀히 연관된 교리이기 때문에 반드시 직면해야 할 질문이 있다. 원죄는 현실인가? 실제로 이 질문은 하나님과 사람, 윤리와 연관된 모든 문제를 다룬다.

원죄에 관한 아우구스티누스주의적 이해의 실체는 역사적 실체로서의 아담과 관련된다. "우리에게 전가된 죄를 지은 아담을 실제 인물로 여기지 않는 다수의 학자들은 모두가 원죄 개념이 아우구스티누스에게서 비롯되었다고 말한다."[94] 나는 아우구스티누스가 원죄론을 창시한 것이 아니라고 주장하는 바다. 또한 다수의 현대 학자들과 동일하게, 아우구스티누스 역시 아담의 역사적 실재와 원죄 사이의 관계를 인식했다고 말해야 한다. 아우구스티누스는 아담이 실제 역사적 인물이 아니라면 원죄의 의미가 사라지리라는 점을 알고 있었다. 그렇게 되면 죄에 대한 펠라기우스의 해석(또는 형식)만이 남게 될 것이다. 게다가 안타깝게도 원죄 없는 세상에서는 아우구스티누스가 그토록 사랑했던 근본적으로 은혜로운 하나님을 찾지 못할 것이다.

아우구스티누스가 아담의 역사성이 필요함을 인식했다는 점은 특히 인상적이다. 왜냐하면 그의 형성적 학문의 영향의 많은 부분에는 관념적인 생각을 선호하고 물질적인 요소를 경시하는 경향이 있기 때문이다.[95] 아우구스티누스는 일생동안 "이교적" 가르침과 기독교 신학의 관계에 심취해 있었다. 현대의 논란을 예상한다는 듯, 아우구스티누스는 이렇게 기술한다.

> 비그리스도인들조차도 과학적 논증이나 실험으로 입증할 수 있는…지식을

94　C. John Collins, *Did Adam and Eve Really Exist?* (Nottingham, UK: Inter-Varsity, 2011), 84.
95　나는 이 부분에 대한 논쟁을 다음 논문에서 발전시켰다. "Augustine's Literal Adam," The Gospel Coalition (website), June 14, 2011, http://thegospelcoalition.org/article/augustines-literal-adam/.

습득하는 일이 흔하게 일어난다. 이제 그들이 기독교 문헌이 이런 주제들에 대해 언급한다고 하는 소리를 듣고, 그것이 말도 안 된다고 생각해…새어 나오는 웃음을 참기 힘들 정도로 헛소리라고 말하는 것은 어떤 경우라도 경계해야 할 지극히 수치스럽고 끔찍한 일이다. 그렇게 잘못 알고 있는 사람들이 비웃음을 사야 한다는 것이 화나는 일이 아니라 외부인들에 의해 기독교 저자들이 그런 견해, 곧 우리가 무척 우려하는 바 그들의 구원에 관한 큰 손상을 초래할 생각을 가지고 있을 것이라 속단되어, 많은 무지렁이들의 생각과 마찬가지로 여겨져 쓰레기통으로 향하게 되는 것이 화나는 일이다.[96]

아우구스티누스가 창세기를 해석할 최선의 방법을 강구하기 위해 기꺼이 자신의 관점도 바꾼 데서 그의 겸손을 엿볼 수 있다. 처음 사역을 시작할 때 아우구스티누스는 영적 독해가 현명한 것이라고 여기면서 물질을 적대시하는 마니교의 논증을 피해갔다. 「하나님의 도성」을 기록할 무렵에 아우구스티누스는 영적 독해를 구속사적 내러티브에 대한 초점으로 대체하고 있다. 아우구스티누스가 이런 모든 발전 과정 속에서 아담을 문자적·역사적 인물로 믿었던 점은 주목할 만하다. 심지어 그는 영적 독해를 강조하던 때에도 한 명의 인간으로서 아담이 가진 역사성을 부인하지 않았다. 아우구스티누스는 초기 저서에서는 아담의 역사적 실재성에 큰 중요성을 부여하지 않았지만, 펠라기우스주의자와 논쟁을 할 시기에 이르러서는 거기에 상당한 중요성을 부여했다. 아담은 예수와 마찬가지로 실제적 인물이었고, 아담이 저지른 원죄는 그에 상응하는 그리스도를 통한 구원만큼 실제적이었다.

---

96   Augustine, *A Literal Interpretation of Genesis*, 1.39, in *On Genesis, The Works of Saint Augustine*, vol. 1.13.

당신은 한 사람을 통해 하나님의 진노가 온 인류에게 놓였으며, 한 사람을 통해 하나님과 화목한다는 사실을 보게 될 것이다. 이는 인류 전체의 죄책으로부터 자유케 되는 은혜를 누리는 자들을 위함이다. 첫째 아담은 흙에서 나왔으며, 둘째 아담은 여자에게서 나왔다. 전자의 경우 육신이 말씀을 통해 나왔으며, 후자의 경우 말씀이 육신이 되었다.[97]

이 모두를 고려해보면, "아우구스티누스는 가능한 대안 없이 아담과 하와의 역사성을 인정했다"는 주장과 "죄에 대한 아우구스티누스의 통찰은 그 이야기로부터 분리할 수 있다"는 주장은 둘 다 받아들이기 어렵다.[98]

하나님과 사람, 윤리에 관한 아우구스티누스의 비전은 원죄에 대한 그의 이해를 철두철미하게 따른 것이다. 아우구스티누스는 여러 교리 사이의 체계적 연관성을 인식하고 있었으며, 아담이 역사적 인물이 아니라면 하나님의 은혜와 그 영향을 이루는 원죄의 실체가 사라지게 되리라는 점을 알고 있었다.

결론

아우구스티누스의 다면성은 많은 이들이 언제나 올바른 방식으로 그가 남긴 유산을 이용하는 것은 아니라는 것을 시사한다. 신학 분야에 끼친 그의 영향은 너무나 커서, 후기 서구 기독교의 거의 모든 분파가 어떤 의미에서

---

97 Augustine, *Answer to Julian*, 6.24.77, in *Answer to the Pelagians*, vol. 2 of 4.
98 T. Wiley, *Original Sin: Origins, Developments, Contemporary Meanings* (Mahwah, NJ: Paulist Press, 2002), 74. Wiley는 아담의 죄를 "자만심"의 "전형"으로 이해하는, 원죄에 대한 비역사적 아담 해석을 제안하기에 이른다. 하지만 그 이상으로 아담의 죄를 인정하지 않는 것은 원죄에 관한 Augustine의 가르침을 보존하는 것이 아니라 부정하는 것이다.

는 "아우구스티누스주의"라고 주장해도 될 정도다. 아우구스티누스 신학의 이런 독보적인 지위로 인해 많은 이들은 아우구스티누스가 원죄론을 창안했다고 보았다. 우리 시대는 급진적인 개성과 창의력을 (지나치게) 높이 평가하는 듯하다. 아우구스티누스는 이런 일을 오만한 호기심의 죄로 보고 경멸했다. 그는 혁신에 맞서 신앙을 지키는 자로서의 자신의 역할을 깊이 인식하고 있었다. 그는 원죄에 대한 자신의 변론이 개인적 기벽으로 오해될 여지가 있음을 알았다. 그래서 아우구스티누스는 자신이 이전의 해석자들을 따라 교회에서 세례식을 통해 암묵적으로 인정되고 또 성경이 가르치는 내용만을 명확히 해석했다는 점을 신중히 보여주었다. 이는 이후의 공의회들에서 인정되었다.

아우구스티누스가 논쟁을 자동적으로 해결하는 권위로서 참고되어서는 안 된다. 그러나 아우구스티누스가 본 교리들 간의 연결성은 논쟁의 조건이 될 뿐만 아니라 오늘날에도 계속해서 존중되어야 마땅하다. 참으로 원죄론은 하나님과 인간, 윤리에 대한 한 사람의 관점을 형성한다. 두 번째 아담을 통한 구원의 본질은 아담의 역사성과 뗄 수 없는 관계다.

계시된 신학적 지식의 유기적인 상호 연관성에 비추어 볼 때, 시대가 지남에 따라 많은 이들이 하나님과 인간, 그리스도인의 삶에 대한 아우구스티누스주의의 비전은 옹호하려고 애쓰지만, 동시에 역사적 아담이 초래한 원죄의 암울함을 다루기를 꺼리는 태도는 안타깝다. 이런 식의 신학적 단절은 재앙으로 가득한 기획이다. 아우구스티누스의 성경 해석을 받아들일 수도 있고 그러지 않을 수도 있겠지만, 그의 신학적 비전의 일부를 받아들이지 않는 이들도 아우구스티누스가 깨달은 계시된 지식을 강화시켜주는 구조를 존중하는 편이 온당할 것이다. 이는 이런 연관성의 실재성 때문이다. 말년에 아우구스티누스는 자신이 원죄의 실재성을 위해 지난한 세월 동안 값비싼 대가를 치러가며 싸운 것이 실제로 하나님의 은혜를 위한 씨름이었다고 회상했다. 아우구스티누스가 원죄에 관해 쓴 것은 "하나님의 은혜를 부정하는 식으로 자유로운 선택을 옹호하는…자들 때문"이었다.[99]

---

99 Augustine, *Revisions*, 2.66.93, in *The Works of Saint Augustine*, vol. 1.2.

제5장
루터교 교리에서의 원죄

로버트 콜브(Robert Kolb)

루터교 원죄론

마르틴 루터는 1537년 교황이 소집한 종교회의를 앞두고 비텐베르크의 논제가 포함된 "슈말칼덴 조항"(Smalcald Articles)을 준비하며, "합리적인 지식인들이나 우리 사이에서" 논의하기를 원한 신조 속에 죄의 주제를 포함시켰다. 여기서 루터는 로마서 5:12을 언급하면서 시작한다. 그는 아담의 죄를 "유전 죄" 또는 "으뜸 죄"(Häuptsunde)라는 용어로 칭하는데, 이는 라틴어 peccatum originis의 통상적인 독일어 번역이다. 루터는 시편 51:5, 로마서 5:12, 출애굽기 33:20, 창세기 3:1-13을 근거로 다음과 같이 언급했다. "유전 죄는 이토록 깊고 악한 본성의 타락을 유발했는데, 이는 이성이 이해하지 못하는 것이며 성경의 계시에 근거해서 믿어야 하는 것이다." 그는 유전 죄의 열매로 열여덟 가지를 나열한다. 처음의 여덟 가지 열매는 모두 첫째 계명, 곧 하나님 앞에서 다른 신들을 섬기지 말라는 말씀을 범한 것이다. (루터는 자신의 소요리문답에서 이 명령을 이렇게 해설했다. "우리는 모든 것에 앞서 하나님을 경외하고 사랑하고 신뢰해야 한다.") 나머지 열 가지 열매는 각각 한두 마디로 나머지 아홉 가지 계명을 간략히 언급한다. 슈말칼덴 조항은 이런 범죄들을 나열하며 원죄나 유전 죄, 근원 죄(root sin)라는 용어

---

1   *Die Bekenntnisschriften der evangelisch-lutherischen Kirche*, 11th ed. (Göttingen: Vandenhoeck & Ruprecht, 1992), 이후로는 *BSLK*, 507; *The Book of Concord*, ed. Robert Kolb and Timothy J. Wengert (Minneapolis: Fortress, 2000), 351.

를 사용한다. 이는 "불신앙, 거짓 신앙, 우상숭배, 하나님을 두려워하지 않음, 무엄함, 절망, 맹목, 무지로서 요약하자면 하나님을 알지 못하고 공경하지 않는 것이다." 이처럼 죄에 대한 루터의 정의에서 핵심 요건은 모두 아담의 죄에 기초한다. "그의 불순종을 통해 모든 사람이 죄인이 되었고 마귀와 사망의 구속을 받게 되었기 때문이다."[2] 루터는 어린아이가 부모를 통해 잉태되고 출생하면서 몸과 영혼을 물려받는 것이 당연하듯이 이런 근원 죄도 가지게 된다는 점을 당연하게 여겼다. 이는 단지 성경이 모든 죄가 아담과 하와에게서 비롯되었음(롬 5:12)을 보여주고 있을 뿐만 아니라, 악을 창조하거나 유발한 것이 하나님이 아니므로 그분께 원죄에 대한 책임을 물을 수 없기 때문이다. 그 외의 다른 어떤 가능성도 타락 이후의 인간 실존에 대한 루터의 이해와는 맞지 않는다.

    루터는 죄에 관한 자신의 이런 정의 덕분에, 교황이 소집한 공의회에서 스콜라 신학에 의해 제기된 수많은 쟁점이 논의되었을 때 학생 때부터 자신이 스승에게서 배운 내용에 포함된 오류를 거부할 수 있었다. 그가 거부한 오류에는 "아담의 타락 이후 인간의 자연적 능력은 부패하지 않고 그대로 남아 있기에, 각자는 본질상 온전한 이성과 선한 의지를 가지고 있다"라는 가르침이 포함되어 있었다. 대신에 루터는 에덴동산 이후 잉태되어 태어난 자는 누구라도 악을 거부하며 선을 택하고(또는 그 반대의 경우도), 모든 것보다 먼저 하나님을 사랑하며 자신만큼 이웃을 사랑하고, 하나님의 은혜를 입을 만한 공로를 행할 자연적인 능력이 있다는 주장과 함께 사람은 누구든지 성령 없이도 참된 선과 하나님을 기쁘게 하는 일을 할 수 있다

---

2   BSLK, 433-34; *Book of Concord*, 310-11. 다음을 보라. Werner Führer, *Die Schmalkaldischen Artikel* (Tübingen: Mohr Siebeck, 2009), 180-220, and Gerhard Ebeling, "Der Mensch als Spender," in *Lutherstudien III, Disputatio de Homine, Dritter Teil* (Tübingen: Mohr Siebeck, 1989), 74-107, 특히 75-96.

는 주장의 "완전한 오류와 무지"를 뚜렷이 폭로했다. 죄는 몸으로 유전되는 무엇도 아니며, 영혼으로 유전되는 어떤 것도 아니다. 삶의 모든 것을 형성하는 이 결함은 잉태와 출생을 통해 첫 부모의 모든 후손에게 전해지기 때문이다. 루터는 앞과 같은 주장을 "완전히 이교적인 가르침"이라고 보았는데, 이런 주장이 성경과 모순되며 죄에 대한 그리스도의 죽음을 무의미하게 만들기 때문이었다.[3]

"슈말칼덴 조항"을 통해 루터가 로마 가톨릭의 스콜라 신학자들과 어떻게 대화하려고 했는지는 볼 수 있지만, 그의 "원죄" 이해에서 그가 학생 때 배운 중세적 개념으로부터 자신이 "근원적" 죄라고 칭한 것에 대한 이해로 옮겨가게 된 모든 과정을 알 수는 없다.[4] 대체로 루터는 죄의 상속과 동시에 타락한 인간 실존에 있어 죄가 한 순간도 예외 없이 모든 측면에서 막강한 영향을 끼치고 있음을 강조했다. 원죄는 더 이상 중세의 아리스토텔레스의 인류학적 맥락에서 인간에 스며든 유사-본질적 체질로 설명되지 않았다. 루터는 성찬식에서 그리스도의 몸과 피가 실제로 존재한다고 설명하는 아리스토텔레스적 물리학을 거부했다. 마찬가지로 그는 "화체설"(transubstantiation)이나 "공재설"(consubstantiation)에 관한 아리스토텔레스적인 물리학적 사고를 받아들이지 않고, "체질"의 측면에서 인간 심리를 분석하는 아리스토텔레스적 방법을 인정하지 않으며, 단지 에덴동산에서의 아담과 하와의 의심에 기원하는 근원 죄의 실체를 주장했다. 또한 개념에 있어 원죄의 개인적 시작과 인간의 삶 속에서 모든 것에 앞서 하나님을 경외하고 사랑하고 신뢰하지 못하도록 하는 철저한 무능력에서 보이는

---

3 BSLK, 434-35; Book of Concord, 310-11.

4 Alan Jacobs는 이렇게 언급한다. "개신교 종교개혁에서 원죄에 대한 혁신적인 새로운 가르침은 없었다," in Original Sin: A Cultural History (New York: HarperOne, 2008), 106. 이 흥미로운 개인적 신앙고백에서 "역사"는 허위적인 표제에 불과하다. 그의 말은 자신이 자료를 살펴보지 않았거나 아니면 오해했다는 사실을 보여줄 뿐이다.

원죄의 지속적인 실체와 함께 일상에 침투해서 실제적 죄를 범하는 피폐함을 주장했다. 바로 이것이 루터가 모든 사람에게 실제적 죄, 즉 자신과 사회 혹은 일단의 높은 권세에 의해 세워진 규범을 어긴 행동에 대한 "자연적" 지식이 있지만, 원죄에 대한 참된 지식은 성경의 증거에서만 비롯된다고 믿은 이유다. 인간의 가장 깊은 곳에 자리한 그릇됨은 바로 창조주를 믿지 못하고 그와 교제하지 못하는 타고난 무능력이기에, 하나님의 자기 계시만이 루터가 종종 사람의 죄된 본성이라고 묘사한 이른바 "자기에게만 몰입된" 사람들을 설득할 수 있기 때문이다.

루터가 이런 신념을 가지게 된 것은 자신의 "복음주의적 성숙"이 무르익어가던 1510년대였다. 이런 성숙의 과정이 끝나기 몇 년 전(1515-1516년), 루터는 학생들에게 로마서 4장과 5장을 가르치면서 죄에 대한 보편적 인간 조건을 분석하는 데 있어서 비난할 구석을 찾는 것은 죄의 딜레마, 곧 죄의 저주로부터 탈출하는 데 유익하지 않다는 결론을 내렸다. 그는 원죄, 즉 타고난 허물에 대해 이렇게 언급한다. "내가 그것을 행하든지, 아니면 그저 그것에 대해 알고 있든지 간에 그것은 존재한다. 나는 그 속에서 잉태되었지만, 그것을 행하지는 않았다. 그것은 내가 태어나기 전부터 나를 지배하기 시작했다.…내 동의 없이 나는 그 속에서 잉태되었다.…나의 의지는 이 죄를 시인하고 받아들이며 또 그것에 동의하는데, 이는 은혜 없이는 내 안에 있는 그것을 극복할 수 없기 때문이다. 도리어 그것이 나를 압도한다. 나는 원죄 아래 있을 뿐만 아니라 실제적 죄인이 되었다."[5] 루터의 강의가 로마서 5:12에 이르렀을 때, 그는 원죄가 "기억의 능력이나 마음속의 빛

---

5   *D. Martin Luthers Werke* (Weimar: Böhlau, 1883-1993), 이후로는 *WA*(*WA*를 인용한 부분은 권 수[세부 권별로 구분될 경우는 쉼표를 사용했다] 다음에 콜론을 찍고 쪽수, 그 다음에 쉼표를 찍고 행을 표기했다), 56:287, 2-8, 10-14; *Luther's Works* (St. Louis: Concordia; Philadelpia: Fortress, 1958-86), 이후로는 *LW*, 25:274.

의 상실" 또는 "의지에 있어 어떤 요소의 결핍" 이상이라는 것을 확증하기 위해 바울뿐만 아니라 예수 그리스도의 권위에 호소했다. 원죄는 "몸과 영혼의 모든 능력과 의에 대한 어떤 조각의 결핍이다.…그것은 악을 향한 경향이다. 선한 것은 구토를 유발한다. 나는 빛과 지혜를 싫어하고 어두움과 죄과를 즐기며, 모든 선한 일에서 도피하고 그것을 혐오하며 악을 도모한다."[6] 루터는 로마서 5장의 맥락에서 에덴에서 하나님을 거역한 사건이 역사를 통해 부모로부터 아이에게 전해지며, 아담과 하와가 했던 것처럼 하나님을 거역하는 치명적인 바이러스가 모든 새로운 인간을 감염시킨 것이 분명하다고 보았다. 루터는 이런 점을 그저 당연하게 여겼다.

원죄론의 실제적 사용과 관련해서 루터는 일생에 걸쳐 원죄의 관계적 측면, 곧 창조주와 인간 사이의 유대의 단절에 강조점을 두었다. 죄는 죄인이 하나님의 말씀을 의심하고 그의 주권을 인정하지 않은 데서 비롯했다. 따라서 루터의 용어인 "근원 죄"와 "으뜸 죄"는 하나님의 명령을 어기는 다른 모든 죄를 양산하는, 하나님과의 관계 단절로서 이 원죄를 표현한다. 루터가 슈말칼덴 조항을 기록하기 1년 6개월 전 학생들에게 가르친 창세기 3장에 대한 해석은, 기독교에 대한 그의 종교개혁적 재정의가 어떻게 원죄에 대한 이해를 재정립하게 만들었는지를 더 잘 보여준다. 그는 중세의 용어를 그대로 사용했지만 실체에 대한 인식의 틀을 바꿈으로써 그 의미를 상당히 변화시킨다.

이보다 20년 전, 루터는 중세의 정책과 경건에 대한 비판을 강화해가는 중에 생각이 성숙해지면서, 그리스도인이 된다는 것이 무엇을 의미하는지에 관해 다시 고민하게 된다. 그는 훗날 자신이 과거의 이교적 풍습이 너무 많이 유지되고 있다고 비판하게 된 그 제도 속에서 자라났다. 그는 어린

---

[6] WA 56:312, 4-13; LW 25:299.

시절과 젊은 시절에 전례가 우선되는 종교로서 기독교를 경험했는데, 이는 전례를 통한 인간의 공로, 특히 거룩하거나 종교적인 행위들을 통해 하나님의 가호와 복을 얻는 종교였다. 이런 전례의 집행으로 얻을 수 있는 유익은 지역 신부로부터 비롯해서 한참 위에 있는 교황에 이르는 위계질서를 통해 보장되었다. 이런 루터가 기독교 신앙을 재정립하게 된 것은 성경 연구와 더불어 그의 성격과 개인적 경험, 오컴주의와 수도원의 경건 신앙에서 그가 물려받은 추정 덕분이었다. 그는 성경이 공동체와 대화의 하나님으로 소개하는 바로 그 하나님의 은혜로운 본성과 행위를 새로운 시발점으로 삼았다. 이 하나님은 말씀을 통해 창조하셨고, 말씀을 통해 세상에서 활동하신다. 성경을 통해 권위로서 주어진 설교를 포함해서 다른 모든 형태의 말씀은 예수 그리스도를 통해 용서를 약속하고 죄인에게 간섭하고 그를 변화시키며, 그를 하나님의 백성으로 재창조하고, 세상 속에서 하나님을 섬기도록 불러낸다. 따라서 루터의 존재론은 실재가 하나님의 말씀에 근거하고 근본적으로 각 사람(또는 피조물)과 창조주가 관계 안에 있다는 생각에서 비롯되었다.[7] 하나님의 말씀으로 구성된 이 실재는 결코 일시적이지 않다. 또한 하나님의 말씀에 대한 거부는 아담과 하와에게서 난 모든 이들의 인간성의 핵심을 결정한다. 따라서 루터는 하나님을 전적으로 신뢰하지 못하는 상태로 태어난다는 점에서 인간 생명의 핵심에 재앙을 가져왔다고 볼 수 있는 이런 깨어짐의 실체에 대해 논의하며, 원죄는 "본질적"이거나 "자연적"인 것이라고 언급했다.

이런 사고에 있어 하나님의 말씀, 특히 그리스도를 통한 새 생명에 관한 약속의 형식 안에서 그분의 말씀은 인간 실존에 대한 열쇠를 제공한다.

---

[7] WA 42:17, 15-23, 17, 16-33; LW 1:21-24; 1532년의 시 2편에 대한 강의도 보라. WA 40, 2:230, 20-231, 28; LW 12:32-33.

하나님의 인격과 약속에 응답하는 신뢰는 단순히 인간이 가진 또 다른 특성이 아니다. 신뢰는 인간성의 핵심을 이룬다. 그러므로 하나님의 말씀을 거절하는 것은 사람의 죄의 핵심에 놓여 있으며, 다른 모든 죄의 기원이 바로 원죄다. 원죄란 바로, 아담과 하와가 하나님이 먹지 말라고 명하신 그 말씀의 진실성과 확실성을 부인함으로써 보여준 그들의 의심이다(창 3:1-7). 루터는 뱀이 하나님의 뜻 자체를 공격했고, 그의 말씀을 공격함으로써 사람에게 있던 하나님의 형상을 공격했다고 학생들에게 가르쳤다.[8] "사탄이 하나님의 말씀으로부터 그들을 갈라놓고 그들에게서 하나님의 말씀을 빼앗을 때, 아무것도 어려울 일이 없었다." 거짓말이 하나님과 그의 말씀으로부터 하와를 갈라놓았다.[9] "모든 죄가 흘러나오는 원천은 말씀에 대한 불신과 의심, 포기로", 이는 우상숭배이고 하나님의 진리에 대한 부정이며, 새로운 신들을 만드는 행위다.[10]

하나님은 자신의 말씀을 통해 사람을 만드셨고, 말씀을 통해 그들을 살아가게 하신다. 루터는 하나님의 말씀을 신뢰하지 않는 사람은 그 인간성이 뼛속까지 오염되었다고 믿었다. 하나님에 대한 신뢰가 인간의 삶을 규정하지 못할 때, 어떤 것도 정상적일 수 없다. 루터는 대요리문답을 통해, 인간이 하나님을 믿는 일에 실패하게 되면 언제나 우리를 기만하고 파멸로 이끄는 거짓 신들을 만들게 된다고 단언했다.[11] 사탄은 아담과 하와에게 새로운 신을 만들어주었는데, 왜냐하면 "하나님의 말씀이 변경되고 오염되면 '우리 조상이 섬기지 않았던 새롭게 생성된 신들이 나타나기'" 때문이다.[12]

---

8   *WA* 42:110, 7-17; *LW* 1:146.
9   *WA* 42:111, 2-4; *LW* 1:147.
10 *WA* 42:112, 20-22; *LW* 1:149.
11 *BSLK*, 560-61; *Book of Concord*, 386-87.
12 *WA* 42:112, 6-8; *LW* 1:148.

루터는 하와가 단지 하나님의 명령을 어겼을 뿐만 아니라 거기에 자신의 말을 덧붙임으로써 말씀을 왜곡시켰다고 언급했다(창 3:3).[13] 이 비텐베르크의 종교개혁자는 하나님 말씀의 가장 심각한 오용이 독실한 자가 말씀에 굴복하기보다는 말씀을 정복하려 할 때 일어난다고 보았다. 근원 죄, 즉 원죄에 대한 이런 이해로 인해 루터는 진정한 의의 요소 일부가 죄로 인해 상실되지 않았다고 보는 일단의 스콜라 신학자들의 주장을 거부했다. 루터는 하나님과 사람의 관계를 규정하는 신뢰와 확신의 상실이 모든 인간 실존에 스며들어 있다고 주장했다.[14] 원죄는 불신과 불순종에서 시작해서 두려움, 하나님에 대한 증오, 하나님으로부터의 도피, 절망, 완고함으로 자라난다.[15]

"원죄"를 모든 사람의 내재적 특성으로 보는 이런 정의에서 그 특성은 잉태와 출산을 통해 부모로부터 아이에게로 주입되고 전달되는데, 이는 하나님이 창조 때 아담과 하와에게 허락하신 우리 인간 존재의 핵심을 이루는 하나님과의 관계가 깨어졌음을 보여준다. 또한 이런 점은 루터로 하여금 원죄라는 용어 배후에 있는 중세적 개념이 가진 또 다른 틈을 직시하게 했다. 바로 이런 정의는 그리스도의 구원 사역을 통해 하나님이 택하신 이들의 원죄를 무시하지만, 그들은 여전히 일상 속에서 그분에 대한 내재적 적개심과 씨름한다는 것을 확증한다. 하나님에 대한 불신은 심지어 가장 경건한 그리스도인의 양심에도 끊임없이 침입한다. 그래서 루터는 하나님의 용서의 말씀이 창조주와의 관계를 회복시키지만, 성령이 신자들을 그들 삶의 중심에서 그리스도를 신뢰하도록 돌이키고 그들의 삶을 결정짓는 피조물에 대한 신뢰로부터 돌아서도록(비록 타인에 대한 분명한 신뢰는 돈독한 인간관계의 핵심임에도 불구하고) 함에 있어 매일의 회개가 필요하다고 말한

---

13   WA 42:116, 40-117, 14; LW 1:154-55.
14   WA 42:125, 21-32; LW 1:167.
15   WA 42:128, 20-24; LW 1:171.

다. 이처럼 세례 받은 사람들의 삶 속에서 계속되는 죄와 악의 불가사의로 인해 루터는 매일의 회개가 신자들의 생활의 표징이 된다고 보았다. 구원은 하나님의 약속에 달려 있고, 하나님의 약속은 개인 속에서 신앙과 불신앙이 투쟁하는 가운데 깃들어 있다(롬 7:13-25). 하나님에 의해 선택된 사람들의 삶에서 죄와 악이 지속되는 것은 이승에서의 인간적 해법을 초월한 불가사의로 남아 있다. 아담과 하와가 하나님을 불신한 일은 인간의 이성이 해명하거나 설명으로 표현할 수 있는 것 이상으로 심오한 방식으로 그들의 모든 자손에게 전달되었다.

시편 51:5은 루터가 타락한 인간에 대한 죄의 전적 권한을 주장하는 주된 근거 중 하나로, 원죄가 부모로부터 어린아이에게로 전파된다는 영혼유전설(traducianism)의 입장을 암시한다. 베르너 퓌러에 따르면, 루터는 어떻게 죄가 세대를 거쳐 전파되는지에 대한 이런 이해를 아우구스티누스에서 빌려왔지만, 동시에 이 비텐베르크의 종교개혁자는 거기에 거의 신경을 쓰지 않았다. 왜냐하면 이를 뒷받침할 뚜렷한 성경적 근거를 찾지 못했기 때문이었다.[16] 오스발트 바이어는 "유전 죄"에 대한 루터의 관점을 오로지 성관계를 통한 전달의 문제로 정의하는 것이 철저히 잘못되었음을 발견했다. 바이어는 1528년에 출간된 루터의 『고백』을 인용하는데, 여기서 루터는 죄에 대한 책임을 다른 이(아버지나 어머니)에게 돌리려는 유혹에 굴하지 않고 모든 사람에게 유전 죄에 대한 책임이 있다고 말한다. 루터는 정확한 표현으로 이를 강조한다. "내 어머니가 죄악의 행실을 통해 나를 잉태한 것이 아니다. 바로 나, 나 자신, 즉 내가 죄 안에서 잉태되었다." 문법적으로 보면 "내 어머니"가 주어이고 "나를"이 목적어지만, 루터는 이 순서를 뒤바꿔 설명하며, 주체이자 한 인격으로, 나 자신의 책임을 회피할 수 없는 존재

---

16   Werner Führer, *Die Schmalkaldischen Artikel*, 201-3, 223.

로, 죄인의 본성을 가진 자로서의 자기 본성을 확실히 인식했다. "내 어머니가 죄 가운데서 나를 잉태했다.…이는 내가[!] 내 어머니의 태에서 죄의 씨앗으로부터 자라났다는 의미다.…그리고 상당히 많은 구절들이 내가 원죄 안에, 그 모든 충만과 근본적인 본질 안에 사로잡혔음이 매우 분명하다는 사실을 보여주며, 유전 죄와 노예 의지 사이에 구성적 연관성을 입증하고 있다."[17]

이것은 10년 전에 쓰인, 시편 51:5에 대한 루터 자신의 해석과도 일치한다. 죄악 중에서 출생했으며 죄 중에서 잉태되었다는 다윗의 말은 그저 다음과 같은 의미다. "당신[하나님]의 목전에서 내가 죄인인 것은 내 말과 행실과 생각과 삶은 말할 것도 없고 내 본성과 내 출생 자체, 나의 잉태가 죄이기 때문이다.…나는 악한 나무이며 본질상 죄와 진노의 자녀다."[18] 1532년에 다시 시편 51편을 강의할 때에도 루터는 여전히 죽음과 하나님의 진노를 유발한 원죄에 주목하고, 하나님이 인간의 삶 중심에 세워둔 그분 자신에 대한 경외와 사랑을 왜곡시킨 원죄의 본질에 집중했다. 이런 "원죄 또는 내재적 죄"는 "온 세상으로부터 숨겨져 있기에…[우리]는 우리 본성의 이런 더러움과 과오를 밝혀줄, 하늘에서 임하는 하나님의 말씀이 필요하다."[19] 루터는 다윗의 전기, 곧 밧세바와의 간음과 우리아 살해 사건의 맥락에 시편 51편을 두고, 모든 죄의 상호 연관성의 본질과 하나님에 대한 거역과 경멸, 즉 신성모독에 놓인 죄의 근원성에 대한 자신의 설명이 적합하다는 것을 발견했다.[20] 다윗의 간음 및 살인 사건과 시편, 특히 "내가 죄

---

17 WA 26:503, 29-34; LW 37:363. 다음을 보라. Oswald Bayer, *Martin Luthers Theologie. Eine Vergegenwärtigung*, 2nd ed. (Tübingen: Mohr Siebeck, 2004), 193.
18 WA 18:501, 31-502, 3; LW 14:169.
19 WA 40, 2:385, 22-27; LW 12:350-51.
20 WA 40, 2:318, 26-321, 16; LW 12:305-6.

악 중에서 출생하였음이여 어머니가 죄 중에서 나를 잉태하였나이다"라는 말씀의 연관성은 루터가 일상의 실제 범죄의 원인을 단지 부족한 교육이나 자연적인 가능성에 돌리지 않았다는 것을 보여준다. 모든 사람 각자에게는 몸과 영혼이 생길 때 원죄를 구성하는, 하나님을 거부하는 마음 역시 유전되었다. 루터는 분명한 성경적 진리라고 간주되는 것에 대해 철학적 설명을 발전시킬 필요가 없었다. 죄의 삯인 사망(롬 6:23)은 아담으로부터 모든 사람에게 이르는데(롬 5:12), 아담의 혈통 안에서 모든 사람은 잉태와 출생을 통해 죄인이 된다. 루터 자신의 경험은 오직 이런 성경 구절들에 근거해서 자신이 믿고 있는 바를 반영했다. 그의 의지가 어머니의 태에서 생겨나던 순간부터 속박된 까닭에, 그는 성령이 자신의 마음과 가슴을 움직여 그리스도를 신뢰하도록 할 때까지, 궁극적인 신뢰의 대상이신 참된 하나님을 대체할 무엇을 언제나 찾으려 하고 있었다.

    루터는 성경의 가르침 전체를 "교리의 몸통"[21]으로 보았으며, 성경 전체를 이해하는 데 있어 원죄의 주제가 필수적이라고 여겼다. "[원죄론] 없이 성경을 바르게 이해하기는 불가하다."[22] 왜냐하면 죄인에게 회개를 요구하고 죄 사함을 받게 하는 데 있어 원죄의 메시지가 핵심이 된다고 보았기 때문이다. 이런 회개는 육신의 부모로부터 자녀에게 유전된, 하나님의 주권에 대한 의심에 기인하는 죄의 뿌리와 일상에서 실제로 하나님의 법을 거역하는 죄악된 행실 두 가지 모두를 인정하는 것이다. 회개한 죄인은 성령의 인도하심을 따라 구세주 예수 그리스도를 향한 믿음으로 나아오는데, 예수의 죽음과 부활 안에서 그들은 생명과 구원을 얻게 된다. 루터는 바로 이것을 성령의 재창조 사역이라고 보았다(고후 5:17). 만일 모든 이들이 출

---

21   Irene Dingel, "Philip Melanchthon and the Establishment of Confessional Norms," *Lutheran Quarterly* 20 (2006): 146-69.

22   1532년 시 51:4에 대한 강의에서. *WA* 40, 2:385, 27-29; *LW* 12:351.

생에서부터 전염된 원죄의 실체를 하나님의 주권에 대한 철저한 거절로서 심각히 여기지 않는다면, 회개 역시 소홀히 여겨지고 믿음 또한 마찬가지일 것이다.

루터에게 있어 교리적 의미에서의 원죄와 동의어를 구성하는 것은 노예 의지에 대한 이해인데, 이는 그의 공적 가르침에서 핵심적인 역할을 담당한다. 원죄는 잉태와 출생의 순간부터 모든 사람의 의지를 속박하여 하나님을 거역하고 거짓 신들을 의탁하도록 만든다. 루터는 선천적인 의지 속에 다소간의 긍정적 잠재력이 있다고 주장하는 자신의 스콜라 스승들과 의절했다. 특히 에라스무스와 논쟁하며 루터는 『노예 의지론』(*De servo arbitrio*, 문자적으로 "노예 선택에 관해")을 써서, 모든 인간은 잉태와 출생을 통해 하나님을 등지고 그들 자신의 내면을 향하도록(*incurvantus in se*) 형성되었다고 주장했다.[23] 따라서 루터의 설교와 가르침 전체를 구성하는 것은 믿음의 결핍 혹은 불신앙이라는 근원 죄에 대한 강조다.

필립 멜란히톤의 원죄론

루터의 동역자이자 비텐베르크 대학교의 교수진을 선도했던 필립 멜란히톤은 원죄를 하나님 말씀에 대한 거역이자 관계의 단절로서 이해한다는 점에서는 대체로 루터의 이해와 비슷하지만, 상대적으로 루터의 관계적인 정의에 하나님의 법에 대한 저항이라는 측면을 추가했다. 멜란히톤은 1540년에 쓴 로마서 주석에서 하나님의 법에 대한 단순한 불충실은 정

---

23 WA 18:600-787, 특히. 733, 8-18; LW 33:15-295. 다음의 졸저도 보라. *Bound Choice, Election, and Wittenberg Theological Method: From Martin Luther to the Formula of Concord* (Grand Rapids: Eerdmans, 2005), 22-66.

의로서 불충분하다고 보며, 안셀무스의 "원래 의의 결핍"이라는 말로 원죄를 정의했다. 멜란히톤은 이를 "하나님의 법에 온전히 순종할 수 있는 청렴 또는 인간 능력의 총체…하나님의 뜻에 대한 마음의 의심, 하나님에 대한 경외심과 신뢰와 사랑의 실종, 그분의 법에 맞서려는 끔찍한 충동"으로 설명한다.[24] 멜란히톤은 『신학총론』(1543) 최종판에서 원죄를 "원래 의의 결핍" 즉 "사람으로 하여금 하나님의 말씀을 확고히 따를 수 있도록 해주는 마음의 빛의 상실"이자 "하나님께로부터 돌아선 의지이며 마음의 완고함"으로 정의했다. 원죄는 사람의 마음이 하나님을 알아 자유롭고 의롭게 그분과 화목하게 살아가도록 해주는 하나님을 닮은 모습, 곧 하나님의 형상의 부재다. 멜란히톤은 개인의 죄를 아담의 타락의 탓으로 돌리는 데 대해 자신은 반대하지 않지만, 하나님은 아담으로부터 후손에게 전가된 죄 이상의 것을 말씀하신다고 설명한다. "사람의 본성 자체가 흑암과 타락으로" 특징지어지며, "내 지체 속에서 한 다른 법이 내 마음의 법과 싸워"(롬 7:23) "하나님의 법에 맞선다." 바로 이것이 "결함이자 부패한 성향이다." 멜란히톤은 로마서 5:12-21, 7:23, 8:7, 에베소서 2:3, 요한복음 3:5, 시편 51:5, 창세기 8:21, 시편 25:7, 예레미야 17:9로부터 죄인은 원죄의 깊이를 스스로 헤아릴 수 없기에 "그들 스스로를 속이고 악을 축소시키고 하나님을 의심하고 무시하며, 스스로의 지혜와 자부심, 야망, 그 밖의 다른 욕망의 불꽃을 신뢰한다"라고 결론 내린다.[25] 계속해서 멜란히톤은 원죄에 대한 책임이 결

---

24 *Corpus Reformatorum. Philippi Melanthonis Opera quae supersunt omnia*, ed. C. G. Bretschneider and H. E. Bindseil (Halle and Braunschweig: Schwetschke, 1834-60), 15:917; *Commentary on Romans. Philip Melanchthon*, 2nd ed., trans. Fred Kramer (St. Louis: Concordia, 2010), 133.

25 *Melanchthons Werke in Auswahl*, 7 vols., ed. Robert Stupperich (Gütersloh: Mohn, 1951-1975), 2, 1:257-58; *Philip Melanchthon, Loci Communes 1543*, trans. J. A. O. Preus (St. Louis: Concordia, 1992), 48-49.

코 하나님께 있지 않고, 아담과 하와를 비롯한 사탄의 악의가 하나님과 인간 사이의 불화를 유발했으며, 따라서 사람의 의지 속에 "하나님에 대한 무지와 의심, 그분에 대한 경외심과 사랑의 상실"을 가져왔다고 주장한다. 루터와 마찬가지로 멜란히톤은 더 이상의 자세한 설명은 하지 않는다. 멜란히톤은 아리스토텔레스의 설명 양식을 사용함으로써 원죄의 형상(하나님을 거역한 죄)과 질료(하나님이 창조한 욕구)를 구분한다. 이런 욕구는 원래 선하지만, 아담과 하와가 하나님을 거역함에 따라 그분에 대한 지식과 신뢰, 경외심과 사랑을 내팽개치면서 뿌리 깊이 왜곡되었다.[26] 멜란히톤이 1551년에 열린 트리엔트 공의회 제2기의 발제를 준비하며 아우크스부르크 신조를 "반복"한 사실은 그의 일생 마지막 10년 동안의 입장을 다시 확인시켜 준다. 그는 로마서 5:12과 에베소서 2:3을 인용하며 "첫 부모의 타락 이후, 남편과 아내의 성관계를 통해 태어난 모든 사람은 원죄를 가진 채 태어난다"라고 했다. 하나님의 말씀을 따를 수 있는, 의지가 그분께로 향할 수 있는, 또 마음을 다해 그분의 법에 순종할 수 있는 능력인 "원래 의가 결핍"된 것이 원죄다. "바로 이런 것이 원죄인데, 이는 첫 부모의 타락으로 인함이다. 이 타락이 유발한 부패로 인해 모든 사람은 하나님의 저주 아래 태어나며, 중재자를 통해 [죄] 사함을 받지 않는다면 영벌을 받아 마땅하다."[27]

일부 사람들은 "신인협동설"(synergism)의 여지를 빌어 멜란히톤의 원죄론이 약화되는 것은 아닌가 하는 의구심을 가질 수도 있을 것이다. 하지만 이런 비난에 맞선 그의 일관된 주장에 따르면, 부모로부터 아이에게로 전달되는 원죄로 인해 성령이 하나님이 모든 인간에게 주신 마음과 정신을 움직이는 데 있어 필수적인 역할을 맡게 되며, 또한 성인의 믿음에서 심리

26　Melanchthons Werke 2, 1:258-63; Melanchthon, Loci communes, 50-51.
27　Melanchthons Werke, 6:91-92.

적 측면의 필수적인 요소가 된다고 본다.[28]

일치 신조에서 원죄

루터와 멜란히톤의 제자들은 원죄에 관한 앞과 같은 정의를 대부분 넘겨받았다. 회심에서 인간 의지의 역할에 대한 논쟁이 1560년대에 불거졌을 때, 일부 사람들은 이런 가르침의 신조화를 두고 갈등을 빚었다. 빅토린 슈트리겔(Viktorin Strigel, 1524-1569)은 인간의 고귀함을 유지하면서 하나님의 절대 선을 보존하기 위한 일환으로, **원죄가 인간 본성을 오염시키기는 하지만 말살하지는 않는다고** 주장하기 위해 아리스토텔레스 물리학의 개념을 차용했다. 슈트리겔은 원죄를 (아리스토텔레스의) "우연"이라고 불렀다. 예나(Jena) 대학교 동료이자 경쟁자인 마티아스 플라치우스 일리리쿠스(Matthias Flacius Illyricus, 1520-1575)는 여기에 대해 반대했다. 하지만 비록 플라치우스가 처음에는 성경의 사상을 아리스토텔레스의 개념적 틀 안에서 해석하기를 원치 않았다고 해도, 나중에는 슈트리겔을 따라 이런 설명 방식을 사용하면서 **타락 이후 인간의 삶에서 원죄가 실제로 본질이나 실체, 즉 결정적 요인이 된다고** 주장했다. 플라치우스는 인간의 삶을 구성하는 형상적 실체와, 이성이나 의지 같은 것의 활동인 질료적 실체를 구분했다. 그의 주장에 따르면 후자는 부패한 반면에, 전자는 하나님에 대한 경외심, 사랑, 신뢰에서 거짓 신들을 향한 믿음으로 변했다.[29] 플라치우스는 자

---

28 Kolb, *Bound Choice*, 70-102.
29 Luka Ilic, "Theologian of Sin and Grace. The Process of Radicalization in the Theology Matthias Flacius Illyricus," PhD diss., *Lutheran Theological Seminary*, 2012; Lauri Haikola, *Gesetz und Evangelium bei Matthias Flacius Illyricus* (Lund: Gleerup, 1952), 101-8; Günter Moldaenke, *Schriftverständnis und Schriftdeutung im Zeitalter der Reformation*. Teil I. Matthias

신의 논증에서 루터를 인용하는데, 특히 타락 이후 죄인의 상태를 표현하는 "본질적 죄"와 "사탄의 형상"이라는 루터의 어휘를 사용했다.[30]

일치 신조(Formula of Concord)는 원죄에 대한 이런 논쟁을 포함해서, 1577년의 비텐베르크 유산에 기여한 여러 신학자들 사이의 많은 차이점들을 조율했다. 플라치우스의 추종자들 모두가 그의 입장을 단념한 것은 아니었다. 일부 집단에서는 일치 신조에 대해 반대했다.[31] 이 신조의 작성자들은 하나님을 믿거나 섬기기로 작정할 수 없도록 의지가 속박되었다는 루터의 개념을 견지하고 있던 플라치우스의 의견에 전적으로 동의했다.[32] 신조는 유전 죄 또는 원죄를 "본성 전체를 부패시키는 끔직하고 참혹한 유전적 질병"으로, "진정한 죄"이자 "으뜸 죄로…실제적인 모든 죄의 원천이자 뿌리"로 정의했다. "우리의 모든 본성과 인격은 죄로 오염되었다. 하나님이 보시기에 우리는 마치 영적인 나병 환자처럼 원죄로 인해 완전히 오염되고 부패했다." 그러나 타락한 인간은 매우 부패한 상태라 할지라도 여전히 하나님이 창조한 인간으로 남는데, 이는 "죄의 원인이나 계획자, 창조자가 하나님이 아니기" 때문이다.[33]

이런 유전 죄는 "영적이고 신적인 문제에 있어 선한 모든 것의 완전한 결여다. 그뿐 아니라 사람이 상실한 하나님의 형상을 인간 본성 전체와 더불어 모든 능력, 특히 의지와 정신, 마음속에 있는 영혼의 가장 중요하고 고

Flacius Illyricus (Stuttgart: Kohlhammer, 1936), 104-18; and Kolb, *Bound Choice*, 118-20.

30　예를 들어 WA 42:47, 14-22; *LW* 1:63; WA 10, 1:508, 2-21; *LW* 52:152; WA 40, 2:327, 20-30, 385, 17-20; *LW* 12:311, 351.

31　Irene Dingel, *Concordia controversa, Die öffentlichen Diskussionen um das lutherische Konkordienwerk am Ende des 16. Jahrhunderts* (Gütersloh: Gütersloher Verlagshaus, 1996), 467-541.

32　Article II, *BSLK*, 866-912; *Book of Concord*, 543-62.

33　Article I, FC Solid Declaration, §5-7, *BSLK*, 816-17; *Book of Concord*, 533.

귀한 능력의 뿌리 깊고 악하고 참혹하고 끝이 안 보이고 불가해하고 형언할 수 없는 부패로 대체시킨다.…타락한 마음은 하나님과 지상 명령을 철저히 거스른다. 특히 신적이고 영적인 문제에 있어 그것은 하나님께 진정 적대적이다."

이 신조에는 원죄가 본받거나 배우는 행위가 아니라 유전을 통해 부모로부터 어린아이에게 전해진다고도 명시되어 있다. "타락 이후, 무슨 일을 함에 있어 타고난 악한 방식과 불순한 내면의 마음, 악한 욕망과 성향이 인간에게 유전되었다. 이는 아담으로부터 우리 모두에게 본질상 이런 마음과 정신, 사고방식이 유전된 것이다. 이 타락한 마음은 본질상 자신의 최상의 능력을 따라, 이성에 비추어 하나님과 그의 지상 명령을 철저히 거스른다. 특히 신적이고 영적인 문제에 있어 이는 하나님께 진정 적대적이다." 물론 이 세상의 문제와 관련해서 이처럼 약화된 이해력이 겉으로는 하나님의 법에 순응하는 결정을 내린 것처럼 보일 수는 있지만 말이다.[34]

일치 신조의 작성자들은 신학적 논쟁에서는 오직 반대 입장과의 뚜렷한 구별을 통해서만 명징성이 생길 수 있음을 알고 있었다. 따라서 이들은 원죄에 대한 가르침과 관련해서 특정 학파의 관점에 대한 거부 의사를 표명했다. "우리는 구펠라기우스주의와 신펠라기우스주의에 반대해서, 다음과 같은 거짓된 가르침과 사상을 규탄하며 거부하는 바다. 즉 원죄가 우리 본성의 오염을 뜻하는 것이 아니라 그저 죄책(타인의 빚으로 인한 채무)에 불과하다는 거짓된 주장이 그것이다." 계속해서 이들은 "더럽고 추악한 욕망은 죄가 아니라 우리 본성의 **조건**(또는 창조된 본질적 특성)"이라는 생각에 대해 성토한다. 물론 원죄는 "결핍과 결함으로…곧 하나님이 보시기에 진

---

[34] Article I, Formula of Concord, Solid Declaration §11, *BSLK*, 848-49; *Book of Concord*, 533-34.

정한 죄가 아닌 것"으로 정의되어서는 안 된다. "그리스도로부터 떨어진 인간은 비난과 진노의 자녀이며 사탄의 권세와 통치 아래에 있기 때문이다." 원죄를 "인간 본성의 기저에서는 여전히 영적인 문제에서 힘과 선함을 유지하고 있음에도 불구하고, 외적으로 우리에게 묻은 별 것 아닌 사소한 얼룩이나 때 혹은 인간 본성에 스며든 어떤 부수적인 오염(corruptio tantum accidentium aut qualitatum)"으로 보거나, "원죄가 영적 능력의 결함이나 결핍이 아니라 선하고 영적인 능력에 대한 외적 장애물"로서 "이 '얼룩'은 벽에 묻은 페인트나 얼굴에 튄 자국처럼 쉽게 지울 수 있다"는 관점은 그릇되었다. "또한 우리는 타락으로 인해 사람의 본성이 참으로 크게 약해지고 오염되었음에도 불구하고 신적이고 영적인 문제에 어울리는 모든 선을 완전히 상실한 것은 아니라고 가르치는 이들을 배격한다."

일치 신조에서는 다음과 같은 주장에 일말의 성경적 근거도 없다고 단언했다. "그럼에도 불구하고 우리의 자연스런 출생에는 어떤 선한 것이 남아 있는데 여기에는 재능, 소질, 적성, 어떤 일을 시작하거나 영향을 미칠 수 있는 능력 또는 영적 문제에서 협력할 수 있는 능력 같은 것이 포함된다. 외적이고 일시적이며 세속적인 문제와 활동에 관한 것은 무엇이든 인간의 이성에 종속되어 있는데, 이는 다음 조항에서 다룰 것이다." 일치 신조의 작성자들은 이런 주장을 용납하지 못하는 이유를 이렇게 설명했다. "하나님의 말씀은 타락한 인간 본성으로는 영적이고 신적인 문제에 있어 티끌만큼(선한 생각조차)도 선을 이룰 수 없다고 가르친다. 그뿐 아니라 그 자체로는 하나님이 보시기에 죄악밖에 행할 것이 없다(창 6[:5], 8[:21])."[35]

그러나 일치 신조에서는 하나님의 피조물로서 인간의 고결함을 보존하고 하나님을 악의 원인으로 나타내지 않기 위해, 원죄가 죄인의 실체이

---

35 BSLK, 850-52; *Book of Concord*, 534-36.

거나 본질이라는 공식, 즉 플라치우스의 주장을 받아들이지 않았다. 실제로 일치 신조에는 플라치우스의 실체/운동의 구별이 반영되어 있지 않으며, 대신 인간의 설명으로는 모든 인간을 괴롭히며 만연해 있는 악의 수수께끼를 이해하지 못할 수밖에 없다는 루터의 확신이 들어 있다.36

마르틴 켐니츠의 원죄론

플라치우스의 입장은 이후의 모든 루터교 원죄론의 신조에 영향을 미쳤다. 루터교 원죄론은 하나님이 악의 기획자로 보여서는 안 된다는 염려와 함께, 인간의 모든 능력이 타락했다는 사실이 신중하게 다루어져야 하며, 원죄의 약화시키는 본성이 하나님의 전능하신 창조적 권능을 의심스럽게 만들지는 않는다는 생각이다. 심지어 신자들 가운데 죄와 악이 여전히 존재하는 불가사의한 상황 속에서도 말이다. 플라치우스의 견해와 씨름하는 이들 중 독보적인 위치를 차지한 이는 멜란히톤의 제자 마르틴 켐니츠(1522-1586)다. 켐니츠는 일치 신조를 구성하는 데 있어 주도적인 역할을 맡았으며, 이후 루터교 전통을 확립함에 있어 중대한 기여를 했다. 1569년에 브라운슈바이크-볼펜뷔텔의 율리우스 공작(Duke Julius of Braunschweig-Wolfenbüttel)은 켐니츠를 시켜 목회자 후보생들이 시험 준비를 위해 사용할 수 있고 그 이후로도 목회자로서 주기적인 시험을 대비하는 데 용이한, 기독교 교리 전반을 아우르는 참고서를 만들도록 했다. 켐니츠는 비텐부르크에서 배운 바에 충실해서 원죄를 다음과 같이 정의한다. "[원죄는] 단순히 아담의 나쁜 본보기를 따르거나 아담의 타락으로 인한 죄책을 짊어지는 것

---

36   BSLK, 843-66; Book of Concord, 531-42.

만이 아니라…한 사람을 통해, 육체적 관계로 인해 모두에게 전해진 것이다. 이는 그 본성의 기원 자체가 악하게 잉태되고 태어났기 때문이다." 따라서 죄인은 중독으로 인해 하나님의 말씀과 뜻에 순응하면서 살아갈 수 없다. 하나님의 형상으로 창조된 아담과 하와는 "마귀의 간계에 빠져" "스스로의 자유의지로 말미암아 하나님으로부터 돌아서고 순종하지 않게" 되었다. 그러므로 원죄는 "원래 의의 결함이나 결핍…인간의 모든 능력의 부패와 멸절, 장애[ataxia]"다. 원죄는 죄인의 본성 자체를 "하나님의 뜻에 거슬리는 것들로" 이끈다.[37]

켐니츠는 브라운슈바이크에 있는 일종의 평생교육원에서 동료 목회자들을 가르치기도 했다. 그는 멜란히톤의 『신학총론』에 대한 강의에서 비텐베르크 종교개혁자들과 이른바 루터파 정통주의에 해당하는 후세대 간의 필수적인 연관성을 제시했다. 켐니츠는 아담의 죄에 대해 "원죄"나 "기원적 죄"라는 용어를 기꺼이 사용했다. 오히려 그는 아우구스티누스 시대 이후로 사용된 이런 용어가 비록 성경에 나오지는 않는다고 하더라도, 삼위일체와 관련해서 "본질", "위격", "동일본질" 같은 용어가 사용되듯이, 성경의 가르침을 나타낸다고 주장했다. 켐니츠는 멜란히톤보다 더 많은 성구를 사용하며 고대 교부들의 말을 인용한다. 또한 필요한 경우 교부들의 의견을 비판하기도 하고 근래의 "스콜라적" 스승들의 잘못이나 오해를 바로잡기도 했다.[38] 앞의 강의에는 트리엔트 공의회와 당시 로마 가톨릭 신학자들에 대한 비판도 담겨 있는데, 이는 원죄로 인해 하나님과의 신뢰, 사랑, 경외의 관계가 파탄에 이른 장애와 오염이 모든 종류의 실제적 죄를 유발한

37　Martin Chemnitz, *Die fürnemsten Heuptstu[e]ck der Christlichen Lehre...* (Wolfenbüttel: Horn, 1569); and *Ministry, Word, and Sacraments: An Enchiridion*, trans. Luther Poellot (St. Louis: Concordia, 1981), 57-58.

38　Martin Chemnitz, *Loci Theologici...* (Wittenberg: Henckel, 1610), 216-52; *Loci Theo logici. Martin Chemnitz*, trans. J. A. O. Preus (St. Louis: Concordia, 1989), 276-309.

다고 본 그의 스승들의 확신을 물려받은 결과다. 켐니츠는 사탄의 압제에 대해 언급하지만, 이렇게 깨어진 관계 곧 모든 악행의 근원인 의지와 마음의 부패에 대한 책임이 각 개인에게 있다는 데 대해서는 조금의 의심도 남기지 않았다.[39] 그는 세례 받은 신자의 삶 속에서 지속되는 죄와 악의 미궁에 대한 루터의 주장을 되풀이했다. 물론 신자도 무엇보다 하나님을 믿지도 사랑하지도 두려워하지도 않는 마음이 그분의 자녀와 하늘 아버지의 관계를 계속해서 방해한다는 사실을 안다. 따라서 루터와 멜란히톤과 마찬가지로 켐니츠는 삶 속에서의 지속적인 회개와 용서의 필요성을 주장했다.[40]

루터교 정통주의에서 원죄론

이후 세대에서 루터교 신학은, 완전히 그렇지는 않다 하더라도, 소위 "정통주의"라고 불리는 한결 안정된 시기로 접어들었다. 비텐베르크 대학교 교수인 레온하르트 휘터(1563-1616)는 『성경과 일치 신조서의 신학적 주제에 관한 개괄』을 출간해서 스승들로부터 물려받은 원죄에 대한 정의를 계속 사용했다. 원죄는 "자연적인 질병이고 타고난 오염이자 결함으로 우리에게서 하나님을 경외하고 신뢰하는 마음을 앗아가고, 정욕을 통해 우리를 철저히 변질시키며, 우리가 갱생되지 않는 한 우리로 하여금 영원한 천벌의 심판을 받게 한다." 휘터는 원죄가 부모로부터 자녀에게로 유전되고 모든 죄인으로 하여금 영원한 죽음을 맞게 한다는 점을 논의의 여지 없이 당

---

39 *Examen Concilii Trinidentini. Martinum Chemnicium*, ed. Eduard Preuss (Berlin: Schlawitz, 1861), 103-6; Martin Chemnitz, *Examination of the Council of Trent, Part I*, trans. Fred Kramer (St. Louis: Concordia, 1971), 315-32.

40 *Examen*, 106-20; *Examination*, 337-74.

연하게 받아들인다.[41]

휘터의 제자인 요한 게르하르트(1582-1637)는 예나 대학교에서 가르치며 1610년에서 1625년 사이에 "정통주의" 루터교 사상의 발달의 근간이 되는 여러 권의 『신학총람』을 집필했다. 그의 교의학적 연구에 드러나는 원죄 이해는 창세기 3장과 로마서 5장에 대한 주석 작업에 동일하게 반영되어 있다. 그는 루터의 창세기 주석을 참고해서 "다른 모든 것을 구성하는 시초적이고 본질적 죄"를 "하나님의 말씀을 거스른 불신앙이자 반역"으로 정의했다. 마귀는 하나님의 말씀에 대한 인간의 의심, 즉 원초적 죄(primal sin)를 조장한다.[42] 게르하르트는 창세기 주석에서 원죄를 자만심으로 칭하는 "예수회와 스콜라 학자들"의 주장을 배격하고, 원죄는 "하나님의 말씀에 대한 의심이자 불신앙이며, 자만심은 그런 의심과 불신에서 비롯된 것으로, 타락 이후 하나님께로 돌아오는 출발점이자 근원은 바로 믿음(히 11:6)"이라고 주장했다.[43] 사람이 하나님의 선물인 "지복 중의 지복"을 즐기며 차고 넘치도록 복을 누리던 낙원에서의 처음 상태와 대조적으로, 죄로 인한 감염과 변질은 사람에게 하나님의 진노와 저주를 불러왔다.[44] 사탄은 하나님을 증오하고 타인에게 적개심을 품도록 아담과 하와를 선동하여, 그들이 하나님의 명령을 어기고 고결성을 상실하도록 만들었다. 하와의 의심은 하나님의 말씀에 대한 노골적인 부정이 되었다.

게르하르트는 아담과 하와를 위한 변명의 여지를 두지 않는다. 하나님

---

41 Leonhart Hütter, *Compendium locorum theologicorum ex Scripturis Sacris et Libro Concordiae*, ed. Johann Anselm Steiger (Stuttgart-Bad Cannstatt: Fromann-Holzbog, 2006), 1:154-60, 2:950-51.

42 *Ioannis Gerhardi Loci theologici*, ed. Eduard Preuss, 2 (Berlin: Schlawitz, 1864): 147a-b. 이와 유사한 정의는 Johann Gerhard, *Commenatrius super Genesin* (Jena: Steinmann, 1637), 75-78을 보라.

43 같은 책, 86.

44 *Loci theologici*, 142a.

을 부정한 데 대한 책임은 사람에게 있는 반면에, 하나님은 죄와 악에 대해 어떤 책임도 없다.[45] 게르하르트는 원죄의 결과로 불순종[46]과 죽음[47]을 언급하며, 인간의 조건에 관한 펠라기우스의 그릇된 해석과 당대의 로마 가톨릭의 다양한 해석에 대한 구체적인 반례를 제시한다. 또한 원죄가 총체적 측면에서 인간을 부패시킨다고 주장하며, 플라치우스가 죄인의 실체와 원죄를 동일시한 것을 비판했다.[48] 게르하르트는 원죄가 유전되는 방식에 관한 장황한 루터교의 논의를 처음으로 개시했다. 그는 요한복음 3:3, 시편 51:7, 욥기 14:4, 에베소서 2:3, 창세기 5:1을 언급하며 "육체의" 자연적 번식이 하나님께 적대적인 소위 "육체적" 본성을 자아낸다고 주장했다. 처음부터 루터교 교의에 내포된 "영혼유전설"적 요소를 이렇게 분명히 상술하게 된 배경은, 특히 동정녀 마리아의 원죄 없는 잉태와 연관된 로마 가톨릭의 입장, 특히 벨라르미누스(Robert Bellarmine) 같은 학자에 의해 형성된 논쟁적인 분위기였다.[49] 원죄의 기원을 상상하는 또 다른 방식은 인간의 죄성에 대한 기본적인 정의와 에덴이라는 기원의 가능성 저편에 놓여 있다.

17세기 말 무렵에 "정통주의" 루터교 신학자들 사이에서는 원죄의 정의가 변화하기 시작했다. 그라이프스발트(Greifswald)와 로슈토크(Rostock) 대학교의 교수인 요한 프리드리히 쾨니히(1619-1664)는 인간의 본성을 전

---

45 같은 책, 142b-43a, 144a-47a.
46 Gerhard는 창세기 주석에서 원죄가 "온 율법과 하나님의 모든 명령을 범하게(야 2:10)" 한다고 주장했다. *Commentarius super Genesis*, 88.
47 Gerhard는 로마서 주석에서 죽음의 기원이 하나님이 창조한 인간 본성이 아니라, 죄에 있다는 데 특히 주목했다. *Annotationes posthumae in Epistolam ad Romanos*, ed. Ernst Gerhard (Leipzig/Jena: Fleischer, 1676), 170-72.
48 같은 책, 151b-69a.
49 같은 책, 169a-79b. 다음도 보라. Gerhard, *Annotationes…Romanos*, 169. 여기서 Gerhard는 단지 죄인이 이전 세대를 본받음으로써 원죄가 유전되어 죄인을 장악하게 된다는 생각에 반대한다.

적으로 타락하게 만들고 "오늘날의 우리를 비롯해서" 모든 후손에게 전해진 아담의 행위를 "원초적 죄"로 정의했다. 사람의 마음과 의지는 하나님이 아닌 사탄의 유혹에 넘어갔다. 아담의 죄와 불순종이 원죄가 되었고, 이는 "자연적인 우연"으로 전해졌다. 쾨니히는 "죄의 형태"를 내재적 측면에서는 "하나님의 법의 진리에 대한 의심"으로, 외재적 측면에서는 열매를 먹은 행위로 정의했다. 반복해서 그는 "아담의 죄"를 다음과 같이 정의한다. 첫째는 하나님의 말씀을 믿지 않거나 의심하는 것, 둘째는 하나님께 순응하지 않는 것, 셋째는 하나님의 법을 거스르고 마귀에게 순종하는 것, 넷째는 이 모든 것이 의미하는 바를 실행하는 것이다.[50] 원죄에 대한 이해에서 의심과 믿음의 개념은 점점 희미해져갔다.

이런 점은 비텐베르크 대학교의 교수 요한 안드레아스 크벤슈테트(1617-1688)의 작업에서도 분명히 드러난다. 그에 의하면, 원죄는 마치 하나님이 만드신 것처럼 태초부터 시작된 것이 아니라, 아담에게서 비롯되어 부모를 통해 자녀에게 전해져 모든 사람의 실제적 죄의 기원이 된 것이다. 시편 51:5에서 다윗은 자기 죄의 기원을 고백하며 부모로부터 잉태되어 죄가 유전되었다고 말한다.[51] 원죄에 대한 기본 정의를 세운 크벤슈테트의 작업에는 하나님과의 깨어진 신뢰의 개념이 없다. 대신에 그는 루터의 권위에 호소해서 기원적 악의 목적이 "도덕법 전체"를 지키지 못하게 함에 있으며, 이로써 사람에게 있어 가장 심각한 부패, 즉 원래 의의 상실이 일어났다고 주장했다. 그래서 욕망이 오염되고, 실제적 죄를 범하게 되었으며, 현

---

50 Johann Friedrich König, *Theologia Postivo-Acroamatica succinctis Annotationibus explicata* (Wittenberg/Servestae: Zimmermann, 1755), 235-43; König의 논의는 256쪽까지 이어진다.

51 Johann Andreas Quenstedt, *Theologia Didactico-Polemica, Sive Systema Theologicum* (Wittenberg: Quenstedt, 1701), 2:56-59.

세적인 죽음과 영원한 죽음을 포함해서 징벌이 원죄에 대해 내려졌다.[52]

크벤슈테트보다 조금 나중에 태어난 요한 빌헬름 바이어(1647-95)는 예나와 할레 대학교의 교수였는데, 원죄가 하나님과 그의 말씀에 대한 믿음을 깬 것이라기보다는 하나님의 법을 어긴 것이기에, 하나님과 사람의 관계가 아니라 사람의 행위에 중점을 두게 될 수밖에 없다는 크벤슈테트의 역점을 이어갔다. 바이어는 일반적 의미에서 하나님의 법을 통해 알려진 "하나님의 심판과 영원불변한 지혜"에 합치되지 않는 것이 죄라고 정의했다.[53] 따라서 원죄는 "어느 정도는 원래 의의 결핍이자, 어느 정도는 부패한 것을 향한 전체 본성의 경향"으로서 진정으로 하나님을 깨닫게 해줄 뿐만 아니라 그분이 경배받아 마땅한 이유를 알려주며, 하나님의 계시가 확고히 받아들여져야 함을 알려주는 영적인 빛이 완전히 사라진 것이라고 정의된다. 그러므로 원죄는 무엇보다 하나님을 사랑하는 힘과 처음의 거룩함을 상실한 것이며, 악한 방향을 따르는 인간 의지의 욕망 속에서 마음의 생각을 따라 행동하는 것이다.[54] 물론 정확히 말해 "오감의 욕구"를 따르고자 하는 행동 자체는 죄가 아니라고 할 수 있겠지만, 바로 그것이 사람을 죄로 이끌기 때문에 죄라고 불러 마땅하다.[55] 이처럼 원죄에 대한 강조점을 완전히 깨어진 하나님과의 신뢰의 유전에 두는 관점으로부터, 사람의 행실에 두는 관점으로 옮겨간 이유는 신인협동설과 연관되었다고 볼 수 있다. 바로 이것이 때때로 바이어가 비난받는 이유이기도 하다. 이리하여 죄인 각자에게

---

52 같은 책, 2:59-62.

53 *Compendium Theologiae Positivae* (Jena: Oehrling and Leipzig: Fritsch, 1708), 435, edited for use in the United States by C. F. W. Walther (St. Louis: Concordia, 1879), 2:268.

54 *Compendium*, 1708, 455-59; 1879, 2:283-85.

55 *Compendium*, 1708, 461-62; 1879, 2:286. Johann Wilhelm Baier와 동시대를 살았던 David Hollaz(1648-1713)도 비슷한 입장을 취했다. *Examen Theologicum Acromaticum* (Stargard: Ernesti, 1707), 2:114-51.

뿌리 내린 원죄에 관한 루터의 사고방식은 심각할 정도로 사라져갔다.

필립 야콥 슈페너의 원죄론

그러나 설교와 교리문답 같은 방식으로 평신도에게 다가가고자 했던 목회자들에게는 루터의 사상이 여전히 힘을 발휘하고 있었다. 필립 야콥 슈페너(1635-1705)는 종교개혁의 원리에서 벗어났다는 비판을 줄곧 받지만, 그럼에도 그의 설교와 교리 해설에는 루터의 원죄론의 핵심이 녹아 있다. 정통적인 루터교 신학자들은 올바른 성경적 가르침을 붙잡고 일상을 개혁하기 위해 분투했다.[56] 이런 노력으로 소위 "경건주의" 운동이 일어나게 되었고, 슈페너는 경건주의의 "아버지"라고 불리게 된다. 흔히 경건주의자들은 죄로 물든 삶을 혹독하게 비판하는 것으로 유명하며, 원죄에 대해서는 그다지 주목하지 않는 경향이 있다. 그러나 슈페너는 교리를 가르치고 설교하는 가운데 원죄를 언급하기를 주저하지 않았다. 그는 『교리문답서』에서 "하나님의 법을 거스르는 모든 것"을 원죄로 정의하며, 이는 하나님이 아니라 변질된 인간 의지와 마귀로부터 비롯되었다고 보았다. "그것은 다른 모든 죄의 기원이 되며, 우리가 태어나기도 전에 우리에게 씌워져 있기 때문에" 원죄라고 불린다. 원죄는 자연적인 잉태를 통해 번성하고 유전된다. 이것은 "어떤 선한 일도 할 수 없는 무능력이자 모든 악을 향한 실제 성향이다. 마음속에서 원죄는 흑암이며 불확실성이자 죄를 향한 경향이다. 의지 속에서 원죄는 반역이자 철저히 왜곡된 본질이다. 감정 속에서 원죄는

56　Jonathan Strom, *Orthodoxy and Reform: The Clergy in Seventeenth Century Rostock* (Tübingen: Mohr Siebeck, 1999).

완전한 장애이자 무기력이고 허무다. 게다가 원죄는 악행을 향한 성향이며, 선을 제외한 모든 것에 대한 충분한 준비 태세로…하나님 형상의 정반대로, 바로 마귀의 복면이다."[57] 또한 슈페너는 이 개념을 다음과 같이 설명했다. "우리가 지녔던 하나님의 형상의 자리 즉 우리 본성의 끔찍한 변질로 인해 우리는 어떤 선도 행할 수 없이 철저히 무능력하게, 또 하나님에 대한 지식과 경외심과 믿음 없이, 자연적으로 눈이 먼 상태에서 모든 종류의 악을 끊임없이 탐하고 처음부터 끝까지 하나님을 대적하는 상태로 세상에 태어났다. 이렇게 오염된 근본에서 다른 모든 악이 발생한다."[58]

교부 시대와 중세 시대의 용어인 "원죄"에 대한 마르틴 루터의 혁명적인 재정의에는 창조주의 창조적이고 재창조적인 말씀과, 사람의 신앙이나 믿음의 응답을 토대로 삼는 그리스도인의 신앙과 삶을 정의하는 틀을 극적으로 재정의하는 작업이 반영되어 있다. 특별히 삶 속에서 하나님의 흔적을 잃어버리고 사람의 구체적인 죄의 모습을 형성하는 악의 평범성과 급진성 모두를 다루기 위해 씨름하는 21세기의 모든 전통에 속한 그리스도인들에게 루터의 관점은 유익하고 적합하다. 루터를 따르는 이들은 우리가 경험하는 바와 같이 인생에서 무엇이 잘못되었는지에 대한 루터의 이해를 다양한 정도로 포착하고 있다. 하나님의 선의 본질 및 형상을 닮은 인간의 선

---

57 Philipp Jakob Spener, *Catechismus Tabellen, Darinnen der gantze Catechismus D. Martin Luthers Deutlich und gru[e]ndlich erkla[e]ret*, ed. Johann Georg Pritius (Frankfurt am Main: Zunner and Adam, 1713), 83-85(Kolb 번역).

58 Philipp Jakob Spener, *Einfache Erkla[e]rung der christlichen Lehre* (Erlangen: Palm, 1827), 144. 그가 교리문답을 설교한 곳에도 동일한 생각이 반영되어 있다. *Kurtze Catechismus-Predigten* (St. Louis: Volkening; Leipzig: Naumann, 1867), 138-43(Kolb 번역).

과, 동시에 사람과 창조주의 관계가 얽혀 있기에 성경만이 온전히 드러낼 수 있는 오염과 전염의 경험 사이의 풀지 못할 역설에 대한 루터의 인식은 21세기 모든 문화에 속한 사람들에게 유익을 줄 수 있다. 20세기에 수차례 일어난 홀로코스트의 참상은 모든 인간이 부모로부터 물려받은 존재를 통해 하나님의 주권을 부정하게 된다는, 즉 원죄는 피할 수 없이 타고난다는 루터의 확신을 수긍하게 만든다. 루터의 이해에서 가장 유익한 점은, 에덴에서 인류 역사가 시작되었을 때 존재했으며 동시에 모든 개인의 일상 경험 속에 있는 원죄를 하나님 말씀에 대한 의심이자 그분의 주권에 대한 부정으로, 또 그분에 대한 믿음과 사랑의 소멸로 정의한다는 데 있다. 이는 인간 실존의 정수가 바로 창조주와의 관계에 있는데, 우리를 만들고 지키는 바로 그 존재를 우리가 믿지 않음으로써 그 관계가 깨어지고 말았다는 사실을 강조한다. 그러므로 하나님의 택함 받은 백성의 삶 속에서 여전히 계속되는 죄와 악의 불가사의한 본질은 이런 오염이 얼마나 깊숙이 배어 있는지를 보여주며, 피조물이 그들의 재창조주 예수 그리스도가 되신 창조주의 은혜와 자비에 얼마만큼 전적으로 의탁해야 하는지를 부각시킨다.

제6장
개혁신학에서의 원죄

도널드 매클라우드(Donald Macleod)

원죄에 관한 개혁주의의 논의에는 두 가지 다른 질문이 있다. 첫째는 사실에 대한 질문이다. 영국 성공회 신조에 나타나듯이 "생득 죄"(Birth Sin)와 같은 것이 있어서, 모든 사람의 본성이 자연스럽게 부패하고 모든 사람이 "원래 의로움에서 멀리 떨어져, 본성상 악에 치우치는 성향이 있기에 육은 항상 영에게 거역한다. 따라서 이 세상에 태어난 모든 사람은 하나님의 진노와 심판을 받게 된다"(9조)는 것이 사실인가?

둘째는 설명에 대한 질문이다. 그렇다면 앞의 사실을 어떻게 설명할 수 있는가? 미묘한 문제는 차치하고, 간단히 성경에서 얻을 수 있는 대답은 아담 안에서 우리가 죄를 범했으며, 아담이 타락하던 순간에 원래의 고귀함을 상실하여 아담에게서 완전히 오염된 본성을 물려받았다는 것이다.

이 두 번째 물음에 대해서는 수많은 정열과 감정과 학식이 소모되었다. 특히 아담과 그의 자손 간의 관계에 있는 정확한 본질에 대해서 그랬다. 그러나 어떻게 사람의 본성이 이런 곤경에 처하게 되었는지는 설명하기 어렵다고 할지라도, 이를 의심할 수 없다는 점은 한순간도 망각되지 않았다. 또한 인간 본성의 타락 자체가 지극히 중요한 것이라는 사실 역시 잊히지 않았다. 19세기 스코틀랜드의 신학자 윌리엄 커닝햄은 심지어 이렇게 말했다. "활기찬 개인 종교의 번성은 삼위일체와 그리스도의 위격에 관한 올바른 견해보다는, 펠라기우스 논쟁과 관련된 부분에 대한 올바른 견해와 더

욱 밀접히 연관된다."¹

이는 본질적인 문제였으며, 특히 초창기 개혁주의 신학자들이 어떻게 죄가 부모로부터 자녀에게로 전달되는지와 같은 질문을 유순히 받아 넘기지 못한 이유를 보여준다. 예컨대 윌리엄 퍼킨스는 이렇게 외친다. "죄의 전파가 마을에 발생한 화재라면, 사람들은 이 불이 어떻게 일어났는지보다는 어떻게 꺼야 할지에 대해 더 고심한다."²

그러나 이 사실 자체도 핵심적인 쟁점을 불러일으킨다. 어떻게 인류가 이런 비참한 상태에 머물러 있게 되었을까?

"매우 좋은" 창조

이 대답은 사람이 죄 있는 상태로 창조되지 않았다는 완강한 주장으로 시작된다. 정반대로 사람은 도덕적이고 영적으로 온전한 상태로 지어졌다. 이것이 개혁주의 신정론의 토대가 되는 부분이다. 하나님은 죄의 기획자가 될 수 없고, 타락한 피조물의 창조주가 될 수도 없다. 반대로, 태초의 순간에 사람은 "매우 좋았다." 우르시누스에 따르면, 아담과 하와는 하나님의 형상을 가지고 있었으며 죄에 물들지 않은 상태였는데 "이로써 우리가 아는 바는 그가 온전히 선하고 슬기롭고 정의롭고 거룩하고 행복한 상태로, 게다가 다른 모든 피조물들을 다스리는 자로 창조되었다는 사실이다."³ 이

1　William Cunningham, *Historical Theology*, vol. 1 (1862; repr., London: Banner of Truth, 1960), 321.

2　William Perkins, *A Golden Chain or the Description of Theology* (1590), 12장. 다음을 보라. *The Work of William Perkins*, intro. and ed. Ian Breward, Courtenay Library of Reformation Classics (Appleford, UK: Sutton Courtenay Press, 1970), 192.

3　*The Commentary of Dr. Zacharias Ursinus on the Heidelberg Catechism* (1591), trans. George W.

는 아담과 하와가 마치 도덕적 선택에 있어 선과 악 사이의 이중성을 헤매며 형식상의 자유만을 가진 듯한(펠라기우스의 주장처럼), 도덕적 모호성이나 무관심에 불과한 상태가 아니었다는 의미다. 오히려 그들은 이미 거룩한 상태였으며, 그들의 원래 상태 자체가 창조주의 명예이자 큰 기쁨이었다. 그러므로 그들이 가진 본질의 핵심(그렇지 않다면 그리스도께서 사람의 본질을 취하셨을 리가 없다)이 죄가 아니라, 본질의 왜곡이 죄였다.

이처럼 사람의 죄와 하나님을 분리하는 것은 칼뱅의 글에 분명히 나타나 있다. 칼뱅은 우리가 본질상 진노의 자녀(엡 2:3)라는 바울의 표현을 이렇게 주해했다. "바울은 하나님이 만드셨을 당시의 '본질'이 아니라 아담 안에서 본질이 부패된 상태를 말하고 있다. 하나님을 죽음의 기획자로 보는 것은 매우 부적절하기 때문이다. 따라서 아담 자신이 너무 부패해서 그로부터 모든 후손에게까지 퍼지게 되었다."[4] 인류의 악덕에 대한 책임은 하나님께 있지 않다. "오직 우리만이 멸망하게 되는 까닭은 우리가 원래 상태로부터 변질되었기 때문이다."[5]

후대의 개혁주의 신학자들도 동일한 언급을 한다. 퍼킨스는 "죄"가 "최초의 고귀함의 오염, 아니 더 정확히는 상실이다"라고 서술한다.[6] 윌리엄 에임스는 다른 관점에서 아담의 타락의 이유를 논의하면서 다음과 같이 주장한다. "따라서 그의 타락의 원인은 결코 하나님일 수 없다. 또한 그분이 사람이 죄를 지을 수밖에 없도록 만든 것도 아니다. 사람은 자진해서 하

   Williard (1852; repr., Phillipsburg, NJ: P&R, n.d.), 28.

4 John Calvin, *Institutes of the Christian Religion*, 2 vols., ed. John T. McNeill, trans. Ford Lewis Battles, Library of Christian Classics (Philadelphia: Westminster, 1960), 2.1, 6. 『기독교강요』 (생명의말씀사 역간).

5 같은 책, 2.1, 9.

6 Perkins, *A Golden Chain*, 10장, 189.

나님께로부터 떨어져 나갔다."[7]

이런 관점은 시대가 흘러감에도 그 힘을 조금도 잃지 않았다. 현대의 지배적인 담론 속에서 인간은 창조가 아닌 진화를 통해 나타났으며, 그 기원에 있어 성인이나 현자가 아닌 그저 야만인에 불과하다. 이런 관점에서는 처음부터 죄가 사람의 특징이었던 것으로 보인다. 죄는 "타락"에서 유래한 것이 아니라 "하나님 의식"(God-consciousness)을 성장시키지 못하도록 만드는 "감각 기능의 독립"으로부터 생겨난다.[8] 이렇게 되면 사람을 만든 이(만일 이런 존재가 있다면)에게 죄에 대한 책임이 돌아가게 될 뿐만 아니라, 인간 실존에 있어 죄는 피할 수 없고 모면할 수 없는 것이 된다. 후자를 생각하면 한없이 침울해지고, ("하나님"이라는 말에 "선"이 내포되어 있다는 전제 아래) 전자는 하나님의 존재와 공존할 수 없다.

행위 언약

개혁주의 원죄론에서 두 번째 핵심 요소는 태초부터 하나님과 사람의 관계가 언약으로 규정되었다는 것이다. 이런 점이 칼뱅에게 뚜렷이 나타나지는 않지만, 시험적 명령(probationary command)에 대한 개념은 분명히 나타난다. 칼뱅은 창세기 2:17을 주해하면서 이 시험에는 죽음에 대한 경고만이 아니라 삶에 대한 약속이 포함되어 있다고 선명히 밝힌다. 아담이 순종으로 이 시험을 통과했다면, 그는 "상하거나 죽지 않고 천국으로 갔을 것이

---

7   William Ames, *The Marrow of Theology*, 1623, trans. John Dykstra Eusden (Grand Rapids: Baker, 1997), 114. 『신학의 정수』(크리스챤다이제스트 역간).

8   Friedrich Schleiermacher, *The Christian Faith*, 2nd ed., 1830, trans. H. R. Mackintosh and S. Stewart (Edinburgh: T&T Clark, 1928), 273. 『기독교 신앙』(한길사 역간).

다."⁹ 그러나 칼뱅은 "언약"이라는 용어를 자주 사용하면서도 아브라함 이전으로는 거슬러 올라가지 않는다. 또한 "옛" 언약과 "새" 언약에 대해 언급하지만 아브라함 언약의 계속적인 이행으로서 처음에는 율법 아래, 이후로는 복음 아래 있음을 언급할 따름이다. 칼뱅에게는 아담 언약의 개념을 찾아볼 수 없다.

앞과 같은 개념은 흔히 언약신학의 창시자로 알려진 취리히의 신학자 츠빙글리와 불링거에게서도 나타나지 않는다. 츠빙글리는 재세례파의 비판에 대해 유아세례를 변론할 때에 한정해서 언약 개념을 사용했다.[10] 불링거(Bullinger)는 언약에 관한 최초의 논문을 써서 1534년에 『하나님의 언약 또는 뜻』(*De Testamento sive foedere Dei*)을 출간했으며,[11] 『설교집』(*Decades*, 1550)에서는 하나님과 사람 사이의 "동맹"(league)을 언급한다. 그는 이 "동맹"이 아브라함과 더불어 시작된 것이 아니라 하나님이 "아담과 가장 먼저 맺으신" 것이라고 말한다. 그러나 이것은 훗날 행위 언약으로 알려진 것과는 다르다. 이는 "아담의 범죄 즉시" 맺어진 타락 이후의 동맹이었다.[12] 하이델베르크의 신학자 카스파르 올레비아누스도 기독교 교리 전체를 집대성하기 위한 원리로 언약 개념을 사용했다. 하지만 그 역시 칼뱅과 마찬가

---

9   John Calvin, *Commentary on Genesis*, vol. 1 (Edinburgh: Calvin Translation Society, 1847; London: Banner of Truth, 1965), 127.

10 예를 들어 Zwingli의 논문을 보라. *Of Baptism in Zwingli and Bullinger*, ed. G. W. Bromiley, LCC (Philadelphia: Westminster, 1953), 119-75. 예컨대 Zwingli는 "세례를 받는 모든 이들이 기꺼이 삶을 변화시켜 그리스도를 따르기로 작정함을 보여주는 언약적 표지"가 세례라고 기술한다(14).

11 다음을 보라. William Klempa, "The Concept of the Covenant in Sixteenth- and Seventeenth-Century Continental and British Theology," in *Major Themes in the Reformed Tradition*, ed. Donald K. McKim (Grand Rapids: Eerdmans,1992), 96. 초창기 언약신학의 발달에 관해서는 다음을 보라. Geerhardus Vos, "The Doctrine of the Covenant in Reformed Theology," in *Redemptive History and Biblical Interpretation*, ed. Richard B. Gaffin (Phillipsburg, NJ: P&R, 1980), 234-67.

12 Klempa, "Concept of the Covenant," 97.

지로 오직 한 가지 언약, 곧 은혜 언약만을 알았다.[13]

"행위 언약"이라는 용어는 스코틀랜드 신학자인 로버트 롤록이 1597년에 출간한 『유효한 부르심에 관한 고찰』(*Tractatus de Vocatione Efficaci*)에서 처음 사용되었다(이 책의 영문판은 1603년에 출간됨).[14] 롤록은 서문에서 "하나님의 모든 말씀은 다소간의 언약과 관련된다. 하나님은 언약 없이 사람에게 말씀하지 않으시기 때문이다"라고 쓰고 있다.[15] 그리고 이렇게 이어 나간다.

법률 언약 또는 자연 언약이라고도 부를 수 있는 행위 언약이 정결하고 거룩하게 창조된 본질 속에서 발견될 뿐만 아니라, 첫 창조에서 사람의 마음에 새겨진 하나님의 법 안에서도 발견된다. 하나님이 자신의 형상을 따라 정결하고 거룩하게 사람을 창조하고 그 마음에 자신의 법을 새긴 후, 사람과 언약을 세우고 이로써 거룩하고 선한 행위를 전제로 영원한 생명을 약속하셨는데, 이는 사람의 본질에 있는 선과 거룩함에 적합하고 하나님의 법에 상응하는 것이었다.[16]

웨스트민스터 총회가 여전히 방관하던 사이에 출간된 『현대 신학의 정수』에서는 행위 언약을 당연하게 받아들였다.[17] 『현대 신학의 정수』는 "현대"(루터 이후) 신학자들의 글을 편찬한 책으로, 행위 언약에 관한 논고는

---

13 Caspar Olevianus에 대한 더 깊은 논의는 다음을 보라. Lyle D. Bierma, "Covenant or Covenants in the Theology of Olevianus?," *Calvin Theological Journal* 22.2 (1987): 228-50.

14 다음을 보라. *Select Works of Robert Rollock*, vol. 1, ed. William M. Gunn (Edinburgh: Wodrow Society, 1849), 1-288.

15 같은 책, 33.

16 같은 책, 34.

17 *The Marrow of Modern Divinity, with Notes by the Rev. Thomas Boston* (New Edition, Edinburgh: 1818), 31-35.

볼(Ball), 에임스, 워커(Walker), 우르시누스, 롤록, 호로티우스(Grotius), 레이놀스(Reynolds), 슬레이터(Slater), 굿윈(Goodwin), 무스쿨루스(Musculus), 볼튼(Bolton)에 근거하고 있다. "사람과 맺은 첫 언약은 행위 언약이었다"라고 선언하는 웨스트민스터 신앙고백은 행위 언약을 받아들인 첫 번째 개신교 신조인데, 실제로 이 문서가 등장하기 전부터 앞의 용어는 이미 통용되고 있었다.[18]

"행위 언약"이란 용어는 시작부터 신랄한 비판을 받았는데, 이는 정확히 이런 용어가 성경에 나타나지 않기 때문이었다. 이미 『현대 신학의 정수』에서 대화 상대자로 등장하는 노미스타(Nomista; 율법주의자를 상징하는 가상의 인물로 에반겔리스타[Evangelista]와 문답식 대화를 주고받는다—역주)는 이런 비판을 제기한 바 있다. "선생님, 하지만 당신의 말씀대로 사람과 맺은 첫 언약이 행위 언약이라는 말은 창세기 어디에도 찾아볼 수 없다는 사실을 알고 계시지 않습니까!" 그러자 그는 장차 전형적인 대답이 될 다음과 같은 답변을 듣는다. "비록 사람과 하나님 사이에 세워진 언약이라는 용어는 찾을 수 없지만, 그만큼 충분한 단서는 가지고 있는데" 이는 곧 두 대상, 곧 약속과 조건이다. 19세기와 20세기에는 더 근본적인 역사적·신학적 토대에서 행위 언약이 거부되었다. 첫째는 관주도적 종교개혁자들의 복음, 특히 칼뱅에게서 등을 돌리는 시류이며, 둘째는 행위 언약을 사람과 하나님의 첫 번째 관계가 은혜가 아닌 법으로 규정되는, 가혹한 율법주의로 보는 풍조다.

여기에 대한 대답으로, 나는 먼저 개혁주의 신학 전반에 다음과 같은 괄목할 만한 주장이 있다는 점을 언급하고자 한다. 즉 하나님이 아담에게

---

[18] 웨스트민스터 신앙고백, 7:7. 웨스트민스터 신앙고백은 1646년 12월에 완성되었는데, 이는 Cocceius가 *Summa doctrininae de foedere et testamento Dei* (Amsterdam: 1648)를 펴내기 약 2년 전이었다.

주신 약정은 **약속** 언약(promissory covenant)으로서, 죽음에 대한 경고만이 아니라 생명을 약속하신 것이라는 점에 대한 철저한 주장이다. 이런 의미에서 예컨대 웨스트민스터 소요리문답은 "생명의 언약"이라는 말을 사용한다.[19] 이 주장은 칼뱅에게서 진작 나타났다. "첫 사람이 올바르게 있었다면, 진정으로 더 나은 삶을 누렸을 것이다."[20] 동일한 측면을 롤록에게서도 찾아볼 수 있다. 그는 "거룩하고 선한 행실"이라는 조건 아래 영원한 생명을 보장하는 언약에 대해 언급했다.[21] 에임스도 기원적 "법"을 동물적 생명의 연장에 대한 약속과만 연관시키지 않고 "이후의 영적 생명으로 격상되는" 약속과도 결부시켰다.[22] 투레티누스 역시 온전한 순종에 대한 요구를 생명 및 영원한 행복에 대한 약속과 연결하여 하나님을 묘사했다.[23] 게다가 개혁주의 신학자들 사이에서는 생명나무가 "아담이 원래 상태를 유지했다면 그가 누렸을 영생"의 성례적 증명이었다는 합의가 있었다.[24] 언약은 영생뿐만 아니라 아담이 에덴에서 이미 누리던 것보다 훨씬 더 영예로운 존재로 격상되었을 수 있다는 조망을 보여준다.

동시에 순종에 따르는 어떤 약속이라도 그 자체가 하나님 편에서의 낮춤과 은혜의 행위라는 점이 강조되었다. 웨스트민스터 신앙고백에서 말하는 바처럼, 인간은 이미 그 존재가 하나님의 창조에서 비롯되었으므로 그분께 순종함이 마땅하지만, 반대로 하나님께서는 이런 순종에 대해 영생으로 보

19　웨스트민스터 소요리문답, 12문.
20　Calvin, *Commentary on Genesis*, 1:180.
21　Rollock, *Select Works*, 1:34.
22　Ames, *The Marrow of Theology*, 113.
23　Turretin, *Institutes of Elenctic Theology*, vol. 1, ed. James T. Dennison Jr., trans. George Giger (Phillipsburg, NJ: P&R, 1992), 575.
24　Turretin, *Institutes*, 1:581.

상할 이유가 없다.²⁵ 하나님이 그렇게 하신 것은 "그분이 언약의 방식으로 나타내기를 기뻐하신 그분 편에서의 자원하는 낮추심" 때문이다.²⁶ 이런 점은 법과 언약의 뚜렷한 차이를 보여준다. 법에는 약속이 따르지 않는다. 법은 단지 우리가 지켜야 하는 명령에 불과하다. 더구나 법에 대한 지식은 자연스럽게 아담의 마음에 새겨져 있었지만, 언약의 조항에 대한 지식은 그렇지 않았다. 아담은 오직 특별 계시를 통해 약속을 알았다. 마찬가지로 시험적 명령의 본질도 그러하여 "여호와 하나님이 그 사람에게 명하여"(창 2:16) 이르셨기에 아담은 그 명령을 알 수 있었다. 이런 점들을 고려해볼 때, 행위 언약이 철저한 율법주의의 반영이라는 주장은 설득력을 얻기 어렵다. 하나님이 하신 약속과 맺으신 언약 두 가지 모두는 순수한 은혜다.

행위 언약이 가진 약속적 본질(promissory nature)에 대한 강조는 본질상 아담에게도 하나님이 세우신 조항을 충분히 지킬 수 있는 능력이 있었다는 점에 대한 동일한 강조와 연관된다. 따라서 투레티누스가 "자연 언약"(covenant of nature)이라는 용어를 빈번히 사용하는 것은, 하나님이 사람에 대한 "본연적인"(natural) 의무 아래에 있기 때문이 아니라 "그것이 사람의 본질(nature, 하나님이 처음 창조하신 그 상태)과 온전한 능력 위에 세워졌기 때문이다."²⁷ 이는 하나님의 정의와 밀접히 연관된다. "하나님이 피조물에게 할 수 있는 능력도 주지 않고 요구한다는 것은 그분의 선과 정의에 부합하지 않는다."²⁸ 하나님의 선물인 이런 능력은 아담의 본래적 거룩함의 일

---

25 웨스트민스터 신앙고백, 7:1. 다음도 보라. Turretin, *Institutes*, 1:574: "하나님은 자신의 마땅한 권한으로 (그가 창조한) 사람에게 어떤 보상에 대한 약속 없이도 순종을 명하실 수 있었다."

26 웨스트민스터 신앙고백, 7:1. Cocceius도 이렇게 말한다. "특이점은, 사람이 법 아래 있다는 것이 아니라 그 법을 경청함에 따른 약속이 있다는 것이다." Cocceius, *Summa doctrinae de foedere et testamento Dei*, Caput II:12. See Cocceius, *Opera Omnia* (Amsterdam: 1701), Tom. VII, 45.

27 Turretin, *Institutes*, 1:575.

28 Thomas Boston의 글에서 인용했다. *On the Covenant of Works: The Complete Works of the*

부였다. 즉 우리가 살펴본 바와 같이, 아담은 선과 악 사이에서 공평히 균형을 맞춘 상태로 창조된 것이 아니라 적극적으로 선을 추구하도록 지어졌다.

그렇다면 이런 질문이 생긴다. 거룩한 인간이 어떻게 타락할 수 있었는가? 투레티누스는 "온전한 상태의 사람이 어떤 식으로 타락할 수 있었는지를 자세히 추측하기는 몹시 어렵다"라고 했다.[29] 우르시누스는 간단명료한 답변을 제시했다. "사람의 첫 범죄의 기원은 하나님께 있는 것이 아니라, 사람의 자유의지와 마귀의 선동에 따라 촉발되었다."[30] 개혁주의적인 답변은 종합적으로 다음과 같은 세 가지 요점을 강조한다.

첫째, 사탄의 설득이다. 예컨대, 제임스 어셔는 뱀의 주장을 집중적으로 살펴본다.[31] 그러면서도 마귀가 아담으로 하여금 죄를 짓도록 **강요했다**는 인상을 남기지 않도록 주의했다. 에임스의 말대로 마귀는 단지 "조언과 설득적 요인"에 불과했거나,[32] 투레티누스의 말대로 아담은 "마귀에게 속은 자신으로 인해 고통을 받았으며, 하나님과 아무 상관없이 사탄은 강요가 아니라 자유롭게 설득한 것이다."[33]

둘째, 자유의지의 남용이다. 일찍이 칼뱅은 이런 말을 했다. "우리가 사람에 관해 말하자면, 그가 자신의 창조주 하나님을 떠나 자발적으로 죄를 지었다는 것을 발견할 수 있다. 이는 왜곡만이 아니라 자유로운 마음의 운동으로 인함이다."[34] 퍼킨스도 유사한 인상을 준다. "따라서 그들은 거리낌

Late Rev. Thomas Boston, vol. 1, ed. Samuel Macmillan, 12 vols. (1852; repr., Stoke-on-Trent: Tentmaker Publications, 2002), 232.

29　Turretin, *Institutes*, 1:606.
30　Ursinus, *Commentary on the Heidelberg Catechism*, 34.
31　James Usher, *A Body of Divinitie* (London: 1653), 128-31.
32　Ames, *The Marrow of Theology*, 115.
33　Turretin, *Institutes*, 1:607.
34　Calvin, *Commentary on Genesis*, 1:158.

없이 기꺼이 자신들의 고결함을 저버렸다."³⁵ 에임스 역시 동일한 언급을 한다. "주된 원인은 자유의지를 남용한 사람 자신이다.…따라서 하나님은 결코 사람의 타락의 원인이 아니며, 사람에게 죄를 지을 수밖에 없는 필연성을 심어두지도 않으셨다."³⁶

이처럼 자유의지에 대한 강조는 개혁주의 신정론에 있어 핵심 요소다. 사람은 바르게 창조되었지만 변할 가능성이 있었으며, 이런 가능성은 아담이 선택의 자유를 어떻게 사용하는지에 달려 있었다. 그의 선택은 사탄의 감언이설 때문이 아니었고, 조금의 죄성도 없는 하나님의 형상을 가진 자신의 특성 때문에 "결정된" 것은 더더욱 아니었다. 우리는 하나님의 강제와 예정을 혼동하지 말아야 한다. 아담의 선택은 자유로운 행위로서 예정된 것이었지, 인과 관계의 선행적 사건이나 환경에서 "기원된" 것이 아니었다(물론 하나님의 작정 자체는 인과 관계에 귀속되지 않는다). 아담 스스로가 이런 결정의 원인이었으며, 거기에는 어떤 지적 관찰자로서의 제삼자도 없었다. 만일 그런 제삼자가 있다고 하더라도, 아담이 어떤 선택을 할지 예상할 수 없었을 것이다. 투레티누스는 이렇게 말한다. "아담은 자기 원대로 바르게 있을 수도 있었고, 악하게 될 수도 있었다."³⁷

이 주장을 세련되게 표현하자면, 아담이 "완전히"(거룩한) 사람으로서 이런 결정을 내린 것도 아니고, "부패한" 사람으로서 이를 결정한 것도 아니라는 것이다. 오히려 그는 "자신을 부패시킨 잘못된 생각에 물든" 자로서 결정했다.³⁸ 이는 아담이 범죄한 정확한 그 순간에 대해 에임스가 제시한 대답의 변형이다. "이 불순종에서 첫 단계 혹은 동기는 먹는 행위 이전

---

35 Perkins, *A Golden Chain*, chap. XI, 190.
36 Ames, *The Marrow of Theology*, 114.
37 Turretin, *Institutes*, 1:607.
38 같은 책.

에 있었음이 분명하다. 따라서 먹는 행위 전에 이미 사람은 죄인이었다고 분명히 말할 수 있다."³⁹

타락에 관한 개혁주의적 설명에서 세 번째 요점은 하나님이 효과적이거나 억제시키는 은혜(restraining grace)를 주시지 않았다는 것이다. 퍼킨스는 이렇게 기술한다. "그들은 스스로 고결함을 상실했는데, 하나님은 그저 그들의 자유로운 결정으로 인한 타락으로 그들이 고통 받도록 버려두셨다."⁴⁰ 그러나 이 말은 은혜의 개념에 있어 차별이 있음을 시사한다. 에임스에 따르면, 창조 때 아담은 그의 뜻에 따라 계속해서 하나님께 순종할 수 있는 충분한 은혜를 받았으며, 그 은혜는 죄를 짓기 전까지 유효했다. 그러나 다른 형태의 은혜는 그가 시험 당하던 순간에 주어지지 **않았다**. "범죄 행위를 막아줄 수도 있었고 순종의 행위를 유도할 수도 있었을, 강화하고 견고케 하는 은혜가 그에게 주어지지 않았다. 이는 하나님의 분명한 지혜와 정당한 심의를 따른 것이다."⁴¹

그러나 이것이 사람에 대한 변명의 구실이나 하나님에 대한 비난의 여지를 주는 것은 아니다. "그러므로 사람의 악에 대한 원인은 사람에게만 있다. 그는 하나님의 명령을 거역하라는 어떤 강제적이고 외부적인 압박 없이, 자발적으로 자유롭게 기꺼이 죄를 지었다. 물론 그는 자신이 바라기만 했다면 쉽게 죄를 피할 수 있는 능력을 갖추고 있었다."⁴²

39　Ames, *The Marrow of Theology*, 114.
40　Perkins, *A Golden Chain*, chap. 190.
41　Ames, *The Marrow of Theology*, 114.
42　Turretin, *Institutes*, 1:608.

아담과의 관계

하지만 이런 난해한 논의 가운데서도 한 가지 사실은 분명하다. 언약을 위반한 아담의 행위는 자기 자신만이 아니라 온 인류를 나락에 빠트렸다는 것이다. 이런 입장에 대해서는 개혁주의, 심지어 개신교에서도 다른 점이 없다. 그러나 정의를 고려하는 차원에서, 어떻게 한 사람의 죄가 이런 엄청난 재앙의 결과를 초래할 수 있었는가? 아우구스티누스는 중요한 답변을 제시했다. "우리 모두는 한 사람이었다"(omnes eramus unus ille homo).[43] 하지만 정확히 어떤 의미에서 아담과 후손들이 서로 하나인 것인가? 칼뱅은 이 문제에 많은 주의를 기울이지 않았는데, 아마도 이것이 로마와의 논쟁 주제가 아니었기 때문인 것 같다. 하지만 그가 이 문제를 언급할 때는 모순되지 않을지는 몰라도 적어도 이중적인 입장을 보인다. 칼뱅은 가장 기본적인 차원에서 아담과의 관계를 그저 하나님의 규례로 설명한다. "첫 사람이 하나님이 주신 선물을 받고 동시에 잃어버리는 것은 자기 자신과 그의 후손 모두에게 해당되는 행위로, 이는 하나님이 정하신 바다."[44] 그러나 여기서 확실히 멈추지 않고 그는 아담과 그의 후손의 생물학적 연관성에서 이 규례에 대한 합리적 근거를 찾는다. "아담은 단지 조상일 뿐만 아니라 이른바 인간 본성의 근원이라는 점을 분명히 알아야 한다."[45] 만일 그렇다면 "아담이 타락했을 때 인간 본성도 발가벗겨져 곤궁해졌거나, 아니면 아담이 죄로 물들자 인간 본성에도 전염되기 시작했다"라는 추정도 가능하다.[46]

---

43 Augustine, *On Forgiveness of Sins and Baptism*, bk. I.11, *Nicene and Post-Nicene Fathers*, series 1, vol. 5, 19. 『어거스틴의 은총론 1』(한국장로교출판사 역간).
44 Calvin, *Institutes*, II:I, 6, 7.
45 같은 책, 6.
46 같은 책, 7.

개혁주의 전통에 있어 초창기 칼뱅의 후계자들은 동일한 설명을 계속했다. 예컨대 롤록은 아담의 변절이 우리 모두에게 영향을 끼친 데 대해 다음과 같은 전제에서 설명한다. "당시에 우리 모두는 그의 생식기 안에 있었고, 첫 사람의 본질과 실체에 속해 있었다. 따라서 우리 모두는 그 안에서, 그와 함께, 살아 계신 하나님으로부터 멀어졌다."[47] 퍼킨스도 유사한 말을 한다. "아담이 죄를 범했을 때 그의 후손은 아담의 생식기 안에 있었다. 이에 자연의 순리에 따라 후손들 역시 그의 죄책에 포함되었다."[48] 그러나 퍼킨스는 생물학적인 설명과 나란히 언약적인 설명을 제시한다. "그때 아담은 사적인 한 개인이 아니었고 온 인류의 대표자였다. 따라서 그가 하나님께 받은 선과 다른 데서 기인한 악 모두는 그와 함께하는 타인들과 공유되었다."[49] 언약적 측면과 생물학적 측면의 이런 연관은 완전히 성숙한 언약신학에서도 끊어지지 않고 계속되었다. 예컨대 웨스트민스터 신앙고백은 우리의 첫 부모가 "온 인류의 근원"이라는 점과, 행위 언약을 통해 하나님이 아담에게 자신뿐만 아니라 그의 자손을 위한 생명을 약속하셨다는 점 모두를 분명히 강조하고 있다.[50] 웨스트민스터 대요리문답은 아담을 "공인"(public person)[51]이라고 일컫는데, 이 표현은 이미 에임스가 생물학적 연관성과 더불어 사용한 바 있다. "아담은 첫 인류였기에 그에게서 모든 사람이 비롯되었다. 그는 천사들 가운데 사적인 한 개인으로서뿐만 아니라 공

---

47 Rollock, *Select Works*, 1:168. Rollock의 언급은 "옛 칼뱅주의"가 아담과 그의 자손의 관계를 단지 언약적인 것만이 아니라 실제적인 것으로도 보았다는 W. G. T. Shedd의 나중 주장에 대해 어느 정도 정당성을 제공한다. 다음을 보라. W. G. T. Shedd, *A Critical and Doctrinal Commentary on the Epistle of St Paul to the Romans* (1879; repr., Minneapolis: Klock and Klock, 1978), 128, 130.

48 Perkins, *A Golden Chain*, chap. XI, 191.

49 같은 책.

50 웨스트민스터 신앙고백, 6:3과 7:2.

51 웨스트민스터 대요리문답, 22문.

인 또는 인류라는 가족의 대표로서 법을 받았다. 그의 자손이 받는 모든 선과 악은 그로부터 비롯되었다."[52] 투레티누스도 이런 연관성을 인정했다. "아담과 그의 후손의 유대에는 두 측면이 있다. (1) 자연적 측면에서 그는 아버지이고 우리는 자녀다. (2) 정치적·법정적 측면에서 그는 인류 전체를 대표하는 머리이자 군주였다."[53]

아담과 그의 자손의 관계에 대한 이런 언약적 이해는 개혁주의 입장의 표준이 되었다. 그러나 여기에 예외가 되는 인물이 하나 있는데 바로 W. G. T. 쉐드다. 쉐드는 여러 학문 분과에 걸쳐 다양한 책을 저술했는데, 그중에 가장 소중한 유산은 『기독교 교리사』(History of Christian Doctrine, 1863), 『로마서 주석』(Commentary on the Epistle to the Romans, 1879), 세 권에 걸친 『교의학』(1889-1894)으로 남겨진 신학적 작업이다. 각각의 책에서 쉐드는 부득이하게 원죄에 관한 문제를 다루는데, 특히 아담과 그의 자손 사이에 있는 연관성의 본질에 대해 논의했다. 시종일관 그는 인간 본질 전체와 온 인류가 타락의 순간에 실제로 아담 안에 있었고 아담 안에서 행동했다는 실재론적 관점을 취한다.[54] 우리는 단지 아담 안에서 죄를 지었다고 **간주되는** 것이 아니라 **실제로** 죄를 지었다.

그러나 전반적인 개혁주의 입장에서는 쉐드의 주장과 반대로, 우리 자신과 아담의 연합을 실제적이 아니라 언약적인 것으로 본다. 하지만 이미 살펴본 대로 이런 언약적 지위는 인간 전체와 그의 생물학적 연관성을 통해 합리화되며, 나아가 우리의 "근원"인 아담이 이상적인 조건 아래서 시험을 완수하도록 요청되었다는 점을 통해 더더욱 합리화된다. 아담은 찬란한 은혜를 누렸고, 낙원의 풍성함에서 나오는 웅장한 환경에 둘러싸여 있었으

---

52 Ames, *The Marrow of Theology*, 113.
53 Turretin, *Institutes*, 616.
54 W. G. T. Shedd, *Dogmatic Theology*, 3 vols. (1889-94; repr., Grand Rapids: Zondervan, 2:188.

며, 그의 앞에는 세상의 경이로움이 펼쳐져 있었다. 또한 그는 수정같이 맑은 지시를 듣고 강력한 동기를 부여받았다(순종에는 생명이, 불순종에는 죽음이 따른다). 그러나 "아담은 단번에 십계명 모두를 어겼다."[55]

죄의 전가

아담의 불순종에는 어떤 결과가 따랐는가? 짧게 답하자면, 그로써 우리 모두가 원죄를 안고 태어났다. 하지만 개혁주의 신학자들이 사용하는 이 용어는 양면적이다. 원죄는 가장 일반적으로 우리가 태어날 때의 타락한 상태를 가리킨다. 예컨대 에임스는 "전인적인 부패"로 원죄를 정의하지만,[56] 일찍이 롤록은 "원죄에 관해서는 세 측면이 있다"라고 보았다. 세 측면이란 곧 아담의 반역죄, 원래 의의 결핍, "우리에게 모든 악을 향한 성향을 가져다준" 본성적 부패다.[57] 그러나 이 세 가지 요소는 균형적이지 않다. 즉 의의 결핍과 우리 본성의 부패는 아담의 반역에 따른 한 쌍의 결과다. 이런 관점에서 보면 아담의 죄는 우리 죄성의 근본 원인이며, 죄성 자체는 두 가지 요소, 즉 결핍과 부패로 이루어진다. 비록 용어는 서로 다르다고 할지라도 개혁주의 신학자들은 여기에 대해 일치된 의견을 가지고 있다. 물론 모든 신학자가 늘 죄의 전가(imputation)에 대해 정확한 언어를 사용하는 것은 아니지만 아담의 죄에 대한 책임이 우리에게도 있다는 생각은 처음부터 있었는데, 이는 의심할 나위 없이 아우구스티누스의 영향이다. 그는 "더도 말고 바로 그 한 가지 죄만으로도 멸망으로 치닫기에 충분하다"라고 주장

55　Ames, *Marrow of Modern Divinity*, 41.
56　Ames, *The Marrow of Theology*, 120.
57　Rollock, *Select Works*, 1:167-70.

했다.[58] 비록 충분히 성숙한 "직접 전가"(immediate imputation)의 개념은 칼뱅 이후 백 년이 지나서야 나타나지만, 다음과 같은 우르시누스의 말에서 우리는 이미 그 전조를 찾아볼 수 있다. "온 인류가 하나님의 영원한 진노를 겪게 된 것은 우리의 첫 부모의 불순종 때문이다."[59] 어셔에게서는 전가의 개념이 명시적으로 분명하게 나타난다. 그는 죄에는 두 종류 즉 전가된 죄와 내재적 죄가 있다고 상정하고, 전가된 죄가 무엇인가 하는 질문에 이렇게 답한다. "[전가된 죄는] 아담 안에 있는 우리의 죄다. 우리는 그 안에서 살고 있었고 또한 그 안에서 죄를 지었다. 우리의 첫 부모 안에서 우리 모두는 첫 죄를 지었고, 이 죄는 다른 모든 죄의 원인이기에 우리 모두는 죄와 죄책 두 가지 모든 면에서 아담의 타락의 전가에 속박되었다."[60] 17세기 말 무렵, 이 교리에 대해 투레티누스가 한 다음과 같은 언급은 그 최종적인 표현이 되었다. "아담의 실제적인 불순종은 직접적·선행적 전가의 방식으로 자연적인 생식을 통해 그에게서 비롯된 모든 후손에게 전가된다."[61]

여기서 핵심 용어인 "직접적"(immediate), "선행적"(antecedent)이라는 말은 17세기 중반 개혁주의 신학자들을 분열시킨 논쟁을 반영하고 있다. 문제가 된 부분은 전가된 죄와 유전된 부패의 관계였다. **직접** 전가를 주장하는 이들에 따르면, 아담이 지은 죄의 죄책(guilt)이 후손에게 전가되었다는 것은 단지 그들이 후손이라는 이유 때문이다. 본성의 부패는 우리 죄에 대한 처벌로 따르는 것이다. 다른 한편에서 **간접** 전가를 주장하는 이들에 따르면, 죄책은 우리의 부패를 통해 전달된다. 하나님은 부패 여하를 불문

---

58   다음 글을 보라. *On Marriage and Concupiscence*, bk. II.46, *Nicene and Post-Nicene Fathers*, series 1, vol. 5, 302.『어거스틴의 은총론 3』(한국장로교출판사 역간).
59   Ursinus, *Commentary on the Heidelberg Catechism*, 40.
60   Usher, *A Body of Divinitie*, 144.
61   Turretin, *Institutes*, 1:163.

하고 아담이 지은 죄의 죄책으로 인해 우리에게 죄책을 물으시는 것이 아니라, 아담에게서 유래한 부패가 우리 안에 있기에 죄책을 물으신다. 우리는 아담의 후손으로서가 아니라 악하고 부패한 자로서 심판받는다.

조쉬에 드 라 플라스(플라케우스[Placaeus], 1596-1665)는 간접 전가의 대표적인 주창자로, 프랑스 개혁주의 교회의 목사이자 소뮈르(Saumur) 대학교에서 아미랄두스(Moïse Amyraut)와 함께 교편을 잡았다.[62] 1640년, 플라케우스는 『은혜에 앞서 타락한 인간의 상태에 관해』(*De Statu Hominis Lapsi ante Gratiam*)를 출간했다. 출간 5년 후, 제3차 샤랑통(Charenton) 총회에서는 플라케우스의 관점을 명백히 규탄하는 교칙("전반적인 사항에 관한 조항"이라는 표제 아래)이 통과되었다. 관련된 부분은 다음과 같다.

> 본 총회에 다음과 같은 교리에 대해 필사본과 인쇄본으로 접수된 보고가 있다. 즉 **아담의** 모든 후손에게 물려진 부패가 모든 사람에게 내재하게 되었는데, 원죄의 모든 본질이 그로써만 이루어져 있다는 주장으로, 아담의 첫 범죄의 전가를 부인하는 것이다. 따라서 본 총회는 이런 교리가 원죄의 본질을 **아담의** 후손에게 물려진 부패로만 한정하고, 아담이 타락하게 된 첫 범죄의 전가를 부인하는 연고로 지탄하는 바다. 이에 이 문제에 당면했을 때, 개신교회가 보편적으로 받아들이는 견해, 곧 (부패성뿐만 아니라 이에 더해) **아담의** 첫 범죄가 그의 후손에게 전가되었다는 점을 부인하는 목사와 교수, 다른 모든 이들을 교회의 징계에 따라 엄중히 처리할 것을 감수하고서라도 이를 금한다.[63]

---

62 그가 처한 역사적 배경에 대한 공감적인 접근으로는 다음을 보라. David Llewellyn Jenkins, *Saumur Redux: Josué de la Place and the Question of Adam's Sin* (Norfolk: Leaping Cat Press, 2008).

63 John Quick, *Synodicon in Gallia Reformata*, 2 vols. (London: 1692), 2:273.

플라케우스의 이름이 이 교칙에 직접 언급되지는 않지만, 『총회서』를 편찬한 존 퀵은 이 교칙이 가리키는 인물이 플라케우스가 분명하다고 생각했는데, 이는 그가 "드 라 플라스"(Mr. De la Place)라는 난외주를 덧붙인 데서 알 수 있다. 하지만 플라케우스는 자신이 총회가 지탄하는 그런 관점을 취하거나 아담의 죄의 전가에 대해 의심조차 품은 적이 없다고 부인했다. 1655년, 그는 소뮈르에서 『아담의 첫 범죄의 전가』(*De Imputatione Primi Peccati Adami*)를 출간하여 자신의 입장을 밝혔고, 여기서 직접 전가와 간접 전가를 구분했다. **직접** 전가는 금단의 열매를 따먹은 죄책이 단지 "아담의 자녀들"이라는 이유만으로 아담의 후손에게 전가된다는 뜻으로, 이 죄로 인해 두 가지 처벌 곧 원래 의의 상실과 영원한 죽음을 받게 된다. 플라케우스는 이런 의미의 전가는 인정하지 않았다. 반면에 **간접** 전가는 하나님이 보았을 때 아담에게서 비롯한 우리의 유전적 부패를 말한다. "내가 말한 바대로 우리는 아담의 죄로 말미암은 이런 부패성을 가지고 있기에, 습관적으로 이런 성향을 따른다. 앞과 같은 연유로 우리는 아담과 더불어 죄인으로 여겨짐이 마땅하다."[64] 간략히 말해, 플라케우스에 따르면 부패가 죄보다 앞서는 반면에, 직접 전가를 주장하는 이들에 따르면 죄가 앞서고 부패는 그에 따른 형벌적 결과다.

웨스트민스터 신앙고백은 이 논쟁을 언급하고 있지 않다. 신앙고백이 완성되던 1646년까지 영국에서는 이 소식을 접하지 못했을 가능성이 크기 때문일 것이다. 게다가 신학자들은 목회자가 이 문제에 과도하게 집착하지 않기를 바랐을 수도 있다. 반대로 취리히의 존 헨리 하이데거(John Henry Heidegger)와 제네바의 투레티누스가 1675년에 작성한 스위스 일치 신조(Formula Consensus Helvetica)는 플라케우스의 입장을 단호히 거부하고 있

---

64 De la Place, *Opera Omnia*, 280. Jenkins, *Saumur Redux*, 14에서 재인용.

다. "우리는 하나님의 진리를 훼손하지 않으면서 아담이 하나님의 약정으로 그의 후손의 대표가 된다는 것을 부인하는 자들에게 동의할 수 없다. 따라서 아담의 죄는 그의 자손에게 직접적으로 전가된다. 간접과 결과라는 용어는 첫 범죄의 전가라는 개념을 폐기시킬 뿐만 아니라 유전적 타락의 교리까지도 큰 위험에 빠지도록 만든다"(12번 조항). 이보다 앞의 조항(10번 조항)은 우리 본성의 타락이 전가된 죄에 따른 처벌로만 이해될 수 있음을 분명히 기술하고 있다. "하나님의 정의로운 심판으로서 인류 전체가 겪는 영적 죽음과 같은 유전적 타락을 설명할 방법이 존재하는 것은, 오직 이런 죽음의 처벌(reatum)에 합당한 죄가 이전에 존재했을 때뿐이다. 하나님은 온 땅에서 가장 정의로운 심판관이시기에 오직 죄만 처벌하신다."[65]

하이데거와 투레티누스의 입장은 개혁주의 규준이 되었지만, 플라케우스를 비롯해서 소뮈르 학파는 자신들이 칼뱅의 입장을 더욱 충실하게 반영했다고 주장했다. 그러나 칼뱅은 플라케우스보다 무려 한 세기 이전에, 그것도 매우 다른 신학적 풍토 속에서 활동했으며 또 직접 전가와 간접 전가의 문제에 대해서 조금도 고민하지 않았다. 그렇지만 커닝햄조차도 소뮈르 학파의 주장이 어느 정도 일리가 있다고 인정했다.[66] 하지만 이 정도가 말할 수 있는 전부인가? 칼뱅은 아담이 지은 죄에 따른 형벌적 결과로 인류가 고통 받는다고 선명히 언급했다. "한 사람의 불순종으로 인해 모두가 길을 잃었다."[67] 그러나 칼뱅은 앞서 언급한 더도 말고 단 한 가지 죄만으로도 멸망으로 치닫기에 충분하다는 아우구스티누스의 관점에는 동의하지 않았

---

65 번역본은 다음 책의 부록 2번에 수록되어 있다. A. A. Hodge, *Outlines of Theology* (New Edition, London: Nelson, 1880), 656-63. 이보다 후대에 Martin I. Klauber의 번역은 다음을 보라. *Trinity Journal 11* (1990): 102-23.

66 William Cunningham, *The Reformers and the Theology of the Reformation* (Edinburgh: T&T Clark, 1862), 375.

67 Calvin, *Institutes*, II:I, 4.

다. 반대로 칼뱅은 누구도 전가된 죄만으로 영원한 죽음의 고통을 맛보지는 않는다고 주장했다.

> 우리가 아담의 죄로 인해 하나님의 심판을 받게 되었다고 말하는 것은, 아무 상관도 없고 무죄한 우리가 아담의 죄에 대한 대가를 치른다는 뜻이 아니라, 그의 죄로 인해 우리가 그 저주에 뒤엉켜 있기 때문에 그가 우리에게 죄책을 가지게 했다는 뜻으로 이해되어야 한다. 그러나 아담 때문에 우리가 받아야 할 처벌뿐만 아니라 그를 통해 전염된 것이 우리 안에 있기에, 우리는 벌을 받아야 마땅하다.[68]

칼뱅은 "모든 사람이 죄를 지었으므로 사망이 모든 사람에게 이르렀느니라"는 로마서 5:12을 같은 방식으로 해석한다. "그러므로 우리 모두는 죄를 지었다. 왜냐하면 우리 모두는 자연적인 부패로 물들었기 때문에 변질되었고 악하기 때문이다."[69]

여기서 칼뱅이 전가의 기반과 본질을 고려하지 않고 있다는 인상을 주지는 않는다. 오히려 이는 개인적 부패와 죄가 따로 떨어질 수 없다는 확신에 가득한 의견이다.[70]

원래 의의 상실과 본질의 부패가 전가된 죄에 따른 형벌적 결과라는 개념은 직접 전가와 간접 전가에 관한 논의를 통해 개혁주의 신학에 처음 소개된 것이 아니었다. 이 개념은 이미 우르시누스의 글에 나와 있다. "우

---

68 Calvin, *Institutes*, II:I, 8.
69 Calvin, *The Epistles of Paul the Apostle to the Romans and to the Thessalonians*, trans. Mackenzie (Carlisle, UK: Paternoster, 1995), 112.
70 Placaeus의 견해를 따르는 이들은 자신의 주장을 뒷받침하기 위해 Jonathan Edwards의 의견도 사용한다. 다음을 보라. Jenkins, *Saumur Redux*, 30-31. 이에 반대되는 견해로는 John Murray, *The Imputation of Adam's Sin* (Grand Rapids: Eerdmans, 1959), 52-64.

리의 첫 부모의 범죄로 말미암아 하나님은 당신이 창조하신 영혼임에도 불구하고 거기서 원래 의를 앗아가셨다.…하나님 앞에서 [이런] 의의 결핍은 우리 첫 부모의 죄로 인해 하나님이 벌하신 것으로, 죄가 아니며 가장 정당한 처벌이다."[71] 유사하게, 폴라누스는 하나님이 창조한 영혼이 이미 아담에 대한 처벌로 고통 받고 있는데, 이는 원래 은혜의 상실로서 아담 자신이 잃었을 뿐만 아니라 그의 자손 모두가 잃어버린 것이라고 주장했다.[72] 그러나 이 주장은 원래 의의 상실뿐만 아니라 우리 본성의 결정적 부패도 형벌적 고통으로 본 투레티누스와 하지의 주장보다 훨씬 미묘한 뉘앙스를 내포하고 있다.[73] 이런 문제는, 개혁주의 신학자들에게 각각의 영혼들이 하나님의 직접적이고 즉각적인 창조 행위를 통해 빚어졌다고 보는 창조론자가 되려는 성향이 있다는 점으로 인해 악화된다. 하나님이 원래 의가 없는 영혼을 창조하시고 계신다는 것이 한 가지 주장이다. 하나님이 부패한 영혼을 창조하신다는 주장이 가진 함축은 우리를 또 다른 차원의 논의로 이끌고 간다. 여기서 발생하는 도덕적 문제를 차치한다고 하더라도, 우리는 심각한 논리적 문제와 마주치게 된다. 로버트 대브니의 지적처럼,[74] 앞의 주장은 아담의 죄로 인해 전가된 죄책에 대한 벌로서 하나님의 행위에 의해 모든 인간이 "타락하기" 전까지, 그들은 최소한 한 순간만큼은 죄 없이 무구한 독립적인 개인으로 존재했다는 의미를 포함한다. 그러나 그런 순간은 있을 수 없다. 우리는 죄와 죄책 가운데 잉태되어 처음부터 죄성을 가지고 있었다(시 51:5). 따라서 이론적으로 우리는 타락한 존재로서만 존재했고, 타락

71　Ursinus, *Commentary on the Heidelberg Catechism*, 41.

72　다음을 보라. Polanus, *Syntagma Theologiae Christianae* (Hanover: 1624), Lib. VI, Caput III.

73　다음을 보라. Turretin, *Institutes*, 1:622; Charles Hodge, *Systematic Theology*, vol. 2 (Edinburgh: Nelson, 1872), 193.

74　Robert L. Dabney, *Discussions: Evangelical and Theological*, vol. 1 (1890; repr., London: Banner of Truth Trust, 1967), 256.

한 존재로서만 심판을 당하게 되었다.

하지만 "우리 본성 전체의 부패"를 아담의 죄로 인해 직접 가해진 형벌로서 설명할 수 없다면, 과연 무엇으로 설명할 수 있는가? 한 가지 방법은 웨스트민스터 소요리문답이 서술하듯이, 인간 타락의 조건의 "비참"을 정의함으로써 나아가는 것이다. "모든 인간이 타락으로 인해 하나님과의 교제가 단절되었다."[75] 여기서는 인간의 단절을 추상적인 용어가 아니라 인격적인 용어를 사용해 설명하는데, 이에 따라 하나님과의 인격적 교제(성령과의 교제)의 단절은 우리 본성의 부패를 보여주는 것이 된다. 그러나 하나님과 우리 사이의 교제의 단절은 첫 불순종의 행위와 무관한 별개의 후속적 경험이 아니다. 이 불순종의 행위 자체가(또한 그에 앞선 불신이) 성령을 비통케 했다. 이는 참으로 성령을 거부하는 것과 다름없는 행위로, 그 순간에 아담만이 아니라 그의 후손 모두가 타락했다. 아담의 선택으로 인해 인류는 신령한 자(*pneumatikos*)에서 육에 속한 사람(*psuchikos*)이 되었다(고전 2:14-15). 우리는 그렇게 태어났고, 은혜를 통해 재창조되기까지 동일한 상태로 남아 있다.

우리가 겪는 심판과 칭의 사이의 유사성에도 유의해야 한다. 우리는 타인의 의, 곧 예수 그리스도의 의의 전가를 통해 의롭게 된다. 하지만 이 의는 오직 그리스도와의 연합을 통해 우리에게 전가되며, 그와의 연합으로 인해 우리는 의롭게 될 뿐 아니라 변화된다. 우리는 그리스도와 함께 살아났으며(엡 2:5), 비록 우리가 이런 갱신으로 인해 의롭게 된 것은 아니지만 이런 갱신 없이 의롭게 된 자는 하나도 없고, 이런 갱신이 칭의에 따른 결과인 것도 아니다. 이는 동시에 발생하는데, 간단히 말해 그리스도 안에서

---

75   웨스트민스터 소요리문답, 19문.

우리는 칭의와 성화의 이중 은혜(duplex gratia)를 경험한다.[76] 그리스도 안에 있는 모든 사람은 하나님과 올바른 관계에 있고, 그리스도 안에 있는 모든 사람은 새로운 피조물이다.

아담이 지은 죄의 전가와 관련해서 직접 전가와 간접 전가의 논쟁이 기원한 것과 마찬가지로, 유사한 종류의 논쟁이 그리스도의 의의 전가를 두고서도 일어날 수 있다. 전가 이후에 갱신이 뒤따르는가? 갱신은 전가에 대한 보상인가? 우리는 먼저 하나님과의 올바른 관계에 놓인 뒤에 새로운 마음을 얻는가? 신약성경은 이런 순서를 인정하지 않는다. 우리는 믿음으로 그리스도와 연합하며, 그 연합의 순간에 (결정적으로) 의롭게 되고 영화롭게 된다.[77] 도발적으로 말하자면 이렇다. 우리가 성자(聖者)라는 이유로 의롭게 되는 것은 아니지만, 성자가 아니라면 누구도 의롭지 않다. 이와 같은 이치로 부패하지 않았다면 어느 누구도 심판받지 않는다.

영혼 창조설과 영혼 유전설

펠라기우스주의자를 제외하고, 모든 그리스도인들은 원죄가 자연 생식을 통해 전파된다고 믿어왔다. 그러나 죄가 영혼에 있다고 할지라도, 이런 질문들이 나타난다. 영혼은 어떻게 발생하는가? 하나님이 각각의 영혼을 직접 창조하시는가? 아니면 생식을 통해 번성하는가?

영혼 창조설(creationism)은 하나님이 영혼을 창조하신다는 단순한 의

---

76   다음을 보라. Paul Helm, *Calvin at the Centre* (Oxford: Oxford University Press, 2010), 196-226.

77   다음을 보라. John Murray, "Definitive Sanctification," in *Collective Writings of John Murray*, vol. 2 (Edinburgh: Banner of Truth, 1977), 277-84.

미가 아니라 좀 더 구체적인 의미로, 각각의 개별적 영혼이 하나님의 직접적이고 즉시적인 행위를 통해 육체와 별개로, 무로부터 창조되어 육체에 "주입된다"고 보는 개념이다.[78] 이는 개혁주의 신학자들의 지배적인 관점이지만, 특히 영혼 유전설(traducianism)의 강력한 주창자 쉐드와 같이 주목할 만한 예외도 있었다. 쉐드는 다른 모든 종과 마찬가지로 사람의 경우도 전체 개체가 번식한다고 주장했다. 즉 영혼도 몸처럼 생식 행위를 통해 부모로부터 전달된다는 주장이다.[79]

두 가지 이론 모두는 원죄를 설명하기 위해 제시되었다. 앞서 우르시누스에게서 살펴보았듯이, 영혼 창조설에 따르면 하나님은 영혼을 창조하실 때 우리가 물려받은 아담의 죄에 대한 처벌로 원래 의를 주지 않으셨다. 이와 달리 투레티누스는 모든 사람이 부패했다는 데 대해서는 설명이 불가능하다고 주장하며, 하나님의 정의에 관한 정말로 심각한 질문을 제기한다. 하나님이 원래 의를 결핍한 사람의 영혼을 창조했다고 추정할 수 있는 유일한 근거는 "하나님의 비밀한 심판으로, 이로써 부모의 죄로 인해 아담의 자녀들을 처벌하신다"는 것이다. 원래 의의 결핍은 첫 범죄에 대한 처벌이다.[80]

우리의 도덕의식은 이것으로부터 반동을 일으켜 뒤로 물러선다. 누가 이를 설교할 수 있을까? 하지만 여기에는 심각한 신학적 이슈가 있다. 육체와 영혼은 구별될지 모르지만, 인간 존재는 영육 단일체(psychosomatic unity)다. 이는 창조 이야기에서 선명하게 부각되는 사실이다. 하나님이 아담의 콧속으로 숨을 불어넣으셨을 때, 아담은 "생령"(living soul; *nephesh hayya*, 창 2:7)이 되었다. 이는 사람이 영혼을 "가졌다"라기보다 영혼"이다"라는 것을 시사한다. 영혼 창조설을 주장하는 자들(예를 들어 투레티누스)은 이 본문이

---

78 Turretin, *Institutes*, 1:477-82.
79 Shedd, *Dogmatic Theology*, 2:75-81.
80 Turretin, *Institutes*, 1:622.

육체와 영혼이 분리되어 창조되었음을 가리킨다고 주장함으로써, 성경 본문을 축소하여 자신들의 신학에 복무시키려 했다. 먼저, 하나님은 땅의 먼지로부터 아담의 육체를 조형한 다음, 그 속에 영혼을 불어넣으셨다는 것이다. 바로 이것이 영혼 창조설의 패러다임이 되었다.[81] 하지만 칼뱅이 아주 명확한 용어로 지적했듯이, "모세는 다만 이 점토질 형상이 생기를 얻는 일에 대해 설명하려 했다. 인간이 삶을 시작한 바로 그 자리 말이다."[82]

쉐드의 영혼 유전설은 그의 실재론과 구별되어야 한다(그의 사상에서 이 둘이 밀접한 연관성을 가진다고 하더라도 그렇다). 문자 그대로 각각의 영혼이 하나님이 창조하신 원래 영혼에서 분리된 조각이라는 주장을 하지 않고도, 각각의 영혼이 생식(procreation)을 통해 부모로부터 전달된다는 주장을 할 수 있다. 원죄가 생식을 통해 전달된다는 간략한 설명을 제시해준다는 장점을 제외하더라도, 영혼 유전설의 탁월한 강점은 바로 영혼 창조설의 약점에 있다. 곧 인류의 영육 단일체에 대한 강조다. 인간은 총체적으로 태어난다.

결론

개혁주의 신학자들은 예외 없이 원죄론을 믿으며, 모든 사람이 죄를 향한 성향을 가지고 태어나고 일상 속에서 늘 이런 성향을 발현하며 살아간다는 아우구스티누스주의 교리를 주저 없이 받아들인다. 하나님이 명한 바대로 그분을 사랑할 수 있는 능력이 본질상 모든 사람에게 없고, 마찬가지로 거

---

81 Ibid., 478.
82 Calvin, *Commentary on Genesis*, 1:112.

듭나지 않고서는 죄를 회개하거나 그리스도를 믿을 수 없다.

그러나 모든 개혁주의 신학자들은 원죄의 책임을 창조주에게 돌릴 수 없다는 생각에 동의한다. 반대로 우리의 첫 조상, 곧 역사적 인물인 아담과 하와는 하나님의 형상대로 지어졌고 도덕적·영적으로 완전했다. 인간의 부패는 창조가 아니라 그 이후 타락에서 기원한다. 아담과 하와는 자발적으로 거역했고, 이는 그들의 후손에게 재앙과 같은 결과를 초래했다. 후손들은 첫 범죄의 죄책을 가지고 그 원초적 불순종을 인해 오염된 본성을 물려받았다.

하지만 이런 합의에도 불구하고, 개혁주의 내에서는 여전히 논의의 여지가 있으며 합치점을 찾지 못한 부분이 있다. 예컨대 다음과 같은 부분에서 그렇다. 왜 아담의 죄가 그의 모든 후손을 죄책으로 끌어들이는가? 이는 지존하신 하나님의 결정일 뿐인가? 아니면 "온 인류의 근본"인 아담 및 하와와의 생물학적 연관성으로 설명되는가? 아니면 언약적 대표성의 문제로서 첫 아담이 마지막 아담과 마찬가지로 인류의 대표로서 행했기 때문인가? 이 각각의 견해는 정통 개혁주의 안에서 표방된다.

그러고 나면 전가된 죄와 유전된 부패의 관계에 대한 질문이 나온다. 이 부패는 형벌적인 것, 즉 첫 범죄의 죄책에 대한 처벌인가? 아니면 부패와 별개인 죄책은 없는가? 즉 다른 말로 하면, 부패하지 않은 죄인은 없는가?

영혼의 기원은 어떤가? 다수의 사람들은 하나님이 각각의 영혼을 직접적이고 즉각적으로 창조하셨다고 주장한다. 그러나 일부는 영혼이 번식한다고 적극적으로 주장하는데, 이런 입장은 현대 유전학의 지지를 받는다고 말할 수 있다.

최종적 합의에 도달할 수 없을 이런 논의가 앞으로도 계속되리라는 점은 분명하다. 이런 질문들은 너무 난해한 반면에 자료는 너무 제한적이다. 여하튼 투레티누스를 괴롭혔던 이런 주제들은 이제 타락 이야기에 대한 성경 비평과 현대 인류학의 도전으로 퇴색되고 있다. 역설적이게도 "죄" 개념 자체를 우습게 여기는 이런 도전이 죄를 인간 본성의 필수적이자 토착적인 사실로 만드는 결과를 초래한다.

    우리의 신학적 선배들이 그랬던 것처럼, 우리가 기독교 구원론에 있어 원죄론이 중요하다고 생각한다면 이런 현대의 도전을 시급히 다루어야 한다.

제7장

"그러나 여전히 이교도다"
웨슬리주의 신학에서의 원죄론

토머스 맥콜(Thomas H. McCall)

웨슬리주의 신학을 비방하는 이들이나 옹호하는 이들을 막론하고 역사적 웨슬리주의에 나타난 원죄론에 관해서는 혼동의 분위기가 있다. 웨슬리주의 신학자들은 "전적 타락"을 부정하지 않는가? 그들은 죄에 대한 속박이 아니라 "자유의지"를 믿지 않는가? 그들은 "아우구스티누스주의자"가 아니라 (완전한 펠라기우스주의자가 아니라면) "반(半)펠라기우스주의자"이지 않은가? **원죄론?** 웨슬리주의는 그저 원죄를 **부정**하지 않는가? 이런 질문에 대해 우선 짧게 답하자면 대답은 "아니오"다. 그러나 충분한 답을 주려면 훨씬 더 복잡하다. 본 장에서는 역사적 웨슬리주의 신학에 나타난 원죄론에 대해 개괄하는 작업을 해나가며 앞으로의 발전을 위해 간략히 몇 가지를 제안할 것이다.

웨슬리주의 전통에서의 원죄

웨슬리주의 신학에서의 신학적 진화에 관해 널리 인용되고 큰 영향을 미친 책을 저술한 로버트 차일즈는, 웨슬리 신학의 강조점이 은혜에서 자유의지로 넘어간다고 서술한 바 있다.[1] 물론 차일즈의 이야기에는 세밀한 뉘앙스

---

1 Robert E. Chiles, *Theological Transition in American Methodism: 1790-1935* (New York: Abingdon, 1965).

가 결핍되어 있으며 이런 경향성에 해당되지 않는 중요한 예외가 있다는 것을 우리는 잊어서는 안 되지만, 그럼에도 불구하고 그의 언급은 여러 측면에서 유익하다.² 여기서는 큰 영향을 끼친 대표적인 신학자들의 신학을 살펴보는 작업을 하도록 하자.

존 웨슬리와 초기 감리교에서 원죄론

존 웨슬리는 죄의 힘과 보편성을 확신했다. 그는 만인이 죄인이고 죄의 힘은 막강해서 그 아래 있는 모두를 구속한다고 주장하며, 인류는 "갖가지 악으로 충만해 있고", "전적으로 타락하여", "완전히 부패했다"고 보았다.³ 웨슬리주의 신학을 공부하는 학생들은 (이론의 여지가 있긴 해도) 가장 장황하고 난해한 존 웨슬리의 논문이 원죄론에 관한 것임을 알고 놀라움을 금치 못한다. 그리고 웨슬리가 이 논문에서 주장하는 내용을 듣고는 훨씬 더 놀란다. 여기서 웨슬리는 당시 크게 영향력을 끼친 존 테일러(John Taylor)의 『원죄에 관한 성경의 교리: 자유롭고 솔직한 고찰에 비추어』(*The Scripture-Doctrine of Original Sin, Exposed to a Free and Candid Examination*)에 담긴 주장에 대해 이의를 제기한다. 토머스 오든의 기록에 따르면, 웨슬리는 "테일러의

---

2   미국 감리교 신학에 대한 이야기가 미국 사상사(특히 신학 사상)의 넓은 맥락 안에 속한다는 점에도 유의해야 한다. 이런 넓은 맥락 안에서 다른 신학 전통에서 벌어진 유사한 변화를 목격할 수 있다. 예를 들어 다음을 보라. Mark A. Noll, *America's God: From Jonathan Edwards to Abraham Lincoln* (Oxford: Oxford University Press, 2002). E. Brooks Holifield, *Theology in America: Christian Thought from the Age of the Puritans to the Civil War* (New Haven: Yale University Press, 2003).

3   예를 들어 "Original Sin," in *Wesley's 52 Standard Sermons* (Salem, OH: Schmul Publishing, 1988), 456. 이는 자유의지에 영향을 주었다. "나는 현상태의 인류에게 있어 자연적인 자유의지를 이해하지 못한다. 다만 나는 '세상에 태어난 모든 인간을 깨닫게 해주는' 초자연적인 빛과 더불어 모든 인간에게 초자연적으로 회복된 자유의지가 어느 정도 있음을 주장할 따름이다." John Wesley, "Predestination Calmly Considered," in *The Works of John Wesley*, vol. 10 (Grand Rapids: Zondervan, n.d.), 229-30.

주장이 이신론적 유신론, 펠라기우스주의적 인간론, 환원주의적 기독론, 올바른 행위 중심의 윤리, 보편구원론적 종말론과 같은 실질적인 기독교의 가르침을 훼손하는 모든 기반에서 시작되었다"라고 확신했다.[4] 웨슬리는 역사와 경험, 이성, (궁극적으로) 성경에서 비롯한 전통적인 교리를 옹호했다. 오든은 이렇게 평가한다. "우리는 그가 처음에는 역사적인 논거를 제시하고, 그다음으로는 경험적이고 사회학적인 논거를 제시한 뒤, 최종적으로 교부들의 가르침과 성경의 논거를 제시한다는 것을 볼 수 있다."[5] 웨슬리는 인간 역사의 도처에서 죄를 발견한다. 죄의 사실은 거룩한 문헌(여기서 웨슬리의 핵심 본문은 창 6:5이다)과 세속적 역사 문헌 모두에 기록되어 있다. 그는 문화의 도처에 만연해 있는 죄와 그에 따른 변질을 지적하며, 죄의 사회적 영향과 실재를 보여주는 강력한 실례로서 전쟁과 노예 제도를 꼽는다. 웨슬리는 이런 점에 있어 유신론적 문화 역시 다른 문화보다 조금도(혹은 눈에 띨 만큼) 나을 것이 없다고 주장하며, 서구 특히 개신교 문화 속에서 보이는 끔찍하고 뚜렷한 죄의 결과를 강조하려고 애쓴다. 오든의 기록에 따르면 웨슬리의 기본 요지는 이러하다. "어디든지 죄가 경험적 요인으로 존재한다. 심지어 찬란하게 빛나는 문명의 미덕이 있는 곳에서도 마찬가지다.…사회와 개인 사이에 죄와 비참이 전달되는 암울한 이야기와 불의의 역사를 찾아볼 수 없는 곳은 역사 속에 존재하지 않는다."[6] 웨슬리는 원죄론이 구약성경과 신약성경(롬 5:12-21뿐만 아니라) 전체를 걸쳐 증명된다고 주장한다.

---

4   Thomas C. Oden, *John Wesley's Scriptural Christianity: A Plain Exposition of His Teaching on Christian Doctrine* (Grand Rapids: Zondervan, 1994), 159. Oden은 Wesley가 Augustus Toplady에게 쓴 편지(1758년 12월 9일)를 인용하는데, 여기서 Wesley는 Taylor에 대해 깊은 우려를 표명하고 있다. "저는 진심으로 Taylor 박사를 제외하고 마호메트 이후 기독교에 이런 상처를 입힌 사람이 없다고 생각합니다."

5   같은 책, 160.

6   같은 책, 165.

웨슬리는 우리와 아담의 관계의 문제를 다루며, 테일러가 맹렬히 비판하는 바로 그 토대를 옹호하고 있다. 더 구체적으로 살펴보자면, 2차 자료나 3차 자료를 통해서만 웨슬리의 관점을 들어본 사람들은 놀랄 만도 한데, 이는 그가 웨스트민스터 요리문답의 언약적 대표론(federalism)을 변호하고 있기 때문이다. "공인으로서의 아담과 맺어진 언약은 그 자신만이 아니라 그의 후손과도 맺어졌다. 자연적인 생식을 통해 그의 후손이 된 모든 인간은 처음 범죄를 통해 그와 함께 죄를 지었고 그와 함께 타락했다."[7] 이처럼 웨슬리가 언약적 대표론을 주장하는 첫째 이유는 기독론에 있다. 성경은 아담과 그리스도 사이의 평행을 분명히 보여주고 있고, 그리스도는 인류의 대표자로 나타난다. "그러나 아담은 그리스도의 모형 혹은 유형이었다. 따라서 어떤 의미에서 그는 우리의 대표이기도 하다. 그 결과 그 안에서 '모든 사람이 죽은 것같이 그리스도 안에서 모든 사람이 삶을' 얻는다."[8] 따라서 "대표나 언약적 머리가 성경에 나타난 용어가 아니라고 해도"(따라서 엄밀한 의미에서 필수적이지는 않지만), 언약적 입장의 주된 요지는 성경적으로 올바르다.[9] 동시에 기억해야 할 중요한 지점은, 웨슬리 자신이 선행적 은총론을 견지하고 있었으며 보편적 속죄론을 지지하기 위해 두 명의 "언약적 머리" 사이의 평행을 인정하고 있었다는 점이다. "그리스도는 인류의 대표자로 하나님이 '우리의 허물을 그에게 씌우고, 그는 우리의 죄악 때문에 상했다'."[10]

---

[7] 비록 Wesley는 웨스트민스터 대요리문답에 동의한 적이 없다고 표명은 하지만, "이는 대체로 탁월하게 구성되었고, 그것이 명백히 성경에 근거하고 있다고 이해하는 한에 있어서 나는 기꺼이 이를 옹호하려고 애쓸 것이다"라고 말한다. "The Doctrine of Original Sin," in *The Works of John Wesley*, vol. 9 (Grand Rapids: Zondervan, n.d.), 261-62.

[8] 같은 책, 332.

[9] 같은 책.

[10] 같은 책.

웨슬리가 남긴 유산 안에 모호한 부분이 없지는 않다. (유명한 1784년의 "크리스마스 회의"에서) 미국 감리교가 조직됨에 따라 웨슬리는 미국 감리교도들이 받아들여 사용할 수 있도록 영국 성공회 신조를 약간 축소한 버전을 만들었다. 이에 따라 (영국 성공회 신조의 제9조에 상응하는) 제7조는 죄책에 대한 확증과 원죄에 따른 저주를 생략한다. 앞으로 살펴보겠지만, 후에 웨슬리주의 전통에 속한 일부 신학자들은 이런 생략이 다름 아닌 원죄에 대한 거부라고 본다. 대니얼 위든은 다음과 같은 결론을 내린다. "웨슬리는 우리의 개인적 황무지와 같은 저주의 교리를 거부하는데…이는 옳음과 정의에 대한 우리의 직관과 모순되는 매우 합당한 이유 때문이다. 이런 거부로 인해 도덕관념과 신학의 일반적 관념 사이의 충돌이 제거된다."[11] 다른 말로 하면, 웨슬리가 자신의 사상이 성숙해짐에 따라 원죄의 죄책을 확증했던 자신의 초기 입장을 단념했다는 것이다.[12]

하지만 앞과 같은 조항에서의 표현의 변화를 이렇게만 이해할 수 있는 것은 아니다. 오히려 웨슬리는 초기 입장을 결코 **부인하지** 않았다. 게다가 제2조에 그리스도가 "실제적 죄"뿐만 아니라 "원죄"를 위한 희생양이라는 확증이 **포함되어** 있다는 점은 흥미롭다.[13] 일부 학자들은 이런 어려움 자체가 심각한 모순을 보여준다고 생각하고, 일부 웨슬리주의 신학자들은 이를 해결하는 최선의 방책이 원죄에 대한 개념을 깨끗이 포기하는 것이라고 주장한다. 하지만 그것만이 이 조항을 이해하는 유일한 방법은 아니다. 이런

---

11   Daniel D. Whedon, "Quarterly Book-Table," *Methodist Quarterly Review* (1882), 365. Whedon은 기존의 영국 성공회 신조를 "형식의 조잡함과 교리의 이단성을 근거로" 거부한다.

12   Randy L. Maddox는 이 부분을 "중기 웨슬리"에서 더욱 성숙한 관점으로의 중대한 변화로 본다. *Responsible Grace: John Wesley's Practical Theology* (Nashville: Abingdon, 1994), 75. 유사하게, Whedon은 "그의 생애 초창기에 쓰인" 것이라고 이를 묵살한다("Quarterly Book-Table," 365).

13   John Miley가 언급한 바와 같다. *Systematic Theology*, vol. 1 (New York: Methodist Book Concern, 1892), 525.

명백한 차이를 설명할 수 있는 또 다른 방법이 있다. 즉 웨슬리는 원죄의 실재성(제2조의 진술)과 타락의 "자연적" 상태 안에 있어온 인류는 원죄를 가진다는 것을 변함없이 믿었다는 것이다. 그러나 웨슬리는 모두에게 임한 그리스도의 선행적 은총(제2조의 진술) 역시 믿으며, 어떤 영아든지 원죄만 **으로도** 실제로 멸망한다는 개념을 피하고자 했다(제7조의 진술).

미국 감리교도들에게 남겨진 웨슬리의 유산에 애매한 부분이 없지는 않다고 해도, 원죄에 대한 웨슬리 자신의 관점은 뚜렷하게 남아 있다.

사람의 본질은 온갖 악으로 가득한가? 사람에게는 모든 선이 결여되어 있는가? 사람은 완전히 타락했는가? 사람의 영혼은 전적으로 부패했는가? 또는 본문으로 돌아가서, "그의 마음으로 생각하는 모든 계획이 항상 악할 뿐"인가? 이를 인정한다면, 지금부터 당신은 그리스도인이다. 그러나 이를 부정한다면, 당신은 여전히 이교도다.[14]

베리 브라이언트의 지적처럼, "웨슬리는 1765년 5월 14일 존 뉴턴(John Newton)에게 보낸 유명한 편지에서" 죄론에 관해 "칼뱅과 한 치도 어긋남이 없다고 기술한다."[15] 웨슬리에게 있어 성숙한 원죄론을 부정하는 것은 "모든 계시 종교의 토대 자체를 약화시키는 일이다."[16] 반대로 죄로 인한 결핍과 부패를 온전히 깨닫는 일은 복음을 통해 가능하며, 또 그것이야말로 복음이 요청하는 바다.

---

14 "Original Sin," 456. 다음 책에 있는 논의를 보라. Kenneth J. Collins, *The Scripture Way of Salvation: The Heart of John Wesley's Theology* (Nashville: Abingdon, 1997), 37.

15 Barry E. Bryant, "Original Sin," in *The Oxford Handbook of Methodist Studies*, ed. William J. Abraham and James E. Kirby (Oxford: Oxford University Press, 2009), 534.

16 Wesley, "Original Sin," 194.

19세기 초반

일반적으로 웨슬리의 신학적 후계자들은 그가 가졌던 고민과 열정을 19세기까지 가져왔다. 헨리 쉘든은 리처드 왓슨의 『신학 강요』(1823-1829)가 "오랜 기간" "미국 감리교의 독보적인 교과서" 역할을 했다고 본다.[17] 일반적으로 이 책은 한편으로는 낙관론을, 다른 한편으로는 후기 계몽주의 사상에 내포된 결정론을 강력히 거부하며 초기 웨슬리주의 신학을 형성했다고 간주된다. 왓슨은 아담과 하와가 역사적 인물이었다고 주장하며, 타락이 역사적 사건이었다고 확신한다. 그는 "사실들"이 존재한다고 주장한다.[18] 죄에 관한 사실은 쉽게 발견되는데, 이는 역사와 성경(구약과 신약), 경험 속에서 볼 수 있다.[19] 이는 다음과 같은 사실들에 의해 확증된다. 즉 보편적으로 타락한 모든 시대와 국가의 관습, 악을 향한 강한 성향, 어린아이에게서 매우 일찍부터 발견되는 악덕, 악에 대한 선호와 행함에 대한 양심의 가책, 마음속 미덕에 대한 일반적인 저항이 그것이다.[20] 왓슨은 "인류의 자연적이고 유전적인 부패에 대한 성경의 설명, 이른바 원죄"를 통해서만 이처럼 확고한 사실을 설명할 수 있다고 주장한다.[21] 따라서 왓슨은 펠라기우스주의뿐만 아니라 영국 성공회 내부에서 어느 정도 지분을 가진 "반(半)펠라기우스주의"에도 반대한다.[22] 대신 그는 "전적 타락"을 철저히 확증한다. "진정한 아르미니우스주의는 칼뱅주의만큼이나 부모의 타락의 결과로 인한 인

---

17   Henry C. Sheldon, "Changes in Theology among American Methodists," *American Journal of Theology* 10 (1906): 32.

18   Richard Watson, *Theological Institutes: Or, a View of the Evidences, Doctrines, Morals, and Institutions of Christianity*, vol. 2 (New York: N. Bangs and J. Emory, 1826), 179.

19   같은 책, 226-39.

20   같은 책, 239.

21   같은 책, 243.

22   같은 책, 207.

간 본성의 전적 타락 교리를 인정하기 때문이다. 또 이를 통해 칼뱅주의보다 훨씬 일관성 있는 체계를 이룰 수 있다."²³

그렇다면 아담과 우리의 관계는 어떤가? 왓슨은 중요한 질문을 던진다. 아담은 "그저 한 명의 개인으로 그가 저지른 잘못에 대해 자기 혼자만 책임지면 되는 것인가, 아니면 평범한 부모의 잘못이 자녀의 환경에 영향을 미칠 수 있듯이, 그 정도 선에서의 영향을 제외하고는 후손에게 아무런 영향을 끼치지 않는가? 그것도 아니라면, 아담이 **공인**으로서 인류의 **대표자와 머리**로 여겨지든 아니든, 그의 타락의 결과로 인해 그와 더불어 타락한 자는 누구든 자신의 몸과 마음의 도덕 상태에 직접적인 상처와 해를 입는가?"²⁴ 왓슨은 이 부분에서 질문에 대한 답변이 "너무도 분명하여 이를 회피하려는 모든 시도는 헛되며", 로마서 5장에 대한 바른 이해는 언약적 대표론의 입장을 요구한다고 확신한다.²⁵ 동시에 그는 언약적 대표론이 불러일으킬 수 있는 오해에 대해 신중히 경고한다. 그는 언약적 대표론이 아담과 후손을 묶어 "한 도덕적 인간"으로 이해해서는 안 된다고 주장한다. 이는 각 개인의 도덕적 책임을 약화시키는 것인데, 여기에는 실재론만큼이나 문제의 소지가 있다. 다른 한편으로 그는 타락만을 강조하는 입장과 중도적인 관점 모두를 경계하고 있다.²⁶ 그의 해결 방안은 언약적 대표론을 유지하는 동시에, 언약적 대표론이 아담의 악행이 불러온 "법적 결과"를 지칭하는 것으로 이해되어야 함을 고집하는 것이다.²⁷ 타고난 변증가로서 왓슨은 원죄론이 가진 해설적 힘을 드러내 보여주는 데 관심을 가진다. 즉 원

---

23 같은 책, 210. 그가 자세히 설명하는 바처럼, 칼뱅주의와 아르미니우스주의 사이의 진정한 차이는 죄가 아니라 은혜의 정도와 저항성에 있다.
24 같은 책, 215.
25 같은 책.
26 같은 책, 216.
27 같은 책, 218.

죄론은 인간 경험의 광대한 영역을 이해할 수 있도록 도울 수 있다. 원죄론 없이는 이 광활한 실존의 영역이 완전히 불투명하게 될 것이다.[28] 타고난 신학자로서 왓슨은 그리스도 안에서 하나님의 은혜로운 사역의 범위가 아담의 죄의 범위보다 크다는 것을 드러내 보여주고자 한다. 죄가 충만한 곳에 그보다 더 풍성한 은혜가 있으며, 모든 사람을 의롭게 하기 위해 선행적 은총은 모든 사람에게 주어진다.[29]

토머스 랠스턴은 『신성의 요소들』(1847)에서 앞과 같은 내용을 반영하고 있다. 그는 타락에 관한 기록을 "문자적으로"(이로써 그는 아담과 하와가 실제 역사 속의 실제 인물이었음을 뜻한다) 해석해야 한다고 주장한다.[30] 그는 타락이 처참한 결과를 불러왔다고 본다. "사랑과 거룩함이 가득하던 곳에 모든 악의 권세가 활개 치며 다스린다. 그곳에는 모반, 폭동, 원한, 색정, 살인이 있는데, 한마디로 사탄이 부추기거나 사람이 느끼는 모든 사악한 욕망의 뿌리로서, 이는 사람이 첫 죄를 짓도록 만든 원리 속에 녹아 있었다."[31] 죄에 대한 처벌로 온 인류에게 내려진 "죽음"은 "현세적이고 영적이며 영원하다."[32]

랠스턴은 펠라기우스주의와 소키누스주의(Socinianism)를 비롯해서 테일러와 휘트비(Whitby)의 관점을 거부한다. 그는 "모든 인간은 본질상 철저히 타락해서 영적인 선을 완전히 결여하고 있으며 악을 향한 끊임없는 성향만을 가진다.…따라서 사람은 원래 의에서 완전히 벗어나 본성을 따라

---

28 같은 책, 243.
29 같은 책, 222-25.
30 Thomas N. Ralston, *Elements of Divinity: A Concise and Comprehensive View of Bible Theology; Comprising the Doctrines, Evidences, Morals, and Institutions of Christianity; with Appropriate Questions Appended to Each Chapter* (New York: Abingdon, 1847), 104-5.
31 같은 책, 111.
32 같은 책, 114-119.

계속해서 악을 좇는다"라는 신조의 진술을 변론한다.[33] 그는 다음과 같은 공식적 진술(영국 성공회 신조로부터 직접적 영향을 받은 감리교 신조)을 지지한다. "아담의 타락 이후에 처한 조건 속에서 사람은 스스로의 힘과 노력으로 하나님께 나아가거나 믿음을 가질 수 없었다. 따라서 우리에게는 하나님께 열납되고 그분을 기쁘시게 할 만할 선을 행할 능력이 조금도 없으며, 그리스도를 통한 하나님의 은총이 없이는 선한 의지를 가질 수도 없고, 있다고 한들 그 선한 의지로 하나님과 동역할 수도 없다."[34] 그렇다면 이를 "전적" 부패라고 부르는 것이 마땅하다.[35] 그는 우선적으로 "성경의 직접적 선포"로부터 이런 결론이 도출된다고 주장하며 또한 이는 "경험과 관찰로 확증된다"라고 언급한다.[36]

랠스턴은 "타락에 있어 아담과 그의 후손이 가진 특이한 관계"를 감안해서 자신이 "가장 합리적이고 성경적인 관점"이라고 보는 입장에서 펠라기우스주의와 실재론 모두를 거부한다. 이 관점에 따르면 아담은 "그의 후손의 언약적 머리이자 적절한 법적 대표자였는데, 법적인 관점에서 이는 그 자신이 타락한 만큼 후손도 그 안에서 진정으로 타락했음을 뜻한다. 그리하여 그들에게 첫 범죄의 결과로 형벌이 가해졌는데, 이는 그들에게 전가된 아담의 죄로 인함이다."[37] 아담은 인간의 "언약적 머리이자 공적 대표자"였다.[38]

루터 리는 많은 부분에서 동일한 의견을 반영한다. 그는 『신학의 요소

---

33 같은 책, 123-25.
34 같은 책, 125.
35 같은 책.
36 같은 책, 130-38.
37 같은 책, 120.
38 같은 책, 123, 127.

들』(1853)에서 첫 인류와 그들이 지은 첫 범죄의 실제 역사성을 강력히 피력한다.[39] 그는 "인간 본성의 보편적 타락"을 견지하며, 너무도 극심한 이런 부패로 인해 하나님의 형상이 상실되었다고 주장한다. "하나님 앞에 죄인으로서 그분의 처벌을 받게 된 사람이, 동시에 진정한 거룩함과 의로 가득한 하나님의 형상을 가질 수 있다고 생각하는 것은 말이 안 된다."[40] 리는 원죄와 관련된 문제를 다루며 성경이 "아담의 죄로 인해 **모든 사람**을 일종의 하나님의 저주를 받을 존재"로 표현한다고 믿는다.[41] 그러나 어떻게 모든 사람이 아담의 죄에 대한 처벌을 받게 되는가? 여기서 그는 두 가지 다른 대답 속에 있는 원리를 보여준다. 한편으로 그는 언약적 대표론의 관점을 인정한다. 모든 사람이 "개인적으로 죄를 짓기 전"에 "죽음에 이르는 심판"이 임하며, "이제 죄를 지을 수 없는 영아에게 임하는데, 따라서 이는 인간의 본성에서 하나님의 법을 따르려는 의지의 내적 결핍" 즉 "인류의 언약적 머리이자 조상된 첫 사람의 죄로 말미암은" 것이라고 말한다.[42] 그러나 질문은 계속된다. "어떻게 한 사람의 죄를 통해 많은 죄인이 양산되었는가?" 그는 언약적 대표론을 떠나 중개적(mediate) 관점으로 나아간다. "이 질문에 대한 일관성 있는 유일한 대답은" 바로 "첫 사람의 죄로 인해 타락한 인간 본성의 상태가 그로부터 모든 사람에게 유전되었다"는 것이다. 게다가 이 타락은 "실제적인 죄를 유발"하는데, "이것 외에는 '한 사람이 순종하지 아니함으로 많은 사람이 죄인 된 것같이'라는 한결같은 말씀을 설명할 도리가 없다."[43] 이처럼 리는 처음에는 언약적 대표론을 인정하는 듯

---

39   Luther Lee, *Elements of Theology: Or An Exposition of the Divine Origin, Doctrines, Morals, and Institutions of Christianity* (Syracuse: A. W. Hall, 1853), 111-14.

40   같은 책, 115.

41   같은 책, 117(Luther Lee 강조).

42   같은 책, 117-18.

43   같은 책, 118.

보이지만 결국에는 중개적 관점을 받아들인다. 우리는 타락한 본성에 대한 죄책이 있을 뿐만 아니라 그로써 우리가 행한 바에 대한 죄책도 가진다.

루터 리는 원죄론을 달콤하게 포장하려고 하지 않으며 오히려 그것의 끔찍한 측면을 보여준다. 하지만 그는 죄를 논의할 때조차 은총에 소망을 둔다.

> 그리스도인의 삶은 전쟁이다. 세상과 사탄과의 전쟁일 뿐만 아니라 그의 영혼이 가진 욕망과 열정과의 전쟁이며 그의 본성이 가진 속성과의 전쟁이다. 이처럼 인간 본성이 타락한 증거는 늘 그에게 상존해 있을 것인데, 곧 승리가 성취될 때까지다. 그리고 그때에는 타락이 불러온 파멸에서 완전히 회복된 자신을 보게 될 것이다.[44]

새뮤얼 웨이크필드는 많은 부분에서 유사한 형태를 따른다. 그는 아담과 하와의 역사적 실재를 주장하며 타락이 "실제 역사의 문제"라고 확신한다.[45] 웨이크필드는 고대 펠라기우스주의자와 근대 소키누스주의자의 관점을 모두 거부하면서 이렇게 주장한다. "펠라기우스주의자가 헛되이 말하듯이 원죄는 아담을 따르는 데 있지 않다. 원죄는 모든 사람의 본성의 타락이다. 아담의 후손은 자연적으로 원죄의 위험에 처하며, 이로써 사람은 원래 의에서 떠나 그의 본질상 죄를 끊임없이 추구한다."[46] 그는 전적 타락을 주장한다. 우리는 모든 면에서 타락했고, 본질상 "도덕적 선을 조금도 가지

---

44 같은 책, 124.

45 Samuel Wakefield, *A Complete System of Christian Theology: Or, a Concise, Comprehensive, and Systematic View of the Evidences, Doctrines, Morals, and Institutions of Christianity* (Cincinnati: Cranston and Stowe, 1858), 282.

46 같은 책, 296-97.

고 있지 않으며 자연적으로 악행을 추구한다."[47] 그는 "스코틀랜드 교회"의 "신앙고백"의 입장에 완전히 동의하는데, 이를 "인간 타락의 교리에 대한 명료하고 성경적인 관점"이라고 보았기 때문이다.[48] 그는 대부분의 개혁주의 신학자들이 "아르미니우스주의 교리"와 "휘트비 박사의 반펠라기우스적 개념"을 정말로 혼동하며 그 결과로 진정한 아르미니우스주의가 "명백히 와전"되었다고 본다.[49]

원죄론에 대해서 웨이크필드는 "성경을 남김없이" 다루지 않는다는 이유로 중개적 관점을 거부한다.[50] 또한 "원죄와 실제적 죄의 구분을 허무는 동시에 책임적 존재로서의 개인적 행위 주체를 언급하는 모순"을 드러내고 도덕적 책임을 설명하지 못한다는 것을 근거로 실재론적 관점도 거부한다.[51] 웨이크필드는 "우리가 성경과 일치하는 것으로 믿을 수 있는" 것, 곧 "법적 결과의 측면에서 아담의 죄가 후손에게 **전가된다**"고 보는 언약적 관점을 변론한다.[52] 그는 "인류의 대표자이자 법적 머리"로서 아담이 그리스도의 "공적이고 언약적인 특성"과 현저히 대조된다는 관점을 이해한다.[53] 따라서 웨이크필드는 아담이 가진 이런 특성과 비교하는데, 곧 하나님을 배신해서 "자기의 지위를 상실했고 [그의] 죄는 자녀에게 전가되어, 그의 자녀는 그와 함께 그의 죄에 대한 형벌을 받게 되었다."[54] 따라서 아담의 후손은 언약적으로 그와 연관되어 있다고 해도, 아담이 저지른 일에 대한

---

47 같은 책, 298.
48 같은 책, 299.
49 같은 책.
50 같은 책, 293.
51 같은 책.
52 같은 책.
53 같은 책, 292.
54 같은 책, 293.

개인적인 죄책은 가지고 있지 않다. 아담의 자녀가 개인적인 죄책을 가질 수 없는 것은 "타락 당시에 그들이 개인적이거나 인격적인 실존을 가지고 있지 않았기" 때문이다. 하나님은 전지하시고 "그들이 정말로 누구인지를 살펴보시기에, 그분은 그들을 아담의 죄에 대한 개인적이고 실제적인 죄책을 가진 존재로 여기실 수 없다." 그러나 웨이크필드는 계속해서 이렇게 주장한다. "그럼에도 불구하고 그들이 원죄의 모든 법적 결과에 마땅한 책임이 있는 것은 사실이다."[55] 따라서 아담의 후손은 죄책을 가지며, 이 죄책은 "처벌받아 마땅한" 것으로 여겨진다.[56]

웨이크필드는 인간 타락의 전체성과 보편성을 믿는다. 모든 인간은 죄인이고 은혜 없이는 누구도 그들의 죄와 결핍을 깨달을 수조차 없다. 그래서 웨이크필드는 죄의 통치가 보편적인 것처럼 은혜의 범위도 마찬가지라고 주장한다. 즉 죄가 충만한 곳에 그보다 더 풍성한 은혜가 있다. 그는 로마서 5:18을 근거로 "아담의 죄와 그리스도의 공로가 병립한다는 말씀이 정확히 동일하게 이 두 가지에 적용된다"라고 결론 내린다.[57] 이 말은 실제로 모두가 구원을 받는다는 뜻이 아니라(웨이크필드는 보편구원론자가 아니다) 모두에게 그리스도의 사역을 통한 구원이 가능하려면 선행적 은총이 필수적이라는 뜻이다.[58]

19세기 후반

그러나 19세기 후반에 이르면 중요한 변화가 목격된다. 이런 변화 중 일부

---

55 같은 책, 300.
56 같은 책, 293.
57 같은 책, 295.
58 이런 점을 통해 Wakefield는 영아의 구원도 주장할 수 있게 된다. 어떤 깨끗함이나 공로적 순수성 때문이 아니라 순전히 영아가 영생을 가져다주는 은총에 저항하지 않는다는 것 때문이다(같은 책, 295-96을 보라).

는 매우 미묘하지만, 다른 것들은 전혀 그렇지 않다. 자유와 책임에 대한 에드워즈주의 형이상학에 대한 위든의 대답은 큰 영향을 끼쳤고, 이후의 논의에서 자유의지는 점점 더 중대한 주제가 되어갔다.[59]

토머스 서머스(1888)는 원죄에 대한 감리교의 이해를 상세히 기술하며, 제7조에 대한 펠라기우스주의와 반(半)펠라기우스주의의 비판에 대해 명쾌히 변호한다.[60] 대체로 그는 위든의 강조점을 따라가지만,[61] 동시에 여러 형태의 "칼뱅주의"가 실제로 죄론을 무너뜨리고 있다는 데 대해 깊이 우려한다. 그에 따르면, 전통적 칼뱅주의의 결정론(에드워즈, 하지, 쉐드의 입장)은 도덕적 책임성의 상실을 유발하는 반면에, "새로운 신학"은 성경적이고 전통적인 죄론을 희석시킨다. 서머스의 입장은 "그리스도 중심적"(Christocentric)이라고 불리는 것이 마땅한데, "둘째 아담"으로서의 그리스도의 실재성을 강조하기 때문이다. 그가 (원죄의 죄책에 대한 그리스도의 희생의 유효성을 확증하는) 제2조와 (원죄에 대한 영국 성공회의 확증을 생략한) 제7조 사이의 명백한 차이를 해석하는 부분은 흥미롭다. 여기서 그는 **오지 원죄로써만 멸망하는 자가 아무도 없는 이유가**(이미 죽은 영아도 결코 멸망하지 않는다) 사람에게 내재하는 어떤 선함 때문이 아니라 그리스도의 사역 때문이라고 주장한다.[62] 그는 분명하게 원죄에 대한 "중개적" 해설을 지지

---

59 Daniel R. Whedon, *The Freedom of the Will as a Basis of Human Responsibility and Divine Government, Elucidated and Maintained in its Issue with the Necessitarian Theories of Hobbes, Edwards, the Princeton Essayists, and Other Leading Advocates* (New York: Carlton and Lanahan, 1864).

60 예를 들어 Thomas O. Summers, *Systematic Theology: A Complete Body of Wesleyan Arminian Divinity Consisting of Lectures on the Twenty-five Articles of Religion*, vol. 2 (Nashville: Publishing House of the Methodist Episcopal Church, South, 1888), 34-35, 62-63.

61 예를 들어 같은 책, 38.

62 같은 책, 43-44.

한다.[63]

윌리엄 버트 포프는 죄론이 신학의 전 영역과 필수적으로 연관되어 있다고 확신한다. 죄론은 "신학의 모든 부차적 영역과 뒤섞여" 있고 "그 위에 속죄의 보편성, 가능성, 필요성이 터를 잡는다."[64] 그는 감리교회가 영국 성공회 신조를 "인정"한다는 것을 전적으로 확증한다. "원죄는 (펠라기우스주의자가 헛되이 말하듯) 아담을 따르는 것이 아니라 모든 사람의 본성에 있는 부패와 결함으로, 아담의 자손에게 자연스럽게 생기는 것이다. 이로써 인간은 원래 의에서 멀리 벗어나 본성상 악에 기우는 성향이 있기에 육의 정욕은 항상 영을 거스른다. 따라서 이 세상에 태어난 모든 인간은 하나님의 분노와 저주를 받게 된다. 그리고 이런 본성의 오염은 거듭난 자들에게도 여전히 남아 있다."[65]

포프는 자신이 창세기 기사에서 무엇을 중요한 문학적 특징이자 상징적 요소로 여기는지를 알고 있으며, 이 요소들을 인식하는 것이 본문의 올바른 해석을 위해 중요하다고 생각한다. 하지만 동시에 그는 이 본문을 **순수하게** 혹은 **단순히** 상징적으로 해석하는 것을 거부하는데, 이는 창세기 본문 자체만이 아니라 "성경의 후반부에 있는 뚜렷한 진술"에 근거하고 있기 때문이다.[66] 그는 이렇게 말한다. "이 이야기에 나오는 순수한 역사적 인물은 그 속에 있는 커다란 상징적 요소에 대한 충분한 인식과 완벽한 일관성을 유지할 수 있다."[67] 따라서 "이 이야기는 사실이고 이것을 둘러싼 모든

---

63 예를 들어 같은 책, 46.
64 William Burt Pope, *A Compendium of Christian Theology: Being Analytical Outlines of a Course of Theological Study, Biblical, Dogmatic, Historical*, vol. 2, 2nd ed. (New York: Hunt and Eaton, 1889), 10, 63.
65 같은 책, 80.
66 같은 책, 10.
67 같은 책.

환경은 실재다."⁶⁸ 아담과 하와는 실제 인물이었고 원죄인(original sinner)이 었다.

포프는 타락이 인류에 미친 결과를 "저주로서의 죽음이 보편적으로 유포되고 인간 본성이 악을 향하게 된 것"이라고 본다.⁶⁹ 포프는 이 말에 가장 적합한 용어가 "원죄"라고 주장한다. 아담의 죄로 인해 인간은 죄인으로 여겨질 뿐만 아니라 "악한 성향만을 가진 본성 자체의 유전"을 통해 "죄인이 된 것"으로 간주된다.⁷⁰

포프는 "형벌의 전달이 직접적이고 중개적"이며, 온 인류가 "어떤 의미에서 아담과 하나"라고 말한다.⁷¹ 그렇다면 원죄는 **어떻게** 전달되는가? 우리와 아담은 무슨 관계인가? "어떤 의미에서"란 무슨 뜻인가? 포프의 진술은 중개적 관점과 잘 어울리는 것처럼 보이지만(예컨대 그는 유전적 저주를 확증하지만 아담 외의 사람들에게 아담의 악행에 대한 죄책이 실제로 있다는 견해를 거부하며, 타락과 저주가 결코 떨어질 수 없다고 주장한다), 그는 중개적이거나 실재론적인 관점이 아니라 언약적 대표론의 관점을 취한다.⁷² 포프는 "이른바 행위 언약"을 인정하지 않지만, 아담이 인류의 법적 머리이자 대표자라고 단언한다.⁷³ 그는 원죄가 "인류의 언약적 규약에서 비롯했으며, 인류는 무수히 많은 사람의 연합이다"라고 주장한다.⁷⁴ 또한 인류에 대한 그리스도의 언약적 머리 되심을 기뻐한다. "많은 사람이 죄 안에서 하나 된 것같이 회복 안에서도 하나"다. 또한 바울은 "한결같이 하나님의 목적에 맞는 한에

---

68   같은 책.
69   같은 책, 47.
70   같은 책, 48.
71   같은 책.
72   예를 들어 같은 책, 48, 54.
73   같은 책, 13.
74   같은 책, 62.

있어 은총의 보편성을 주장한다."[75] 포프에 따르면, 우리가 신정론에 가장 가까이 접근하게 되면 "둘째 아담의 값없는 선물"을 발견하게 된다.[76]

존 마일리의 작업은 상황을 변화시키는데, 이는 어떤 의미에서 몹시 극단적인 변화다.[77] 마일리는 실제로 원죄인들이 존재했다고 주장한다. "원시 인간에 대한 유혹과 타락이 있었고, 그 결과로 인류의 타락이 있었다."[78] 그는 원죄론이 옳다고 주장하며 인간의 보편적 죄성과 죄책감에 대해 확신한다.[79] 그러나 마일리는 이전의 교의적 신조들이 "인간의 창조물로, 정중히 고려되어 마땅하지만 그것이 근거한 관련 교리에 대한 질문에 열려 있어야 한다"는 점을 꼬집는다.[80]

마일리는 원죄에 관한 일반적인 설명을 살펴보고 거기에 심각한 문제가 있음을 발견한다. 그는 칼뱅주의 신학자들이 언약적 대표론과 실재론 모두를 지향한다고 언급한다. 때때로 신학자들이 두 편으로 나뉘어 서로를 격렬히 비판한다는 사실은 둘 중 어느 입장에도 반론의 여지가 있다는 것을 보여준다. 다른 한편으로 마일리는 이런 관점들이 상호 배타적이며, 단순히 이 둘 모두를 취하려는 신학자들은 양쪽 다 가질 수 없다고 외친다. "두 가지 형식 모두를 취하는 것은 비과학적이며, 참으로 잡탕에 불과하다. 이는 두 가지가 반대되고 상호 배타적이기 때문이다."[81]

75　같은 책, 62-63.

76　같은 책, 62. Pope는 우리가 이 이상은 나갈 수 없다고 본다. "이 언약적 규약의 이유와 흑암 속에 있는 악의 일반적 이유에 관해 사람이 가진 해답은 없다. 왜냐하면 피조물에게는 불가하기 때문이다"(63).

77　예를 들어 Randolph Sinks Foster는 원죄를 부정하는 John Miley의 견해에 동참한다. Randolph Sinks Foster, *Sin*, vol. 6 of *Studies in Theology* (New York: Eaton and Mains, 1899), 140-82.

78　Miley, *Systematic Theology*, 1:429.

79　같은 책, 446-61.

80　같은 책, 441.

81　같은 책, 467.

마일리는 실재론에 관해 몇 가지 예리한 비판을 제기한다. 그는 실재론이 인류의 연합과 죄에 대한 개인의 도덕적 책임 두 가지 모두를 견지하려고 하지만 어떤 것도 성공하지 못한다고 말한다. 우선 실재론은 시대에 뒤떨어져 더 이상 형이상학적으로 변론이 가능하지 않다는 것이다. "실재론은 단지 추정에 지나지 않으며, 개념론(conceptualism)으로 대체된 지 오래다."[82] 성숙한 유명론(nominalism)도 완전히 옳지는 않지만 실재론이 요구하는 형이상학은 아예 변론이 불가능하다. "그런 존재는 없다. 그러므로 일반적인 인간 본성이란 없다."[83] 만약 일반적인 인간 본성 같은 것이 있다고 하더라도, 그것은 죄를 범할 수도 없고 그렇게 할 수 있을 만큼 충분히 실제적이지도 않다. "이런 일반적 본성 같은 것은 죄를 지을 수 없다. 아담은 오로지 인격적 행위 주체로서 죄를 지을 수 있었고, 그의 죄에 대한 책임 전부는 그 자신의 개인적 죄책이다."[84] 나아가 마일리는 실재론자들이, 성경이 개인적 인간 **아담**을 첫 죄인으로 표현한다는 점에 반하는 주장을 하고 있다고 지적한다.[85] 마일리에게 한 사람이 다수로 개별화되는 것은 불가능할 따름이다.[86] 나아가 마일리는 우리가 아담 안에 있었다는 연고로 그의 **처음** 행위에 대한 도덕적 책임이 우리에게 있다면, 아담뿐만 아니라 우리 모든 조상의 **모든** 죄에 대한 도덕적 책임이 우리에게 있다고 생각하는

---

82 같은 책, 479.
83 같은 책.
84 같은 책, 485.
85 같은 책, 476.
86 같은 책, 480-81. Miley는 이 문제를 동상과 그 동상의 재료가 되는 금속을 예로 들어 서술한다. Miley의 반대가 상대적 정체성(relative identity)의 주창자들을 성가시게 했든지 그렇지 않은지 간에, 이 주제는 더 깊은 고찰이 필요하다. 여기서 이것을 더 다루는 것은 부적절하다. 상대적 정체성론에 관해서는 다음을 보라. Harold Noonan, "Relative Identity," in *A Companion to Philosophy of Language*, ed. Bob Hale and Crispin Wright (Oxford: Blackwell, 1999), 634-52.

것이 마땅하다면서 이런 입장에 반대한다.[87] 이런 논증을 바탕으로 마일리는 실재론이 원죄론으로서 옹호될 수 없다는 결론에 이른다. "죄책은 순전히 개인적인 사실로서 그저 본성에 근거한 것이 아니기" 때문이다. "아담의 죄에 대한 죄책은 순전히 자신에게 국한된 것이었다. 살인자가 범죄에 대한 죄책을 자신의 손과 나누어 담당할 수 없듯이, 아담의 죄도 그가 가진 일반적 본성의 죄책이 되지 못한다."[88]

마일리는 언약적 대표론도 나을 것이 없다고 본다. 그는 언약적 대표론을 주장하는 많은 이들이 대표로서의 그리스도의 사역에 직접적인 연관성을 찾는다는 사실을 알고, 이 주장에 대해 정면으로 따지고 든다. 그는 두 가지 질문을 제기한다. "그리스도의 의가 전가된다는 추정은 사실인가? 만일 사실이라면, 그것이 아담의 죄의 전가에 관한 추론을 보증해주는가?"[89] 여기서 다시 한번 우리는 그가 자신의 신학적 선조들로부터 뚜렷한 영향을 받았음을 보게 되는데, 처음 질문에 대한 그의 대답은 철저히 부정적이다. "이 이론이 견지하고 있는 그리스도의 의의 전가 같은 것은 실제로 없다. 따라서 이를 전제로 시작된 논증에는 전혀 근거가 있을 수 없다."[90] 그러나 만일 그리스도의 의의 전가와 같은 것이 있다고 하더라도, 마일리는 여전히 그것은 아담의 죄의 전가와 너무도 달라 언약적 대표론에 관한 주장의 어떤 근거도 남겨두지 않는다고 주장한다. 그는 "처벌에 대한 근거로서의 죄의 직접 전가와 보상에 대한 근거로서의 의의 직접 전가 사이에는 중대한 차이가" 있다고 말하면서 그 이유를 댄다. "대표론은 흘러넘치는 하나님의 은혜와 사랑으로서 후자에 대해 할 수 있는 말이 많다. 하지만 전자에

---

87 Miley, *Systematic Theology*, 481-84.
88 같은 책, 488.
89 같은 책, 500.
90 같은 책.

대해서는 무슨 말을 할 수 있는가? 여기서는 하나님의 사랑에 호소할 수 없다. 물론 하나님의 정의에 대해서도 호소할 바가 조금도 없다."[91] 마일리는 쉐드의 말을 인용해서 이렇게 쓴다. "값없는 칭의론은 이해될 수 있고 합리적이다. 그러나 값없는 멸망론은 이해될 수 없고 불합리하다."[92] 따라서 마일리가 언약적 대표론의 논증이 결정적이지 못하다는 결론에 도달하는 것은 놀랍지 않다.

마일리는 언약적 머리됨의 개념 자체가 성경적이라는 점을 부정한다. 소위 성경적인 근거로 알려진 바를 자세히 검토해보면 그 허상이 드러나는데, 그것이 성경에 명료히 나타나는 도덕적 책무와 너무나도 분명히 모순되기 때문이다. 그렇다면 언약적 대표론은 철저히 **비성경적**인 것으로 판명되어야 한다.[93] 그는 더 심한 문제는 이것이 법적 허구(legal fiction)를 상정함에 있다고 말한다.

> 용어의 정의상 단순하게 죄의 직접 전가는 명백히 본인의 죄가 아닌 죄에 대한 죄책을 모든 사람이 가진다고 간주한다. 이들은 그 죄와 아무런 관련이 없다. 전가된 죄는 그들이 가진 결점에 대한 근거가 될 수 없다. 한낱 추정적인 형식에 따라, 아무런 과오도 없이 모든 사람은 하나님의 처벌을 받아 마땅한 존재로 간주된다.[94]

이처럼 마일리에 따르면 언약적 대표론은 허구적이고 실제로 위험한 원죄론이다. 이런 부분을 고려하면, 언약적 대표론이 악의 문제를 감당하지

---

91   같은 책.
92   같은 책.
93   같은 책, 501-2.
94   같은 책, 504.

못할 정도로 버겁게 만들어버린다는 결론에 도달한다. 그는 이 모델에 대해 이렇게 언급한다. "우리는 도덕적 파멸의 상태로 태어나며, 악은 너무도 거대하다. 따라서 이는 처벌임이 분명하다. 왜냐하면, 그렇지 않다면 이는 하나님의 선과 정의와 화해하지 못할 것이기 때문이다. 그러나 만약 처벌이라면, 이것은 반드시 죄책에 근거해야 한다.···진정 이 교리에는 신정론은 없고 단지 암담한 악의 문제만이 있을 뿐이다."[95]

그래서 마일리는 언약적 대표론과 실재론 두 가지 모두를 거부한다.[96] 하지만 그는 펠라기우스주의와 반(半)펠라기우스주의도 모두 부정한다. 그렇다면 그는 어떤 입장인가? 그는 이 부분에서 대체로 아르미니우스주의가 정리가 되어 있지 않고 심지어 자기모순적임을 인정한다. 왜냐하면 다수의 아르미니우스주의 신학자들은 우리가 스스로 통제할 수 있는 일에 대해서만 도덕적 책임을(따라서 죄책을) 가진다는 원리와 원죄론 이 두 가지 모두를 견지하고자 하기 때문이다.[97] 그의 제안은 간단하다. "참된 아르미니우스주의 교리"는 "선천적 과실(demerit) 없는 선천적 타락(depravity)"이다.[98] 기원적 부패로서의 원죄? 그렇다. 원죄책(original guilt)으로서의 원죄? 아니다. "선천적 타락은 아르미니우스주의 체계의 일부이며, 그 원리와 전적으로 일치한다. 그러나 선천적 과실은 불일치하며 모순적이다."[99] 마일리는 아르미니우스주의에서 "자유의 원리"가 엄청난 중요성을 가지며 "더 이상의 근본적 원리는 없다"라고 주장한다.[100] 하지만 그는 원죄책의 교리는 "아

---

95   같은 책.
96   Miley는 자신을 중간 지식(middle knowledge)과 연관되어 있다고 여기는 관점 역시 거부한다. 같은 책, 470-71을 보라.
97   같은 책, 521n2, 522.
98   같은 책, 521.
99   같은 책.
100 같은 책, 522.

르미니우스주의 체계의 가장 심오하고 결정적인 원리에 대해 공공연히 모순적"이라고 주장한다.[101]

그러므로 원죄는 "모든 사람의 본성의 타락으로서, 아담의 후손은 자연적으로 원죄의 위험에 처하며 이로써 사람은 원래 의에서 떠나 그의 본질상 끊임없이 죄를 추구한다."[102] 이는 펠라기우스주의도 아니고 반(半)펠라기우스주의도 아니다. 왜냐하면 모든 인간이 원래 의를 상실해서 본질상 타락했고, 실제적 죄에 대한 죄책이 있으며, 자유를 누리고 선을 택할 수 있는 능력은 언제나 하나님의 은총에 달려 있기 때문이다. 그러므로 마일리는 원죄를 인정하며, 그것의 보편성과 결과를 잘 인식하고 있다. 그는 원죄를 부정하지 않는다. 다만 역사적 칼뱅주의와 초창기 웨슬리주의 신학 모두를 비판하며, 원죄가 원죄책을 수반하고 있다는 주장을 거부할 따름이다. 죄에 대한 적절한 이해는 이를 "자유로운 도덕 행위의 주체이자 하나님의 법을 알 수 있는 기회를 가진 상태에서 그분의 법을 거역"하는 행위로 보는 것이다.[103]

20세기와 그 이후

고전적 교리로부터 벗어나는 추세는 20세기까지도 계속되었다. 이때에는 당연히 수정된 견해들이 나타났다. 헨리 쉘든은 아담을 지혜와 거룩함을 가진 피조물로 보지 말라고 경고한다. 이런 개념이 역사적 맥락을 가지고 있기는 하지만, 이런 "그림은 완전히 사변적인 상상의 색채로 도배되었기" 때문이다.[104] 원죄론에 대한 성경적 근거는 몹시 빈약하다. 성경은 "이 주제

---

101   같은 책.
102   같은 책, 523.
103   같은 책, 528.
104   Henry C. Sheldon, *System of Christian Doctrine* (Cincinnati: Jennings & Pye, 1903), 304.

에 대해 거의 침묵한다."[105] 로마서 5장에서 볼 수 있는 바울의 가르침도 명백한 "문자 그대로의 사실"이 아니기에, 이를 실제로 일어났던 사건으로 보기보다는 영향력이나 성향에 관한 것으로 해석해야 한다.[106] 다른 한편으로, 그는 이렇게 비판한다. "사람이 출생 이전에 범한 행위에 대한 책임을 지는 것은 불가능하다."[107] 그다음으로 쉘든은 당연한 수순을 따라, 중개적 견해와 함께 (형이상학적 근거에 관한) 실재론과 (법적 허구로서의) 언약적 대표론 모두를 거부한다.[108] 전통적 교리를 그토록 간결하게 처리해버리는 쉘든의 방식은 인상적이다. 그는 이렇게 결론짓는다. "죄책은 유전의 문제가 될 수 없으며, 이에 따라 원죄는 단지 유전적 오염이라는 의미에서 아담의 후손에게 확인될 수 있다."[109] 덧붙여 그는 이렇게 마무리한다. 유전적 오염을 설명하기 위한 "전적 타락"이라는 용어는 "어떤 경우에도 부적절한 선택"이다.[110]

올린 커티스는 많은 부분에서 유사한 생각을 가지고 있다. 그는 인간 최초의 부부의 역사성과 역사적 타락을 믿는다. 하지만 그는 완전히 경쾌한 어조로 유전적 죄책의 개념은 전혀 받아들이지 않는다. "누구도 타인이 개인적으로 받은 도덕적 심판을 물려받을 수 없다.…'유전적 죄책'이라는 신학적 개념은 한편으로는 개인적 삶이 무엇인지에 대해, 다른 한편으로는 도덕적 삶이 무엇인지에 대해 충분히 이해하지 못한 결과다."[111] "전적 타

---

105 같은 책, 312.
106 같은 책, 314.
107 같은 책, 317.
108 같은 책, 317-19.
109 같은 책, 321.
110 같은 책.
111 Olin A. Curtis, *The Christian Faith: Personally Given in a System of Doctrine* (New Eaton and Mains, 1905), 199-200.

락"이라는 용어는 "부적절한 문구 중 하나로, 이를 사용해서 스콜라 신학자는 그의 메시지를 약화시키기를 좋아한다." 그럼에도 불구하고 커티스는 "사람이 세상에 태어나게 되면서 전적으로 타락한다는 말에는 심오한 의미가 있다"라고 주장한다.[112] 타락은 유전되며 또한 보편적이다.[113] 전통적 원죄론에서 최소한 그 정도는 진실이다.

전통적 원죄론의 주된 요소들을 폐기하려는 경향은 대체로 20세기가 진행되면서 더욱 거세진다. "보스턴 인격주의자"(Boston Personalist)들은 전통적 원죄론을 거부한다. 대표적인 인물인 앨버트 누드슨은 이렇게 언급한다. 죄와 죄책은 "개인과 분리될 수 없다. 그것은 부모로부터 아이에게 전달될 수 없다. 따라서 모든 사람이 어떻게든 아담의 죄에 대한 책임을 가지며 그의 죄책을 물려받는다는 관념은 신학적 허구로 간주되어야 마땅하다."[114] 감리교 안에서는 과정 철학의 탁월성이 발흥하면서 논의의 흐름을 과감히 바꾸어, 죄론이(단지 원죄론만이 아니라) 전반적으로 다른 형식을 띠게 된다. 예컨대 마조리 수하키는 그야말로 철저한 "전통의 반전"을 도모한다. "나는 하나님에 대한 반역이 다른 모두를 위험에 빠트린 원초적 죄인 것이 아니라, 창조세계에 대한 반역이 근본적인 죄라고 본다."[115] 유사하게, 해방 신학, 페미니즘 신학, 우머니즘(womanism) 신학이 가져다준 통찰은 죄론에 중대한 영향을 끼쳤으며 다른 쟁점들에도 주목하게 만들었다.[116] 비

---

112 같은 책, 200.

113 같은 책, 201.

114 Albert C. Knudson, *Present Tendencies in Religious Thought* (New York: Abingdon, 1924), 308-9.

115 Marjorie Suchocki, *The Fall to Violence: Original Sin in Relational Theology* (New York: 1994), 13. 『폭력에로의 타락』(동연 역간). 그녀의 만유재신론적 함의도 나타난다. "하나님은 세상을 경험하셔야 하기에, 창조세계 속의 폭력에는 하나님에 대한 폭력도 수반되어 있다."

116 이 부분에서 Diane LeClerc의 연구는 중요하다. Diane LeClerc, *Singleness of Heart: Gender, Sin, and Holiness in Historical Perspective* (Lanham, MD: Scarecrow Press, 2001).

록 훨씬 적은 수이기는 하지만, "성결 운동"(holiness movement) 내의 완강한 신학자들은 전통적 입장의 주된 요소들을 꼭 붙들고 있다. 이들 중 일부는 대체로 언약적 대표론을 변론하고자 한다.[117] 그러나 전반적으로 웨슬리주의 신학의 일관적인 추세는 전통적 관점에서 벗어나고 있으며, 특히 원죄책의 개념을 벗어버리고 있다.

어제와 오늘

이제 21세기에 이르면 "죄"의 의미에 대한 웨슬리주의 관점의 범위가 여러 차원으로 세분화되는 것을 볼 수 있다. 그러나 동시에 우리는 다시 한번 "고정통주의"(paleo-orthodoxy) 웨슬리주의 신학의 발흥을 목격하게 된다.[118] 일부 고정통주의 웨슬리주의자들은 고전적 웨슬리주의의 원죄론을 회복시키고자 하지만 그들에게는 만만치 않은 도전이 기다리고 있다. 현재 많은 웨슬리주의자들은 마일리를 비롯해서 다른 이들이 제기한 비판을 당연하게 여기고 있으며, 죄론에 관한 논의는 저만치 멀어졌다. 그렇다면 웨슬리주의가 고전적 원죄론을 회복시키고 유지하면서, 동시에 "P가 S라는 일이 일어나지 않게 할 수도 있었지만, S가 발생한 경우에 한해 그 S라는 사태에 대한" 도덕적 책임을 P가 가진다는 핵심 신념을 가지는 일이 어떻게 가능

---

117   예를 들어 J. Kenneth Grider, *A Wesleyan-Holiness Theology* (Kansas City: Beacon Hill Press, 1994), 279-86.

118   여기서 나는 Thomas Oden의 표현을 사용했다. 웨슬리주의자이자 에큐메니컬 신학자로서 Oden은 고전적 정통주의이자 진정한 웨슬리주의 신학에 활기를 불어넣어 이를 되살리고자 많은 노력을 했다. 특히 다음을 보라. Thomas C. Oden, *After Modernity...What? Agenda for Theology* (Grand Rapids: Zondervan, 1990).

할 수 있는가?[119]

원죄에 죄책이 수반된다고 믿는 웨슬리주의 신학자들에게는 두 가지 선택 사항이 있다고 생각된다. 한 가지는 19세기의 (전부는 아니지만) 많은 웨슬리주의자들이 너무 빨리 처분해버린 중개적 관점을 회복시키는 방안이 될 수 있다. 최근에 마이클 리아가 주장한 대로, 도덕적 책임에 관한 핵심 신념(웨슬리주의의 특징적 신념)과 (초기 웨슬리주의 신학자들에게 흔했던) 원죄의 죄책에 관한 근본적 믿음, 이 둘 다를 지킬 수 있는 자원이 몰리나주의(Molinism)적 섭리에 관한 해설로 강화된 중개적 관점에 있다.[120] 만일 몰리나주의가 소기의 성과를 달성한다면 "사람이 죄에 빠지리라는 것을 보증하는 전지구적 타락"으로 인해 우리가 고통 받는다는 것과, 이런 상황에 빠져 "우리가 고통 받지 않도록 방지할 수 있는 능력이 우리 각자에게 있다"는 것 모두가 가능해진다.[121] 물론 이런 방안은 몰리나주의에 동조해야 가능하며, 몰리나주의 역시 비방과 비판에서 자유롭지 않다. 그럼에도 불구하고, 이는 고전적 웨슬리주의가 나아갈 방향이 될 수 있을 것이다.

다른 한 가지 방안은 다른 전통에서 적절한 통찰을 얻어 중개적 관점의 요소와 결합시키는 것이다. 여기서 나는 이런 제안을 구체적으로 다룰 수는 없으며, 다만 다음과 같이 넓은 의미의 개괄을 제시할 수 있을 따름이다. 우리는 원죄로 타락했다. 실제로 우리가 그토록 타락했다면 은총의 근본적 개입 없이는 죄를 멀리하는 일은 분명히 불가능하다. 정확히 말해 우리는 이런 타락성을 가지고 우리가 행한 일에 대한 죄책을 가진다. 우리가

---

119 여기서 나는 Michael C. Rea의 도식을 빌려왔다. Michael C. Rea, "The Metaphysics of Original Sin," in *Persons: Divine and Human*, ed. Peter van Inwagen and Dean Zimmerman (Oxford: Oxford University Press, 2007), 320.

120 같은 책, 345-53을 보라. 몰리나주의에 관한 견실한 입문서로 다음을 권한다. Thomas P. Flint, *Divine Providence: The Molinist Account* (Ithaca, NY: Cornell University Press, 1998).

121 Rea, "Metaphysics," 347.

타락성을 가지고 행한 일은 우리의 대표자로서 아담이 행한 일을 비준한다. 여기서 이런 관점은 언약적 대표론에서 도출된 것이다. 성경에 따르면 바로 이것이 (그리스도를 제외한) 모든 도덕적 행위 주체들이 행한 일이다. 이런 비준은 우리의 행위에 대해 우리가 죄책을 가지는 것뿐만 아니라 우리의 타락 자체에 대한 죄책도 가지게 만든다(그러므로 중개적 관점과 교차한다). 그래서 우리는 원죄에 대한 죄책을 가지는가? 물론 그렇다. 왜냐하면 아담의 행위를 비준함으로써 우리는 우리의 타락을 인정하고 우리가 처한 상태에 대한 죄책을 가지기 때문이다. 과연 이런 관점은 웨슬리주의 신학에서 그토록 중요한 도덕적 책임의 원칙과 일치하는가? 그렇다. 왜냐하면 하나님의 선행적 은총을 통해 우리는 하나님께 응답할 수 있기 때문이다. 또한 이 관점은 (롬 5:12-21에서 통렬히 묘사되듯이) 은혜의 보편성과도 일치하며, 은혜의 수용이 조건적이라는 웨슬리주의 신념과도 일치한다.[122] 이렇듯 이 관점은 역사적 웨슬리주의 원죄론의 중대한 필요에 부응하는 것 같다.[123]

---

122 Richard Cross는 그리스도인이 (529년 제2차 오랑주 공의회에서 규정된 바) 펠라기우스주의에 빠지지 않으면서도 은총에 저항할 수 있다는 견해를 가질 수 있는 방식이 적어도 일곱 가지는 된다고 주장한다. 그는 그중 여섯 가지는 반(半)펠라기우스주의에도 빠지지 않는다고 결론 내린다. Richard Cross, "Anti-Pelagianism and the Resistibility of Grace," *Faith and Philosophy* 22 (2005): 199-210. 다음도 보라. Eleonore Stump, *Aquinas* (New York: Routledge, 2003), 389-404. 그리고 Kevin Timpe, "Grace and Controlling What We Do Not Cause," *Faith and Philosophy* 24 (2007): 284-99.

123 역사적 웨슬리주의 신학에서 이런 제안은 조상들을 포함하고 있다. 심지어 Whedon은 이렇게 결론 내린다. "우리가 '희생양'이 필요한 것은 우리 자신의 실제적(또는 행위적) 죄뿐만이 아니라 이런 통로가 된 타락에 대한 조상의 죄책을 위해서도 그러하다"("Quarterly Book-Table," 367).

결론

본 장에서 나는 웨슬리주의 전통에서의 원죄론을 개괄해보았다. 나는 웨슬리를 비롯한 초기 감리교 신학자들이 아담과 하와가 실제 인물이었다고 믿었으며, 대체로 원죄에 대한 언약적 대표론의 설명을 견지했다고 주장했다. 왓슨과 그의 후배들은 언약적 대표론을 어느 정도 개정했지만, 웨슬리 자신은 웨스트민스터 신앙고백의 서술을 옹호했다. 또한 나는 19세기에 일어난 중대한 변화, 곧 처음에는 강조점이 달라지고 그 이후로 본질적이었던 변화를 살펴보았다.[124] 대체로 이 변화에서는 거룩한 사랑에 대한 **신학적** 강조가 자유의지에 대한 **인류학적** 강조로 전환되었다. 이런 강조점의 변화는 나아가 교리 자체의 큰 변화를 초래하게 되었다. 특히 존 마일리의 작업이 큰 영향력을 끼침에 따라, 기원적 부패에 대한 믿음은 유지된 반면에 원죄책에 대한 믿음은 거부되었다. 그리고 20세기는 원죄론에서 한참 멀리 떠나 있는 모습이다.

웨슬리주의 신학은 시들고 있는가? 역사적 웨슬리주의에는 넓고 깊은 인간 타락에 대한 냉철하고 단호한 묘사 **그리고** 하나님의 은혜의 힘과 영광스러운 목적에 대한 낙관론을 비롯해서 오늘날의 죄론과 구원론에 대한 엄청난 잠재적인 자원이 묻혀 있다.

---

124   다시 한번 말하지만, 19세기의 이런 변화가 다른 신학적 계파(특히 미국 신학)에서 일어난 변화와 평행한다는 점을 잊어서는 안 된다. 이를 더 자세히 다룬다면 본 장의 범위를 한참 벗어나게 되겠지만, 이를 웨슬리주의나 아르미니우스주의 신학만의 특별한 발달로 여겨서는 안 된다.

제8장

원죄와 현대 신학

칼 트루먼(Carl R. Trueman)

현대 신학에서의 원죄론을 한 장에 서술하기란 어려운 작업이다. 근본적인 문제는 선별 과정에 있다. 현대 신학 자체가 워낙 다양한 현상이기에 원죄뿐만 아니라 그 밖의 다른 교의적 입장에 대해 형식을 막론하고(심지어 개괄적 형식이라 할지라도) 여러 견해들을 종합적으로 공정히 다루기가 불가능하다. 현대 신학은 하나님의 영감을 받은 성경 속에 있는 통합적 기반을 상실하고 지난 50년간 넓은 의미의 정체성 정치(identity politics)의 역할에 지나지 않게 되었다. 신학자들이 고전적 신학의 구성과 같은 교의신학을 보여주는 일은 드물다. 따라서 이제 우리 앞에는 페미니즘 신학, 퀴어 신학, 흑인 신학 등과 같은 것이 놓여 있다. 이런 신학의 각각의 흐름마다 다룰 만한 흥미로운 점들이 있는 것은 사실이지만, 이 신학들의 존재 자체가 하나의 특정 주제를 어떻게 다룰 것인지, 또는 "대표적" 신학자들을 어떻게 선택할 것인지의 문제를 가리키고 있는 것도 사실이다. 한 가지를 대표하는 일은 다른 한 가지에 대한 애처로운 탈선이 될 수 있다.

따라서 본 장에서 현대 신학의 원죄론을 종합하는 작업을 수행할 수는 없다. 대신에 현대 사상의 다양한 지류에 영향을 미친 여섯 명의 주류 신학자(즉 보수적 복음주의자가 아닌)를 살펴보고자 한다. 이런 전형들을 살펴봄으로써 신학계에서 원죄를 다루는 방식에 대한 큰 윤곽과 함께 강조점들을 예시하고자 한다(대체적으로 이는 곧 아담과 하와가 존재하지 않았다고 판단하고, 온전한 상태의 창조세계를 하나님의 저주 아래 처하게 만든 타락이 역사적인 사건이 아니었다고 보는 관점이 될 것이다). 이렇게 선별된 신학자들을 통해 인간의 기

원과 창조에 대한 오늘날의 논쟁에서 신학적으로 무엇이 위태로운지를 살펴볼 수 있을 것이다.[1]

본 장의 상당 부분을 차지하고 있는 세 명의 인물은 프리드리히 슐라이어마허, 월터 라우쉔부쉬, 칼 바르트다. 슐라이어마허를 다루기로 선택한 이유는 설명할 필요도 없다. 그는 현대 자유주의의 아버지이자, 계몽주의 특히 칸트의 비평에 근거해 기독교를 재건하려고 했던 대표적 인물이다. 라우쉔부쉬를 선택한 것은 약간 의외로 느껴질 수도 있다. 하지만 그가 주창한 사회 복음 신학은 기본적으로 원죄에 대한 슐라이어마허의 접근법을 영어권 세계에 적용시킨 가장 중요한 경우다. 라우쉔부쉬는 원죄의 사회적 본질을 강조하며 이후 자유주의 신학의 많은 부분과 실제적인 연관성을 가지고 있다. 슐라이어마허처럼 칼 바르트 역시 선택의 이유를 따로 설명할 필요가 없다. 그는 20세기의 가장 중요한 교의적 목소리인 동시에, 계몽주의 비평의 근본적인 요소들을 여전히 받아들이고 있던 슐라이어마허를 비판한 가장 중요한 인물이다.

루돌프 불트만, 라인홀드 니버, 볼프하르트 판넨베르크를 거론한 것은 보다 개인적인 선택으로 비춰질 수 있다. 앞서 언급했듯이, 지난 세기에는 유례를 찾아볼 수 없을 만큼 가지각색의 신학과 신학자들이 출현했다. 그러나 이 세 명의 신학자가 핵심적 특징을 대표하고 있다는 점은 분명하다. 바르트가 교의학에 전념했다면, 불트만은 성경신학에 전념했다. 니버는 사회 복음과 비관주의를 영리하게 조합한 대표적 인물로, 이런 특징으로 인

---

1 또한 나는 개신교 신학자들만을 선별했다. 로마 가톨릭에서도 원죄와 죄에 관련된 주제를 계속해서 다루고 있지만, 나는 개신교 복음주의자들이 우선적으로 이 글을 읽으리라는 전제에서 출발했기에 그들이 속한 전통에서 가장 큰 중요성을 가지는 사상가들에게 집중하고자 했다. 첨언하자면 나는 해방 신학자, 흑인 신학자, 페미니즘 신학자, 퀴어 신학자 중 누구도 언급하지 않았다. 이는 그들이 신학계에 중요한 기여를 하지 못해서가 아니라, 아담과 죄에 관한 정통주의 전통과의 신학적 경계에 있어 여기서 다루는 신학자들과 같은 편에 서 있기 때문이다.

해 그는 라우쉔부쉬와 바르트의 신학과 다른 특징을 가진다. 아마도 판넨베르크는 고전적 자유주의 전통에서 신학을 집대성하고자 시도했던 가장 최근의 학자이자 마지막 학자일 것이다.

프리드리히 슐라이어마허

현대 신학의 많은 부분에서 논쟁의 기본적인 용어는 19세기의 위대한 독일 신학자 프리드리히 슐라이어마허(Friedrich Schleiermacher, 1768-1834)에 의해 정립되었다. 계몽주의가 발흥하고 피에르 베일(Pierre Bayle)의 『백과사전』(Encyclopedia) 같은 작업이 수행되면서, 원죄론은 불쾌한 조롱거리 정도로 전락하여 신학적 담론에서 사라지게 되었다.[2] 그러나 슐라이어마허는 기독교 교의의 거대한 주제들을 중시하는 교리의 재구성을 시도하는 한편으로, 이를 비판하며 여기에 중대한 수정을 가했다. 우리는 지침으로서의 신-의식(God-consciousness)이라는 개념을 사용해서 인간 심리의 활동으로서의 기독교 교의학을 재건했다고 그의 기획 전반을 평가할 수도 있을 것이다.

원죄에 대한 슐라이어마허의 관점을 살펴볼 수 있는 주요 자료는 『기독교 신앙』(1830-1831)[3]이다. 인간 심리에 대한 슐라이어마허의 이해는 그의 죄 이해의 핵심을 이루고 있다. 슐라이어마허에게 있어 인간의 자의식

---

2 물론 원죄라는 개념에 대한 반대가 계몽주의에 혁신적 기여를 한 것은 아니다. Alan Jacobs가 어떤 교리도, "심지어 일부는 영원한 멸망에 처한다는 믿음조차도" 원죄만큼 적대심을 유발하지는 않는다고 언급한 것은 지당하다. Alan Jacobs, *Original Sin: A Cultural History* (New York: HarperOne, 2008), xi.

3 *The Christian Faith*, trans. H. R. Mackintosh and J. S. Stewart (Edinburgh: T&T Clark, 1989). 이후로는 사용한 장, 문단과 더불어 CF로 표기. 『기독교 신앙』(한길사 역간).

은 두 가지, 즉 고등 자의식(higher self-consciousness)과 감각 자의식(sensible self-consciousness)으로 나뉜다. 후자는 세계에 대한 인간의 인식과 소위 "감정"이라고 칭할 수 있는 것, 혹은 우리 주변 세계에 대한 사회적·도덕적 태도다.[4] 전자는 슐라이어마허 하면 떠오를 정도로 잘 알려진 "절대 의존의 감정" 또는 "신-의식"이 깃드는 장소로, 우리의 자유와 자발성이 우리 자신의 외부로부터 비롯되었다는 인식이다.[5] 중요한 지점은, 실제로 이런 고등 자의식이 결코 추상적으로 존재하지 않고 언제나 감각 자의식과 결부되어 존재함을 인식하는 것이다. 이를 깨닫는 것이 중요한 이유는, 슐라이어마허가 죄의 문제를 이 두 자의식 사이의 관계 속에 위치시키기 때문이다.

슐라이어마허는 죄를 이렇게 정의한다.

오직 악의 조건은 고등 자의식의 활동력을 속박하거나 방해하는 것으로 이루어진다. 이에 따라 고등 자의식은 감각 자의식의 다양한 결단력과 통합되지 못하고, 통합된다고 해도 미약한 수준에 그쳐 종교적 삶은 사라지거나 미약한 수준에 머문다. 우리는 이런 조건의 가장 극단적 형태를 무신성(Godlessness), 더 낫게는 신-망각(God-forgetfulness)이라고 칭할 수 있다.[6]

즉 감각 자의식이 이 세상의 것들로 가득 채워져, 인간 주체와 세상의 다양한 객체 사이에 존재하는 관계가 되어 신-의식이 완전히 자취를 감춰 버릴 수도 있다고 슐라이어마허는 말하고 있다. 남자와 여자는 자신만의 삶, 자신만의 기쁨, 슬픔, 욕망, 좌절에 푹 빠져 그들이 누리는 자유를 위해 그들이 의존하고 있는 어떤 더 큰 존재에 대한 모든 감각을 상실한다.

---

4   CF 5.1.
5   CF 4.3.
6   CF 11.2.

이런 점을 고려해보면 슐라이어마허는 본질적으로 죄를 인간의 심리적 성숙을 저해하는 어떤 것으로 본다고 이해할 수 있다. 이는 그리스도가 완벽한 신-의식의 지고한 본보기가 된다는 그의 기독론과 연관된다. 따라서 이를 토대로 슐라이어마허는 다른 일신교에 맞서 기독교의 우월성을 변론할 수 있었다. 또한 이는 원죄에 대한 그의 이해를 결정적으로 형성했다.

슐라이어마허는 아담과 하와에 대해 논의하면서 그들이 역사적 인물이었는지 아니었는지에 대해서는 크게 관심을 표명하지 않는다. 그 이유는 부분적으로 그가 교의학에 무게를 크게 두지 않았기 때문인데, 이는 그런 식으로 성경을 해석하지 않기 위함이다.[7] 그렇다고 이것이 당시 널리 수용된 고백 전통에 대한 슐라이어마허의 유일한 비판인 것은 아니다. 그는 전통적인 가르침 자체에 일관성이 없다고 본다. 첫째, 인류의 첫 번째 부부가 손쉽게 타락한 것으로 보아 아담의 "죄된 본성"이 첫 범죄보다 선행함이 틀림없다. 슐라이어마허는 유혹을 쉽게 피할 수 있었던 사소한 사건으로 여기며, 이 이야기를 더 문자적으로 읽을수록 그런 관점이 강화된다고 본다.[8] 둘째, 그는 첫 사람의 죄로 인해 사람의 본성에 있어 근본적으로 무언가가 변했다는 개념이 부조리하다고 여긴다. 개인은 자신의 본성에 합치된 행위만을 할 수 있는데, 만일 개인으로 인해 그 종(種)의 본성이 변했다면 종에 대한 정의가 애초부터 잘못되었거나, 아니면 그 개인이 그 종에 속한다고 잘못 분류된 경우일 것이다.[9] 슐라이어마허는 외부적 요인, 즉 마귀에 의해 인간 본성이 변질되었다는 논리적 가능성 자체는 인정하지만, 이

---

[7] "모세의 서사에 관해서는 이러하다. 우리가 설정한 교의학의 한계를 따른다면, 이런 학문을 통해 기록된 말씀이 어떻게 해석되어야 하는지를 결정하고 또 그것이 역사인지 비유인지를 결정할 수 있으리라고 기대할 수 없다"(CF 72.5).

[8] CF 72.2.

[9] CF 72.3.

런 경우 기독교 신학을 마니교에 빠트리게 된다고 본다.[10]

만일 원죄를, 인간 본성을 근본적으로 뒤바꾼 역사적 아담의 결정적인 시초 행위가 수반되는 것으로 이해해서는 안 된다면, 대체 어떻게 이해해야 하는가? 슐라이어마허는 아담과 하와의 이야기가 이후 세대의 패러다임이 된다고 본다. 하와는 인간 심리의 감각적 차원이 외적 유혹으로 인해 신-인식의 정반대로 쉽게 끌려간다는 점을 보여준다. 아담은 큰 외적 압박 없이 단지 신을 망각함으로써 얼마나 쉽게 죄가 모방되어 흡수될 수 있는지를 보여준다.[11]

타락으로 인해 인간 본성이 근본적으로 변질되었다는 관점에 대한 슐라이어마허의 부정은 어떻게 죄가 죄로 알려질 수 있게 되었느냐라는 분명한 물음을 유발한다. 일찍이 정통주의 신학에서 타락 이전의 아담은 타락 이후의 인류를 평가할 일종의 본보기 역할을 담당한다. 여기서 아담은 하나님께 헌신하고 그 명령에 순종하는 것이 아니라 반역을 택했는데, 금단의 열매를 따먹은 첫 불순종의 행위에서 그 반역의 완벽한 예를 볼 수 있다. 그러나 슐라이어마허에 따르면 인간의 기본 본성은 항상 똑같았고 타락 사건은 그저 모든 인간의 개인적 타락에 대한 패러다임 역할을 할 따름이다.[12] 이런 이해를 통해 슐라이어마허는 신학자들로 하여금 아담을 죄를 심판하는 본보기로 여기게 하는 대신, 완벽한 신-의식의 지고한 모범으로서 스스로가 죄에 대한 본보기가 되신 그리스도를 바라보게 한다. 우리가 만일 첫 사람이 실제로 죄를 짓지 않았다고 여긴다고 해도, 죄의 행위 이전에 이미 그에게 있던 심리적 예비 상태 자체로 인해 그는 인간의 완전성을 보여주

---

10   CF 72.3.
11   CF 72.5.
12   CF 72.5.

는 본보기가 될 수 없다.¹³ 우리는 오직 그리스도 안에서만 완전하고 충분하게 나타난 신-의식으로 인해 인간의 불완전성의 깊이를 알 수 있다.¹⁴

슐라이어마허의 죄 이해는 복잡하지만 그 중요성은 간략히 축약될 수 있다. 죄는 인간 심리의 붕괴이지 하나님에 대한 반역이 우선은 아니다. 아담이 타락하기 전에도 황금기는 없었고(물론 아담의 역사성 자체도 교의적 중요성을 가지지 않는다), 사람은 타락한 상태로 창조되었다. 아담은 사람이 무엇인지를 보여주는 패러다임이며 그리스도는 완전한 신-의식을 갖춘 사람, 즉 모두가 염원하는 모델이 어떤 것인지를 보여주는 탁월한 패러다임이 된다. 따라서 슐라이어마허로부터 유래하는 이런 신학 유형 내에는 그리스도의 구원 사역의 본질을 무엇보다 윤리적 실천으로 규정하고자 하는 흐름이 있다.

월터 라우쉔부쉬

슐라이어마허의 죄 이해와 그 결과는 월터 라우쉔부쉬(Walter Rauschenbusch, 1861-1918)의 작업을 통해 영어권에서 큰 영향을 미치게 되었다. 라우쉔부쉬는 도시화에서부터 산업화, 군국주의 등에 이르기까지 19세기의 다양한 발달로 인한 사회 문제들을 고심하면서 사회 변화에 동력을 실을 수 있는 기독교 교리를 재구성하고자 했다. 그렇게 해서 그는 사회 복음으로 알려지게 된 것의 창시자가 되었다. 1917년 예일 대학교에서 했던 테일러 강좌를 기초로 편찬된 『사회 복음 신학』에서는 죄에 대한 그의 관점을

---

13   *CF* 94.1.
14   *CF* 94.2.

간단명료하게 볼 수 있다.[15]

라우쉔부쉬 신학의 핵심은 하나님 나라 개념이다. 이는 그가 개인의 구원이 아니라(이에 추정컨대 개인의 죄가 아니라) 사회라는 공동체적 개념을 중시한 데서부터 시작된다. 그리스도의 가르침은 하나님 나라의 도래, 곧 사랑의 윤리에 기반한 사회 전체의 변혁에 집중되어 있었다.[16] 그럼으로써 그는 슐라이어마허로부터 기인해서 알브레히트 리츨을 거치는 전통의 끝자락에 서게 된다.[17]

죄에 대한 주제를 다루면서 라우쉔부쉬는 슐라이어마허로부터 물려받은 기본 심리적 범주를 사용한다. 후대의 관점에서 보았을 때, 역설적으로 이런 점이 그로 하여금 죄의 책임을 환경의 역할로 돌리려는 사회 복음 주창자들을 비판할 수 있게 했다. 라우쉔부쉬는 죄에 대한 결정적 책임을 개인 외부의 무엇으로 돌리려는 시도를 전통적 원죄관과 비슷한 것으로 본다.[18] 그럼에도 불구하고 그는 죄에 대한 개인적 의식에서 나타나는 개인의

---

15   이 강의는 다음 책으로 편찬되었다. *A Theology for the Social Gospel* (Louisville: Westminster John Knox, 1997). 이후로는 *TSG*.

16   그는 전통적인 "개인주의적" 신학에 대해 이렇게 단언한다. "우리 주님의 원래 가르침이 이른바 복음주의 신학에 어울리지 않는 요소가 된 것은 얼마나 어처구니없는 일인가! 다른 교리와는 조화될 수 없는 낯선 교리처럼"(*TSG*, 25). 같은 맥락에서 그는 한 세기 넘도록 세계 자본주의를 지배했던 영국을 지목해서, 기존 체제를 비판하기보다 오히려 공고하게 만드는 개인주의적 신학을 가지고 있다고 말한다(*TSG*, 29).

17   Schleiermacher 이후 세대에서 가장 중요한 신학자는 두말할 필요 없이 Albrecht Ritschl(1822-89)이다. Ritschl은 죄와 구원에 관한 Schleiermacher의 통찰을 발전시켜 기독교의 핵심을 그리스도의 실천 윤리 속에 예견된 하나님 나라에 두었다. 다음을 보라. N. P. Williams, *The Ideas of the Fall and Original Sin* (London: Longmans, Green and Co., 1927), 438-39. Ritschl의 죄에 대한 관점으로는 다음을 보라. Donald L. Mueller, *An Introduction to the Theology of Albrecht Ritschl* (Philadelphia: Westminster, 1969), 63-77.

18   *TSG*, 33. 근래에 그의 전기를 쓴 작가가 언급한 대로, 그럼에도 불구하고 "Rauschenbusch는 바울과 Augustine이 말한 대로 인간 본성이 타락했다는 가능성을 직면하는 데 관심이 없었다. 오히려 그는 악이 스스로를 '유기적으로' 드러내며 생물학적 방식으로 한 집단에서 다른 집단으로 이전된다고 믿었다. 사회 내부에서 이런 사회악이 집단적으로 스스로 드러나게 된 이상, 이를 극복하기는 거의 불가능하다." Christopher H. Evans, *The Kingdom Is Always but Coming:*

죄를 지나치게 강조하는 행위가 죄가 무엇이며 의가 무엇인지에 대한 문제를 사소하게 만든다는 점에 대해서도 우려한다. 그리하여 라우쉔부쉬는 한 목회자가 교회 출석, 성경 읽기, 공예배 헌금과 선행을 동일시하는 반면에 다른 목회자는 음주, 도박, 영화 관람을 죄로 규정한다면, 두 목회자 모두 그들이 살고 있는 뉴욕시의 자본주의 체제로 인해 자행되는 더 큰 병폐를 보지 못하고 있다고 지적한다. 간략히 말해 그는 구조적이고 제도적인 죄를 드러내는 데 관심을 쏟는다.[19]

후기 신학에서 라우쉔부쉬는 아담의 타락이 가진 중요성이 너무 지나치게 과장되었다고 단언한다. 앞서 우리는 슐라이어마허가 아담의 역사성에 관한 물음에 어떤 체계적 중요성도 부여하지 않았음을 살펴보았다. 라우쉔부쉬는 『사회 복음 신학』에서 아담의 역사성을 명시적으로 부정하지는 않는다. 하지만 타락 이야기가 죄의 기원이 아니라 사망과 악의 기원을 설명하기 위해 기원전 9세기에 나타났다는 그의 언급을 통해 우리는 그의 입장을 분명히 추정해볼 수 있다. 또한 그는 구약성경 신학에서 타락이 수행하는 구조적 역할이 거의 없다는 점도 지적한다. 따라서 그는 본문비평과 후기 가블러(post-Gablerian) 성경신학을 결합해서 전통적인 원죄론을 비난한다.[20]

타락에 관한 라우쉔부쉬의 논의에서는 흥미로운 점 두 가지를 선택할 수 있다. 첫째, 그의 진리 개념이 근본적으로 무척 실용적이라는 것은 분명하다. 그는 실천적 차이를 기대할 수 없는 사변적 추상이라고 여겨지는 것

A Life of Walter Rauschenbusch (Grand Rapids: Eerdmans, 2004), 301-2.

19   TSG, 36.

20   TSG, 39-42. John Philipp Galber(1753-1826)는 독일 성경학자로서 주로 현대 성경신학의 창시자로 여겨진다. 그는 교의신학과 성경신학을 확연히 구별하며, 후자를 역사적 상황 속에서 성경 각 권의 개별 저자들이 표현한 믿음에 대한 연구로 보았다.

에 대해서는 (뚜렷한) 관심을 가지지 않는다. 무엇보다 사회 복음은 실천적이다.

달리 말한다면, 앞으로의 모든 세대에게 결정적인 영향을 끼친 역사적 사건으로 타락을 논의하는 것은 궁극적으로 무익할 따름이다. 죄는 사실이며, 그리스도인은 죄를 설명하려고 애쓰기보다는 죄와 투쟁하는 데 집중해야 한다. 이론보다 행동을 우선시한다는 점에서 여기서는 마르크스주의의 조짐이 상당함을 볼 수 있다.

둘째, 라우쉔부쉬는 전통적인 타락론이 매독, 정부 부패, 제국주의 전쟁과 같은 후대의 죄를 부적절하게 상대화한다고 본다. 이런 맥락에서 역사의 시작에 있었던 죄로서의 타락 사건에 집착하는 일은 실제로 사람들로 하여금 사회 속에 있는 죄의 악화와 발달, 영구화와 연관된 각자의 역할을 비롯해서 자신이 속한 세대의 역할을 바르게 이해하지 못하게 만든다. 달리 말해, 원죄론은 단지 비성경적일 뿐만 아니라 명백히 반기독교적이라고까지 언명될 수 있다.[21]

흥미롭게도 라우쉔부쉬는 인간의 일치를 믿는다. 미래의 세대에게 남겨질 유산은 각각의 세대로 하여금 더욱 자기 비판적일 수 있게 해주고 각자의 죄에 대한 충동과 신중히 투쟁할 수 있도록 해준다. 죄와 씨름할 수 있는 능력은 실제로 인간의 어깨에 막중한 책임감을 효과적으로 부여한다.[22]

죄에 대한 라우쉔부쉬의 정의에는 슐라이어마허의 영향이 뚜렷이 나타난다. 죄는 이기심으로서 고등한 영적 본성보다 감각 본성이 지배하는 것이다.[23] 그는 이런 부분이 가진 사회적 함의를 슐라이어마허보다 더 강조

21　TSG, 43.
22　TSG, 43.
23　TSG, 45-46.

한다. 죄의 가장 발달된 형태는 바로 개인의 자아와 인류의 공공선 사이의 갈등이다. 이런 생각은 그로 하여금 하나님에 대한 분명한 이해를 가지도록 만들었다. 즉 하나님은 인류의 공공선이시다.[24] 라우쉔부쉬에게 있어, 어떤 의미에서든 적어도 사람에게 유의미하고 따라서 사람의 신학에 관련되는 "바깥에 있는 하나님"은 없다. 공공선의 측면에서 하나님은 올바르게 정돈된 사회로 확인된다. 헤겔과 독일 관념론의 계승자로서 라우쉔부쉬는 효과적으로 하나님을 역사의 목적과 동일하게 여긴다.[25] 이런 측면에서 예상대로 그는 십계명에 대한 유연하고 역사적인 접근법을 제시한다. 십계명의 (하나님에 대한 사람의 의무를 알려주는) 첫째 돌판에는 처음 세 계명이 해당된다. 안식일에 대한 네 번째 계명은 그리스도께서 사람을 위한 규율로 구분했기 때문이다. 다신교와 우상숭배가 더 이상 위험하지 않으며 마법과 같은 주문이 횡행하지 않는 현대 사회에서, 하나님의 이름을 망령되이 일컫는 일은 큰 중요성을 가지지 않는다. 따라서 성경 윤리의 주된 요지는 둘째 돌판의 적용에 있다. 이 계명들은 모두 사회적 중요성을 띠고 있다.[26]

이는 (슐라이어마허처럼, 아니 리츨과 훨씬 가깝게) 라우쉔부쉬가 아담의 원시적 타락으로 죄가 드러난 것이 아니라, 이상적인 하나님 나라와 현실 세계 사이의 비교를 통해 죄가 드러난다고 여겼다는 것을 보여준다. 장차 도래할 하나님 나라는 주 예수 그리스도의 가르침과 삶을 통해 예표적으로 드러났다. 라우쉔부쉬에게 있어 아담은 베일에 가려진 인물로 타락 이전의 그의 삶과 미덕에 대해 알 수 있는 바가 거의 없기 때문에, 죄와 그 영향을

---

24 *TSG*, 47.
25 *TSG*, 49. "하나님은 인류의 영적 대표만이 아니다. 그분은 인류와 동일하시다.…그분은 자신의 목적을 실현하기 위해 사람을 통해 일하시며, 우리의 죄가 하나님이 온전히 나타나고 실현되는 하나님의 통치를 방해하고 무너뜨린다. 그러므로 우리의 죄는 적게는 우리의 동료 인간을 향한 것이며 결국에는 하나님께 대한 것이다."
26 *TSG*, 48-49.

이해하는 적합한 준거가 될 수 없다. 그러나 반대로 하나님 나라는 이런 준거가 되기에 합당하다.[27]

하나님 나라는 두 가지 특징 곧 사랑과 노동의 공공복지라는 특징을 가진다.[28] 물론 이런 두 가지 특징은 실제로는 동일한 하나다. 현실과 동떨어진 사랑은 현실적으로 텅 빈 추상 개념에 불과하다. 라우쉔부쉬에게 있어 사랑은 적절한 노동관계의 수립이자 확산이다. 다른 말로 하면, 하나님 나라는 19세기 후반의 사회주의의 유토피아적 전망에 가깝고, 죄는 모든 이들에게 풍성히 나누어져야 할 토지와 자본을 이기적으로 점유한 행위와 다름없어 보인다.[29] 거룩하신 하나님에 대한 거역으로서 죄의 수직적 차원은 동료와의 사회 관계적 문제로서의 수평적 차원의 죄 아래 완전히 포괄된다.

이 모든 것을 고려할 때, 라우쉔부쉬가 죄의 전달 문제를 모방의 문제로 격하시켰다고 볼 수도 있다. 물론 그가 개인 행위의 주체가 가진 책임을 에덴동산의 원시 조상의 행위로 돌리려는 약간의 낌새조차 허락하지 않으려는 것은 사실이다. 그러나 동시에 그는 만연한 죄의 본성을 심각하게 여기지 않는 단순화된 펠라기우스주의도 거부하고자 한다. 따라서 개인에게 미치는 사회관계의 막강하고 결정적인 영향이 악행을 촉진하고 강화한다는 점을 강조한다. 물론 그가 죄의 전달을 다루면서 성경의 은유를 사용하는 것도 사실이지만 그 방법은 매우 독특해서, 이를 사회의 구조와 실천이 저항할 수 없는 확실한 방식으로 어떻게 개인에게 영향을 끼치고 심지어 어떻게 개인을 구성하는지를 보여주는 유비로 사용한다.[30]

---

27 TSG, 51.
28 TSG, 54.
29 TSG, 55.
30 "성인의 범죄와 영속적인 악행은 유전으로 전해지지 않고 사회화를 통해 전달된다. 예컨대 알

라우쉔부쉬의 신학은 그 이후의 신학에 엄청나고도 지속적인 영향을 끼쳐왔다. 사회적이거나 제도적인 악이라고 일컬어지는 것에 대한 그의 강조를 살펴보면, 그는 제도적 인종차별과 성차별 같은 개념과 사회 정의에 관한 현대 (자유주의와 복음주의 두 가지 모두) 신학적 관심의 선구자로 불리기에 조금도 손색이 없다. 그의 사상은 본질적으로 죄의 본성을 심리적으로 이해한 슐라이어마허의 견해를 많은 이들이 알기 쉽게 적용해서, 거기에 담긴 교의적 함의를 명백히 보여준다. 참으로 죄는 수직적 문제가 아닌 수평적 문제로, 여기 이 땅에서 완전한 인간성을 구현하지 못하는 문제다. 여기서는 거룩한 하나님에 대한 직접적 반역이 죄라는 개념은 전혀 찾아볼 수 없다. 죄는 타인에 대한 직접적 반역이기에 하나님께는 단지 간접적일 따름이다.

칼 바르트

20세기의 가장 중요한 개신교 교의학자로 칼 바르트(Karl Barth, 1886-1968)를 꼽는 데에는 이견이 없다. 바르트의 유산은 신학적 해석에 대한 관심은 물론이고 내러티브 신학과 포스트모던 신학의 도래와 더불어 지난 20년간 일종의 르네상스를 맞이했다. 슐라이어마허와 리츨로 대표되는 신학에 대한 그의 도전은 유명하다. 하지만 이런 모든 도전에도 불구하고 죄에 대한 그의 사상은 여전히 구(舊)자유주의와 어떤 연속선상에 있다.

> 코올중독과 마약 범죄, 투우와 권투 같은 잔혹한 스포츠, 다양한 형태의 성범죄, 전족과 코르셋, 피어싱과 같은 자발적 기형, 코르시카에서의 피의 보복, 미국의 린치 같은 것이 있다. 엄마의 자궁에서 태아에게 수직으로 감염되는 매독처럼, 이런 유전적 사회악은 사회의 자궁에서 개인에게 새겨지고 그 개인은 사회 공동체의 일반적인 생활에서 관념, 도덕규범, 영적 관념을 얻는다"(*TSG*, 60).

바르트는 『교회교의학』에서 원죄 문제를 다루며 고전적 정통주의 용어를 기꺼이 사용한다.[31] 그럼에도 불구하고 일종의 유전적이거나 생물학적인 결함을 반영하는 것 같은 어떤 관념도 인정하지 않으며, 원죄가 전가를 통해 전달된다고 주장하는 후기 정통 개혁주의를 권한다.[32] 하지만 이런 사실에도 불구하고 원죄에 관한 바르트의 사상은 여러 면에서 고전적 정통 개혁주의와 현저한 차이가 있다.

먼저 아담의 실제 역사성에 관한 질문이 있다. 바르트의 신학에서 역사성은 일반적으로 복잡한 문제다. 바르트를 읽는 독자들은 일반적으로 광대한 분야에 걸친 연구를 수행하며 이따금 애매한 표현을 사용하는 신학자들의 글에서 주로 부딪힐 수 있는 문제만이 아니라, 잘 알려진 것처럼 "Historie"와 "Geschichte"(대략 "설화"로 번역됨)의 구별이라는 더 복잡한 문제와도 마주친다. 이런 구별은 때로 성경 내러티브에 관한 그의 논의를 애매하게 보이게 만든다. 이는 특히 에덴에 관한 성경 내러티브에 적용되는데, 바르트 자신은 이를 **설화**(saga)로 분류한다. 이를 전체 인용해보는 것은 유익하다.

누가 하늘과 땅이 생겨난 일과 특히 아담과 그의 개별 실존이 생겨난 일을 보고 이를 증명할 수 있겠는가? 우리에게 첫 사람이 이런 방식으로 생겨났고 이런 방식으로 생겨난 자로 존재했다는 점을 말해줄 수 있는 것은, 역사가

---

31 "이보다 더 정확한 용어가 없는 한, 라틴어 표현인 *peccatum originale*에 대한 반대는 있을 수 없다. 이는 실로 정확한 표현으로서 우리가 기원적이고 근본적인 것을 다루고 있으며, 이에 따라 악의 존재와 악행의 순환 속에 구속된 우리 존재와 더불어 종합적이고 전체적인 사람의 행위를 다루고 있음을 알려준다. 이런 구속 가운데 하나님은 사람에게 말씀하시고 예수 그리스도를 통해 해방자로 나타나신다." Karl Barth, *Church Dogmatics*, vol. 4, *The Doctrine of Reconciliation*, part 1, trans. G. W. Bromiley and T. F. Torrance (New York: T&T Clark, 1956), 500.

32 같은 책, 511.

아닌 설화가 유일하다. 만일 우리가 호의적이든 비판적이든 간에 창세기 본문을 고생물학과 연관 짓거나 혹은 인간 삶의 가장 오래되고 원시적인 형태에 관해 지금 우리가 가진 다소간의 역사적 확실성과 연관 지으며 이를 역사로서 이해하고 읽으려고 시도한다면, 우리는 아담의 생성과 존재에 대해 들려주는 그것이 가진 전례 없고 비할 바 없는 가치를 상실하게 된다. 역사 이야기의 형식으로서 설화는 독특한 **장르**다. 그리고 이런 **장르** 내에서 성경의 설화는 다른 것과 비교될 수 없고 다만 그 자체로서 그 자체를 위해서만 보고 읽어야 하는 특별한 사례. 일반적으로 설화는 사건이 역사적으로 더 이상 증명되지 않는 지점에서 직관과 상상력을 사용하는 역사 이야기로 받아들여져야 하는 형식이다.[33]

위에서 보듯이 바르트는 직접적 역사가 아니라 설화 개념을 사용해서 창조와 창조를 둘러싼 사건과 행동이 단순한 내러티브 이상의 중요성을 가진다는 것을 드러내고자 한다. 이 설화에는 다른 어떤 것과 비교할 수 없는 특별한 무언가가 끊임없이 지속되고 있다. 물론 이런 점으로부터 바르트는 아담을 역사적 인물로 여겼지만, 아담의 특수성으로 말미암아 평범한 역사의 범주를 넘어선다고 보았다고 추론할 수도 있다. 그러나 이런 해석은 받아들이기 어렵다.

첫째, 바르트는 모세 오경의 문서설이 함의하는 바에 맞추어, 아담을 이해하는 핵심 요소에 따르면 기술된 사건을 액면 그대로 받아들일 수 없음이 분명하다고 본다.[34] 둘째, 바르트는 창조세계가 타락하지 않았던 한 시

---

33 같은 책, 508.
34 "엄밀한 주석적 의미에서 우리는 야웨 문서인 창 3장과 제사장 문서에 속하는 창 2:2-3을 결합해서는 안 될 것이다. 그렇지 않다면 창조의 일곱째 날은 사람에게는 곧 생애 첫 날로서 그는 하나님과 더불어 평화와 기쁨과 자유를 누리며 안식일을 지키고, 바로 다음날에 자기 자신의 의지를 발휘하고, 일하며, 행동하고, 성취를 이룬 즉시 교만하여 타락한 셈이 될 것이다. 그

점이 있었다고 보는 어떤 개념도 단호히 거부한다.[35] 설화라는 말보다 이 두 가지 요소를 통해 그가 창세기 1-3장에 기술된 행동과 사건들의 역사성을 기본적으로 부인한다는 것을 볼 수 있다.

이렇듯 아담의 중요성이 그의 역사성과 관련이 없고 또 창조세계가 진정 타락하지 않았던 실제적인 순간과도 관련이 없다면, 도대체 바르트에게 있어 아담은 어떤 중요성을 지니는가? 짧게 말해 아담은 모든 사람이다. 우리는 아담 안에서 우리 자신을 본다. 우리는 그의 죄 안에서 우리의 죄, 우리의 딜레마, 그리스도 바깥의 우리의 상태를 본다. "아담은 하나님이 우리 위에 매달아둔 운명이 아니다. 하나님이 아시고 우리가 들은 바대로 아담은 우리에 관한 진리다."[36]

이는 로마서 5장에서 바울이 상술한 대로, 바르트가 아담을 인간의 대표로서 이해했음을 가리킨다. 여기서 바르트는 하나님의 계시로서의 그리스도를 강조함에 따라 기존의 아담-그리스도 순서를 뒤집는다. 기존의 순서에 따르면 그리스도는 아담이 하기로 되어 있었지만 그렇게 하지 못한 일을 성취하러 오신 분이다. 바르트는 『교회교의학』에서 아담-그리스도가 아니라 그리스도-아담 순서의 평행을 언급한다. 그리고 그리스도가 원형이며 아담은 단지 오실 분의 표상에 불과하다고 단언한다.[37]

이런 평행은 바르트의 다른 책 『그리스도와 아담』에서 훨씬 자세히 다

러나 창 3장과 창 2:5-25을 결합하는 것은 적절한 정도가 아니라 필수적이다. 따라서 남자는 땅의 흙으로 지음 받은 즉시 하나님의 생기로 생령이 되었고, 에덴동산에 있게 되자마자 그곳을 다듬고 지킬 임무를 받았으며, 없어서는 안 될 마땅한 돕는 배필로서 여자가 지어짐으로써 남자의 창조가 완성되자마자 하나님께 불순종하여 하나님이 그를 위해 행하신 모든 선한 일에 정반대의 길을 가게 되었다고 말할 수 있다"(같은 책, 508-9).

35 같은 책, 508.
36 같은 책, 511.
37 같은 책, 512-13.

루어진다.[38] 여기서 바르트는 절대로 아담이 인간의 참된 본성의 계시가 될 수 없다는 점을 분명히 보여주는데, 아담의 본성은 변질되어 그리스도를 통해 구속될 필요가 있었기 때문이다. 오히려 원형적인 인간의 모습, 곧 근본적이고 참된 인간성의 계시가 되신 그리스도 바깥에 있는 우리 모습의 계시가 아담이다.[39]

이런 관점에는 다양한 신학적 함의가 있다. 첫째, 바르트는 이런 방식으로 로마서 5장에서 아담보다 그리스도를 우선시하며, 아담과 인류의 관계만큼이나 그리스도와 인류의 관계가 포괄적임이 마땅하다고 보면서 보편구원론을 지향하는 것 같다. 그러나 여기서 바르트는 다른 이들이 뚜렷한 구원론적 결론으로 여길 만한 것을 다루는 데 큰 관심을 두지 않는다.[40]

둘째, 다시 한번 이런 사실은 전통적인 의미에서 아담을 역사적인 인물로 여기거나 타락을 역사적 사건으로 여길 필요성을 약화시킨다. "타락"의 순간 같은 것은 시간 속에 없다. 매우 현실적인 의미에서 우리는 단지 아담 **안**에 있는 것이 아니라, 우리 모두의 삶이 그의 삶의 재현이라는 점에서 실제로 우리가 아담이다. "우리가 아담이고, 모두가 우리의 동료다. 그리고 한 아담이 우리를 포함한 모든 인간이다. 사람은 한 개인, 곧 한 개인으로서만 존재함과 동시에 개인성을 잃지 않으면서 모든 사람에 대한 책임이 있는 대표자다."[41]

바르트는 공공연히 슐라이어마허로부터 기원한 신학의 전통과 단절하면서도 여전히 그와 밀접히 연관된 지점을 가지고 있다. 바르트에게 있어

38　Karl Barth, *Christ and Adam: Man and Humanity in Romans 5*, trans. T. A. Smail (New York: Collier, 1962).

39　같은 책, 39-41.

40　이는 John Murray의 『그리스도와 아담』에 대한 후기에 나온 주장이다. 다음을 보라. *The Collected Writings of John Murray*, vol. 4 (Edinburgh: Banner of Truth, 1982), 316-21, 319.

41　Barth, *Christ and Adam*, 113. 40도 보라.

서는 역사성과 무관한 아담, 사람이 한때 타락하지 않았다는 것에 대한 부인, 죄의 생물학적 유전에 관한 모든 개념의 부정, 외부의 죄책에 대한 책임이 어떤 방식으로든 사람에게 있음을 보여주는 것이 아무것도 없다는 전제, 이 모든 것들이 뚜렷이 나타난다. 또한 죄에 대한 바르트의 관점이 죄의 근본적 특징을 마음의 태도, 곧 심리적·실존적 범주로 여긴다는 점에는 적어도 논쟁의 여지가 남아 있는 것 같다.

루돌프 불트만

루돌프 불트만(1884-1976)은 20세기에 가장 큰 영향력을 미친 신약성서 학자일 것이다. 그는 신약성경 사상의 지식적 근원을 독창적으로 이해하고 실존주의 철학의 어떤 면을 전유했는데, 이 두 가지 점 모두가 원죄에 관한 그의 이해를 형성한다.

예컨대 불트만은 오염되지 않고 무구한 창조세계의 역사적 타락과 같은 내러티브 개념이 신약성경이 형성될 당시 영지주의의 영향 때문이라고 여긴다.[42] 따라서 불트만이 성경의 서술로부터 끌어내고자 하는 신학적 가르침에 있어, 타락의 역사성이 가지는 실제적 중요성은 조금도 없다. 실제로 타락은 성경이 보여주는 "신화적 세계관"의 일부로서 오늘날에는 전혀 유용한 목적을 달성하지 못한다.[43] 더욱이 그는 조금도 주저하지 않고 원죄에 관한 바울의 설명이 그 자체로 일관되지 않다고 말한다. 한편으로, 바울

42　Rudolf Bultmann, *Theology of the New Testament*, vol. 1, trans. Kendrick Grobel (New York: Scribner's, 1951), 172-73. 『신약성경성서신학』(성광문화사 역간).

43　Rudolf Bultmann, "New Testament Mythology: The Problem of Demythologizing the New Testament Proclamation," in *New Testament Mythology and Other Basic Writings*, trans. Schubert Ogden (Philadelphia: Fortress, 1984), 1-43.

은 어떤 원인도 상정하지 않은 채 실제로 모두가 죄인이라는 현실을 전제할 따름이다. 다른 한편으로, 바울은 그 원인을 아담의 죄로 돌린다. 여기서 불트만은 바울이 영지주의 신화에 사로잡혀 있다고 주장함에도 불구하고, 바울이 영지주의 신학을 강화할 수도 있는 아담의 죄 이면에 있는 무언가를 상정하지는 않았다고 여긴다.[44] 왜냐하면 로마서 5장에서 바울이 설명하고자 하는 바는 죄의 보편성이 아니라 사망의 보편성이기 때문이다. 바울은 아담의 죄에 대한 처벌이 사망이라고 주장한 연고로 죄의 보편성에 대해 설명할 필요가 있었다. 이는 바울이 사망을 개인의 죄에 대한 결과로도 여기려는 점으로 인해 더 복잡해진다.[45] 이런 맥락에서 불트만은 인간 실존의 조건으로 죄를 이해하며 이로써 개인은 자신을 위한 성취감을 자신에게서 찾고자 한다.[46]

불트만은 슐라이어마허와 마찬가지로, 전통적인 아우구스티누스주의적 의미의 죄의 전달을 받아들이지 않는다. 언제나 죄는 인간의 조건이었고 지금도 그러하다. 이런 관점의 이면에는 한 사람이 타인의 잘못으로 인해 죄책을 가질 수 있다는 생각에 대한 현대의 전형적인 우려가 놓여 있다.[47] 불트만은 슐라이어마허보다 훨씬 더 노골적으로 타락의 역사성을 해체시킨다. 타락은 신화적 이야기로, 이를 통해 오래전 사람들은 죄가 아닌 사망의 보편성을 설명할 수 있었다는 것이다.

---

44 Bultmann, *Theology of the New Testament*, 250-51. 물론 Bultmann은 이렇게 말하는 가운데 타락에 대한 바울의 설명과 뱀이 중요한 동인으로 뚜렷이 나타나는 창 3장의 서술을 은근히 대조한다(따라서 Bultmann의 말에 따라 내러티브가 한층 더 "영지주의"에 가까워지는 듯하다!).

45 같은 책, 252.

46 같은 책, 246-48, 253.

47 "아담의 죄로 인한 저주 아래서 인간이 유죄라는 사실은, 법이 오직 범행만을 다룬다는 점을 고려할 때 기껏해야 법적 의미에서만 죄책이 있다고 여겨질 수 있다. 그렇다면 우리는 윤리적 의미에서 죄책에 대해 언급할 자격이 없을 것이다"(같은 책, 251).

라인홀드 니버

라인홀드 니버(1892-1971)는 죄의 본질에 관한 방대한 글을 썼고, 이런 사실은 그가 신학적 비관주의자라는 이미지를 얻는 데 일조했다. 원죄에 관한 가장 잘 알려진 논의는 1939년 그의 기포드 강연(Gifford Lecture)을 편집한 『인간의 본성과 운명』 1권에 나온다.[48]

니버는 죄에 대해 논의하면서 키에르케고르(Kierkegaard)의 『불안의 개념』에 상당히 의지하고 있다. 기독교 교리의 핵심에는 필연성과 자유의 딜레마가 놓여 있다. 기독교는 타락한 인간의 비극적 상황과 함께 자신의 죄에 대한 개인의 책임감을 강조하기 위해 두 가지 모두를 유지하기 원한다.[49] 키에르케고르의 영향을 받아 니버는 인간이 자신이 속해 있는 자연적 과정을 초월할 수 있는 능력을 가진 양심적·반성적 존재라는 점의 결과가 죄성이라고 본다. 따라서 인간은 끊임없이 절망으로 유인된다. 니버가 삶의 **양적 발달**이라 부르는 것을 통해 사람은 유한성과 연약함에서 벗어나려고 한다. 이는 물질주의, 유흥, 권력, 섹스, 돈과 같은 세속적 수단으로 인간의 실존을 초월하고자 하는 특징을 지니는 것 같다. 그러나 실제로 인간은 하나님의 뜻에 복종함으로써 삶의 **질적 발달**을 통해서만 자신을 초월한다.[50] 양적 발달은 자기애의 죄(sin of self-love)이며, 자기애의 죄는 하나님에 대한 불신을 전제한다.[51]

이런 맥락에서 니버는 아담의 죄를 언급한다. 그는 "각 개인의 죄에 앞

---

48   Reinhold Niebuhr, *The Nature and Destiny of Man: A Christian Interpretation*, 2 vols. (Louisville: Westminster John Knox, 1996). 『인간의 본성과 운명 1,2』(종문화사 역간).
49   같은 책, 1:243.
50   같은 책, 1:251.
51   같은 책, 1:252.

서 아담의 죄가 있다"라고 언급하지만 "그러나 이 역사상의 최초의 죄조차 최초의 죄가 아니다"라고 문장을 마친다.[52] 다시 말해 역설적으로 죄는 태초부터 본성에 있었으며, 창조세계로 악이 들어오게 된 역사상의 "타락"은 없다.

나중에 니버는 자신이 "문자주의적 오류"의 특징으로 여기는 것에 대해 논의하면서 이를 뚜렷이 밝힌다. 그는 비극적인 죄의 필연성을 신중히 다루지 않는 펠라기우스주의 신학의 도덕주의에는 관심을 두지 않는다. 반면에 아우구스티누스의 원죄 개념에 대해서는, 타락을 문자적으로 역사적이고 근본적으로 인간 본성을 변질시킨 것으로 이해하는 태도와 절망적으로 묶여 있는, 유전되는 어떤 것으로 이해한다. 여기서 니버는 아우구스티누스주의의 동기를 잘 포착한다. 그 동기란 바로 인간의 자만심에 대한 어떤 근거도 남겨두지 않는 것이다.[53] 그렇지만 니버는 역사성에 대한 집착이 여전히 잘못된 일이라고 생각한다. 대신에 역사적 인물로서의 아담이라는 개념에 반대되는, 대표적 인물로서의 아담이라는 개념을 세운다. 하지만 이는 17세기 언약신학에서처럼 아담의 역사적 실재를 전제로 그가 언약적 대표자 역할을 한다는 뜻이 아니다. 니버는 아담을 모든 인간이 죄를 범하는 방식의 원형적 대표로 본다. 이렇듯 애초에 그의 관심은 아담의 역사성을 견지하는 데 따른 역사적 어려움에 있지 않고, 유전 죄의 개념에 따른 자유의 말살에 있다.[54] 그는 아담이 역사적 인물이었고 타락이 역사적 사건이었다고 보는 어떤 생각도 분명히 거부한다.[55]

---

52 같은 책, 1:254.
53 같은 책, 1:279.
54 같은 책, 1:26-64.
55 "기독교 신학은 타락을 역사적 사건으로 주장하는 문자주의적 오류에 빠지지 않고 타락의 신화에 대한 합리적 거부를 논박하기 어렵다"(같은 책, 1:267-68).

니버는 타락의 역사성에 대한 집착이 황금기에 관한 이방 신화, 미래의 모든 시대의 결함을 판단하는 기준으로 기능할 수 있는 신화와 유사하다고 본다. 심지어 그는 이를 신화와 같은 목가적인 어린 시절을 회상하는 어른의 향수 어린 심리와도 연관시킨다. 이런 회상은 각 개인에게 그의 참되고 진정한 본성에 대한 지식을 가져다주는 듯하다.[56] 슐라이어마허와 마찬가지로 니버도 타락이 인간 본성을 근본적으로 변화시켰다는 생각이 불합리하다고 본다. 가톨릭은 타락을 초자연적으로 덧붙여진 은혜의 선물의 상실로서, 개신교는 하나님 형상의 상실로서 강조하며 이를 극복하고자 한다. 그러나 두 입장 모두 죄가 인간의 참된 본질의 타락이지 그것의 말살이 아니라는 것을 제대로 다루지 못한다. 대신에 니버는 타락이 연대적인 중요성이 아니라 수직적인 중요성을 가진다고 언급한다.[57] 그러므로 함축적으로 아담은 모든 사람 앞에 놓인 선택을 보여주는 좋은 예이자 그런 선택에 직면해서 내린 잘못된 결정을 보여주는 실례가 되는 패러다임이다.[58]

아담이 타락 이전의 인류의 상태를 보여주는 예가 되지 못한다면, 니버의 관심은 완전한 인간에 대한 예를 어디서 찾아볼 수 있는지로 향하게 된다. 완전한 인간이 어떤 것인지에 대한 척도는 과연 어디서 찾아볼 수 있는가? 물론 그 답은 그리스도다. 슐라이어마허를 비롯해서 그를 따르는 이들이 생각한 바와 같이, 원상태의 인간을 보여주는 분은 바로 예수 그리스도다. 여기에는 세 가지 측면이 있다. 첫째, 그리스도는 우리에게 참된 삶의 실현성을 알려주는 기준을 제시하고 이로써 우리는 아담이 상실한 완전성을 알게 된다.[59] 둘째, 십자가에서 그리스도는 자기를 버리는 사랑이 역사

---

56 같은 책, 1:268.
57 같은 책, 1:268-69.
58 같은 책, 1:278. "타락 이전의 완전을 다른 말로 하면 그 행위 이전의 완전이다."
59 같은 책, 2:76-77.

속으로 침투했음을 드러낸다. 이는 본성의 틀 안에서 자아를 초월하고자 하는 시도를 판단하며, 사람의 자기 주장과 하나님의 사랑 사이의 간격을 폭로하는 사건이다.[60] 끝으로 이는 역사 속에서 성취될 하나님 나라를 가리키며, 이 나라가 별천지의 신비주의 같은 형태가 아니리라는 것을 알려준다.[61] 니버에게 있어 이는 사회적·정치적 행동주의를 의미한다. 그렇지만 키에르케고르의 불안을 개인의 죄로서 강조하는 니버의 이런 입장은, 라우쉔부쉬에게서 살펴본 바와 같이, 완전히 낙관적인 인류학적 발판을 설정하는 것과는 거리가 멀다.

볼프하르트 판넨베르크

바르트와 불트만의 신학과 비교해서 볼프하르트 판넨베르크(1928-2014)의 신학은 슐라이어마허와 리츨로 대표되는 고전적인 자유주의적 관심사로의 일종의 회귀다. 이는 특히 역사비평 주제의 중요성과 관련해서 그러하다.

판넨베르크는 『조직신학』 2권(총 세 권으로 구성—역주)에서 원죄 문제를 집중적으로 다룬다.[62] 그에게 있어 아담 이야기는 원죄에 관한 이야기가 아니다. 아우구스티누스주의 혹은 언약적 용어로 이해된 바와 같이, 이것이 한 사람의 죄로 인한 인간의 죄책과 타락의 보편성을 설명해주는 이야기가 아니라고 보기 때문이다. 슐라이어마허처럼 판넨베르크도 아담의 역사성

---

60 같은 책, 2:81-90.
61 같은 책, 2:90-95.
62 Wolfhart Pannenberg, *Systematic Theology*, trans. Geoffrey W. Bromiley (Grand Rapids: 1994).

이 교의적 관심의 대상이 아니라고 생각한다. 이는 그의 신학에 필요하지 않다. 대신에 아담은 악행의 심리를 보여주는 훌륭한 패러다임이다. 아담은 자신의 유한성 속에서 완성을 이룰 수 있을 것 같은 생각으로 기만당했다. 그리고 이런 기만은 우리 모두의 심리를 반영하고 있다.[63] 이런 점에서 판넨베르크는 슐라이어마허와 그에게서 비롯된 19세기 자유주의 전통의 후계자다.

판넨베르크는 아담과 각 개인 사이의 관련성을 모방을 통한 동참의 하나로 본다. 우리는 아담과 같은 방식으로 죄를 지어 그의 죄에 동참한다. 사람이 그리스도를 닮아 변함으로써 그리스도와 연합하는 것은 기독론적으로 분명한 결과다.[64] 역사적 과정과 종말론에 커다란 관심을 가지고 판넨베르크는 그리스도의 역사적 활동에 중요성을 부여하지 않았다는 이유로 슐라이어마허를 비판하는데, 특히 그리스도의 부활 이전과 이후의 중요성을 구별한다는 점과 오로지 예수의 신-의식에만 관심을 둔다는 점을 지적한다.[65] 그러나 판넨베르크의 대안은 그리스도가 가진 신-의식의 패러다임적 본질을 거부하는 것이 아니라 그 가치를 더 풍성히 만드는 것이다. 그리스도의 죽음은 다른 이들에게는 계시가 되어, 그들이 더 이상 하나님과의 교제에서 단절되지 않음을 보여준다. 예수가 그랬듯이, 사람도 자신의 유한성을 인정하고 예수와 교제를 나눔으로써 이제 사망이 정복되리라는 확신을

---

63 "우리는 기만으로 인해 죄를 범한다. 우리가 자발적으로 죄를 범한다는 점은 우리 자신을 유죄로 보기에 충분하다. 시초적이고 일회성의 타락 사건이 있어야 할 필요는 없는데, 이는 죄에 연루된 모든 것과 완전히 별개로 아담은 유죄였기 때문이다.…이런 점에서 아담 이야기는 인류 전체의 이야기다. 이 이야기는 각 개인을 통해 반복된다. 아담이 무구했던 처음 상태와 그의 후손의 상태가 대조된다는 것은 요점에서 빗나간다." Pannenberg, *Systematic Theology*, 2:263. 다음을 보라. Stanley J. Grenz, *Reason for Hope: The Systematic Theology of Wolfhart Pannenberg* (Oxford: Oxford University Press, 1990), 104-6. 또한 E. Frank Tupper, *The Theology of Wolfhart Pannenberg* (Philadelphia: Westminster, 1973), 72-74.

64 Pannenberg, *Systematic Theology*, 2:304.

65 같은 책, 2:308.

가지고 영생을 공유한다. 판넨베르크의 신학은 슐라이어마허와 헤겔 철학의 역사적 종말론의 혼합이다.[66]

결론적 고찰

본 장의 서두에서 언급했듯이 현대 신학은 무척 다양한 현상으로 나타나기에, 지금껏 다룬 신학자들이 원죄에 관한 현대의 종합적 관점을 제시해준다고는 볼 수 없다. 그렇지만 위에서 살펴본 사례들은 유익하다고 할 수 있다. 신학자들 각자가 특정 공리와 현대의 신학 논의에 만연해 있는 주안점들을 강조하고 있기 때문이다.

앞서 다룬 신학자들 모두는 다음과 같은 이유에서, 고전적 정통주의에 대한 계몽주의 비판의 특정 측면의 연장선상에 있다. 첫째, 이들은 외부의 죄책, 곧 아담이라는 역사적 인물의 죄책이 그의 모든 후손에게 전가된 연유로 하나님 앞에서 인간이 유죄라고 보는 어떤 개념도 인정하지 않는다. 계몽주의 사상의 기준을 따르자면 이런 전가는 비윤리적이다. 심지어 바르트도 유전된 죄라는 개념이 전가라는 용어를 통해 개선되었다고 보면서도, 이 전가가 역사적 인물의 행동에 기반한 것이 아니라 아담의 죄가 가진 원형적·패러다임적 본질의 반영이라고 본다.

둘째, 이 신학자들 모두는 아담의 역사성이 가진 개연성을 부인한다. 슐라이어마허의 경우처럼 여기에 교의적 중요성이 전혀 없다고 여겨서든지, 아니면 불트만과 판넨베르크의 경우처럼 이것이 철저히 부정되기 때문

---

66   같은 책, 2:434. 기독론 및 종말론과 연관해서 죄에 대해 논의하는 부분은 다음을 보라. Tupper, *Theology of Pannenberg*, 161-62, 182-83.

이든지 간에, 이 개념이 실제로 거의 다루어지지 않는다. 그들에게 있어 창조세계를 타락하게 만든 인간 주체의 역사적 행동에 앞서 오염되지 않은 창조세계가 있었다는 생각과 관련된 모든 주장은 무의미하다.

이런 두 가지 기본적 사항은 현대의 원죄 논의에 다음과 같은 공통적 특징을 부여한다. 첫째, 무구한 상태로부터 죄와 심판의 상태로의 변동은 역사상 존재하지 않는다. 창조는 시작부터 불완전했다. 이는 창세기의 첫 장들(과 3장 이후에 나오는 창세기 드라마의 진행)에 대한 이해만이 아니라 신론에 대한 이해에도 뚜렷한 영향을 끼친다.

둘째, 인간 본성 자체는 항상 타락한 상태였으므로 아담은 우리 모두를 규정하는 패러다임 역할을 한다. 이는 현대 신학이 펠라기우스주의의 한 분파라는 말이 아니다. 창조세계가 언제나 타락한 상태였으며 타락의 역사적 사건 이전에 오염되지 않은 세계가 있었다는 어떤 생각도 거부한다는 것은, 펠라기우스주의라는 이를 향한 비난이 적절하지 못함을 보여준다. 펠라기우스는 인간의 기본적인 도덕심이 견실하다고 보았기 때문이다. 그럼에도 불구하고 외부로부터의 죄책을 부정하고 죄가 유전이나 생명 작용을 통해 전달된다는 어떤 생각도 거부한다는 것은, 아담의 역할이 우리 모두가 죄를 짓고 타락하는 방식을 보여주는 좋은 사례임을 의미한다.

셋째, 현대 신학에서 원죄를 논의하는 이런 방식은 기독론에 역점을 둔다. 인간의 타락의 심각성을 판단하게 해주는 척도로서의 무구한 세상이 존재하지 않는다면, 이제 그 역할은 그리스도를 통해 성취된다. 그리스도가 완벽한 신-의식의 탁월한 패러다임 역할을 하든지, 아니면 바르트의 말대로 하나님 앞에 있는 참된 인간의 상태를 보여주는 역할을 하든지 간에, 죄에 관한 논쟁에서 그리스도가 우선시된다.

넷째, 현대 신학은 죄의 본질을 희석시킨다. 이런 현대의 논의에서는 죄를 **하나님께 반대하는** 어떤 행위로서 설명하는 부분이 극히 드물다. 슐라이어마허에게 있어 죄는 심리적인 결함 상태다. 라우쉔부쉬(와 현대의 정치 신학과 페미니즘 신학)에게 있어 죄는 타인에게 반(反)하는 사람의 어떤 행위다. 불트만과 바르트 모두는 죄의 심각성과 하나님의 심판에 관한 수사를 사용하지만, 이는 창조세계 자체에 결점이 있으며 또 그 세계가 타락했다고 보는 그들의 관점과 조화되기 어렵다. 전통적인 기독교 정통주의에서 죄는 거룩하고 공의로운 하나님을 모독하는 사람의 행위다. 왜냐하면 죄는 하나님이 의도하시고 실제로 그분이 창조한 대로의 본성을 왜곡시키는 일을 수반하기 때문이다.

다섯째, 현대 신학이 정통주의 교의학의 문제점으로 여기고 반발하는 것 중 하나인, 외부에서 기인하는 죄책의 부당성은 실제로 이런 현대적 재구성을 통해서도 해결되지 않는다고 간주될 수 있다. 만일 인간이 무고한 상태로 존재했던 적이 한순간도 없었다면, 어떻게 이런 신학들을 아담이 전가한 죄나 후세를 통해 유전된 죄에 갇힌 인간의 딜레마에 근거를 둔 신학의 개선된 형태로 볼 수 있는지 참으로 의아할 수 있다. 만일 조상의 최초의 행위를 문제 삼는 행위가 비윤리적이라면, 죄를 지을 수밖에 없도록 창조된 한 인간적 존재로서 그저 타고난 성품에 따라 지은 죄에 대해서 책임이 있다는 주장이 도덕적으로 선호되어야 할 이유는 무엇인가?[67] 그렇다면 실제로 원래 창조의 구조적 부분인 나의 악한 상태에 대해 내가 개별적 책임이 있다는 말은 어떤 의미인가? 그리고 이는 마땅히 본 장의 범위 너머에 있는 구원론과 연관된다.[68] 슐라이어마허의 견해와 달리 아담의 역사성

---

[67] 특히 Schleiermacher와 Ritschl을 염두에 두고 Berkouwer는 인간의 본성을 근거로 죄의 보편성을 설명하려는 시도로 인해 죄의 심각성이 약화되었다고 비평한다. G. C. Berkouwer, *Sin*, trans. Philip C. Holtrop (Grand Rapids: Eerdmans, 1971), 525-26.

[68] J. P. Versteeg는 이렇게 언급한다. "만일 아담이 더 이상 역사적 인물로 여겨지지 않고 단지 그를 통해 모든 사람에게 내재된 바가 드러난 데 불과하다면…진정한 의미에서 죄책에 대해 말하기는 여전히 어렵고 이에 따라 구원의 특성도 저절로 변하게 된다." J. P. Versteeg, *Adam in*

은 교의학적 과업의 테두리 밖에 있거나 그와 무관한 문제가 아니다.[69]

결론적으로 본 장의 내용은 다음과 같이 요약될 수 있다. 즉 바울이 로마서 5장에서 분명히 말하는 바처럼, 한 사람이 가진 원죄에 대한 관점이 그 사람의 전반적인 신학 구조와 필수적·결정적으로 연관된다는 점이 현대 신학을 통해 입증된다는 것이다. 아담의 역사성에 대해 한 사람이 가진 관점은, 그것이 역사상의 타락이 있었다고 보는 관점이든지 아니면 죄(하나님으로부터의 소외)를 자연 질서의 일부로 보는 관점이든지 간에, 필연적으로 창조에 대한 그의 관점과 분명히 연관된다. 아담의 본성과 지위는 성경신학을 이해하는 토대가 된다. 성경신학(과 교의학)에 있어 아담이 가진 신학적 중요성에 대한 J. P. 베르스티그의 연구의 결말을 인용함으로써 본 장을 마무리하는 것이 적합할 것 같다.

그러므로 성경이 어떻게 아담에 대해 말하고 있는지를 집중적으로 살펴보는 것은 결코 사소한 문제라고 할 수 없다. 신약성경에서 아담은 그저 스쳐지나가는 말로 언급되지 않는다. 아담과 그리스도의 구속사적 연관성은…그 속에 그리스도의 구속 사역이 자리하는 틀을 형성한다. 만일 그리스도의 구속 사역이 이런 틀을 벗어나게 되면, 더 이상 성경의 의미에 따라 이를 고백할 수 없을 것이다. 누구든지 구속 사역을 성경 속의 이 틀에서 분리시키게 되면, 더 이상 말씀은 **모든 것**을 결정하는 규범으로서의 역할을 하지 못하게

---

the New Testament: Mere Teaching Model or First Historical Man, 2nd ed., trans. Richard B. Gaffin Jr. (Phillipsburg, NJ: P&R, 2012), 65. 『아담의 창조: 아담은 단순히 교수 모델인가, 최초의 역사적 인물인가?』(P&R 역간).

69   van Genderen과 Velema는 이렇게 서술한다. "낙원의 역사성 및 아담과 하와가 죄로 타락한 사건의 역사성을 포기하는 것은 교의학의 여러 측면에 광범위한 영향을 미친다는 사실을 거듭 입증한다." J. van Genderen and W. H. Velema, Concise Reformed Dogmatics, trans. Gerrit Bilkes and Ed M. van der Maas (Phillipsburg, NJ: P&R, 2008), 388.

된다. 여태껏 신학이 이보다 더 강렬한 유혹에 노출된 적은 없었다. 신학에 있어 이보다 더 무서운 위험은 없다.[70]

---

70   Versteeg, *Adam in the New Testament*, 67.

제3부

신학에서의 원죄

제9장
성경신학에서의 원죄

제임스 해밀턴(James M. Hamilton)

원죄에 관한 논의는 주로 조직신학과 연관된 일로 여겨진다. 하지만 이를 **성경신학**의 관점에서 고찰해볼 수도 있지 않을까? 만일 그럴 수 있다면 이는 어떻게 가능할까?

나는 이렇게 말하고 싶다.

어떤 것의 성경신학은 줄거리를 비롯해서 추정과 가정으로 얽힌 줄기 모두를 설명하고 성경 저자들이 기록해나가면서 가정한 믿음을 표현하고자 하는 것이다. 성경 저자들이 무슨 생각을 했으며 어떤 가정을 했는지를 알아보기 위한 유일한 자료는 바로 그들이 남긴 기록이다. 성경신학을 하고자 할 때 우리는 성경 저자들의 가정 속에 반영되어 있는 세계관을 파악하려고 힘써야 한다. 바로 그 세계관에서 그들의 진술이 비롯되었고, 그 세계관 속에서 그들의 진술이 이해되기 때문이다.[1]

원죄에 관한 성경신학을 추구함에 있어 이런 생각을 적용한다는 것은, 어떻게 이 주제가 성경 저자의 기록에 반영된 해석적 틀 속으로 들어가는지를 분석하고, 또한 저자가 어떻게 성경의 큰 이야기에 들어맞게 원죄를

---

[1] James M. Hamilton, "A Biblical Theology of Motherhood," *Journal of Discipleship and Family Ministry* 2.2 (2012): 6. 더 자세히는 다음 졸저를 보라. *God's Glory in Salvation through Judgment: A Biblical Theology* (Wheaton: Crossway, 2010). 그리고 *What Is Biblical Theology?* (Wheaton: Crossway, 2013). 『성경신학이란 무엇인가?』(부흥과개혁사 역간).

이해하는지에 관해 그의 기록이 설명하는 바를 분석한다는 뜻이다. 성경 저자들이 원죄에 대해 당연하게 생각하는 바는 무엇이며, 그 이유는 무엇인가?

이 주제에 대한 귀납적 이해를 가질 수 있다면 성경 저자들이 언급하는 다른 주제들과 원죄 사이의 역동성을 이해할 수 있을 것이다. 이는 단지 어휘와 문구를 정리하고 싶다는 의미가 아니라, 성경 저자들이 세상을 설명하고 그 시대를 이해하며 모든 문제의 해결책을 제시하기 위해 사용한 이야기에 이 원죄 개념이 어떻게 들어맞는지에 대한 깊은 의식을 가지고자 함이다.

이를 목표로 본 장에서는 이 주제와 관련된 성경 저자들의 진술의 단면을 살펴보고자 한다. 그럼으로써 저자들이 원죄의 유래를 어디로 보았는지를 알아보고, 그에 따른 결과와 개선책은 무엇이며 결국 어떻게 해결될 것인지에 대한 이해를 도모할 것이다. 우리가 추구하는 바는 이 주제에 대한 명확성이다. 특히 성경 저자들의 진술을 알려주는 배경이 되는 이야기에 어떻게 아담의 범죄가 들어맞는지에 관해서다.

여기서 나는 히브리 정경의 순서대로 토라, 예언서, 성문서의 차례로 구약성경을 살펴보고 그다음으로 복음서, 사도행전, 서신서, 요한계시록 순서로 신약성경을 살펴볼 것이다.[2] 내 목적은 어떻게 원죄가 성경 저자들의 해석적 관점에 요인으로 포함되었는지에 대해 윤곽을 그리는 것이다. 이에 따라 후기 저자들이 초기 저자들의 저술을 어떻게 해석했는지에 특히 관심을 쏟을 것이다. 또한 바울 이전의 성경 저자들이 바울의 방식대로 모세를

---

2   이런 정경의 구조에 대한 더 깊은 논의는 다음 졸저를 보라. *God's Glory in Salvation through Judgment*, 59-65. 나는 다음의 책을 보고 정경의 이런 구조에 관심을 가지게 되었다. Stephen G. Dempster, *Dominion and Dynasty: A Biblical Theology of the Hebrew Bible*, New Studies in Biblical Theology (Downers Grove, IL: InterVarsity, 2003).

해석했는지 그렇지 않은지를 밝힌 후에, 계속해서 이런 증거에 대한 피터 엔즈의 반응을 살펴볼 것이다. 엔즈는 성경에 역사적 아담이 필요하지 않다는 점을 보여주고자 하면서 이렇게 말한다. "많은 그리스도인들은 제아무리 그들이 창세기 해석에서 창조적이라고 할지라도, 바울이 아담을 다루는 방식을 보고 즉시 그 자리에 얼어붙고 만다."[3] 그럴 수밖에 없다. 엔즈는 성경에 역사적 아담이 필요하지 않다는 것을 보여주기 위해 바울의 해석적 기법을 해명하려고 애쓴다. 그러나 엔즈의 주장은 성경 자체에 비추어 검증되어야 한다. 즉 여기서의 논점은 아담의 죄로 인해 그의 모든 후손이 도덕적 불구자가 되었다는 것을 보여준다고 창세기 3장을 해석하는 성경 저자가 바울이 유일하지 않다는 점이다.

아담과 그의 첫 범죄의 역사성을 비롯해서 모든 후손에게 끼친 영향을 성경 내러티브에서 제거하고 인류의 기원과 함께 악을 향한 성향에 관한 다른 설명으로 이런 현실을 대체하는 일은, 『호빗』을 『반지의 제왕』의 서막이 아니라 『해리 포터』 시리즈의 첫 권으로 설정하려는 시도에 비유될 수 있다. 그렇게 서로 다른 이야기들을 짜 맞추는 시도는 마치 해리가 볼드모트에게 죽을 뻔한 이후 덤블도어가 해리를 더즐리 이모네 집 문간에 두고 온 이야기에 빌보가 반지를 발견하는 이야기를 끼워 넣는 것처럼 어색한 일이다. 아담과 원죄의 이야기를 대체하는 만물의 기원에 관한 설명을 찾으려는 시도가 바로 그렇다.

---

3   Peter Enns, *The Evolution of Adam: What the Bible Does and Doesn't Say about Human Origins* (Grand Rapids: Brazos, 2012), 79. 『아담의 진화: 성경은 인류 기원에 대해서 무엇을 말하는가?』(CLC 역간).

토라에서 원죄

모세는 창세기 1:31에서 하나님이 말씀으로 세상을 창조하신 후에 이렇게 언급하셨다고 기록한다. "하나님이 지으신 그 모든 것을 보시니 보시기에 심히 좋았더라." 하나님이 지으신 세상에는 죄도, 오염도, 적의도, 사망도 없었다. 그렇다면 창세기는 이런 끔찍한 것들이 어디서 기원한다고 말하는가? 모세는 창세기 2:17에서 하나님이 사람에게 하신 말씀을 보여준다. "선악을 알게 하는 나무의 열매는 먹지 말라. 네가 먹는 날에는 반드시 죽으리라 하시니라." 여기에는 하나님의 명령을 거역한다면 그분이 창조하신 심히 좋은 세상에 사망이 임하게 될 것이라는 경고가 있다.

이 내러티브는 단지 문자적으로 표현되는 것 이상의 의미를 전달하고 있다. 이것이 무슨 말인가 하면, 모세는 독자들에게 자신이 보여주고자 하는 모든 것을 직설적으로 표현하고 있지 않다는 뜻이다. 그래서 모세는 범죄의 여파로 남자와 여자가 영적 죽음을 겪게 되었다고 명확히 말하지 않고 다만 그들이 자신을 감추고(창 3:7) 하나님을 피해 숨은 점(3:8)을 보여준다. 서로 벌거벗었지만 부끄러워하지 않았던 남자와 여자의 친밀성은 사라졌고(2:25), 그들은 더 이상 서늘한 바람을 맞으며 때 묻지 않은 순수한 상태로 창조주와 동산을 거닐지 못하게 되었다. 실제로 그들은 선악을 알게 하는 나무와 생명나무가 있어 그들이 경작하며 지켜야 했던 생명의 영역, 즉 거룩한 땅(2:9, 15)으로부터 저주받은 땅이 있는 사망의 부정한 영역으로 쫓겨났다(3:17-24). 그리고 그들이 제멋대로 다시 에덴으로 들어오지 못하도록 그룹들과 두루 도는 불 칼이 그곳을 지켰으며(3:24), 그들은 원래 남자가 지어졌던 흙으로 돌아가게 되었다(3:19).

이제 그들은 죄로 때 묻지 않은 좋은 세상으로부터 죄와 저주가 들어찬 세상에 들어오게 되었다. 최후에는 여자의 후손이 뱀의 머리에 강력한 일격을 가하게 되겠지만, 뱀과 여자의 후손은 원수가 되었다(창 3:15). 임신하는 고통이 크게 더해지고 남자와 여자 사이에 불화가 생겼다(3:16). 남자와 그의 죄로 인해 땅이 저주를 받았기에 땅은 노동에 협조적이기는커녕 까다롭게 되었으며, 결국 그는 죽게 되었다(3:17-19).[4]

엔즈는 이렇게 말한다. "바울이 주장하는 것 같은 내용, 즉 아담의 불순종이 보편적인 죄와 사망, 심판의 원인이 되었다는 것을 보여주는 어떤 조짐도 구약성경에서 발견할 수 없다."[5] 여기서 엔즈는 내러티브가 작동하는 방식을 무시하고 있다. 아담의 죄의 여파는 내러티브를 통해 즉시 확인될 수 있다. 가인이 아벨을 살해했을 때, 독자들은 아담의 죄로 인해 균열이 간 댐이 무너져서 콸콸 쏟아져 나오는 물을 되돌릴 수 없다는 것을 목격한다. 죄는 홍수처럼 밀려와 죽음이 활보하게 되었다(창 4장). 이어지는 창세기 5장의 계보에서는 "죽었더라"는 끔찍한 후렴구가 끊임없이 반복된다(5:5, 8, 11, 14, 17, 20, 27, 31. 또한 9:29). 따라서 "만일 보편적인 죄와 사망의 원인이 아담의 불순종이라면, 왜 구약성경에서 단 한 번도 아담이 이런 식으로 언급되지 않는가?"[6]라는 엔즈의 물음에 대한 내 대답은 간단하다. 바로 그렇게 언급되고 있다![7] 문제는 바울의 해석대로 구약성경이 이 이야기를 들려주지 않는 데 있지 않고, 엔즈가 바울의 해석에서 빗나간 방식으로 이야기를 해석하려고 하는 데 있다.

어떻게 가인이 형제를 살해할 수 있었는지에 관한 더 이상의 설명은 필요 없다. 설명은 이미 나와 있다. 아담과 하와가 선악을 알게 하는 나무의 열매를 먹음으로써 죄와 사망이 세상에 들어왔다(롬 5:12). 모세는 가인

---

4   더 자세히는 다음을 보라. Hamilton, *God's Glory in Salvation through Judgment*, 75-89.
5   Enns, *Evolution of Adam*, 82.
6   같은 책.
7   다음을 보라. Dempster, *Dominion and Dynasty*, 66.

과 아벨의 이야기를 앞선 내러티브의 핵심 어휘 및 구절과 연결한다. 아담은 동산을 "지키지" 않았고(창 2:15), 가인은 자신이 아우를 "지키는" 자냐고 빈정대듯 물었다(4:9). 하나님의 말씀에 도전하며 여자로 하여금 금단의 열매를 따먹게 부추긴 악마도 소개되는데 곧 뱀이다(창 3:1-5). 창세기 3:14의 기록에서 보듯 이 사건을 심판하신 하나님으로부터 "저주를 받아"라는 말을 들은 것은 뱀이 유일하다. 하나님이 언급하신 "뱀의 후손"은 물리적으로 뱀으로부터 비롯된 후손이 아니라 뱀처럼 행동하는 자들을 지칭한다. 야웨께서 뱀에게 "저주를 받아"라고 한 말을 가인에게 똑같이 한 것(4:11)과 노아가 함의 후손 가나안을 저주하며 같은 말을 한 것(9:25)을 보여주며 모세는 이런 점을 분명히 해둔다. 그리고 야웨께서 아브람에게 "너를 저주하는 자에게는 내가 저주하리니"라고 이르시는 데서 독자는 하나님이 뱀을 저주한 것같이 자기 백성의 대적들을 저주하시고자 한다는 결론을 내리게 된다.[8] 이는 하나님이 아브라함에게 복을 내림으로써 이루고자 하신 바에 대적하는 자들이 뱀의 후손으로 판명된다는 것을 의미한다. 그들은 그들의 아비 마귀와 같이 저주를 받을 것이다. 따라서 아담으로부터 창세기 5장과 11장에 나오는 계보를 거쳐 아브람에 이르기까지 "여호와의 이름을" 부르고(4:26) "하나님과 동행"하는(5:24; 6:9) 자들의 후손 및 아브람과 함께 복을 받은 이들은 여자의 후손이며, 뱀과 함께 저주를 받은 이들은 뱀의 후손이라는 자연스런 결론에 이른다.

모세는 자신이 창세기 6:5에서 묘사한 근원적 악에 대한 설명이 필요하지 않다고 생각했음이 분명하다. "여호와께서 사람의 죄악이 세상에 가득함과 그의 마음으로 생각하는 모든 계획이 항상 악할 뿐임을 보시고." 창

---

8   이는 예수가 도출한 결론이자(요 8:44-47) 요한이 예수에게 배운 결론으로 나타난다(요일 3:8-15).

세기의 독자가 사람의 마음에 들어찬 악에 대한 내러티브적 설명을 보고자 한다면 창세기 3장으로 돌아가면 그만이다. 이것이 내러티브가 작동하는 방식이다. 독자는 창세기 1:31의 "심히 좋았더라"에서부터 6:5의 "항상 악할 뿐"에 이르는 사이에 3:1-7에 나타난 아담의 죄를 보았다. 그런데도 독자는 창세기 3장의 죄로 인해 "심히 좋았더라"에서 "항상 악할 뿐"의 상태로 변하게 되었다는 결론을 내려서는 안 되는가? 어떻게 좋은 것이 악하게 되었는가에 대한 질문을 그저 답보 상태로 버려둘 다른 대안이 있는 것인가? 화자는 청자에게 아담의 죄가 전환점이었다고 **말해줄** 필요가 없다. 그는 이미 **보여주었다**.

홍수 사건도 이런 애석한 상황을 개선하지 못했다. 창세기 8:21은 6:5과 비슷한 언어를 되풀이한다. "사람의 마음이 계획하는 바가 어려서부터 악함이라." 그러므로 야웨의 영광이 온 땅에 충만토록(참고. 민 14:21) 하나님의 형상을 따라 지음 받은 이들이 "탑을 건설하여 그 탑 꼭대기를 하늘에 닿게 하여 우리 이름을 내고"자 함은(11:4) 놀라울 것도 없는 일이다.

엔즈는 이 내러티브의 자연스러운 일관성에 이의를 제기하며 아전인수 격의 주장을 펼친다. "우리는 아담의 불순종이 가인의 행동과 어떻게든 인과적 연관성을 가진다고 볼 수 없다."[9] 모세가 내러티브 기술보다는 학술적인 문체를 사용해 의사를 전달한다는 이런 예상과는 달리, 모세는 오늘날 관련 없는 글들을 각 장으로 나누어 함께 묶어 발행되는 책과 같은 글을 쓰지 않았다. 즉 그는 독자가 서로 관련 없는 별개의 내용들을 따로따로 읽어가도록 의도하지 않았다. 오히려 모세는 기막힐 정도로 서로 연관된 내러티브를 보여주고, 독자의 세계관을 형성하는 내러티브를 제시한 문학의 귀재였다.

---

9   Enns, *Evolution of Adam*, 85.

남자와 여자가 하나님의 낯을 피해 숨는 모습(창 3:9)을 모세가 묘사할 때, 독자는 이미 앞의 내러티브에 나온 죄의 결과(2:17)로 인해 그들이 겁에 질렸다고 이해하게 된다. 남자가 그의 아내의 이름을 하와로 지어주는 모습(3:20)을 모세가 보여줄 때, 우리는 하와에게 자녀가 생기며 그녀가 "모든 산 자의 어머니"가 되리라는 지식이 그녀의 후손이 뱀의 머리를 상하게 하리라(3:15)는 선언에서 비롯되었음을 이해하게 된다.[10] "내가 여호와로 말미암아 득남했다"(4:1)는 하와의 놀라운 발언에서 독자는 그녀가 뱀을 무찌를 후손(3:15)을 기대하고 있음을 본다. 그리고 (가인이 아벨을 죽임으로써 그가 뱀의 씨였음이 드러난 후) 셋이 태어나자 하와는 하나님이 "다른 씨"(4:25)를 주셨다고 말한다. 이 모든 단서가 창세기 3장과 4장의 강력한 상호 연관성을 보여주기에 충분하기 때문에, 나는 창세기 3:16의 저주 용어와 4:7의 가인에 대한 경고 사이에 있는 유사성은 언급조차 하지 않았다.

아담의 죄가 "가인의 행동과 어떻게든 인과적 연관성을" 가지지 않는다는 엔즈의 해석은 자연스러운가? 내러티브의 흐름을 살펴보자. 처음 장면: 심히 좋은 창조, 완전한 결백, 죄로 때 묻지 않은 창조세계, 특정 열매의 취식 금지. 다음 장면: 마귀가 오염되지 않은 낙원으로 잠입, 하나님 말씀의 부정, 금지된 행동을 하도록 남자와 여자를 유혹, 하나님의 심판, 남자와 여자가 낙원으로부터 이제 저주받은 세상으로 추방됨. 낙원 바깥에서의 처음 장면: 자녀 출생, 주제와 언어적 방식(반복되는 어휘와 구절)에서 앞선 내러티브와 연결된 장면들, 최초의 죄인의 아들 중 하나가 자신의 형제를 살해. 그렇다면 다음과 같이 질문할 수 있다. 무엇이 세상에 불화가 있을 것이라는 심판을 초래했나? 아담의 죄다. 무엇이 인간이 에덴에서 거할 수 없게 된 결과를 초래했나? 아담의 죄다. 모세가 이 내러티브에 나타난 최초의 **육체**

---

10   Dempster, *Dominion and Dynasty*, 68.

적(영과 반대 의미에서) 죽음, 곧 아벨의 죽음이 죄의 결과로 죽음이 따르리라는 2:17의 경고의 실현으로 보이도록 의도했다는 주장도 가능하다. 곧이어 아담의 육체적 죽음이 내러티브에서 언급된다(5:5). 한때 하나님 앞에서 도덕적으로 순수한 상태로 에덴동산에서 살았던 사람이, 만일 자신이 하나님의 명령을 어기지 않았다면 이 일이 일어나지 않았으리라는 것을 아는 상태로, 자기 아들 중 하나가 다른 하나를 살해한 사건을 보며 가졌을 충격과 비통을 생각해보라. 창세기 3장과 4장의 연결을 끊으려는 엔즈의 얄팍한 시도는 만족스럽지도 않고 흥미롭지도 않다.

이처럼 서로 관계없는 내용들을 한데 뭉치는 방식으로 내러티브를 해석하려는 엔즈의 시도는 여기서 그치지 않는다. 엔즈는 "아담 이야기를 인간의 죄성을 설명하는 보편적 이야기가 아니라 원시 이스라엘(proto-Israel) 이야기로" 보면서 "아담 이야기를 지혜 본문, 즉 잠언의 지혜의 길을 따르지 못한 이스라엘에 관한 내러티브 버전"으로 대하기를 권하는데, 이는 그릇된 환원주의적 선택에 지나지 않는다.[11] 엔즈는 성경의 내러티브와 지혜문학 사이의 중대한 상호 연관성을 설명하면서 여호수아서에서 열왕기, 잠언의 내용을 살펴보며 아담에게 일어난 일이 어떻게 이스라엘에게 일어난 일이 되는지를 보여준다.[12] 이 부분에서 그의 생각은 참신하며 시사하는 바가 크다. 하지만 그는 이런 연관성을 근거로 "아담과 그의 행동이 초래한 결과에 대해 창세기가 말하는 바는 로마서와 고린도전서에서 바울이 묘사하는 보편적인 실상과 일치하지 않는 듯하다"라고 주장하며 그릇된 선택을

---

11   Enns, *Evolution of Adam*, 91.
12   다음도 보라. Roy E. Ciampa, "The History of Redemption," in *Central Themes in Biblical Theology: Mapping Unity in Diversity*, ed. Scott J. Hafemann and Paul R. House (Grand Rapids: Baker Academic, 2007), 256-70.

권한다.[13] 물론 이런 주장은 엔즈가 추려낸 일부 사례에 한정된 증거만을 살펴보고 그가 권하는 그릇된 선택을 하는 경우에만 유효하다.

그렇다면 창세기의 처음 몇 장에서 모세가 천지 만물에 관해 보편적인 설명을 제시하는 것처럼 보이는 증거에 관해서는 무엇이라고 말할 수 있는가? 그 일부는 다음과 같다.

- "태초에"라는 말로 시작하는 창세기 1장은 하늘과 땅의 창조를 보여준다. 그렇다. 여기서 말하는 "땅"이 이스라엘의 "땅"을 떠올리게 만드는 부분이 있지만, 이처럼 내러티브가 이스라엘의 이야기를 향해서 간다는 사실 자체가 자동적으로 온 세계의 창조에 대한 보편적 측면을 배제하지 않는다. 창세기 1장은 온 세계의 창조를 뚜렷이 보여주고자 한다.
- 이 내러티브는 엔즈의 해석에 잘 어울리는 결론, 즉 이스라엘 땅에 한정되어 통치하는 일종의 지엽적인 신으로서의 야웨를 보여주지 않는다. 야웨는 만물의 창조자이기에 만물의 주시다.
- 심히 좋았던 시작과 죄와 사망이 세상에 들어오는 장면을 보여주는 내러티브 이후, 우리는 "장막에 거주하며 가축을 치는 자의 조상이"(창 4:20) 된 가인의 후손을 본다. 이런 서술은 유목민의 기원에 대한 보편적인 설명처럼 들린다. 이런 언급들은 단지 이스라엘 역사의 배경이 아니라 더 넓은 관심사를 반영하고 있다. 즉 온 세상을 설명하고 있다.
- 그다음 구절에서는 유발이 "수금과 퉁소를 잡는 모든 자의 조상이"(4:21) 되었음을 볼 수 있다. 이는 음악이라는 예술의 시작을 보

---

13   Enns, *Evolution of Adam*, 92.

여준다.

- 그다음 구절에서는 두발가인이 "구리와 쇠로 여러 가지 기구를 만드는 자"(4:22)임을 볼 수 있다. 다시 한번 이는 청동기와 철기 문화의 기원에 대한 보편적인 설명으로 보인다.

창세기 4:20-22 같은 서술에서 우리는 **진정** 모세가 보편적 기원에 관한 이야기를 하고자 했다는 인상을 지울 수 없다. 모세가 보편적 기원에 관해 하는 이야기와, 이스라엘에게 일어날 일에 관한 이야기와, 잠언에서 배울 이야기를 굳이 결정할 필요가 없다. 모세가 한 이 이야기가 후대의 성경 저자들의 정신을 형성했으며 이에 따라 그들은 모세에게 배운 바를 강화하기도 하고 자세히 설명하기도 하며, 때로는 요약하고 해석하는 방식으로 자신들의 내러티브를 구성했다고 짐작하기는 어렵지 않다. 그러나 엔즈가 취사선택한 증거를 바탕으로 환원주의적 결론을 내리며 그릇된 선택을 다그치는 이유는 교리를 주류 진화론의 정론과 결부시키기 위함이다. 그는 무슨 동기에서 입증되지 못할 범주에 내러티브를 억지로 끼워 넣는 것일까? 바로 진화론에 맞게 성경 말씀을 조정하려는 것이다. 그의 말로는 "종합"(synthesis)[14]을 추구한다고 하지만, 이는 진화론의 권위 앞에 성경이 무릎 꿇도록 만드는 방식의 종합에 불과하다.

노아에 관한 창세기 6:9의 묘사가 노아가 아담의 죄로부터 영향을 받지 않았음을 보여준다는 엔즈의 주장은 주목할 만하다.

명백히 한 사람 노아는 이런 설명에서 예외로 보인다는 데 주목하자.…만일 아담이 보편적인 죄성의 원인이라면 노아에 대한 이런 서술은 당혹스럽다.

---

14   같은 책, 147.

더욱이 아담의 불순종이 이런 (거의) 보편적인 악의 근본적인 원인이라면, 이야기의 핵심적인 연결부인 이곳에서 왜 자세한 설명은커녕 작은 단서조차 없는지 궁금할 따름이다.[15]

엔즈는 "나는 복음이, 우리가 바울의 아담을 창세기에서 찾아볼 수 있는지 아닌지의 여부에 달려 있지 않다고 생각한다"라고 쓴다.[16] 하지만 노아에 대한 그의 말에 따르면 결국 복음은 노아(그리고 그를 닮은 다른 이들)와 상관없는 것이 되고 만다. 왜냐하면 이들은 아담의 죄로부터 영향을 받지 않았기 때문이다. 물론 바울은 "아담 안에서 모든 사람이 죽은 것같이 그리스도 안에서 모든 사람이 삶을 얻으리라"(고전 15:22)고 기록하고 있다. 하지만 만일 노아와 같이 아담의 죄와 단절된 사람들이 있어 그들의 죽음이 원죄에서 비롯되지 않는다면, 앞과 같은 바울의 말은 허언에 그치고 말 것이다.

노아에 대한 엔즈의 말은 옳은가? 또다시 여기서 내러티브의 상호 연관성이 충분히 고려되지 않았다는 엔즈의 말은 바로 자신에게 되돌아와 정확히 적용된다. 노아의 의로움과 정직함은 자신의 죄 없음에서 비롯되지 않았는데, 이런 점은 동일한 용어와 개념이 사용되는 구약성경의 다른 곳을 살펴봄으로써 알 수 있다. 예컨대 시편 19:13에서 다윗이 "내가 정직하여(blameless)"라고 말한 것은 자신이 죄가 없는 온전한 상태라는 뜻이 아니라 "큰 죄과에서 벗어나" 있다는 의미다. 바로 앞 구절에서 다윗이 "숨은 허물에서 벗어나게 하소서"라고 청하고 있음을 볼 때, 그가 죄 없이 온전한 상태를 말하고 있지 않음은 분명하다(시 19:12). 마찬가지로 시편 18:20에

---

15   같은 책, 86.
16   같은 책, 92.

서 다윗은 "여호와께서 내 의를 따라 상 주시며"라고 고백하지만, 다윗이 자신의 죄를 분명히 알고 있었다는 점에 비추어 보면(시 51편) 그가 자신을 의롭다고 말할 때 전적으로 완벽한 상태를 의미하고 있지 않음을 알게 된다. 따라서 창세기 6:9에서 노아를 "의인이요 당대에 완전한(blameless) 자"라고 설명하고 있다고 해서 노아에게 죄가 없었다는 결론을 내릴 수는 없다. 더욱이 엔즈는 창세기 6:8, "그러나 노아는 여호와께 은혜를 입었더라"는 말씀은 아예 건너뛰어 버린다. 이 말씀은 노아가 자신의 의로운 행위를 말미암아 하나님의 은혜를 입었다는 의미일 수도 있고, 아니면 창세기 15:6 같은 말씀에(나머지 성경의 교훈과 마찬가지로) 비추어 볼 때 후대의 아브람과 마찬가지로 노아가 자신보다 하나님을 믿었기 때문에 그분이 그를 택해서 의롭게 여기기로 하셨다는 의미일 수도 있다. 여기서 요점은 창세기 6:8-9의 간결한 진술에는 해석의 여지가 있다는 점이다. 우리는 내러티브의 흐름에 맞추어 노아도 다른 모든 사람과 마찬가지로 죄인이었으며, 뒤에서 아브람이 하나님의 은혜를 입은 방식과 유사하게 은혜를 입었다고 해석할 수 있다. 또는 이를 내러티브의 흐름에 거슬러 해석해서, 엔즈가 함의하는 바와 같이 마땅히 입을 은혜를 받은 것으로 해석할 수도 있다. 이 부분에 있어서는 엔즈의 암시가 모세 오경의 가르침의 흐름에 맞서게 되리라고 생각하지 않는다.

홍수 시기에 보편적 악의 원인이 아담의 불순종임을 보여주는 단서가 없다는 엔즈의 주장은 어떻게 보아야 할까? 창세기 5장에는 "죽었더라"(창 5:5, 8, 11, 14, 17, 20, 27, 31)라는 구절이 간간이 삽입되어 있다. 이 모든 죽음에 대해 내러티브는 어떤 설명을 하는가? 2:17에서 경고였던 죽음은 3:19에서 선언이 된다. 창세기는 아담이 죄를 지은 연고로 사람들이 죽는다고 가르치고 있다. 그렇다면 노아는 어떻게든 여기서 벗어났는가? 노아의 이야기가 막바지에 이른 창세기 9:28-29은 창세기 5장에 나오는 인생들에 대한 요약과 무척 흡사할 뿐만 아니라, 동일하게 "죽었더라"(9:29)는 말로 끝난다. 창세기에서 모세가 부르는 노래를 감상하는 일에 관한 한, 엔즈는 음치인 것 같다.

엔즈는 "가인과 노아 이야기를 통해 알 수 있는 점들 역시 구약성경 전체에 영향을 미치고 있다"라고 주장한다. 그는 이 말의 의미를 다음과 같이 설명한다. "만일 구약성경의 가르침에 있어 아담의 원인적 역할이 그토록 핵심적이라면, 순종할 수 없는 이스라엘의 심각한 무능에 대해 구약성경의 저자들이 반복해서 그 부분을 되짚지 않는 이유가 궁금할 수밖에 없다."[17] 그러나 일단 저자가 지형을 구석구석 살피며 파악하게 되면 계속해서 그 작업을 되풀이해야 할 필요가 있을까? 저자가 일단 중력이 있다는 사실을 규명했다면, 매번 중력이 작용하는지 확인해야 할 필요가 있을까?

창세기의 내러티브는 여자의 후손의 결점과 잘못을 통해 아담의 죄가 유발한 결과를 보여준다. 아브라함과 이삭은 거짓말을 해서 자신의 아내를 위험에 빠트린다(창 12:10-20; 20:1-18; 26:6-11). 바로 이 아내들은 약속의 후손을 출생할 여자들이다. 그 후 야곱은 하나님이 주시기로 약속한 축복을 훔친다(창 27장).[18] 다시 한번 이 이야기를 읽는 독자들은 무엇이 이런 두려움과 불신과 이기심을 세상에 야기했는지 알게 된다. 바로 아담이 죄를 지은 연고로 아브라함과 이삭과 야곱은 죄인이 되었다. 또한 아담에게서 아브라함을 거쳐 야곱에 이르는 계보 바깥에 속한 사람들의 극악한 죄를 설명할 필요도 없다. 우리는 소돔의 멸망(창 19장), 라반의 우상숭배(창 31:30), 디나 강간 사건(창 34장)에서 죄를 목격한다. 아담이 하나님의 말씀을 어겼을 때, 신을 모독하고 사람을 멸시하며 창조세계를 파괴하는 모든

---

17 같은 책, 86.
18 다음을 보라. Ciampa, "The History of Redemption," 266, "족장 시대의 이야기를 읽어가면서 약속의 후사들이 어떻게 이렇게 약속을 경솔히 여길 수 있는지 의아할 때가 있다."

죄를 향한 문이 열렸다.

모세 오경의 이야기는 하나님이 사람의 죄로 인해 분리된 그분 자신과 사람의 관계를 어떻게 다루어나갈 것인지를 보여준다. 동산에서 아담이 쫓겨날 때 그는 여자의 후손이 뱀의 머리를 박살낼 것이라는 약속을 받았다.[19] 창세기 12:1-3에 나오는 아브람이 받은 약속들은 창세기 3:14-19의 저주에 대한 대답이다.[20] 그리고 이런 약속들은 이삭과 야곱에게 전해진다. 출애굽기에서 하나님은 자신의 소유 된 백성으로서 이스라엘을 구하신다. 거룩한 하나님은 성막과 제사장, 희생 제도를 통해 죄 있는 백성 가운데 거하실 수 있었다. 레위기에서 시작된 이런 제사 규율은 이스라엘이 약속의 땅으로 행진을 시작하는 민수기 10장까지 계속된다. 그들이 모압 평지에 이르자 모세는 자기 민족에게 근본적인 마음의 변화를 통해서만 하나님께 순종할 수 있으리라고 (신명기에서 그가 백성에게 한 말을) 가르친다. 이 마음의 변화는 그들에게 순종할 수 있는 힘을 줄 것이며, 이로써 그들은 아담의 타락으로 인해 온 인류를 괴롭힌 죄의 유혹을 이겨낼 수 있을 것이다.

아담의 타락으로 인한 영향을 극복하기 위해 마음의 변화가 필요하다는 것을 보여주는 증거는 어디에 있는가? 모세는 야웨께서 이스라엘에게 말씀하신 십계명(출 20장)을 신명기 5장에서 두 번째로 언급한다. 이스라엘 백성이 야웨의 음성을 계속 듣고 죽지 않기 위해 그 남은 명령을 받으러 모세를 산 위로 보냈을 때(신 5:24-27), 야웨는 그들이 말한 바가 다 옳다고 말씀하시며(28절) 29절에서 이렇게 물으신다. "누가 그들에게 이 마음을 가져다주어 항상 나를 경외하며 내 모든 명령을 지켜서, 그들과 그 자손이 영

---

19 James M. Hamilton, "The Skull Crushing Seed of the Woman: Inner-Biblical Interpretation of Genesis 3:15," *The Southern Baptist Journal of Theology* 10.2 (2006): 30-54.

20 James M. Hamilton, "The Seed of the Woman and the Blessing of Abraham," *Tyndale Bulletin* 58 (2007): 253-73.

원히 잘되게 할 것인가?"(해밀턴 번역, 마소라 본문 5:26) 이후 모세는 신명기 29:4에서 이렇게 공언한다. "깨닫는 마음과 보는 눈과 듣는 귀는 이날 이때까지 주께서 너희에게 주지 아니하셨느니라"(해밀턴 번역, 마소라 본문 29:3).

왜 이스라엘은 자신에게 필요한 마음을 갖지 못하고 있을까? 이야기 앞부분에서 이 난제를 이해하는 단서를 찾을 수 있다. 아담이 죄를 범한 후 전개되는 내러티브 속의 모든 조짐이, 사람에게 스스로 극복할 수 없는 죄와 불순종의 성향이 있다는 결론을 가리키고 있기 때문이다. 신명기 10:16에서 모세가 이스라엘 백성에게 마음의 할례를 명하는 장면에서 그들에게 불순종을 향한 기질의 문제가 있음을 볼 수 있다. 비록 모세는 이스라엘 백성이 언약을 어기고 약속의 땅에서 추방되리라는 점을 언급하고 있지만(신 28-29장, 또한 4:25-31), 야웨께서 그들의 마음에 할례를 베풂으로써 이 문제는 해결될 것이다(30:6).

누가 그들에게 필요한 마음을 줄 것인가?(신 5:29, 마소라 본문 5:26) 야웨께서 하실 것이다. "내가 네게 진술한 모든 복과 저주가 네게 임하므로"(30:1, 6. 또한 29:4). 이스라엘을 향해 모세는 그들이 가나안 땅에 들어가서 언약을 어기고 추방될 것과, 이후에 야웨를 찾고 "끝날에" 회복되리라는 것을 말해준다(4:25-31). 모세는 원죄 문제에 대한 종말론적 해결을 약속하고 있는 것 같다.[21]

지금까지 살펴본 이야기에서 원죄의 위치를 요약하자면 다음과 같다. 아담의 허물로 말미암아 죄가 세상에 들어오게 되었고, 모세는 아담의 후손이라면 누구도 예외 없이 악으로의 타락에서 벗어날 수 없음을 보여주며 아담의 죄로 인해 온 인류가 죄를 향한 기질을 가지게 되었다고 독자들을

---

21 갱신과 내주하심에 관한 성경신학적 논의는 다음 졸저를 보라. *God's Indwelling Presence: The Holy Spirit in the Old and New Testaments*, NAC Studies in Bible and Theology (Nashville: Broadman & Holman, 2006).

가르치고 있다고 볼 수 있다. 이런 결론은 모세가 들려주는 이야기에서 자연스럽게 도출된다. 이런 사실이 내러티브에서 이미 충분히 드러나기 때문에 모세는 이를 딱히 잘라 말할 필요를 느끼지 않았음이 분명하다. 마치 언론 편향(media bias)처럼, 모세의 관점은 스토리텔링에 반영되어 있는 관점을 통해 선명하게 드러난다. 그렇다면 아담의 타락에 따른 파멸적인 결과는 모세의 마음에 이미 갖추어져 있던 지식의 일부로 보인다.

모세 이후의 예언자들도 모든 인간의 죄성에 대해 비슷한 전제를 가지고 있으며, 이들 역시 모세와 마찬가지로 더 이상 죄의 기원을 설명할 필요를 느끼지 않는다. 왜냐하면 그 기원이 이미 규명되었다고 보기 때문이다. 그렇다면 입증의 부담은 후대의 성경 저자들이 죄와 죽음의 기원에 관한 모세의 관점에 동의하지 않았다고 보고 싶어 하는 이들에게 놓여 있다. 이제 우리가 예언서에서 살펴볼 바와 같이 모세 이후의 성경 저자들은 전개된 이야기 속에서 이스라엘의 위치와 세상을 해석하는 방법을 모세로부터 배웠으며, 모세가 토라에서 가르친 인간의 죄성에 대한 이해를 공유하고 있었다.

예언서에서 원죄

모세처럼 전기 예언서의 저자들은 이야기를 전개하면서 자신들이 가진 모든 근본적인 신념과 전제들을 시시콜콜 설명하지 않는다. 그러나 이야기 자체가 각각의 저자들이 당연시한 전제들을 내포하고 있다. 모세는 무고한 상태로부터 죄로 물든 상태로의 전환과 첫 범죄로 인해 쇠약해진 인간의 상태를 일단 보여준 후로 이 문제가 충분히 규명되었다고 생각했기에, 이야기의 나머지 부분에서도 이것이 당연시될 수 있으리라고 보았다. 만일 모세가 독자들이 이런 결론에 이르기를 원치 않았다면, 그는 오염되지 않은 인간의 상태가 지속되고 있었음을 분명히 덧붙여 설명했을 것이다. 즉 모세가 아담의 죄에 따른 결과의 보편성을 가르치고자 하지 않았다는 결론을 내리기 위해서는, 당시에 아담의 죄로부터 영향을 받지 않았던 이들이 어딘가에 있었다는 증거가 있어야 한다. 그렇다면 우리가 이 내러티브에서 명확한 진술을 기대하지 않았던 것을 고려할 때, 모세는 이를 어떻게 보여줄 수 있었을까? 이것은 무척 간단하다. 모세는 에덴과 비슷한 장소에서 벌거벗은 채로 부끄럼을 타지 않고 살아가던 사람들을 보여주면 되었다. 우리는 결코 이런 이들을 만나지 못한다. 모세와 그를 따른 저자들, 즉 예언자들도 마찬가지였다. 우리가 이 내러티브를 통해 만나는 모든 이들은 죄인이다. 그들이 어떻게 죄인이 되었는지를 물으며 성경의 내러티브가 이에 답하기를 바란다면, 창세기 3장의 설명으로 돌아가면 그만이다.

여호수아는 이스라엘 백성이 야웨를 섬기지 못하리라는 것을 어떻게 알았을까?(수 24:19) 사사기의 상황이 그토록 악화된 이유는 무엇일까? 엘리의 아들들이 어떻게 벨리알의 아들들이 될 수 있었을까?(삼상 2:12) 사울이 다윗과 요나단을 향해 창을 던진 이유는 무엇일까?(18:11; 20:33) 다윗이 어떻게 그토록 극악무도한 죄를 지을 수 있었을까?(삼하 11장) 이스라엘에 창녀들이 있는 까닭은 무엇일까?(왕상 3:16) 솔로몬이 성전을 봉헌하며 한 기도에서 "범죄하지 아니하는 사람이 없사오니"라고 말한 이유는 무엇일까?(8:46) 어떻게 솔로몬은 이방 신에게 분향하며 제사할 수 있었을까?(11:5-8) 이스라엘 민족이 분열하고 북왕국이 금송아지를 만들어 자신만의 종교를 창시하게 된 이유는 무엇일까?(12장)

유사한 질문들을 계속 던질 수 있지만 대답은 언제나 똑같다. 이 모든 악은 쉽게 설명된다. 모든 사람이 죄를 짓는 이유는 아담의 타락이 모든 사람에게 비참한 영향을 미쳤기 때문이다. 누구도 악을 향한 이런 성향에서 예외가 아니다. 이 세상에서 아담의 죄로 인해 저주를 받지 않은 채로 살아가는 사람은 아무도 없다.

한 사람으로 말미암아 죄가 세상에 들어오고 죄로 말미암아 사망이 들어온 까닭에 사망이 모든 사람에게 이르렀다는 결론에 이른 성경 저자는 바울이 처음이 아니었다(롬 5:12). 다만 이 진술에서 바울은 모세 이후의 모든 성경 저자들이 공유하고 있던 결론이 녹아 있는 내러티브의 어떤 요소를 조리 있게 표현하고 있을 따름이다. 그들이 **보여준** 것을 바울은 **말하고** 있다. 창세기에 그려진 세상은 여호수아서, 사사기, 사무엘서, 열왕기서의 바탕이 되는 세상이다. 이런 점은 전기 예언서에서부터 후기 예언서까지 지속된다.

이사야는 여섯 번에 걸쳐 이스라엘 백성에게 화를 선포한 뒤(사 5:8-23), 일곱 번째 화는 입술이 부정한 연고로 자기 자신을 향해 선포한다(6:5). 이스라엘 백성의 마음에 할례가 필요하다는 모세의 말에 사용된 할례의 은유(신 10:16; 30:6)를 차용해서 예레미야는 이를 귀에 적용한다.

> 내가 누구에게 말하며 누구에게 경책하여 듣게 할꼬?
> 보라, 그 귀가 할례를 받지 못했으므로 듣지 못하는도다.
> 보라, 여호와의 말씀을 그들이 자신들에게 욕으로 여기고
> 이를 즐겨 하지 아니하니(렘 6:10).

이것이 청각 장애의 문제가 아니라는 점은, 사람들이 말씀을 경멸하여 즐기지 않았다는 것을 볼 때 분명해진다. 여기서 문제는 그들의 귀에 신체적인 장애가 있어 말씀을 듣지 못하는 것이 아니다. 오히려 문제는 그들이 말씀을 들었을 때 이를 싫어하고 멸시한다는 점이다. 바로 이것이 할례받지 못한 귀를 가지고 있다는 말의 의미로, 곧 하나님의 말씀에 대한 경멸

이다. 계속해서 예레미야는 모세의 마음의 할례 개념을 차용해서 9:26에서 "이스라엘은 마음에 할례를 받지 못했느니라"고 말한다. 13:23에서는 "구스인이 그의 피부를, 표범이 그의 반점을 변하게 할 수 있느냐? 할 수 있을진대 악에 익숙한 너희도 선을 행할 수 있으리라"고 묻는다. 그리고 17:1에서 "유다의 죄는 금강석 끝 철필로 기록되되, 그들의 마음 판과 그들의 제단 뿔에 새겨졌거늘"이라고 주장하며 몇 구절을 더 기록한 뒤, 17:9에서 이렇게 묻는다. "만물보다 거짓되고 심히 부패한 것은 마음이라. 누가 능히 이를 알리요마는."

하나님의 말씀의 선하심과 참됨을 이스라엘이 보지 못하게 된 연유는 무엇인가? 그들의 악함이 구스인이 피부색을 변하게 하지 못하리라는 점과 연관되는 까닭이 무엇인가? 예레미야가 이런 상황의 기원에 대해 상세히 설명할 필요를 못 느끼는 이유는 바로 모세가 창세기에서 가르친 바를 당연히 받아들이고 있기 때문이다. 이런 현실은 모든 예언서에 나타나 있다. 지면의 제약이 없다고 할지라도, 이런 사례들을 나열하고 논의하는 일은 따분할 것이다.

따라서 호세아 6:7을 살펴봄으로써 전기와 후기 예언서에 관한 고찰을 끝맺도록 하자. 엔즈는 다음과 같이 쓰고 있다.

> 언약의 위반과 아담이 이 구절에 언급되고 있다는 이유만으로, 때때로 이 구절은 아담에 관한 바울의 해석을 지지하는 구약성경의 근거로 인용된다. 그러나 더 넓은 맥락을 살펴보면 이런 해석은 불가능하다.…NRSV는 7절의 아담을 지명으로 옮기는데, 이는 분명히 정확하다.[22]

---

22   Enns, *Evolution of Adam*, 83.

널리 인정된 호세아 6:7의 해석을 "불가능하다"라고 하고 자신의 관점은 "분명히 정확하다"라고 말하는 부분에서 엔즈가 자신의 결론에 대해 가진 확신에 주목해보라.

그러나 호세아는 이스라엘의 과거와 현재와 미래의 평행에 관심을 가지고 있다. 예컨대 호세아는 하나님이 새 출애굽과 같이 이스라엘을 구원하실 때, 백성이 "애굽 땅에서 올라오던 날과 같이"(호 2:15) 그의 언약에 응대할 것이라고 말한다.[23]

호세아 6:7은 역사적 아담의 경험과 이스라엘의 역사 사이의 유사성을 밝혀 더 큰 그림을 형성한다.[24] 실제로 이런 식으로 호세아 6:7을 보는 일은 엔즈가 선호하는 아담 이야기의 해석과 일치한다.[25] 데렉 배스는 히브리어의 불변화사 처격 "거기"를 다루며 이렇게 설명한다. "호세아서의 언어는 이중적 지시 대상을 가질 수 있다. 즉 아담은 시초적 죄인을 지칭함과

---

[23] 이는 출 1:10의 표현처럼 호 1:11에서 암시된 새 출애굽에 대한 약속에 뒤이어 나온다. 더욱이 호 2:18의 "땅의 곤충"은 새 출애굽과 유배로부터의 귀환으로 인해 시내산에서와 같은 새 언약을 맺게 될 것이며 아브라함에게 하신 약속이 성취되고(참고. 호 1:10), 또한 새로운 아담처럼 창조된 모든 동물을 다스리게 되리라는 것을 나타낸다(호 2:18. 또한 창 1:28). 해방은 출애굽에서 일어난 일과 연관되며 구속된 상태는 타락 이전의 창조세계에 있던 상태와 연관된다. Dempster는 이를 다음과 같이 설명한다. "[유배에서의] 귀환은 에덴동산에 있던 첫 부부의 상황과 창조의 원래 상태를 반영하는 용어로 빈번히 묘사된다. 창조 언어는 주로 귀환의 전조를 나타내기 위해 사용된다." Dempster, *Dominion and Dynasty*, 32.

[24] 호 5:14에서 야웨는 에브라임이라는 개인으로 의인화된 북왕국 이스라엘을 무너뜨릴 사자같이 등장한다. 사자가 그를 찢어발긴다는 것은 국가로서의 이스라엘이 무너지고 유배당하게 됨을 뜻한다. 모세는 이스라엘이 유배 중에 야웨를 찾으리라고 예언했는데(신 4:29), 이 예언에 따라 호 5:15은 야웨가 이스라엘이 그를 찾기까지 이스라엘을 회복시킬 때를 기다리신다고 말한다. 6:1-3에서 호세아는 사자에게 찢겨 죽은 자를 살리실 야웨를 찾도록 청중을 설득한다. 이는 곧 새 출애굽과 유배로부터의 귀환이 죽음으로부터의 부활과 같으리라는 의미다(참고. 겔 37장). 호 6:4에서 야웨는 자신을 향한 이스라엘의 헌신이 너무 짧다는 점을 애통해하신다고 묘사되고, 5절은 야웨의 심판이 예언자들을 통해 어떻게 나오는지를 말해준다. 6절에서 야웨가 원하는 것은 형식적인 제사가 아니라 자신의 죄를 회개하며 제사를 드리는 죄인들에게 인애를 드러낼 기회다. 하나님은 인애를 원하고, 회개하지 않는 자의 제사를 원치 않는다.

[25] 아담은 죄를 범했고 에덴에서 쫓겨났다. 이스라엘은 죄를 범했고 그 땅에서 쫓겨났다.

동시에 지명을 가리킨다."[26] 야곱이 도망쳤다가 돌아온 이야기에서 호세아는 유배 및 아담과 이스라엘 사이의 비유를 굳건히 하려는 관심을 나타낸다(12:2-14).[27]

호세아 6:7이 역사적 아담을 가리킨다고 보는 것이 "불가능하다"라고까지는 말할 수 없다. 왜냐하면 우리는 "아담"이라고 불리는 장소에서 벌어진, 언약을 파기한 절정에 달한 죄에 대해 전혀 아는 바가 없기 때문이다. 또한 나는 "아담"을 지명으로 보는 관점이 "분명히 정확하다"라는 엔즈의 주장에 동의할 수 없다.[28] 오로지 엔즈가 변론하고자 하는 종류의 (즉 아담에 대한 바울의 이해가 이상하다고 보는) 교의학적 관심만이, 호세아 6:7이 역사적 아담과 그의 허물을 가리킨다고 보는 어떤 해석도 단정적으로 부정할 수 있는 동기가 된다. 진화론을 염두에 두고 해석하는 엔즈와 달리, 우리가 사전에 어떤 의도도 가지지 않고 호세아서 말씀이 가진 시적 연상 작용의

---

26 Derek Drummond Bass, "Hosea's Use of Scripture: An Analysis of His Hermeneutic" (PhD diss., Southern Baptist Theological Seminary, 2008), 185. Bass의 논의 전체에 귀를 기울일 필요가 있다. 184-86.

27 호 12장을 살펴보면 호세아는 야곱이 도망갔다 돌아오는 일을 애굽에서 체류하던 이스라엘 민족이 출애굽 하는 유형으로 본다. 12-13절에서 아람에서의 야곱의 체류와 애굽에서 나오는 이스라엘의 병치에 주목하라. 이는 호세아가 6:7에서 아담의 죄와 에덴에서의 추방을 이스라엘의 죄와 그 땅에서의 추방과 결부시킨 방식과 매우 비슷하다. Bass와 나는 사전에 별도의 의견 교환 없이 이런 동일한 결론에 도달했다. 그의 논의로는 같은 책, 186 n65, 226-41을 보라.

28 호세아가 야곱의 이름과 경험을 상기시키고자 같은 자음을 가진 다른 용어를 사용한다는 점은, 실제로 그가 역사적 아담을 회상시키고자 했다는 관점의 근거가 된다(참고. 6:8과 12:3). 게다가 히브리어 "거기"는 단순한 지역이 아니라 사건과 더 관련이 있는 "장소"를 지칭할 수 있다(예를 들어 시 48:6, 마소라 본문 48:7). "거기"라는 부사는 "운문에서 상상 속의 한 장면이 생생하게 자리 잡는 지점을 가리키는 것으로" 사용될 수 있다. Francis Brown, Samuel Rolles Driver, and Charles Augustus Briggs, *Enhanced Brown-Driver-Briggs Hebrew and English Lexicon*, electronic ed. (Oak Harbor, WA: Logos Research Systems, 2000), 1027. 이런 방식을 따라 Gentry는 이렇게 말한다. "앞의 사건을 지칭하는 이 부사는 어떤 상황 자체를 보다 간접적으로 언급함으로써 장소를 명시할 수도 있다." Peter J. Gentry and Stephen J. Wellum, *Kingdom through Covenant: A Biblical-Theological Understanding of the Covenants* (Wheaton: Crossway, 2012), 219.

본질을 제한하지 않는다면, 창세기 3장에 대한 호세아서의 해석이 로마서 5장과 고린도전서 15장에 나타나는 바울의 해석과 흡사하다는 것을 보기란 어렵지 않다.

성문서에서 원죄

모세 오경에서 모세는 세계와 성경에 대한 이해의 범위를 설정했다. 전기와 후기 예언자들은 모세를 모델로 삼아 삶과 성경을 해석하는 방법을 배웠고, 성문서 저자들은 성경의 거대한 이야기들을 해석하고 요약하며 동일한 관점을 발전시켰다. 지면의 제약상, 여기서는 성문서에 나타난 일부 증거만을 살펴보도록 하자.

욥은 죄가 만연해 있는 현실을 인식하고 있었기에 자신의 죄뿐만 아니라 자녀의 죄까지 염려했다(욥 1:5). 다윗은 하나님의 은혜를 구하며 이후에 바울이 일목요연하게 정리한 결론의 초석을 다진다. "보라, 내가 죄악 중에서 출생했음이여, 어머니가 죄 중에서 나를 잉태했나이다"(시 51:5, 해밀턴 번역, 마소라 본문 51:7). 마음에 할례가 필요하다는 신명기에 나온 모세의 가르침을 반영해서(앞의 논의를 보라) 솔로몬은 다음과 같이 말한다. "여인과 간음하는 자는 마음이 결핍된 자라"(잠 6:32, 해밀턴 번역). 유사하게, 잠언 11:12은 "마음이 결핍된 자는 그의 이웃을 멸시하나"(해밀턴 번역)라고 말한다.[29] 여자가 남편을 원하고 남편은 여자를 다스릴 것이라는 창세기 3:16의 저주는 아가 7:10의 신부의 말에서 순서가 뒤바뀌어 나타난다.

---

[29] 나는 Akin 덕분에 이런 경우를 살펴볼 수 있었다. 그의 탁월한 연구를 보라. Jonathan David Akin, "A Theology of Future Hope in the Book of Proverbs" (PhD diss., Southern Baptist Theological Seminary, 2012).

"나는 내 사랑하는 자에게 속했도다, 그가 나를 사모하는구나."[30] 코헬레트 (Qohelet; 전도서의 저자로 회중 앞에서 말씀을 전하는 전도자—역주)는 "선을 행하고 죄를 전혀 범하지 아니하는 의인은 세상에 없기 때문이로다"(전 7:20)라고 직설적으로 표현한다. 사람이 흙으로 말미암았으므로 죽은 자가 흙으로 돌아간다는 전도서 3:20과 12:7의 표현은 창세기 3:19을 반영하고 있다.[31]

엔즈는 시편 51:5 같은 본문이 내포하는 의미를 인정하지 않으려고 하면서 새로운 논증을 도입하지 않는다. 엔즈는 성경 저자들이 모세가 규정한 방식대로 세상에서 활용하고 전제한 방법을 무시하고 명확한 진술만을 쓸데없이 요구하며(이미 그들의 표현은 너무도 명확하다!) 다음과 같이 언급한다. "이는 논증의 근거가 되지 못한다. 왜냐하면 거기에는 다윗의 선천적 조건이 아담의 영향을 받았다는 주장의 요점을 보여주는 조짐이 전혀 없기 때문이다."[32] 그렇다면 다른 어떤 근거에서 다윗의 이런 고백이 나올 수 있다는 말인가? 아담의 죄가 초래한 보편적인 영향에 대한 구약성경의 증거는 충만할 뿐만 아니라, 구약성경의 저자들이 모든 곳에서 당연시하는 사실이다. 창세기 1-3장에서 모세가 규명한 세계에 대한 근본적인 이해를 반박하고 이를 다른 일단의 조건으로 대체하려면, 타락 전의 순수한 상태를 유지하고 있는 세상의 어떤 장소에 대한 명확한 진술이나 묘사가 있어야 할 것이다.

---

30 다음을 보라. Daniel C. Fredericks and Daniel J. Estes, *Ecclesiastes and the Song of Songs*, Apollos Old Testament Commentary (Downers Grove, IL: InterVarsity, 2010), 397-98. Christopher W. Mitchell, *The Song of Songs*, Concordia Commentary (St. Louis: Concordia, 2003), 1112-14도 보라.

31 Duane A. Garrett, *Proverbs, Ecclesiastes, Song of Songs*, New American Commentary (Nashville: Broadman & Holman, 1993), 278-79.

32 Enns, *Evolution of Adam*, 157n9.

구약성경신학과 어울리지 않는 것은 아담의 죄에 관한 바울의 해석이 아니다. 구약성경과 조화되지 않는 아담에 관한 해석은 바로 피터 엔즈의 주장이다.

복음서와 사도행전에서 원죄

지금까지 이 세상이 어떻게 시작되었고 심히 좋았던 상태가 어떻게 파국을 맞게 되었는지(아담이 범죄함으로써)에 대한 모세의 견해를 살펴보았다. 또한 사람이 마음에 생각하는 바가 언제나 악할 뿐인 상태가 초래되었다는 점, 이런 상황을 타개할 방책이 마음의 할례라는 점, 하나님의 백성이 마음에 할례를 받고 그분께 순종하기를 바라게 될 갱신이 있는 마지막 때에 대한 구약성경의 약속도 살펴보았다. 이런 이야기의 흐름은 복음서와 사도행전에서도 지속되며 발전된다. 여기서는 공관복음과 요한복음과 사도행전에서 증거가 되는 몇 가지 사례만 다룰 것이다. 그러나 이는 성경 저자들이 내러티브 전반에 걸쳐 인간에 대해 당연시하는 지점들을 보여주는 대표적인 증거다.

우리는 마가복음 7:20-23에서 아담의 죄로 인한 마음의 상태를 목격하는데, 여기서 마가는 예수가 "사람의 마음에서 나오는" 죄를 열거한다. 유사하게, 요한복음 2:24-25에서 요한은 "예수는 그의 몸을 그들에게 의탁하지 아니하셨으니 이는 친히 모든 사람을 아심이요…이는 그가 친히 사람의 속에 있는 것을 아셨음이니라"고 기술한다. 이런 본문들은 예수가 죄가 마음에서 나온다는 것과 사람들이 어떻게 악을 추구하는지를 알고 계심을 보여준다. 같은 맥락에서 스데반은 이스라엘이 어떻게 요셉을 버리고(행 7:9) 그 이후 모세를 거절했는지(7:35)를 보여주고, 사도행전 7:52-

53에 걸쳐 예수를 거절한 세대를 통해 이런 거절의 패턴이 완성되었다고 말한다. 또한 예수를 거절한 세대를 고발하고 그들을 이전 세대의 거절한 이들과 비교하면서, 이들을 "항상 성령을 거스르"며 "목이 곧고 마음과 귀에 할례를 받지 못한 사람들"이라고 부른다(7:51).

하지만 구약성경에서 묘사된 상황이 복음서와 사도행전에 전제되어 있다고 해서, 이런 내러티브가 로마서 5장과 고린도전서 15장에서 바울이 말하고 있는 방향을 가리키고 있다는 증거가 있는가?

여기서 우리는 말하기보다 보여주기 방식의 내러티브를 다루고 있음을 다시 한번 기억해야 한다. 누가복음 3-4장에서 누가는 계보의 순서를 거꾸로 거슬러 올라가며 맨 마지막에 첫 인간, 즉 아담을 언급하며 그를 "하나님의 아들"(3:38; 개역개정은 "그 위는 하나님이라"—역주)이라고 부른다. 그리고 즉시 마귀가 예수를 시험하며 그에게 "하나님의 아들"(4:3, 9)임을 증명해 보이라고 부추기는 장면을 묘사한다. 계보의 마지막에 언급된 아담과 예수의 유혹의 병치는 둘 모두를 "하나님의 아들"이라고 칭한 점과 함께, 이 내러티브를 읽는 이들로 하여금 예수가 유혹에 저항하는 방식과 아담의 타락을 비교해보도록 만든다. 아담은 짝과 함께 있었고, 예수는 홀로 있었다. 아담은 먹을 것이 가득한 아름다운 동산에 있었고, 예수는 먹을 것이 하나도 없는 광야에 있었다(4:2). 뱀은 하나님의 말씀을 비꼬아 하와를 유혹했고, 마귀도 예수께 같은 전략을 사용했다. 그리고 아담은 죄를 범했다. 하지만 예수는 성경을 인용해서 마귀를 물리치고 유혹을 이겼다.[33] 누가의 내러티브는 바울이 말하는 바를 **보여준다**.

---

33   특히 다음을 보라. E. Earle Ellis, *The Gospel of Luke*, New Century Bible Commentary (Grand Rapids: Eerdmans, 1981), 92-95.

서신서에서 원죄

로마서 3:10-18에서 바울은 사람이 죄 아래 있다는 것이 무슨 의미인지를 포괄적으로 설명한다. 이 설명은 구약성경의 인용이다. 그런 뒤 로마서 5:12-21에서는 아담과 예수 각각의 행위와 그에 따른 결과가 비교되고 대조된다. 호세아 6:7에 대한 앞서의 논의는 호세아가 아담의 죄와 에덴에서의 추방을 이스라엘의 죄와 그 땅에서의 추방에 대한 예표로서 이해하고 있음을 보여주었다. 같은 맥락에서, 로마서 5:14에서 바울은 아담을 오실 자의 모형이라고 칭한다. 여기서 그는 아담의 죄가 가진 중요성이 예수의 순종에 상응한다는 시각을 가지고 있는 것 같다. 아담의 죄로 인해 모든 후손이 죄인 된 것처럼 예수의 순종으로 말미암아 누구든지 그의 이름을 부르면(롬 10:13) 의인이 되고(5:19) 그리스도 안에서 "더욱 은혜와 의의 선물을 넘치게 받는"다(5:17).[34]

고린도전서 15:22에서 바울은 "아담 안에서 모든 사람이 죽은 것같이 그리스도 안에서 모든 사람이 삶을 얻으리라"고 쓴 뒤, 45절에서 "기록된 바 '첫 사람 아담은 생령이 되었다' 함과 같이 마지막 아담은 살려주는 영이 되었나니"라고 서술한다. 디모데전서 2:13-14은 또다시 아담을 언급한 뒤, 유다서 14절에서 "아담의 칠 대손 에녹"을 언급한다.

이런 모든 진술은 우리가 구약성경에서 살펴본 바와 일치한다. 각각의 진술은 아담이 역사적 인물이었다는 것과 그의 범죄로 인해 모든 후손이 처참한 결과에 빠지게 되었다는 것을 전제하고 있다. 다음과 같은 엔즈의 진술에서 우리는 아담에 대한 그의 이채로운 해석의 근거가 성경의 가르침도 아니고 해석의 역사도 아니라는 점을 보게 된다.

---

34 롬 5:12-21에 관한 자세한 논의는 이 책에 실린 Thomas R. Schreiner의 글을 보라.

바울의 유비에는 아담과 예수 모두를 실제 역사적 인물이 분명하다고 여기도록 만드는 어떤 힘이 있는 것 같다. 모든 기독교 전통이 반드시 이런 식으로 보는 것은 아니지만, 이는 오늘날 일반적으로 당연시되는 점임이 명백하다. 그리고 많은 이들은 기독교와 진화가 이토록 긴장 관계에 놓이게 된 근본적인 이유가 바로 여기에 있다고 생각한다. 지난 이천 년 동안 역사적 아담은 지배적인 기독교 관점이었다. 하지만 우리는 이런 전반적인 합의가 진화론의 출현 이전에 형성되었다는 것을 고려해야 한다. 진화론의 도전을 막기 위한 방책으로서 이런 오래된 합의에 호소하는 것은 오늘날의 독자들이 받아들일 수 있는 선택 사항이 아니다.[35]

엔즈가 "오래된 합의"를 포기할 수밖에 없었던 것은 "진화론의 출현" 때문이다. 그에게 "문제는 자명하다. 진화는 성경이 묘사하는 특별히 창조된 첫 사람 아담이 문자 그대로 역사적인 인물이 아닐 것을 요구한다. 하지만 바울은 그렇지 않아 보인다.…그리스도인들은 다윈이 아닌 바울을 선택하거나, 아니면 자연과학의 편에서 신앙을 버린다."[36]

엔즈는 신앙과 진화론의 종합을 꾀하는 한편으로, 그릇된 선택을 강요한다는 혐의로 보수주의자들을 거듭 고발한다. 그러나 여기서 엔즈는 정작 본인이 지나치게 단순화된 잘못된 선택을 제시하는 것 같다. 즉 (a) 다윈이 아닌 바울을 선택하거나, 아니면 (b) 자연과학의 편에서 신앙을 버리는 것이다. 여기서 엔즈가 제안하는 "종합"은 역사적 아담과 그의 죄가 끼친 보편적 영향에 대한 성경의 가르침을 부정하는 데서 시작된다.

나는 엔즈의 생각에 있어 진화가 그렇게까지 권위를 가져야 하는 이유

---

35 Enns, *Evolution of Adam*, xvi.
36 같은 책.

가 무엇인지 궁금하다. 그는 하나로 합의된 진화론이 존재하지 않으며, 진화론을 부인하는 과학자나 진화론을 알아보기 어려울 정도로 희석시키는 과학자도 있다는 현실에 대해서는 전혀 논의하지 않는다. 또한 과학적 합의가 변하거나 계속해서 진화한다면 어떻게 될까? 엔즈는 진화에 대한 과학자들의 생각을 지나치게 단순화하고 있음에도 불구하고 성경을 진화론의 권위에 굴복시킨다.

엔즈의 조악한 논리와는 반대로, 우리는 성경의 거대한 이야기를 읽으며 이 이야기가 모든 면에서 조리가 제대로 서 있음을 알게 된다. 거기에는 모세로부터 예언자들을 거쳐 예수와 바울에 이르는 "사고방식"이 존재한다. 바로 아담의 죄가 온 인류에게 닥친 비통한 결과를 초래했고, 아담이 넘어진 그곳에서 예수가 승리했다는 점이다.[37]

요한계시록에서 원죄

요한계시록은 어떤가? 요한계시록 전반에 걸쳐 요한은 우리가 살펴본 성경의 큰 그림에 따라 서술하고 있다. 여기서 강조하고 싶은 바는 요한이 타락의 결과를 전복시키는 자로 예수를 보여주는 방식이다. 창세기 1:28에서 아담은 동물들을 다스릴 권한을 받았다. 그러나 뱀이 아담을 꾀었을 때 이런 지배권은 짐승에게 넘어갔는데, 바로 이를 바울은 "공중의 권세 잡은 자"(엡 2:2)라고 부른다. 하지만 예수는 거짓된 통치권을 약속하는 마귀의 제안을 뿌리쳤고(예. 눅 4:5-8) 죽음을 통해 사탄을 정복했으며, 강한 자를

37　다음을 보라. Thomas R. Schreiner, *New Testament Theology: Magnifying God in Christ* (Grand Rapids: Baker Academic, 2008), 307-9. 『신약성경신학』(부흥과개혁사 역간).

결박해서 통치권을 되찾았다. 요한계시록 1:6에서 요한은 예수가 "그의 아버지 하나님을 위해 우리를 나라와 제사장으로 삼으"셨으며 "그에게 영광과 능력"을 세세토록 돌리도록 하셨다고 말한다.

요한계시록 12장에서는 뱀과 여자의 후손의 싸움이 극적으로 묘사되고 있다. 뱀과 그의 후손은 여자의 후손을 이기지 못한다. 오히려 그리스도가 그들을 정복함으로써 처음보다 훨씬 좋은 마지막 상황이 펼쳐질 것이다. 요한계시록 21-22장은 에덴동산보다 새롭고 더 나은 새 하늘과 새 땅을 묘사하며, 성경의 종지부가 전체 이야기의 해결책임을 보여준다. 태초에 상실된 것, 곧 에덴동산에서의 하나님의 임재가 종말에 새롭고 더 나은 방식으로 회복된다. 이처럼 시작과 종말 사이에 있는 모든 것은 아담의 죄로 인해 영향을 받았지만 결국에는 그 자체로 예수의 겸손한 승리를 알려준다.

결론

성경은 우리에게 일관된 이야기를 보여준다. 바울은 모세와 예언자들이 말한 바를 자세히 해설한다. 그리고 이런 해설은 여행을 함께했던 마가와 누가가 예수에 대해 기록한 내러티브의 영향을 받았다. 성경신학은 성경 저자들이 가진 해석적 관점을 판별하려는 시도로서, 이를 일단 판별한 뒤에는 우리 자신의 관점으로 받아들여야 한다. 이는 우리가 예수를 따르는 자들이기 때문이며, 성령께서 성경 저자들을 감동시키셨기 때문이다. 그리고 여기 이곳이 우리 아버지의 세계임을 믿기 때문이다.

본 장에서는 첫 사람 아담의 죄가 온 인류에게 영향을 끼쳤다는 점이 성경 저자들의 관점에 포함되어 있음을 보여주었다. 이것은 최초의 성경 저자인 모세가 시작부터 세상을 묘사하던 방식이며 모세 이후의 모든 성경 저자들이 공유하던 관점이다. 예수는 신약성경의 단 한 권도 직접 쓰지 않았지만 그를 따르는 이들에게 구약성경을 해석하는 방법을 가르치셨다. 우리는 복음서를 통해 예수가 다른 성경 저자들과 마찬가지로 역사적 아담과 그의 죄가 가진 보편적인 영향력을 믿었음을 볼 수 있다. 그리고 예수를 따르는 자들이라면 세상의 기원과 문제에 대한 예수의 관점은 물론이고, 그가 죽기까지 순종하심으로써 아담의 죄가 해결되었다는 그의 관점까지 본받을 것이다.

에리히 아우어바흐는 다음과 같이 쓴다.

> [성경 이야기의 의도는] 감각을 매료시키는 것이 아니다. 물론 생생한 감각적인 효과가 있다고 해도, 이는 단지 성경의 유일한 관심사인 도덕적·종교적·심리적 현상들이 삶의 감각적 소재를 통해 구체화되기 때문이다. 이런 이야기의 종교적 의도는 진실에 대한 역사적 절대성을 필요로 한다.…아브라함의 희생 제사 이야기를 그대로 믿지 않으면서 그 내러티브가 쓰인 목적에 맞게 이를 사용하기는 불가능하다.…성경 이야기의 세계는 그것이 진정한 역사적 현실임을 주장하는 데서 그치지 않고 그것이 유일한 현실 세계이며 절대적 권한을 가진 이야기라고 주장한다.…성경 이야기는 호메로스처럼 우리의 비위를 맞추지 않는다. 우리를 즐겁게 해주고 매혹시키려고 우리 입맛에 맞추지도 않는다. 오히려 성경은 우리를 지배하고자 한다. 만일 이를 거부하면 우리는 반역자가 된다.[38]

---

38 Erich Auerbach, *Mimesis: The Representation of Reality in Western Literature* (Princeton: Princeton University Press, 1953), 14-15. 『미메시스』(민음사 역간).

제10장
통으로 짠 옷의 실낱들
조직신학에서의 원죄

마이클 리브스(Michael Reeves), 한스 마두에미(Hans Madueme)

원죄론은 상당히 반감을 일으키는 교리임이 틀림없다. 특히 개인의 자율성을 성역과 같이 여기는 현대 사상의 맥락과 요소에 대해서 이 교리는 상반되는 것 같다. 단순하게 말해, 원죄는 자유의 대적처럼 보인다. 그러므로 오늘날(비단 오늘날만이 아니라) 많은 이들은 원죄를 유해한 신념, 곧 엄중하고 부당하며 의욕을 꺾는 불쾌한 신념으로 단정한다(본질적인 문제가 아니라고 생각하는 것은 말할 것도 없다). 여기에 대해 본 장의 목적은 참된 기독교의 진정한 **좋은** 소식에 있어 원죄가 실제로 없어서는 안 될 부분임을 보여주는 것이다.[1]

조직신학의 공리 중 하나는, 자유롭거나 독립적으로 떨어져 있는 별개의 교리는 단 하나도 없다는 것이다. 즉 하나를 끌어오면 다른 것도 뒤따른다. 기독교 신앙에 있어 교리들은 병 속에 들어 있는 구슬보다는 직물을 이루고 있는 실낱들에 가깝다. 여기서 우리가 살펴보고자 하는 바는 원죄론이 상실되거나 흔들리게 되면 신론, 창조론, 인간론, 죄론, 구원론 모두가

---

[1] 이는 비록 원죄책을 비롯해서 우리가 아담에게서 물려받은 죄된 본성의 심각성에 대한 서방의 관점과 차이가 있긴 해도, 동방 정교회가 원죄에 대한 믿음을 **진정** 견지하고 있음을 잊은 것이 아니다. Kallistos of Diokleia 주교는 다음과 같이 설명한다. "본질적으로 아담의 타락은 하나님의 뜻에 대한 불순종이다.…그 결과 새로운 존재 양식이 이 땅에 나타났다. 바로 질병과 사망이다.…아담의 불순종의 영향은 그의 모든 후손에게 미치며…이런 신비로운 인류의 일치로 인해 아담뿐만이 아니라 온 인류가 필사의 존재가 되었다. 타락으로 인한 붕괴는 단지 신체적인 것에 그치지 않는다. 하나님과 단절된 아담과 그의 후손은 죄와 마귀의 지배 아래에 처하게 되었다. 각각의 새로운 인간은 도처에 죄가 만연한 세상에서 태어난다." T. Ware, *The Orthodox Church* (London: Pelican, 1963), 222-23. 『동방정교회의 역사와 신학』(한국장로교출판사 역간).

중대한 영향을 받게 된다는 것이다. 원죄론이 아담과 끊을 수 없는 관계임은 당연하다. 이제 우리는 역사적 아담에 대한 증거(또는 증거의 부족)를 검증하고 교리적으로 어떤 결과가 나오든지 결단을 내릴 준비가 되어야 한다고 말할 수 있다. 물론 우리는 제1장부터 제3장까지에서 살펴본 증거를 검증해야 한다. 하지만 거기서 내린 결론의 신학적 부산물을 검토해보지 않는다면 우리는 소임을 다하지 않는 셈이 될 것이다. 역사적 아담과 원죄를 부정함에 따른 교리적 결과를 살펴보는 일은 사람들로 하여금 어떤 혁신적 진보로 인해 무엇을 잃을까를 두려워하게 만들며 더 큰 우려를 낳을 수 있는 "빙산의 일각"과 같은 주장을 하겠다는 말이 아니다. 여기서는 신학적으로 신중을 기해야 한다. 본 장은 바로 여기에 이런 세심한 검증이 꼭 필요함을 주장할 것이다. 왜냐하면 우리가 신학적으로 일관적이라면, 역사적 아담과 원죄를 부인함으로써 기독교 복음은 알아볼 수 없게 될 것이기 때문이다.

우리는 다음과 같이 두 단계에 걸쳐 나아갈 것이다. 먼저 역사적 원죄(기원하는 죄[originating sin])의 신학적 필요성과 이를 부정함에 따른 결과를 살펴보고, 그다음으로 유전된 죄(기원된 죄[originated sin])의 중대성을 검토할 것이다.

기원하는 죄의 필요성

아담의 타락과 죄의 역사성에 대한 믿음은 전통적으로 기독교 신정론의 핵심이었다. 다시 말해 아담과 하와가 **어떤 특정한 시점에** 처음으로 죄를 지음으로써 그들이 다스리기로 되어 있던 모든 피조물과 함께 타락했기 때문에, 우리는 하나님이 본질적으로 타락한 세상을 창조하신 것이 아니라고 말할 수 있다. 하나님은 악의 창시자가 아니다. 오히려 그분은 **전적으로** 선한 존재로서 세상을 **전적으로** "심히 좋게"(창 1:31) 창조했다. 오늘날 우리 내면과 우리 주위에서 목격하는 악은 하나님께 있는 어떤 흠결이나 악한 기운으로부터 비롯되지 않았다. 또한 악은 하나님이 선재하던 악이나 결함이 있는 사물의 형식과 타협했기 때문에 존재하는 것도 아니다. 다만 하나님이 세상을 온전히 선하게 창조한 이후 피조물이 그분으로부터 등을 돌림으로 인해 악이 존재하게 되었다. 만일 신학에서 타락과 아담의 역사성을 제거하게 된다면, 죄는 진화의 부작용이 되어 피조물의 자연적 존재론의 일부가 될 것이다. 이런 각본은 물질을 본질적으로 악한 것으로 보는 마니교의 세계관과 단지 미묘한 차이만 있을 뿐이다. 다른 말로 타락을 인정하지 않는다면, 인간의 죄성은 우발적인 것이 아니라 물질세계의 구조 자체에서 발생하는 셈이다. 즉 마니교의 우주론적 의미에서가 아니라 창발론적 일원론(emergentist monism)의 진화적 의미에서 피조된 물질은 악하다는 말이 된다. 따라서 죄에 대한 궁극적 책임은 창조주 하나님께 돌아간다.

    N. P. 윌리엄스는 1924년 뱀튼(Bampton) 강연에서 이 문제를 요약하면서 다음과 같이 주장했다. "마니교나 도덕과 무관한 일원론에 빠지지 않으면서, 연속되는 시간 속에서 타락을 들어내는 것은 불가능"하기에 타락은 "시간상에 벌어진 사건임이 틀림없다."[2] 타락 사건이 없다면 우리에게 남겨진 선택은 이원론 아니면 일원론의 두 가지가 전부다. 이원론에서 악은 신과 더불어 영원한 원리이며, 선과 악의 두 원리는 영원히 함께 존재한다. 이원론은 마니교의 교리로서 기원후 3세기 마니(Mani)에 의해 발달된 종교다. 일원론에서 신 자체는 선과 악을 초월한 존재이지만 선과 악은 동

---

2   N. P. Williams, *The Ideas of the Fall and of Original Sin: A Historical and Critical Study* (London: Longman, Green & Co., 1927), xxxiii.

등하게 신의 손에서 비롯된다(예. 힌두교). 그리스도인은 일원론자도 이원론자도 아니다.³ 기원적으로 선했던 하나님의 창조에 있어 죄와 악은 **우연적** 실체다. 세 번씩이나 거룩하다고 일컬어지는 하나님께는 죄가 없다(사 6:3). C. S. 루이스는 타락이 "악의 기원에 대한 하위 기독교 이론들, 곧 일원론과…이원론을 방지하기 위해 존재한다"라고 쓴다.⁴ 아담의 타락의 역사성을 결국 받아들이지 못했던 폴 리쾨르도 기독교의 중차대한 문제가 여기에 있음을 인식했다. 아담의 기원하는 죄에 관한 교리가 "근본적인 악의 '역사적' 특성을 순수하게 표명하며 그것을 원래부터 존재하던 악으로 여길 수 없게 만든다. 원죄는 죄보다 '더 이전에' 있었지만 순결함은 훨씬 '더 이전에' 있었다"라고 리쾨르는 말했다.⁵ 그리스도인은 하나님의 절대 주권 곧 그분이 참된 주님이시며 만물의 창조자라는 점과, 하나님의 절대 선 곧 그분이 악의 근원이 아니라는 점 모두를 확증할 수 있다. 그러나 역사적인 아담과 세상에 죄가 들어오게 된 역사적 시점이 없다면 이 두 가지 지점을 확증할 수 없게 되며, 그리스도인으로서 우리가 지닌 확신이 근본부터 흔들리게 될 것이 분명하다.

그러나 이 모든 것은 더 이상 이처럼 간단하지 않거나 혹은 간단하지 않아 보인다. 1966년에 존 힉은 두 가지 유형의 기독교 신정론이 있다고 주장했다. 하나는 앞서 다룬 바와 같은 맥락에 있는 "아우구스티누스" 유형이며, 다른 하나는 "이레나이우스" 유형으로 힉 자신이 선호하며 지지하는

---

3   다음을 보라. T. A. Noble, "Original Sin and the Fall: Definitions and a Proposal," in *Darwin, Creation and the Fall: Theological Challenges*, ed. R. J. Berry and T. A. Noble (Nottingham, UK: Apollos, 2009), 113. "우리가 이런 대안들[일원론과 이원론]을 모두 배제해야 한다는 이유로 인해 역설적으로 타락론은 기독교 신학의 **필수적인** 부분이다"(Reeves, Madueme 강조).

4   C. S. Lewis, *The Problem of Pain* (New York: Macmillan, 1962), 69. 『고통의 문제』(홍성사 역간).

5   Paul Ricoeur, *The Symbolism of Evil*, trans. Emerson Buchanan (Boston: Beacon Press, 1967), 251. 『악의 상징』(문학과지성사 역간).

것이다.[6] (힉의 주장에 따르면) 리용의 이레나이우스(130-202년경)는 그리스어를 사용하는 동방교회의 독특한 사고방식을 형성하는 데 기본적 바탕을 제공했다.

여기서 이레나이우스의 핵심적 기여는 다음과 같다. 하나님이 만물을 창조하시면서 그것을 선하지만 **완벽하지는 않게** 창조하셨다는 것이다. 정확히 말해 피조물은 신이 아니라 피조된 존재이므로 "완벽에 도달하지는 못한다."[7] 이레나이우스가 말하는 바는 에덴에서 아담과 하와가 함께 있던 것이 창조에 있어 하나님의 최종 목표가 아니라는 말이다. 하나님은 더 영예로운 것을 계획하셨다. 즉 그리스도를 통해 인류는 아담이 누렸던 것 이상을 누릴 것이며 새 창조는 옛 창조를 능가해서 인류는 선에서 완벽으로 나아갈 것이다. 그래서 이레나이우스는 아담과 하와를 동산에 머물던 아이들로 언급했다. 그들은 미성숙하고 약해서 발달과 성장 과정의 시작에 있었다. 그리고 이런 성장을 향한 선한 과정에서 악을 경험하는 일은 중요한 부분이다. 이렇게 인간은 악을 맛봄으로써 악을 증오하고 거부하는 법을 배우게 된다.

힉은 이런 결론을 내린다. "인생의 시련을 아담의 죄에 대한 하나님의 처벌로 보는 아우구스티누스주의 관점 대신에, 이레나이우스는 선과 악이 뒤섞인 우리의 세상을 사람이 완벽을 향해 발전할 수 있도록 그분이 정하신 환경으로 본다. 이는 사람을 위한 하나님의 선한 목적의 성취를 보여준다."[8] 여기에는 전적으로 새로운 신학적 기회가 있다. 곧 "아우구스티누스주의"의 설명과 달리 사망과 악은 하나님의 "선"의 일부로 태초부터 있을

---

6   John Hick, *Evil and the God of Love* (New York: HarperCollins, 1966). 『신과 인간 그리고 악의 종교 철학적 이해』(열린책들 역간).
7   Irenaeus, *Against Heresies*, 4.38.1.
8   Hick, *Evil and the God of Love*, 215.

수 있었고, 이는 피조물을 성장시켜 더 이상은 사망과 악이 존재하지 않는 최종적 완벽에 이르게 하려는 그분의 위대한 계획에 따른 것이다.

하나님의 경륜에서 이런 상승적 운동, 즉 아담에서 그리스도로, 창조에서 새 창조로의 진보가 있다는 사상은 전적으로 건전하고, 교회사 전반에 걸쳐 기독교 지성을 매료시키며 전율에 휩싸이게 했다. 특히 이런 사상이 후기 헤겔학파와 후기 다윈주의 신학자들의 입맛을 사로잡았음은 두말할 나위가 없다. 맨 먼저 J. R. 일링워스가 다윈주의와 성경의 인간론을 조화시킬 잠재력이 있는 수단으로 이를 진지하게 살펴보았다. 1960년대 이르러서는 존 힉이 일링워스의 앞과 같은 관심을 다시 일깨웠다. 크리스토퍼 사우스게이트는 가장 최근의 시도를 대표하는 학자 가운데 한 사람이다.[9] 이런 신학자들 중 일부는 아담의 역사성을 부정하고 신정론에 대한 어떤 부담감도 가지지 않는다. 그들은 전체 논의를 유사-문제(pseudo-problem)로 취급한다. 하지만 존 슈나이더와 같은 다른 이들은 타락 없는 대안적 신정론으로 "미적 전택설"(aesthetic supralapsarianism)을 주장하는데, 이는 기독론적 전택설에 진화론적 전개를 엮은 것이다. 이런 관점에서 하나님의 기원적 창조의 선하심은 목적론적이자 종말론적이다. 이에 따라 기원적 상태의 선함이나 완전성이 중요한 것이 아니라 그것의 방향과 최종 목적이 중요하다. 역사의 새벽에 존재하던 도덕적이고 자연적인 악은 하나님의 거룩함을 손상시키지 않는다. 이는 단지 성육신과 속죄와 부활이 들어 있는 훨씬 더 크고 아름다운 캔버스 속의 작은 일부를 표현할 따름이다. 진화하는 악과 고통과 죽음으로 시작해서 예수의 죽음과 부활로 종결되는 세상은 총체적인 면에서 미적으로 선하다. 따라서 진화 과정에서 발생하는 죄와 악

---

9   J. R. Illingworth, "The Incarnation and Development," in *Lux Mundi*, ed. C. Gore (London: John Murray, 1889), 181-214; Christopher Southgate, *The Groaning of Creation: God, Evolution, and the Problem of Evil* (Louisville: Westminster John Knox, 2008).

은 "정확히 하나님이 태초부터 전체적으로 계획하신 바다."[10]

그러나 이른바 힉의 이레나이우스적 신정론은 실제로 이레나이우스 그 자신의 신학의 전반적인 흐름과 어긋난 상태에 처하게 된다. 이레나이우스는 다윈주의자나 마르크스주의자의 원형이 아니었다. 힉 역시 자신이 단순한 추론을 통해 이런 주장에 이르렀다고 인정하면서 "이레나이우스의 글에는 여기서 내가 다루지 않은 상반된 경향과 대안적인 주장들이 있다"라고 말한다.[11] 더 정직하게 말하자면, 힉은 이레나이우스의 신학에서 찾아볼 수 있는 어떤 역류에 기초해서 전반적인 주장을 세웠다고 말해야 할 것이다. 왜냐하면 이레나이우스는 단지 지나가는 말로 아담의 미성숙을 언급할 따름이지만 타락의 엄청난 심각성에 대해서는 끊임없이 되풀이해서 설명하기 때문이다.[12] 물론 이레나이우스는 하나님이 사망과 악을 사용할 뿐만 아니라 이를 지정하셨다고 주장하지만, 그분이 사망과 악의 창조자나 기획자가 아니라는 점을 충분히 강조했다. 그는 지속적인 창조 과정의 시작에서 아담이 어린아이같이 창조되었지만 이런 어린 속성 자체가 순결성을 내포하고 있다고 믿었던 것이 분명하다. 그렇기 때문에 죄와 사망과 악이 하나님의 선한 창조에 기생적으로 침투했다고 주장할 수 있었다.

물론 이레나이우스 자신이, 힉이 이레나이우스의 신학을 사용한 방식대로 자신의 신학을 하지 않았다는 데에는 논란의 여지가 없다. 이레나이우스는 적절한 신학적 궤도를 탁월하게 설정할 수 있었지만 이를 완수하지

---

10 John Schneider, "Recent Genetic Science and Christian Theology on Human Origins: An 'Aesthetic Supralapsarianism,'" *Perspectives on Science and Christian Faith* 62 (2010): 208. 그의 다음 글도 보라. "The Fall of 'Augustinian Adam': Original Fragility and Supralapsarian Purpose," *Zygon* 47 (2012): 949-69.

11 Hick, *Evil and the God of Love*, 215.

12 Irenaeus가 아담의 미성숙에 대해 간략히 묘사하는 맥락 역시 중요하지만(*Against Heresies* 4.37-39) 거의 언급되지 않는다. 그는 특별히 영지주의적 운명론에 논박하고자 인간의 선택이 실제로 중요하다는 점을 보여주려고 한다.

는 못했다. 이를 살피는 일이 물론 여기서의 주안점은 아니다. 대신 우리는 하나님의 기원적이고 "선한" 창조의 일부로 죄와 사망과 악을 받아들일 수 없게 만드는 어떤 요소가 이레나이우스 신학의 핵심에 있다는 데 대해 살펴보고자 한다.

알다시피 이레나이우스는 지금 우리가 영지주의라고 부르는 것을 상대하기 위해 자신의 모든 신학적 역량을 쏟아부었다. 그는 영지주의가 본질적으로 이단적인 믿음으로 이루어져 있다고 보았다. 영지주의 사상에서 물리적 우주는 본질적으로 문제의 소지가 다분한 것으로, 이는 영적인 영역에서 먼저 일어난 타락의 결과 때문이리라고 간주된다. 많은 영지주의자들은 구약성경의 창조주 하나님을 본질적으로 악한 존재 곧 비참의 기획자로 보았다. 그들은 어떻게든 이런 물리적 측면을 떨쳐버리고 순수한 영이 되기를 소망했다. 이레나이우스는 이를 참을 수 없었다. 만일 사망과 악이 하나님의 창조에서 필수적 요소라면, 예수의 십자가와 부활을 통해 하나님은 스스로의 사역을 물리친 셈이다. 또한 사망이 단지 신체적인 의미의 일부라면 부활은 어떻게 되는가? 영지주의자들은 철저히 일관성을 가지고 몸의 부활을 부정하기를 바랐지만, 하나님의 경륜에 대한 이레나이우스의 전체적인 관점은, 하나님이 우리가 가진 피조성이나 신체성**으로부터** 우리를 구원하신 것이 아니라 창조세계의 **구속**이 바로 그분의 구원이라는 것이었다.

바로 여기가, 신정론을 제시하며 소위 "이레나이우스주의자"가 되려는 많은 이들이 이레나이우스와 그의 적수인 영지주의 사이의 차이를 제대로 인식하는 데 실패하는 지점이다. 이들은 창조로부터 새 창조를 향하는 상승 궤도를 잘 포착했음에도 불구하고, 그것이 기원적 상태의 창조에 있어 어떤 의미인지를 너무 과도하게 해석한다. 이레나이우스 자신은 우리가 십자가와 부활을 신중히 살펴본다면(영지주의자들과 달리) 사망과 악이 하나님의 창조에 필수적 요소가 될 수 없다고 보았다. 그는 177년 루그두눔(리용)에서 벌어진 잔혹한 박해 이후에 쓴 글에서 종합적 악(고통과 악이 추상적으로 보이거나 저 멀리 떨어져 있다고 생각할 때 언제나 선택할 수 있는 손쉬운 방법)을 옹호할 수 없었다. 하나님이 그분의 주권으로 이를 사용할 수도 있겠지만, 사망과 악은 진정으로 악한 것이며 여기에는 조금의 선도 숨겨져 있지 않다. 따라서 사망과 악은 죄의 결과이자 피조물의 반역의 결과임이 틀림없다. 이는 무감각하거나 악의적인 하나님의 직접적 산물이 아니다. 이 모든 점들은 "이레나이우스주의적" 방책과 신정론에 호소하는 행위가 아담의 타락과 죄의 역사성에 대한 믿음을 벗어버리는 타당한 신학적 경로가 되지 못함을 보여준다.

기원된 죄의 필요성

이제 역사적 원죄의 중요성으로부터 이 원죄가 유전된다는 점이 가진 중요성으로 나아가보자. 우리는 기원된(originated) 죄에 대한 믿음(또는 부정)이 영향을 미치는 다섯 가지 영역, 곧 인간론, 죄론, 구원론, 기독론, 신론의 교리를 살펴볼 것이다.

기원된 죄와 인간론

때때로 좋은 의도를 가진 그리스도인들조차 성경과 신학은 형이상학적이거나 종교적인 문제 곧 궁극적인 문제만을 다룰 뿐이며, 사물의 이치를 비롯해서 세상의 다양한 측면을 이해하는 방법에 관한 구체적인 질문은 자연과학이나 사회과학 같은 비신학적인 학문이 다룬다고 말한다. 즉 성경은 "왜"라는 질문에 대답하는 반면에 과학은 "어떻게"라는 질문에 답한다는 것이다. 그러나 잘 알려진 바와 같이 이런 단순한 공식화로 인한 문제는 기원된 죄와 인간에 관한 교리를 고찰하는 즉시로 발생한다. 기원된 죄의 실체를 고려하지 않고 인간을 바르게 이해할 수 없기 때문이다. 실제로 인류의 조상으로서의 아담의 정체성(행 17:26)과 우리가 동참한 그의 첫 범죄(롬 5:12)에 죄와 구원이 얽히고설킨 문제가 달려 있다.

먼저 기독교에서만 나타나는 유전된 죄의 문제가 인류의 **공통성**을 전제하고 있다는 점에 주목해보자. 장터에서 만날 수 있는 나이지리아 여인, 중국인 사업가, 아이슬란드인 청소년 등 각각의 우리 모두는 인종적·문화적·지리적 배경을 막론하고 영광스러운 다양성을 가진 피조물로서, 궁극적으로는 아담의 자녀로 동일한 가족으로서의 기원을 가지고 있다. 이런 실체는 인종차별주의의 근거 자체를 제거해버린다. 이는 우리의 신체적·문화적 차이에 근거해서 다양한 인종이 각자 별개로 연관되지 않은 기원을 가진 다른 종이라고 본 19세기의 관점, 즉 다중기원론(polygenism)을 무너뜨린다(실제로 많은 다중기원론자들이 노예를 소유한 인종차별주의자였음은 당연한 귀결이다).[13] 우리 모두가 아담으로부터 타락한 도덕성을 물려받았다고 고백하는 것은 단일기원론(monogenism), 곧 온 인류의 단일 기원을 전제한다.[14]

유전된 죄는 어두운 실체이지만 넓은 의미에서 긍정적 측면을 가지고 있다. 나지안조스의 그레고리오스는 이를 자신의 유명한 경구로 간략히 표현했다. "[그리스도께서는] 있다고 여기지 않은 것은 회복시키지 않으셨다."[15] 그는 아담으로부터 우리가 물려받은 보편적 죄성의 중요한 역할을

---

13 다음을 보라. G. Blair Nelson, "'Men before Adam!': American Debates over the Unity and Antiquity of Humanity," in *When Science and Christianity Meet*, ed. David Lindberg and Ronald L. Numbers (Chicago: University of Chicago Press, 2003), 161-81.

14 분명히, 많은 단일기원론자 역시도 인종차별주의자였다(지금도 그렇다). 다만 여기서의 요지는 우리가 기원된 죄와 그것이 아담의 공통된 후손에게 암시하는 바를 깨닫게 되면 인종차별주의에 대한 어떤 이론적 근거도 남을 수 없다는 것이다.

15 Gregory of Nazianzus, *Epistle 101, Nicene and Post-Nicene Fathers*, series 2, vol. 7, 438.

가리키고 있다. 아담이 처음으로 범죄했기에 우리 모두는 그 죄에 동참하며, 그 결과 우리 모두가 똑같이 침몰한 배에 탑승한 셈이 되어 모두 동일한 문제를 가지고 있다. 약속의 구세주, 다윗의 아들은 아담처럼 **사람**으로 육화했고 이로써 아담과 그 모든 후손을 구할 수 있게 되었다. 우리 모두가 아담의 죄를 물려받았기에 우리는 구원이 필요한 단일한 인간 계통에 속한다. "아담 안에서 모든 사람이 죽은 것같이 그리스도 안에서 모든 사람이 삶을 얻으리라"(고전 15:22). 하나님의 지혜로 예수는 아담의 **육신적 후손**으로 육화했다(눅 3:23-38). 예수는 천사, 개, 공룡, 오랑우탄과 같은 것으로 육화하지 않았다. 그는 한 인간 곧 한 남자가 되었고 바로 그럼으로써 인류를 구원할 수 있었다. 그러나 만일 우리 모두가 아담의 후손이 아니며 우리의 도덕적 결함이 아담과 실제적 연관성이 없다면, 구원은 다음과 같은 이유에서 위태롭고 불안하게 된다. 그리스도가 **나의** "인간" 본성을 어떻게 여기실지를 어떻게 확실히 알 수 있는가? 그가 나 같은 피조물을 위해 육신을 입고 죽었다는 것을 어떻게 확실히 알 수 있는가?

누군가는 다윈이 해답을 가지고 있다고 생각할 수도 있다. 다윈은 확신에 찬 단일기원론자였으며 골수 노예폐지론자의 가정에서 태어났다.[16] 때때로 어떤 이는 공통 조상에 대한 다윈의 주장이 어떻게 다중기원론자에게 치명상을 입히는지를 살펴보며, 단일기원론을 새로운 과학적 정통주의로 세우고자 한다. 진화론이 공통 기원과 일치하는 인류에 대한 설명을 제시한다는 측면에서 이런 시도는 옳다. 다윈주의의 공통 조상은 다중론적 이론에 잠재된 인종차별을 피해갈 수 있다. 그러나 이런 장점에도 불구하고 역사적 다중론에 포함된 **신학적** 문제들은 여전히 다윈의 진화 생물학에

---

16 Peter J. Bowler, *Darwin Deleted: Imagining a World without Darwin* (Chicago: University of Chicago Press, 2013), 260.

잠재적으로 남아 있다. 일반적인 설명에 따르면, 역사상 우리 조상의 전체 인구가 천 명이 채 못 되었던 적은 한순간도 없었다.[17] 그렇다면 아담과 하와가 인류 전체의 조상이 될 가능성은 배제된다. 다윈이 확고히 하고자 한 바는 모든 생명체가 공통 근원을 가진다는 생각이지, 온 인류가 아담과 하와에게서 비롯되었다는 생각이 아니었다. 여기서 말하는 공통 조상은 단일 기원론을 표방하지 않는다. 일반적인 진화론에 따르면 오늘날의 모든 인류는 공통된 인간 조상을 가지지 **않는다**. 따라서 다윈 역시 죄와 구원의 본질이 제기하는 근본적 물음을 벗어나지 못한다. **아담**이 공통 조상이라는 확고한 개념만이 우리가 죄성을 물려받은 현실을 수반하며 문제를 해결할 수 있다.

하지만 또 다른 방법이 있을 수도 있지 않을까? 데렉 키드너는 창세기 주석에서 다중기원론과 조화되는 창세기 3장의 해석이 있으리라고 추측했다. 과학이 묘사하는 바가 옳다면, 문제가 되는 것은 바로 아담 당시에 생리적으로 그와 비슷하지만 그의 후손은 아닌 많은 인간 같은 존재들이 있었다는 점이다. 이런 점은 아담이 온 인류를 연합하는 참된 첫 사람이라는 성경의 가르침과 노골적으로 모순되는 것처럼 보인다. 하지만 키드너의 가설적 대답은 시간상일 뿐만 아니라 지리적으로도 작용하는 "언약적 머리됨"의 개념에 근거하고 있다. 다음과 같은 키드너의 언급은 자주 인용된다. "이제 하나님은 자신의 형상을 아담 주변인들에게 부여해서 그들을 동일한 존재의 영역으로 이끌었을 수 있다. 만일 그렇다면 아담이 인류의 '언약적' 머리됨은 이후의 그의 후손만이 아니라 아담 당시의 인간들에게로 확장되었으며, 그의 불순종으로 인해 그의 후손과 동시대인들 모두가 상속을 박

---

17 다음을 보라. Francisco J. Ayala, "The Myth of Eve: Molecular Biology and Human Origins," *Science* 270 (1995): 1930-36.

탈당하게 되었을 것이다."[18] 누군가는 여기에 나온 "주변인들"이 생물학적으로나 존재론적으로 아담과 관련이 없다는 연유로 **머리됨**의 의미를 변질시킨다고 생각하면서 이런 설명에 반대할 수도 있다. 여기서 키드너는 우리와 아담을 이어주는 성경의 핵심 이미지가 유전이 아니라 연대감이라고 주장하고 있다. 그리고 이것이 언약적 머리됨의 확장된 개념과 더 잘 어울린다고 본다.[19]

여러 유수한 복음주의자들(존 스토트, 데니스 알렉산더, 팀 켈러 등)이 이런 주장에 동감한다. 키드너의 연구에 퍼져 있는 따뜻한 복음주의적 경건성을 의심하는 일은 우매한 자들의 몫일 뿐이다. 그가 과학적 묘사와 조화를 이루는 방법을 추구하면서도 온 인류의 머리로서의 아담의 역할을 망각하지 않은 점은 참신하다. 아담의 자취를 지워버린 세상보다 언약적 머리됨의 이론이 제시하는 설명이 훨씬 더 탁월하다. 그러나 분명히 이 모델은 성경 본문을 곡해한다! 이 모델의 제안에 따라 누군가는 아담과 하와 외의 사람이나 사람 비슷한 존재의 단서를 창세기 2-3장에서 부질없이 찾으려 한다. 그리고 하와를 창조하기 전에 있었던 하나님의 사역은 다중기원론과 조화되기가 힘들다("사람이 혼자 사는 것이 좋지 아니하니", 창 2:18).

여기에 있는 신학적 함의는 참으로 난감하다.[20] 키드너에 따르면 아담의 언약적 머리됨은 그가 자연적으로 머리가 되는 것과는 아무런 관련이 없다. 다른 말로 하면 아담의 전가된 죄는 **존재론적** 근거를 가지지 못한다. 예컨대 아프리카인과 아시아인만이 아담의 진정한 물리적 후손이라고 한

---

18   Derek Kidner, *Genesis* (Downers Grove, IL: InterVarsity, 1967), 29. 『창세기』(CLC 역간).
19   같은 책, 30.
20   이 단락은 다음 글을 참고했다. Michael Reeves, "Adam and Eve," in *Should Christians Embrace Evolution? Biblical and Scientific Responses*, ed. Norman Nevin (Nottingham, UK: InterVarsity, 2009), 43-56.

다면, 하나님은 아담이 당시 모든 인물의 언약적 머리라는 이유로 아담의 죄를 영국인과 미국인에게도 전가시킬 것이다(그 인물들 중에는 영국인과 미국인의 조상도 있을 것이기 때문이다). 하나님의 이런 결정은 부당하고 독단적으로 보인다. 왜냐하면 이 결정은 실제 벌어진 사태에 근거하지 않았기 때문이다. 다만 그렇게 된 것은 하나님의 결단일 따름이다. 그러나 실제로 머리됨은 늘 존재론적 근원을 가지고 있다. 신약성경에서 우리와 그리스도의 연합의 근거는 법적 허구나 하나님의 기분에 따른 것이 아니다. 참된 그리스도인이 의로운 이유는 성령이 그를 그리스도와의 살아 있는 존재론적 연합으로 이끌기 때문이다. 그렇다면 로마서 5:12-21에 나오는 아담의 역할과 그리스도의 역할의 대칭이 보여주는 우리와 아담의 연합도 법적 허구가 아니다. 문화와 인종과 성을 막론하고 우리 각자가 아담의 물리적 후손이라는 점을 너무도 통렬히 상기시켜주는 것 중 하나가 바로 죄의 유전이다.

기원된 죄와 죄론

책임감 있는 신학자라면 누구나 어느 순간에는 다음과 같은 핵심 질문을 반드시 다루어야 한다. 죄가 얼마나 깊숙이 우리에게 침투해 있는가? 이 질문에 대한 답변이 바로 복음의 역사와 구원의 본질에 대한 우리 생각의 많은 부분을 결정지을 것이다. 정확히 이 문제를 두고 에라스무스와 논쟁을 벌인 마르틴 루터는 이를 "[종교개혁의] 진정한 문제이자 논쟁의 본질적 문제…모든 것이 달린 물음이자…급소"라고 불렀다.[21] 분명히 말해 이는 우리 죄의 극단성에 관한 질문이 아니다. 어떤 신학자도 우리 모두가 완전히 타락해서 더 이상 악할 수 없을 정도로 악하다고 주장하지는 않는다. 오히

---

21 Martin Luther, "The Bondage of the Will," in *Luther's Works*, ed. P. S. Watson, vol. 33 (Philadelphia: Fortress, 1972), 294.

려 다음과 같은 질문이 있다. 죄는 그저 피상적인 일탈에 불과한가? 그래서 우리 마음속 깊은 곳에는 죄로 오염되지 않아서 여전히 깨끗하게 중립적이거나 순수하게 남아 있는 중심 같은 것이 있는가? 아니면 죄는 죄인의 마음의 근본 자체에 있어서 우리 존재의 미세한 부분에까지 영향을 미치는 어떤 것인가?

펠라기우스가 아담의 원죄가 유전된다는 것을 부인하고 우리가 죄로 물들지 않은 깨끗한 상태로 태어난다고 주장했을 때, 이에 따른 즉각적 결과로 죄는 단지 모방의 문제가 되었다. 결국 우리 각자가 죄 없이 태어난다면 우리가 죄를 범할 수 있는 유일한 방법은 선조와 동시대인들의 죄를 모방하는 것이다. 따라서 펠라기우스에게 있어 죄는 우리가 자유의지로 악한 선택을 함에 따른 피상적인 문제가 된다. 죄는 우리의 출생과 함께 나타나 우리에게 속속들이 영향을 끼치며 우리를 형성하는 문제가 아니다. 죄는 우리가 자유롭게 선택한 어떤 것이다. 그래서 우리에게 아담의 원죄가 유전되었음을 부인하는 것은 곧 죄가 우리 속에 깊이 뿌리내리고 있음을 부인하는 것이다.

당연히 이 모든 내용은 직관적으로 매력적이다. 우리는 우리 존재의 핵심적 정체성이 죄를 초월해 있으며 우리가 자신의 운명을 결정지을 절대적 자유를 가지고 있다는 생각을 좋아한다. 그러나 이런 생각에는 거슬리는 문제가 많이 있다. 무엇보다도 죄가 피상적인 무엇으로 내가 단순히 선택한 것이라면, 은혜에 대한 필요도 동등하게 피상적인 것이다. 이런 관점은 죄와 은혜 모두에 앞서 나의 의지와 선택이 있음을 전제하고 있다. 그래서 나 자신의 선택이 내 운명을 결정지을 본질적 근거가 된다. 내가 죄 아래에 있든지 은혜 아래에 있든지 간에, 그것은 그렇게 되기로 한 나 자신의 결정에 따른 것이다. 그러나 성경은 내가 이렇게 객관적이고 중립적인 방식으로 선택할 수 없음을 말해줄 뿐만 아니라, 이는 경험으로부터도 알 수 있다. 나의 선택은 내 마음속 깊은 곳에 있는 나의 기질과 성향, 곧 내가 누구냐에 따라 영향을 받는다(약 1:14-15). 그러면 나는 왜 죄를 짓는가? 마치 내가 선택하는 일이 정말로 가능한 것처럼 내가 죄를 범하기로 "선택했기" 때문이 아니라, 깊은 곳에 원래부터 자리한 죄를 향한 성향 때문이다. 내가 죄인이기에 나는 죄를 짓는다. 예수는 좋은 나무가 아름다운 열매를 맺고 못된 나무가 나쁜 열매를 맺는다고 말씀하셨다(마 7:17). 다른 말로 하면, 내 선택과 그에 따른 나의 행위는 내가 원래 누구인지를 나타내는 열매다. 이런 선택과 행동은 우리가 누구인지를 **결정하는** 것이 아니라 우리가 누구인지를 **보여준다**. 그렇기에 실제로 죄는 본질적으로 우리가 선택하는 어떤 것이 아니라 악한 선택을 하도록 만드는 깊은 곳의 성향이다.

그러면 아담은 어떤가? 만일 아담과 하와가 무고한 상태에서 죄를 짓기로 선택할 수 있었다면 죄는 선택의 문제인 것이 당연하지 않는가? 여기서 우리는 아담과 하와가 특별한 경우였다는 데 대해 주목할 수 있을 것이다. 그들은 도덕적 순결성과 범죄하지 않을 능력을 가진 채로 창조되었지만, 우리는 어느 누구도 에덴의 이런 측면을 갖추지 못했다. 그러나 이는 어떤 면에서 요점을 빗나간 말이다. 왜냐하면 심지어 에덴에서도 죄는 마음 속 깊은 곳의 욕망으로부터 솟아났기 때문이다. 여자의 탐심이 행동을 촉발시켰다(창 3:6). 에덴에서도 죄는 선택을 형성한 심오한 무엇이었지, 단지 선택 자체가 아니었다. 물론 아담과 하와의 마음이 죄로 향했던 **이유는** 불가사의다. 다만 여기서 우리는 흑암의 불가해한 애매함, 악의 부조리를 다루고 있다고 간주된다.[22] 그러나 만일 기원된 죄와 같은 것이 있다면 실제로 우리가 다루는 문제는 전반적으로 수월해진다. 우리 모두가 아담이 행

---

22 Donald Fairbairn, *Life in the Trinity* (Downers Grove, IL: InterVarsity, 2009). 이 책 5장은 Augustine의 「하나님의 도성」 14권에 근거해서 어떻게 하와의 중심에서 우러난 욕망이 죄에 대한 성향이 없던 타락 이전의 상태에서 솟아날 수 있었는지를 보여준다.

한 최초의 죄의 불가사의를 마땅히 다루어야 하지만, 그 이후의 모든 죄가 오직 모방을 통해서 이루어진다면 타락 이후의 **모든** 죄악은 첫 범죄만큼 불가사의해진다. 이런 맥락에서 죄에 대한 펠라기우스주의의 설명은 실제로 불가해성을 엄청나게 증폭시킬 따름이며, 이로써 그의 설명은 아우구스티누스주의보다 훨씬 더 난해하다고 할 수 있다. 그리고 펠라기우스의 설명에 따라 누군가는 역사상에서 죄를 짓지 않은 연고로 은혜를 필요로 하지 않는 소수의 개인을 발견하고자 할 것이다.

아마도 기원된 죄와 관련된 실제적 어려움은 이 죄가 자율성에 대한 현대적 감각에 얼마나 문제가 되느냐에 달려 있는 것 같다. 이 부분에서 우리는 현대성과의 불화가 그 자체로는 문제될 것이 없다는 데 주목해야 한다. 대신에 우리는 기원된 죄가 가져다주는 죄에 대한 깊은 이해가 예언적이라고 주장할 것이다. 즉 기원된 죄는 우리 자신의 나약한 선택으로 인해 운명이 결정된다는 절망의 수렁으로 우리를 빠트리지 않고, 우리의 정체성이 본질적으로 우리 외부에서 결정됨을 보여준다. 따라서 우리는 자신의 노력과 선택에 소망을 두지 않고, 대신에 새로운 존재로 거듭나기를 열망한다. 앞서 주장한 대로 죄는 기본적인 중립의 입장에서 구체적인 삶의 양식을 "선택하는" 문제이거나 피상적인 모방의 문제가 아니다. 죄는 우리 모두에게 속속들이 영향을 미치는 심대한 것이기에 우리로 하여금 우리 외부에서 희망을 찾게 만든다. 죄에 대해 이처럼 **깊은** 관점을 가지는 것이 **기원된** 죄를 고백한다는 의미임은 당연하다.

여기서 우리가 본질적으로 말하는 바는 기원된 죄가 매일의 삶 속에서 우리에게 하나님의 은혜가 필요하다는 사실을 상기시킨다는 점이다. 그러나 그 이상의 의미가 있다. 아담과 기원된 죄의 실체를 부정하는 일은 하나님의 은혜의 **본질**에 대한 우리의 이해를 실제로 훼손한다. 우리는 성경을 읽으면서 하나님과의 교제를 단절시키는 마음 깊은 곳의 악함을 깨닫게 되는 사람들을 끊임없이 본다. 그들로 하여금 자신의 영혼에 드리운 끔찍한 그림자를 발견하고 하나님의 은혜와 용서를 경험하는 끝없는 기쁨을 누리게 한 분은 바로 그분이시다(사 6:4). 불치의 피부병으로 고통 받던 아람 장군 나아만을 생각해보자. 이는 우리 자신의 죄성에 대한 강력한 은유가 아니겠는가! 하나님이 그를 고치시자 그의 살은 "어린아이의 살같이" 되었다(왕하 5:14). 그리고 그는 이토록 무한한 하나님의 은혜를 어찌 믿어야 할지 몰라 한다(15절). 또한 하나님도 구원도 모른 채 자신의 죄로 괴로워하다가 그분의 은혜를 맞닥트린 사마리아 여인을 생각해보자(요 4:22). 그녀의 하나님 경험은 매우 변혁적이었기에 그녀는 즉시 놀라운 메시지를 전하는 전도자가 되었다(39절). 마찬가지로 자신이 죄 가운데 출생했음(시 51:5)을 알았던 다윗 왕도 가장 힘든 시기를 겪은 후, 하나님이 베푸신 용서의 은혜를 경험하는 기쁨이 말로 형언할 수 없음을 깨달았다(시 32:1-2).

바로 이것이 아우구스티누스가 펠라기우스주의자와 항상 싸우고자 했던 이유 중 하나다. 그는 이것이 단지 수사학적 게임이 아니라 은혜의 본질 자체를 위태롭게 할 수 있는 일임을 분명히 알았다. 만일 에클라눔의 율리아누스가 옳다면, 원죄가 뼛속까지 우리를 타락시키지는 않았기에 "은혜"는 실제로 법의 한 형태가 된다. 이는 우리가 스스로의 선을 위해 자신의 힘으로 선택해야만 하는 무엇이다. 하지만 아우구스티누스는 이런 관점에 내포된 참혹한 목양적인 결과를 알았다. 율리아누스가 옳다면 선한 목자는 예수와 같이 그의 백성이 "고생하며 기진"한 모습을 불쌍히 여기는 마음으로 충만하지 않을 것이다(마 9:36). 오히려 목자는 그들의 실패를 비난할 것이다. 그들의 문제는 스스로 해결할 수 있는 것이기 때문이다. 이런 설명에 따르면 죄인은 외부의 구조가 필요한 무능한 중독자가 아니다. 오히려 격려의 말을 필요로 하는 영적 게으름뱅이에 가깝다. 그러나 아우구스티누스에게 있어 우리의 질병은 치유될 수 없는데, 바로 이것이 우리에게 치료자

곧 "아낌없이 도우시는 은혜의 성령이" 필요한 이유다.[23]

우리를 철저히 타락시킨 죄에 대한 이런 심오한 관점은 처음에는 우울하게 보일지도 모르지만(따라서 인기도 없다), 역사적으로 이런 관점은 영적 각성과 부흥의 동력이었다. 울리는 징과 같이, 이는 개신교 종교개혁자나 웨슬리주의 부흥사들에 의해 교회사 전반에 걸쳐 끊임없이 반복되었다. 루터는 자신의 도덕적 무력함을 깨달음으로써 이신칭의로 향하는 문을 열어 젖혔다. 리처드 러블레이스의 말대로 이런 관점이 종교개혁자와 청교도 및 경건주의자들을 인도했다. 바로 이것이 첫 번째 대각성 운동 때 존 웨슬리와 조나단 에드워즈 같은 이들의 벼락같은 설교를 듣고 세상이 뒤집힌 이유였다.[24] 이런 설교자들은 우리의 비참함에 대한 해결책으로 다른 이들이 부르짖던 도덕적 개혁만으로는 충분하지 못하다고 보았다. 이들은 인간의 문제에 대한 근본적인 관점을 가지고 있었기 때문이다. 이들에 따르면 우리의 죄가 너무 깊숙이 자리한 까닭에 우리는 마음 깊은 곳부터 갱신되어야 하며, 이는 우리 자신의 노력이 아니라 생명의 성령의 역사로 말미암는다. 그리고 그들에게 있어 기원된 죄를 믿는 일은 우울하고 볼품없는 신학적 결벽이 아니라, 마음을 갱신시키는 성령을 경험할 필요를 선포하게 만드는 동력 그 자체였다.

기원된 죄와 구원론

앞서 우리는 죄의 본질과 구원의 본질이 서로 불가분하게 상호 연관되어 있음을 엿보았다. 이는 단지 로마서 5:12-21과 고린도전서 15:20-23 같

23　Augustine, *A Treatise Against Two Letters of the Pelagians* III, 9, 25, *Nicene and Post-Nicene Fathers*, series 1, vol. 5, 415.

24　Richard F. Lovelace, *Dynamics of Spiritual Life: An Evangelical Theology of Renewal* (Downers Grove, IL: InterVarsity, 1979), 82-89.

은 바울 서신 중 일부에 국한된 문제가 아니다. 아담과 죄에 대한 한 사람의 관점은 그리스도와 구원에 대한 그의 생각에 불가피하게 영향을 끼친다. 예컨대 아우구스티누스는 하나에서 다른 하나를 추론할 수 있다고 여겼다. 만일 그리스도가 만인의 구세주라면, 만인은 구원받을 필요가 있으며 스스로를 구원할 수 없다. (다른 방식으로 말하자면 우리 모두가 스스로를 구원할 능력이 없는 이유는 바로 구원이 선물이기 때문이다.) 유사하게, 루터는 자신이 『노예 의지론』(Bondage of the Will)에서 씨름한 문제가 『그리스도인의 자유』(Freedom of the Christian)에서 총괄한 복음을 뒷받침하는 "실제 문제"임을 분명히 알았다. 동일하게, 현대에 와서 죄와 구원 사이의 결합이 "분명하다는" 것을 알았던 이는 칼 바르트였다. "다른 사람을 통해 구원을 받고 또 그런 방식으로만 구원받을 수 있는 사람은 스스로를 상실한 사람임이 분명하다."[25]

그렇다면 아담의 역사성과 그의 죄가 우리에게 유전된다는 점을 부인한다면, 구원론은 어떻게 될까? 우리는 이런 관점이 불가피하게 죄를 경시하며, 중립적인 사람들의 나쁜 선택에 따른 **기능적** 문제로 죄를 다룬다는 것을 살펴보았다. 이런 관점은 죄를 우리의 선택을 좌우하는 의지 자체를 조율하고 이끄는 깊은 **존재론적** 문제로 보지(또는 설명하지) 못하게 만든다. 이런 관점에서 보면, 나는 단지 내가 할 수 있는 더 나은 선택을 함으로써 죄를 짓지 않을 수 있을 것이다. 나 자신의 온 힘을 다해 의와 생명을 선택할 수 있을 것이다. 그러므로 죄가 단지 악을 선택하는 모방의 문제로 간주되듯이, 구원도 스스로를 돕는 모방의 문제(다양한 면에서)가 된다. 아담을 모방함으로써 궁극적으로 사망이 온다면, 그리스도를 모방함으로써 궁극적으로 생명이 온다. 내 마음과 존재의 초자연적 갱생이 구원에 동반될 필

---

25   Karl Barth, *Church Dogmatics* (Edinburgh: T&T Clark, 1956), IV/1, 413.

요가 없다. 그럴 필요도 없을뿐더러 내가 그렇게 무능력하지도 않기 때문이다.

이 모든 내용은 우리가 성경에서 본 바와 경험으로 깨달은 바를 거스른다. 우리는 인생을 살아가며 우리에게 유리하다고 여겨지는 선택을 한다. 우리는 위엄 있고 초연한 태도를 유지한 채 순수한 논리와 철저한 자기부정을 기반으로 결정을 내릴 능력이 없다. 우리는 성경이 우리의 "마음"이라고 부른 것에 따라 행동하는데, 이는 우리의 욕망, 사랑, 증오, 성향이 자리한 속 깊은 곳이다. 우리의 마음 깊은 곳에 죄의 문제가 있기에, 구원은 성령이 준 새 마음으로 인한 새 생명으로의 새 탄생을 수반해야 한다(겔 36:26; 요 3:3-8). 그렇다면 구원은 기본적으로 중립적인 부분에서의 **모방**이 아니라 스스로는 진정한 생명을 선택할 수 없는 자들의 **갱생**을 수반한다.

전적으로 우리에게 영향을 미치고 우리를 영적으로 무력한 상태로 만든 기원된 죄를 믿는 일은 전적으로 은혜로운 구원을 믿는 일에 따르는 직접적 결과다. 한 가지를 포기하고 다른 한 가지만을 취할 수는 없다. 이는 우리의 구원이 온전히 은혜임에도 불구하고 우리가 마음 깊은 곳에서 이런 은혜 없이 생명을 선택할 수 있다고 생각하는 것과 같다. 이안 맥팔랜드는 다음과 같이 설명한다.

> 요약하자면 아우구스티누스주의 원죄론은 인류 전체에 광범위하게, 개인 내부에 강렬하게 퍼져 있는 죄를 주장한다. 이는 그리스도 안에 있는 값없고 은혜로운 구원의 절대적 특성을 확증하고자 함이다. 죄의 지배가 충만하지 않다면 그리스도의 역할도 이에 상응해서 궁극적이지 않다. 그렇다면 그분은 기껏해야 사람의 궁극적 운명을 결정짓는 여러 요소 가운데 하나로 전락

해서 주(主)가 되기에는 역부족일 것이다.[26]

기원된 죄와 기독론

마찬가지로 「가톨릭 교회 교리서」도 원죄와 구원의 복음이 불가분한 상호연관성을 가진다고 명시하고 있다.

> 이른바 원죄론은 예수가 모든 사람의 구세주이고, 모든 사람에게 구원이 필요하며, 그리스도를 통해 모두가 구원을 얻는다는 좋은 소식의 "뒷면"이다. 그리스도의 마음을 가진 교회는 우리가 그리스도의 신비를 약화시키지 않는 한, 원죄의 계시에 손댈 수 없다는 것을 잘 알고 있다.[27]

하지만 여기에는 우리가 아직 살펴보지 않은 어떤 지점이 더해져 있다. 곧 원죄에 손대는 일은 단지 구원론만이 아니라 바로 "그리스도의 신비" 자체를 약화시킨다는 점이다. 원죄론은 예수를 구세주로 고백하는 일이 담고 있는 의미에 직접적인 영향을 미친다.

예수의 성육신과 죽음과 부활은 우리 자신에게서 발견되는 악한 상태에 대해 많은 것들을 입증한다. 첫째, 이런 죄의 상태에서 우리 스스로 벗어날 수 없음을 입증한다. 인간 스스로 의와 영생을 향해 진화하거나 발전해 나갈 가능성은 없다. 외부의 도움이 있어야만 한다. 하나님의 아들이 하늘

---

26 Ian McFarland, "The Fall and Sin," in J. B. Webster, K. Tanner, and I. Torrance, eds., *The Oxford Handbook of Systematic Theology* (Oxford: Oxford University Press, 2007), 149. 비록 다른 책에서 McFarland는 현대 과학이 아담의 역사성을 부정하도록 우리를 부추긴다고 주장하지만 여기에 나타난 그의 직관은 전통적인 설명에 훨씬 잘 들어맞는다. 참고. *In Adam's Fall: A Meditation on the Christian Doctrine of Original Sin* (Malden, MA: Wiley-Blackwell, 2010), 169n67.

27 「가톨릭 교회 교리서」, 1편 2부 1장, 7단락, 389.

로부터 내려와야 한다. 만일 그럴 필요가 없다면 특히 십자가가 심각한 문제에 휩싸이게 된다. 십자가 사건을 정하신 하나님에 대해 무엇이라고 말할 수 있겠는가? 둘째, 성육신과 죽음과 부활은 죄가 우리 속에 있는 피상적이고 기능적인 문제가 아니라는 점을 입증한다. 죄는 성자가 우리의 구원을 위해 **우리 인성의 모든 면**에 있다고 여기신 아주 깊은 존재론적 문제다. 그리고 죽음 안에서 **우리 인성의 모든 면**은 소멸되고 부활을 통해 **우리 인성의 모든 면**은 새롭게 태어난다.

(앞서 인용한) 나지안조스의 그레고리오스의 경구는 우리 인성의 전체가 죄로부터 회복되어야 하기 때문에 그리스도께서 인간 본질 전체를 성육신 속에 담으셨다는 진리를 총괄하고 있다. 만일 그의 인성에 무엇이 결핍되어 있다면, 결핍된 그것만큼은 치료할 수 없을 것이다. 바로 이것이 초기 교회가 공통적으로 목도한 바다. 한 명의 개인을 지칭하든지 우리 인성의 일부를 뜻하든지 간에, 구원이 필요 없는 인간은 존재하지 않는다. 따라서 죄는 총체적으로 우리를 타락시켰음이 분명하다. 이는 누구도 죄 없이 태어나거나 단지 죄를 짓기로 "선택하지" 않았다는 말이다. 그래서 원죄를 부인할수록 그리스도는 구세주가 아니라 우리의 모범이나 선생에 가까워진다. 만일 우리의 인성 자체에 근본적인 문제가 없어서 우리가 쉽게 죄를 선택하듯이 하나님을 선택할 수 있다면, 그리스도는 우리로 하여금 회개하고 그분을 따르라고 부르기만 하셨어도 되었을 것이다. 실제로 성육신, 죽음, 부활이 필요하지 않았을 것이기 때문이다. 따라서 우리 모두에게 유전된 아담의 원죄를 부인하는 일은 간접적이기는 하지만 불가피하게 기독교 신앙의 핵심을 공격하는 행위다.

기원된 죄와 신론

결국 각각의 모든 교리는 하나님에 관해 진술한다. 대체 어떤 창조주, 어떤 구세주, 어떤 하나님이 하나님인가? 구원에 관해 말하자면 하나님의 은혜를 대신해서 우리 자신의 능력으로 영생을 성취하게 될수록 하나님 같지 않은 하나님을 보게 된다. 이것은 원죄를 부인함에 따른 중대한 역설이다. 원죄의 첫인상이 추악하기 때문에 이를 기피하게 되는 것이 보통이지만, 이는 하나님의 사랑과 자비의 아름다움을 벗겨낸 꼴이 된다. 만일 영적으로 중립인 자들이 올바른 역할을 하게끔 하나님이 부르신 것이 구원이라면, 하나님은 실제로 절망하며 혼돈에 빠진 약하고 죄에 중독된 개인들에게 가혹한 책임을 부과하는 분이 된다. 그렇다면 참으로 구원은 복음이 아니라 법이다.

물론 앞과 같은 내용은 펠라기우스주의를 있는 그대로 잘 보여주는 설명이지만, 오늘날 원죄를 재해석하고자 하는 어떤 이들은 여전히 이런 구원관을 주창할 것이다. 그렇지만 그들이 원죄를 해체하고자 할수록 자신들의 신학의 전반적인 일관성이 더욱 의심을 사게 될 것은 분명하다. 자비로운 하나님은 그저 올바른 선택을 내릴 수 있도록 돕거나 요구함으로써가 아니라 사람의 중심을 사로잡고 돌이킴으로써, 진정으로 잃은 자들을 구원하고 죽은 자들에게 새 생명을 주는 분이다.

결론

원죄론의 중요성을 부여잡고 있는 일은 많은 사람들의 눈에 우리를 편협하고 완고한 보수주의자로 보이게 만들 것이다. 그러나 여기서 우리가 간략히 살펴보고자 했던 바는, 아담과 원죄를 생략한 복음이 실제로 좋은 소식과 거리가 멀다는 것이다. 우리는 단지 전통에서 벗어나 자유롭게 생각할 때 벌어질 일이 두려워서 전통적 정통주의를 유지하고 있는 것이 아니다. 오히려 이 오래된 교리가 하나님이 얼마나 친절하고 선한 분이신지, 약하고 무력한 죄인에게 주어진 좋은 소식이 어떤 것인지를 보여주기 때문에 우리는 이를 기꺼이 받아들인다.

우리는 기원하는 역사적 죄를 믿음으로써 하나님이 악의 기획자가 아니시며 세상의 고통과 악이 숨겨진 선이 아니라는 점, 그리고 그분은 자신이 만드신 창조세계에 신실해서 이 세계를 구원하시는(창조세계로부터 우리를 구원하시는 것이 아니라) 하나님이시라는 점을 확증할 수 있다. 또 여기에 따르는 결과인 기원된 죄를 믿음으로써, 진정 우리를 위해 그리스도가 연합된 인성을 취하셨으며 그분이 단순한 모범이 아니라 진정한 구세주라는 것을 알 수 있다. 그리고 지극히 자비로운 하나님이 사람에게 거저 베푼 선물이 구원이라는 점과, 이를 통하지 않고서는 죄의 굴레에서 벗어날 수 없다는 점도 알 수 있다. 얼핏 보아서는 이런 점이 도무지 보이지 않을 수도 있지만 이는 은혜를 강조하고 그리스도를 영화롭게 하는 진리다. 이런 진리는 기독교 역사에서 강력한 영향을 끼치며 삶을 변화시킨 설교자들에게 필수적인 것이었다.[28]

---

28   본 장의 초고를 읽고 논평해준 Donald Fairbairn 교수에게 감사를 표한다.

제11장
"기독교 설명 전체에서 가장 취약한 부분"
원죄와 현대 과학

한스 마두에미(Hans Madueme)

1930년, 한 철학자는 철학적 문헌에 죄와 악에 대한 진지한 성찰이 없다는 점을 비통해했다. 그는 원죄론을 "하나님과 인간의 관계에 대한 기독교 설명 전체에서 가장 취약한 부분"이라고 부르며 거기에 책임을 물었다.¹ 또한 아우구스티누스의 원죄 개념이 무수한 도덕적·논리적 난점으로 인해 시달렸기에 "철학과 역사를 고려한 재구성"이 절실히 필요하다고 보았다.² 이런 언급은 사람들이 일반적인 원죄론에 불만을 가지는 이유가 과학 때문만은 아니라는 점을 일깨워준다. 따라서 현대에 아담이 소멸하게 된 유일한 원인으로 과학을 몰아세우는 것은 잘못이다. 아담 교리와 긴장 상태에 있는 최근의 유일한 성경 외적인 주장은 다윈의 이론이다. 물론 그 이전에도 신세계와 아메리카 원주민의 발견과 같은 계기를 통해 아담이 과연 온 인류의 아버지인가에 대한 의구심이 일어났다.³ 실제로 펠라기우스 이후로 현

---

1   A. E. Taylor, *The Faith of a Moralist* (London: Macmillan, 1930), 165. 이런 말이 나온 이후 철학자들은 이 간극을 메워오고 있다. 이런 사례로는 다음을 보라. Robert Merrihew Adams, "Original Sin: A Study in the Interaction of Philosophy and Theology," in *The Question of Christian Philosophy Today*, ed. Francis J. Ambrosio (New York: Fordham University Press, 1999), 80-110. Michael C. Rea, "The Metaphysics of Original Sin," in *Persons: Human and Divine*, ed. Peter van Inwagen and Dean Zimmerman (Oxford: Clarendon, 2007), 319-56. Oliver Crisp, *Original Sin Redux* (Oxford: Oxford University Press, 출간 예정).

2   Taylor, *Faith of a Moralist*, 165.

3   전통적 아담의 역할과 긴장을 이루는 다른 성경 외적인 개념에는 일반적인 성경의 연대나 Issac La Peyrère의 아담 이전의 창조론(아담이 첫 인류가 아니며 그보다 앞선 인간이 존재했다는 주장)과 지질학보다 훨씬 더 오래된 이교의 연대가 포함되어 있다. 다음을 보라. David Livingstone, *Adam's Ancestors: Race, Religion, and the Politics of Human Origins* (Baltimore: Johns Hopkins University Press, 2009).

대 과학이 태동되기 오래전부터 사람들은 아담으로부터 전가되는 죄책이라는 개념의 합리성에 대해 의문을 품어왔다. 그럼에도 오늘날에는 자연과학이 서구의 직관과 타당성의 구조를 형성하며, 신학계에서 원죄론을 포기하거나 적어도 근본적으로 고칠 필요가 있다는 합의가 늘어나고 있는 현상을 설명하는 데 도움을 준다.

그러나 이 책을 구성하는 각 장들은 이런 합의를 거스른다. 우리는 이를 어떻게 보아야 하는가? 이 책에 실린 소논문들은 호흡기를 떼기 직전의 가망 없는 구닥다리 신학에 불과한가? 우리는 단지 재앙의 조짐을 마주하기를 꺼리고 있는 것인가, 아니면 그럴 만한 지적 능력을 갖추지 못한 것인가? 특히 겉보기에 아우구스티누스주의 죄론에 반대되는 것처럼 보이는 광범위한 과학적 증거에 비추어 볼 때 이런 우려는 정당하다. 인간의 진화에 관한 증거는 우선적으로 고인류학 자료에서 나온다(윌리엄 스톤이 쓴 장을 보라). 최근에는 분자 유전학을 통해 사람과 유인원이 공통 조상을 가지고 있다는 점이 확인될 수 있을 것처럼 보인다. 또한 집단 유전학 역시 진화 역사에서 인구수가 결코 수만 명 이하로 떨어진 적이 없다는 점을 내세운다. 이는 온 인류의 원천으로서의 한 부부의 존재를 배제시키는 병목과도 같다.[4] 엄밀한 의미의 원죄론 역시 신경 과학, 진화 심리학, 행동 유전학의 증거에 관한 현대적 해석에 의해 반박된다.

신경 과학계의 연구는 복내측 전전두 피질, 편도체, 각회 같은 부위의 손상이 사이코패스적이고 반사회적인 행동과 함께 정서적인 기능과 의사 결정에 장애를 초래할 수 있음을 보여준다.[5] 진화 심리학에서는 사람의

---

[4] 다음을 보라. Dennis Venema, "Genesis and the Genome: Genomics Evidence for Human-Ape Common Ancestry and Ancestral Hominid Population Sizes," *Perspectives on Science and Christian Faith* 62 (2010): 166-78.

[5] 예를 들어 Adrian Raine, *The Anatomy of Violence: The Biological Roots of Crime* (New York: Pantheon Books, 2013). 『폭력의 해부』(흐름출판 역간).

행위를 자연선택의 산물인 유전 적응으로 설명한다. 따라서 강간, 전쟁, 학살과 같은 다른 여러 폭력의 형식들(인간의 죄?)은 자연선택을 통해 진화된 것이 된다.[6] 특별한 행동 특성에 대한 유전자를 연구한 행동 유전학자들은 인간의 행동이 유전자와 환경의 복잡한 종합이라고 말한다. 브루너 증후군(Brunner syndrome)은 유전적 요인이 두드러진 사례로서, 네덜란드의 한 가문에 속한 여덟 명의 남성이 MAOA 유전자의 변이에 영향을 받았음을 보여준 경우다. 이 모든 남성들은 경계선 정신지체, 극단적 반사회적 행동, 범죄 행위의 비정상적 수준(예컨대 관음증, 노출증, 방화, 갑작스레 친척 여성의 몸을 더듬는 행위),[7] 그리스도인들이 지체 없이 "죄"라고 부를 만한 행위들을 보여주었다. 이런 과학적 자료는 전통적 원죄론에 대한 의혹이 축적되도록 만들었다.

여기서 핵심 질문은 다음과 같다. 현대 과학의 지식은 그리스도인들로 하여금 원죄론을 포기하거나 이를 근본적으로 개정하도록 강요하는가? 만일 그렇다면 어떻게 그렇게 하는가?[8] 본 장에서는 네 단계에 걸쳐 이 질문에 대해 답할 것이다. 첫째, 다윈 이후 많은 그리스도인이 새롭게 출현하는 과학적 발달과 원죄론 사이의 깊은 갈등을 어떻게 인식하는지를 보여줄 것이다. 그다음으로는, 과학과 원죄 사이의 이런 갈등을 신학자들이 다루려고 애쓰는 가운데 발생시킨 문제의 온상을 검토할 것이다. 셋째, 서술에서 규정으로 나아가며 성경과 전통이 대화하는 가운데 이 문제들을 어떻게 풀어갈 수

---

6   배경 연구로는 다음을 보라. David J. Buller, *Adapting Minds: Evolutionary Psychology and the Persistent Quest for Human Nature* (Cambridge, MA: MIT Press, 2005).

7   H. G. Brunner et al., "X-Linked Borderline Mental Retardation with Prominent Behavioral Disturbance: Phenotype, Genetic Localization, and Evidence for Disturbed Monoamine Metabolism," *American Journal of Human Genetics* 52 (1993): 1032-39.

8   다음을 보라. Eva-Lotta Grantén, "How Scientific Knowledge Changes Theology: A Case Study from Original Sin," in *How Do We Know? Understanding in Science and Theology*, ed. Dirk Evers, Antje Jackelén, and Taede Smedes (New York: T&T Clark, 2010), 95-104.

있을지에 대해 방법론적 제안을 제시할 것이다. 마지막으로, 원죄와 과학의 관계를 이해하는 구체적인 방안을 다소간 제시하며 글을 맺을 것이다.

과학과 원죄의 갈등

이 책 전체가 그러하듯, 본 장에도 진화 생물학 및 관련 학문의 자료에 대한 주류 해석과 기독교적 죄론 사이에는 극심한 긴장이 있다는 전제가 바탕에 깔려 있다. 하지만 이런 입장은 현대의 과학사학자와 과학과 신학 분과의 학자들의 논의를 고려해볼 때 수상쩍게 보일 수도 있다. 그들은 과학과 신앙의 관계를 묘사함에 있어 "갈등"은 둔하고 유익하지 못한, 완전히 잘못된 방식이라고 주장한다. 존 헤들리 브룩은 과학과 종교가 다양한 복합적인 방식으로 상호작용 한다는 것을 탁월하게 보여준다. 그는 이렇게 충고한다. "과학과 종교의 관계를, 조금씩 지식을 쌓아가는 무오한 과학 앞에서 신학적 교의로부터 자꾸만 꽁무니를 빼는 일로 묘사하는 것은, 과학적 논쟁의 미세한 구조를 간과한 생각이다. 여기에는 종교적 관심이 공공연한 훼방이 아니라 미묘한 방식으로 잠입해 있다."[9] 브룩은 과학과 신학이 어떻게 다양하고 풍성한 방식으로 섞여 있는지를 보여주는 역사적 사례 연구를 축적했다(일명 "복합성 이론").

따라서 앞서 전제한 대로, 원죄와 진화 과학 사이에 해결할 수 없는 갈등이 존재한다는 생각은 순진하거나 그릇된 것으로 비춰질 수 있다. 어떤 이들은 우리가 과학의 오래된 낭설과 신학을 끊임없이 충돌시키면서 최근

---

9   John Hedley Brooke, *Science and Religion: Some Historical Perspectives* (Cambridge: Cambridge University Press, 1991), 6.

의 연구를 무시하고 있다고 여길 수도 있다. 하지만 이는 기초적인 착각이다. 복합성 이론의 통찰을 받아들이면서 여전히 과학과 신학이 갈등을 빚는 실제적이고 **특수한** 경우를 인정할 수 있기 때문이다. 갈등은 일시적인 것, 즉 과학과 신학의 관계에서 단편적인 특징이지 본질적인 것이 아니다.[10] 다윈의 『종의 기원』(1859)이 출간된 이후로 원죄론이 과학과 이런 갈등을 초래했다는 것은 널리 받아들여졌다.

당시 많은 기독교 사상가들은 인간의 진화와 모순된다는 이유로 아담의 타락을 부정했다. 타락의 역사성을 부정한 이들 중 하나인 마이닛 저드슨 새비지는 19세기 후반의 회중교회 목회자이자 정통주의에 대한 신랄한 비판자였다. 그는 속죄론에 관한 글에서 타락은 진화론을 통해 "사실이 아님이 절대적으로 판명되었다.…인간이 타락한 일은 없었다"라는 결론에 이른다.[11] 이후에 쓴 글에서도 그는 "현대 과학이 인간의 고대성과 하등동물로부터의 유래를 밝혀냈고" 이는 "지구의 자전과 공전과 마찬가지로 확실한" 사실이라고 피력했다.[12] 새비지와 그의 동료들은 진화와 타락이라는 두 가지 해석적 기법 사이의 갈등 앞에서 후자를 포기했다.

또 다른 이들은 타락에 대한 성경의 증거를 들어 **인간의 진화를 부인**했다. 이 갈등은 해소될 수 없었다. 헤르만 바빙크는 동료 아브라함 카이퍼(Abraham Kuyper)와 마찬가지로 하나님의 섭리에 의한 목적론적 생물 진화에 여지를 남겨두었다. 그러나 교의학적 이유로 인간 진화에 대해서는 어

---

10 다음 글은 관점을 교정하기에 유익하다. Geoffrey Cantor, "What Shall We Do with the 'Conflict Thesis'?," in *Science and Religion: New Historical Perspectives*, ed. Thomas Dixon, Geoffrey Cantor, and Stephen Pumfrey (Cambridge: Cambridge University Press, 2010), 283-98.

11 Minot Savage, *The Religion of Evolution* (Boston: Lockwood, Brooks, & Company, 1881), 205.

12 Minot Savage, "The Inevitable Surrender of Orthodoxy," *North American Review* 148 (1889): 724. 계속해서 그는 이렇게 쓴다. "그러나 신학의 편에서 이를 반박할 수 있는, 이 땅에 관한 그만한 지식은 없다."

떤 형태도 인정하지 않았다.[13] 그는 타락을 "죄와 구원에 대한 [성경] 전체 교리의 암묵적 전제"[14]라고 설명하며, 진화론적 설명이 "죄의 객관적 기준의 일면만을 상정하는"[15] 잘못을 범하고 있다고 지적한다. 스코틀랜드 신학자 제임스 오르 역시 진화가 인간에게 적용되면 죄가 "중립적 필연성"으로 여겨지는데, "이와 달리 성경의 관점에 따르면 죄는 사람의 불운일 뿐만 아니라 사람이 책임져야 할 잘못(심각하고 끔찍한 악)임이 분명하기" 때문에 진화를 인정하지 않았다.[16] 대부분이 유신론적 진화론자였던 구(舊)프린스턴 신학자들에게서도 이와 같은 경우가 나타난다. 예컨대 B. B. 워필드는 타락이 "절대적인 진화론"과 상반된다고 주장했다.[17] 인간의 진화를 인정하게 되면 죄론을 전반적으로 뜯어고쳐야 한다는 노파심이 앞서 있었다.

일부 소수의 학자들은 인간의 진화와 타락이 병존할 수 있는 가능성을 보여주고자 했지만 (지금 되돌아보면) 그들의 전략은 압도적이라기보다는 너무 독창적이었다.[18] 다윈 이후 대부분의 그리스도인들이 발흥하는 과학과 원죄 사이의 심각한 갈등을 인식하고 있었던 것은 사실이다. 아마도 그들의 인식이 잘못되었을 수도 있다. 지금 돌이켜보면 아마도 그들의 주장은 틀렸거나 시대의 제약에 갇혀 있었거나 또는 성급한 것이었을 수도 있

---

13 Rob Visser, "Dutch Calvinists and Darwinism, 1900-1960," in *Nature and Scripture in the Abrahamic Religions: 1700-Present*, ed. Jitse M. van der Meer and Scott Mandelbrote (Leiden: Brill, 2008), 296.

14 Herman Bavinck, "The Fall," in *International Standard Bible Encyclopedia*, ed. G. W. Bromiley (Grand Rapids: Eerdmans, 1979-88), 2:1092.

15 같은 책, 1093. Bavinck는 *Reformed Dogmatics*에서도 이런 주장을 한다(『개혁교의학』, 부흥과 개혁사 역간).

16 James Orr, *The Christian View of God and the World* (Grand Rapids: Eerdmans, 1954), 174.

17 B. B. Warfield, "Evolution or Development," in *Evolution, Science, and Scripture*, ed. Noll and David Livingstone (original from 1888; Grand Rapids: Baker, 2000), 128.

18 다음을 보라. Jon Roberts, *Darwinism and the Divine in America* (Madison: University of Wisconsin 1988), 107-10, 192-97.

지만, 단지 심증에 머물지 않고 주장할 필요가 있는 것이었다. 이 책과 본 장의 글은 특이하거나 수구적이지 않으면서도 진화에 대한 이런 초창기 반응과 같은 전통에 서 있다.

갈등의 해소를 위한 시도들

과학의 주류 이론들과 갈등을 빚는 두 가지 주요한 분야는 타락론(기원하는 죄)과 엄밀한 의미의 원죄론(기원된 죄)이다. 이런 점은 1901-1902년의 헐시언(Hulsean) 강좌에서 처음으로 진화론과 죄론을 본격적으로 통합하려고 했던 F. R. 테넌트의 시도에서 분명히 드러난다.[19] 그는 타락의 역사성을 부정하며 우리가 생물학적으로 범죄 능력을 타고난다고 주장했다. 진화는 죄의 "물질" 혹은 재료(예를 들어 두려움, 분노, 감정, 욕망)를 공급하지만 도덕적으로는 중립적인 것으로서 인간의 공통 본질의 일부라고 보았다. 우리가 개인의 자유의지에 따라 이런 불활성 물질에 근거해서 행동할 때 죄가 **되는 것이다**(테넌트에게 죄는 단지 자발적이라는 데 주목하라). 테넌트의 획기적인 작업 이후로, 이런 갈등을 해소하기 위한 시도는 다음과 같이 세 가지로 나뉜다. (1) 테넌트의 견해에 동조하는 현대 신학자들은 타락 없는 신학을 위한 여러 전략을 고안했다. (2) 생물학의 도움을 바탕으로 기원된 죄에 대한 대대적인 개정 작업이 일어났다. (3) 테넌트의 방식을 발전시키고자 하지 않은 다수의 신학자들은 아담과 하와의 위치를 고인류학적 기록 속에 선정하고자 한다. 이런 세 가지 방법을 간략히 살펴보도록 하자.

19　F. R. Tennant, *The Origin and Propagation of Sin*, 2nd ed. (Cambridge: Cambridge Press, 1906).

타락을 제거하기

타락이 제거되고 나면 그 빈자리를 메꿀 무언가가 반드시 있어야 한다. 그 무엇에는 여러 가지가 해당될 수 있다. 일부 유신론적 진화론자들은 신학적 작업을 수행하기 위해 **본성과 양육**(nature and nurture)이라는 개념을 사용한다. 인간 본성에 관한 이런 관점에 따르면 죄와 죄책은 유전자(본성)와 문화(양육) 사이의 긴장에서 유발된다. 이를 어떤 학자는 "우리는 죄를 짓도록 우리를 부추기는, 시대를 초월한 보편적인 생물학적·문화적 유산을 공유하고 있다"라고 표현했다.[20] 자주 사용되는 또 다른 개념은 **인간의 자유**다. 이런 관점에서 아담 이야기는 인간이 가진 진화적이고 심리적인 복합성을 보여주는 전근대적 상징이다. "타락"은 "인간의 자유에 따른 불가피한 결과다."[21] 에덴 이야기는 인간의 자유와 도덕적 책임을 상기시킨다. 그리고 아담이 곧 모든 사람이기에 우리는 **역사적** 타락에 호소하지 않고서도 정당하게 "타락"을 말할 수 있다.[22] 어떤 이들은 타락의 실제적 의미로 **엔트로피**(entropy)를 언급한다. 악(과 선)을 행할 우리의 도덕적 능력은 조상 동물에게 있던 유사한 능력에서 발현되었으며 이는 세상의 물리적 과정에서 유래되었다는 것이다. 무질서인 엔트로피는 "우리 안에서 죄로 발현되는 것의 조상이나 성향 또는 배경"이다.[23] 그러므로 우리는 우주의 미시적 기반에 이르기까지 원죄를 추적할 수 있다. 결국 **관계성**(relationality) 역시 우리의 죄성에 적합한 배경으로 판명된다. 비록 역사적 방식을 사용한

---

20   Daniel Harlow, "After Adam: Reading Genesis in an Age of Evolutionary Science," *Perspectives on Science and Christian Faith* 62 (2010): 191.

21   Gregory R. Peterson, *Minding God: Theology and the Cognitive Sciences* (Minneapolis: Fortress, 2003), 179.

22   Philip Clayton, *God and Contemporary Science* (Grand Rapids: Eerdmans, 1997), 40.

23   Robert J. Russell, *Cosmology, Evolution, and Resurrection Hope* (Kitchener, ON: Pandora, 2006), 32.

것은 아니지만 타락을 심각히 다루고자 했던 이안 바버는 여기서의 핵심을 "관계성의 침해"로 보았다.²⁴ 그래서 타락은 "생물과 무생물의 영역의 상호 연관성을 이해하려는 관계적 모델에 비추어 밝혀져야 한다."²⁵

이 모든 독창적인 시도는 기원하는 죄를 비신화화하려고 한다. 이런 시도는 다음의 세 가지 동기와 결부되었을 때 훨씬 더 강력해진다. 첫째, 여기서는 기원하는 죄로부터 기독론 및 구원론으로 강조점이 이동한다. 만일 구원의 필요성, 즉 아담 이야기가 가리키는 더 깊은 실체를 일깨울 수 있다면 역사적 타락이 필요하겠는가? 이런 측면에서 앞과 같은 강조점의 이동은 일리가 있다. 왜냐하면 과학이 어떻게 부활이나 구원의 실체를 반증할 수 있는지를 보기는 어렵기 때문이다. 루터교 신학자 테드 피터스는 다음과 같이 설명한다. "낙원 이야기와 유전된 죄의 개념은 인간과 하나님의 관계, 곧 **구원적** 관계의 수립에서 오직 하나님 한 분만이 책임이 있다는 적나라한 명제에 옷을 입힌 것이다."²⁶ 코너 커닝햄은 이렇게 주장한다. "타락과 아담의 존재를 실증주의적 용어나 엄밀한 역사적 용어로 해석하려는 시도는 어리석다. 그리스도에 앞선 타락은 없기 때문이다." 그리스도가 "**유일한 아담**"이다.²⁷ 이런 동기에서는 기독론과 구원론이 아담을 삼켜버린 모양새다.

두 번째 동기는 기원론(창조세계의 기원)으로부터 종말론으로의 이동이다. 닐 메서는 "우리가 뒤돌아보며 열망할 수 있는 과거의 황금기는 없다"

---

24   Ian Barbour, *Religion and Science: Historical and Contemporary Issues* (San Francisco: HarperSanFrancisco, 1997), 270.
25   Ted Peters, *Anticipating Omega: Science, Faith, and Our Ultimate Future* (Göttingen: Vandenhoeck & Ruprecht, 2006), 23-24.
26   Ted Peters, *Playing God? Genetic Determinism and Human Freedom*, 2nd ed. (London: Routledge, 2003), 90.
27   Conor Cunningham, *Darwin's Pious Idea* (Grand Rapids: Eerdmans, 2010), 378.

라고 알려준다. 우리의 변화는 "사람과 전체 창조세계를 향한 하나님의 궁극적 목적이 성취되는" 미래에 근거하고 있기 때문이다.[28] 이를 거들어 피터스도 타락 신화가 우리로 하여금 "선을 향해…개인과 집단의 발전을 향해, 그리고 완벽을 향해" 분투하도록 우리를 고무한다고 주장한다.[29] 우리는 우리가 처한 곤경의 단서를 찾기 위해 과거의 신화를 돌아보기보다는 종말론을 **바라볼** 수 있다. 여기서 다시 한번 이런 동향이 신학을 보호하기 위한 전략이라는 점을 보게 되는데, 이런 종말론적 기약을 과학이 반증하기는 불가능해 보이기 때문이다.

마지막 동기는 창세기 3장에 관한 이레나이우스의 해석을 아우구스티누스의 해석보다 선호하는 것이다. 왜냐하면 전자가 인간의 진화와 더 잘 조화되기 때문이다.[30]

흥미로운 지점은, 아담의 타락을 바탕 이야기로 사용하지 않는 이런 신학적 운동이 여전히 인간의 죄 경험과 구원의 필요에 대해 설명할 필요가 있다는 점이다. 전통적으로 원죄는 **기원하는**(originating) 죄와 **기원된**(originated) 죄 모두를 내포하지만, 일단 원죄로부터 **기원하는** 죄 개념을 벗겨내고 나면 거의 모든 중심이 **기원된** 죄로 쏠리기 마련이다. 조지 머피는 이를 다행으로 여겼는데, 왜냐하면 기원하는 죄가 구원론에 필요하지 않다고 보았기 때문이다. 다만 기원된 죄만 있으면 그만이다. "그리스도인의 주장은 모두가 죄인인 까닭에 구세주가 필요하다는 것이다. 이는 말 그대로

---

28 Neil Messer, *Selfish Genes and Christian Ethics* (London: SCM, 2007), 203.
29 Ted Peters, *Sin: Radical Evil in Soul and Society* (Grand Rapids: Eerdmans, 1994), 32.
30 Irenaeus에 관해서는 이 책 10장을 보라. 다음도 참고하라. Douglas Farrow, "St. Irenaeus of Lyons: The Church and the World," *Pro Ecclesia* 4 (1995): 333-55. Andrew M. McCoy, "Becoming Who We Are Supposed to Be: An Evaluation of Schneider's Use of Christian Theology in Conversation with Recent Genetic Science," *Calvin Theological Journal* 49 (2014): 63-84(Irenaeus에 관한 유익한 자료는 66-74쪽을 보라).

간단하다. **왜** 모두가 죄인인지는 중요한 물음이지만 구원의 필요를 깨닫기 위해 그 질문에 대한 답변은 요구되지 않는다."[31] 그러나 이 책의 다른 저자들이 주장하듯이, 타락을 제거하려는 이런 시도들은 신정론에 엄청난 문제를 일으킨다. 이 세상에 있는 죄의 기원은 일찍이 하나님의 피조물 중 하나가 자유롭게 선택한 데서 유래했음이 분명하다. 그렇지 않다면 선과 악은 영원히 공존하는 원리(이원론)이거나, 아니면 하나님이 **동시에** 선이자 악이다(일원론). 곧 하나님이 죄의 기획자라는 말이다. 그렇다면 확실히 질병보다 치료책이 훨씬 더 나쁜 셈이 된다.[32]

생물학과 합병하기

죄의 시초에 관한 이야기인 타락을 진화가 대체하게 된다면, 불가피하게 기원된 죄도 달라진다. 그래서 일부에서는 진화에 따라 선천적으로 유전된 생물학적 이기심이 기원된 죄라고 주장한다(예를 들어 패트리샤 윌리엄즈, 대릴 돔닝).[33] 이런 관점을 "강성 생물학주의"(strong biologism)라고 부를 수 있다. 여기서 사람의 죄성은 대체로 혹은 전적으로 생물학적인 것인데, 죄가 유전적·피조적 실체로부터 발생하기 때문이다. 인간의 폭력과 공격성은 인간 본성의 정상적인 부분이다. 이런 점에서 인간은 영장류나 그 외 사회적 동물들과 다를 바 없다. 이들 역시 폭력, 신체 학대, 살해, 자기중심성 및 여타의 악덕을 나타내며 공감, 정직성, 배려, 사랑과 같은 미덕의 특징을 보

31　George Murphy, "Roads to Paradise and Perdition: Christ, Evolution, and Original Sin," *Perspectives on Science and Christian Faith* 58 (2006): 110.

32　나는 이 주장을 다음 글에서 발전시켰다. "Adam the Linchpin: Evil and Evolution," Union(website), http://www.uniontheology.org/resources/doctrine/sin-and-evil/adam-the-linchpin-evil-evolution.

33　Patricia Williams, *Doing without Adam and Eve: Sociobiology and Original Sin* (Minneapolis: Fortress, 2001); Daryl Domning and Monika Hellwig, *Original Selfishness: Original Sin and Evil in the Light of Evolution* (Burlington, VT: Ashgate, 2006).

이기 때문이다. 범죄 행위는 우리의 동물 조상의 비범죄 행위와 경험적인 차이가 없다. 우리는 죄를 향한 인간 성향이 "우리의 동물적 본질 자체에서 발현된다"라고 말할 수 있을 것이다.[34] 이런 종류의 강성 생물학주의에 대한 나의 우려는, 기원된 죄가 생물학적 어휘로 전환되면서 자연스러운 것이 된다는 점이다. 이런 동향에는 **죄성**의 조건으로서의 기원된 죄의 개념이 상실되어 있다. 죄성의 조건이란 바로 우리 존재의 심연에 자리 잡은 도덕적으로 뒤틀린 무엇으로서 거기에 따른 죄책은 우리 각자가 짊어진다. 성경의 증언을 따르면 살인, 간음, 음란, 악한 생각과 같은 것들은 우리 삶의 도덕적 중심("마음")으로부터 발생한다. 이것들은 그저 생물학적 의미에서 자연적인 것이 아니라 인간으로서의 우리 정체성의 핵심을 파괴하는 충만한 악의의 반영이다(마 15:17-20; 렘 17:9).

또 다른 일부에서는 기원된 죄가 상당히 생물학적이기는 해도 완전히 생물학적인 것은 아니라고 주장한다. 즉 여기에 비생물학적 요인이 있을 여지가 있다는 것이다. 이는 보다 완화된 입장인 "온건 생물학주의"(weak biologism)다. 여기서 기원된 죄는 유전자와 문화적 환경이 어떻게 인간의 행동을 속박하는지에 대해 논의하는 다른 방식에 불과하다.[35] 이들은 우리가 도덕적 성향과 기질을 좌우하는 게놈을 통해 인간 본성을 물려받는다고 보며, 이 모든 성향과 기질이 도덕적 행위 주체와 책임감이라는 전통적 개념과 일치한다고 주장한다. 그래서 이런 입장은 강성 생물학주의와 비교해

---

34 Domning and Hellwig, *Original Selfishness*, 108.
35 예를 들어 다음을 보라. Ted Peters, "The Genesis and Genetics of Sin," in *Sin and Salvation*, ed. Duncan Reid and Mark Worthing (Adelaide: Australian Theological Forum, 2003), 89-112; "The Evolution of Evil," in *The Evolution of Evil*, ed. Gaymon Bennett et al. (Göttingen: Vandenhoeck & Ruprecht, 2008), 19-52; Ronald Cole-Turner, "The Genetics of Moral Agency," in *The Genetic Frontier*, ed. Mark Frankel and Albert Teich (Washington, DC: American Association for the Advancement of Science, 1994), 161-74.

서, 시달리는 문제는 적은 반면에 매력은 더 크다. 하지만 도덕적 책무나 인간의 자유의 근거가 실제로 무엇인지에 관한 질문은 여전히 남아 있다. 온건 생물학주의를 변론하는 유신론적 진화론자들은 인류학적 일원론자나 유물론자가 되려는 경향이 있다. 그렇다면 실제로 통용 가능한 죄의 개념에 요구되는 최소한의 조건으로서의 도덕적 책무가 일원론적인 틀 안에서 어떻게 이해될 수 있는지는 전혀 분명하지 않게 된다.[36]

초생물학주의(suprabiologism)라고 불리는 세 번째 입장은 진화 생물학을 지지하지만 기원된 죄를 오로지 비생물학적으로만 이해한다.[37] 이런 입장의 옹호자인 데니스 에드워즈는 유전자와 문화의 공생 관계가 바로 인간이라고 주장한다. 우리는 유전적이고 문화적인 힘들의 주체로서 보통 충동적이고 난잡하다. 그러나 이런 경험이 죄악은 아니다. 그는 "이런 경험은 진화된 인간 존재에 **내재된** 것으로 죄가 **아니다**"라고 주장한다.[38] 에드워즈는 칼 라너의 죄된 욕정과 그렇지 않은 욕정의 구분(중세에 기원함)을 차용한다. 죄된 욕정은 원죄 곧 우리가 하나님을 거부한 역사로서 우리의 삶과 자유로운 결정을 지배한다. 하지만 이와 별개로, 도덕적으로 중립적인 악하지 않은 욕정이 있다. "이는 죄의 산물이 아니라, 피조된 영적 존재이자 동시에 육적이고 유한한 존재 속에 내재하는 것이다."[39] 그러므로 유전자와

---

36 물론 유신론적 진화론자들은 이런 일원론적 인류학 속에서 도덕적 책무를 보존하기 위한 흥미로운 시도들을 해왔다. 예컨대 Philip Clayton, Nancey Murphy, Joel Green, Malcolm Jeeves 등 많은 다른 학자들의 연구를 보라.

37 이는 John Haught의 관점이다. 그의 말에 따르면 우리는 진화적 조상으로부터 공격적이고 폭력적인 본능을 물려받았지만, 이를 원죄 탓으로 돌려서는 안 된다. 왜 그런가? 바로 기원된 죄가 비생물학적이기 때문이다. 기원된 죄는 "**문화적·환경적**으로 유전된 인간의 폭력성과 불의의 총체로서 이 세상에 태어난 우리 각자를 타락으로 떠밀고 괴롭힌다." *God after Darwin: A Theology of Evolution*, 2nd ed. (Boulder, CO: Westview, 2000), 139(Maduem 강조). 『다윈 이후의 하느님: 진화의 신학』(한국기독교연구소 역간).

38 Denis Edwards, *The God of Evolution: A Trinitarian Theology* (Mahwah, NJ: Paulist, 1999), 65.

39 Denis Edwards, "Original Sin and Saving Grace in Evolutionary Context," in *Evolutionary*

문화는 악하지 않는 욕정으로서 우리의 유한성과 하나님의 **선한** 창조의 일부다.[40]

에드워즈에 따르면 문화는 유전된 죄성에 대한 장황한 이야기를 들려주며, 무수한 개인적·공동체적 죄가 우리 내면에 남아 우리 자신의 도덕 이야기의 일부가 되었음을 알려준다. 그는 이렇게 설명한다. "원죄에는 인간이 하나님을 거부한 역사와 하나님 앞에서 우리의 피조물 된 지위가 사람에게 끼친 내적 영향이 수반된다."[41] 우리는 에드워즈가 "원죄"라는 용어를 막연히 사용하고 있음을 알아야 한다. 이 "유전된 죄성"은 타인의 죄로 인한 산물이지만 **아직은 죄가 아니다**. 왜냐하면 죄 자체가 "개인적이고 실제적인 것으로서 자유롭게 하나님을 고의적으로 거부하는 것이기 때문이다. 이런 종류의 개인적 죄에 대해서만 우리에게 도덕적 책임이 있다."[42] 즉 우리가 개인적으로 하나님을 거역하기로 **선택한** 경우에 있어서만 진정한 죄를 언급할 수 있다. 에드워즈에게 있어 우리의 유전된 성향은 "육적이고 유한하며 잘못을 면할 수 없는 피조물의 일부에 지나지 않기" 때문이다.[43]

에드워즈의 앞과 같은 언급에 드리워진 테넌트의 그림자는 무척 거대해 보인다. 테넌트와 마찬가지로 에드워즈는 기원된 죄를 자연적인 것으로 여기고 죄를 향한 우리의 유전적 성향을 더 이상 죄가 아닌 것으로 만들고 있다. 테넌트에 따르면 **죄성**은 자유로운 인간 의지에만 적용되는 특성

---

    and Molecular Biology: Scientific Perspectives on Divine Action, ed. Robert J. Russell, William R. Stoeger, and Francisco Ayala (Notre Dame: University of Notre Dame Press, 1998), 384. 참고. Karl Rahner, "The Theological Concept of Concupiscentia," *Theological Investigations*, trans. Cornelius Ernst (Baltimore: Helicon, 1961), 1:347-82.

40   Patricia Williams도 욕정에 관해 동일한 주장을 한다(앞에 나온 그녀의 책을 보라).
41   Edwards, "Original Sin and Saving Grace," 385.
42   Edwards, *God of Evolution*, 67.
43   Denis Edwards, *How God Acts: Creation, Redemption, and Special Divine Action* (Minneapolis: Fortress, 2010), 135.

이 있다. 진화 생물학은 온 인류에게 "완전히 도덕적이지 않은 죄의 원질"이 있어서, 인간이 자유롭게 죄를 짓기로 선택한 것에서부터 이런 원질이 죄로서의 형태를 갖추게 된다고 본다.[44] 그래서 테넌트와 에드워즈는 모두 "기원된 죄"가 잘못 구상된 개념이라고 주장한다. 만일 그것이 정말로 기원된 것이라고 한다면 죄라고 볼 수 없기 때문이다. 이는 생물학적 음조로 표현된 펠라기우스주의와 같다. 에드워즈가 진화 생물학의 환원적 이해로부터 원죄론을 떼놓은 것은 당연하다. 그러나 어떤 사람들은 에드워즈가 부풀려진 수구적 자유의지의 개념을 발전시켜 우리의 깊은 죄성과 우리의 선택과 행위 전부에 앞서 만연해 있는 죄성을 흐릿하게 만든다고 우려한다.

이런 논의의 배경에는 인간의 행위에 있어 본성과 양육의 역할에 관한 대대적인 문화적 전제가 있다. 진화 심리학과 행동 유전학에서는 양육에서 본성으로 강조점이 이동했는데, 이는 유신론적 진화론자들이 기원된 죄에 대한 교리를 지금 다시 구성하려는 맥락의 일부다. 이 모두는 어떤 형식적(규범적)이고 물질적(실질적)인 질문을 하도록 이끈다. 이미 앞에서 살펴보았듯이, 형식적인 질문은 권위에 관한 것이다. 다윈보다 훨씬 오래전에 교회가 기원된 죄론을 공식화했음을 고려하면, 무슨 근거에서 진화론이나 행동 유전학과 같은 성경 외적인 이론이 이 교리에 대한 대대적인 개정을 담보할 수 있는가?(현 단계에서는 다른 방향으로 질문해볼 수 있다. 과학을 통해 드러난 사실을 고려하면, 무슨 근거에서 그와 반대되는 성경의 교훈이 신뢰할 만한 지식이라고 할 수 있는가?) 물질적 질문은 기원된 죄에 관한 생물학적 교리의 실제 내용이 기원된 죄에 따르는 요구를 수행할 수 있는가 하는 것이다.

우리에게는 다음과 같은 세 가지 선택지가 있다. 기원된 죄가 생물학의 영향으로 인해 소멸되었다고 보거나, 생물학의 영향을 초월한다고 보거

---

44 Tennant, *Origin and Propagation of Sin*, 172-73.

나, 생물학적이고 비생물학적인 영향 두 가지 모두를 수반한다고 보는 것이다(후자의 경우 원죄에서 생물학적이고 비생물학적인 영향력이 서로 어떻게 연관되는지를 분명히 할 필요가 있다). 이 선택 사항들에 달려 있는 바는 무엇인가? 첫째, 기원된 죄를 자연스러운 진화의 개념으로 보는 관점은 "자연적" 악과 "도덕적" 악의 구별을 무너뜨린다. 우리의 자유의지는 망상에 지나지 않게 된다. 우리의 생각과 행동을 좌우하는 더 근본적인 생물학적 본성이 있기 때문이다.[45] 더 근본적인 의미에서 이런 식으로 "죄"를 논의하는 일은 아무런 의미가 없다(생물학적 결정론을 견지하고 있는 한, 그것이 말하는 책임감과 죄책은 한낱 추상적 개념에 불과하기 때문이다). 둘째, 정말로 타락이 성향을 결정하는 유전적 실체에 대해 언급하는 전(前)비판적 방법이라면, 진화 심리학과 행동 유전학은 원죄에 대한 과학적 **확증**이 된다.[46] 마이클 루스는 다윈주의가 말하는, 존재를 위한 이기적 투쟁이 원죄라고 여기며 그 가능성을 받아들인다. 그는 "원죄는 생물학 꾸러미의 일부로…인간 존재에 딸려 온다.…원죄에 관해서는 사회생물학적 호모 사피엔스와 기독교의 호모 사피엔스가 거의 동일하다"라고 주장한다.[47] 이런 서술에 따르면 사람과 동물의 도덕적 경험에는 어느 정도 죄론적 연속성이 있다. 이는 동물이 하나님께 대해 죄를 범할 수 있는지 없는지에 관한 논의에 해결의 실마리를 던져준다. 만일 앞과 같은 연속성을 부정한다면 이는 그저 당혹스러운 논의에 그칠 것이다.[48]

---

45 Peters, "Evolution of Evil," 21.

46 다음을 보라. John Mullen, "Can Evolutionary Psychology Confirm Original Sin?," *Faith and Philosophy* 24 (2007): 268-83.

47 Michael Ruse, *Can a Darwinian Be a Christian?* (Cambridge: Cambridge University Press, 2001), 210. 『다윈주의자가 그리스도인이 될 수 있는가?』(청년정신 역간).

48 예를 들어 다음을 보라. Michael Northcott, "Do Dolphins Carry the Cross? Biological Moral Realism and Theological Ethics," *New Blackfriars* (2003): 540-53.

이런 숙고에도 불구하고 생물학적 기반에 죄를 융합시키려는 움직임은 힘겨운 도전에 직면한다. 기독교 생물학주의[49]는 인간의 죄를 생물학의 문제로 치환시킨다. 그러나 이로써 우리는 기독론적 딜레마에 빠진다. 그리스도가 완전히 인간이었다면, 즉 생물학적으로 완전히 인간이었다면 그에게 죄가 있다. 반면에 그리스도께 죄가 없었다면, 그는 인류가 공통으로 가진 본성을 지니고 있지 않은 셈이다(가현설). 만일 기독교 생물학주의에 그리스도의 무흠성이 상실되어 있다면 심각한 문제에 부딪히게 될 것이다. 이와 비슷한 우려가 구원론에까지 이른다. 이신칭의는 인간 죄의 "곤경"에 대한 "해결책"이다. 그러나 이 해결책이 비생물학적이라면 우리가 처한 곤경도 비생물학적이라고 여겨질 것이다(신중한 그리스도인 누구도 죄에 대한 해결책이 생물학적이라고 주장하지 않을 것이다).[50] 핵심 자체가 생물화 된 죄론은 죄의 참된 본질을 포착하지 못한다. 게다가 도덕적 책무에 대한 뚜렷한 개념이 없는 죄론은 있을 수 없다. 그렇다고 해도 진화론적 죄론에 있어 도덕적 책무는 문제의 소지가 있다. 만일 우리의 행위가 본질적으로 유전적 원인에서 기인한다면, 이런 책무의 기반이 될 수 있는 자유의 실제적 개념을 조금도 확보할 수 없을 것이다.

타락을 보존하기

이 모든 난국을 헤쳐 나가는 손쉬운 방법은 고인류학의 기록에서 아담(과 타락)을 찾아보는 것이다. 신학적으로 보수적인 그리스도인들은 "선(先)아담인류"(pre-Adamite) 가설들을 제시하는데, 가장 일반적인 것에는 다음과

---

49   "기독교 생물학주의"는 진화론을 따라 기원된 죄를 개정한 공통적인 세 가지 입장(강성 생물학주의, 온건 생물학주의, 초생물학주의)을 총괄하기 위한 나의 용어다.

50   이와 관련된 논의로는 다음을 보라. Ted Peters, "Holy Therapy: Can a Drug Do the Work of the Spirit?," *Christian Century* 120 (August 9, 2003): 23-26.

같은 세 가지 칭호를 붙일 수 있다. 바로 창조론적 선아담인류론, 진화론적 선아담인류론, 언약적 머리됨의 선아담인류론이다. **창조론적 선아담인류론**(creationist pre-Adamism)은 북미 복음주의자들 사이에서 인기가 높다. 종종 "점진적" 창조론 혹은 "오래된 지구" 창조론으로 불리는 이런 종류의 관점은 다양한 정도로 진화 내러티브를 받아들인다. 그러나 핵심은 **인간에 관한 어떤 형태의 진화적 발달도 인정하지 않는** 것이다. 대표적인 인물로는 밀라드 에릭슨, 존 블룸, 로버트 뉴먼, 휴 로스와 그가 설립한 단체인 "리즌 투 빌리브"(Reasons to Believe)에 속한 동료 학자들이 있다.[51]

여기서 한 걸음 더 나아가 **진화론적 선아담인류론**(evolutionary pre-Adamism)은 진화적 과정에 인간을 포함시킨다. 이 관점의 주창자들은 초기 호미닌[52]으로부터 아담이 진화했고, 하와와 함께 그의 모든 후손(진정한 인류)의 조상이 되었다고 주장한다. 이 이론의 주창자들 중 유명한 인물로는 존 제퍼슨 데이비스와 앙리 블로쉐가 있다.[53] **언약적 머리됨의 선아담인류론**(Federal headship pre-Adamism)은 아담이 호미닌으로부터 진화했고 그에게는 많은 호미닌 이웃들이 있었으며, 그가 타락할 때는 자신의 후손과 동

51　Millard Erickson, *Christian Theology*, 3rd ed. (Grand Rapids: Baker Academic, 2013), 446-47. 『복음주의 조직신학』(크리스챤다이제스트 역간). John Bloom, "On Human Origins: A Survey," *Christian Scholar's Review* 27 (1997): 200. Robert Newman, "Progressive Creationism," in *Three Views on Creation and Evolution*, ed. J. P. Moreland and John Mark Reynolds (Grand Rapids: Zondervan, 1999), 105-33. Fazale Rana with Hugh Ross, *Who Was Adam? A Creation Model Approach to the Origin of Man* (Colorado Springs: NavPress, 2005).

52　이전의 연구는 인간 및 인간의 진화적 조상을 호미니드(Hominidae과에 속함)로 분류해서 대형 유인원과 그 과(성성이과[Pongidae])에 속한 동물로부터 구분했다. 하지만 최근 연구에서는 인간과 침팬지를 호미닌과(Hominini)로 분류한다. 더 자세한 내용은 William Stone이 쓴 3장을 보라.

53　John Jefferson Davis, "Is "Progressive Creation" Still a Helpful Concept?," *Perspectives on Science and Christian Faith* 50 (1998): 254, 그리고 "Genesis, Inerrancy, and the Antiquity of Man," in *Inerrancy and Common Sense*, ed. Roger Nicole and J. Ramsey Michaels (Grand Rapids: Baker, 1980), 137-59. Henri Blocher, *Original Sin: Illuminating the Riddle* (1997; Grand Rapids: Eerdmans, 1999), 40.

시대인들 모두의 언약적 머리로서 행동했다는 관점이다.[54] 데렉 키드너는 거의 50년 전에 이런 주장을 했고 존 스토트, R. J. 베리, 데니스 알렉산더, 팀 켈러와 같은 인물들이 이를 수용했다.[55]

이런 선아담인류론들은 타락과 관련된 실재론에 가까운 이해를 수용하고 있다. 즉 아담의 타락은 역사상 실제 있었던 일이라는 것이다. 다만 한 가지 약점은 틈새의 아담(Adam-of-the-gaps) 오류에 빠질 가능성이 있다는 점이다. 고생물학과 고인류학 및 이와 연계된 학문들은 기본적으로 신뢰할 수 있는 진리의 근간으로 판단되며 굵직한 이야기를 제공한다. 그렇다면 신학자의 과업은 이런 학문이 제시하는 이야기 **속에서** 역사적 아담을 포착할 방법을 탐구하는 것이다. 따라서 과학의 성쇠에 아담과 타락의 문제가 발목을 잡힌 셈이 된다(예를 들어 초창기에 제시된 많은 선아담인류론들은 최신의 고인류학적 발견에 의해 이미 의미를 상실했다).

앙리 블로쉐의 경우를 살펴보자. 처음에 그는 아담의 연대를 기원전 40,000년경으로 추정했지만, 새로운 증거들이 발견됨에 따라 그 가설을 철회하고 기원전 100,000년 이전의 연대로 물러설 수밖에 없었다.[56] 그는 고인류학 기록의 틈새 속에서 아담을 찾고 있다. 칼 라너도 마찬가지였다. 그는 초창기 연구에서 정통주의에서 단일기원론은 양보할 수 없는 것이라고

---

54 Derek Kidner, *Genesis* (Downers Grove, IL: InterVarsity, 1967), 29. 『창세기』(CLC 역간).

55 John Stott, *Romans* (Leicester, UK: Inter-Varsity, 1994), 164-65. R. J. Berry, "Did Darwin Dethrone Humankind?," in *Darwin, Creation and the Fall: Theological Challenges*, ed. R. J. Berry and T. A. Noble (Nottingham, UK: Apollos, 2009), 55-63. Denis Alexander, *Creation or Evolution: Do We Have to Choose?* (Oxford: Monarch, 2008), 214-43. Tim Keller, "Creation, Evolution, and Christian Laypeople," The BioLogos Foundation, http://biologos.org/uploads/projects/Keller_white_paper.pdf. (2014년 1월 4일 접속).

56 Blocher의 다음 글을 보라. "The Theology of the Fall and the Origins of Evil," in *Darwin, Creation and the Fall*, 171-72.

주장했다.[57] 하지만 이후 과학의 발전에 따른 압박을 견디지 못하고 다중기원론이 원죄와 조화된다고 간주했다. 라너의 각본 중 하나는 "아담"을 동시대의 여러 인물 가운데 한 명으로 보고 그의 타락이 전체 집단에 영향을 끼쳤다는 것이다. 또 다른 각본은 "아담"을 하나의 호미니드 공동체로 보고 그들이 한 집단으로서 타락함에 따라 그들의 모든 후손에게 영향을 끼쳤다는 것이다.[58] 이런 틈새의 아담이 불러온 긴장을 해소하기 위한 방안은, 과학적 근거에서 인간의 진화를 어느 정도 인정하면서 신학적 근거에서 아담의 역사성을 유지하는 것이다. 물론 아담이 끼워 맞추어질 자리가 어딘가 있겠지만, 과학적 각본도 계속해서 변하는 까닭에 누군가는 그 자리에 관해서 불가지론자로 남아 있을 것이다.

이런 입장들은 과학과 신학을 어떻게 연관시킬 수 있는지에 관한 성가신 방법론적 질문을 바라볼 수 있는 시각을 제공한다. 1,700년이 넘는 세월 동안 보편적인 기독교 전통에서는 창세기 3장, 로마서 5:12-19, 고린도전서 15:21-22 같은 본문을 바탕으로 아담과 하와의 실제적이고 역사적인 타락을 고백했다. 게다가 원죄론은 신론, 기독론, 구원론, 죄론, 신정론에 대한 우리 관점의 핵심에 놓여 있다. 그렇다면 무슨 근거에서 성경의 외적 요소인 자연과학이 하나님의 말씀으로 규정된 교리를 변화시키거나 뒤집을 수 있는가? 특히 실질적으로 기독교 교의보다 근거가 분명한 과학적 주장이 인식론적으로 더 튼실하다고 판단될 때, 누군가는 이 질문을 불쾌하게 생각할 것이다. 그러나 이제 살펴볼 바와 같이 논쟁의 향방은 이 질문에 달려 있다. 성경의 질문은 여러 가지 선아담인류론들의 이면에 있다. 이런 이

---

57 Karl Rahner, "Theological Reflexions on Monogenism," in *Theological Investigations*, vol. 1, trans. Cornelius Ernst (Baltimore: Helicon, 1961), 229-96.

58 Karl Rahner, "Evolution and Original Sin," in *The Evolving World and Theology*, trans. Theodore L. Westow (New York: Paulist, 1967), 61-73; and "Erbsünde und Monogenismus," in *Theologie der Erbsünde*, ed. Karl Weger (Freiburg: Herder, 1970), 176-223.

론들의 주창자들은 성경 자료에 있는 과학적 함의를 붙들고 씨름한다. 이들에게 성경적으로 타당한 것과 과학적으로 타당한 것은 맞교환 관계다. 타락론에 성경의 이야기가 반영되는 정도에 비례해서, 진화의 이야기에 대한 신뢰는 감소한다.

자연과학이 신학적 변화를 일으키고 그 이후 해석학적 합리화가 잇따르는 패턴은 현대 세계의 발흥에 따라 반복적으로 나타나는 현상이다. 이는 불길한 패턴인가? 꼭 그렇지는 않다. 우리는 하나님이 섭리에 따라 우리 세계의 진정한 실체를 보여주기 위해 과학을 사용하실 수 있음을 인정해야 한다. 그렇다면 과학이 그릇된 성경 이해를 밝혀줄 것이다.[59] 신학의 변화를 유발한 것이 정말로 과학이었다고 하더라도, 이 사실 자체가 이런 신학적 변화의 정당성을 자동적으로 훼손하지는 않는다. 하나님이 창조하신 세계와 그분의 말씀에 맞게 우리의 사고를 향상시키기 위해서는 신학적 변화가 때에 따라 불가피하다.

계시된 교의에 특권을 부여하기

그렇다면 이제 다음과 같은 곤경에 부딪힌다. 어떻게 과학과 신학을 방법론적으로 결부시켜야 하는가? 이안 바버는 과학과 신학이 연관되는 방식에 대한 대표적인 설명을 제시했다. 그는 과학과 신학의 관계를 바라보는 네 가지 방식 곧 독립, 대화, 통합, 갈등이 있다고 했다.[60] **독립**의 방식은 주로

---

59   이는 Francis Watson의 강력한 주장이다. "Genesis before Darwin: Why Scripture Needed Liberating from Science," in *Reading Genesis after Darwin*, ed. Stephen C. Barton and David Wilkinson (New York: Oxford University Press, 2009), 23-37.

60   Ian Barbour, *Religion in an Age of Science* (San Francisco: Harper & Row, 1990), 3-30.

아담의 타락의 역사성을 부정하는 그리스도인들이 취하는 입장이다. 이들의 강령은 원죄와 진화 생물학이 서로 상충되지 않고 보완적이라는 것이다(성경은 "왜"라는 질문에 대답하는 반면에, 과학은 "어떻게"라는 질문에 답한다). 누구도 여기에 진리의 요소가 있음을 부인할 수 없지만, 이런 방식을 완전히 받아들이게 되면 성경의 내러티브를 잃어버리게 된다. 그리스도의 부활처럼 아담의 타락은 우리가 속한 시공의 우주에서 벌어진 일이었으며, 아담의 타락이 진화 이야기와 상충하는 것은 불가피하기 때문이다("왜?"와 "어떻게?"는 깔끔하게 분리될 수 없다).

또 다른 이들은 과학과 신학의 **대화** 또는 **통합**을 촉진하기 위해 아담의 타락을 부정한다. 그러나 내가 주장할 바에 따르면 이런 제안도 충분하지 못하다. 여기서 **갈등**의 입장이 나오며, 이는 전통적으로 "일치주의"(concordism; 예를 들어 기독교적 선아담인류론에서 보임)로 표현된다. 대략적으로 이 관점은 과학의 주장과 성경의 교훈이 어우러진다고 본다. 이 두 영역은 갈등을 빚을 수도 있지만 모든 사실이 드러날 때 그 갈등들도 다 사라져버릴 것이다.

일치주의의 약점은 논란이 심하던 1860년, "*Essays and Reviews*"에 실린 찰스 굿윈의 예리한 논문을 통해 드러났다.[61] 굿윈은 19세기의 지질학이 17세기의 코페르니쿠스와 유사하다고 보았다. 이 두 학문은 그리스도인들로 하여금 하나님의 계시에 대한 이해를 교정하게 만들었다. 현대 지질학이 부상하기 전에는 창세기의 첫 부분이 불과 몇 천 년 전에 여섯 날에 걸쳐 지구가 창조되었다고 가르친다고 여겨졌다.[62] 19세기에 이르러서는 "모든 종교의 지질학자들에게…지구가 엄청나게 오랫동안 존재해왔다는 점,

---

61 Charles W. Goodwin, "On the Mosaic Cosmogony," in *Essays and Reviews*, 2nd ed. (London: John W. Parker & Son, 1860), 207-53.

62 같은 책, 210.

즉 수천이 아니라 수백만의 단위로 추산해야 한다"라는 점이 분명해졌다.[63] 신학자들은 처음에는 지질학을 부정하는 반응을 보였지만 불길한 징조를 깨닫자마자 성경이 새 연대와 조화될 수 있는 방안을 제시했다(예를 들어 간격 이론[gap theory]과 날-시대 이론[day-age theory]).

굿윈은 조화를 꾀하는 이런 시도들이 "모세 오경의 내러티브에서 사실과의 실제적 일치를 제거한다"라고 비판한다. 이들의 해석은 이미 지질학적 이야기를 신뢰하고 있는 경우에만 설득력을 갖는 것처럼 보인다. 그리고 창세기의 뚜렷한 의미를 제거하고 "현대 과학을 통해 드러난 우주의 복합적 체계와 조화를 꾀하기 위해, 지금껏 들어온 가장 간단한 이야기들 중 하나를 흐릿하게" 만들어버린다.[64] 굿윈 자신의 해결책은 신적 적응(divine accommodation)에 호소하는 것이다.[65] 성경은 "물리과학"이 아니라 "종교적 규율"의 책이다. 하나님은 우리에게 스스로 과학적 사실을 발견할 수 있는 능력을 미리 주셨다. 하나님은 메시지를 전하기 위해 불완전한 사람을 사용하셨다. 그래서 우리는 성경에 원시적 사고를 반영한 데서 비롯된 오류가 있다는 점에 놀라서는 안 된다.[66] 존 헤들리 브룩은 조화를 꾀하는 이런 기획이 실패라는 동일한 결론에 도달하며 이렇게 언급한다. "부분적으로 그 이유는, 조화를 도모하는 이들 사이에서의 불화뿐만 아니라 성공적으로 조화를 이루게 될수록, 과학의 입장이 바뀔 때 더 큰 문제가 유발되기 때문이다."[67] 한 세대에서 과학과 결혼한 신학은 다음 세대에서는 과

---

63   같은 책, 209.
64   같은 책, 249.
65   그러나 원래 개혁주의의 적응 교리는 성경에 관한 어떤 오류적인 속성도 인정하지 않았음에 주목하라. 참고. Martin Klauber and Glenn Sunshine, "Jean-Alphonse Turrettini on Biblical Accommodation: Calvinist or Socinian?," *Calvin Theological Journal* 25 (1990): 7-27.
66   Goodwin, "Mosaic Cosmogony," 250-51.
67   John Hedley Brooke, "Genesis and the Scientists: Dissonance among the Harmonizers," in

부가 되고 말 것이다.

이런 문제들로 인해 점점 더 많은 복음주의자가 독립적 모델과 제한적 무오설을 옹호하고 있다.[68] 이런 관점에 따르면 성경 저자들이 가진 틀릴 수도 있는 추정들을 통해 성경 속에서 하나님은 자신을 우리에게 무오하게 적응시키신다. 여기서는 하나님이 성경 저자들을 통해 전하는 신학적 메시지와, 이와 관련 없는 역사, 우주론, 지리학 등에 대한 그들의 생각을 구별한다(굿윈의 초기 이론을 연상시킨다).[69] 따라서 데니스 라무뤼는 "아담이 실제로 존재했던 적은 없었고" 타락은 역사상의 사건이 아니었다고 결론을 내린다.[70] 물론 우리는 성경이 과학 교본이 아니라는 데 동의할 수 있다. 그러나 앙리 블로쉐는 다음과 같이 서술한다.

> [성경이 과학 교본이 아니라는 점은] 그것이 과학자들의 영역에 관해 **아무 할 말이 없다는** 뜻이 아니다. 창세기의 우선적 목적이 우리에게 지질학을 가르쳐주는 것이 아니라는 점은, 곧 창세기가 지질학에 관해 말할 수 있는 가능성 자체가 없다는 뜻이 아니다. 결국 사람은 물리학과 형이상학을 확실히 구분할 수 없으며, 종교는 모든 것과 관련된다. 왜냐하면 바로 하나님이 모든 영역을 창조하셨고 그 모두가 계속해서 하나님을 의지하고 있기 때문이다.[71]

Reading Genesis after Darwin, 106.

68   예를 들어 다음을 보라. Denis Lamoureux, *Evolutionary Creation* (Eugene, OR: Wipf & Stock, 2008), 174.

69   따라서 Peter Enns는 역사적 아담에 대한 바울의 관점이 **역사적으로는** 틀리지만 **신학적으로는** 옳다고 주장한다. *The Evolution of Adam* (Grand Rapids: Baker Academic, 2012), 119-35. 『아담의 진화: 성경은 인류 기원에 대해서 무엇을 말하는가』(CLC 역간).

70   Denis Lamoureux, *Evolutionary Creation*, 202-6, 직접 인용은 319쪽.

71   Henri Blocher, *In the Beginning: The Opening Chapters of Genesis*, trans. David Preston (1979; Downers Grove, IL: InterVarsity, 1984), 24.

성경적 실재론

앞으로 나아갈 길은 있는가? 여기서 내가 간략히 제안하는 바는 **성경적 실재론**(scriptural realism)이다. 성경적 실재론은 종교개혁의 전통 안에 있는 전형적인 테마에 의지한다.[72] 이는 다음과 같은 우리의 핵심 질문에 답하기 위해 고안되었다. 어떤 근거에서 성경의 외적 요소인 자연과학이 하나님의 말씀으로 규정된 교리를 변화시키거나 뒤집을 수 있는가? 내 제안을 다음과 같은 세 가지 동향에서 간단히 살펴볼 것이다.

첫 번째 동향(또는 헌신이라는 표현이 나을 수도 있다)은 **성경의 무오성**(biblical inerrancy)을 확증하는 것이다. 하나님은 실수도 거짓말도 하지 못하시기에, 그분의 자기 표현인 성경은 실수도 거짓말도 하지 못한다(예를 들어 요 3:20; 딛 1:2; 히 6:18). 하나님은 거룩하고 신실하시다. 성경은 성경이 전하는 모든 바에 대해 진실하기에 "모든 사실이 드러나게 될 때, 원본 상태로 바르게 해석된 성경은 그것이 전한 모든 바에 대해 완전히 진실했음이 밝혀질 것이다. 교리에 관한 것이든지, 도덕 아니면 사회과학, 물리학, 생명과학에 관해서든지 말이다."[73] 이런 확신은 과학과 신학의 관계에 대한 우리의 관점을 형성하는 전제로서 기능할 수밖에 없다. 근대정신 속에서 성경으로부터 유발된 믿음은 의견과 개연성의 영역에 속하는 반면에, 과학의 주장은 최소한 어떤 경우에 있어서는 정당한 확실성과 지식의 영역에 속한다. 그러나 이는 성경의 권위의 핵심적 함축을 오해하거나 무시한 처

---

[72] 나는 Alvin Plantinga에게도 힘입은 바가 크다. 특히 다음의 책을 보라. *Warranted Christian Belief* (Oxford: Oxford University Press, 2000), 258-66. 그의 다음 책도 참고하라. "Games Scientists Play," in *The Believing Primate*, ed. Jeffrey Schloss and Michael Murray (Oxford: Oxford University Press, 2009), 159-67.

[73] Paul Feinberg, "The Meaning of Inerrancy," in *Inerrancy*, ed. Norman Geisler (Grand Rapids: Zondervan, 1980), 294.

사다. 물론 성경 외에 현실을 바라보는 합당한 시각(예를 들어 역사, 과학, 고고학 등)이 있는 것은 사실이지만 성경은 하나님의 말씀이라는 전적으로 다른 차원에 서 있다.

두 번째 동향은 **영적 확실성**(pneumatic certainty)을 환기시키는 것이다. 칼뱅은 성경의 권위의 객관적 차원, 즉 그가 "확실한 증거들"이라고 부른 것들이 성경의 신뢰성을 확증하는 데 유익하다는 점을 인정한다. 하지만 이런 성경 외적인 증거보다 하나님 자신이 성경에서 말씀하신 내적 증거가 훨씬 더 위대하다고 주장한다. 그는 성경의 권위에 대한 확신이 "사람의 이성이나 판단, 추리보다 고차원적인 성경의 비밀한 증거"에서 나온다고 말한다.[74] 그리스도인은 성경이 신학적 확실성과 함께 권위가 있다는 것을 안다. 칼뱅은 "성령의 증거는 모든 이성보다 훨씬 탁월하다"라고 말한다.[75]

성령의 내적 증거는 신자들에게서 성경의 신성에 대한 신학적 확실성을 유발한다. 17세기에 투레티누스는 확실성의 종류를 세 가지, 곧 수학적 확실성, 도덕적 확실성, 신학적 확실성으로 분류했다.[76] 우리는 그가 말한 신학적 확실성을 전용해서 이를 **영적 확실성**이라고 부를 수 있을 것이다. 이는 인간의 자율적인 이성이 신앙에 대한 최종적 권위를 행사하지 못한다

---

74 John Calvin, *Institutes of the Christian Religion*, 1.7.4. 또한 3.1.3, 3.2.15, 3.2.33-36. 『기독교강요』(생명의말씀사 역간).

75 같은 책, 1.7.4, 79.

76 수학적 확실성은 입증 가능한 진리, 즉 논리가 담보된 제1원리에서 나온다. 도덕적 확실성은 개연성이 크지만 자명하지는 않은 것으로부터 도출되며 교양을 갖춘 이들이 거의 모두 동의하는 것이다. 그러나 그리스도인들은 성경으로부터 전혀 다른 무언가를 얻는다. "성경에는 형이상학적 확실성이 없다. 그렇지 않다면 성경에 대한 우리의 동의는 믿음이 아니라 지식을 나타내는 것이 될 것이다. 성경에는 단순한 도덕적 혹은 개연적 확실성도 없다. 그렇지 않다면 우리의 믿음이 사람의 기록에 대한 역사적 동의보다 더 확실할 수 없을 것이다. **그러나 성경에는 신학적·무류적 확실성이 있어 하나님의 성령의 조명을 받는 진정한 신자를 절대 속일 수 없다.**" Francis Turretin, *Institutes of Elenctic Theology*, vol. 1, ed. James T. Dennison, trans. George Musgrave Giger (Phillipsburg, NJ: P&R, 1992), 69(Madueme 강조).

는 점을 나타내고자 한다. 우리의 죄성은 때때로 이성이 하나님의 말씀을 통해 성령이 초자연적으로 중재하는 믿음의 지시를 받아야만 한다는 점을 분명히 해준다. 이런 영적 확실성에는 과학과 관련해서 기독교 교리를 이해하는 방식에 대한 함축성이 있다. 마르틴 켐니츠(Martin Chemnitz)의 생각을 빌리자면, 신자는 "성경의 수많은 글자와 음절들이 아니라 선하고 확실하고 견고하고 분명한 추론을 통해 성경의 뚜렷한 증거들로부터 모인" 교리들을 확고히 받아들여야 한다.[77] 칼 브래튼은 교의와 고백이 "예수 그리스도를 통한 하나님의 구원적 계시에 관한 성경의 증언을 온전하게 증류한 경우에 한해서(quatenus) 구속력 있는 규범인 것이 아니라 그렇게 증류되었기 때문에(quia) 구속력 있는 규범이다"라고 기술한다.[78] 정경의 권위는 교리가 "파생적" 권위를 가졌다는 점을 함축한다. 물론 특별 계시는 교리에 투영된 우리의 해석과 마땅히 구별되어야 한다(개신교도들은 한숨 돌릴 수 있을 것이다). 그러나 폴 헬름은 "이 구별을 지나치게 중시하는 데" 대해 경고한다.

특별 계시가 신앙 공동체에서 지금과 같은 지위를 갖는 것은, 이 공동체가 (적어도) 일부 해석에 대해서는 이견의 여지가 없다고 믿기 때문일 것이다. 특별 계시에 관한 모든 해석이 전복될 수 있다고 여긴다면, 신앙 공동체에서는 특별 계시가 갖는 지위 자체가 의심을 받을 것이다. 특별 계시가 지금의 지위를 갖는 것은, 이 공동체가 특별 계시의 (적어도) 일부 표현들이 확실한

---

77   *Examination of the Council of Trent, Part I*, trans. Fred Kramer (St. Louis: Concordia, 1971), 249.

78   Carl Braaten, "The Problem of Authority in the Church," in *The Catholicity of the Reformation*, ed. Carl Braaten and Robert Jenson (Grand Rapids: Eerdmans, 1996), 62.

명제를 표현한다고 여기고 있기 때문이다.[79]

정경의 권위는 하나님에 의해 부여되었으며, 교리는 그 권위를 파생적으로 공유한다. 이는 일부 교리에는 어느 정도 신학적 확실성이 있을 수 있음을 뜻한다. 물론 건강한 교회를 위해서는 이런 종류의 신학적 확실성이 필요하기는 하지만 충분하지는 않다. 결국 종교개혁이 한창일 때 이에 반대하는 모든 집단은 자기편의 신학적 확실성을 주장했다(이 과정에서 지나친 출혈이 있었다). 때로는 겸손이 "확실성"보다 훨씬 중요하다!

교의적 서열 개념은 바로 이 부분에 유익을 줄 수 있다. 어떤 교리는 성경 증거의 핵심에 더 가까운 반면에, 다른 교리는 주변적이고 덜 확실하다. 핵심적 교리는 믿음의 구조에 더욱 중요하며 이를 더 분명히 증명한다. 그래서 훨씬 깊은 차원에서 신자들의 삶을 형성시킨다. 이런 믿음은 지극히 깊은 곳으로 진입한다(아마도 진입할 수 있는 가장 깊은 곳일 것이다). 그것은 나의 지적 구조(noetic structure)의 주변부에 머물지 않고 핵심 자체에 있다. J. P. 모어랜드는 다음과 같이 언급한다.

> 하나의 지적 구조는 믿음들의 그물망(web of beliefs)으로 생각될 수 있다. 사람의 지적 구조에서는 한 가지 믿음이 더 깊이 진입할수록 두 가지 주요한 특징이 더 드러난다. 첫째, 그것은 내 지적 구조 속에서 다른 믿음들과 더 긴밀하고 복잡하게 서로 결부되어 있다. 그것은 주변부에 있는 믿음에 비해 덜 독립적이다. 둘째, 그것은 내 지적 구조에서 인식론적으로 중요한 믿음이다. 그것은 깊이 진입해 있는 다른 중요한 믿음들에게 상호 지원을 해주며, 주변

---

79   Paul Helm, *Divine Revelation* (Westchester, IL: Crossway, 1982), 113.

부에 있는 많은 믿음에 대한 인식론적 지원을 제공한다.[80]

이 믿음의 그물망 전반에 있어 우리 신념의 일부는 명시적이기보다는 더 암시적일 것이다. 즉 아직까지 지적으로 완전히 밝혀지지 않은 방대한 성경의 증거들이 있을 것이다. 심지어 어떤 핵심적 신념은 다른 핵심적 신념만큼(심지어 어떤 주변적 신념만큼도) 이해되지 않을 수도 있다. 말하자면 우리는 우리의 신학적 신념들이 모두 동등하게 성경에 관해 중심적이거나 지적으로 연마되지 않았다는 것을 우리의 유한성과 죄성으로 인해 깨닫게 된다. 어떤 것은 더 융통성 있고 덜 확실하다. 사실, 우리의 핵심적인 신학적 신념도 성경에 비추어 점검해보아야 한다. 따라서 영적 확실성은 **검증된** 영적 확실성임이 틀림없다.

세 번째 동향은 과학 이론들에 대한 **절충적인 방식**을 채택하는 것이다. 바버로부터 영향을 받은 과학과 신학 분야의 학자들은 과학과 신학을 결부시키는 최상의 방법으로 거의 언제나 통합이나 대화를 추천한다. 그리고 대부분은 독립의 방식을 폐기한다. 이들에게는 갈등이야말로 궁극적 이단이다. 갈등은 모든 학제간 대화를 위협하는 불량배와 같다. 나의 질문은 다음과 같다. 왜 꼭 우리가 한 편만을 선택해야 하는가? 신학은 과학과 관계를 맺는 방식에 있어 **절충적이어야** 한다.[81] 그리스도인들은 각각의 사례별로 과학 이론들에 관여해야 한다. 여러 다른 이론들은 여러 다른 태도와 반응을 도출해낼 것이다(어떤 때는 대화, 어떤 때는 갈등, 어떤 때는 독립 등).

---

80 J. P. Moreland, "The Rationality of Belief in Inerrancy," *Trinity Journal* 7 (1986): 81. 진입의 깊이에 대한 개념은 W. V. O. Quine에게서 기원한다. 예를 들어 다음을 보라. "The Two Dogmas of Empiricism," in *From a Logical Point of View* (Cambridge, MA: Harvard University Press, 1953), 20-46.

81 신학이 그 자체에 충실하다면 **틀림없이** 절충적이다. 현대 사상의 윤곽이 그러하도록 만든다.

이런 유형의 절충주의는 "완고한" 일치주의보다는 "유연한" 일치주의에 가까울 것이다. 그리스도가 다시 오실 때 과학과 신학은 **궁극적으로** 조화를 이룰 것이다. 하지만 지금으로서는 이 둘을 조화시키려는 시도가 대개 시기상조다. 한편으로 이는 성경이 과학적 질문에 대체로 답하지 않기 때문이고, 다른 한편으로는 과학적 주장의 본질상 그것은 언제든지 변경될 수 있기 때문이다. 책임감 있는 성경 해석에는 문학적 장르와 본문의 분명한 주장(우리 자신의 관심사를 은밀히 투영하지 않고)에 주의를 기울이는 행위가 수반된다. 그렇기는 해도 **정말로** 성경은 과학의 주장과 직접 관련된 물질적 문제에 대해 말하고 있다. 성경은 동화나 판타지같이 역사적·물리적·우주적 실체들을 떠나 둥둥 떠다니는, 그저 종교적이거나 "영적인" 진리에 관한 것이 아니다. 이런 것은 영지주의일 뿐이다.

이 모든 것의 결말은 이따금 과학과 신학 사이에(아니면 널리 인정받는 과학 이론과 기독교 교리 사이에) 실제적인 갈등이 있으리라는 것이다. 그래서 때로는 중요한 교리가 과학적 합의와의 사이에서 긴장을 조성할 것이다. 이런 상황을 어떻게 타개할 수 있을까? 우리의 교리적 개념과 과학적 이론의 궁극적 조화는 **종말론적** 주장이라는 점을 되짚어보자. 과학이 분석한 실체는 성경 속에서 철두철미하지는 않지만 대체로 진정성 있게 우리에게 드러난다. 우리의 세상이 타락한 연유로 과학적 이론과 실천은 죄의 지적 영향에 완전히 휘말려 있다. 그러므로 에덴 동편의 이생에서 과학과 신학을 항상 조화시킬 수는 없을 것이다. 그렇게 할 수 있다고 생각하거나 성급히 가정한다면 지나치게 실현된 종말론의 경향이 무심결에 드러날 것이다. 과학과 신학 사이의 진정한 갈등의 여러 에피소드들 중에는 그리스도인들이 과학적 합의를 있는 그대로 거부해야 할 때도 있을 것이다.

성경적 실재론은 성경의 무오성, (검증된) 영적 확실성, 과학적 이론들에 대한 절충적 방식이라는 세 가닥으로 꼬여 있는 끈이다. 성경의 확증은 인식론적으로 궁극적이지만, 죄의 지적 영향으로 말미암아 우리는 하나님이 뜻하신 바를 종종 파악하지 못한다. 만일 이 모든 요소를 고려한다면 우리는 과학 이론과 마주침에 있어 교리의 인식론적 영향력에 대한 **최소한의**[82] 기준을 제시할 수 있다. 우리의 교리적 신념들이 성경 속에서 분명히 입증되고 그것들이 구속사적 내러티브에서 주변부가 아니라 중심부에 있을 때, 또한 그것들이 보편 교회 안에서 보편적으로 가르쳐질 때, 이런 신념들은 최대한 깊이 우리의 지적 구조에 진입하리라고 말할 수 있다. 이것들은 신학적으로 확실하다. 이것들은 하나님의 단독 권위와 성경에 있는 그의 말씀 위에서 정당함이 인정되며, 현대 과학을 비롯한 다른 어떤 인간의 학문으로부터의 증거나 보증을 필요로 하지 않는다. 이것들은 신학적 렌즈로서 효과적으로 기능하며 이를 통해 우리는 나머지 현실을 이해하게 된다.

개신교에게 "**오직 성경으로**"는 여전히 적용되기에, 더 깊고 참된 주해로 인해 이런 신학적 렌즈가 뒤집어질 가능성이 있다. 그러나 중점 교리의 경우에 있어서는 그것이 만일 보편적인 합의에 의해 성경적 증거를 바르게 증류한 것으로 판단된다면, 상대적으로 뒤집어질 가능성이 희박할 것이다. 물론 이런 중점 교리에 대한 믿음도 앞으로의 과학적 발견에 의해 뒤집어질 수도 있겠지만, 현실적으로 말해 그렇게 되기에는 문턱이 너무 높다. 신학이 다양한 과학 이론들과 관계를 맺을 때는 매우 절충적으로 때로는 충분히, 때로는 부분적으로 그것들을 승인해야 한다. 그러나 아무리 잘 입증된 과학 이론이라도 중점적인 기독교 교리와 갈등을 빚는다면 대체로 신학은 이를 거부할 것이다.

---

82 과학과 기독교 교리에 대해 말할 수 있고 또 말해야 하는 것이 훨씬 많지만, "최소한"이라는 말은 우리 앞에 놓인 질문들에 한해(그래서 "최소한") 충분한 정도로만 내 제안의 범위를 두고 있다는 뜻이다.

원죄와 과학: 갈등과 대화 사이에서

언제나 방법론적 성찰은 지나치게 추상적으로 보일 위험이 있으므로, 구체적인 예시가 가치를 지닌다. 나는 성경적 실재론이 절충적으로 과학과 관계를 가져야 한다고 주장했다. 이 마지막 부분에서는 절충주의를 예시하는 다음의 두 가지 주장을 변론할 것이다. (1) 과학적 합의가 기원하는 죄의 교리와 갈등을 빚을 때, 신학은 과학의 승인을 거절해야 한다. (2) 이런 과학의 측면은 기원된 죄의 교리와의 **대화**를 위한 기회를 제공한다.

기원하는 죄의 교리—과학과의 갈등

아담의 타락 교리는 주변적이지 않은 핵심적 교리다. 성경(규정하는 규범, norma normans)과 보편 전통(규정된 규범, norma normata)이 이를 보증한다. 아담과 하와는 역사적 인물이었다. 그들은 인류의 머리였고 하나님의 선과 은총에서 떨어져 나갔다. 이 교리는 죄에 관한 우리의 지식과 우리의 구속 경험에 있어 본질적이다. 성경을 통한 하나님의 말씀이 이를 보증하기에 이는 신학적으로 확실하다. 아담의 타락에 관한 이런 선행적 진리에 비추어, 기독교 교의학은 그것과 갈등을 빚는 어떤 과학적 이론의 입증적인 주장도 태연히 거부한다(예를 들어 진화론에 관한 최신 다윈주의 이론이나 집단 유전학에 관한 오늘날의 해석).

물론 우리가 성경을 오독했을 가능성도 충분히 있지만, 타락론을 폐기하거나 대대적으로 수정하기에는 그 문턱이 매우 높다. 그렇다면 이제 다음과 같은 질문이 득달같이 뒤따른다. "매우 높다"는 것은 얼마나 높다는 말인가? 과학적 이론은 언제 그 "문턱"에 정당하게 이를 수 있는가? 어느 시점에 신학은 핵심 교리를 폐기하거나 수정해야만 하는가? 언제쯤 전통적 타락론에 대한 교의학적 헌신이 단지 어리석은 것이 되는가? 이 모든 물음의 배후에는 더 기초적이고 근본적인 질문이 있다. 아담의 타락에 반하는 과학적 증거가 **본질적으로 얼마나 강력한가**?[83] 바로 여기가 그리스도인들이 강력히 반대하는 지점이다.

압도적인 설득력을 갖춘 과학적 증거는 타락과 같은 핵심 교리를 뒤엎을 수 **있다**. 그렇게 되면 역사적 아담과 타락이 제거되도록 우리의 성경관을 수정해야 할 것이다. 하지만 이런 결정은 결코 한 사람이나 여러 개인들에 의해 내려질 수 있는 것이 아니다. 지금까지 존재했던 공의회의 칙령이나 신조들과 마찬가지로, 이는 지구촌 곳곳에서 모인 교회 리더들과 함께 하나님의 성령의 인도하심에 따라 내려진 교회적 결정이어야 한다. 이런 각본은 논리적으로 가능하기는 해도 현실성이 무척 떨어진다. 타락에 대한 성경의 증거는 현재의 어떤 고인류학적·진화 생물학적 증거보다 훨씬 더 강렬한 **내재적** 보증이기 때문이다. 게다가 타락은 조직신학이라는 통으로 짜인 옷의 핵심 교리들을 하나로 엮고 있는 필수적인 실 가닥이다. 그 한 올이 풀어지면 전체 옷이 해체된다. 이런 점에서 선아담인류론들 중 일부는 다른 제안에 비해 좀 더 설득력이 있긴 하지만(서로 다른 전통에 속한 교회들이 그들 고유의 내부적 신학 규준을 사용해서 이를 평가할 것이다) 충분한 설득력을 갖춘 것은 아무것도 없다(너무 많은 의구심을 남겨둔다).[84] 개인들은 이런 주장을 교회를 구속하지 않는 비교리적 **임시** 가설로서 견지할 수 있을 것이다.

---

83 기독교 신앙을 물리칠 수 있는 잠재적인 과학적 주장을 판단하는 데 유익한 방법으로는 다음 글을 보라. Plantinga, "Games Scientists Play."

84 현재의 고인류학적 증거를 훨씬 더 자세히 다룬 연구로는 이 책 3장에 나온 William Stone의 제안이 있다. 여기서 그의 주장은 자신의 우려와 일치하는 적합한 것이지만, 관련된 화석 증거에 따른 **신학적** 중요성에 관해서는 나보다 더 낙관적인 것 같다.

기원된 죄의 교리—과학과의 대화

기원된 죄에 관해서 우리는 이미 현재의 과학 이론들과 심각한 갈등을 빚는 영역들을 살펴보았다. 그러나 여기서 들리는 소리가 갈등의 전부는 아니다. 실제로 몇 가지 임상적 사례는 죄론에 있어서 어떤 개념적 설명을 제시한다. 여기에는 과학과 신학 간의 대화의 기회가 있다. 예컨대 투렛 증후군(Tourette's syndrome)이라는 신경정신장애를 앓는 환자들은 갑자기 부적절한 욕설과 낯 뜨거운 음담패설을 내뱉는 희귀한 증상을 보인다. 한 사례를 살펴보면, 어떤 환자는 자신의 의지로 제어가 안 되는 상태에서 1분에 50단어 정도를 내뱉으며 음담패설을 늘어놓는데 여기에는 인종차별적 욕설과 부적절한 말도 섞여 있었다. 이런 일이 벌어졌을 때 그가 할 수 있는 일은 즉시 사과하는 것뿐이었다.[85] 다른 예를 살펴보면, 안와전두종양(orbitofrontal tumor)은 포르노 중독을 유발한다. 유명한 사례로는 색욕과 소아성애에 끊임없이 집착했던 한 남성의 경우가 있다. 그는 만성두통으로 MRI 촬영을 했고 이 검사에서 종양 덩어리를 발견했다. 종양을 제거하자 이런 증상은 말끔히 사라졌다.[86]

이런 사례를 통해 무엇을 알 수 있는가? 사람들이 겉으로 **악한 행동**을 표출하게 되는 **생물학적 조건**으로 인해 고통 당할 수 있다는 것은 명백히 타락의 결과다. 여기서 기원된 죄는 그 자체를 믿을 만한 방식을 통해 실제적 죄로 표출하지 못한다. 이런 "악한" 행동이 진짜 악한 것은 아니기 때문이다. 왜냐하면 우리에게는 우리의 욕망과 믿음, 그리고 이로써 발현되는 행동이나 이런 행동의 억제에 대한 도덕적 책임이 있는데, 이는 우리의 기

---

85 Mouna Ben Djebara et al., "Aripiprazole: A Treatment for Severe Coprolalia in 'Refractory' Gilles de la Tourette Syndrome," *Movement Disorders* 23 (2008): 438-40.

86 Jeffrey Burns and Russell Swerdlow, "Right Orbitofrontal Tumor with Pedophilia Symptom and Constructional Apraxia Sign," *Archives of Neurology* 60 (2003): 437-40.

능이 정상적일 때 그러하다. 나의 도덕적 상태와 행동이 정상적인 기능일 때, 나는 진정한 도덕적 행위 주체가 된다. 곧 마음에 있는 것이 믿을 만한 방식을 통해 표현되는 상태일 때다. 그리고 "**마음에서 나오는 것**은 악한 생각과 살인과 간음과 음란과 도둑질과 거짓 증언과 비방"(마 15:19)이다. 만일 이런 것들이 더 기초적이고 우선적인 생물학적 조건에서 발현되었다면, 이는 내 마음을 믿을 만한 방식으로 표출한 것이 아니다.[87] 여기서 우리는 몸과 영혼의 밀접한 연합이 깨어졌다고 추론할 수 있다. 이런 희귀한 신체적 조건은 비정상적인 기능을 통해 마음을 드러내지 못한, 겉보기에 "악한" 행동을 유발한다. 우리의 죄는 "마음에 가득한 것"(마 12:34)으로부터 솟아나며, 이 "마음"은 나를 가장 잘 드러내는 것이다(창 6:5; 시 14편; 58:3; 롬 3:9-20; 막 7:21 등).

제시 쿠엔호벤은 우리의 마음을 진실하게 드러내는 행위에 대해 우리는 "깊은 책임이" 있고 비난받아 마땅하다고 주장한다. 그리고 깊은 책임감은 "자기 형성"(self-making)이 아닌 "자기 표출"(self-disclosure)이라고 설명한다.[88] 이는 주의주의적(voluntarist; 자기 형성) 개념이 아니라 양립가능론적(compatibilist; 자기 표출) 개념이다. 쿠엔호벤은 사람을 "그 마음의 악이 아닌 악, 즉 한센병이나 암과 같이 사람의 믿음과 욕망을 표출하지 않는 악"으로 비난하는 일은 잘못된 것이며 "따라서 그것들은 사람을 비난할 수 있는 근거가 아니라고" 설명한다.[89] 죄는 생물학적인 것이 아니다. 우리에게 해당하는 생물학적 실상에 대해 우리는 깊은 책임을 지지 않기 때문이다.

---

87 Jesse Couenhoven, "What Sin Is: A Differential Analysis," *Modern Theology* 25 (2009): 580. 여기서 유익한 개념인 정상적인 기능에 관해서는 Couenhoven의 연구에 신세를 졌다.
88 같은 책, 577.
89 같은 책, 578. Jesse Couenhoven은 다음 책에서 이 주제들을 방대하게 발전시켰다. *Stricken by Sin, Cured by Christ: Agency, Necessity, and Culpability in Augustinian Theology* (Oxford: Oxford University Press, 2013).

생물학적 실체는 유의미한 방식으로 마음을 표출하지 않기 때문이다.

우리는 여기에 나타난 현상에 주목해야 한다. 과학은 신학적 성찰을 위한 자료를 제공해준다. 동시에 이 자료는 죄에 대한 우리의 관점을 과학적으로 수정하도록 부추기지 않는다. 주객이 전도되지 않는다. 강력한 과학적 발견에 직면해서 우리의 죄론은 더 폭넓은 개념적·신학적 명료성을 추구한다. 방금 살펴본 신체적 조건들은 아담의 타락에 따른 희귀한 영향을 보여주는 가슴 저미는 사례들이다. 즉 기원된 죄와 실제로 악한 행동 사이의 자연적 결합이 절단된 것이다.[90] 이것이 옳다면, 나는 성경적 실재론에 따른 신학이 어떻게 과학과 진정한 대화를 나눌 수 있을지에 관한 한 가지 구체적 사례를 든 셈이다.

결론

과학은 신학이라는 육체의 가시일 수 있다. 원죄는 창조론과 계시 사이의 전통적 긴장에 딱 들어맞는 사례다. 적어도 원리상, 과학의 영역은 하나님의 일반 계시의 한 측면이다. 최선의 과학은 하나님의 선한 창조와 그가 섭리로 운행하시는 과정에 대한 끈질긴 탐구다. 하지만 거기에는 독성도 있다. 그래서 여러 과학 분야에서 널리 인정된 많은 이론들이, 오랜 세월 교회가 계시의 확실한 표현으로 해석한 교리인 전통적 원죄론과 병존할 수 없다. 아우구스티누스주의적 죄론은 사라져가고 있으며, 점점 더 많은 그리스

---

90   기능장애는 여러 다양한 정도로 나타날 가능성이 높기 때문에, 이 분석은 도식화된 것이다. 한 사람의 믿음과 욕망, 그리고 그것으로 인한 행동(혹은 억제)이 질병인 동시에 악한 경우를 생각해볼 수도 있다. 여기에 관한 흥미로운 세속적 연구로는 다음을 보라. Mike Martin, *From Morality to Mental Health: Virtue and Vice in a Therapeutic Culture* (New York: Oxford University Press, 2006).

도인들에게 설득력을 상실해가고 있다. 그들에게 이런 교리는 진부한 것이자 신앙의 신뢰성에 대한 공격이다. 그래서 우리는 이를 살펴보았다. 여기에는 진리의 낱알이 있다. 좋든 싫든, 우리의 기능적 믿음은 자연과학에 의해 형성된다. 이런 믿음은 우리가 먹는 음식과 마시는 물에도 있다. 죄에 관한 먼 옛날의 이해는 믿기 어려운 이야기처럼 들린다. 죄론의 구원론적·목회적 기능은 실존적 견인력을 잃어가고 있다. 바로 이런 최악의 상황을 타개하기 위해 일부 신학자들은 원죄론을 포기하거나 이를 근본적으로 수정했다.

나는 이런 동향에 공감하지만, 본 장을 통해 내가 앞과 같은 시도에 대해 그리 낙관하고 있지 않음을 밝혔다. 널리 입증된 과학적 주장과 기독교 교리가 갈등을 빚을 때, 교리를 버리거나 바꾸는 것이 반드시 최선은 아니다. 기독교는 결국 계시적 믿음이다. 그것이 만일 무슨 의미를 가진다면, 어떤 교리 특히 신앙에 있어 중점 교리들은 늘 변화에 저항하는 신적 계시의 본질을 가진다. 내가 주장한 바대로 원죄는 바로 이런 교리들 중 하나다.

우리는 신앙이 비웃음을 사게 될, 그저 또 다른 엉성한 반과학적 울타리를 치는 법을 제시했을 따름인가? 남용될 수 있는 위험이 도사리고 있긴 하지만, 우리는 낡은 고정 관념에 대한 두려움으로 인해 과학과 신학의 관계에 있어 더욱 책임감 있는 자세를 잃지 말아야 한다. 축복받은 사도들이 우리에게 전수해준 실제적이고 겸손한 신앙은, 죄의 영향이 과학의 영역에도 미친다는 점을 인식하는 것이다(형평성에 의해 이는 신학에도 똑같이 적용된다!). 어떻게 그렇지 않을 수 있겠는가? 과학과 신학은 궁극적으로 조화를 이루게 될 것이다. 정말로 **확실히** 조화될 것이다. 그러나 이는 지금으로서는 믿음으로 받아들여야 하는 약속이다. 완전한 조화는 종말이 이르기까지 끊임없이 우리의 손아귀에서 벗어날 공산이 크기 때문이다. 그때까지는 원죄를 비롯해서 이와 유사한 교리들이 기꺼이 과학의 주장과 절충적인 관계를 맺을 것이다. 때로는 대화가, 때로는 갈등이 있을 것이다(대화와 갈등 사이에 있는 모든 것들과 함께). 이는 임의적으로 보일 수도 있겠지만 단지 외양에 불과하다. 과학적 견해가 넘쳐나는 세상에서 신앙이 이해를 추구함에 따라 생기는 이런 긴장은, 더 깊은 실재에 대한 피할 수 없는 미묘한 실마리다.[91]

---

91 이 글의 초고를 읽고 논평해준 Philip Anderas, Bill Davis, Paul Helm, Jonathan King, Tim Morris, Ryan Peterson, Mike Reeves, Doug Sweeney, Kevin Vanhoozer, Stephen Williams에게 감사를 표한다.

제12장
목회신학에서의 원죄

대니얼 도리아니(Daniel Doriani)

원죄와 목회적 소명

전통적인 기독교의 관점에 의하면 원죄는 인간 본성에 대한 서구의 신념에 반한다. 사람들은 이 단어를 사용하면서 그것이 가진 힘을 축소시킨다. "원죄"라 하면 대부분은 아담과 하와, 금단의 열매를 떠올린다. 은유적인 사용 역시 오해를 낳는다. 노예제도는 "미국의 원죄"라고들 한다. 오스카 와일드(Oscar Wilde)는 "인간성(humanity) 자체를 너무 중시하는 것, 그것이 세상의 원죄다"라고 했다.[1] 이런 잘못된 정의로 인해 원죄의 신학적 개념은 가라앉아 있었다. 벨기에 신앙고백(Belgic Confession)의 원죄 부분에는 우리가 따를 만한 정의와 설명이 들어 있다.

> 아담과 하와의 불순종으로 인해 원죄가 전 인류에게 퍼졌다. 이는 인간 본성 전체의 타락이자 유전적인 질병이며…죄는 마치 오염된 샘에서 물이 솟아나듯이 계속해서 뿜어져 나온다. 그럼에도 이는 하나님의 자녀에게 전가되어 멸망하게 하지는 않고, 그분의 은혜와 자비로 용서받는다.…신자들은 이런 타락을 자각해서 이 사망의 몸으로부터 자유[하게 되고자] 신음한다.[2]

1　Alan Jacobs, *Original Sin: A Cultural History* (New York: HarperOne, 2008), x.
2　벨기에 신앙고백 제15항: 원죄론.

벨기에 신앙고백에는 원죄나 타락이 많은 죄의 원인이라는 전통적인 개혁신학의 고백이 녹아들어 있다. 성경에 의하면 타락 이후 인간의 본성은 죄로 오염되어, 인간은 죄를 짓고 악한 습관을 형성하는 경향성을 갖게 되었다고 한다(창 6:5; 롬 8:5-8). 원죄 교리는 인간성이 타락해서 죄와 자기 파괴로 내달린다고 단언한다. 타락한 의지는 죄, 반항, 자기기만에 얽매여 바른 선택을 하지 않을 뿐 아니라 할 수 없게 되었으며 그 앞에 있는 곤경을 보지 못한다.

원죄 교리는 바른 목회적 소명에 있어 필수적이다. 분명히 이 일에는 영광이 있다. 목회자는 하나님의 진리를 공부해서 전달하고, 잃어버린 자에게 복음을 전하고, 방황하는 이에게 조언하고, 슬퍼하는 이를 위로하며, 하나님의 신실한 종을 인도한다. 반면에 목회자는 타고난 죄인들에게 둘러싸여 있다. 틈만 나면 그는 죄인들을 이용해서 하나님의 사역을 방해하려는 적들의 표적이 된다. 사람들은 목회자의 말을 오해하기 일쑤고, 조언을 구하러 오는 이들은 자기 문제를 포장하려 하며 목회적 조언을 멋대로 적용한다. 목회자를 과하게 추켜세웠다가 곧이어 비방하는 이들도 있다. 하루는 사랑과 관용, 희생, 인내, 충성을 약속했다가도, 내일이면 곧바로 시기, 비판, 뒷담화, 심지어 배신까지도 한다.

그러나 지혜로운 목회자라면 거짓 종교가 물질주의와 핍박과 더불어 사탄의 가장 든든한 동맹군임을 잊지 않을 것이다. 요한계시록은 바벨론 성의 유혹, 악한 성의 핍박뿐 아니라 거짓 종교의 도전에 대해서도 경고한다(계 11:8). 거짓 종교는 예언자와 사도들을 살해한다. 왜냐하면 거짓 종교는 자신의 주인을 미워하고 죽이기 때문이다(계 11:1-10; 마 10:24-25). 거짓 예언자는 악한 성과 용을 위해 거짓말을 하고 속인다(계 13:11-18; 16:13; 19:20; 20:10). 거짓 종교는 교회와 그 리더들을 핍박한다.

지혜로운 목회자라면 이런 핍박이 바깥뿐 아니라 내부에도 있으리라는 점을 알고 있어야 한다. 구원받지 못한 이들은 대부분 교회에 참여하려고 하지 않지만, 어떤 이들은 거짓 예언자에게 미혹되어 성스러운 예술과 음악, 초월적이고 영적인 느낌, 사랑의 행동 등 종교적 행위가 이루어지는 장소인 교회로 이끌리기도 한다. 원죄론은 교회 안에서도 분열과 악의가 있을 수 있다는 것을 교회 리더들에게 가르쳐준다.

원죄론의 함의를 더 생각해보기에 앞서, 성경의 핵심적 교리인 원죄론에 대한 전반적인 거부에 대해 살펴보자.

목회자의 난국: 원죄론에 대한 전반적인 거부

원죄에 대한 거부에는 여러 행태가 있을 수 있다. 인본주의는 원죄를 거부할 수밖에 없다. 자연주의는 이기심을 생존과 종의 보존 본능의 필연적 결과라고 받아들인다. 슬프게도 현대 신학자들은 모두 인간이 악한 본성을 타고났으며 그렇기 때문에 절대적으로 구원자가 필요하다는 것을 부인한다. 어떤 이들은 아우구스티누스가 원죄론을 만들어냈다고 탓하기도 한다. 그보다 앞서 테르툴리아누스와 키프리아누스가 있었고, (바울은 말할 것도 없이) 펠라기우스를 반박했던 공의회들이 독자적이었음에도 불구하고 말이다.[3] 어떤 탈-복음주의자(post-evangelical)들은 "예수가 본래 선(original goodness)을 믿었다"[4]라고 주장하며 원죄를 비틀고 왜곡한다. 탈-복음주의가 정통 교리에서 멀리 벗어난 것에 못지않게 중요한 지점은 이들이, 계몽주의 철학이

---

3 Jacobs, *Original Sin*, 32. 다음도 보라. Elaine Pagels, *Adam, Eve and the Serpent* (New York: Random House, 1988). 이 책에 있는 Peter Sanlon의 글을 보라.

4 Steve Chalke and Alan Mann, *The Lost Message of Jesus* (Grand Rapids: Zondervan, 2003), 126. 다음도 보라. Doug Pagitt, *A Christianity Worth Believing* (San Francisco: Jossey Bass, 2008).

라고 부르든지 자기개발 저술의 현대적인 문화라고 부르든지 상관없이, 문화에 만연해 있는 인본주의적 관점에 두 손을 들었다는 것이다.

1762년에 쓴 『사회계약론』에서 루소(Rousseau)는 길이 남을, 그러나 변명의 여지가 없는 문장으로 이렇게 서두를 연다. "인간은 자유롭게 태어났다. 그러나 인간은 도처에서 사슬에 매여 있다." 루소는 인간의 악덕이 외부, 즉 예술, 과학, 정부, 인위적 교육에서 온다는 입장에서 "인간의 선한 본성"을 주장했다. 그러나 그는 어째서 고결한 인간이 고결하지 못한 공동체를 계속해서 만들어내는지를 타당하게 설명하지 못했다. 펠라기우스를 위시해서 다른 이들처럼 루소도, 악한 권세와 타락하고 왜곡된 시스템을 예로 들었다. 비록 칸트(Kant), 볼테르(Voltaire) 등이 인간의 본성에 대해 절묘하게 평가했음에도 불구하고, 계몽주의 진영은 인간의 합리성과 자유의지가 전적으로 온전해서 무엇이 선하고 옳은지를 분별할 수 있고 그에 따라 행동할 수 있다는 평가를 원했다. 계몽주의에 따르면, 양식 있고 합리적인 정신이라면 올바른 선택을 할 수 있다. 계몽주의 사조의 옹호자이자 위대한 분석학자이기도 한 에른스트 카시러는 "원죄 개념은 계몽주의와 힘을 합하는 여러 철학 사조들에 맞서는 공공의 적이다"[5]라고 선언했다.

"죄"나 "죄인"이라는 말이 주로 가볍게 사용되기는 하지만, 죄의 개념은 우리 주변에도 아직 자취가 남아 있다. 대중적인 서구 문화 안에는 계몽주의 정신이 만연해 있으며, 죄성과 무능은 망각되었다. 사람들은 폭군, 범죄자, "혐오자"들에 대해 악하다고 말하기는 하지만, 인간의 전적인 무능력이라는 의미로서의 원죄론은 대다수의 공공담론에서는 설 자리를 잃었다. 사회는 보통의 사람들이 근본적으로 선하다고 믿는다. 적절한 교육을 받고

---

5   Ernst Cassirer, *The Philosophy of the Enlightenment* (Princeton: Princeton University Press, 1951), 141, 참고. 139–48.

마음을 돌보는 이라면 누구나 대부분의 상황에서 옳은 결정을 할 수 있다는 것이다. 주류 윤리학은 옳은 길을 알려주기만 한다면 사람이 옳은 일을 하기를 원하며 옳은 것을 선택하리라고 가정한다.

예를 들어 브루스 와인스타인은 언론매체에 자주 등장하는 공공윤리학자인데, 그의 저서는 제목부터 저자의 확신을 드러내고 있다. 『나는 무엇을 해야 하는가? 삶에서 더 나은 결정을 하기 위한 네 단계』(What Should I Do? Four Simple Steps to Making Better Decisions in Everyday Life), 『윤리지능: 불안한 시대를 현명하게 사는 삶의 원칙』이 바로 그런 사례다. 두 번째 책은 다섯 가지 원리, 즉 남에게 해를 끼치지 마라, 상황을 개선하라, 타인을 존중하라, 공정하라, 사랑하라를 제시하고 있다. 이 유명한 저서는 추정을 피해 단순명료하게 쓰였다. 저자는 윤리적으로 지적 능력을 가진 독자들이 선한 윤리적 결정을 할 수 있기를 원한다. 또한 옳은 길을 **보고도** 의도적으로 옳지 않은 선택을 하리라는 가능성은 무시한다.

와인스타인은 다음과 같은 두 가지 질문을 제기한다. "왜 더 많은 사람들이 옳은 선택을 하지 않을까? 무엇이 가로막고 있는 것일까?" 그는 윤리적으로 지적이지 못한 행동을 하는 원인으로 세 가지, 즉 두려움, 단기적 이익 추구, 불쾌한 기분을 꼽는다. 첫째, 옳은 행동에 따르는 부정적인 결과를 예상할 수 있을 때 오는 **두려움**이 있다. 둘째, 사람들은 단기적인 이익을 그냥 지나치지 못해 개인적으로 나쁜 결정을 하기도 하고(해로운 음식 섭취), 업무상으로 어리석은 결정을 하기도 한다(눈앞의 이익만을 좇는 **단기적 이윤 추구**). 셋째, 수면부족이나 대인관계의 문제로 인해 생기는 **불쾌한 기분**은 마음돌봄(mindfulness)과 합리적 사고를 저해한다.[6] 요약하면, 와인스타인은 기독교

---

6 Bruce Weinstein, *Ethical Intelligence: Five Principles for Untangling Your Toughest Problems at Work and Beyond* (Novato, CA: New World Library, 2011), 50–52. 『윤리지능: 불안한 시대를 현명하게 사는 삶의 원칙』(다산북스 역간).

의 원죄나 내재적 죄와는 접촉점이 없다. 그는 인간의 흠을 알고 있지만, 이를 죄가 아니라 약점으로 생각한다. 또한 윤리적으로 살기가 "때로는 만만치 않다"는 것을 받아들인다. "그러나 걸려 넘어지게 할 만한 것이 무엇인지 알고 있다면 그에 대비해서 윤리적으로 지적인 선택을 하는 데 방해가 되는 요인을 해소할 수 있다." 그는 사람에게는 지적일 수 있는 능력이 있으며 "지적이지 않은 것보다는…지적인 것을 더 많이 행할 수 있다"라고 믿는다.[7]

와인스타인도 사람들이 게으르고 훈련되지 않고 눈앞의 것만 보고 오만하고 비판적이고 자기중심적일 수 있음을 알고 있다. 그 역시 앞서 말한 다섯 가지 윤리적 원리를 따라 살기란 무척 어렵다는 것을 인정한다.[8] 그러나 칸트와 마찬가지로 그 역시, 사람이라면 자신을 대하듯이 타인을 대하는 법을 배워야 하고 또 그럴 수 있다고 믿는다.[9]

정통적인 그리스도인들도 인본주의나 계몽주의 윤리의 특정 부분에 대해서는 동의할 수 있다. 무지와 나쁜 본보기, 탐닉과 개인적 이익 등 여러 이유로 사람들은 윤리적인 원칙을 어기기로 **선택한다**. 단기적인 이익이 있기 때문에 사람들이 윤리적 규범을 어긴다는 것을 우리는 알고 있다. 기업가는 금전적 이익을 얻고자 내부 정보를 거래하고, 운동선수는 더 나은(또는 남들과 비슷한) 기록을 위해 약물을 투여한다. 그러나 기독교와 계몽주의는 어디서 윤리 위반의 **궁극적** 목적이나 뿌리를 찾는지에 있어서 차이점을 보인다.

기본적으로 계몽주의는 인간의 죄성을 간과한다. 계몽주의는 인간성에 있는 기본적인 윤리적 원리들이 논리적으로 필연적이며 보편적으로 구속력 있다고 믿는다. 살인, 강도, 기만 등을 금지하는 규범 없이는 어떤 사회도 번영할 수 없다. 누구나 합리적인 사람이라면 선한 것이 모두를 위해

---

7   같은 책, 52, 57.
8   같은 책, 6.
9   같은 책, 199.

최선이라는 것을 알 수 있어야 한다. 더 나아가 마음을 돌보고 법규를 알고 적절한 조언에 귀를 기울이는 보통 사람이라면 선을 택하고 행할 수 있는 본질적인 선에 이를 수 있다.

와인스타인은 능력이 있고 대중적인 윤리적 관점을 갖고 있기에 사회적으로도 성공한 공공윤리학자다. 그의 저서에서는 인간 본성에 대한 그의 관점이 드러난다. 조직 관리와 리더십을 다룬 최근 저술들에서도 인간 본성을 낙관적으로 바라보는 그의 관점을 찾을 수 있다. 제임스 쿠제스와 베리 포스너가 쓴 『그리스도인 리더십 챌린지』도 유명한 책이다. 짜임새 있게 잘 쓰인 책이고, 일부 성경적 원리들과도 맥락이 닿아 있다. 그러나 저자들은 리더가 옳은 일을 **하고 싶어 할** 뿐 아니라, 적절한 인도를 따라 옳은 일을 **하게 되리라**고 가정한다. 각 장의 제목만 훑어보아도 저자들이 전하고자 하는 요지를 알 수 있다. 신뢰의 분위기를 만들라, 최선을 기대하라, 영적 공동체를 이루라, 개인적으로 관심을 가져라, 도덕적 리더십은 더 높은 목표를 요구한다, 인간성은 자만심의 특효약이다 등등.[10]

이는 폭넓은 연구에 기반을 둔 훌륭한 조언이다. 그들이 주장하는 바에 대해서는 근거를 쉽게 찾을 수 있을 것이다. 그러나 쿠제스와 포스너는 독자들이 이런 원리들에는 거의 관심이 없다는 불편한 진실을 사실상 간과하고 있다. 대부분의 사람들은 자만심으로 가득 차 있으며 거기에 만족한다. 회사에서도 적을 만들고 신뢰하지 않는데, 그렇게 하면 사람들이 더 열심히 일하게 되리라고 생각하기 때문이다. 『그리스도인 리더십 챌린지』 같은 책은 한 문장 한 문장, 한 단락 한 단락, 완벽하게 말이 된다. 예를 들면, "최선을 기대하라"는 제목의 긍정적인 본문은 리더들에게 "구성원들의 능

---

10 James Kouzes and Barry Posner, *The Leadership Challenge*, 4th ed. (San Francisco: Jossey Bass, 2007).

력을 믿고" "그들이 성공하기를 기대"하며 그렇게 되도록 동기를 부여하도록 종용한다. 리더들은 "기대만큼 성과가 나온다"는 것을 알게 되고, 이는 공동체를 북돋고 또 다른 성공으로 이어진다.[11] 하지만 최악을 생각하면서 비뚤어진 기쁨을 느끼고 재능 있는 사람을 억누르려고 하는 리더도 있다는 냉엄한 진실을 저자들은 간과한다. 쿠제스와 포스너는 인간의 죄성에 대한 실제적인 개념을 갖고 있지 않은 것 같다.

    와인스타인, 쿠제스, 포스너의 책은 그들의 확신과 세계관에 공감하는 수백만 독자들에게 팔려나갔다. 반면에 그들의 조언은 이치에 맞지 않아 반박을 받기도 한다. 이런 저자들에게는 유명한 고민 상담 칼럼니스트와 유사한 측면이 있다. 실제적인 조언을 하는 칼럼니스트는 인간의 행태에 대한 통찰력을 갖고 있으며, 대담하고 재치 있고 박학다식하다. 그들은 주류 관점을 따르면서도, 때로는 더 앞서 나가거나 더 명확하게 표현한다. 온라인 잡지 「슬레이트」의 한 코너인 "디어 프루던스"로 알려진 에밀리 요페의 경우도 마찬가지다. 앞의 저자들처럼 요페도 독자들이 자신의 조언을 따르리라고 가정하고 그러리라고 여긴다. 때때로 목회자에게 학대받은 끔찍한 개인사와 같은, 독자의 비통한 사연을 담은 편지들을 대하다 보면, 인성에 대한 낙관이 한풀 꺾이기는 하더라도 말이다. 악하고 개선의 여지가 없는 사람이 존재한다는 사실을 알기는 하지만, 인간의 죄성에 대해서는 전혀 고려하지 않는 것 같다. 한 예로, 2012년 한 독자의 편지에 어떤 삼촌이 조카들을 밀치고 장난감을 빼앗고 언어장애가 있는 조카를 놀려댄다는 사연이 있었다. 요페는 그 삼촌에 대해 "잔혹하고 문제가 있는" 사람이라며 "이런 괴롭히는 사람 때문에 휴일을 망치고, 아이들이 괴롭힘을 당하며 공격을 당해서는 안 된다"라고 이야기한다. 이 삼촌은 자기 행동을 제어하기

---

11   같은 책, 282-86.

위해 결단하고 행동할 수 있는 사람이 아니라고 판단한 것이다.[12]

히틀러, 스탈린, 모택동을 기억하는 한, 사람들의 머릿속에 "악인"이라는 범주는 남아 있을 것이다. 유명인사가 부정과 부패로 자멸하는 것을 보면, 우리는 그들이 어리석다고 할 것이다. 그러나 서구 사회의 주류는 악하거나 어리석은 사람들은 **따로** 있으며 인류 전체가 타락한 것은 아니라고 생각하기를 선호한다.

유독 하나의 장르, 곧 중독에 대한 저술들만이 악이 어떤 인간도 삼킬 수 있다는 사실에 대해 보다 냉철하게 관찰하고 이를 받아들이고 있다. 이 장르는 사람들이 스스로 마약, 술, 성적 자극을 추구해서 자신을 무너뜨린다는 것을 인식하고 있다. 그러나 중독과 관련된 분야에서는 중독자를 죄인으로 보기보다는(죄악된 본성의 지배를 받는 사람으로는 말할 것도 없고) 질병에 걸린 피해자로 묘사한다.

슬프게도 기독교 서적의 대다수가 이런 보편적인 문화의 관점을 받아들인다. 한번은 가정과 성역할에 대해 논의하는 기독교 논문을 살펴본 적이 있는데, 여기서도 죄와 그리스도의 사역과 회개의 필요성에 대해 말하기는 하지만 대부분의 경우 겉가지로 다룰 뿐이었다. 많은 글들이 저자의 조언에 따라서 더 잘살고 싶은 욕구에 부응하는 데 그쳤다. 이런 유의 저자들은 "~하는 몇 가지 방법"(how to)으로 정리하기를 좋아한다. 친구 관계를 개선시키는 다섯 단계, 갈등을 해결하는 여섯 가지 방법, 집에서 사랑의 리더십을 발휘하는 일곱 단계, 양육을 위한 여덟 가지 조언 등등.

이런 종류의 책은 우리 문화에서 고통을 가져다주는 비탄을 고발하고 경건한 사람들에게 그 소용돌이를 거슬러 가라고 촉구한다. 어떤 책에서는

---

12 Emily Yoffe, "Dear Prudence," *Slate* (website), November 21, 2012, http://www.slate.com/articles/life/dear_prudence/2012/11/dear_prudence_i_m_incredibly_attracted_to_much_older_men.html.

실수로 죄를 범한 사람에게 자신의 죄를 하나님께 고백하고 "영적인 우선순위에 자신을 위탁하라, 마음을 다잡고 먼지를 떨고, '가서 다시는 죄를 범하지 말라'"고 조언한다. 이런 책은 신자들이 책에 나온 설계에 따라 즉각적으로 선한 일을 행할 수 있으며 그렇게 해야 한다고 간주한다. 참된 제자라면 하나님께 100퍼센트 헌신하고, 신실하게 기도하고, 유혹을 물리치고, 눈과 마음을 지키며, 신실한 동역자를 찾고, 그리하여 옳은 길에 거할 것이다. 짧게 말하자면 인간의 능력에 대한 이들의 관점은 세속적인 저술들과 몹시 비슷하다. 누구나 원한다면 옳은 일을 할 수 있다는 것이다.

반면에 원죄론은 많은 신자들이 자기개발서가 안내하는 단계를 따르기를 원치 않기에 거부한다는 것을 알게 해준다. 신자들은 두 가지 마음을 갖고 있어서, 하나님의 권세를 마음에 품었다가도 곧 거기에 저항하기도 한다. 우리는 제멋대로 행동하기를 선호하고 책임지기는 싫어한다. 우리는 눈과 마음을 지키고 싶어 하지 않으며, 권력과 부를 향한 마음의 원과 안목의 정욕을 채우려 한다.

이런 책들은 예수의 본보기를 들먹이지만, 성령을 통한 거듭남과 갱신, 믿음과 순종으로 이끄는 예수의 사랑하시는 은혜에 대해서는 거의 다루지 않는다. 죄에 대한 교리의 부재에는 결과가 따른다. 일전에 나는 아내 옆에 앉아서 여성을 위한 자기개발서를 읽은 적이 있다. 저자는 여성들에게 어떻게 하면 남편이 그들과 함께 있고 싶어 하도록 만들 수 있는지에 대해 이야기하고 있었다. 고생하고 돌아온 영웅을 넋두리로 맞이하거나 잔소리를 해서는 안 되고, 항상 환영하고 다정해야 하고 감사하고 칭찬해야 한다는 것이다. 절대 비난하거나 불평하거나 화를 내서는 안 된다. 남편이 함께 있고 싶어 하는 아내가 되라는 것이 저자가 말하는 바였다.

나는 이런 의무들을 아내는 어떻게 생각할지 궁금했다. 스무 가지 꼭지의 핵심 부분을 아내에게도 보여주고 의견을 물었다. 아내는 조심스럽게 이렇게 말했다. "좋은 말이네. 하지만 나는 처음 다섯 가지만 보아도 죄책감이 느껴지는데, 아직 열 몇 개가 더 있네." 그렇다. 이 책은 결국 아내가 완전무결하면 남편에게 사랑받으리라고 말하고 있었다. 분명히 저자는 죄와 무능의 개념을 놓치고 있었다.

정통주의에 속한 목회자들은 자신이 가진 죄 개념이 우리의 세속 문화나 보통의 그리스도인들의 생각과는 다르다는 점을 인지해야 한다. 죄의 교리를 거부하는 이들은 별로 없지만, 많은 이들이 이를 잘못 이해하거나 축소한다.

이제 원죄론의 목회적 함의로 넘어가서 복음주의, 목회자의 자존감, 교회 리더에게 있어서의 원죄론의 역할, 목회적 돌봄의 실제에서 원죄론이 가진 함의를 간단히 생각해볼 것이다. 마지막 부분에서는 구원받은 사람들의 내적 삶에서 발휘되는 원죄의 효과를 고찰해볼 것이다. 선하게 될 수 있고 선한 행동을 할 수 있는 인간의 능력, 곧 우리의 능력을 짚어볼 것이다. 그리고 원죄의 전반적인 효과를 우리의 마음과 감정에 미치는 영향을 중심으로 살펴볼 것이다.

원죄와 복음주의

원죄론은 복음주의의 과업을 분명하게 만든다. 조나단 에드워즈가 말했듯이, 인류는 우리가 겪는 고통이나 우리가 저지르는 도덕적 악 모두에 있어서 파멸 상태에 있다. 도덕적 죄는 인간의 고통의 원인이기에, 우리는 사회적인 개선이 아닌 복음을 통한 구원을 소망해야 한다.[13] 칼뱅주의와 인간의

13　Jonathan Edwards, "The Great Christian Doctrine of Original Sin Defended, Author's

죄성에 대한 그의 이해는 복음주의를 억누른다고 알려져 있다. 조나단 에드워즈나 조지 휫필드(George Whitefield)가 견고한 칼뱅주의적 복음주의자임에도 불구하고 말이다. 휫필드는 성령이 "일반적으로 죄인들이 자신이 지은 죄를 먼저 깨닫도록 하신다. 그럼으로써 오염된 물을 뿜어내는 샘과 같은 원죄를 깨닫고 비통함을 느끼게 된다"라고 말한다.[14] 이유는 자명하다. 죄와 무능을 자각하면 죄인은 치유를 위해 그리스도께로 향하게 된다. 우리는 스스로가 뼛속까지 연약하며 우리의 죄 가운데 죽었음을 시인하고, 구원을 위해서는 그리스도께로 향해야 한다(시 38:1-22; 엡 2:1-10).

교회, 특히 복음주의 교회의 설교의 핵심에는 이 교리가 들어 있어야 한다. 원죄가 없다면 성육신도, 속죄도, 복음도 필요 없을 것이다.[15] 분명한 교훈, 좋은 사례, 시기적절한 조언, 뜨거운 설교라면 인성을 변화시키고 영원한 삶으로 인도하기에 충분할 것이다. 그러나 성경은 단순히 인간의 죄를 알려줄 뿐 아니라, 우리는 스스로 멈출 수 없고 스스로 변할 수 없기에 그리스도를 소망해야 한다는 사실을 알려준다.

원죄와 목회자

교회의 필요성을 이야기하면서, 목회자와 신학자들 자신의 원죄의 문제를 빠뜨린다면 어리석은 일이 될 것이다. 목회자는 자신이 심장병을 가진 심장전문의, 자신이 치명적인 질병에 걸린 진단병리학자다. 우리는 우리가 저

Preface," in *The Complete Works of Jonathan Edwards* (Carlisle, PA: Banner of Truth, 1995), 1:145.

14 Jacobs, *Original Sin*, 132–35에서 재인용.
15 더 자세히는 Reeves와 Madueme가 쓴 장을 보라.

지르면 안 되는 것으로 묘사하는 바로 그 죄를 저지르는 존재다. 자만심 강한 자가 겸손을 설교한다. 괴팍한 성격을 가진 자가 온유를 권면한다. 탐식가, 술고래, 운동 강박증이 있는 사람이 절제를 이야기한다. 우리는 더러운 손에 복음을 들고 있다. 한 예로 자신과 비슷한 수준의 교육, 유머감각, 직업을 가진 사람을 선호하는 경향성에 대해 생각해보라. 최악의 경우, 목사조차도 자신과 유사한 레벨로 칭찬받고 존중받는 사람들의 그룹에 속해 있으려 한다. 이런 경향성으로 우리는 상처받고 특이하며 모난 이들을 피하게 된다.

죄는 우리의 주해, 설교, 가르침까지도 오염시킨다. 무지와 불완전한 훈련 때문에 우리는 성경적 진리를 일부 놓치게 되고, 죄성은 우리를 게으른 학자로 만든다. 또한 보지 못해서든 고의로든, 일부 중요한 점들을 놓치게 된다. 스스로 겸손해서 회개하기란 너무 고통스럽기 때문에 우리는 통찰력을 잃는다. 또는 사안을 정확히 보더라도 그것이 환영받지 않으리라는 것을 알기에 두려움으로 침묵하기도 한다. 나는 한 유능한 목회자가 이렇게 말하는 것을 들은 적이 있다. "어떤 주제에 대해서는 내가 내리게 될 결론이 두려워서 더는 생각하고 싶지 않다."

목회자에게는 세상을 있는 그대로 보고 성경의 메시지에 귀 기울이면서, 그리고 그 둘 사이의 차이를 선포하는 용기가 필요하다. 우리는 솔직함에 따르는 대가를 미리 예상해보고는 침묵해버리는 경우가 많다. 가령 결혼에 대해서라면 동거는 악하고 파괴적이라고 목소리를 내야 하지만, 교인이 떠날 것 같아서, 출석 교인이나 헌금이 줄어들까봐, 혹은 비판을 받을까봐 스스로를 검열하고 싶은 유혹을 받는다. 목회자의 죄는 자신의 사역을 약하고 악하게 만든다. 원죄에 대해 숙고할 때 우리는 반드시 이 점을 포함시켜야 한다.

원죄와 교회 리더십

죄인들로 이루어져 있는 교회 안에도 죄가 만연해 있다. 교회 정치는 죄에 대한 교리를 기반으로 형성되어야 한다. 나는 다수의 장로들을 통한 교회 정치를 지지한다. 이는 신약성경의 모형과 가까우며 권력이 남용되지 않도록 고삐를 죌 수 있기 때문이다. 회중교회, 성공회, 장로교회 등 어떤 정치 체제를 지지하든, 죄인은 권력을 잡으면 남용한다는 점을 인지해야 한다. 회중교회는 설득력과 영향력을 가진 소수의 손에 권력을 집중시킬 수 있다. 장로교회는 한 사람의 목사와 장로들의 손에 놓이게 되고, 성공회에서는 상급기관에서 공식적으로 임명받은 리더에게 의문을 제기하거나 저항하지 못한다.

죄론은 목회자가 자신의 소명에서 무엇을 맞닥뜨리게 될지를 알려준다. 젊은 목회자들은 교회에서 나쁜 대우를 받으면 충격을 받는다. 월요일에는 위원회에서 오해와 비방을 받는다. 화요일에는 교회 리더들과의 사소한 의견 충돌이 불거져 불신, 심지어 적대감으로 이어진다. 수요일에는 누군가가 신참 목회자에게 친근하게 다가오지만, 실제로 이는 동맹이 필요하기 때문이다. 동맹이 필요 없어지면 관계는 끝이 난다.

이런 일에 마음이 상할 수는 있지만 놀랄 필요는 없다. 많은 교회에서는 다음과 같은 등록 교인 서약을 한다. "하나님의 눈에 나는 죄인이며, 그분의 주권적 자비가 아니라면 구원의 소망이 없다. 나는 예수 그리스도가 죄인의 구원자이심을 믿으며, 그분께만 구원이 있음을 믿는다." 교회에 가입하려면 자신이 "죄인"임을 **고백**해야 하고, 많은 이들이 이런 고백을 한다. 사람들은 죄인이기에 아첨하고 강요하고 격려하고 화나게 만든다. 사람들은 우리에게 죄를 짓고, 우리도 사람들에게 죄를 짓는다.

죄로 인해 모든 교회에서 문제가 일어난다. 목회자는 감시자를 자처하는 이들의 반대와, 세가 기운다고 느끼는 이들의 시샘, 의견이 받아들여지지 않은 이들의 경쟁심, 편파적인 대우나 차별을 당했다고 느끼는 이들의 분노를 견뎌낸다. 원죄 교리는 우리의 소망을 다스리고 맹목적 낙관을 억제하라고 가르쳐준다. 그 밖의 교리들은 절망을 금하며 건전한 기대를 가질 수 있게 해준다. 그러나 죄의 교리는 **목회자**뿐 아니라 모든 이의 기대를 가다듬어준다.

죄와 목회적 돌봄

지혜로운 목회자라면 새롭게 결혼한 이들을 몇 개월 뒤에 다시 살펴보기를 바란다. 솔직한 부부라면 이렇게 말할 것이다. "결혼이 힘들다는 말을 믿지 않았죠. **우리는 다를 거라고** 생각했어요. 우리는 행복하고 서로 사랑하지만, 정말 결혼은 힘든 일이에요. 그렇지만 적어도 우리는 우리가 겪는 일이 전형적이라는 것은 알고 있어요." 두 죄인이 만나 한 공간에서 단순한 동거도 아닌, 크고 작은 문제들을 헤쳐 나가는 동반자로서 연합하는 결혼은 어려울 수밖에 없다. 결혼하는 이들이 **자신의** 결혼은 쉬울 것 같다고 생각한다면, 이는 자신의 죄를 과소평가하기 때문이다. 목회자가 원죄 교리를 들어 결혼을 앞둔 이들에게 그들의 죄가 결혼생활을 힘들게 할 것이라고 말할 때는, 그 부부의 행복을 빼앗으려는 것이 아니라 죄와의 전투에서 자신을 제어할 수 있게 해서 그들을 보호하기 위함이다. 이상적으로 부부는 그 연합이 고군분투할 때 하나님의 영과 그리스도인들의 공동체를 찾게 될 것이다. 죄의 교리는 믿는 자들로 하여금 자신을 의지하지 않고 그리스도의 은혜와 확신을 찾게 한다.

원죄가 목회 사역의 모든 측면, 심지어 예배조차도 오염시킨다는 것은 슬프지만 예측 가능한 일이다. 하나님께 예배하러 나오는 사람들의 마음은 이기심에 매여, 무엇이든 성에 차지 않으면 참지 못하고 불평한다. 기도가 너무 길다(거나 너무 짧다), 신앙 고백문이 너무 오래되었다(거나 너무 새롭다), 설교가 너무 무미건조하거나 너무 복잡하거나 너무 가볍다, 공동체 고백문이 너무 모호하거나 너무 구체적이다("짓지도 않은 죄를 어떻게 고백하라는 말이지?"라고 자문하게 한다). 죄가 우리 영혼에 만연해 있어, 하나님을 예배하러 모일 때조차 "하나님을 기쁘시게 하는 일인가? 동료 신자들에게 도움이 되는가?"보다 "내가 좋은가?"가 더 중요하게 되었다.

설교에 대한 반응에 놀랄 때가 많지만, 가장 고통스러운 경우는 듣는 이들이 죄된 욕망으로 메시지를 곡해하는 것이다. 사람들은 목회자가 분명하게 부인한 것을 긍정하고 있다고 생각한다. "목사님, 마리화나 합법화를 지지한다고 하시고, 적당히 사용하는 것은 괜찮다고 말씀해주시니 기쁘네요." 또는 "오늘 교회에 나와서 다행입니다. 내게 맞춰주지 않는 남자와 결혼한다면 행복할 수 없다는 것을 알았습니다. 홀가분한 마음으로 정리할 수 있게 되었어요." 목회자는 당혹스럽겠지만 원죄론은 "무지와 불안정이 어떻게 성경을 곡해하는지" 설명해준다(벧후 3:16). "자기의 사욕을" 따르고 자신의 귀를 만족시켜줄 스승을 찾지 못한다면 바른 교훈을 곡해할 것이다(딤후 4:3). 성경을 곡해하려고 일부러 의도한 것이 아닐 수 있지만, 이런 죄는 거짓되고 심히 부패했다(렘 17:9).

목회자, 장로, 감독은 교회의 종으로서 그들의 섬김은 전반적으로 지혜, 겸손, 희생으로 드러나지만, 죄는 훌륭한 리더들도 유혹한다. 자신의 계획이 곧 하나님의 계획이라고 지나치게 확신하면서 자신의 힘을 믿고 계획을 추진하게 만든다. 어디서 섬길지 말지, 자신의 팀에 누구를 포함시킬지 말지를 스스로 결정한다. 실제로 죄의 영향은 너무 만연해서, 순수한 동기로 그리스도를 섬기려는 직분자들의 서약에는 이런 경고가 들어가야 한다.

"자신의 마음 상태를 안다는 조건하에."

우리는 다른 각도에서 이 문제에 접근해볼 수 있다. 크리스틴 폴(Christine Pohl)이 쓴 『공동체로 산다는 것』(Living into Community)에는 기독교 공동체를 유지하는 실천이 포함되어 있다. 저자는 공동체를 발전시키는 네 가지 기본 가치를 감사하는 마음 갖기, 약속 지키기, 진실하게 살기, 돌봄 실천하기로 규정하고 이를 살펴본다. 각 장에서 저자는 감사, 약속, 진실성의 "복잡성"을 다룬다. 감사하는 마음을 갖는 대신 우리는 만족스럽지 않은 것마다 투덜거리고 불평한다. 하나님이 상대방에게 주신 복에 감사하기보다 질투하고 부러워한다. 어리석은 약속은 지키면서, 지켜야 하는 불편한 약속은 깨버린다. 참된 섬김을 유희나 상호호혜와 맞바꾸고, 정말 필요할 때는 우리 재산이나 안위를 지키려 몸을 사린다. 진실을 뒤틀고 감추며, 자기 이익에 따라 이를 유용한다. 무엇보다 나쁜 일은 남에게 틀린 말을 하기 전에 이미 스스로를 속인다는 것이다. 바로 이것이 상담이 그토록 어려운 이유다. 원죄는 스스로를 감추려 한다. 목회자와 상담가들은 무언가를 숨기는 사람을 대할 때가 얼마나 많은가? 더 깊이 대화하려고 하지만, 내담자는 자신은 모두 다 이야기했다고 한다. 단순한 거짓말일 때도 있지만, 어떤 때는 스스로 진실하다고 믿는 깊은 기만일 수도 있다. 이 모든 것이 원죄의 열매다.

펠라기우스와 도덕적 기대 다시 보기

성경이 목표와 성취 사이에는 간격이 있다고 가르치기 때문에, 지혜로운 목회자는 스스로를 살피며 사람들에게도 똑같이 행하도록 가르친다. 하나님은 도덕적으로 완전한 분이시고 자신의 기준을 알려주셨으므로, 우리는 도덕적 진실성을 추구한다. 하나님은 자신이 기뻐하시는 행동과 자질이 무엇인지를 밝히 말씀해주셨고, 모든 이에게 특히 그의 백성에게 이 기준을 준수하도록 명령하신다. 모세는 이스라엘 백성에게 "그의 모든 도를 행하"라고 명한다(신 11:22). 바울은 그리스도인은 "우리 조상 아브라함의…믿음의 자취를 따"라야 한다고 말한다(롬 4:12). 믿음의 삶은 옳은 길로 걷는 여정이다. 어떤 충성된 신자라도 죽음의 날까지 내재적 죄와 싸우겠지만 말이다.

목회자는 원죄가 신자와 비신자에게 어떻게 다르게 작용하는지를 구분해야 한다. 만약 무신론자에게 "너희를 위하여 보물을 하늘에 쌓아두라"고 한다면, (먼저 회개하고 믿기 전에는) 그는 이런 말도 안 되는 명령을 **따를 수 없다**. 하늘나라가 없다고 생각하는 사람이 왜 보물을 하늘에 쌓아두겠는가? 물에 빠진 사람에게 헤엄치라고 명령하는 것과 마찬가지다. 물에 빠진 사람은 헤엄을 **쳐야** 하지만, 문제는 바로 그렇게 할 수가 없다는 것이다. 마찬가지로 무신론자는 불신과 죄성으로 인해 외면으로나 내면으로나 하나님께 전적으로 순종하는 일이 불가능하다.

신자에게 원죄는 다르게 작동한다. 팽팽하게 맞서고 있는 모녀지간을 상상해보자. 딸은 어머니를 경멸하고 있고 따라서 "어머니를 공경하라"는 명령을 따르기가 어렵다. 공경심이 없는데 어떻게 공경할 수 있겠는가? 마지못해, 눈을 굴려대면서 축 처진 채로 따를 수는 있겠지만 말이다. 어머니와 딸에게 죄성이 있어도, 관계가 계속해서 유지되기만 한다면 회개와 치유의 가능성이 있다. 우리의 죄가 얼마나 크든지 간에, 우리는 하나님과의 관계 안에 있기 때문에 순종과 화해의 소망이 있다. 우리는 우리의 소망을 바르게 이해해야 한다.

선하게 될 것을 기대하기

아우구스티누스와 펠라기우스 시대에 로마 제국은 저물어가고 있었다. 로마라는 위대한 도시는 물리적으로도 무너졌으며, 과거 이교의 도덕적인 문제들이 산재해 있었다. 로마 제국은 기독교를 공인했고 여러 황제들이 교회를 돌보았지만, 많은 리더들이 부패했고 평범한 이들은 대체로 물질적인 궁핍과 도덕적 타락 속에서 살아가고 있었다. 극도로 폭력적인 검투 경기의 인기가 대단했고 범죄가 횡행했다. 펠라기우스는 소위 기독교 도시에서 살아가는 표면상 신자라는 이들이 이보다는 낫기를 바랐지만 말이다.

아우구스티누스와 펠라기우스라는 두 신학자는 로마의 타락과 인간의 전반적인 타락의 근원을 찾고자 했다. 펠라기우스의 신념이 무엇이었든지 간에, 그의 추종자들은 인간이 하나님이 정하신 법과 그분이 우리에게 기대하시는 바를 완수할 수 있다고 했다. 우리는 좋지 않은 본보기, 악한 습관, 게으름 등으로 인해 죄를 짓기 때문에, 하나님의 법을 따르기로 결심하는 일도 가능하다. 하나님이 **명령하신다**는 점 역시 그분이 우리에게 순종을 기대하신다는 것을 보여준다. 하나님이 왜 우리가 할 수 없는 것을 명령하시겠는가? 펠라기우스는 나쁜 습관과 부패한 사례들로 책임을 돌리기는 했지만, 인간의 본성이 본질적으로 타락에 의해 방해받지는 않았다고 여기는 것 같다. 그는 스스로 순종을 결정할 수 있는 능력과 의지력이 사람에게 있다고 믿었다. 아담은 나쁜 사례가 되었지만, 펠라기우스는 그의 죄가 인간 본성 자체를 타락시켰다고 여기지는 않았다. 죄를 짓기로 선택하는 것은 우리이기 때문에, 자신을 규율하고 예수의 본보기를 따르면 죄를 짓지 않기로 선택할 수도 있다. 타락과 개선이 모두 선택이라는 것이다.

펠라기우스주의는 자기 의지와 자아에 호소하는데, 기독교의 모든 분파에서 성령의 새롭게 하시는 은혜의 필요성을 부인하는 이런 관점은 이단으로 분류된다.

원죄 교리는 하나님의 형상으로 창조되었다는 교리와 연결되어 왜 우리가 이렇게 행동하는지를 설명한다. 2011년에 월터 아이작슨이 쓴 스티브 잡스의 전기에는, 잡스의 삶에 있던 이런 긴장관계가 잘 드러나 있다.[16] 스티브 잡스는 디자인뿐 아니라 원대한 꿈을 손바닥만 한 크기로 실현시키는 해석력과, 자신의 상상력을 다른 이들에게 소통하는 능력, 재능을 배분하고 재능 있는 사람들이 자신의 한계를 넘도록 만드는 탁월한 재능이 있었다. 그럼에도 불구하는 그는 늘 모욕과 비웃음을 당하고, 친구와 동료들에게 기만당했다. 자기 방식대로 되지 않으면 어린아이처럼 뿌루퉁해지고 (말 그대로) 울기도 했다. 잡스는 친구들을 버렸을 뿐 아니라, 한동안 자신의 첫째 아이도 돌보지 않았다. 그럼에도 그는 세상을 더 나은 곳으로 만들었다고 말할 수 있고, 결국 그와 함께 일했던 사람들은 대부분 이를 자랑스럽게 여길 것이다. 넓게 보면 누구에게나 영광과 파멸이 있으며, 누구나 왕인 동시에 천민이다.

원죄는 일상의 많은 부분을 이루며 설명한다. 일이 힘든 것은 죄 때문이다. 우리 주위의 사람들이 유쾌하면서도 자기중심적이고, 격려하면서도 불공정하고, 너그러우면서도 부담을 주는 이유도 그들의 죄 때문이다. 그들은 우리에게 죄를 짓고, 우리도 그들에게 죄를 짓는다. 결혼이 힘든 것도 마찬가지다. 우리는 집에서 가족끼리조차도 사랑하면서 죄를 짓는다.

죄는 우리가 죄를 생각하는 방법조차 오염시킨다. 케빈 드영에 따르면, 우리 시대처럼 극단적으로 치유를 중시하는 때에는 죄나 고통을 이해하기 위한 참된 분투가 "성숙보다는 자아도취와 자기몰두"의 형태로 바뀔 수 있다. 더 나아가 우리는 죄를 짓지 않으려고 애쓰기보다 고통을 잊으려고 진

---

16   Walter Isaacson, *Steve Jobs* (New York: Simon & Schuster, 2011). 『스티브 잡스』(민음사 역간).

통제를 찾을 것이다.[17] 적어도 우리는 죄와 그 독성을 어느 때든 기억하도록 스스로를 가다듬어야 하고, 자신에게서 죄를 발견하면 즉시 회개해야 하며, 죄로 고통 당할 때는 인내를 간구해야 한다.

제대로 가르쳐진 원죄 교리는 신자들로 하여금 풀이 죽어 내면으로 침잠하고 자책하게 만들지 않는다. 원죄론은 우리 자신으로부터 눈을 돌려 그리스도께로 향하도록 인도한다. 우리 자신이 아닌 주님께 의지하기를 배울 때 원죄론은 목회적인 위로를 준다. 우리의 숱한 죄가 우리의 죄성으로부터 퍼져 나온다는 것을 깨달으면, 자기 개선의 헛된 노력은 포기된다. 더 이상 우리의 순종이나 성취를 바라거나, 타인이나 내면의 눈으로부터 인정받기를 바라기를 그만두고 십자가에서 이루어진 예수의 사역을 바라보게 된다.

원죄론은 우리를 현실적이게 만든다. 우리의 상태를 하나님이 보시듯이 있는 그대로 보게 한다. 원죄론은 우리가 스스로 완전할 수 있다는 부질없는 생각을 그치게 하고, 지금 믿음을 통한 의와 그분이 오실 때 완전성을 추구하도록 가르쳐준다. 원죄론은 하나님을 기쁘시게 하거나 그분의 총애를 받을 만큼 선할 수 있다는 생각의 넓은 길에 빗장을 지르고, 은혜의 복음으로 돌아서게 한다. 이 교리는 부질없이 완전을 추구하지 않도록 하고, 성령의 사역을 통한 거룩함에 이르는 길로 인도한다.

이런 시대에 리더는 다음과 같은 두 가지 압력을 느낄 것이다. 누구에게든 어떤 말이든지 하도록 허용하는 비판의 영과, 실력이 없으면 물러나야 한다는 실력주의(meritocracy)의 영이 그것이다. 원죄론은 영혼의 이 두 잠재적인 적들에게 저항하도록 만든다. 원죄론은 비판은 어느 정도 무시하

---

17 Kevin DeYoung and Ted Kluck, *Why We Love the Church* (Chicago: Moody, 2009), 221. 『왜 우리는 지역 교회를 사랑하는가?』(부흥과개혁사 역간).

고, 실력주의의 명령에 이의를 제기하라고 가르쳐준다. 이미 우리는 우리 자신의 실패를 알고 있다. 더 중요한 지점은 주님께서도 우리를 아신다는 것이다. 그분은 우리에게 용납받으려면 "수정하라"거나 "더 노력하라"고 하지 않으시고, 우리가 용서를 구할 때 거저 주신다. 그분은 우리가 죄와 맞서 싸우기를 바라신다. 죄의 권세가 우리를 숱한 패배로 이끌고 갈 것이기 때문에, 우리는 우리의 불완전성과 미흡한 노력 대신에 예수의 완성된 사역에서 평화를 찾아야 한다.

원죄의 전반적인 영향

목회자는 죄와 타락이 사람의 모든 기관 즉 정신과 몸과 감정과 의지 전부를 오염시킨다는 점을 사람들에게 가르쳐야 한다. 여러 가지 의미로 다르게 사용되는 마음(heart), 정신(mind), 감정(emotion) 같은 용어를 정의해보자. 먼저 "마음"은 사람의 중심 또는 핵심의 뜻으로 사용될 것이다. 마음은 사람의 감정과 지성, 도덕적 활동의 중심이다. 이런 용례는 잠언 4:23에 나타난다. "모든 지킬 만한 것 중에 더욱 네 마음을 지키라. 생명의 근원이 이에서 남이니라." 예수도 "이는 마음에 가득한 것을 입으로 말함이라"라고 말씀하셨다(마 12:34; 다음도 보라. 삼상 16:7; 렘 18:10; 롬 10:9). 마음이 사람의 중심이라면, 정신, 의지, 감정, 양심은 마음 곧 전인(全人)이 자신의 헌신과 확신을 표현하기 위해 손과 입처럼 사용하는 기관이다. 어떤 관점에서 보면 의지, 정신과 같은 기관은 마음의 기능이다. 다른 관점에서 보면 우리의 기관들은 마음이 그 목표를 이루기 위해서, 원함이나 주인을 섬기기 위해서 사용하는 도구다. 손, 감정, 의지는 모두 마음을 위해 일하고 마음을 드러내준다. 타락한 정신은 악한 행동을 합리화하고, 달갑지 않은 진실을 받아들이기를 거부하게 한다. 타락한 몸은 무질서한 욕구를 갖는다. 타락한 의지는 가장 깊은 원을 따라 그 욕구를 취사선택한다. 정신은 마음이 원하는 것을 할 수 있도록 근거를 마련하고, 선택을 정당화한다. 의지는 외부로부터의 통제에 예민하기 때문에 권위를 거부한다. 의지는 마음이 이끄는 대로 선과 악을 결정한다. 실제로 각각의 타락한 기관은 다른 기관들을 악한 길로 이끌 능력이 있다. 막내 아이가 내게 이런 말을 한 적이 있다. "내가 덜 똑똑했으면 좋겠어요. 재능이 없다면 선행반에서 힘들게 공부하지 않아도 되잖아요." 그래서 나는 아이에게 이렇게 대답해주었다. "맞아. 하지만 지적 능력이 더 적다면 정규반이 선행반만큼 어렵게 느껴졌을 거야." 어째서 아이는 이런 바람을 갖게 되었을까? 게으름이라는 저주가 어리석은 생각과 소망을 가지게 만든 것이다.

원죄와 정신

정신은 중립적으로 사고하는 기계가 아니다. 정신(mind)은 마음(heart)이 이끄는 대로 그 방향을 결정한다. 마음 즉 전인이 타락했으므로, 정신도 다른 모든 기관처럼 타락했다. 실제로 정신은 진실을 억누르고 복음의 갱신을 필요로 한다.

바울은 로마서 1장에서 경건하지 않은 사람들이 "불의로 진리를 막"는다고 했다. 창조가 하나님의 존재와 능력을 선포하지만, 경건하지 않은 이들은 이를 보고 싶어 하지 않는다. 그들은 알지만, 알고 싶어 하지 않는다. "하나님을 알되 하나님을 영화롭게도 아니하며 감사하지도 아니하고 오히려 그 생각이 허망하여지며 미련한 마음이 어두워졌나니." 이들은 자기가 만든 신을 숭배한다(18, 21-22절). 게다가 하나님이 그의 법을 모든 마음에 새기셨음에도, 우리는 이를 무시하고 자신의 욕구를 따른다. 바울은 이렇게 장을 맺는다. "그들이…하나님이 정하심을 알고도 자기들만 행할 뿐 아니라 또한 그런 일을 행하는 자들을 옳다 하느니라"(32절). 그 결과 양심은 선을 권하고 악을 규탄하는 능력을 잃어버린다(2:14-15).

다른 곳에서 바울은 타락한 정신이 허망하다(또는 부질없다)고 말한다. 가치 없는 것들에 정신이 팔려 있기 때문이다. 총명이 어두워져 무지하게 되어 하나님으로부터 떠나 있게 되었다. 어두워진 마음은 빛을 거절하고 냉담하게 되고 부패하게 되었다(엡 4:17-19; 딤전 6:5). 귀마개를 하지 않은 채 시끄러운 기계가 있는 곳에서 일하면 청력이 나빠진다. 마찬가지로 하나님의 말씀을 오래 못 듣는 체하면, 우리는 결국 죄와 저항에 대한 경고를 듣지 못하게 된다.

영화나 노래에서 주인공이 자기의 꿈과 마음을 따를 용기를 내면 그 순간부터 일이 잘 풀린다는 것은 뻔한 공식이다. 하지만 성경은 의견이 다르다. 사사기는 이스라엘 백성이 "사람마다 자기 소견에 옳은 대로 행하"여 영적 혼돈과 도덕적인 혼돈에 빠졌다고 말한다(삿 17:6; 21:25). 마찬가지로 유다서는 자신의 꿈을 의지하는 사람들에게 경고한다. "꿈꾸는 이 사람들도 그와 같이 육체를 더럽히며…영광을 비방하는도다." "이 사람들은 무엇이든지 그 알지 못하는 것을 비방하는도다." 그들은 잘못된 본능을 믿고 악한 욕구와 정욕을 따른다(1:7-10, 16-19). 유다서는 꿈꾸는 이들을 스스로 모세와 같이 되어 이스라엘을 인도하려 했던 고라에 비유한다. 꿈꾸는 이들은 하나님의 명령을 거절하고 그 권위를 거부한다. 이들은 교회의 애찬에서도 자기 배를 채운다. 자신을 따르기 때문이다. "자기 몸만 기르는 목자요"(1:12). (그리스어를 직역하면) "그들은 자기 자신의 목자"다. 그들은 어떤 권위도 견디지 못하기 때문에 아무도 그들을 돌보지 않는다. 외부 세계나 양심이 자신의 죄를 드러내면 그들은 스스로를 정당화한다. 이런 정신은 타락한 마음의 목적을 위해 일한다. 널리 알려진 찰리 피콕(Charlie Peacock)의 노래 "빛 가운데"(In the light)의 가사 중에는 이런 구절이 있다. "나는 핑계대기의 왕입니다, 내가 하는 어떤 이기적인 행동에도 이유를 댈 수 있습니다."

원죄 교리에는 다음과 같은 중요한 함의가 있다. 첫째, 목회자는 사람들에게 자신의 꿈을 시험해보라고 가르쳐야 한다. 둘째, 이 교리는 우리에게 스스로에 대한 책임의식과 자신을 다스릴 권위가 필요하다는 것을 가르친다. 어떤 현명한 신자라도 어리석은 행동을 할 수 있다. 그러나 철저한 자기 반성과 지략이 있다면 "평안을 누리"게 될 것이다(잠 11:14).

원죄와 감정

2000년, 소설가이자 여행작가인 폴 테록스(Paul Theroux)는 카이로에서 케이프타운까지 육로로 여행했다. 케냐에서 테록스는 다음과 같은 집단폭행의 장면과 맞닥뜨리게 되었다. 그가 알게 된 바에 따르면, 한 도둑이 잡혔고, 당황한 그 사람이 달아나자 사람들이 곧 그를 추격했다. 어린아이들은 이리저리 뛰어다니고 "그중 힘센 사람들은 앞장서고, 노인들은 그들을 부추기고, 여자들은 울부짖는다." 잡힌 남자는 무릎을 꿇었다. 군중은 킬킬대고 웃으면서 작대기를 휘두르고 그를 향해 몰려들었다. 그들은 이 남자를 죽도록 때리기 바로 직전의 스릴에 들떠 있었다. 우리는 쉽게 이런 난폭한 감정을 경멸 어린 눈으로 볼 수 있지만, 서방에서도 20세기 초반까지는 이런 공개처형이 공공연히 자행되었다.

사람들의 생각과 달리, 집단 폭행이나 분노의 장면은 감정이 비합리적이고 통제 불능이라는 증거가 되지 않는다. 성경에 의하면 건강한 감정은 하나님의 선물이지만, 감정은 타락했고 결함이 있으며 다른 기관과 마찬가지로 악하다. 성경이 우리의 감정에 대해 명령한다는 것은, 곧 감정이 비합리적이지만은 않으며 감정에 대한 책임이 우리에게 있음을 의미한다. 예컨대 바울은 이렇게 권면한다. "형제를 사랑하여 서로 우애하고…즐거워하는 자들과 함께 즐거워하고 우는 자들과 함께 울라"(롬 12:10, 15). 솔로몬은 "범사에 기한이 있고…울 때가 있고 웃을 때가 있으며 슬퍼할 때가 있고 춤출 때가 있으며"라고 말한다(전 3:1, 4).

로버트 로버츠는 감정이 "관심 중심적인 구성물"이라고 언급한다.[18] 이는 우리가 원할 때, 즉 무언가나 누군가를 격정적으로 원할 때 "감정적이게 된다"는 뜻이다. 잠언 4:23은 이렇게 말한다. "모든 지킬 만한 것 중에 더욱 네 마음을 지키라. 생명의 근원이 이에서 남이니라." 우리 감정은 우리에게서 생겨나지만, 이는 단순히 생기는 것이 아니라 마음에서 흘러나온다. 중요한 경기에서 졌다고 상상해보라. 응원하는 팀이든 소속된 팀이든, 패배에서 큰 좌절감을 느꼈다면 스스로 자문해보아야 한다. 필시 그 팀이 마음속에서 너무 큰 자리를 차지하고 있었을 것이다. "옳은 것들이 내 삶의 중심에 있는가?" 로버츠는 이렇게 설명한다.

> 감정적인 사람이 약한 것은…감정이 있기 때문이 아니라, 미숙하고 제한된 형식의 감정을 가지고 있기 때문이다. 그 사람의 감정이 비롯되는 관심은 찰나적이고 원시적이고 미성숙하고 무질서하다. 내적인 깊은 통합을 이루지 못한 것은 그가 느끼는 것이 강하기 때문이 아니라, 그 느낌이 불규칙하고 혼란스럽거나 혹은 잘못된 것을 강하게 느끼기 때문이다.[19]

---

18 Robert Roberts, *Spiritual Emotions: A Psychology of Christian Virtues* (Grand Rapids: Eerdmans, 2007), 11 – 26.

19 Roberts, *Emotions*, 16.

예수는 악한 욕망과 같은 악한 감정이 악한 마음에서 나온다고 말씀하신다. 바리새인들이 예수를 비방할 때 그는 "마음에 가득한 것을 입으로 말함이라"라고 말씀하셨다. 예수에 대한 분노에 이끌려 그들은 예수를 비방하고 죽였다(마 12:34). 감정은 영혼의 창문이다. 감정의 특성은 사건들이 우리 관심의 대상에 영향을 미치는 방식을 우리가 어떻게 받아들이는지에 전적으로 달려 있다. 감정은 우리에게 중요하다고 느껴지는 사건, 말, 행동 등에 대해 마음이 주도하는 반응이다. 감정은 전인을 다 깨우고 영에 대해 창문이 되어준다. 감정은 "우리 영혼의 내적인 활동"을 표현한다.[20] 감정은 우리를 휩쓸고 지나가지만, 우리는 우리의 감정에 의문을 제기하고 저항하고 그 흐름을 바꿀 수 있다. 감정은 우리의 핵심 가치로부터 생겨나고, 우리의 마음 상태를 반영한다. 감정은 우리가 중요하게 여기는 것이 무엇인지를 드러낸다. 그렇기 때문에 느낌은 즉각적으로 또는 마음대로 바뀌지 않는다. 우리의 말처럼 우리의 감정도 마음에서 흘러나온다. 그리고 우리 마음이 타락했기 때문에, 우리는 오해하고 우리의 감정은 잘못된 길로 빠져버린다. 정의(절도는 벌을 받아야 한다는 등)에 대한 온당한 관심은 강한 충동으로 변질된다. 우리의 평판에 대한 온당한 관심은 방어적인 자세로 바뀐다. 위험을 피하고자 하는 타당한 관심은 두려움으로 변화한다.

앞서 말했듯이, 원죄는 사람의 모든 기관, 정신, 몸, 의지, 감정 전체를 부패하게 만들었다. 모든 기관의 타락을 탐색할 수는 없지만, 원죄와 몸에 대해서는 한마디 덧붙일 수 있을 것이다. 원죄는 우리의 삶과 건강에 대한 권리까지도 앗아간다. 야고보는 이렇게 말한다. "너희 생명이 무엇이냐? 너희는 잠깐 보이다가 없어지는 안개니라"(4:14). 우리는 부서지기 쉽고 허술하고, 잠깐 보이다가 사라지는 안개와 같다. 우리는 단 하루도 우리의 존재

---

20   Dan Allender, *Cry of the Soul* (Colorado Springs: NavPress, 1994), 14–17.

를 보증할 수 없다.

  시편 90편은 하나님이 영원하시다고 한다. 그분은 "우리의 거처"이시면서도, 우리의 편견과 비밀스러운 죄까지도 보신다. 그러므로 "우리의 연수가 칠십이요 강건하면 팔십이라도 그 연수의 자랑은 수고와 슬픔뿐이요 신속히 가니 우리가 날아가나이다"(시 90:1, 10). 그러므로 목회자들은 하나님의 백성에게 문제(아픔, 고통, 질병, 실망, 슬픔)를 예상하게 하고, 건강하고 온전한 일상을 감사하도록 가르쳐야 한다.

  물론 원죄론은 성경신학 전체의 맥락 안에 위치해야 한다. 로마서 6장과 8장에 둘러싸여 있는 7장은, 믿는 자들이 더 이상 죄의 종이 아니라고 분명하게 말한다. 우리는 정죄의 대상이 아니며 죄와 사망의 법에서 자유롭다. 그러므로 우리는 이생에서도 죄에 대해 점진적인 진보를 이룰 수 있다. 예수가 말씀하신 대로 냉철한 원죄 교리는 어려움과 시련에 대비하도록 해준다(요 16:33).

  오늘날 원죄론은 오해받고 거절당하고 조소당하고 무시당한다. 심지어 가시적인 교회 안에서조차 어떤 이들은 이 교리가 비성경적이고 억압적이라고 주장한다. 그러나 바르게 이해되기만 하면, 원죄 교리는 자책과 비참으로 파고들게 하지 않고 그리스도께로 향하도록 인도한다. 이 교리는 복음에 제시된 바대로 우리가 예수 안에서 쉼을 얻도록 가르쳐준다. 성취에 기반해서 스스로 섰다고 자만하지 않게 하며, 잠잠한 회개와 믿음을 북돋는다. 죄인이자 동시에 성도인 신자들을 가르쳐 그리스도 안에서 확신을 찾게 한다. 소망과 믿음을 둘 분은 예수뿐이라고 말함으로써 죄에 대한 이 생생한 교리가 전도와 제자도의 중심이라는 점을 목회자들에게 가르쳐준다.

제4부

아담과 타락에 대한
계속되는 논쟁

제13장
원죄와 원사망
로마서 5:12-19

토머스 슈라이너(Thomas R. Schreiner)

성경이 전통적으로 "원죄"라고 불리는 것에 대해 가르치고 있는지 아닌지의 문제는 상당 부분 로마서 5:12-19의 주해에 달려 있다. 아우구스티누스 이후, 이 본문에 대한 해석은 원죄에 대해 긍정 또는 부정을 위한 근거가 되어왔다.[1] 여기서 나는 로마서 5:12-19에 대한 주해적·신학적으로 가장 설득력 있는 해석이 원죄와 원사망(original death)에 대한 교리를 뒷받침해 준다고 주장할 것이다. 로마서 5:12-19은 믿음으로 말미암아 의롭다 하심을 입는 자들에 대한 소망이 중심 주제가 되는 로마서 5-8장에 나오는 긴 논의의 일부에 속한다. 특히 이 구절들은 예수 그리스도의 놀라운 은혜를 강조함으로써 앞의 주제에 기여한다. 아담을 통해 세상에 부과된 사망과 심판과는 반대로, 이제 은혜로 말미암아 그리스도를 통해 생명과 의가 통치하기 때문이다.[2] 은혜가 아담의 죄를 이겼으므로 신자들은 소망으로 가득 차야 한다. 만일 아담을 통해 세상에 들어온 죄와 사망이 물러갔다면, 다른 어떤 피조물도 신자들을 그리스도의 사랑에서 끊을 수 없기 때문이다.

---

1   해석사에 대한 간략한 연구는 다음을 보라. Mark Reasoner, *Romans in Full Circle: A History of Interpretation* (Louisville: Westminster John Knox, 2005), 43-54.

2   분명히 바울은 아담을 역사적 인물로 믿는다. Frank Matera, *Romans*, Paideia: Commentaries on the New Testament (Grand Rapids: Baker Academic, 2010), 137. Otfried Hofius, "The Adam-Christ Antithesis and the Law: Reflections on Romans 5:12-21," in *Paul and the Mosaic Law*, ed. James D. G. Dunn (Grand Rapids: Eerdmans, 2001), 181. 이 책에서 Robert Yarbrough가 쓴 장을 보라.

로마서 5:12-14

5:12ab

5:12에 대한 해석은 우리를 온갖 난관에 빠트리지만, 그 이후에 나오는 모든 것의 배경을 설정하는 이 구절의 첫 부분은 명료하다. 바울은 "한 사람을 통해 죄가 세상에 들어오고 죄를 통해 사망이 들어왔다"라고 주장함으로써 시작한다.[3] 한 사람은 아담이며, 이에 따라 바울은 아담과 하와가 선악을 알게 하는 나무의 실과를 먹지 말라는 주의 명령을 거스른 창세기 3장 내용을 반영하고 있다. 주께서 경고한 대로, 아담의 죄로 인한 결과는 죽음이었다(창 2:17).[4] 아담이 지은 죄의 보편적인 결과가 강조되는데, 이는 그의 죄로 말미암아 자신이 영향을 받았을 뿐만 아니라 세상에 죄와 사망이 들어오게 되었기 때문이다.[5] 여기서 사망은 육체적인 측면으로 한정되서는 안 된다. 이는 육체적인 동시에 영적인 사망을 뜻하기 때문이다.[6] 창세기의 화자는 온 인류가 아담의 죄를 공유한다는 점을 명백하게 말하지는 않지

---

3 별도의 언급이 없는 한 모든 구절은 Schreiner의 번역이다(기본적으로 개역개정을 참고해서 Schreiner의 주해적 번역에 맞게 수정해서 옮겼다. 그러나 국역본과 큰 차이가 없는 경우에는 개역개정을 그대로 사용했다—역주).

4 일부 주석가들은 아담이 죄를 범한 당일에 죽지 않았다고 이에 반대한다. 이런 반대는 겉보기에는 매력적일지 몰라도, 내러티브의 요점을 파악하지 못한 것이다. 아담과 하와 모두는 그들이 죄를 범했을 때 영적으로 죽었는데, 이는 그들이 하나님으로부터 떨어져 나간 점에서 그러하다.

5 여기서 사용된 용어 κόσμον은 특히 인간을 가리킨다.

6 내 견해와 반대되는 주장으로는 다음을 보라. John Murray, *The Epistle to the Romans: The English Text with Introduction, Exposition and Notes*, vol. 1, Chapters 1-8, New International Commentary on the New Testatment (Grand Rapids: Eerdmans, 1959), 181-82. 『존 머리 로마서 주석』(아바서원 역간). J. A. Ziesler, *Paul's Letter to the Romans*, TPI New Testament Commentaries (Philadelphia: Trinity Press International, 1989), 145. 『로마서 주석』(CLC 역간). 타당한 해석은 다음을 보라. Johan Christiaan Beker, *Paul the Apostle: The Triumph of God in Life and Thought* (Philadelphia: Fortress, 1980), 224. 『사도 바울』(한국신학연구소 역간). 물론 이는 영적인 죽음과 육적인 죽음이 동시에 일어났다는 말은 아니다.

만, 내러티브는 이런 독해를 지지한다. 아벨의 살해를 보여주는 4장의 서두에서 낙원이 아주 멀리 떨어져 있다는 점은 분명하기 때문이다. 그리고 5장에서 죽음은 (에녹의 경우에도 불구하고) 반복적으로 호출된다. 바울은 창세기를 반영해서 죄와 사망이 **한 사람**을 통해 세상에 틈입했다고 결론 내린다. 아담의 죄와 죽음은 그에게만 한정되지 않았다. 아담 이후로 모든 사람은 죄인으로서 세상에 태어나고 영적으로 죽어 있었다.

이 본문에서 문법은 상당히 흥미롭다. 많은 학자들은 바울이 비교 도중에 문장을 끊고 5:18까지 이를 완결시키지 않는다고 주장한다. 바울이 οὕτως καί 대신에 καί οὕτως를 사용하기 때문이다.[7] 그러나 이 두 어휘의 순서가 강조되어서는 안 될 것 같다. 따라서 이 대조는 5:12cd에서 완결된다.[8] 우리는 이 구절을 다음과 같이 옮길 수 있다. "한 사람을 통해 죄와 사망이 세상에 들어왔으며, 또한 모든 사람이 죄를 지었으므로 사망이 모두에게 이른다." 이 구절의 논리는, 모든 사람이 죄를 짓고 죽음에 이르게 되는 이유가 아담이 세상에 죄와 사망을 들여왔기 때문이라는 것이다. 죄와 사망은 악한 권세로서 또한 두 개의 쌍둥이 탑으로서 아담의 죄로 말미암아 모든 사람을 지배한다.

---

[7] 예를 들어 C. E. B. Cranfield, *A Critical and Exegetical Commentary on the Epistle to the Romans: Introduction and Commentary on Romans I-VIII*, International Critical Commentary (Edinburgh: T&T Clark), 272. 『C. E. B. 크랜필드의 로마서 주석』(로고스 역간).

[8] Richard J. Erickson, "The Damned and the Justified in Romans 5:12-21: An Analysis of Semantic Structure," in *Discourse Analysis and the New Testament: Approaches and Results*, eds. Stanley E. Porter and Jeffrey T. Reed, Journal of the Study of the New Testament: Supplement Series 170 (Sheffield, UK: Sheffield Academic Press, 1999), 290. Arland J. Hultgren, *Paul's Letter to the Romans: A Commentary* (Grand Rapids: Eerdmans, 2011), 223-24. John T. Kirby, "The Syntax of Romans 5.12: A Rhetorical Approach," *New Testament Studies* 33 (1987): 283-86.

5:12cd-14

5:12cd에서 바울이 말하는 바에 관해서는 격렬한 논쟁이 있으며 이를 이해하기도 어렵다. 나는 로마서 주석을 출간한 이후 5:12cd에 대한 입장을 바꾸게 되었는데, 그럼에도 아담이 온 인류의 언약적 머리이기에 세상에 태어난 모두가 아담의 죄로 인해 죽고 심판을 받으리라는 진리에 있어서는 아무런 변동이 없다.

내가 쓴 로마서 주석에서 내가 주장한 해석으로부터 시작하는 편이 최선일 것 같다. 이 책에서 나는 ἐφ' ᾧ가 결과론적 절 또는 "그 결과로"로 해석되어야 한다고 주장했다.[9] 조셉 피츠마이어는 ἐφ' ᾧ가 대개 결과론적 절을 이끈다는 점을 보여주는 중요한 논문을 발표한 바 있다.[10] 나는 피츠마이어의 해석을 받아들이며 5:12cd이 다음과 같이 번역되어야 한다고 주장했다. "또한 사망이 모든 사람에게 이르렀기에, 이 사망의 결과로 모두가 죄를 짓는다."[11] 이 해석에 따르면, 모든 사람이 개별적으로 죄를 짓는 이유는 그들이 아담과 연합한 결과로 인해 영적으로 죽은 상태로 세상에 왔기 때문이다. 아담의 죄의 결과로 모든 사람이 영적으로 죽었기 때문에, 그들은 죄를 지음으로써 자신들의 영적 죽음을 표현한다.

---

9   Thomas R. Schreiner, *Romans*, Baker Exegetical Commentary on the New Testament (Grand Rapids: Baker Academic, 1998), 273-77. 『로마서』(부흥과개혁사 역간). 비슷한 해석으로는 다음을 보라. Brian Vickers, "Grammar and Theology in the Interpretation of Rom 5:12," *Trinity Journal* 27 (2006): 271-88. 전혀 타당성이 없는 해석, 예컨대 ᾧ가 νόμος를 가리킨다는 해석도 있다. Frederick W. Danker, "Romans V.12: Sin Under Law," *New Testament Studies* 14 (1967-68): 424-39. 또는 그것이 θάνατος를 가리킨다고 본다. Ethelbert Stauffer, *New Testament Theology*, trans. J. Marsh (London: SCM, 1955), 270. 또는 그것이 κόσμον을 가리킨다는 주장도 있다. Robert Jewett, *Romans: A Commentary*, Hermeneia (Minneapolis: Fortress, 2007), 369, 376.

10 Joseph A. Fitzmyer, "The Consecutive Meaning of ἐφ' ᾧ in Romans 5.12," *New Testament Studies* 39 (1993): 321-39.

11 Schreiner, *Romans*, 270. 다음도 보라. Brian Vickers, *Jesus' Blood and Righteousness: Paul's Theology of Imputation* (Wheaton: Crossway, 2006), 124, 136-41.

여전히 나는 이런 해석이 로마서 5:12-19의 가르침과 신학적으로 일치하며, 본문에 대한 가능한 독해라고 생각한다. 적당한 시점에 그 이유를 설명하겠지만, 본문에 대한 나의 신학적 독해는 변하지 않았다. 그럼에도 불구하고 5:12cd에 대한 이런 특정 해석은 다음과 같은 두 가지 이유에서 개연성이 낮아 보인다. 첫째, 가장 중요한 점은 영적 죽음이 죄를 유발한다는 것이 신학적으로 옳기는 하지만(엡 2:1-3), 로마서 5장과 6장에서 바울은 죄가 사망을 초래함을 강조하고 있다는 점이다.[12] 사망이 죄로 말미암는다는 것은 5:12ab의 강조점이고, 13-14, 15, 17절에서 반복해서 나타나며 결국 6:23에서 "죄의 삯은 사망"임이 확증된다. 물론 이 구절들에서 바울이 두 가지 진리, 즉 죄가 사망을 초래하며 영적 죽음이 죄를 유발한다는 점 모두를 가르치고 있다는 해석도 가능하다. 그러나 후자의 개념은 5-6장의 다른 부분에서도 명료하게 드러나지 않는 반면에, 사망이 죄의 결과라는 점은 바울에 의해 반복적으로 확증된다. 그러므로 모두가 죄를 지었기 때문에 모두에게 사망이 임했다는 점을 5:12cd이 가르치고 있다고 생각하는 편이 더 설득력 있어 보인다.

이런 점은 두 번째이자 부차적인 이유로 우리를 이끈다. 그러나 이는 첫째 이유와 연관되어 있는데, 왜냐하면 이 역시 앞에서 제기된 해석을 인정하지 않기 때문이다. 피츠마이어는 ἐφ' ᾧ가 결과를 나타낼 수 있음을 분명히 보여주었다. 실제로 몇몇 성경 본문(70인역과 신약성경)에서 이 어구가 늘 원인을 나타내는 것이 아님은 확실하다(창 38:30; 수 5:15; 왕하 19:10; 잠 21:22; 사 25:9; 37:10; 62:8; 렘 7:14; 행 7:33). 그러나 우리는 신중해야 하는

---

12 타당한 주장으로 다음을 보라. N. T. Wright, "The Letter to the Romans: Introduction, Commentary, and Reflections," in *The New Interpreter's Bible*, vol. 10 (Nashville: Abingdon, 2002), 527. 『로마서』(에클레시아북스 역간). John Piper, *Counted Righteous in Christ: Should We Abandon the Imputation of Christ's Righteousness?* (Wheaton: Crossway, 2002), 91n37. 『칭의 교리를 사수하라』(부흥과개혁사 역간).

데, 다른 곳에서 바울은 이 어구가 원인의 의미로 사용될 수 있음을 시사하고 있기 때문이다.[13] 바울이 ἐφ' ᾧ를 사용하고 있는 다른 세 경우에는 원인의 의미로 해석하는 것이 정말로 더 적절한 것으로 보인다(고후 5:4; 빌 3:12; 4:10). 따라서 ἐφ' ᾧ가 결과를 나타내는지 아니면 원인을 나타내는지는, 반드시 문맥을 고려해서 판단해야 한다. 그렇다면 바울이 로마서 5장과 6장에서 죄가 사망을 낳는다고 한결같이 주장하고 있는 맥락은 다음과 같은 해석을 지지한다고 볼 수 있다. "또한 모두가 죄를 지었으므로 사망이 모든 사람에게 이른다"(5:12).

그렇다면 나는 ἐφ' ᾧ를 결과의 의미로 보는 해석은 일단 옆으로 치워 두겠다. 그리고 ἐφ' ᾧ가 원인을 나타내는 몇 가지 해석을 살펴보자. 본문은 예외 없이 개인적으로 죄를 지었기 때문에 사망이 모두에게 이르렀음을 말하고 있다고 해석될 수 있다. 이런 독해는 본문을 사망이 오직 개인적 죄의 결과라는 의미로 보는 펠라기우스주의적 해석과 잘 어울린다. 여기서 바울은 실제로 개인적 죄로 인해 개인이 죽는다는 내용을 가르치고 있지만, 나는 전체 맥락을 고려했을 때 이 해석이 펠라기우스주의적 관점을 지지하기 위해 사용되어서는 안 된다고 간략히 주장할 것이다.[14] 주석적 근거에서 펠라기우스주의적 해석은 그릇되었는데, 왜냐하면 5:12은 한 사람, 즉 아담을

---

13 참고. C. F. D. Moule, *An Idiom Book of New Testament Greek*, 2nd ed. (Cambridge: Cambridge University Press, 1959), 50. Murray J. Harris, "Prepositions and Theology in the Greek New Testament," *New International Dictionary of New Testament Theology*, ed. C. Brown, 4 vols. (Grand Rapids: Zondervan, 1975-1985), 3:1194-95. Ulrich Wilckens, *Der Brief an die Römer*, Teilband 1: *Röm* 1-5, Evangelisch-katholischer Kommentar zum Neuen Testament (Zürich: Neukirchener, 1978), 316. Hofius, "The Adam-Christ Antithesis and the Law," 172n27. Hultgren, *Romans*, 222; Erickson, "The Damned and the Justified," 291n12. 이와 반대되는 견해는 다음을 보라. Vickers, *Jesus' Blood and Righteousness*, 124-27.

14 Pelagius에 따르면 인간은 아담의 사례를 본받아 죄를 짓는다. 다음을 보라. Theodore de Bruyn, *Pelagius's Commentary on St. Paul's Epistle to the Romans: Translated with Introduction and Notes*, Oxford Early Christian Studies (Oxford: Clarendon, 1993), 92, 95.

통해 죄와 사망이 세상으로 틈입했다는 말로 시작하기 때문이다. 5:12 후반부에 나오는 개인의 사망과 죄는 아담이 세상, 곧 인간에게 부과된 재앙과 깔끔하게 분리될 수 없다.[15] 나아가 15-19절에서 바울은 아담의 한 범죄로 인해 사망과 정죄가 모든 사람의 몫이 되었다는 점을 다섯 번에 걸쳐 강조하고 있다. 바울은 반복적으로 단호하게 아담의 죄로 인해 인간이 죽음과 심판을 겪는다고 알려주는데, 사망의 원인을 개인적/개별적 죄로 한정하는 것은 말 그대로 주해적으로 맞지 않는다.

찰스 크랜필드에 따르면, 이 본문은 인간이 아담으로부터 타락한 본성을 물려받았기에 죄를 짓는다는 의미다.[16] 그러나 "죄를 지었다"(ἥμαρτον)라는 용어는 사람의 본성이 "타락하게 되었다"는 뜻이 아니다. 이 단어는 죄를 짓는 행위를 지칭한다. 따라서 크랜필드의 견해는 본문의 어법에서 벗어난다.[17]

앙리 블로쉐는 아우구스티누스 전통에 속한 학자로서 원죄에 대한 섬세한 변론을 저술했다.[18] 거기서 그는 언약적 머리됨의 관점의 한 변형을 변론하고자 시도했다. 블로쉐는 단순히 원래의 언약적 대표론의 관점으로 돌아가고자 한 것이 아니다. 그는 아담의 죄책이 모두에게 전가되지 않는다고 주장하면서도, 그럼에도 불구하고 우리가 우리 자신의 죄와 아담의

---

15 Hultgren의 결정적 주장을 보라. *Romans*, 223-24. 여기서 바울이 아담의 죄 및 자신의 죄로 인해 모두가 죽는다고 가르친다고 보는 Erickson의 글도 참고하라("The Damned and the Justified," 303).

16 Cranfield, *Romans I-VIII*, 278-79.

17 타당한 견해로는 다음을 보라. S. Lewis Johnson Jr., "Romans 5:12-An Exercise in Exegesis and Theology," in *New Dimensions in New Testament Study*, ed. Richard N. Longenecker and Merrill C. Tenney (Grand Rapids: Zondervan, 1974), 311.

18 Henri Blocher, *Original Sin: Illuminating the Riddle*, New Studies in Biblical Theology 5 (Downers Grove, IL: InterVarsity, 1997).

죄 모두에 대해 정죄받는 이유를 설명하고자 한다.[19] 블로쉐는 아담의 죄가 온 인류의 정죄에 대한 원천이라고 말한다.[20] 하나님은 아담 안에서 온 인류를 바라보시기에 그들의 개인적/개별적 죄는 "에덴에서의 아담의 죄에 접목되어" 있다.[21] 블로쉐에 따르면 아담은 언약적 머리이기 때문에 각 사람의 죄는 아담의 죄와 연계되어 있다. 아담의 죄로 인해 "공동체"는 "타격"을 입었지만 아담의 죄책이 그들에게 전가되지는 않았다.[22] 아담의 머리 됨은 "**인간의 죄에 관한 사법적 처리와 문책을 가능하게**" 한다.[23] 사람에게는 죄가 있다. 이를테면 개인이 죄를 지을 때 아담의 모형적 죄로 돌아가거나 그것이 반복되기 때문이다. 동시에 블로쉐는 인간의 죄가 아담의 머리 됨으로부터 떨어질 수 없다고 주장한다.[24]

블로쉐는 전가에 대한 실재론적 관점보다 언약적 대표론의 관점에 더 동조적이다.[25] 그러나 그는 언약적 대표론의 관점에 있는 긴장을 인식한다. 그는 이것이 하나님의 정의와 맞지 않다고 생각한다. 하나님이 인간에게 외부의 죄책을 전가시키는 것으로 보이기 때문이다.[26] 따라서 그는 아담이 우리의 언약적 머리지만 아담의 죄책은 인간에게 전가되지 않는다고 주장한다.[27] 인간이 "비참하게 타락한" 이유는 아담의 죄와 그의 연합 때문이지

---

19 Blocher의 입장을 자세히 이해하도록 큰 도움을 준 Steve Wellum에게 감사를 표한다. 틀린 부분이 있다면 이는 내 잘못이다.

20 Blocher, *Original Sin*, 77.

21 같은 책.

22 같은 책, 75, 130.

23 같은 책, 77(Blocher 강조).

24 같은 책, 76-79.

25 같은 책, 114-22.

26 같은 책, 121.

27 같은 책, 128.

만, 아담의 죄를 근거로 죄가 있다고 여겨지지는 않는다.[28] 죄인으로서 세상에 나오는 것은 "형벌"(penalty)이 아니라 "아담 이후의 인간에게 해당하는 사실(fact)이다."[29] 블로쉐는 자신의 관점이 외부의 죄책이 모두에게 전가된다는 설명보다 하나님의 정의를 더 만족스럽게 설명한다고 믿는다. 회의론자들은 왜 우리가 아담의 죄로 인해 비참하게 타락한 상태로 세상에 태어났는지에 대해 의아해할 것이다. 여기에 대한 블로쉐의 대답은 무척 간단하다. 아담은 우리의 머리다.[30] 인류가 아담과 연대하고 있기 때문에, 이는 곧 세상의 이치다.

확실히 블로쉐에게는 그 독창성과 더불어 본문을 주석적·신학적으로 기꺼이 재고한 공로가 있다. 그럼에도 불구하고 몇 가지 이유로 인해 그의 해결책은 설득력이 없다고 평가되어야 마땅하다. 그는 주로 로마서 5:12-14에 집중하며 15-19절에 관해서는 놀라울 만큼 거의 언급하지 않는다. 이런 누락은 그의 견해에 막대한 타격을 주는데, 15-19절에서 다섯 번에 걸쳐 심판과 사망이 아담의 한 범죄 때문이라고 언급되기 때문이다.[31] 15-19절에는 개인의 죄가 아담의 죄를 어떻게든 본받으리라는 개념이 전혀 없다. 대신에 아담의 한 범죄로 말미암아 인간은 정죄받고 영적으로 죽은 상태로 세상에 들어온다고 말한다. 앞으로 내가 주장할 것처럼, 15-19절은 아담의 죄책이 모든 인간에게 전가된다는 점을 분명히 가르치고 있다.

블로쉐의 제안은 12절에 대한 해석에 근거하지만 이는 왜곡된 것처럼 보인다. 왜냐하면 아담에게 내려진 금지령과 관련해서 모두가 개인적으로 죄를 지었다고 말하는 것은 본문의 가장 자연스러운 해석에 역행하기

---

28 같은 책.
29 같은 책, 129(Blocher 강조).
30 같은 책, 129-30.
31 이 구절에 대해서는 나중에 더 설명할 것이다.

때문이다. 블로쉐는 개인의 개별적 죄를 아담의 죄와 결부시키지만 바울은 이런 연결을 끊어버린다. 그들은 "아담의 범죄와 같은 죄를" 짓지 않았다(14절). 그들의 "죄"는 그들에게 불리하게 "여겨지지 않았다"(οὐκ ἐλλογεῖται, 13절). 어떤 의미에서 블로쉐는 아담에게 내려진 금지령을 위반함으로써 모든 사람이 "죄를 지었다"(12절)라고 생각한다. 그러나 바울은 정확히 그 반대로 말한다. 아담의 죄는 그의 후손들의 죄와 반대로, 유일하고 하나의 패러다임을 이룬다. 게다가 아담은 특별히 계시된 명령을 어긴 반면에, 아담과 모세 사이의 시대를 살던 이들은 선명하게 표현된 명령을 위반하지 않았다. 그렇다면 블로쉐의 해석은 거부되어야 마땅하다. 왜냐하면 그의 견해는 바울이 언급하지 않는 개념(인간의 죄가 아담의 죄를 원래 상태로 되돌린다는 것)을 본문에 부과하며, 바울이 실제로 말한 바(인간의 죄가 아담의 죄와 반드시 구별된다는 것)를 부정하기 때문이다.

블로쉐는 로마서 2:12이 자신의 견해에 대한 반증이 될 수 있음을 알고 있지만 이를 5:12과 같은 맥락에서 이해한다.[32] 그는 마음에 기록된 율법을 범하는 일이 아담과 세워진 언약을 범했다는 점을 보충적인 방식으로 설명한다고 본다. 비록 이런 설명이 가능하기는 하지만 2:12에 대한 해석으로는 무리가 있다. 여기서의 본문은 **율법 없이** 범죄한 자를 강조하고 있지, 죄인들이 아담과 갖는 관계에 대해 자연스럽게 언급하고 있는 것이 아니기 때문이다.

블로쉐의 입장은 해명되기가 어렵다. 그는 언약적 대표론의 관점을 견지하고자 하지만, 그의 설명은 역사적으로 간접 전가의 입장에 적합한 듯 보이기 때문이다. 물론 그는 후자의 입장이 불충분하다는 이유로 이를 부

---

32 Blocher, *Original Sin*, 80-81.

정한다.³³ 블로쉐는 언약적 대표론의 관점에 기우는 경향이 있지만, 이런 그의 언약적 대표론은 그가 전가된 죄책을 부정함에 따라 심각히 문제시 된다. 왜냐하면 그는 인간이 아담으로부터 물려받은 타락한 본성을 강조하기 때문이다. 그래서 인간들이 타락한 본성에 따라, 이를테면 아담의 죄를 모방하는 행동을 했을 때 죄가 있다고 간주된다고 보는 것이다. 블로쉐는 하나님의 정의를 근거로 아담의 죄책이 후손에게 전가된다는 개념을 거부한다. 그러나 어떻게 그의 해결책이 실제로 문제를 해결한다는 말인가? 아담과 연대하는 인간은 불가피하게 죄와 사망에 이르는 타락한 본성을 가지고 있다. 아담의 머리됨에 관한 하나님의 정의를 붙들고 고심하는 사람이라면 누구든, 블로쉐의 방안이 전가된 죄책 이론보다 훨씬 향상된 것이라고 보기 어려울 것이다.

존 머레이는 『아담이 지은 죄의 전가』에서 이 본문에 대한 아우구스티누스주의적이고 개혁주의적인 독해에 맞는 해석을 제시한다.³⁴ 라틴 세계에서 활동했던 아우구스티누스는 이 본문이 모든 사람이 아담 안에서(라틴어 in quo) 죄를 지었다는 점을 나타낸다고 보았다. 오늘날에도 소수의 학자들은 아담이 ἐφ᾿ ᾧ의 선행사라고 본다. 머레이는 다른 문법적·주해적 근거에서 아우구스티누스주의를 지지하며 ἐφ᾿ ᾧ가 "왜냐하면"으로 번역되어야 한다고 주장한다. 그는 ἐφ᾿ ᾧ를 원인으로 보고, 바울이 "모두가 죄를 지었으므로 사망이 모두에게 이르렀다"(5:12cd)고 말한다고 이해한다. 그러나 "모두가 죄를 지었다"는 모두가 개인적이자 개별적으로 죄를 지었다는 의미로 이해되어서는 안 된다. 바울이 "모두가 죄를 지었다"라고 말할 때 의도

---

33   같은 책, 66-67.

34   John Murray, *The Imputation of Adam's Sin* (reprint; Nutley, NJ: P&R, 1977). 다음을 보라. Johnson, "Romans 5:12," 306-7, 312-13. Herman N. Ridderbos, *Paul: An Outline of His Theology*, trans. J. R. de Witt (Grand Rapids: Eerdmans, 1975), 96-97. 『바울신학』(개혁주의신행협회 역간). Piper, *Counted Righteous in Christ*, 91-94.

한 바는 **모두가 아담 안에서 죄를 지었다는** 것이다. 모든 사람이 아담 안에서 죄를 지었으므로 사망이 예외 없이 모든 사람에게 이르렀다. 아담의 죄는 그들의 죄였고, 아담은 그들의 언약적/계약적 머리다.[35]

어떻게 머레이는 바울이 5:12에서 개인적 죄가 아니라 아담 안에서 지은 죄를 언급한다고 변론하는가? 머레이에게 있어 13-14절의 삽입적 설명은 중요하다. 13절에 따르면 아담으로부터 모세까지의 시대에는 율법이 없었기 때문에 당대인들에게는 죄가 누군가의 탓으로 여겨지지 않았다. 그렇지만 우리는 14절을 통해 당대인들이 특별히 계시된 법을 어기지 않았음에도 아담이 그랬던 것처럼 죽었음을 보게 된다. 여기서 머레이는 탁월한 방안을 제시한다. 그들의 죄가 그들 탓으로 여겨지지 않았다면, 도대체 왜 그들은 죽었는가? 머레이는 그들이 자신의 죄 때문이 아니라 아담의 죄 때문에 죽었다고 말한다. 그들의 죄가 그들에게 불리한 것으로 여겨지지 않았다면, 그들의 죽음의 원인이 그들 자신의 죄일 수가 없다. 다른 이유에서 그들은 죽음을 겪어야 했다. 바로 그 이유가 아담의 죄다. 13-14절의 삽입구는 12절 말미에 나온 "모든 사람이 죄를 지었다"라는 말의 뜻을 설명해 주며, 사망을 초래한 죄는 아담의 죄라는 것을 분명히 밝힌다. 이는 아담의 후손들의 죄일 수 없다. 바울은 그들의 죄가 그들에게 불리하게 여겨지지 **않았다**고 말하기 때문이다. 이 방책의 탁월함은 그것이 15-19절에 나오는 아담이 지은 죄의 영향에 대한 다섯 번의 설명과 놀라울 정도로 잘 들어맞는다는 데서도 나타난다. 인간은 아담 안에서 죄를 지었으므로 정죄받고 영적으로 죽은 상태로 세상에 들어온다.

이 본문에 대한 존 머레이의 해석은 심오하며 신학적으로 풍성하다.

---

35   나는 "언약적"(covenantal)과 "계약적"(federal)이라는 용어를 같은 의미로 사용하고 있다. 다음을 보라. Vickers, *Jesus' Blood and Righteousness*, 149-50.

아담을 언약적 머리로 보고 아담의 한 범죄로 인해 온 인류가 하나님 앞에서 심판받는다고 이해하는 머레이의 견해를 내가 옳다고 여기는 이유에 대해서는 적절한 때에 설명할 것이다. 그러나 우리는 본문 전체에 관한 머레이의 신학적 판단과 12-14절에 대한 그의 해석을 반드시 구분해야 한다. 내가 보기에 전자는 핵심을 잘 포착하는 반면에, 후자는 이 특정 구절에서 바울이 전개한 주장으로부터 벗어난 것 같다. 이 구절에 대한 머레이의 독해는 그가 솜씨 좋게 변론하고 있는 **가능한** 한 가지 해석이라고 보는 편이 적절하다. 그의 주장은 12-14절에 나온 논쟁의 흐름에는 적합하지만, 다른 곳에서의 바울의 가르침과 우리가 구약성경에서 목격한 사실과는 일치하지 않으므로 거부되어야 한다.

12-14절에 대한 머레이의 해석에서는 근본적인 약점을 살펴볼 필요가 있다. 그의 해석은 아담으로부터 모세까지의 시대에 살던 이들의 죄가 그들에게 불리한 것으로 여겨지지 않았다는 전제에 기초하고 있다(13절). 그들은 자신의 죄가 아니라 아담의 죄로 인해 죽었다. 하지만 이런 해석은 창세기의 내러티브와 어울리지 않는다(6-9장). 홍수 당시의 세대는 중요한 사례다. 홍수 세대가 아담과 모세 사이의 시대에 존재했던 것은 분명하다. 노아와 그의 가족을 제외하고 당대의 모든 사람은 세상을 침수시킨 홍수에 수장되었다. 홍수로 몰살된 이들은 그들 자신의 죄로 인해 심판과 정죄를 받아 죽었다. 그들을 판단한 죄가 아담의 죄였다는 징표는 조금도 없다.[36] 비록 그들은 하나님이 그들에게 계시한 명령을 위반한 것은 아니지만, 그들 탓인 죄로 인해 파괴적인 폭우를 맞아야 했음이 분명하다. 바벨에서의 심판도 동일한 맥락에 있다(창 11:1-9). 하나님은 지구라트(ziggurat; 혹은

---

[36] 성경의 모든 계시를 고찰해보면, 우리는 그들이 아담의 죄로 인해서도 심판받았다는 점을 알 수 있다. 나는 이를 부정하고 있는 것이 아니다. 다만 나는 창세기에서 언급된 그들이 받은 심판의 이유가 아담의 죄가 아니라 그들 자신의 죄라는 점을 말하고자 함이다.

이와 비슷한 것)를 건설하던 이들을 심판하셨다. 그들이 교만하여 하나님의 이름을 욕보였기 때문이다. 비록 그들이 율법이 있기 전의 시대를 살고 있었으므로 하나님이 말씀하신 명령이나 율법을 어긴 것은 아니었지만, 앞과 같은 심판을 받아야 했다. 비록 그들이 아담과 모세 사이의 시대에 살며 율법 아래 있지는 않았지만, 바벨에서 심판받고 정죄당한 이들은 자신의 죄에 대한 책임을 져야 했다. 또한 아담으로부터 모세까지의 시기에, 개혁주의 전통에서 흔히 다루어지는 유아에 관한 언급이 없다는 점에도 주의해야 한다.[37] 이는 바울이 다루는 범위 안에도 없다.[38]

나는 바울이 여기서 구약성경을 오독했다고 말하고 있는 것이 아니다. 정확히 말해, 홍수와 바벨에서의 심판이 로마서 5:12-14에 대한 머레이의 해석에 결점이 있음을 보여준다고 말하고 있다.[39] 아담으로부터 모세까지의 시대에 살던 이들에게도 자기의 죄에 대한 책임이 있었다. 그래서 그들은 하나님의 도덕적 규범을 위반한 이유로 정죄를 받았다. 그들의 죄는 그들 탓이었기에 그들은 심판을 받았다. 바울은 2:12에서 동일한 진리를 가르치며 이렇게 주장한다. "율법 없이 범죄한 모든 사람은 또한 율법 없이 망한다." 흔히 바울에게서 "망한다"(ἀπολοῦνται)라는 어휘는 최후의 심판과 파멸을 의미한다. 모세 율법이 없는 이방인들은 그들의 마음에 새겨진 율법을 어긴 일에 대해 심판을 받았다(2:14-15). 여기서 바울의 주장은 홍수와 바벨 당시의 사람들에게 임했던 심판과 합치된다. 이방인들은 모세 율

---

37 특히 다음을 보라. Piper, *Counted Righteous in Christ*, 95-100.
38 타당한 견해로는 다음을 보라. Vickers, *Jesus' Blood and Righteousness*, 143n118 and 144n119. 만일 유아에게 강조점이 있다면 아담과 모세 사이의 시대를 언급할 필요가 없다. 율법은 유아에게는 늘 해당되지 않기 때문이다. 아담으로부터 모세까지의 시대에 강조점이 있다는 것은 바울이 구속사 속의 특정 시기로 자신을 국한시켰음을 보여준다.
39 참고. Timo Laato, *Paulus und das Judentum: Anthropologische Erwägungen* (Åbo: Åbo Academi Press, 1991), 134.

법이 없었지만 기록되지 않은 율법을 위반함으로써 심판을 받았다. 이는 곧 그들의 마음에 새겨진 율법이었다. 로마서 2:12은 우리로 하여금 5:12-14을 오독하지 않도록 해준다는 의미에서 가장 중요하다. 율법이 없었을 때는 죄를 탓할 수 없었다고 하는 바울의 말(13절)은, 율법이 없는 자들은 오직 아담이 지은 죄로 인해 심판을 받았다는 뜻이 아니다. 2:12에서 분명히 언급하듯이, 율법 없는 자들은 그들의 마음에 새겨진 율법을 어긴 연고로 멸망한다. 바울은 2장에서 그들이 받는 심판의 근거가 아담의 죄에 있다고 주장하지 않는다.[40] 그들은 하나님의 도덕규범을 위배했기 때문에 멸망했다.

요컨대 로마서 5:12-14에 관한 존 머레이의 해석은 바울이 다른 곳에서 말하는 내용(2:12), 또는 아담으로부터 모세 때까지의 시대에 내린 심판(홍수, 바벨, 가인의 심판 등)과 일관적이지 않다. 머레이의 견해와 반대로, 율법이 없던 자들에게도 죄는 불리하게 여겨졌으며, 율법이 없던 사람들은 도덕규범을 위반한 이유로 정죄를 당하고 심판을 받았다.

나는 머레이의 해석이 다른 곳에서의 바울의 가르침과 우리가 구약성경에서 목격한 사실과 일치되지 않는다고 주장했다. 여기서 바울은 펠라기우스주의적 해석을 유입하지 않으면서 개인적 죄에 대해 언급한다. 다른 표현으로 옮기면 다음과 같다. "모든 사람이 개인적으로 죄를 지었으므로 사망이 모든 사람에게 임한다." 이 본문에서 바울은 개인의 죄가 사망을 유발했다는 점을 부정하지 않는다. 하지만 그는 펠라기우스주의적 해석과 반대로, 아담의 죄로 말미암아 개인들이 저주를 받고 영적으로 죽은 상태로 세상에 온다고 확증한다. 5:12 후반부와 전반부는 절대 별개로 취급되어서

---

40 다시 말하지만, 여기서 나는 그들의 심판에 아담의 죄가 작용하고 있다는 점을 부정하고 있지 않다. 내 요지는 롬 2:12에서 바울의 **뚜렷한 주장**은 이것이 아니라는 것이다.

는 안 된다. 죄와 사망은 아담을 통해 세상에 들어왔다. 그래서 사람들은 아담의 죄와 그들 자신의 죄, 두 가지 모두로 말미암아 죄를 짓고 죽음을 맞는다. 그러나 아담의 죄는 기초적이며 근본적이다.

12cd절이 개인의 죄로 인해 사망이 온 세계에 임했다고 말한다면, 이 논증에서 13-14절은 무슨 역할을 하는가? 13-14절에서 바울은 아담으로부터 모세까지의 시대에 살았던 사람들의 죄가 분명히 아담의 죄와 구별되어야 한다는 점을 설명한다. 아담은 특별히 계시된 명령을 위반했다(14절). 그리하여 그를 통해 죄와 사망이 세상에 들어왔다(12절). 아담은 첫 사람으로서 예수 그리스도와 동일한 방식으로 표상적 역할을 맡는다(14절). 이후 구절들(15-19절)은 사람이 아담 안에 있거나 아니면 그리스도 안에 있다는 점을 분명히 보여준다. 그러므로 아담으로부터 모세까지의 시대에 살았던 사람들의 죄는 아담의 죄와 동일한 중요성을 가지거나 동일한 역할을 맡을 수 없다. 세상에 재앙을 초래한 것은 아담의 첫 범죄였으며, 이로써 모든 사람은 죄와 사망의 지배 아래 처하게 되었다.[41]

아담의 독특한 역할이 율법이 없던 기간에 죄가 존재하지 않았음을 뜻하지는 않는다. 5:13에서 보듯이 그 기간에도 "죄가 세상에 있었다." 이는 가인, 라멕, 홍수 세대, 바벨에 관한 이야기를 읽은 누구에게나 분명히 드러나는 사실이다. 하지만 그렇다면 바울이 어떻게 "율법이 없었을 때에는 죄가 죄로 여겨지지 않았다[οὐκ ἐλλογεῖται]"(13절)라고 말할 수 있는가? 얼핏 보아 이는 틀린 말인데, 홍수 세대와 바벨 당시의 사람들은 자신들의 죄로 인해 저주를 받고 심판을 당했기 때문이다. 물론 그들이 특별히 계시된 명령을 위반한 것은 아니다.

5:13-14에서 바울의 요지는 14절을 귀담아 들음으로써 파악되어야

---

41   Jewett가 이 본문에서 지배가 핵심적 주제라고 말한 것은 타당하다. *Romans*, 370.

한다. 아담과 같이 특별히 계시된 명령을 어긴 일이 없이 죄를 지은 자들도 죽었다. 사망이 그들을 다스리고 지배했다. N. T. 라이트는 이렇게 표현한다. 바울의 "설명은 간단하다. 죄가 거기 있었음이 분명하다(5:13a). 거기에는 사망이 왕처럼 지배하고 있었기 때문이다(5:14a)."[42] 그러므로 바울이 그들의 죄가 그들에게 불리하게 여겨지지 않는다고 말할 때, 어떤 의미에서도 그들의 죄가 그들에게 불리하게 작용하지 않는다고 가르치고 있는 것이 아니다. 그들은 자신들의 죄로 인해 처벌을 받았다. 그들의 죄로 인해 사망의 지배를 받았기 때문이다. 바울의 요지는 그들의 죄도 죽음에 처해져야 마땅하지만, 엄밀히 따져서 그들의 죄가 아담이 지은 죄와 동일한 방식으로 여겨지지 않는다는 말이다.[43] 그렇다. 그들은 자신들의 개인적/개별적 죄로 말미암아 죽었다. 하지만 그들의 죄는 아담의 죄와 동일하게 모형적이고 근본적인 역할을 하지 않았다. 아담의 죄는 하나님의 계시적 명령을 어김으로써 죄와 사망이 온 세상을 에워싸게 된 성질의 것이었기 때문이다.[44] 따라서 바울은 5:12-14에서 아담의 죄와 아담으로부터 모세까지의 시대에 살았던 이들의 죄, 이 두 가지를 고찰한다. 두 경우 모두에 있어 죄는 사망을 초래했으나, 아담은 그의 후대 사람들과 달리 근본적이고 모형적인 역할을 담당했다. 그래서 아담의 죄와 사망은 그 이후 일어나는 죄와 사망의 근원이다. 알랜드 헐트그렌의 말처럼, 아담은 "인류의 머리로서 자리를 잡았다."[45] 아담과 그리스도는 모형론적 머리이고, 그들의 근본적인 역할은 이후 구절에서 자세히 설명된다.

---

42 N. T. Wright, "Romans," 527.

43 Cranfield, *Romans I-VIII*, 282-8. Günther Bornkamm, *Das Ende des Gesetzes: Paulusstudien*, Beiträge zur evangelischen Theologie 16 (Munich: Chr. Kaiser, 1952), 84.

44 다음을 보라. Stephen Westerholm, *Israel's Law and the Church's Faith: Paul and His Recent Interpreters* (Grand Rapids: Eerdmans, 1988), 183-84.

45 Hultgren, Romans, 226. 227도 보라.

로마서 5:15-19

5:15-19에서 바울은 다섯 번에 걸쳐 아담과 그리스도를 대조시킨다. 사람은 아담이든지 그리스도이든지 둘 중 하나에 속한다. 하지만 이 둘의 차이는 선명하다. 아담은 세상에 죽음과 심판을 가져왔지만, 예수 그리스도는 은혜와 생명과 의를 가져왔다. 바울이 똑같은 진리를 반복하는 이유는 그의 논증에서 이것이 무척 중요하기 때문이다. 그런데도 많은 이들이 12-14절에 중점을 두고 15-19절에 관해서는 조금씩밖에 언급하지 않는 것은 놀랍다. 나는 아담과 그리스도의 대조를 요약하며 한 절 한 절씩 살펴보고, 특히 아담의 죄와 관련된 본문에서는 이를 신학적으로 고찰해볼 것이다.

5:15

바울은 "이 선물은 그 범죄와 같지 아니하니"라고 주장하며 아담과 그리스도를 대조시킴으로써 본문을 시작한다.[46] 아담과 그리스도로 말미암아 역사가 형성되었다는 점에서 둘 사이에 연속성이 있지만, 아담은 세상에 재앙을 초래했고 그리스도는 은혜를 가져왔다는 점에서는 불연속성이 존재한다. 아담은 무슨 일을 초래했는가? 바울은 "한 사람의 범죄로 인해 많은 사람이 죽었다"라고 답한다. 물론 이 범죄는 선악을 알게 하는 나무의 열매를 먹지 말라(창 2:17)는 금지령을 창세기 3장에서 아담이 위반한 일이다. 이처럼 바울이 창세기를 반영하고 있으므로, 우리는 바울이 아담이 죄

---

[46] 5:15(또한 5:16)의 처음 절은 의문형으로 해석되어서는 안 된다. 이에 반하는 견해로는 다음을 참고하라. Chrys C. Caragounis, "Romans 5:15-16 in the Context of 5:12-21: Contrast or Comparison?," *New Testament Studies* 31 (1985): 144-45. Stanley E. Porter, "The Pauline Concept of Original Sin, in Light of Rabbinic Background," *Tyndale Bulletin* 41 (1990): 27-28. Don B. Garlington, *Faith, Obedience, and Perseverance: Aspects of Paul's Letter to the Romans*, Wissenschaftliche Untersuchungen zum Neuen Testament 79 (Tübingen: Mohr Siebeck, 1994), 98. 합당한 견해로는 다음을 보라. Hultgren, *Romans*, 218.

를 범하자 죽게 되었다고 말하리라고 예상할 수 있다. 그러나 바울은 우리의 예상을 훌쩍 뛰어넘어 아담의 범죄로 "많은 사람이 죽었다"라고 주장한다. 여기서 "많은"(πολλοί)이라는 단어는 이후 구절들이 입증하듯이 "모든"을 뜻하는 것이 분명하다. 예외의 여지는 없다. 아담이 죄를 지었기에 그리스도를 제외한 모든 인간은 죽었다.

바울은 육신의 죽음을 가리키는가, 혹은 영적 죽음을 가리키는가? 이 두 개념은 서로 뗄 수 없는 관계이기에, 이를 갈라놓는 것이 잘못일 것이다. 육신의 죽음은 영적 죽음의 결과다. 그래서 육신의 죽음은 영적 죽음의 상징이자 구체적 예증이다. 우리는 5:12에서 사람이 개인적 죄로 말미암아 죽는다는 것을 보았지만, 여기서 바울은 12ab절의 생각으로 돌아가 이를 확대한다. 개인적 죄에 앞선 무언가가 있고, 그 무언가가 바로 개인적 죄를 해명하며 강화한다. 달리 말해 아담의 죄로 말미암아 사람은 영적으로 죽은 채(그리고 적절한 시기에 육신의 죽음이 따른다)로 세상에 태어난다. 사람은 중립적인 상태로 세상에 나지 않는다. 사람은 "태어난 즉시 죽는다." 바로 아담의 죄로 인해!

거꾸로, 바울은 그리스도의 은혜에 경탄해 마지않으며 그 풍성함과 광대함을 나타내기 위한 용어를 사용한다. 바울은 그리스도의 은혜의 광대함과 자유에 대해 고찰하고 그 놀라움에 감격한다. 그는 사람이 무슨 연고로 아담의 죄에 대한 책임을 져야 하는지에 대해 의아해하지 않는다. 다만 죽어 마땅한 자를 자유케 하는 그리스도 안에 있는 하나님의 은혜에 경탄할 따름이다.

5:16

아담과 그리스도의 대조가 재차 나타난다. "이 선물은 범죄한 한 사람으로 말미암은 것과 같지 아니하니." 선물과 마찬가지로 죄도 모두에게 영향을 끼쳤다. 그러나 그 결과는 판이하게 다르다. "한 범죄에서 비롯된 심판으로 정죄에 이르렀으나, 많은 범죄를 뒤따른 선물은 의롭다 하심에 이름이니라." 여기서 한 범죄는 명백히 아담의 죄다. 그의 죄로 말미암아 그는 동산에서 심판을 받아 정죄에 이르렀다. 이는 창세기 3장에 뚜렷이 나타난다. 인상적인 점, 아니 충격적일 수도 있는 점은 여기서 정죄(κατάκριμα)가 아담에게 한정되지 않았다는 것이다. 주변 문맥(15-19절)은 아담의 한 범죄로 말미암아 모든 사람에게 정죄가 이르렀음을 보여준다.[47] 원죄의 스캔들은 그 냉혹함에 있어 두드러진다. 분명히 옳은 말이기는 하지만, 본문은 사람들이 스스로의 죄로 인해 정죄를 받는다고 말하지 않는다. 여기에는 인간의 죄의 기원에 관한 무언가 다른 더 깊고 중대한 것이 나타나고 있다. 아담의 죄로 말미암아 세상에 들어온 모든 사람은 하나님 앞에서 정죄를 받았다. 바울은 이 사상을 변호하거나 변명하지 않고, 다만 주장할 뿐이다. 그뿐만 아니라 아담의 한 범죄로 인해 사람이 정죄를 받는 방법이나 이유도 여기서 설명되지 않는다. 나는 끝에서 이를 다시 살펴볼 것이다.

바울은 아담의 한 범죄로 말미암아 사람이 죄 용서를 받을 자격이 없으며 정죄를 받는 것이 옳고 정당하다는 것을 보여주고, 이런 인간에게 주어진 선물의 한없는 아량에 감탄한다. 하나님의 은혜의 너비와 깊이는 "많은 범죄"를 포용한다는 점에서 특징적이다. 아담의 한 범죄로 인해 죄가 강물같이 세상에 쏟아져 들어왔지만, 죄의 강의 발원지는 동산에서의 아담의 한 범죄다. 비록 죄의 시초는 사소하게 보일지 몰라도, 그 한 범죄로 인해 그치지 않는 폭포처럼 죄가 쏟아져 내렸다는 점에서 이는 세상에 막대한 재앙을 초래했다. 예수는 많은 범죄를 용서하셨을 뿐만 아니라 사람들을 깨

---

47   이 어휘는 종말론적 정죄를 의미한다. Hofius, "The Adam-Christ Antithesis and the Law," 182.

끗한 상태로 만들어주셨다. 라이트는 이렇게 말한다. "그리스도는 단지 아담이 상실한 것을 회복시켰을 뿐만 아니라 이보다 훨씬 더 나아가셨다.…메시아를 통한 하나님의 행동은 아담이 시작된 자리에서 시작되지 않았다. 이를테면 이번만큼은 제대로 해야겠다며 다시 시작된 것이 아니었다. 메시아를 통한 하나님의 행동은 아담의 결말에서, 많은 죄와 많은 죄인과 더불어 시작되었다."[48] 그리고 그리스도께 속한 자들은 또한 의롭다 함을 입는다. 그들은 용서를 받았을 뿐만 아니라 하나님 앞에 의로운 상태로 선다.

5:17

사망은 권세로서 아담 안에 있는 자들을 지배한다. 사망은 단지 벌어지고 마는 사건이 아니라 아담의 죄로 인해 사람이 그 속에서 살아가는 상태이기 때문이다. 앞서 언급했듯이, 사망은 영적 사망으로 한정되거나 아니면 육신의 사망으로 한정될 수 없다. "사망"이란 용어는 두 실재 모두를 말하기 때문이다. 둘 중 한 가지 실재만을 살펴보는 주석가들은 이 본문의 의도를 놓치는 것이다. 영적 죽음은 이 땅을 살아가는 동안 사람을 지배하는데, 바로 이 영적 죽음의 정점이 육신의 죽음이기 때문이다.

사망은 **한**(ἑνὸς) 사람의 **한**(ἑνὸς) 범죄를 통해 모든 사람을 지배한다(ἐβασίλευσεν). 사람은 스스로의 죄로 말미암아 죽는 것이 분명하지만 (5:12cd), 여기서 바울은 세상에 있는 죄와 사망의 기원을 고찰하고 있다. 그는 멀리 거슬러 올라가 모든 사람이 죄를 짓는 원인을 생각한다. 한 사람 아담의 한 범죄로 말미암아 사망이 모든 사람의 삶에 엄습했다. 여기서 바울은 인간이 아담과 별개라는 생각을 일체 거부하고 인류가 하나의 통일체라는 점을 당연시하고 있다. 사람은 아담의 한 범죄로 인해 육신이 죽을 운

---

48 Wright, "Romans," 528.

명을 타고나 영적으로 죽은 채로 세상에 태어난다. 아담은 명백히 세상에 있는 죄와 사망의 원천이다(12ab절을 보라). 덧붙여 말한다면, 어떤 이들은 아담과 인류의 연합이 아담의 모든 죄가 후손에게 전가됨이 분명하다는 점을 보여준다는 데 반대하면서, 바울이 사망을 아담의 한 범죄로 한정한다는 데 주목한다. 가령, 이는 질병에 처음 노출된 순간에 온 몸에 감염이 진행됨과 같다. 따라서 아담의 부수적인 죄들은 현재의 논의와 무관하다.

계속해서 바울은 예수 그리스도 안에 있는 하나님의 은혜에 경탄한다. 아담의 범죄는 인간에게 왕 노릇하는 사망을 초래했지만, 죄와 사망 모두를 정복한 하나님의 은혜에는 어떤 맞수도 없다. 그래서 이제 하나님의 은혜를 받은 이들은 "의의 선물"(τῆς δωρεᾶς τῆς δικαιοσύνης)을 누린다.⁴⁹ 그들의 의는 그들 속에 있지 않고 두 번째 아담인 예수 그리스도 안에 있다. 그리스도 안에서 그들은 의롭다고 여겨진다. 이제 그들은 한 사람을 통해(διὰ τοῦ ἑνὸς) 생명 안에서 다스린다(ἐν ζωῇ βασιλεύσουσιν). 역사는 두 사람의 사역에 달려 있다. 사람은 죄와 사망이 다스리는 아담 안에 있든지, 아니면 그리스도 안에 있어 생명 안에서 다스리며 의의 선물을 누리든지 둘 중 하나다. 미래 시제 βασιλεύσουσιν은 단지 논리상의 미래가 아니라 종말론을 지칭한다. 그렇지만 이 종말론은 예수 그리스도의 죽음과 부활을 통해 현재의 악한 시대를 관통한다. 그래서 신자들은 지금 이 순간에도 장차 도래할 생명을 누린다. 신자들의 통치는 이미 시작되었지만, 그들의 통치는 예수 그리스도께서 다시 오실 때 만개할 것이다.⁵⁰

49　δικαιοσύνης라는 단어는 여기서 동격으로 사용되어 그 선물이 의임을 나타낸다(Wilckens, Röm 1-5, 325).

50　다음을 보라. Douglas J. Moo, *The Epistle to the Romans*, New International Commentary on the New Testament (Grand Rapids: Eerdmans, 1996), 340. 『NICNT 로마서』(솔로몬 역간).

5:18

18절은 "그런즉"(Ἄρα οὖν)이라는 단어가 알려주듯이 5:15-17로부터 도출된 결론이다. "한 범죄로 모든 사람이 정죄에 이른 것같이, 한 의로운 행위로 말미암아 모든 사람이 의롭다 하심을 받아 생명에 이르렀느니라." "정죄"(κατάκριμα)와 "의롭다 함"(δικαίωσιν)의 대조는 유익하다. 칭의는 사람이 하나님 앞에서 의롭다고 선언되는 것인 반면에, "정죄"는 심판이 내려진 자들을 뜻한다. 여기서 바울은 아담의 한 범죄로 인해 하나님 앞에서 누구도 예외 없이 정죄받는다고 분명히 말한다. 만일 그들이 아담의 죄로 인해 하나님 앞에서 정죄를 받는다면, 그들은 아담의 죄에 대해 유죄인 것이다. 만일 그들이 아담의 죄에 대해 무죄라면, 그들은 아담의 죄로 인해 정죄를 받을 수 없을 것이다. 여기서 바울은 어떤 변증도 하지 않으며, 하나님이 행하신 일의 정당성을 변론하지도 않는다. 다만 아담의 죄로 인해 우리가 정죄를 받게 되었다고 주장하며 있는 그대로의 사실만을 선언한다.

다른 한편으로, 예수의 "의로운 행위"(δικαιώματος)는 그에게 속한 모든 이들을 생명으로 이끄는 칭의를 가져온다. "생명의 칭의"(δικαίωσιν ζωῆς)에서 "생명"이라는 용어는 결과를 나타내는 소유격으로 해석되어야 한다. 칭의의 결과는 종말론적 생명이다. 그리스도의 사역은 인간을 단지 죄를 짓기 전의 아담의 상태로 되돌리는 것이 아니다. 이제 그리스도 안에 있는 이들은 타인의 의로움, 즉 그들 자신의 것이 아닌 의를 누린다. 그들은 그리스도와 연합함으로써 하나님 앞에서 의롭다고 여겨지고 장차 도래할 시대의 생명을 누린다. 바울이 모두에게 주어진 칭의의 수단으로서 "한 의로운 행위"(δι᾽ ἑνὸς δικαιώματος)를 말할 때는 십자가에서 그리스도의 사역이 그려진다. 죄를 떠맡은 그리스도의 속죄 사역을 통해 용서와 칭의가 확보된다.

5:19

바울은 5:19에서 아담과 그리스도에 관한 논의를 매듭짓는다. 여기서 그는 5:18의 주장에 대한 근거를 제시한다("왜냐하면"[γάρ]으로 시작된다). 모든 사람이 아담 안에서 정죄를 받고 또한 그리스도 안에서 의롭다 함(18절)을 입은 이유는, 아담 안에서 사람은 죄인으로 여겨지며 또한 그리스도 안에서 의롭게 여겨지기 때문이다(19절). 19절은 이러하다. "왜냐하면 한 사람이 순종하지 아니함으로 많은 사람이 죄인 된 것같이, 한 사람이 순종함으로써 많은 사람이 의인이 되었기 때문이다." 여기서 "많은"(οἱ πολλοί)은 모든 사람을 의미하기에 일부를 가르킨다고 제한되어서는 안 된다. 특히 "~이 되다"(καθίστημι의 두 용법)의 의미를 두고서는 학자들 사이에 논쟁이 있다. 이는 법정 용어로서 인간이 아담의 불순종으로 **죄인으로 여겨지고** 그리스도의 순종으로 **의롭게 여겨진다**는 의미인가?[51] 아니면, 바울은 인간이 아담의 불순종으로 말미암아 **진짜 죄인이**(되었으)며 그리스도의 순종으로 말미암아 **진짜 의롭**(게 되었)다고 말하는 것인가?[52] 두 관점 모두에 대해서는 각각 증거가 제시될 수 있다("여겨지다" 또는 "정하다"의 의미로는 마 24:45, 47; 25:21, 23; 눅 12:14; 행 6:3; 7:10, 27, 35; 딛 1:5; 히 5:1; 7:28; 8:3을 보라. "되다"의 의미로는 약 4:4; 벧후 1:8을 보라). 주변 문맥에서 아담과 그리스도가 강조되며 사망과 생명, 정죄와 칭의가 그들에게서 기인한다고 주장한다는 점을 고려하면, 법정적 의미가 더 그럴 듯하다. 그럼에도 불구하고 법정적 의미는 실제적 의미에서 분리될 수 없다. 아담 안에서 죄인 된 자들은 실제로

---

51 Vickers, *Jesus' Blood and Righteousness*, 116-22, 155-56. Wright, "Romans," 529. Ridderbos, Paul, 98. Porter, "Pauline Concept of Original Sin," 29. Murray, *Romans 1-8*, 205-6. Moo, *Romans*, 345; Piper, *Counted Righteous in Christ*, 108-10.

52 Wilckens, *Röm 1-5*, 328. Dunn, *Romans 1-8*, 284. Albrecht Oepke, "καθίστημι," *Theological Dictionary of the New Testament*, ed. G. Kittel and G. Friedrich, trans. G. W. Bromiley, 10 vols. (Grand Rapids: Eerdmans, 1964-1976), 3:445.

죄인이 되고, 그리스도 안에서 의롭다고 여겨진 자들은 의롭게 살아간다.

요지는 아담의 불순종으로 모든 사람이 죄인이 되었다는 것이다. 아담의 죄는 모든 사람의 것으로 여겨진다. 반대로 그리스도께 속한 모든 이들은 그의 순종으로 인해 의롭게 여겨진다.[53] 한 사람이 죄인인지 의인인지의 여부는, 아담에게 속했는지 그리스도께 속했는지에 달려 있다. 사람이 아담 및 그리스도와 가지는 관계는 근본적 실재다. 분명히 사람은 중립적 상태로 세상에 태어나지 않는다. 사람은 아담의 불순종으로 인해 시작부터 죄인으로서의 삶을 살아간다. 그들은 개인적으로 죄를 짓지만 그들의 죄는 그저 개인적인 것이 아니라 아담의 죄에 근거하고 있다. 그리고 아담의 불순종 때문에 그들은 죄인으로 여겨진다. 그렇지만 그들이 실제로 죄인 또는 의인이 **된 것은**, 그들이 아담 안에서 죄인으로 또는 그리스도 안에서 의인으로 **여겨진** 결과다.

신학적 고찰

이 책의 다른 장들은 여기서의 바울의 가르침에 따른 신학적 영향을 더 자세히 다루고 있다. 이 시점에서는 이를 간략히 살펴보는 작업만으로 충분하다. 로마서 5:12-19에서 분명히 바울은 아담의 죄와 개별적 죄로 인해 인간이 죽는다고 가르치고 있다. 여기서 양자택일의 문제가 상정되는 것은 아니다. 다만 아담의 모형적·근본적 역할이 강조되고 있을 따름이다. 그를 통해 죄와 사망이 세상에 들어왔고, 개인적/개별적 죄는 아담의 죄에 기반

---

53 여기서 같은 논쟁이 발생한다. 예수의 순종은 십자가에 한정되는가? 다시 한번 십자가에 중점이 있기는 하지만 십자가에서 예수의 순종은 그가 죄 없이 살았던 삶과 분리될 수 없다.

을 두고 있다. 아담의 한 범죄로 말미암아 모든 사람은 하나님 앞에서 죄인이고, 죽음을 당했으며, 정죄를 받았다.

기독교 역사 전반에 걸쳐 신자들은 여기서 바울이 주장한 바에 따르는 신학적 중요성을 고찰하기 위해 애써왔다. 이미 나는 펠라기우스의 관점이 본문을 정당하게 다루고 있지 않다고 주장했다. 사람이 단지 아담의 죄를 모방하는 것이 아니기 때문이다. 아담의 한 범죄로 말미암아 하나님 앞에서 사람은 죄인으로서 정죄를 받아 영적으로 죽은 채로 세상에 들어온다.

또한 나는 블로쉐의 견해를 유념해서 살펴보았다. 이는 그가 인류의 머리로서의 아담에 대한 변형된 관점을 유려하고 박식하게 제시하고 있기 때문이었다. 블로쉐는 외부로부터의 죄책을 인정하지 않으며, 우리의 머리 된 아담이 인간에게 부패하고 타락한 본성을 물려준다고 주장한다. 그래서 인간의 개별적 죄는 아담의 죄를 본받은 것이다. 블로쉐의 관점의 결론은 아담의 죄에 대한 책임이 모든 인간에게 있지 않으므로, 각자가 죄를 범했을 때 죄책이 생긴다는 것이다. 나는 두 가지 측면에서 블로쉐의 주장이 틀렸다고 주장했다. 첫째, 아담의 죄를 본받은 것이 사람들의 죄라는 그의 주장은 로마서 5:12-19에 나온 바울의 실제 가르침에서 벗어난다. 여기서 바울은 아담의 죄와 아담으로부터 모세까지의 시대를 살던 사람들의 죄를 구체적이면서 단호하게 구별하고 있기 때문이다. 둘째, 이 본문은 외부의 죄책에 대해 블로쉐가 가진 거부감을 공유하고 있지 않다. 오히려 본문은 아담의 한 범죄로 말미암아 모든 사람이 죄인이며 정죄를 받는다(그래서 죄책을 가진다!)고 가르치고 있다. 그리스도께서 행하신 일로 인해 인간이 의롭게 된 것처럼, 마찬가지로 아담이 행한 일로 인해 인간에게는 죄책이 있다.

아담을 우리의 언약적 머리로 보는 관점은 앞서 내가 제시한 5:12-19의 해석과 일치한다. 죄와 사망과 정죄는 모든 사람의 요소인데, 이는 아담의 한 범죄로 인함이다. 사람은 선을 향한 성향이나 중립적 성향을 가지고 세상에 오지 않는다. 사람은 아담의 자녀이기에 죄인으로서 세상에 태어난다. 바울은 아담의 한 범죄로 말미암아 사람이 정죄를 받고 죽는다는 점을 분명히 가르친다. 아담을 우리의 언약적 머리로 인식하는 것은 그 이면에 놓인 의미와도 상통한다. 그리스도는 자신에게 속한 사람들(고전 15:23), 곧 의의 선물을 받는 사람들(롬 5:17)의 언약적 머리이기 때문이다. 우리는 아담 안에서 외부적 죄책을 받지만, 또한 그리스도 안에서 외부적 의로움을 얻는다.

곧바로 첨언해야 할 것은, 성경이 아담의 머리됨을 추상적으로 다루고 있지 않다는 점이다. 우리는 또한 아담의 자녀로서 개인적으로 죄를 짓고 죽을 운명에 처했기 때문이다(5:12cd). 바울은 우리의 죄와 별개로 아담의 죄를 고찰하지 않는다. 그렇기에 유아나 결정 능력이 상실된 지적 장애자에 대한 논의는 여기에 없다. 바울의 요지는 모든 사람이 아담의 후손이기에, 죄인으로서 또한 영적으로 죽어 정죄를 받은 상태로 세상에 온다는 것이다. 사람은 아담의 죄와 스스로의 죄로 인해 죽는다. 그러나 아담의 죄와 사망은 근본적·모형적 역할을 담당한다.

성경은 원죄와 원죽음을 가르치며, 이 둘은 인간의 경험에서도 분명히 드러난다. 성경은 이 교리에 대한 합리적 설명을 충분히 제시하고자 하지 않는다. 앞서 나는 인류가 하나의 큰 유기체로서 작용함이 마땅하다고 주장했다. 원죄론은 비합리적인 것이 아니라 다만 인간의 이성에 거슬리는 것이다. 이에 원죄에 대해 깊이 성찰했던 블레즈 파스칼의 말로 글을 맺는 것이 적합할 듯하다.

분명히, 공유될 수 없어 보이는 첫 사람의 죄에 따른 죄책이 [사람에게] 영향을 끼쳤다는 말보다 우리의 이성에 충격적인 일은 없다. 이렇게 죄책이 전달된다는 점은 그저 불가능해 보이는 데서 그치지 않고 몹시 부당해 보인다.…

분명히 다른 어떤 교리보다 이 교리는 우리에게 충격적이다. 그럼에도 불구하고 가장 이해할 수 없는 이 신비가 없이는 우리는 스스로에 대한 아무런 이해도 가지지 못할 것이다.[54]

---

54   Blaise Pascal, *Pensées*, trans. A. J. Krailsheimer (New York: Penguin, 1966), 65.

제14장
타락과 창세기 3장

노엘 윅스(Noel Weeks)

예비적 고찰

성경은 아담을 첫 사람으로 소개한다. 그러나 아담이 첫 사람이라는 것을 부인하게 되면 "선아담인류론"(pre-Adamites)을 추구하는 결과가 따른다. 창세기 3장을 실제로 그보다 더 앞선 사본이나 문헌의 재구성으로 여기는 입장도 아담이 첫 사람이라는 점을 부인하는 결과를 초래하게 될 것이다. 나는 본문 자체가 말하는 바를 살펴보기 전에 우선 후자의 관점이 가진 난점을 다룰 것이다. 본문 자체에 관해서는 먼저 몇몇 주해적 수수께끼를 다룬 뒤에 순차적으로 내러티브를 해석해나갈 것이다.

이스라엘 바깥에서 이 본문에 담긴 사상의 출처를 찾으려는 시도는 무엇을 본문의 중심 주제로 보느냐로부터 영향을 받는다. 만일 본문의 관심사를 인간의 죄로 본다면, 가장 평행적인 출처는 이집트의 텍스트다. 인간의 반역을 주장하는 이집트 문헌으로는 두 가지가 있다. 「메리카레의 교훈」(*The Instructions of Merikare*)은 제1중간기(대략 기원전 제3천년기-제2천년기 초반)의 지도자의 충고를 담은 형식으로 전해진다.[1] 여기에 나타난 인간의 반역에 대한 진술에는 사건이나 그로 인한 결과에 대한 구체적 설명이 없다. 제8왕조와 제9왕조(기원전 제2천년기 후반)의 무덤에서 다소간 발견되는 「천

1　영역본으로는 다음을 보라. Miriam Lichtheim, *Ancient Egyptian Literature: A Book of Readings* (Berkeley: University of California, 1973), 1, 97-109.

상의 소」(The Book of the Heavenly Cow)에는 이와 유사한 이야기가 나오는 것 같다.² 여기서도 반역에 대한 구체적인 내용은 나오지 않으며, 그로 인한 결과는 오래 지속되지 않는다.

우리가 창세기의 출처로서 메소포타미아 문헌에 치중하게 되면, 창세기를 읽는 방식이 변하게 된다. 메소포타미아 "평행들"은 인간의 영생에 관심을 두기 때문이다.³ 후대 양식을 가진 「길가메시 서사시」의 주제는 영생을 찾아나선 길가메시의 헛수고다.⁴ 바빌론 홍수 설화의 양식이 이 이야기에 존재한다는 사실은 많은 학자의 주의를 끌었다. 이 이야기에서 길가메시의 친구 엔키두는 짐승을 닮은 털북숭이로 소개된다. 그는 짐승들과 함께 먹고 마시며 어울렸다. 창녀의 유혹을 받은 그는 짐승들과 멀어지게 되었고, 의복을 갖추게 되는 등 인간의 삶의 방식을 따르게 되었다. 엔키두의 "문명화"는 창세기 이야기를 인류가 순박한 상태에서 성숙을 향해 나아가는 것으로 보는 해석과 평행한다.⁵ 또한 창세기를 영생을 향한 인간의 추구가 반영된 텍스트로 보는 다른 이들에게도, 「길가메시 서사시」의 주요 주제는 창세기와 평행한다.⁶

비록 엔키두는 신들과 갈등을 빚어 죽음을 맞이하게 되지만, 이는 길

---

2   Erik Hornung, *Der ägyptische Mythos von der Himmelskuh: Eine Ätiologie des Unvollkommen* (Freiburg: Universitätsverlag, 1982). 영역본으로는 위의 책, 2, 197-99을 보라.

3   메소포타미아를 주요 출처로 보는 연구로는 다음을 보라. Hermann Gunkel, *Schöpfung und Chaos in Urzeit und Endzeit: Eine religionsgeschichtliche Untersuchung über Gen 1 und Ap Joh 12* (Göttingen: Vandenhoeck und Ruprecht, 1895). E. A. Speiser, *Genesis* (Garden City, NY: Doubleday, 1964). Claus Westermann, *Genesis 1-11*, trans. John J. Scullion (London: SPCK, 1984).

4   A. R. George, *The Babylonian Gilgamesh Epic: Introduction, Critical Edition and Cuneiform Texts* (Oxford: Oxford University Press, 2003). 이외에도 많은 영역본이 있다.

5   Speiser, *Genesis*, 26-27.

6   Tryggve N. D. Mettinger, *The Eden Narrative: A Literary and Religio-historical Study of Genesis 2-3* (Winona Lake, IN: Eisenbrauns, 2007), 109-22.

가메시가 죽음을 피할 방법을 고심하는 계기가 되었다. 하지만 길가메시는 영생을 찾아다니며 신들과 마찰을 빚지 않았다. 이 이야기의 교훈은 그것이 헛된 추구라는 것이다. 신들은 인간을 창조하며 영생은 그들 자신을 위해 따로 떼어두었다. 따라서 이 이야기는 죽음과 고생 및 여타 인간이 겪는 비참함을 신들이 부여한 것으로 보는 일반적인 메소포타미아의 경향과 일치한다. 물론 창세기와의 평행도 발견된다. 두 이야기 모두에서 삶과 죽음이 주제를 이루고 있기 때문이다. 그러나 같은 주제를 다루고 있다는 이유만으로, 인간 존재의 근본적 질문에 대한 서로 다른 두 가지 처사가 상호의존적으로 엮이지는 않는다. 창세기 이야기가 바빌론 이야기에 근거했다고 보는 관점에는 성경을 그보다 열등하고 파생적인 것으로 만들려는 경향이 반영되어 있다. 또한 인간이 길가메시나 엔키두로부터 비롯되지 않았다는 데에도 주목해야 한다. 길가메시는 초기 왕이었을 수 있지만 최초는 아니며, 자기 자신의 영생을 찾아 나선 것이지 온 인류의 영생을 추구하지 않는다.

메소포타미아 문헌에서 발견되는 또 다른 "평행"은 에아 신의 사제인 아다파에 관한 이야기다.[7] 아다파는 죄를 범해 최고신 아누 앞에 불려갔다. 에아는 아누가 먹으면 죽게 될 음료와 음식을 줄 것이기에 어떤 음식이나 음료도 사양하라고 아다파에게 충고했다. 그래서 아다파는 아누가 생명의 음료와 음식을 준 줄도 모른 채 이를 사양했다.

이 이야기의 요지가 무엇인지에 대해서는 수많은 논쟁이 있으며, 이런 논쟁은 애매한 결론 때문에 종결되지 못하고 있다. 아다파는 최초의 인간으로 묘사되지 않는다. 마찬가지로 그의 행위도 자기 자신의 영생을 위함이었다.[8]

7　S. Izreʾel, *Adapa and the South Wind: Language Has the Power of Life and Death* (Winona Lake, IN: Eisenbrauns, 2001).

8　더 광범위한 전통에서 아다파는 인간에게 지혜를 가져다준 현자들 중 하나이지만 인류의 대

간략히 말해, 이집트 설화에는 신들에 대한 반역이 내포되어 있지만 영생이 신들을 위해 따로 예비되어 있다는 메소포타미아의 신앙에 대한 증거는 없다. 아마도 이집트의 장례 의례는 이집트의 다른 사고방식을 보여주는 듯하다. 메소포타미아 설화에는 삶과 죽음과 영생의 문제가 명백히 나타나지만, 이 문제는 신들이 영생을 허락하지 않았다는 측면에서 다루어진다. 거기에는 인간의 집단적 반역이나 죄가 존재하지 않는다.[9]

어떤 학자들은 성경의 이야기를, 혼돈과 악의 본질이라는 추정되는 공통 개념과 결부시키려고 시도한다. 죽거나 자취를 감춰버림으로써 황폐함을 초래하는 여러 종류의 신에 관한 신화들이 존재한다. 이런 신이 다시 출현하는 일은 앞서 황폐케 된 것의 회복으로 나타난다. 고대 문헌에서 신의 죽음과 소멸은 다양한 방식으로 묘사되지만, 현대의 논의는 그 원인이 갈등인 경우에만 매달리고 있다. 학자들은 이를 형태를 갖추지 않은 물질로부터 세계가 창조되었다는 우주 발생론적 신화와 연관시켰다. 형태를 갖추지 않은 이 물질은 여전히 잔류물로 남아 있어 주기적으로 기존의 질서를 위협한다고 간주되는데, 특히 죽고 다시 살아나는 최고신에 대한 파충류의 모습을 띤 대적으로서 그렇게 한다고 여겨졌다. 갈등의 신화가 모방적 의례로 극화되는 신년 축제에서 신의 부활은 연례행사로서 기념되고, 또 실현된다고 가정되었다. 혼돈의 파충류적 양태는 창세기 3장의 뱀과 연관되었다.[10]

표적 역할을 맡지는 않는다. 즉 그의 행동이 전체 인류에 영향을 끼칠 수 있는 것으로 묘사되지 않는다. 다음을 보라. E. Reiner, "The Etiological Myth of the Seven Sages," *Orientalia* 30 (1961): 1-11.

9   신들의 반역에 관해서는 다음을 보라. *Atrahasis* in W. G. Lambert and A. R. Millard, *Atrahasis: The Babylonian Story of the Flood* (Oxford: Oxford University Press, 1969) 그리고 Enuma Elish(흔히 바빌론 창조 서사시로 불림). 후자에 관해서는 많은 번역본과 연구가 있다. 예를 들어 Benjamin Foster, *Before the Muses: An Anthology of Akkadian Literature* (Bethesda, MD: CDL, 1993, 1996). 그리고 W. G. Lambert, "Mesopotamian Creation Stories," in *Imaging Creation*, ed. M. J. Geller and M. Schipper (Leiden: Brill, 2008), 15-59.

10 Mettinger, *The Eden Narrative*, 80-84. Jon D. Levenson, *Creation and the Persistence of Evil:*

서로 다른 문화들의 요소를 조금씩 모아 혼합체를 만드는 이런 이론은 무척 종합적이다. 여기에 내포된 수많은 문제들 중 핵심적인 것은 다음과 같이 두 가지라고 할 수 있다. 이 이론의 주된 토대가 되는 것은 후기 바빌론의 신년 축제이지만, 여기서 기념되는 신인 마르두크는 죽고 다시 살아나는 신으로 보이지 않는다.[11] 또한 이 신년 축제에서는 「에누마 엘리쉬」가 낭송되기는 하지만,[12] 뒤따르는 신년 축제의 제례는 「에누마 엘리쉬」와 특별한 연관성이 없다.[13] 일반적으로 신화와 제례를 연관 지으려는 시도에는 결점이 있다. 소멸하는 신들에 대한 신화들은 신의 죽음/소멸을 파충류 괴수와의 갈등과 천편일률적으로 연관시키지 않는다.[14] 신의 대적이 세상을 위협하러 돌아온 원시적 혼돈이라는 이론은 고대 근동 신화의 지지를 받지 못한다.

따라서 누군가가 특정 맥락 속에서 하나의 원시적 상황을 상상했다는

The Jewish Drama of Divine Omnipotence (Princeton: Princeton University Press, 1988).

11 Wolfram von Soden, "Gibt es ein Zeugnis dafür, dass die Babylonier an die Wiederauferstehung Marduks geglaubt haben?," *Zeitschrift für Assyriologie* 51 (1955): 130-66.

12 각주 9를 보라.

13 이 신화는 Marduk 신전에서 낭송되었으므로 공연이 곁들여지지는 않았던 것으로 여겨진다. Marduk의 적인 Tiamat를 위한 조력자들 중 일부는 파충류였지만, Tiamat 자신은 불확실한 형태다. 이 이야기는 바빌론에 있는 Marduk 신전에 관한 일종의 "설립 전설"일 것이다. 제례에 관해서는 다음을 보라. Beate Pongratz-Leisten, Ina Šulmi Īrub: *Die kulttopographische und ideologische Programmatik der akītu-Prozession in Babylonien und Assyrien im 1. Jahrtausend v. Chr.* (Mainz: Philipp von Zabern, 1994).

14 히타이트의 신 Telipinu는 화가 나서 떠난다. William W. Hallo and K. Lawson Younger Jr., eds. and trans., *The Context of Scripture* (Leiden: Brill, 1997), 1, 151-53. 우가리트의 신 Baal은 싸우지 않고 Mot("죽음") 신에게 자리를 내어준다(같은 책, 264-69). 수메르 신화의 Dumuzi는 여신 Inanna를 대신해 저승으로 끌려간다. Thorkild Jacobsen, trans., *The Harps that Once... : Sumerian Poetry in Translation* (New Haven: Yale University Press, 1987), 205-37. 신들의 대적으로 거듭해서 출현하는 한 파충류는 Apopis로, 그는 매일 이집트의 태양신을 위협한다. 그러나 그는 늘 격퇴당한다. 또한 이 신화와 연관된 죽는 신에 대한 제례는 없다. 다음을 보라. Jan Assmann, *Egyptian Solar Religion in the New Kingdom: Re, Amun and the Crisis of Polytheism*, trans. Anthony Alcock (London: Kegan Paul International, 1995), 51-57.

주장이 나올 수도 있을 것이다. 그러나 우리는 성경 본문과 분리된 상태에서는 이 맥락이 어떤 것인지를 알지 못한다. 그것이 어떤 의미인지를 파악하기 위해 우리는 추측이 아니라 본문 자체로 다가서야 한다. 또한 성경이 하나님의 영감의 결과라는 믿음도 우리를 이런 방식으로 인도한다. 이렇게 함으로써 내가 브레버드 차일즈(Brevard Childs)의 정경적 접근을 받아들이는 것은 아니다. 정경적 방법이 애초에 본문이 구성될 당시의 혼란한 역사를 전제하면서도, 바로 그 역사가 의미 있는 해석을 창출하지 못하게 하는 혼란을 초래한다는 이유로 역사 자체를 무시하기 때문이다. 나는 본문에 대한 자료비평적 접근에 반대하는 타당한 논증이 있다고 믿는다.[15] 하지만 이는 현재 연구의 초점이 아니다.

성경이 원시적 상황에서 시작되며 후대의 서술과 예언에서도 자주 태고적 상황과 이미지가 사용된다는 점은 다음과 같은 쟁점을 불러일으킨다. 후대의 본문에서 "에덴의" 언어와 이미지가 발견될 때, 우리는 이를 원래의 에덴에 관한 정보로 받아들여야 하는가, 아니면 원래의 에덴과 연관되지만 다른 무언가를 설명하기 위해 사용된 것으로 이해해야 하는가?[16] 한 가지 방법은, 창세기 초반부에 대해 우리가 생각한 바가 성경의 나머지 부분과 일치하는지를 살펴보는 것이다. 창세기 내러티브에는 나오지 않지만 후대

---

15   다음의 졸저를 보라. *Sources and Authors* (Piscataway, NJ: Gorgias, 2011), 50-53.

16   한 예로 겔 28:13-14에서 두로의 통치를 정죄하는 데서 원래의 에덴동산에 관한 묘사가 사용된다. 예를 들어 Meredith G. Kline, *Kingdom Prologue: Genesis Foundations for a Covenantal Worldview* (Eugene, OR: Wipf & Stock, 2006), 48. 『하나님 나라의 서막』(P&R 역간). Mettinger, *The Eden Narrative*, 85-98. 에덴동산으로 통하는 길이 동쪽에 있었다는 점(창 3:24)은 장막과 성전의 입구가 동쪽에 있다는 점과 연관된다. Gordon J. Wenham, "Sanctuary Symbolism in the Garden of Eden Story," *Proceedings of the 9th World Congress of Jewish Studies*, div. A (Jerusalem: World Union of Jewish Studies, 1986), 20. 이에 따라 에덴이 성소로 묘사되고 있었다고 주장되었다. 장막과 성전이 사람을 하나님께로 나아오게 만드는 "에덴의" 특성을 가지기 때문에 동쪽으로 열려 있었다고 보는 것 역시 같은 설득력을 가진다. 그렇다면 우리는 초기 에덴동산의 측면에서 성전과 장막을 해석하는 것이지 그 반대 순서는 아니다.

의 내러티브에서 발견되는 것을 창세기로 끌어오는 것은 다른 문제다.

여기서 나는 자료비평적 문제를 다루고 싶지 않지만, 창세기 1장과 함께 2장을 읽을 때 강화되는 특정한 강조점들이 2장에 있다는 점은 지적해야겠다. 하나님은 인간이 세상을 살아가는 데 필요한 것들을 공급하신다. 이는 2장에서 땅에 물을 공급하시고 동산에 나무를 자라게 하시며 남자에게 여자를 선물로 주신 일로 묘사된다. 1장에서는 창조의 무대가 설정되는 방식으로 동일한 메시지가 전개되는데, 이로써 초창기 날들은 이후의 피조물들을 위해 준비된 환경을 예비해둔다.

두 번째 공통 요소는 사람이 남자와 여자로 이루어진다는 점이다. 1:26-27에서 복수형(1장에서 오직 이 부분에만 나옴)으로 나타나는 하나님의 형상은 남자와 여자의 다양성을 갖추고 있다. 2장에서 하나님이 피조물의 필요를 채워주시는 데에는 남자를 위한 여자도 포함되어 있다.

창세기 1장은 분명한 구조를 갖추고 있지만, 동시에 상당수의 어휘와 요소적 측면에서는 덜 선명한 본문 구조도 있다.[17] 따라서 창세기 1장의 해석에서 구조는 신중히 다루어져야 한다. 창세기 2장과 3장에도 구조적 요소들이 있으며, 이는 뚜렷하지는 않다고 해도 틀림없이 존재한다. 1장과 2장 모두에서 우리는 사람이 동물보다 높은 지위에 있음을 알게 되는데, 한 번은 하나님의 명령으로, 다른 한 번은 이름을 지어주는 일을 통해서다. 덧붙여 여자는 남자를 돕는 존재로서 창조되었다. 따라서 우리는 남자, 여자, 동물의 순서를 목격한다. 3장은 유혹과 죄에 있어서는 이 순서가 반대가 된다는 것을 보여준다. 여기서 주도성은 동물로부터 여자를 거쳐 남자에게로 흘러간다. 하나님의 추궁을 받는 순서는 남자에게서 시작해 여자로 향한다. 심판은 동물로부터 여자, 그리고 남자 순이다. 이런 심판은 관계의 원래 순

---

17   U. Cassuto, *A Commentary on the Book of Genesis*, part 1 (Jerusalem: Magnes, 1961), 12-15.

서를 재천명하고자 하는 요소를 수반하고 있다. 비록 여기에 갈등의 요소가 포함되어 있기는 하지만 말이다.

중대한 범죄에 이르기까지의 내러티브의 요소들이 그 이후의 내러티브에서는 역순으로 반영되어 있다는 주장이 제기되어왔다. 이에 따라 우리가 만일 내러티브의 요소들이 한 줄로 펼쳐져 있다고 생각한다면, 여기서 도출되는 구조는 범죄의 순간을 기점으로 휘어지는 U자 형이 될 터인데, 이 U자 형을 이루는 두 평행선에서는 각각의 맞은편 요소가 서로 등가를 이루게 될 것이다.[18] 하지만 이는 그다지 납득할 만한 구조가 아니다. 각각의 요소들이 정확히 일치하지는 않기 때문이다. 또한 쌍을 이루는 각각의 요소 중에서 한 가지가 다른 하나에 비해 훨씬 더 간소하게 설명되기 때문이다. 그럼에도 불구하고 범죄 이전에 제자리에 있던 것들이 범죄 이후에 상실된 것으로 보이는 구조는 존재한다(나중에 이를 자세히 살필 것이다). 이전에 제자리에 있던 것이 무엇이며 그 이후 상실된 것이 무엇인가를 짝지어보는 작업은, 변화의 순간이 가진 중요성을 강조한다. 그러므로 이런 구조는 이야기에서 핵심적인 부분으로 우리의 주의를 이끈다.

주해적 수수께끼

이 본문에는 몇몇의 기본 해석적 퍼즐들이 있다. 하나님은 금단의 열매를 먹은 결과로 사망을 선고하셨지만, 아담과 하와는 아직 죽지 않았다. 이 나무들이 나타내거나 상징하는 바는 무엇인가? 나무들은 이름이 있었지만,

---

18   Jerome T. Walsh, "Genesis 2:4b-3:24: A Synchronic Approach," *Journal of Biblical Literature* 96 (1977): 161-77.

그 이름들이 사건과 무슨 관련이 있는가? 생명나무는 이 중대한 사건과 아무런 관련이 없다는 이유로 부수적인 것으로 여겨지며, 본문의 최초 형태에서는 빠져 있었다고 주장되었다.[19] 또 다른 논의는 "선악을 알게 하는"이라는 대목의 정확한 의미를 둘러싸고 제기된다. 아마도 이 이야기의 해석에서 중요할 수도 있는 점은, 왜 이 열매가 그토록 심각한 결과를 가져왔다고 보이느냐 하는 문제일 것이다. 신체적 영향을 끼치지 못한 이 열매는 신화나 마법, 상징이나 비유 등을 뜻하는가?

2:17의 경고는 히브리어 부정사 절대형으로 나타난다. 따라서 문자적으로 "너는 반드시 죽을 것이다"로 해석된다. 이 구조는 보통 진술에 강조와 심각성을 부여하는 방법이다. 그러나 열매를 먹은 후의 즉각적 결과는 문자 그대로 죽음이 아니라 부끄러움과 두려움의 표출로 나타난다. 대체로 이런 모순을 해결하려는 시도들에는 이야기의 요지에 관한 주석자의 관점이 반영되어 있다. 이 이야기를 인간의 성숙과 독립의 주장으로 보는 이들은, 만일 인류가 어떻게든 지속되어야 했다면 하나님께서는 새로운 상황이 닥친 현실을 받아들이는 것 외에 다른 선택이 없었다고 생각한다. 제임스 바에 따르면 이 이야기는 타락이 아니라 향상, 즉 그의 표현대로 하자면 잠재적 향상으로서 하나님은 단지 이전의 경고를 파기하셨다고 주장했다.[20] 따라서 여기서 중점은 인간의 과오가 아니라 인간의 성취가 된다. 하나님과 인간의 관계가 아니라 인간의 잠재적 성취가 중심을 차지하면서, 경고와 결과 사이의 모순은 다소간 성가심을 덜어낸 것처럼 보인다. 나아가 바

---

19 이 이론의 역사에 관해서는 다음을 보라. Mettinger, *The Eden Narrative*, 6-10.
20 James Barr, *The Garden of Eden and the Hope of Immortality: The Read Tuckwell Lectures for 1990* (London: SCM, 1992). "The Authority of Scripture: The Book of Genesis and the Origin of Evil in Jewish and Christian Tradition," in *Christian Authority: Essays in Honour of Henry Chadwick*, ed. G. R. Evans (Oxford: Clarendon, 1988), 59-75. 유사한 견해로는 John Skinner, *A Critical and Exegetical Commentary on Genesis* (Edinburgh: T&T Clark, 1910), 67.

는 본문이 "죄"라는 용어를 사용하지 않고 있으며, 창세기 후반부에 나오는 죄들에 비하면 이 과오는 가벼운 것이라고 주장했다.[21]

이런 해석은 하나님의 경고를 너무 소홀히 다루며, 그 결과가 파멸적 용어로 묘사된다는 점을 충분히 강조하지 않고 있다. 월터 모벌리는 제임스 바의 해설이 하나님을 거짓말쟁이로 만든다며 반대했다. 모벌리는 "죽음"이 은유적으로 드러나기에 문자 그대로의 죽음이 아니라 삶의 질의 변화가 찾아왔다고 보았다.[22] 바는 오히려 모벌리가 하나님을 거짓말쟁이로 만든다고 반박하는데, 이는 아담과 하와가 하나님의 말씀을 은유적으로가 아니라 자연스럽게 문자적으로 이해했으리라고 보았기 때문이다.[23] 이에 모벌리는 이 이야기가 독자의 관점에 몰두해서 서술된 것이지, 이야기 속 주인공들의 관점에 몰두한 것이 아니라고 변론한다. 독자들은 차이를 발견하고 자연스럽게 은유적 해설로 이끌린다.[24] 그러나 두 가지 해설 모두 확실치 않아 보인다.[25] 물론 이후의 장에는 악랄한 죄들이 나타나지만, 그 주제들 중 한 가지는 죄의 확산이다. 성경에 나타난 많은 과오가 구체적인 용어를 사용하지 않고 표현되고 있기에 "죄"라는 용어의 부재에 근거하는 것은 미약한 주장이다.

바와 모벌리는 각각 다른 공통적 해설, 곧 하나님이 죽음을 가져오려

21　Barr, "Authority of Scripture," 62.

22　R. W. L. Moberly, "Did the Serpent Get It Right?," *Journal of Theological Studies* 39 (1988): 1-27. "Review of James Barr, The Garden of Eden and the Hope of Immortality," *Journal of Theological Studies* 45 (1992): 172-75.

23　James Barr, "Is God a Liar? (Genesis 2-3) and Related Matters," *Journal of Theological Studies* 37 (2006): 14-15.

24　R. W. L. Moberly, "Did the Interpreters Get It Right? Genesis 2-3 Reconsidered," *Journal of Theological Studies* 59 (2008): 35-36.

25　Moberly의 입장에 가까운 개관은 다음을 보라. Robert Gordon, "The Ethics of Eden: Truth Telling in Genesis 2-3," in *Ethical and Unethical in the Old Testament: God and Humans in Dialogue*, ed. K. J. Dell (New York: T&T Clark, 2010), 11-33.

고 한 자신의 의도를 "후회하셨다"라는 주장을 고찰한다. 그들은 이 본문에 그런 단어가 나타나지 않고, 다른 본문에 나타나는 "후회" 즉 탄원이나 뉘우침에 대한 개념이 여기에는 나오지 않는다고 설득력 있게 주장한다.

3:22에서 하나님은 "그가[남자가] 그의 손을 들어 생명나무 **열매도 따 먹고 영생할까**"(윅스 강조) 하는 우려를 표하신다. "열매도"라는 표현은 한 쌍의 인간이 아직 그 나무의 열매를 먹지 않았음을 시사한다.[26] 다시 한번 특정 열매를 따먹는 행위는 중대한 결과를 초래하는 것으로 보인다.

구약성경에 대한 학문적인 연구의 배경에는, 우리의 지적 수준에 미치지 못하는 저자들을 다루고 있다는 전제가 있으며 우리 자신도 이런 전제를 물려받았다. 자료의 연결이 서툴고, 모순적 표현이 나타나며, 서로 다른 접근법을 발달시킨 흔적 등이 그런 영향임이 분명하다.[27] 더 나아가 우리는 저자가 본문의 중요성에 집중하기 위해 외부 자료를 의도적으로 배제했다는 점에서 세련되고 현학적인 본문을 기대하지 않는다. 그러나 지금 우리는 구성에 있어 복합적인 문학적 구조가 사용되었음을 깨닫고 있다. 이런 사실은 우리로 하여금 본문에 전하는 메시지에 정교함이 있는지에 관해 재고하도록 만든다.

3:22로 돌아가서 "그의 손을 들어…따먹고"라는 서술에 주목해보자. 생명은 이처럼 단순한 운동만으로도 쉽게 얻을 수 있는 것이었다. 이런 화법과 행위의 단순성은 상실된 것을 강조하고 있다. 그들이 금단의 열매를 따먹은 이후 벌어진 일에 대한 이야기의 단순성을 살펴보자. 그렇다면 우리는 본문이 말하고자 하는 바를 말하도록 내버려두어야 할 것이다. 본문이 말하는 바는 다음과 같다. 먹은 후에는 죽음이 따를 것이다. 그래서 먹은

---

26 Cassuto, *Commentary on the Book of Genesis*, 124. Mettinger, *The Eden Narrative*, 20.
27 다음의 졸저를 보라. *Sources and Authors*, 186-208.

후에 죽음이 따랐다. 본문의 중점은 죽음을 과정으로 보여주는 것이다. 이 과정은 먹은 후 시작되어 한 쌍의 인간이 서로 불화하는 데에서 먼저 보이고, 그다음으로는 하나님과 그들의 불화로 나타난다. 나아가 하나님의 심판은 죽음의 과정이 어떻게 진행될 것인지를 설명해준다. 특히 이 심판은 인간을 소멸시키는 노동, 곧 그가 흙으로 돌아갈 때까지 자신의 수고를 감내하며 자신을 소모해야 하는 이중적 의미에서 잘 나타난다. 아마도 이는 마지막 숨을 거두는 순간에 죽음이 온다는 일반적인 개념을 의도적으로 거스르고 있는 듯하다. 우리는 우리의 과실과 죄, 우리의 소외, 우리의 고통과 비참 속에서 이미 죽었다.

죽음은 과정일 수 있지만 그 시작이나 출발점은 분명하다. 바로 이 이야기의 결과가 출발점에 중요성을 부여한다. 제임스 바는 인간들이 과오를 범한 후에도 하나님이 계속 그들에게 말씀하시며 그들을 위해 일하셨음을 언급하며, 이를 이 과오가 뒤에 나오는 죄만큼 심각하지 않음을 보여주는 징표로 여긴다.[28] 우리는 이런 점에는 동의할 수 있지만 그 해석에는 동의할 수 없다. 인간이 열매를 먹기 전과 후에 하나님은 여전히 그와 관계를 맺으시지만, 반복된 심판은 이후에 있을 상호작용의 특징을 나타낸다. 그 이후의 추방은 하나님이 자신의 동산을 죄인들에게 맡기지 않으신다는 것을 보여준다. 더 정확히는, 여러 학자들이 언급했듯이 이후 장들의 주제 중 하나는 죄의 확산이다.[29]

죽음을 과정으로 보는 것은 우리가 이 구절에서 생명을 어떻게 보아야 하는지에 관해서 단서를 제시하고 있는가? 인간의 행위에 대한 묘사는 차치한다고 하더라도, 2:7에서 사람이 "생령이" 되었다고 묘사된 데에서 우

28　Barr, "Is God a Liar?," 3-4.
29　D. J. A. Clines, "Theme in Genesis 1-11," *Catholic Biblical Quarterly* 38 (1976): 490-99.

리는 인간이 살아 있다고 말해도 타당하다. 하지만 그렇다면 3:22과 거기에 암시된 혜택은 무슨 의미인가? 이는 생명이 단번에 부여되는 것이 아니라 어떤 방식으로든 증가되거나 추가되는 무엇을 의미한다고 짐작된다. 이런 의미에서 생명 역시 일종의 과정이다.

이 지점에서 나는 본문 자체의 요구를 만족시키는 이런 해석이 성경의 나머지 부분과도 일치하는지의 여부를 묻는 것이 마땅하다고 생각한다. 구약성경에는 생명을 "길"로 언급하는 상당수의 구절이 있다. 우리는 유추를 통해 사망의 길이 생명의 길과 대비되는 구절들을 추가해볼 수 있을 것이다.[30] 신약성경에서의 용례는 선명하다. 다음 구절들을 살펴보라. "우리가 그를 힘입어 살며 기동하며 존재하느니라"(행 17:28), "생명 안에서 왕 노릇 하리로다"(롬 5:17), "새 생명 가운데서 행하게 하려"(롬 6:4), "죽은 자들이 그들의 죽은 자들을 장사하게 하고"(마 8:22), "허물과 죄로 죽었던 너희를"(엡 2:1), "살았으나 죽었느니라"(딤전 5:6). 이 구절들은 생명과 죽음의 계속적인 의미를 뚜렷이 보여준다.

지금 내가 신약성경에만 있는 의미를 구약성경의 구절에 적용시키고 있는 것인가? 나는 이를 변론함에 있어, 생명과 사망을 각각 특정한 종착지를 가지고 있는 상태로 이해하는 관점이 상당한 결함이 있는 구절이나 그 밖의 해석들을 설명해준다고 주장하는 바다. 구약성경에서 "생명"은 분명히 계속적인 것이며 "죽음" 역시 마찬가지인 것 같다. 그러므로 여타의 많은 경우와 같이 신약성경은 구약성경에 암시된 어떤 것을 명시적으로 표현하고 있다.

일부 주석가들은 선악을 알게 하는 나무가 관념적 지식을 의미한다고 보고, 이 이야기를 계몽을 추구하는 인간의 탐험으로 보려는 경향이 있다.[31]

---

30 예를 들어 신 30:15, 19; 렘 21:8.

31 Westermann, *Genesis 1-11*, 242-52. Gerhard von Rad, *Genesis*, trans. John H. Marks (London: SCM, 1961), 79. 『국제성서주석 창세기』(한국신학연구소 역간). Mettinger, *The Eden*

이런 해석은 이 이야기를 일반적 의미의 "지혜"가 쟁점이 되는 메소포타미아 문헌의 평행들과 밀접히 관련된 것처럼 보이게 만든다. 나아가 이 관점은 "선악"이 "만물"을 말하는 방식이 될 수 있다는 데 호소한다. 그러나 게르하르트 폰 라트가 인용한 구절들[32] 중 어떤 구절에서는 일반적 의미의 "만물"이 가능한 반면에[33], 그 밖의 다른 구절들에서는 선과 악의 구별이 핵심이 된다.[34] 따라서 이런 구별을 중시하는 해석이 이와 다른 부분의 용례로 인해 제외될 수는 없다.

어떤 해석이든지, 열매를 따먹은 결과로 어떤 일이 발생했다는 점은 반드시 인정해야 한다. 아담과 하와는 계몽되었지만 그 계몽은 뜻밖의 결과를 일으켰다. 먹기 직전까지만 하더라도 부끄러움을 몰랐던 그들이 벗은 몸에 수치심을 느꼈다. 이에 더해 우리의 해석은 뱀의 말에도 진리의 요소가 있었다는 하나님의 시인(3:22)을 설명해야 한다.

만족스러운 해석 중 한 가지는 악과 대조시켜 선을 넣었다고 보는 것이다. 선과 악 두 가지가 모두 있는 것이 분명하지만, 이 두 가지는 둘 사이의 모순 가운데서 경험된다.[35] 관계의 구조가 반복적으로 강조되는 것은 의도적으로 우리의 관심을 창조 질서로 이끌고 간다. 인간은 하나님의 말씀이 아니라 뱀의 말을 들었다. 이는 창조 질서의 위반이자 선과 대조되는 악

Narrative, 63.

32   창 24:50; 31:24; 민 24:13; 삼하 13:22; 14:17; 19:36(영역 35절); 왕상 3:9.

33   창 24:50; 31:24; 삼하 13:22.

34   이는 특히 왕상 3:9의 경우에 해당하며, 삼하 19:36(영역 35절)에도 적합할 것이다.

35   C. F. Keil and F. Delitzsch, *Biblical Commentary on the Old Testament*, trans. James Martin (Grand Rapids: Eerdmans, n.d.), 1, 84-86. Edward J. Young, *Genesis 3* (London: Banner of Truth, 1966), 40-42. 『창세기 제3장 연구』(엠마오 역간). 또한 시 19편에서 찬미되는 율법과 이 나무 사이에 연관성이 있다는 David Clines의 주장에 주목하라. 이는 구약성경의 맥락에 있는 쟁점이 지적 지혜가 아니라 순종이라는 주장을 강화한다. 다음을 보라. Clines, "The Tree of Knowledge and the Law of Yahweh (Psalm XIX)," *Vetus Testamentum* 24 (1974): 8-14.

의 경험을 뜻한다. 여자는 남자를 죄 가운데로 인도했고, 남자는 여자를 따랐다. 이는 곧 남자와 여자가 각자의 정해진 역할을 벗어난, 창조 질서의 또 다른 전복이다. 남자와 여자는 단순히 서로 관계를 맺고 지내는 역할을 가지지 않았다. 2:24에서 보듯이 그들은 성관계를 가지는 사이다. 남자와 여자의 역할이 깨어지자 이들은 남자와 여자의 육체적 구별을 수치스럽게 여기게 되었다.[36]

3:22의 하나님의 진술을 이해하기 위해서는 역설과 대조를 살펴보아야 한다. 물론 전적으로 다른 방식이기는 하지만, 하나님 역시 경험적으로 선과 악을 아신다. 그분은 항상 악을 거부하시고 오직 선을 아신다. 만일 선과 악의 지식에 대한 이런 해석이 받아들여진다면, 다음과 같은 역설이 뒤따른다. 만일 아담과 하와가 유혹에 저항했다고 하더라도, 그들은 실제로 하나님과 비슷한 방식으로 선과 악을 알게 되었을 것이다.

한 가지 쟁점이 여전히 남아 있다. 왜 나무들인가? 앞에서 나는 아담과 하와 앞에 매달려 있는 허용된 열매와 금지된 열매가 쉬운 접근성을 가지고 있었다는 데 주목해야 한다고 주장한 바 있다. 아마도 여기에는 타락 후의 새 질서와의 의도적인 대조, 즉 밭의 채소를 얻기 위해 노고가 필요한 새로운 질서와의 대조가 있는 것 같다(3:17-19). 죄를 범하기 전에 인간은 세상에서 하나님의 선물을 쉽게 이용할 수 있었다.

오늘날의 현실에서 나무의 열매를 즉각적으로 이용하지 못한다는 점이 이전 시대에 존재했던 질서에 대한 우리의 관점을 제한해서는 안 된다. 성경에는 놀라운 결과를 유발한 몇 가지 사물에 관한 언급이 있다. 모세

---

36 하나님의 복수형이 3:22에서 다시 나타난다는 데 주목하라. 나는 고전 11:3에서 바울이 남자와 여자로서 인간의 다양성과 관련해서 창 1:26-27에 나타난 하나님의 복수형을 삼위일체적으로 해석하고 있다고 본다. 3:22에서 하나님이 다시 복수형으로 표현되는 것이 인간의 분열과 반대로 다양성 속의 그분의 연합을 보여주기 위한 의도라면, 이는 3:22의 역설적 해석에 적합할 것이다.

의 놋뱀(민 21:8-9), 요단 강물(왕하 5:14), 엘리사의 나뭇가지(왕하 6장) 등이 그것이다. 마법적 사고를 장려하지 않을까 하는 우리의 우려에도 불구하고, 성경은 사물에서 비롯된 효과를 모두 부정하지는 않는다. 물론 이런 효과가 특정 환경과 별개로, 이런 환경 속에 있는 하나님의 목적에 맞게 존재한다고 생각하는 편이 타당하다. 히스기야가 모세의 놋뱀을 부수고(왕하 18:4) 예레미야가 성전에 대한 잘못된 믿음을 책망한(렘 7장) 행동은 사물에서 비롯된 앞과 같은 그릇된 추론을 교정하는 사례들이다.

성경의 다른 부분에 나타난 사물의 역할을 염두에 두자면, 우리는 이 나무들을 상징적이고 비문자적인 것으로 여겨서는 안 된다. 그렇게 되면 내러티브 전체를 비역사적으로 보는 관점에 근거를 제공하는 것과 같아진다.[37] 우리의 경험 외부에 있는, 죄가 들어오기 전의 세상에 존재하는 것들은 복음서의 기적과 마찬가지로 사건의 역사성을 훼손하지 않는다.

여러 가닥의 실을 한데 엮기

뱀에 관한 이야기에서 중요한 점은 뱀이 들짐승 중에 있었다는 것이다. 앞서 언급했듯이 여기서 강조되는 바는 관계의 구조이기에, 그 외에 누가 연루되어 있었는지 혹은 말하는 뱀이 과연 어떤 것인지에 대해서는 아무런 설명이 없다. 일반적으로 성경은, 우리의 호기심을 충족시킬지는 모르겠지만 요점을 흐릿하게 만들 수 있는 산만한 설명은 피한다. 그러나 이어지는 대화에서는 뱀의 기술에 대한 다소간의 설명이 나타난다. "간교"라고 번역

---

37 Henri Blocher는 이 나무들과 같은 대상들을 상징적인 것으로 간주한다. 그리고 성경의 나머지 부분이 아담과 그가 지은 죄를 실제 역사적 사건으로 보고 있다는 사실과 씨름한다. 결국 Blocher는 무언가 일어났음이 확실하다고 말하게 된 것으로 보이지만, 상징적인 것에서 실제

된 히브리 어휘는 긍정적 의미와 부정적 의미를 모두 내포하고 있다. 그래서 저자가 언어유희를 통해 그 이후로 이어지는 주장을 펼치는 것도 가능하다(다음을 보라).

뱀이 하는 시작의 말은 하나님이 무언가를 자제하고 있음을 함축한다. 창세기 1장과 2장 모두는 하나님이 사람의 필요를 채워주시는 장면을 보여준다. 그래서 뱀은 본문의 논리를 교묘하게 비틀고 있다. 화자는 "야웨 하나님"이라는 호칭을 사용하는 반면에 뱀은 "하나님"이라고만 부르는데, 여자도 뱀을 따라 그렇게 부른다. 1장에서도 단순히 "하나님"이라는 용어가 사용되고 있기에 이는 틀린 것으로 보이지 않을 수도 있다. 그러나 단어를 신중히 선택해서 사용한 본문에서는 이것이 무언가 중요한 의미를 지니는 것이 아닌지 궁금할 수 있다. 1장에서 하나님은 단지 말씀하시고 실현시키시는, 초월적이고 지존하신 분이다. 그렇다. 하나님이 실현시키는 것은 사람의 유익을 위함이며, 초월성은 사실이다. 2장에서 야웨 하나님은 훨씬 내재적이고 인격적으로 묘사된다. 이런 점은 이름의 변화가 뱀의 계략의 일부일 수 있다는 가능성을 제기한다.

마음의 상태가 행동을 결정한다는 합당한 전제하에, 주석가들은 여자의 형식적 답변이 이미 의심의 싹이 자라고 있다는 증거라고 본다. 그러나 다른 많은 성경 본문과 마찬가지로 행동으로 마음을 나타내는 본문의 특성에 주목하라.

성경은 거짓의 아비를 그럴싸한 거짓말쟁이로 묘사한다.[38] 내 설명이 옳다면 죽음에 대한 경고는 즉각적인 존재의 단절이 아니라 죽음의 **상태**가 들어오는 일이다. 또한 아담과 하와의 눈이 밝아진 점과 함께 이제 인간이

적인 것으로의 전환은 우리의 이해를 벗어나 있다. 다음을 보라. *In the Beginning: The Opening Chapters of Genesis*, trans. David G. Preston (Leicester, UK: Inter-Varsity, 1984).

38 예를 들어 "어찌 까닭 없이 하나님을 경외하리이까?"(욥 1:9), "여호수아는…사탄은 그의 오른

"우리" 중 하나같이 되었다는 하나님의 역설적 인정을 고려하면, 뱀의 말은 참으로 그럴싸한 거짓말이었다. 하지만 각각의 요소에는 예상과 전혀 다른 결과가 나타났다. 그럴싸함은 거짓의 실체를 완전히 감추지 못하는데, 이는 인간이 오늘날까지 그 대가를 치르며 계속해서 배우고 있기 때문이다.

제임스 바는 여자의 동기에는 하나님의 왕위를 찬탈하고자 하는 욕망이 없었다고 주장한다.[39] 그래서 그는 이 행위를 악한 반역으로 보는 전통적 해석에 의문을 제기한다. 나는 여자가 "속았다"고 본문이 명확히 말하고 있는 것을 바가 놓치고 있다고 생각한다. 본문은 하나님의 금지령을 해명하지 않음으로써 그저 하나님의 말씀 "그대로"를 순진한 자들이 느꼈을 불순종의 매력과 대조시킨다. 이에 따른 결과는 외양과 욕망을 따른 행동의 어리석음을 보여준다.

여자의 행동에 대해서는 자세한 설명과 동기가 나타난다. 이는 아무런 동기가 나타나지 않는 아담의 행동과 의도적인 대조를 이룬다. 바로 이것이 바울이 디모데전서 2:14에서 사용한 본문의 특징이다. 이 맥락에서 바울은 여자의 상황에 이를 적용시키지만, 우리는 창세기 본문에 있는 남자에 대한 함의도 놓쳐서는 안 된다. 여자에게는 속았다는 핑계거리가 있었다. 남자에게는 그런 구실이 없다. 만일 우리가 바울이 이 본문에서 깨달은 바를 이해한다면, 그를 여성혐오자로 비난하려고 하지 않을 것이다. 또한 우리가 알아야 할 점은, 본문이 속은 책임이 여자에게 있음을 암시한다면 남자에게도 "행동의 동기가 상실된" 책임이 있음을 암시한다는 것이다.[40]

뒤이어 벌어진 일은 다각적이다. 약속은 이루어지고 그들의 눈이 밝아져서 선악을 알게 되었을 것이다. 그러나 그들은 눈이 밝아져 벌거벗은 수

쪽에 서서 그를 대적하는 것을…여호수아가 더러운 옷을 입고"(슥 3:1, 3).
39 Barr, "Authority of Scripture," 65.
40 나는 여자의 창조 이전에 남자가 원래 무성(sexless)으로 창조되었다는 Phyllis Trible의 주장에

치 가운데 있는 자신들을 보게 되었는데, 이는 남자와 여자로서의 그들의 독특한 역할을 감당하지 못하게 된 것과 뜻이 통한다. 후대 인간들의 허세에도 불구하고 악에 노출된 자신을 보는 일은 두렵고 수치스럽다.

또한 이는 저자로 하여금 심각한 악행이 초래한 상황에 대한 해명을 시작하게 해준다. 유혹과 죄 이야기 직전의 구절은 벌거벗었으나 수치를 모르던 상황에 대한 언급인 반면에, 범죄 이후의 구절에서는 엄청난 전환이 시작되며 그들이 동산에서 쫓겨 나갈 때까지 벌어진 일을 단계별로 보여준다. "벌거벗은"('ārôm)과 뱀을 묘사할 때 사용된 "간교"('ārûm)의 비슷한 발음은 저자로 하여금 다음과 같은 주장을 할 수 있게 해준다. 그들은 하나님 같기보다는 뱀과 같았다.

곧이어 두 번째 단절, 즉 하나님과 인간의 단절이 잇따른다.[41] 아담과 하와 서로 간의 단절은 그들의 육체적 상태에 대한 인식의 형태를 띠었다. 그러나 하나님과 그들의 단절은 두려움의 형태를 가진다.[42]

창세기 3장의 첫 부분에서는 여자가 주도적인 입장이다. 그런데 이제 순서가 바뀐다. 뱀이 여자에게 말을 할 때 2인칭 복수형을 사용하는데, 이는 뱀이 말을 거는 대상에 남자도 포함되어 있음을 보여준다. 하지만 하나님은 남자를 불러 말을 거시며 남자에게만 말씀하신다. 이는 그 행위로 인해 여자가 주도적인 자리에 있음에도 불구하고, 이것이 일차적인 책임에

는 동의하지 않지만, Trible은 본문에 나타난 능동적인 여성과 수동적인 남성 간의 대조를 탁월하게 설명한다. *God and the Rhetoric of Sexuality* (Philadelphia: Fortress, 1978), 80, 113. 『하나님과 성의 수사학』(태초 역간).

[41] 본문은 하나님이 하시는 행위를 나타내기 위해 동사 *hālak*("거닐다")의 히트파엘 변화형을 사용한다. 이 형태는 에덴이 성소로 묘사되는 논문에서 사용되었다. 그러나 여기서 인용되는 증거 본문(신 23:14)은 성소가 아니라 이스라엘 진영 중에서 이루어진 하나님의 행동을 말하고 있으므로, 나는 그것이 단순히 거동을 의미할 뿐이지 꼭 신성한 함의를 가진다고는 보지 않는다.

[42] Alan Jon Hauser, "Genesis 2-3: The Theme of Intimacy and Alienation," in *Art and Meaning: Rhetoric in Biblical Literature*, ed. David J. A. Clines et al. (Sheffield: JSOT, 1982), 20-36.

관한 이 본문의 관점이 아님을 선명하게 보여준다.

하나님이 추궁하시자 남자와 여자는 둘 다 진실을 말하면서도 책임은 떠넘기려고 한다. 본문 전체의 특징이 되는 어휘의 사용 횟수와 연관 지어보면 남자의 변명이 약간 더 긴데, 그의 의도야 어떻든 간에 이는 변명이 되지 않고 자기에 대한 고발이 된다. 남자는 하나님이 "그와 함께" 있도록 주신 여자에게 책임을 떠넘기려 했다. 이는 앞선 범죄에서 그가 겉보기에는 수동적으로 "그녀와 함께" 있기만 했던 점을 독자들에게 환기시켜준다.

하나님이 심판하시는 순서는 범죄에 있어 주도적이었던 순서를 따른다. 각각의 심판에는 부분적으로 처벌의 형식이 있고, 또한 처벌이 수반된 중대한 관계적 요소의 부분도 있다. 뱀에게 내려진 처벌은 저주다. 이는 뱀이 짐승들의 세계에 속해 있음을 보여줄 뿐만 아니라 그 짐승들 가운데 가장 낮은 위치에 처한다는 것을 보여준다. 여자에게 영향을 주었던 뱀과 여자의 관계는 지속되지 않는다. 대신 적개심이 약한 신뢰가 자리하던 곳을 채운다. 여기에는 이런 적개심이 극에 달하는 지경에 대한 예언적 요소가 있다. 따라서 본문의 번역이 쉽지 않다. 후손들이라는 의미에서 "씨"는 복수형의 개념이다. 여자의 후손과 뱀 사이에 놓인 적개심은 각각의 편에 속한 많은 이들 사이에 영향을 미치리라고 짐작된다. 그러나 마지막에 이르러 본문은 단수형으로 돌아간다. "너"는 "그"에 맞서고, "그"는 "너"에 맞선다. 정확한 의미는 미래에 분명해지겠지만, 아무튼 미래에 여자의 씨의 단 한 명의 대표가 뱀과 싸울 것이다. 이런 일이 어떻게 일어날 것인지에 관해서는 여기에 나타나지 않는다. 이 예언의 마지막 부분에 나온 결정적인 동사의 의미에 관해서는 의문이 남아 있다.[43] 그 문제란 바로 "상하게 할 것"

43　Cassuto, *Commentary on the Book of Genesis*, 161. 여기서 Cassuto는 다른 두 가지 동사를 제시한다. 진술의 대구법과 형식의 유사성을 고려할 때 이는 그다지 신빙성이 없어 보인다.

이라는 말이 뱀의 머리에 생길 일에 관해서는 적절한 이미지로 보이지만, 뱀이 발꿈치에 어떤 일을 할 것인지에 대해서는 적절한 이미지로 보이지 않는다는 것이다.[44] 그러나 두 상처 모두 동시에 생긴다는 점을 깨닫게 되면 문제는 해결된다. 이 서술의 기저에는 한 사람이 뱀의 머리를 짓밟음으로써 치명타를 가하는 그림이 깔려 있다. 바로 이 행동 자체로 인해 그는 비록 치명상은 아니지만 발꿈치에 상처를 입게 된다. 이처럼 상처의 상호적 의미를 염두에 둔다면 "상하게 할 것"은 적절한 용어인 것 같다. 창조의 원상태의 온화함은 온데간데없어지고 악의의 물결이 그 자리를 채우는데, 이는 엄청난 변화의 한 가지 징후에 불과하다. 그럼에도 불구하고 이 예언에는 소망의 근거가 있다. 왜냐하면 사람을 걱정하시는 분이 사람의 파국을 초래한 문제의 근원을 처리할 것이기 때문이다.

여자의 경우에 있어 처벌은, 남자와 마찬가지로, 여자의 특별한 역할과 그에 따른 영광에 집중되어 있다. 여자는 맡은 한 부분의 소임을 다하지 못함으로써 다른 부분의 역할을 행하는 데 고통과 수고가 따르게 된다. 다시 한번 처벌의 일부로서 관계성이 다루어지는데, 이는 중요한 어휘로 표현된다. 우리는 여자의 "원함"을 어떻게 이해해야 하는가? 출산의 고통을 제외하고 "네가 수고하고 자식을 낳을 것이며"라는 심판과 연관 지어보면, 여자가 남편을 원하는 것이 아내와 어머니로서의 역할을 피할 수 없게 만든다고 보아야 할 것인가? 이런 경우 긍정적인 의미의 "원함"이 아가 7:10의 용례를 통해 지지된다.[45] 아니면 이 특정 단어가 다르게 사용된 유일한 성구(창 4:7)에 비추어 이해해서, 이를 지배와 정복을 향한 부정적 의미의 욕망으로 보아야 하는가?[46] 이런 경우, 우리는 유혹을 받은 일에 있어서의 여자

---

44 Skinner, *A Critical and Exegetical Commentary*, 80.

45 Von Rad, *Genesis*, 90.

46 Susan H. Foh, "What Is the Woman's Desire?," *Westminster Theological Journal* 37 /75): 376-

의 역할을 확대시켜 떠올릴 수 있을 것이다. 또한 뒤따르는 서술은 하나님이 그런 일이 확산되지 않도록 하시리라는 것을 보여주기에, 구절 후반부에는 지배당함의 의미가 담겨 있다. 각각의 입장을 따르는 주창자들이 있지만, "원함"의 기본적 의미와 함께 이 용어가 문맥에 따라 긍정적이거나 부정적인 의미를 모두 갖출 수 있다는 점은 놀랍지 않다. 이 경우 문맥에 따라 결정이 날 것이다. 그렇다면 앞의 문맥을 따를 것인가, 뒤의 문맥을 따를 것인가? 뒤의 문맥과 이어지는 것으로 보는 편이 통사론적으로 더 밀접하기 때문에 이 입장이 선호되는 것은 타당하다. 그러나 이 역시 논의를 종결시키지는 못한다. 여자의 원함을 긍정적인 것으로 본다고 해도, 여자의 필요로 인해 남자는 더 지배적이게 되고 더 큰 책임감을 요구하는 역할을 맡게 되기 때문이다. 심판에는 부정적인 결과가 포함되어 있으므로 이것이 우리가 좋아할 만한 것이 아니리라는 점을 고려한다면, 부정적인 해석을 배제할 수 없다. 만일 여자의 "원함"을 부정적인 것으로 본다면, 남자의 책임에 대한 설명은 원래 계획된 역할에 맞게 그들의 관계를 성립하려는 하나님의 의도에 부합한다. 그러나 이는 동산의 평화와 그 안의 관계들이 깨어졌음을 보여주는 또 다른 지표다. 결정이 쉽지는 않지만, 부정적 용법이 바로 다음 장에 나타난다는 점을 보아 나는 부정적 의미로 마음이 기운다.

이 심판에 있는 매우 실제적이고 고통스러운 부정적인 요소들이 긍정적인 요소들을 가려서는 안 된다. 고통과 갈등이 있겠지만 출산과 남녀 간의 유대는 지속될 것이다. 그 속에 희망이 있다! 오랜 시간에 걸쳐 죽어감으로써 다른 생명이 탄생할 수 있다. 그리고 여자의 씨가 적을 파멸시킬 것이다.

남자에 대한 처벌은 다시 한번 본질적 기능, 곧 일꾼의 역할을 강타한다. 남자가 겪을 노동의 고통과 수고는 출산의 고통과 같다. 이런 처벌들 중

---

83. Bruce K. Waltke, *Genesis* (Grand Rapids: Zondervan, 2001), 94.

저주를 받는 것은 남자와 여자가 아니라 뱀과 땅이다. 뱀에 대한 저주는 이해가 가지만…땅은 어떤가? 아마도 여기에는 공동의 책임이라는 요소가 있는 듯하다. 즉 통치자가 죄를 범한다면, 그의 지배하에 있는 영토도 이에 따른 결과를 경험하는 것이 분명하다. 원인이야 어찌 되었든, 이제 땅은 남자와 관련해서 다른 식의 반응을 보일 것이다. 남자가 자기 위에 있는 분을 거슬러 행동했듯이, 땅도 땅 위에 있는 남자를 거슬러 행동할 것이다. 이런 투쟁이 아무리 길어진다고 하더라도, 결국 땅이 이기게 될 것이다. 그러나 또다시 천천히 죽어가는 일이 소망을 가져다준다. 이 소망은 바로 뒤에 나오는 하와라는 이름, 곧 모든 산 자의 어머니라는 뜻의 이름이 붙여진 사실을 통해 강화된다. 더구나 이 소망은 그들에게 옷을 지어 입히신 하나님의 행동으로 말미암아 강화된다. 이는 천천히 죽어가는 가운데 은혜로운 섭리를 경험하게 되리라는 기대다.

요한계시록 22:2에는 재건된 우주의 새 예루살렘에 있는 "만국을 치료하기"위한 잎사귀들을 가진 나무가 등장한다. 더 이상 슬픔과 아픔이 없는 곳에 왜 그런 것이 필요한가? 다시 한번 나는 생명이 계속적인 경험이라고 제안하는 바다. 고통이 없는 영원한 생명이 있다. 바로 만물이 제자리에 있으면 그렇게 되기 때문이다. 나는 창세기 3:22도 같은 방식으로 읽을 필요가 있다고 주장한다. 생명을 지속할 수 있게 해주는 동산에 있는 모든 것 중에서 생명나무는 중요한 역할을 맡는다. 죽음의 선고는 이 나무에 대한 사람의 접근을 가로막았다. 동산에서의 추방과 생명나무에 대한 경계는 이를 분명히 보여준다. 그 후손이 오시기까지, 인간은 죽음으로 귀결되는 삶을 지속한다.

결론

성경 본문이 태초의 지구, 이후의 인간에게 알려진 것과는 다른 지구로부터 시작된다는 점은 중대한 결과를 초래한다. 만일 우리가 이런 배경 설정을 무시한다면, 성경 전체의 내러티브를 정당히 다루지 않는 셈이다. 이는 단지 성경의 출발점에 불과한 것이 아니다. 이 본문은 당시의 다른 환경과 그때의 환경으로부터 우리 시대에 이르기까지의 단계들을 분명히 설명하기 시작한다. 중대한 점들이 변화했던 것이다.

내러티브와 특히 그 구조(범죄 전후의 평행과 더불어)를 통해 나타나는 이런 변화들은 인간이 하나님의 분명한 명령을 위반한 결과로 보인다. 죽음이 과정으로 묘사된다는 점은 이 중대한 행위에 대한 강조점을 흐리지 않는다. 바로 거기서 죽음이 시작되었다. 또한 우리는 하나님, 아담, 하와, 짐승들의 상대적 관계성의 중요성을 반복해서 떠올리게 된다. 죄는 이런 관계의 원래 질서를 변화시켜 관계의 혼란이 지속되게 했다. 창조의 질서에 있어 남자가 처음이었고 책임에 있어서도 그가 처음이었다. 하나님이 범죄를 다루심에 있어서는 심판의 요소와 회복의 요소가 모두 수반되어 있었다. 단기적인 회복의 요소는 관계에 있어 창조 질서를 재정립하는 데 집중되었다. 그러나 이런 회복은 원래 질서가 가진 조화에 갈등이 섞여 있는 환경에서 시행되었다. 장기적인 회복은 결정적으로 뱀을 처리하는 일과 연관된다. 단기적이고 장기적인 회복 사이에서 죽음이 과정이라는 점은, 사람을 하나님의 지속적인 감독 아래에 위치시킨다.

이 본문은 벌거벗음이 수치와 연관된 세상에서 살고 있는 청자나 독자에게 메시지를 전달한다. 또한 이 세상은 출산의 고통과 끝없는 수고, 분열된 관계로 가득 찬 세상이다. 본문은 동산 바깥에 있는 인간의 비참과 수치가 아담의 죄에서 비롯되었음을 보여준다. 본문은 이를 성경의 전형적 방식을 통해 보여준다. 즉 본문이 전달하고자 하는 범위를 벗어나는 사실이나 요소는 그저 무시된다. 그럼에도 불구하고 최초의 부부와 그들의 후손 사이에는 연관성이 있으며, 이는 후대의 혈통이 가진 연관성만큼 실제적이다. 수치와 고통과 비참이 실제 역사적 경험인 것처럼, 이것들의 원인 역시 실제 사건에서 기인한다. 아마도 본문에서 아예 언급되지 않는 여러 것들 중 한 가지 사례는 이를 더 분명히 해줄 것이다. 즉 뱀의 배후에 대해 아무런 언급도 없는 것은 뱀이 창조된 짐승이었다는 점을 더욱 눈에 띄도록 하기 위함이다. 죄에는 창조의 순서를 따른 관계의 질서와 위계질서의 붕괴가 수반되었다. 중대한 변화가 수반된 질서의 파괴 없이, 어떻게 완벽한 창조 질서가 지금 우리가 경험하는 혼란과 무질서로 변하는 것이 가능하겠는가? 기원적 질서, 변화, 현재의 무질서는 하나로 연결되어 있기에 어느 것 하나를 부정하게 되면 다른 것도 문제시된다.

기원적 질서에 있어 나무들은 또 다른 핵심적 부분을 암시한다. 즉 주어지고 허용된 것과, 이용 가능하나 허용되지 않은 것 사이의 구별이 그것이다. 하나님과의 관계는 바로 이 핵심적 구별과 연관된다. 이런 구별을 경험하게 되는 조건은 변할 수도 있지만, 그 구별은 창조 질서의 일부로 남아 있을 것이다.

따라서 성경 본문은 우리가 살고 있는 세상의 핵심 요소들을 설명하고 있다. 변화는 하나님, 타인, 동물과 우리의 관계를 규정하는 일련의 관계를 가지고 살았던 사람들의 행동이 초래한 결과였다. 나는 이 이야기를 어떤 비역사적 형식의 "상징"으로 보는 해석은 다루지 않았다. 왜냐하면 이런 관점들이 본문 자체에 입각해 있지 않는 한, 이는 순전히 임의적 시도에 불과하기 때문이다. 성경 본문의 뚜렷한 목적은 우리의 현재 삶의 조건들에 기원이 있음을 보여주는 것이다. 성경의 족보들이 최초의 부부에게서 우리가 나왔다는 점을 보여주듯이, 성경의 이야기는 기원적 사건과 연관되어 우리의 상황이 설명된다는 점을 보여준다. 인간의 비참함의 원인을 인간 스스로가 아닌 다른 요소들로부터 찾는 메소포타미아의 관점, 즉 오늘날 많은 지지를 받고 있는 입장과는 달리, 성경 본문은 인간의 비참함이 실제 역사적 인물들에게서 비롯되었다고 말한다. 그리고 이 인물들이 바로 최초의 부부였다.

제15장

아담, 역사, 신정론

윌리엄 에드거(William Edgar)

그는 말했다. "왜냐하면 모든 것이 최선이기 때문이지요. 리스본에 어떤 화산이 있다면, 그 화산이 다른 곳에 있을 수는 없을 테니까요. 어떤 사물이 있는 곳에 그 사물이 없기란 불가능한 까닭입니다. 왜냐하면 모든 것이 최선이기 때문입니다."

옆에 앉아 있던 검은 복장의 키 작은 남자가 공손하게 그의 말을 받았다. 그는 종교재판소의 관원이었다. "선생님은 원죄를 믿지 않으시는 것이 분명하군요. 모든 것이 최선이라면 타락도 없고 영벌도 없었다는 말이 되니까요."

팡글로스는 더욱 공손히 대답했다. "선생님, 외람된 말씀이긴 하지만 인간의 타락과 저주는 가능한 세계의 최선에도 반드시 들어와 있습니다."

"그러면 선생님은 자유의지를 믿지 않으시는 건가요?" 관원이 말했다.

"참으로 송구스럽지만", 팡글로스가 말했다. "자유의지는 절대적 필연입니다. 왜냐하면 우리는 반드시 자유로워야 하기 때문입니다. 왜냐하면 한정된 의지란…."

이렇게 팡글로스가 말을 이어가는 와중에 관원은 "포르토"인지 "오포르토"인지 하는 와인을 따르고 있는 경비에게 고갯짓으로 신호했다.[1]

---

1   Voltaire, *Candide or Optimism*, 2nd ed., ed. and trans. Robert M. Adams (New York: W. W. Norton, 1991), 11.

볼테르는 그의 "철학적 소설" 『캉디드』를 통해 "낙관주의" 철학을 통렬히 비판했다.² 이 이야기의 주인공인 캉디드라는 젊은이는 모든 것을 잃고 리스본에서 일어난 참혹한 지진(1755년에 실제로 발생한 이 지진은 악의 문제에 대한 전 세계적 논의를 유발했다)을 비롯해서 모든 비극을 목격한다. 그의 대화 상대인 팡글로스 선생은 우리가 가능한 최선의 세계에 살고 있다는 낙관주의를 표방한 계몽주의 철학의 주요 주창자인 고트프리트 라이프니츠(Gottfried Leibniz, 1646-1716)를 표상하는 극중 인물이다. "신정론"을 창안한 라이프니츠는 세상에 악이 있다면, 그것은 하나님의 창조에 있어 큰 그림의 필수적인 부분일 것이라 믿었다. 왜냐하면 하나님은 최선이 아닌 차선을 만드실 수 없기 때문이다. 팡글로스는 종교재판소의 관원에게처럼 정직한 캉디드에게도 언제나 기계적인 대답만을 할 뿐이다. 반면에 볼테르는 언제나 회의적이지만 역사적 타락(원죄)과 인간의 책임 간의 관계를 바르게 이해한다.

핵심 쟁점

역사적 타락이 있었는가? 아담과 하와는 실제 인물이었는가? 오늘날 신학자들을 포함해서 많은 이들은 아담과 하와의 역사성에 관해 누군가 진지한 물음을 제기하는 것조차 의아하게 생각할 것이 분명하다. 더 정확히 말해 이들은 기껏해야 이를 흐릿한 것으로 여겨 경멸하든지, 최악의 경우에는 해로운 것으로 여겨 우려할 것이다. 또한 그들은 최초의 부모의 역사성

---

2 이 이름은 "희다"는 뜻의 라틴어 *candidus*에서 기원한다. 18세기까지 이 단어는 "오염되지 않은", "공정한"을 의미했다. 이를 통해 우리는 유순하고 순박한 남성을 묘사하고 있는 Voltaire의 풍자를 유추해볼 수 있다.

이 악의 문제와 아무런 관련이 없다고 생각할 것이 분명하다. 그들은 전체 인류의 타락(지독한 결과를 비롯해)이 아주 오래전 동산에 있던 한 사람의 선택에서 비롯되었다는 이야기보다 더 부당한 것은 없지 않느냐고 질문할 수도 있다.[3]

심지어 경건한 이들도 여기서 넘어지기 쉽다. 우리는 일부 통제가 가능한 것에 대해서는 책임을 인정할 수 있다. 심지어 부분적으로 주변 환경, 가족, 시대의 영향을 받아 우리가 형성된다는 사실도 인정할 수 있다. 그러나 날 때부터 우리에게 악한 성향이 있다는 견해가 어떻게 정당할 수 있을까? 모르몬교의 신앙고백 중 하나는 다음과 같다. "우리는 사람이 아담의 범죄가 아니라 자기 자신의 죄로 인해 처벌받을 것임을 믿는다."[4] 역사적 기독교는 아담의 범죄로 말미암아 인류 전체가 어떻게든 영향을 받았다는 "원죄" 개념을 인정한다. 그러나 아담과 하와에 관한 이런 특정 주제의 이면에는 악을 허용함에 있어 하나님이 하신 역할에 대한 다음과 같은 근본적인 질문이 있다. 어떻게 선하신 하나님이 자신이 통치할 세상이 죄와 비참에 빠지도록 창조할 수 있으셨는가?

만일 "신정론"의 문제를 계몽주의 철학자 데이비드 흄의 형식으로 진술한다면, 아담과 하와가 실제 인간이었든 그렇지 않든 간에 어떤 차이가 있다고 보기는 어려울 것이다. 흄의 명언에는 그가 하나님의 속성 두 가지와 악의 존재를 일치시킬 수 없다고 생각한 점이 드러난다. "하나님은 악을 방지하려고 하지만 그럴 수 없는가? 그렇다면 그분은 무능하다. 하나님은 악을 방지할 수 있으나 그렇게 하지 않는 것인가? 그렇다면 그분은 사악하

---

3   동시에 영장류 조상의 전투적 본성이 인간의 부패와 같다고 보는 현재까지 이어지는 오랜 전통이 있다. 예를 들어 다음을 보라. David Livingstone Smith, *The Most Dangerous Animal: Human Nature and the Origins of War* (New York: St. Martin's Griffin, 2009).

4   다음을 보라. "Articles of Faith," The Church of Jesus Christ of Latter-Day Saints (website), http:// mormon.org/articles-of-faith. 2013년 12월 31일 접속.

다. 하나님은 악을 방지하려고 하고 또 그럴 수 있는가? 그렇다면 악은 어디서 오는가?"[5] 우리는 아담과 하와의 존재에 관해서는 흄의 생각을 정확히 알 수 없다.[6] 여기에 대한 생각과 하나님의 능력 및 선하심에 관한 그의 주장, 더 정확히는 그의 질문은 실제적으로 상관이 없어 보인다. 그러나 여기서 흄은 이 문제를 적절히 다루고 있는가? 최초의 부부의 존재는 아마 그가 생각하는 것보다 더 관련성을 가지고 있을 것이다.

우리는 아담의 역할이 실제로 신정론의 문제에 영향을 미친다고 생각하기에, 여기서 다음과 같은 질문을 제기하고자 한다. 만일 아담의 역할에 관한 성경의 진술이 옳다면, 이는 신정론의 쟁점에 대해 결정적인 영향을 미칠 것이다. 성경 자체는 아담의 자리에 관해 어떻게 판단하는가? 우리는 흄의 딜레마에 답할 수 있기를 바라며 성경신학의 구조를 들여다보고자 한다. 여기서는 고인류학의 중요한 발견을 다루지 않을 것인데, 이 내용은 책의 다른 장들에서 다루었기 때문이다.

어떤 이들은 우리의 처음 조상의 역사성과 성경에서 그들이 기여하는 신학적 목적이 서로 연관되지 않는다고 간주한다. 오래전 C. H. 도드는 이렇게 말했다. "그리스도를 '둘째 아담'으로 보는 바울의 주장은 실제로 일어난 타락 이야기와는 큰 관련성이 없다. 우리가 그 이야기를 더 이상 실제적인 것으로 받아들이지 않을 때 그 의미는 상실된다."[7] 심지어 일부 사람들은 바울이 타락이 실제로 일어났다고 믿었지만, 바울의 신학적 사고를 적용하는 우리는 굳이 그렇게 할 필요가 없다고 주장한다. 과연 그런가? 대

---

5   David Hume, *Dialogues Concerning Natural Religion* (New York: Oxford University Press, 2009), 198. 『자연종교에 관한 대화』(나남 역간).

6   Hume은 *Enquiry concerning Human Understanding*(『인간의 이해력에 관한 탐구』, 지만지 역간)에서 아담에 대한 믿음을 몇 마디 넌지시 던지지만, 그의 실존에 관해서는 일체의 언급을 하지 않는다.

7   C. H. Dodd, *The Epistle of Paul to the Romans* (New York: Harper Brothers, 1932), 80.

개 바울이 역사적 아담을 믿었는지 아닌지의 여부를 묻는 일은, 성경적인 관심이 아니라 입증 가능한 역사성과 사실성에 관한 일종의 계몽주의적이거나 실증주의적인 관심이라고 여겨지고, 결론적으로 이런 질문은 잘못된 것이라고 주장된다.

그러나 유독 사도 바울이 아담으로 말미암아 죄가 세상에 들어왔다는 점을 강력히 주장하고 있다는 사실은 심지어 초보 독자에게도 분명해 보인다. 역사에 죄를 들여온 이런 인물이 존재했음을 바울이 믿었다는 점에는 사실상 의심의 여지가 없다. 여기서 모든 쟁점을 다룰 수는 없다. 하지만 우리가 악의 문제와 그 해결책에 대한 견실한 관점을 얻기 위해서는 최초의 부부가 반드시 존재했어야 하며, 그 이유를 적어도 다음과 같이 두 가지 근거에서 찾을 수 있다.

우리가 만일 아담의 역사성을 부인한다면, 어떻게 악이 역사상의 세상으로 들어온 일을 설명할 수 있는가? 하나님이 창조하신 이상적 구조의 일부로서 악을 설명하는 라이프니츠의 시도에 대한 볼테르의 반박은 타당하다. 그러나 볼테르도 기독교적 대답을 제시하지는 않는다. 오히려 볼테르는 거기서 동떨어져 단지 현실과 맞지 않는 **낙관주의**를 피하도록 도와준다. 타락은 창조에 깃들어 있던 결함에서 발생하지 않았다. 라이프니츠는 타락과 창조를 별개로 여기지 않았기에, 악을 마땅히 창조세계에 속한 것으로서 합리화할 수밖에 없었다. 그럼으로써 그는 곤경에 처한 하나님을 구했다고 생각했다. 그러나 창조세계에 결함이 있었다면, 하나님이 죄를 세상에 들어오게 했다는 비난을 어떻게 면할 수 있는지 이해하기가 어렵다. 이 부분에서 아담의 역할은 무척 중요해진다.

왜 동산에서의 사건인가?

이 부분에서 끼어드는 사소하지 않은 논의가 있다. 말하는 뱀의 모습을 한 악마가 동산에 있었던 일을 근거로 해서 창조에 결함이 있었다고 생각하는 이들은 유혹자의 **존재**와 타락한 천사적 존재의 **창조**를 혼동하지 않도록 주의해야 한다. 여기에는 신비가 존재한다. 창조와 하늘과 땅이 "심히 좋았더라"고 해도, 이것이 보이지 않는 세계의 존재를 배제할 수는 없다(창 1:31). 창조가 끝난 시점과 말하는 뱀이 에덴동산에 들어온 시점 사이에 무슨 일이 있었든지 간에, 감히 우리는 하나님의 창조에 대해 옥에도 티가 있다는 식으로 빗대어 말할 수 없다. 만약 앞과 같이 말할 수 있다면, 하나님은 더 이상 시험을 받지도 아니하시고 아무도 시험하지 않으시는 빛들의 아버지라고 일컬어질 수 없을 것이다(약 1:13, 17). 대신에 최선은 하나님이 악을 창조하실 수는 없지만("또한 악의 기획자도 아니며"), 일단 악이 세상에 스며든 뒤에는 이를 선한 목적을 위해 사용하실 수 있다고 말하는 것이다.[8] 비록 우리가 알 수 없다고 하더라도, 천사들의 세계에서 타락이 있었음이 분명하다고 생각하는 사람도 있다. 택하심을 받은 천사들(딤전 5:21)이 성경에 언급될 때는 그렇지 못한 천사들이 전제되어 있다. 베드로후서 2:4과 유다서 6절 같은 구절에는 천사들의 타락에 대한 단서가 있다. 아무튼 무슨 일이 있을 수 있다고 한들, 우리는 그것이 보이는 영역이든 보이지 않은 영역이든 하나님의 창조에 결함이 있었다고 주장해서는 안 된다.

악이 세상에 존재하게 된 이상, 하나님은 어떻게 이를 사용하시는가? 여기서 개혁주의 신학은 대체로 이를 **시험**(probation)과 결부시킨다. 아담은 올곧게 창조되었지만 시험을 받아야 했다. 이 시험은 지복과 영생의 완

---

8 웨스트민스터 신앙고백, 3.1.

성으로 향하게 되어 있었다. 만일 그가 선악을 알게 하는 나무의 열매를 따 먹어도 괜찮다는 뱀의 제안을 거절하고 하나님께 순종했다면, 인류를 영생으로 인도할 수 있었을 것이다. 게할더스 보스는 악에 굴복하지 않되 악을 스쳐 지나가는 것은 인간이 성숙할 수 있는 방법이라고 생각한다. 아담은 올곧았지만, 이런 상태가 확증되도록 하는 성숙이 없이는 영생할 방도가 없었다.[9] 아는 바대로 아담은 범죄를 행하여 인간을 죄와 정죄와 사망으로 인도했다. 그러자 하나님은 자비를 베푸셔서 뱀의 후손에게 심판을 내리시고, 새 언약의 머리 곧 예수 그리스도의 백성에게 은혜를 약속하셨다. 그는 우리의 처음 조상이 당한 시험보다 훨씬 어려운 시험을 통과하셨다. 이제 생명과 치유의 나무는 죽기까지 순종하심으로써 부활과 하나님이 주신 백성과의 교제를 이루신 그리스도를 신뢰하는 자들에게 열릴 것이다(계 22:2; 요 17:2; 롬 8:11; 히 2:10-18).

이 막간의 논의를 마무리하며 우리는 하나님이 세상에 악을 허용하신 이유를 완전히 알 수 없음을 인정해야 한다. 하나님이 자신의 더 큰 영광을 위해 그렇게 하셨다고 말해도 무방할 것이다(비록 큰 도움이 되는 말은 아니겠지만). 성경은 이 질문에 대해 거의 언급하지 않는다. 물론 성경은 누군가에게 심판을 내리시는 하나님에 관해서는 분명히 언급하지만, 이는 언제나 타락을 전제한 관점이지 피조물의 무고함을 전제한 관점이 아니다. 로마서 9:21은 토기장이가 진흙으로 "천히 쓸 그릇"도 만들 권한이 있다고 말한다. 성경에 나온 진흙은 원래 선했던 피조물에 대한 묘사가 아니라 타락한 인간에 대한 묘사다. 로마서 9장의 해석이 까다롭기는 하지만, 하나님이 무고한 사람들을 정죄한다고 말하고 있는 것이 아님은 확실하다.[10] 누구든 하

---

9 Geerhardus Vos, *Biblical Theology: Old and New Testaments* (Grand Rapids: Eerdmans, 1948), 31-32. 『성경신학』(CLC, 크리스챤다이제스트 역간).

10 다시금 웨스트민스터 신앙고백은 "은혜를 거두고", "어떤 이들을 지나쳐버리는" 하나님에 대

나님의 신비한 예정을 결정론과 혼동시키려고 하는 사람은 매우 불확실한 토대 위에 있는 것이다. 아무튼 죄인들의 책임을 고려하지 않은 채 그들에 대한 정죄를 집행하는 하나님은 성경에 나타난 공의롭고 인애하신 하나님이 아니라 잔혹한 신에 불과하다. 분명히 그는 자기 아들을 희생시키기까지 놀라운 대가를 치르신 하나님과 동일한 신이 아닐 것이다.

대안적 해석

우리는 상당수의 기독교 학자들이 다윈주의나 신다윈주의 관점에서 나오는 자료들을 본질적으로 타당한 것으로 확신하고, 시종일관 악에 직면해서 선하고 능하신 하나님을 변론하려 애쓰며, 성경의 내러티브를 진화론과 일치시키려고 어떤 경우에는 근본적으로 이를 수정한다는 점에 대해 놀라서는 안 된다. 이런 신정론들 가운데 특히 다음 두 가지가 그럴듯하지만, 나는 여기에도 궁극적인 결함이 있다고 생각한다.

첫 번째 대안은 크리스토퍼 사우스게이트의 신정론이다. 그가 쓴 『창조세계의 신음』은 동물의 고통의 문제에 비추어 시도된 신정론이다.[11] 그는 진화(그에게 기정사실인)가 복잡성과 아름다움, 다양성을 생성하기 위해서는 사냥, 고통, 이기적 행동도 필요하다고 주장한다. 아담(또는 최초의 인간)보다

해 언급한다. 그러나 무고한 자에게 악을 내리신다고는 결코 말하지 않는다(3.7). 내 입장은 이른바 "후택설"(infralapsarianism)에 가깝지만, "전택설"(supralapsarianism)이든 "후택설"이든 모든 질문에 답할 수 있는 것은 아니다. 후택설은 하나님의 영원한 작정에 있어 은혜를 내릴 택자들에 대한 결정이 타락 이후에 내려졌다고 가르침으로써, 이를 그리스도 안에서의 자비로운 행위로 본다. 전택설의 입장은 택자들에 대한 결정이 타락 이전에 내려졌다고 본다.

11　Christopher Southgate, *The Groaning of Creation: God, Evolution and the Problem of Evil* (Louisville: Westminster John Knox, 2008).

수백만 년 이전부터 존재해온 동물 세계에서의 폭력에 대한 증거는 그에게 설득력을 지닌다. 그렇다면 (저주받은 세상 속에서 일어난) 역사적 타락 이전의 세계에도 문제가 있었다는 것이 일반적인 설명이 되어야만 한다(바울의 이해는 틀렸다).[12] 그는 하나님이 아름다움에 고통을 더한 과정 속에서 일하고 계셨다고 주장한다. 이는 자유롭게 선택할 수 있는 양심을 지닌 피조물이 포함된 창조세계에 선한 특징을 이루기 위해 하나님이 가진 유일한 선택이었다.

나아가 하나님의 목적에는 동물들의 고통이 사라지게 될 마지막 상태가 포함되어 있다. 이 해방은 그리스도의 죽음과 부활로 보증되고, 이는 인간의 구원만이 아니라 모든 창조세계의 구원의 시작을 알린다.[13] 사우스게이트는 하나님이 피조물에 능력을 입히기 위해 "자기를 비우셨다"(빌 2:7)라는 말씀에 따른 케노시스(Kenosis) 이론에 공감한다. 그는 아우구스티누스, 아퀴나스, 아르미니우스주의 신학자들을 거쳐 우리에게 전해진 전통적인 자유의지 변론을 모두 받아들이지는 않는다.[14] 더 정확히 말해 그는 삼위일체 내부에 일종의 자기 부인적 사랑이 있다고 보며, 이것이 하나님이 창조세계를 현재의 "애매성"(선과 나란히 있는 잔혹성)으로부터 최종적 해방으로 이끌기 위해 기꺼이 희생하신 사랑의 정도를 보여준다고 주장한다.[15] 결국 사우스게이트는 적극적이고 활발하게 이런 사랑에 참여하도록, 그리고 폭력을 줄이고 불필요한 멸종을 방지하며 창조세계를 돌보는 일에 나서도록 독자를 북돋운다.

---

12 같은 책, 29.
13 같은 책, 76.
14 이 입장에 관한 유익한 논평은 다음을 보라. Henri Blocher, *Evil and the Cross* (Downers IL: InterVarsity, 1994), 36-64.
15 Blocher는 Hans Urs von Balthasar로 대표되는 이 관점이 하나님의 전능을 경시한다고 본다. 다음을 보라. 같은 책, 131n2.

사우스게이트의 신정론이 가진 매력은 기독교 세계관과 진화론의 자료가 조화되어 보인다는 것이다. 하지만 이런 해결책에 대한 대가는 상당하다. 사우스게이트의 이론에 포함된 다음과 같은 몇 가지 쟁점은 성경의 무류성을 쉽게 믿지 못하게 만든다. 첫째, 아무리 그가 애쓴다고 한들 창세기의 처음 몇 장에 관한 그의 새로운 해석은 내러티브를 거의 알아볼 수 없게 만든다. 그는 패트리샤 윌리엄스(Patricia A. Williams)를 인용하면서 그 장들로부터 "대재앙"을 추론하고, 거기서부터 "그리스도 사건이 우리의 '구원'"이 된다는 것이 용납될 수 없다고 말한다. 창세기 3:11-19에는 시작부터 삐걱거린 세상을 묘사하는 일 외에 다른 목적은 거의 없다. 이런 관점은 타락 이전의 상태에서 타락한 세계로의 전환에 대한 성경적 근거가 없다고 주장한다.

그러나 창세기 본문만이 인간의 죽음이 불순종의 결과이며 땅이 그 죄로 말미암아 저주를 받게 되었다고 분명히 선포하는 유일한 사례는 아니며, 그 밖의 많은 성경 본문들이 동일한 관점을 확증하고 있다(창 5:29; 호 6:7; 롬 5:12). 실제로 모든 성경의 주요 전제는 사망이 진화론적 과거와 결부된 것이 아니라, 인간의 도덕적 죄책과 결부된 비정상적 상태라는 것이다(시 6:5; 30:9; 55:15; 잠 5:5; 7:27; 12:28; 사 28:15; 렘 21:8; 고전 15:43; 계 21:8). 사우스게이트가 고통과 죽음을 비정상적이라고 부르는 데에는 아무런 문제가 없다. 하지만 그는 고통과 죽음을 우리의 처음 조상은 고사하고 인간의 선택과도 전혀 결부시키지 않는다.

두 번째 난점은 사우스게이트가 하나님과 창조세계의 관계를 설정하는 방식이다. 우선 그는 하나님이 어떻게든 다원주의적 과정을 통해 세상을 인도하셔서, 어떻게든 모두가 행복한 결말을 맞게 하시리라고 믿는다. 그는 이 땅 위의 생명의 발달에 대한 하나님의 개입과 그 생명의 상대적 자율성 모두를 지지하고자 한다. 하나님은 "만물의 기원이자 우주의 궁극적 희망"이지만, 창조세계 자체는 자기 나름의 다원주의 정신을 가지고 있다.[16] 하나님의 창조 사역에서는 삼위일체적으로 삼위 하나님이 위격에 따라 각각의 역할을 맡으신다. 말씀(로고스)은 세상이 따라야 할 어떤 틀을 가져다주며 세상을 형성한다. 창조에서 성령의 사역은 피조물의 독특성과 자기 초월성에 대한 보증이다. 이는 피조물이 환경에 적합해지고 생존하기 위한 시도로서 새로운 가능성을 "탐사"할 것임을 시사한다. 우리는 하나님의 틀에 가장 "적합한" 자들의 "생존" 유형이다.[17]

이 이론에는 매력적인 요소들도 있지만 전반적으로 지나치게 사변적이다. 이는 라이프니츠의 신정론을 떠올리게 하는데, 거기서 악은 선의 필연적인 이면이다.[18] 사우스게이트는 자신의 주장에 대해 성경적 근거를 거의 제시하지 않는다. 게다가 순간순간 나타나는 시편 구절들에는 중요한 성경신학적 의미가 거의 없다. 그러나 성경은 하나님이 어떻게 세상을 만드셨는지에 관해 상당히 많은 것을 우리에게 말해준다. 물론 이는 현대 과학의 수많은 질문에 대해 답하는 방식은 아니다. 그럼에도 불구하고 성경은 창조에 관한 주님의 방식을 꽤 많이 알려준다. 성경은 하나님이 철저히 주권적이시며, 또 영원 전부터 하나님의 회의가 실현될 모든 것을 결정한다는 점을 한결같이 가르치고 있다(사 40:12-28; 행 17:24-26; 골 1:17). 창세기 1장은 하나님이 세상의 여러 부분이 생성되도록 말씀하시는 장면을 말해준다. 그리고 하나님은 하늘과 땅과 거기 사는 것들의 창조를 마치신 후, 하던 모든 일을 그치고 안식하셨다고 한다. 시편 104편은 어떻게 하나님

---

16 Southgate, *Groaning of Creation*, 22.

17 같은 책, 62.

18 다음을 보라. Gottfried W. Leibniz, *Theodicy*, ed. Austin Farrer, trans. E. M. Huggard (New Haven: University Press, 1952). 이는 "낙관주의"로 알려진 철학으로 Voltaire가 『캉디드』에서 비판한 것이다.

이 피조물을 창조하셨으며 그들과 계속해서 교제하시는지를 들려준다. 여기에 사용된 언어가 시적이기는 하지만, 본문은 창조세계의 각 부분이 하나님을 섬기도록 만들어졌음을 보여준다. 하나님이 물을 "꾸짖으시니" 마른 땅이 드러났다(7절). 그분은 산과 골짜기의 자리를 정하셨다(8-9절). 그분은 들짐승들의 필요를 풍성히 채우셨다(10-18절). 사우스게이트의 책에는 이런 점이 전혀 언급되지 않는다. 아마도 그는 시편 104편이 시적 표현이기에 그것이 사실적이지 않다고 보았던 것 같다. 그러나 이는 성경 저자들이 용납하지 않았을 이분법이다.

대신에 사우스게이트는 **케노시스**(kenosis)를 통해 하나님이 피조물에 관여하심을 볼 수 있다는 관점을 제시한다. 이 관점에 따르면, 하나님은 피조물에 의미를 부여하기 위해 그의 능력 일부를 버리셨다. 케노시스론을 설명하기 위해 주로 사용되는 성구는 빌립보서 2:6-7이다. 거기서 그리스도는 무엇보다도 "자기를 비워"(ekenosen, 여기서 kenosis가 나왔다) 종의 형체를 입으셨다. 그리고 우리의 구원을 위해 죽고 살아나셨다. 그러나 케노시스론은 성육신에서 전통적 기독교의 입장과 심각하게 불일치한다. 정통적인 칼케돈 기독론에 따르면, 그리스도는 신성과 인성이라는 두 본성을 갖추신 한 위격이시다. 두 본성은 위격적으로 하나로 연합되었지만 혼합이나 변화, 분열이나 분리 없이 존재한다.[19] 칼케돈에 따르면, 삼위일체의 두 번째 위격은 여전히 하나님으로 존재하면서 동시에 우리의 모든 측면을 가진(그러나 죄 없이) 온전한 인간이 될 수 있었다. 이를 위해 그리스도는 자기 신성의 어떤 훼손도 없이 단지 인성을 **더하셨다**. 그러므로 바울이 빌립보인들에게 그리스도께서 "하나님과 동등됨을 취할 것으로 여기지 아니하시고"라고 한 말은 두 번째 위격이 신성을 버렸다는 의미를 전하고자 함이 아

---

19 Philip Schaff, *Creeds of Christendom*, 6th ed., vol. 2, 62-63.

니다. 오히려 바울은 독자에게 두 번째 위격이 "육신을 입지 않으려 그의 신성을 이용하지" 않았음을 말하고 있다.[20] 에케노센(*ekenosen*)은 자기 포기의 의미다.[21]

만일 하나님이 하나님이기에는 조금 부족하게 된다면 사우스게이트의 견해는 진전되지 않는다. 만일 하나님이 전능성과 같은 어떤 존재론적 속성을 조금이라도 "버리게 된다면", 그는 하나님으로서 적합하지 못할 뿐만 아니라 그의 섭리로 창조 과정을 주관할 수도 없을 것이다. 다원주의적 성격 안에서 창조세계가 자기 결정적이 되지 못하리라는 것을 어떻게 우리가 알겠는가? 이런 점과 관련해서, 창조의 "악한" 측면이 어떤 방식으로든 "선한" 측면을 지배하지 못하리라고 어떻게 우리가 확신할 수 있는가? 만일 하나님이 철저히 주권적이지 않으시다면 이를 담보할 수 없다. 이런 딜레마에 대한 답은 하나님의 능력을 흐릿하게 만드는 데 있지 않고 선명하게 만드는 데 있다! 하나님의 능력은 위대해서 비범한 의미를 지닌 세상을 창조하실 수 있다. 불순종에 대한 인간의 선택은 실제적인 것으로서 하나님이 조작하신 것이 아니다. 잘못된 결정에 대한 책임은 인간에게만 있을 뿐 아니라, 이런 결정 자체가 자기 주도적이다. 물론 우리는 기독교 신앙의 주요 신비들 가운데 하나를 다루고 있다. 하나님은 어떻게 하나님일 수 있으며, 그럼에도 세상은 어떻게 이런 실제적 의미를 가질 수 있는가? 우리는 알지 못하지만, 그렇다고 하나님의 명백한 주권을 약화시키는 것도 도움이 되지 않는다.

사우스게이트의 해결책은 궁극적으로 하나님이 선하신 동시에 능하신 존재로 있을 방법을 찾지 못한다. 창조세계의 폭력을 잘못 설명함에 따

---

20 Moisés Silva, *Philippians*, 2nd ed. (Grand Rapids: Baker Academic, 2005), 99.
21 다음을 보라. Roy W. Hoover, "The Harpagmos Enigma: A Philological Solution," *Harvard Theological Review* 64 (October 1971): 95-119.

라 하나님은 그 자신의 기준을 어떻게든 낮추셔야만 한다. 그래서 하나님은 "의인은 없나니 하나도 없으며"(롬 3:10)라고 단언하며 스스로 그 문제의 일부가 되어야 한다. 왜냐하면 하나님이 죄와 악을 유발하도록 세상을 도우셨기 때문이다. 다시 한번 말하지만, 해결책은 악에 직면해서 하나님의 선을 깎아내리는 것이 아니라 변론하는 것이어야 한다. 완전한 선에 못 미치는 신은 결코 신이 아니다. 물론 사우스게이트도 앞과 같은 입장을 제시하지는 않을 것이다. 하지만 그의 주장에 담긴 속뜻은 이런 방향으로 인도한다. 마땅히 선은 비뚤어진 세상과 최소한 잠깐이라도 함께 존재할 수 있는 방식으로 정의되어야 한다. 또다시 여기에 신비가 있다. 그러나 우리는 자신의 어떤 속성도 버리지 않고 세상에서 (때때로 신학자들이 말하듯이 자신을 낮추셔서) 행동하실 수 있는 하나님의 능력을 변호해야 한다.

사우스게이트의 문제점은 하나님이 한 주간의 창조를 마치시고(물론 그 기간이 실제로 얼마나 되든지 간에) 자신이 만든 것을 좋다고, 아니 "심히 좋았더라"(창 1:31)고 표현하신 만족에 대해서는 설명하지 않는다는 것이다. 창세기의 처음 두 장에서 12회에 걸쳐 사용된 히브리어 *tov*는 풍성하고 복합적인 의미를 가지고 있다. 즉 윤리적인 선, 미, 적합성, 기쁨, 유익 따위를 의미한다. 오히려 사우스게이트는 타락 이전의 세상에 악이 없었다는 어떤 주장도 기세 좋게 묵살해버린다. 대체 무슨 증거로 그렇게 하는가? 바로 동물의 폭력이다. 그는 모든 동물이 사이좋게 어울리고 사망이 단지 낯선 개념에 불과한 낙원의 "평화 왕국" 이미지를, 화석 증거 및 현재의 자연 세계에서 분명히 드러나는 불온한 세상과 비교한다. 하지만 창조가 끝난 당시의 토브(*tov*) 세계에 폭력이나 죽음과 같은 것이 일절 용납되지 않았다는 것은 분명한가? 우리가 부활의 때에 이리가 어린양과 함께 살고 어린아이가 독사 굴에서 장난하리라는 약속을 받았음을 고려해보면 이런 질문은 합당하다(사 11:6-8).

복음주의자인 우리 중 다수는 창조의 과정에서 타락 이전의 혼돈의 요소들을 길들이는 일이 필요했을 수도 있다는 점을 믿는 데 어려움이 없다. 이런 요소들이란 원시 상태의 물, 흑암, 깊음, 모든 것을 뒤덮은 물 등이다. 따라서 주께서는 "능력으로 바다를 잔잔하게 하시며 지혜로 라합을 깨뜨리시며, 그의 입김으로 하늘을 맑게 하시고 손으로 날렵한 뱀을 무찌르"신다(욥 26:12-13). 그는 "물 가운데 용들의 머리를 깨뜨리셨으며" 낮과 밤을 주장하신다(시 74:13-16). 하나님의 이름이 연상되는 욥기의 마지막 부분에서 그분은 욥을 꾸짖으시며 길들여지지 않은 피조물을 복종케 하는 많은 방식을 읊으신다(욥 38-41장). 이런 환경에서 짐승들의 죽음은 사우스게이트의 주장과는 달리, 신정론에 대한 큰 도전이 되지 못한다. 물론 인간이 타락하기 전, 동물 세계에 강포와 죽음이 자연 질서의 일부로 존재했다고 믿는 데에는 충분한 이유가 있다.

6일 동안의 창조가 끝나는 시점에서 길들여지지 않은 세계의 얼마나 많은 부분이 길들여지게 되었는가? 정확히는 모른다. 그러나 분명히 토브(tov)의 개념에 사망이 끼어들 여지가 조금도 없지는 않다. 물론 인간의 죽음은 제외된다. 창세기 2:17이 확실히 서술하듯이 인간의 죽음은 죄의 결과다. 그렇다면 인간의 타락으로 인해 세상은 얼마만큼 변했는가? 이것 역시 정확히는 모른다. 이전과 달리 땅은 저주를 받았다(창 3:17). 짐승들과의 관계의 문제는 무척 심각해졌다(창 9:2). 하지만 피조물을 허무한 데 굴복시키신 이는 하나님이시므로(롬 8:20), 우리는 원상태가 유지된 것은 무엇인지, 단순히 **문제시된** 것은 무엇인지, 실제로 변한 것은 무엇인지를 정확히 알지 못한다. 동물의 죽음과 인간의 죽음 간의 평행의 유효성은 한정적이다. 많은 그리스도인이 이런 결론에 동의하지 않을 것이 분명하다. 하지만 모든 종류의 죽음을 악의 문제의 발현으로 생각하기에는 견실한 성경적 근거가 없다는 것이 내 판단이다. 동물의 죽음, 특히 강포한 맹수에게 당한 죽음은 우리의 현대적 감수성을 불편하게 만들 수도 있다. 이를 사우스게이트는 최후에 하나님이 세상을 속박으로부터 해방시키기 위해 약간 완벽하지 못한 세상과 일하신다는 증거로 삼는다. 그러나 성경은 맹수들의 모든 행동을 악으로 여기지는 않는다. 대체로 이것들은 피조물이 하나님의 능력을 반영하는 방식을 보여주는 간단한 사례다(욥 4:11; 9:26; 28:7, 17; 38:39-41; 시 104:21; 사 5:29; 46:11 등을 보라). 따라서 다윈을 변론하기 위해 타락 이전의 상태에서 타락한 세계로의 전환을 고려하지 않는 사우스게이트의 성경 재해석은 불필요한 수고에 가깝다. 이는 헤겔의 이념을 발전시켜 타락이 "도약"이었다고 말한 틸리히의 견해와 유사하다.[22]

두 번째 대안적 해석

고대 지구를 배경으로 펼치는 두 번째 신정론은 훨씬 독창적이다. 윌리엄 뎀스키는 타락 이전에 악이 있었다고 믿으며, 여기에 대해 논의하는 방식을 제시한다. 사우스게이트처럼 그도 세상의 기원에 대한 오래된 연대를 받아들인다. 그러나 사우스게이트와 달리 뎀스키는 다윈주의 진화론에 대해 그리 충실하지 않다. 그는 지적 설계(intelligent design)를 믿지만 이것이 꼭 다윈주의의 진화 과정을 거친다고 보지는 않는다. 『기독교의 종말』은 그가 어떻게 신정론의 문제를 다루는지를 보여주는 책이다.[23]

22　Paul Tillich, *Systematic Theology*, vol. 1 (Chicago: University of Chicago Press, 1951), 255. 『조직신학』(한들 역간).

23　William A. Dembski, *The End of Christianity: Finding a Good God in an Evil World* (Nashville: B&H Academic; Milton Keynes, UK: Paternoster, 2009).

뎀스키의 기본적인 주장은 다음과 같다.[24] 하나님 형상의 최초의 소유자, 곧 진정한 첫 사람의 개인적 선택을 통해 악은 세상에 들어왔다. 마찬가지로, 역사상의 그리스도의 십자가는 악의 문제에 대한 해답이다. 또한 이는 창조에 있어 하나님의 선하심(혹은 뎀스키가 선호하는 용어인 자비)에 대한 궁극적 입증이다. 하나님은 자연적인 악을 허용하시지만, 동물의 죽음 및 지진과 화산 같은 것들은 인간의 타락에 대한 그분의 저주에서 비롯되었다. 뎀스키의 주장에 따르면 비록 인간의 죄와 관련해서 하나님이 자연적인 악을 허용할 수 있었던 이유를 전부 알지는 못하지만, 기본적인 이유는 "우리의 주의를 끌기 위함"이다.[25] 다시 말해 우리가 그리스도의 구원 사역의 가치를 더욱 강렬히 인식할 수 있도록, 세상 속에서 악의 존재는 죄의 비중을 강조한다.

그런데 문제는 바로 아담과 하와보다 수백만 년 전에 지구와 이 지구에 악이 존재했다는 것이다. 어떻게 우리의 첫 조상이 그들보다 앞서 세상에 있었던 악의 원인이 될 수 있는가? 어떻게 타락이 미래에 영향을 끼칠 뿐 아니라 과거에도 영향을 끼칠 수 있는가? 뎀스키는 시간에 관한 두 가지 개념, 즉 카이로스(kairos)와 크로노스(chronos)를 구별함으로써 여기에 답한다. 전자는 "목적이 있는 시간"과 같은 반면에 후자는 연대기적 시간이다. 크로노스는 관찰이 가능한 역사의 세상 곧 가시적 세상에서 작동하고 있는 반면에, 카이로스는 하나님이 스스로의 목적을 위해 실재를 정하시는 비가시적 세상에서 작용한다.[26] 이를테면 시간 위에 있는 하나님은 아직 인간의 역사 속에서 일어나지 않은 사건을 예견하고 행동한다. 간단히 말해, 하나

24　이미 나는 Dembski의 책에 대한 서평을 다음 학술지에 기고했다. *Themelios* 35.1 (April 2010): 137-41. 여기서는 이를 확장시켜 다시 작업했다.
25　Dembski, *End of Christianity*, 45.
26　같은 책, 125.

님은 실제로 타락이 일어나기 전에 그 결과를 유발할 수 있다. 뎀스키의 설명에 따르면 인과는 "무한 변증법"인데, 이로써 하나님은 얽매는 시간이 아닌 카이로스의 영역에서 신적 행위로 말미암아 숭고한 사건을 예견하신다. 그리고 예정된 바 없이 자유로운 인간 행위의 주체와 소통하신다. 이런 연유로 창세기 1장은 연대기적 시간이 아니라 목적이 있는 시간, 즉 카이로스의 시간을 나타내고 있다.[27]

이렇게 해서 비록 인간이 자유로운 선택에 따라 타락한다고 해도, 하나님은 선하고 유력한 상태를 유지하시게 된다. 그리고 창조의 초기부터 있던 악의 존재에도 불구하고, 그분은 여전히 선하시다. 뎀스키는 우리가 "이중적 창조세계"에 살고 있기 때문에 만물이 두 단계로 창조된다고 주장한다. 먼저는 개념이 있고 그다음으로 실현이 있다. 그는 극작가와 배우의 비유를 사용한다. 따라서 하나님은 종합적인 계획을 가지고 있지만, 반드시 배우들이 자신들의 선택과 재능에 따라 이를 공연해야 한다. 안타깝게도 이 극장에서 배우들은 공연을 망쳐버렸다. 그럼에도 불구하고 하나님은 우리를 구원하기 위해 여전히 "역사를 다시 쓰실 수" 있으므로, 행복한 결과가 있을 수 있다. "하나님은 공연이 진행되는 동안 우리의 이야기를 다시 쓰실 수 있으며, 심지어 공연의 전체 배경을 바꾸실 수도 있다. 그 배경에는 과거, 현재, 미래도 포함된다." 따라서 하나님은 타락의 결과를 뒤엎을 수 있으실 뿐 아니라 그 피해를 원상 복구하실 수 있다(꼭 그래야만 한다). 그리고 그분은 배우들의 자유를 침해하지 않고 이를 해내신다.[28]

뎀스키의 주장은 무척 흥미롭다. 또한 그의 책도 매우 탁월해서 역사와 수학을 비롯하여 과학과 문학, 신학에까지 이르는 학구적 자료로 가득

---

27 같은 책, 140.
28 같은 책, 110-11.

차 있다. 이는 비범하고 독창적인 변증이다. 그럼에도 불구하고 내 판단에 따르면 여기에는 심각한 결함이 있다.

변증법적 인과의 다채로운 사용에도 불구하고, 뎀스키의 책에서 하나님은 주권적인 것과는 먼 모습으로 나타난다. 앞서 언급된 뎀스키의 주장은 전통적 아르미니우스주의의 "자유의지" 변론과 비슷하다. 간략히 말해, 하나님은 인간을 정직한 모습으로 창조하시며 선과 더불어 악을 선택할 수 있는 자유도 같이 주셨다. 이를테면 하나님은 위험을 감수하기로 하셨고, 슬프게도 일은 엉망이 되었다. 그럼에도 불구하고 그분에게는 악에 대한 책임이 없다. 하지만 그분은 이 문제를 해결하기 위해 기꺼이 개입하신다. 사람에게 참된 자유를 선사하기 위해 하나님은 자신의 능력 중 일부를 버려야만 하셨다. 뎀스키의 표현으로 하자면, 하나님의 능력은 지혜롭게 "완화되었음"이 분명하다. 그렇지 않다면 그 능력으로 인해 "창조세계라는 옷감이 찢어졌을" 것이다.[29] 뎀스키의 주장은 사우스게이트의 케노시스 관점과 비슷하지만 보다 철학적인 기반을 가지고 있다.

구원은 예수 그리스도를 통한 하나님의 선물이다. 뎀스키는 아담의 행동이 과거에 적용될 수 있었던 것처럼, 바로 성육신을 통해 그리스도가 영원한 시간의 두 측면 즉 카이로스와 크로노스 속에 거하신다는 주장으로까지 나아간다. 이것이 그리스도의 구속 사역이 앞날과 전날 모두에 적용될 수 있는 이유다. 비록 짧은 연대기적 시간 속이었지만 그리스도의 고난은 신적 고통의 깊은 실상을 보여주는 "창"이었다. 그래서 그분은 온 세상의 죄를 짊어질 수 있다. 이런 식으로 인간의 모든 고통은 예수가 십자가에 달린 "단 여섯 시간" 속으로 집약된다.[30]

---

29   같은 책, 140.
30   같은 책, 21.

그러나 크로노스적 시간이 너무 허상이기 때문에 카이로스적 행위에 의해 조작될 수 있는 것인가? 성경은 역사를 실제적인 것으로 제시하며 한 방향으로 나아간다. 이는 하나님의 주권에 거스르지 않으며 오히려 이것과 합치된다. 앞서 주장한 바처럼, 하나님은 분명히 주권적이고 만물을 정하는 분이지만, 창조세계에 의미와 책임감도 부여하셨다. 이는 그분의 주권과 상반되지 않으며 그분의 주권으로 유지되는 것이다. 나아가 하나님은 심지어 역사의 어두운 측면을 비롯해서 실현되는 모든 것을 정하시는 반면에, 악에 대한 책임(혹은 해명할 의무)은 없으시다. 여기에 위대한 신비가 있다. 그러나 하나님의 능력이나 인간의 책임이라는 두 측면 가운데 어느 하나라도 약화시키고자 한다면, 우리는 두 가지 모두를 상실하게 될 것이다. 웨스트민스터 신앙고백은 이 관계를 다음과 같이 서술한다. "하나님은 영원부터 가장 지혜롭고 거룩한 자신의 뜻에 따른 결정으로써 일어날 모든 일들을 자유롭고 불변하게 정하셨다. 하지만 이를 통해 하나님이 죄의 기획자가 된다거나, 피조물들의 의지가 침해당하거나, 제2원인들의 자유나 우연성이 제거되는 것이 아니라 오히려 확립된다."[31]

뎀스키는 역사의 의의를 훼손시켜가며 하나님의 능력을 유지하려 애쓰는 것 같다. 그러나 그가 과연 하나님의 능력만이라도 구해내고 있는 것인가? 물론 하나님은 인간의 역사를 변화시킬 수 있으며 또 실제로 그렇게 하신다. 그러나 그분은 역사의 방향을 수정하는 식이 아니라 역사의 외형을 존중하는 식으로 행하신다. 그렇게 함으로써 자유의지론이 주장하듯이 자신의 능력을 버릴 필요가 없으시다. 하나님이 피조물과 실제적인 관계를 유지할 수 있는 것은, 그분이 일종의 카이로스 속에서 존재하기 때문이 아니라 자신을 낮추셨기 때문이다(신학자들의 표현대로). 따라서 하나님은 존

---

31   웨스트민스터 신앙고백, 3.1.

재론적으로 변하지 않으실(또한 그렇게 못하실) 뿐만 아니라 그분의 영원한 작정도 수정하지 않으신다. 하지만 그분은 피조물과의 언약적 관계에 있어서는 변화를 일으키신다. 그래서 니느웨 백성이 회개하자 하나님이 원래 계획했던 재앙을 무르셨을 때, 우리는 하나님이 정말로 그렇게 무르셨다고 말할 수 있다. 물론 이 모든 것은 영원부터 계획된 것이지만, 이런 점이 사건의 실재성이나 백성이 내린 결정의 현실성을 제거하지는 않는다. 하나님이 우리의 기도에 응답하는 척하지 않으시는 것처럼, 그분은 자신의 마음을 돌리시는 척하지도 않으신다. 다시 우리는 여기서 신비를 다루고 있기는 하지만, 하나님의 주권이나 역사의 현실성 둘 중 어느 하나를 선택하거나 약화시키는 일이 똑같이 위험하다는 점을 알아야 한다.

결국 하나님이 시간을 거슬러 행동하신다는 뎀스키의 주장은 창조세계의 의의를 훼손시킨다. 또한 제2원인들은 세상을 확립될 수 없을 정도로 너무 말랑말랑하게 만든다. 이따금 이런 묘사는 역사적 기독교보다 영지주의와 유사한 것으로 보인다. 하나님이 시간의 외부에 계시다고 말함으로써 이런 논지를 강화하려는 것은 도움이 되지 않는다. 참으로 하나님은 영원한 분이시지만, 그분은 시간 속으로 들어옴으로써 창조세계에 영광을 입히고자 하셨다. 또한 그분은 단순히 시간과 무관하게 심판하거나 복을 내리시려고 시간의 흐름에 따른 이 땅의 역사를 위반하지 않으실 것이다. 뎀스키가 역사적인 속죄 사건 이전의 구원을 입증하기 위해 이스라엘의 경우를 사용하는 것 역시 미심쩍다. 거듭 말하지만, 전통적인 신학은 구약성경의 백성이 속죄에 대한 기대 속에서 하나님의 은혜를 입은 점은 인정하지만, 그들의 구원은 십자가와 부활 사건이 일어나기 전까지는 실현되지 않았다고 본다. 그리고 그들에게나 우리에게나, 부활하기 전까지는 구원이 완전히 실현되지 않을 것이다.

타락 이전의 악의 존재에 대한 뎀스키의 설명과 관련해서는, 사우스게이트의 제안에서 이미 사용한 것과 똑같은 대답이 가능할 것이다. 우리가 갈등이나 긴장이 없는 "평화로운 왕국"의 개념을 좋아할 수야 있겠지만, 이는 성경의 자료에 필연적으로 내포된 개념이 아니다. 식물의 죽음이나 동물의 죽음 그 어느 것도 사람의 죽음만큼 도덕적 부담을 가지고 있지 않다. "심히 좋았더라"(창 1:31)라고 선언된 창조세계와, 포식 동물이나 화산 폭발 사이에는 내재적인 불일치가 존재하지 않는다.

결론

역사적인 인물로서 그리고 언약적 머리로서의 아담을 문제 삼는 일은 표면적으로는 고인류학의 다양한 자료와 일치하는 듯 보인다. 그러나 이는 선하고 전능하신 하나님을 믿는 믿음 앞에서 매우 심각한 장애가 된다.[32] 성경을 하나님의 말씀 그 자체로 받아들이는 이들에게 아담의 역사성에 관한 주해적 근거는 최초의 조상이 특별하게 창조되었으며 그들과 그들의 후손이 하나님의 형상을 가지고 있을 뿐만 아니라 이제는 아담의 죄까지도 공유하고 있다는 관점을 확립하기에 충분하다. 이런 확신 없이 죄가 세상에 들어온 일에 관해 어떻게 하나님께 책임이 없을 수 있는지를 이해하기란 어렵다.

악의 문제, 곧 악이 있다면 어떻게 하나님이 선하고 전능하실 수 있는가 하는 문제를 정형화하는 데이비드 흄의 방식에 흥미를 느낄 수도 있겠

---

32 이 책에서 우리의 목적은 과학적 관점을 가지고 인류의 기원을 다루려는 다양한 방식을 평가하는 것이 아니다. 또한 나는 그럴 만한 능력도 없다. 고인류학에서 비롯되었든지 유전학에서 비롯되었든지, 알려진 과학적 자료와 일치할 수 있는 최초의 인간에 대한 역사적 정체성을 변론하는 상당수의 학자들이 있다.

지만, 우리는 선과 능력에 대한 그의 정의가 상당히 협소하다는 점을 인식해야 한다. 언젠가 악이 멸절될 것이라면 하나님의 선이 세상에 악을 허용하지 않았을 것이라는 본질적인 이유는 없다. 또한 악의 원인에 대한 책임이 하나님께 있는 것이 아니라면, 선하신 하나님의 신적 능력이 이 세상에 악을 허용하지 않았을 것이라는 이유도 없다. 비록 하나님과 악의 관계에 연관된 모든 질문에 답할 수는 없다고 하더라도, 아담이 첫 사람이었으며 인류 전체와 그의 관계가 언약적 머리됨임을 믿는 것은 흄의 방식대로 그에게 답하려고 하는 것보다 훨씬 나은 선택이다.

또한 이는 가능한 세상의 최선에 있어 악이 불가피한 요소라고 생각한 라이프니츠의 방식보다도 훨씬 나은 선택이다. 이런 관점에 대한 볼테르의 조롱은 정당하다. 그러나 조롱은 온전한 대답이 아니다.『캉디드』의 결말에 나온 "우리의 정원은 우리 각자가 가꾸어야 합니다"라는 말은 최선의 결론이었다.[33] 대신, 온전히 성경적인 의미에서 참으로 선하고 참으로 전능하신 하나님에 대한 확고한 이해는, 비록 모든 질문에 답하지는 못한다고 해도 회의적이지 않은 답이 주어질 수 있는 환경을 형성해준다. 그리고 역사적 아담을 믿는 일은 이런 신정론을 위한 핵심적인 부분이다.

---

33   Voltaire, *Candide*, 75.

후기

마이클 리브즈(Michael Reeves), 한스 마두에미(Hans Madueme)

이 책에서 우리는 역사적 아담과 원죄가 그리스도인의 믿음에서 빠질 수 없이 필수적이고 의미가 크며 확실한 요소라는 것을 보여주고자 했다. 우리 편집자들은 아담의 타락과 원죄에 대한 전통적인 교리가 오늘날의 논의에 있어 신학적으로 성숙하며 설득력 있는 선택지라는 공통된 합의에 이르기 위해, 참여자들의 폭을 넓혀 의도적으로 서로 다른 전통과 관점을 갖는 저명한 학자들을 배열했다. 이들이 모두 같은 신념을 가졌다거나 다른 대안을 고려해보기가 힘들었다는 말은 아니다. 또한 우리가 걸핏하면 신학적인 주제로 싸우기 좋아하거나 새로운 것이라면 무엇이든 물어뜯는 사람이어서도 아니다. 우리는 신약성경과 구약성경이 아담과 하와에 대한 신화적이고 비유적인 읽기를 지지하지 않는다는 점을 알게 되었다. 보잘것없을지 모르지만, 과학적인 근거 역시 마찬가지다. 성경신학의 이야기와 조직신학의 틀은 역사적인 아담을 담고 있다. 이에 대한 최신 과학의 합의를 독창적으로 교리를 땜질하고 조정할 기회라고 여겨서는 안 된다. 믿음이라는 옷은 아담과 원죄라는 실을 엮어 통으로 짠 옷이기에 그 한 가닥을 빼내려 한다면 옷감 전체가 풀려버릴 것이다.

이는 역사적으로 인정받아왔다. 아담과 원죄가 역사적이라는 믿음은 신학적으로나 목회적으로 필수적인 요소로 옹호받았다. 이 책에서 한 장 전체를 역사적인 신학에 할애한 것도 우리가 전통 아래 갇혀 있어서가 아니라(혹시 우리가 교회의 에큐메니컬한 합의에 맞서는 것처럼 보인다면, 이는 우리가 전혀 의도한 바가 아니다. 신학계의 독불장군에게 주의하라!), 이 교리가 수세기 동안 시험되었고 검증되어왔기 때문이다. 다르게 말하면, 단순히 이 문제를 해결해줄 권위로서 전통에 기대려 한 것이 아니라, 과거와 현재의 교회가 지금의 논쟁에 제공할 수 있는 지혜를 들어보고자 했다. 역사적인 신학은 당면한 문제에 빛을 던져주어, 평행하는 핵심 질문에 접근할 수 있는 기회와 통찰력 있는 자료를 제시해준다.

물론 이렇게 덧붙이는 말로 사람들이 설득되리라고 생각하지는 않는다. 이 논의에서 자신의 위치가 어디인지는 신학적인 배경/전제에 달려 있으며 이는 궁극적인 인식론적 권위에 버금간다. 그러나 전통적인 핵심 교리가 깎이고 잊히고 변모되는 상황 속에서 이런 주장이 적어도 경고문으로서 목소리를 내기를 바란다. 아담에 관한 문제에 영향을 받는 것은 원죄론(원죄론을 통해 다른 여러 것들이 설명되는 탁월성과 함께)만이 아니다. 하나님의 자비와 긍휼과 선하심, 성경의 일관성, 죄에 무력하게 구속되어 있는 이들을 위한 기쁜 소식, 성육신한 그리스도의 구원, 이런 귀하고 아름다운 진리들, 교회의 생명력의 기반이 되는 이런 진리들 중 어떤 것도 아담의 신화화에 의해서는 손상되지 않은 채로 남아 있을 수 없다.

저자 약력

C. 존 콜린스 PhD, University of Liverpool

미주리주 세인트루이스에 있는 Covenant Theological Seminary의 구약 성경신학 교수이자 ESV 구약성경 번역 위원장. 저서로는 *Genesis 1–4: A Linguistic, Literary, and Theological Commentary*; *The God of Miracles: An Exegetical Examination of God's Action in the World*; *Science and Faith: Friends or Foes?*; *Did Adam and Eve Really Exist? Who They Were and Why You Should Care* 등이 있다.

대니얼 도리아니 PhD, Westminster Theological Seminary

미주리주 세인트루이스에 있는 Covenant Theological Seminary의 신학 교수이며 strategic academic projects의 부의장. 세인트루이스에 있는 Central Presbyterian Church에서 10년째 사역하고 있다. *Putting the Truth to Work*와 마태복음과 야고보서 주석을 저술했다.

윌리엄 에드거 D.Théol., University of Geneva

필라델피아주 Westminster Theological Seminary의 변증학 교수. 액상 프로방스(Aix-en-Provence)에 위치한 Faculté Jean Calvin의 변증학 교수를 역임했다. *The Face of Truth, Reasons of the Heart, You Asked?*와 *Francis Schaeffer on the Christian Life*를 비롯해서 여러 권의 책을 썼다.

제임스 M. 해밀턴 PhD, Southern Baptist Theological Seminary

Southern Baptist Theological Seminary의 성경신학 겸임 교수이자 켄터키주 루이빌에 있는 Kenwood Baptist Church의 목회자. *God's Glory in Salvation through Judgment: A Biblical Theology*, *The Bible's Big Story: Salvation History for Kids*, *What Is Biblical Theology?*를 저술했다.

로버트 콜브 PhD, University of Wisconsin

세인트루이스에 있는 Concordia Seminary의 조직신학 교수다(현재는 명예교수). 그 전에는 미네소타 세인트폴에 있는 Concordia College에서 종교와 역사 교수였다. *Luther and the Stories of God*, *The Genius of Luther's Theology* (Charles Arand와 공저)와 *The Book of Concord* (Timothy Wengert와 공동 편집)을 비롯한 여러 저서를 저술했다.

도널드 매클라우드 DD, Westminster Theological Seminary

1978년부터 에딘버러에 위치한 Free Church of Scotland College 조직신학 교수로 재직하다 2012년 은퇴했다. 1958년 University of Glasgow에서 학부를 졸업했고, 2008년 필라델피아 Westminster Theological Seminary에서 명예박사학위를 취득했다. *A Faith to Live By*와 *The Person of Christ* 외 많은 논문과 책을 집필했다.

한스 마두에미 PhD, Trinity Evangelical Divinity School

조지아주 룩아웃마운틴에 있는 Covenant College의 조교수. 여러 논문을 집필했다. 그의 학위논문은 죄론을 현대 과학에 비추어 살펴보는 최근의 시도들에 대해 논의하고 있다.

토머스 H. 맥콜 PhD, Calvin Theological Seminary

일리노이주 디어필드에 있는 Trinity Evangelical Divinity School의 성경신학과 조직신학 교수이며, Carl F. H. Henry Center for Theological Understanding의 책임자. 조직신학과 역사신학 분야에서 *Which Trinity? Whose Monotheism? Systematic and Philosophical Theologians on the Metaphysics of Trinitarian Theology*와 *Jacob Arminius: Theologian of Grace*를 포함해서 여러 책을 집필, 공동 집필, 공동 편집했다.

마이클 리브스 PhD, King's College, University of London

Wales Evangelical School of Theology의 전임강사. *Delighting in the Trinity: An Introduction to the Christian Faith*와 *The Unquenchable Flame: Discovering the Heart of the Reformation*을 비롯해서 여러 책을 저술했다.

피터 샌론 PhD, University of Cambridge

Royal Tunbridge Wells의 St. Mark's Church 교구목사. 목사 안수를 받기 전에는 영국 상원 연설문 작성자로 일했다. 영국 노팅엄에 위치한 St. John's College의 조직신학 강사이기도 하다. 아우구스티누스의 설교에 대한 그의 연구가 Fortress Press에서 출간될 예정이다.

토머스 R. 슈라이너 PhD, Fuller Theological Seminary

켄터키주 루이빌에 있는 Southern Baptist Theological Seminary의 신약성경해석학 교수. Azusa Pacific University와 Bethel Theological Seminary에서도 신약성경학을 가르친 바 있다. 여러 주석서들을 비롯해서 바울 신학, 신약성경 신학, 성경 전체에 대한 신학에 대한 책을 저술했다.

칼 R. 트루먼 PhD, University of Aberdeen

Westminster Theological Seminary의 교회사 교수. 과거에는 University of Nottingham과 University of Aberdeen에서 가르쳤다. 개혁신학의 역사에 대해 여러 책을 썼으며, 현재는 루터 신학자 로버트 콜브와 함께 개혁신학과 루터신학 간의 대화를 시도하는 책을 저술하고 있다.

노엘 윅스 PhD, Brandeis University

University of Sydney 고전과 고대사학과의 명예교수이며, 동 대학교에서 고대 근동사와 아카드어를 가르쳐왔다. 그의 주 관심은 구약성경 역사기록학과 고대 근동 문화와의 비교 연구다. 고대 근동 연구 논문들과 성경 내러티브에 대한 책을 저술했다.

로버트 W. 야브루 PhD, University of Aberdeen

미주리주 세인트루이스에 있는 Covenant Theological Seminary 신약성경학 교수. 과거에는 Trinity Evangelical Divinity School, Wheaton College, Liberty University에서 가르쳤다. 동유럽과 아프리카에서 목회자 양성과 신학 교육에 힘써왔다. 저서로는 *1–3 John*과 *The Salvation-Historical Fallacy?* 등이 있다.

아담, 타락, 원죄
원죄에 대한 신학적·성경적·과학적 관점

Copyright ⓒ 새물결플러스 2018

1쇄 발행 2018년 8월 31일
2쇄 발행 2022년 11월 25일

지은이 한스 마두에미, 마이클 리브스 외 13인
엮은이 한스 마두에미, 마이클 리브스
옮긴이 윤성현
펴낸이 김요한
펴낸곳 새물결플러스

편　집 왕희광 정인철 노재현 정혜인 이형일 나유영 노동래
디자인 박인미 황진주
마케팅 박성민 이원혁
총　무 김명화 이성순
영　상 최정호 곽상원
아카데미 차상희

홈페이지 www.holywaveplus.com
이메일 hwpbooks@hwpbooks.com
출판등록 2008년 8월 21일 제2008-24호
주　소 (우) 04118 서울특별시 마포구 마포대로19길 33
전　화 02) 2652-3161
팩　스 02) 2652-3191

ISBN 979-11-6129-075-1 93230

책값은 뒤표지에 있습니다.